Schalk · Das Gräberfeld von Hernádkak

Universitätsforschungen
zur prähistorischen Archäologie

Band 9

Aus dem Seminar für Ur- und Frühgeschichte
der Freien Universität Berlin

1992

In Kommission bei Dr. Rudolf Habelt GmbH, Bonn

Das Gräberfeld von Hernádkak

Studien zum Beginn der Frühbronzezeit
im nordöstlichen Karpatenbecken

von

Emily Schalk

1992

In Kommission bei Dr. Rudolf Habelt GmbH, Bonn

Gedruckt u.a. mit Unterstützung des University Museum of Archaeology and Anthropology Cambridge, England und der Fachvereinigung Metallerzbergbau e.V. Düssledorf

Die Deutsche Bibliothek – CIP-Einheitsaufnahme

Schalk, Emily:
Das Gräberfeld von Hernádkak: Studien zum Beginn der
Frühbronzezeit im nordöstlichen Karpatenbecken / von Emily Schalk. –
Bonn: Habelt, 1992
  (Universitätsforschungen zur prähistorischen Archäologie; Bd. 9: Aus dem
  Seminar für Ur- und Frühgeschichte der Freien Universität Berlin)
  ISBN 3-7749-2539-9
NE: GT

ISBN 3-7749-2539-9

Copyright 1992 by Dr. Rudolf Habelt GmbH, Bonn

Vorwort der Herausgeber

Die Reihe "Universitätsforschungen zur Prähistorischen Archäologie" soll einem in der jüngeren Vergangenheit entstandenen Bedürfnis Rechnung tragen, nämlich Examensarbeiten und andere Forschungsleistungen vornehmlich jüngerer Wissenschaftler in die Öffentlichkeit zu tragen. Die etablierten Reihen und Zeitschriften des Faches reichen längst nicht mehr aus, die vorhandenen Manuskripte aufzunehmen. Die Universitäten sind deshalb aufgerufen, Abhilfe zu schaffen. Einige von ihnen haben mit den ihnen zur Verfügung stehenden Mitteln und zumeist unter tatkräftigem Handanlegen der Autoren die vorliegende Reihe begründet und ediert.

Ursprünglich hatten sich fünf Universitätsinstitute in Deutschland zur Herausgabe der Reihe zusammengefunden, der Kreis ist inzwischen größer geworden. Er lädt alle interessierten Institutsleiter ein, als Mitherausgeber tätig zu werden und Arbeiten aus ihrem Bereich der Reihe zukommen zu lassen. Für die einzelnen Bände zeichnen jeweils die Autoren und die Institutsleiter ihrer Herkunft, die im Titel deutlich gekennzeichnet sind, verantwortlich. Bei gleicher Anordnung des Deckblatts haben die verschiedenen beteiligten Universitäten jeweils eine spezifische Farbe. Institute und Autoren stellen Satz und Umbruch her, sie sorgen für den Ausdruck und die Finanzierung, während der Dr. Rudolf Habelt Verlag den Vertrieb der Bände sichert.

Herausgeber sind derzeit:

Bernhard Hänsel (Berlin)   Harald Hauptmann (Heidelberg)

Albrecht Jockenhövel (Münster)   Andreas Lippert (Innsbruck/Wien)

Jens Lüning (Frankfurt am Main)   Michael Müller-Wille (Kiel)

Margarita Primas (Zürich)   Wolfgang Taute (Köln)

*dedicated to my children
in appreciation of their accompaniment
through the toils, trials and triumphs*

Vorwort

Gegenstand der vorliegenden Arbeit ist das Fundmaterial aus dem vorgeschichtlichen Gräberfeld bei Hernádkak, Kom. Borsod-Abaúj-Zemplén, in Ungarn. Der Arbeit liegt die Fragestellung nach der kulturellen Zugehörigkeit und zeitlichen Einordnung der Gräber sowie ihrem Verhältnis zu anderen gleichzeitigen Gräberfeldern bzw. Kulturgruppen zugrunde. Darüberhinaus wird der chronologische Stellenwert des Gräberfeldes Hernádkak in der Frühbronzezeit im Bezug zum Karpatenraum untersucht.

Nach der Aufnahme des Fundmaterials im University Museum of Archaeology and Anthropology in Cambridge, Großbritannien (1978), war zunächst nur an einen Aufsatz gedacht worden, um die Aufmerksamkeit der Vorgeschichtsforschung auf diese unbekannten Gräber zu lenken. Die weitere Beschäftigung mit den Funden sowohl aus Cambridge als auch aus dem Ungarischen Nationalmuseum in Budapest machte deutlich, daß dieses Material nach einer ausführlicheren Würdigung verlangte. Auf Anregung von Prof.Dr.B.Hänsel wurde diese Arbeit am Fachbereich Altertumswissenschaften der Freien Universität Berlin als Dissertation im Juli 1990 eingereicht. Die vorliegende Fassung stellt die leicht veränderte und erweiterte Form davon dar. Danach erschienen Literatur konnte nicht mehr einbezogen werden. Die Drucklegung der Arbeit wurde durch die äußerst großzügige Hilfe des Crowther-Beynon-Fund (University Museum, Cambridge) und einen bedeutenden Zuschuß von der Fachvereinigung Metallerzbergbau e.V., Düsseldorf, unterstützt.

Unerläßlich für die vorliegende Arbeit war die Aufnahme des unpublizierten Fundmaterials im University Museum in Cambridge. Dieses Vorhaben wurde durch die kollegiale Unterstützung von M.D.Cra'ster und P.Gathercole, die mir bei mehreren Besuchen zuteil wurde, ermöglicht. Für die Möglichkeit, die Grabfunde aus Hernádkak im National Museum in Budapest zu studieren und aufzunehmen, sei T.Kovács und T.Kemenczei gedankt. Vor allem möchte ich an dieser Stelle der leider viel zu früh verstorbenen Ilona Stanczik in Dankbarkeit gedenken, die mich durch ihre unermüdliche Hilfe bei der Zusammenstellung der Grabungsdokumentation und der Aufnahme des Materials unterstützte sowie durch regen Gedankenaustausch sehr zur Bereicherung der Arbeit beitrug.
Ich möchte die anregenden Gespräche mit folgenden Damen und Herren, Kollegen und Kommilitonen würdigen: J.Bátora, J.J.Butler, E.Christmann, C.Eibner, B.Govedarica, H.-G.Hüttel, N.Kalicz, J.Maran, A.Mozsolics, L.Olexa, K.-F.Rittershofer, C.Stumpf, A.Točík und K. und D.Wardle.

Die nun vorliegende Arbeit wäre in ihrem Werdegang ohne das stetige Interesse und die Unterstützung von Prof.B.Hänsel nicht denkbar gewesen. Ihm möchte ich für seine fördernde Kritik und weiterhelfende Ratschläge besonders danken.

Die Ergebnisse der spektralanalytischen Untersuchung der Metallgegenstände aus Hernádkak werden in einem kleinen aber wesentlichen Abschnitt der vorliegenden Arbeit behandelt. Voraussetzung für dieses Vorhaben war die gewährte Erlaubnis des University Museum in Cambridge und die begleitende Hilfe von K.-F.Rittershofer, wofür ich sehr dankbar bin. Die Untersuchung wurde durch E.Pernicka am Max-Planck-Institut für Kernphysik in Heidelberg durchgeführt, der mir durch seine Gesprächsbereitschaft und geduldige Beratung geholfen hat.

Für das mehrmalige, langwierige Korrekturlesen des Manuskriptes möchte ich M.Schalk und R.Plöchl herzlich danken. Nicht ohne Dank bleiben soll die geduldige Beratung bei der mühsamen Gestaltung des Textes am Computer, die durch J.Walsdorff geleistet wurde. Die Gestaltung der Landkarte (Abb.2) besorgte dankenswerterweise P.Kunz, Berlin.

Das Gräberfeld Hernádkak.
Studien zum Beginn der Frühbronzezeit im nordöstlichen Karpatenbecken.

Einleitung 11
    Verlauf der Materialaufnahme und -bearbeitung
    Ziel der Arbeit

I.   Topographische Lage des Gräberfeldes 13

II. Forschungsgeschichte 23
    A. Geschichte der Ausgrabungen in Hernádkak 23
    B. Stand der Forschung über Hernádkak und Nordost-Ungarn 25

III. Beschreibung des Gräberfeldes 35
    Einleitung.
    A. Bestattungsweise 36
    B. Grabform 38
    C. Vergleichbare Gräberfelder im Hernádflußtal
       und im nördlichen Zwischenstromland 40

IV. Beigaben in den Gräbern 59
    Einleitung.
    A. Rekonstruktion der Gräber nach Befund 61
    B. Die Lage der Gegenstände in der Grabgrube 67
       Keramik 67
       Kleinfunde 68
    C. Bemerkungen zur Totenausstattung 72
    D. Kombinationen von Grabbeigaben 78
    E. Gestörte Gräber: zur Frage der Grabentleerung 80

V.   Der Fundstoff 85
    A. Die Keramik 85
       Zur Technik der Behandlung der Oberfläche 86
       Definition der Gefäßformen 87
       Definition der Henkelformen 112
       Oberflächenbehandlung und Gefäßverzierungen 115
    B. Die Kleinfunde 127
    C. Zu den Lanzenspitzen 142
    D. Bemerkungen zur spektralanalytischen Untersuchung
       von Metallgegenständen aus Gräbern in Hernádkak 150

VI. Gliederung der Gräberfelder 159
    Ziel der Gliederung
    A. Košice-Becken 161
    B. Stratigraphie der Siedlung Tiszaluc-Dankadomb 176
    C. Hernádkak 183
    D. Gräberfelder im Hernádtal und im nördlichen
       Zwischenstromland 191
    E. Gräberfelder und Siedlungen der Hatvan- und
       frühen Füzesabony-Kultur 199
    F. Gräberfelder in der Südwest-Slowakei, im südlichen
       Polen und in Nordwest-Rumänien 207

VII. Zur Stellung des Gräberfeldes Hernádkak in der
relativen und absoluten Chronologie 221

VIII. Zusammenfassung. 229
Summary 235

Verzeichnisse und Listen.
1. Abbildungen 239
2. Abbildungsnachweis 241
3. Tafelverzeichnis 249
4-5. Konkordanz 252
6. Liste der wichtigen Gräberfelder und Siedlungen 258
7. Zur Übersetzung der Grabungstagebücher 264
8. Zur Befundbeschreibung in den Grabungstagebüchern 266
9. Zur Inventarisierung des Fundmaterials in Budapest
und Cambridge. 268
10. Zu den von Tompa abgebildeten Grabfunden aus Hernádkak. 269
11. Zu den von Bóna abgebildeten Grabfunden aus Hernádkak 269
12. Liste der nach Ausrichtung, Grabgrubentiefe und
Altersgruppe zitierten Gräber in Hernádkak 271
13. Liste der Gräber in den einzelnen Phasen 273
14. Liste der Fundorte und Nummern der Metallanalysen 276
15. Abkürzungen. 280
16. Die benutzte Literatur 281
17. Fundinventar des Gräberfeldes Košice 297
18. Fundinventar der Gräberfelder Čaňa 304
19. Fundinventar des Gräberfeldes Valalíky-Košťany 309
und Valalíky-Všechsvätých 310

Katalog 313

Tafeln 1-32

Einleitung.

Bei der Aufnahme von Fundmaterial im University Museum of Archaeology and Anthropology in Cambridge (Großbritannien)[1] wurde die Autorin auf eine relativ kleine Zahl von Gegenständen aufmerksam, die aus den frühbronzezeitlichen Gräberfeldern Hernádkak und Megyaszó im Nordosten Ungarns stammen. Aufgrund der Inventarisierung der Gegenstände und nach Zusammensuchen aller inventarisierter Objekte stellte sich heraus, daß es sich hier um vollständig erhaltene Fundkomplexe aus den Gräberfeldern handelt. Nach anfänglicher einführender Studie der Objekte wurde die vielseitige Auswertbarkeit der Grabkomplexe beider Gräberfelder offensichtlich. Außer den Grabfunden im UMC befindet sich der größere Teil des Fundmaterials im Ungarischen Nationalmuseum in Budapest.[2] Im Hinblick darauf beschloß die Autorin, sich speziell mit dem Gräberfeld Hernádkak zu befassen. Nach mehrmaligem Aufenthalt in Cambridge und in Budapest erfolgte die zeichnerische, photographische, dokumentarische und zum Teil metallanalytische Aufnahme der Grabkomplexe aus Hernádkak. Museumsreisen nach Ungarn und in die Slowakei wurden von der Autorin unternommen, um einen Einblick in Fundmaterial aus vergleichbaren Gräberfeldern zu gewinnen.

Ziel der vorliegenden Arbeit ist es, das Gräberfeld aus Hernádkak als Begräbnisstätte in mehrerer Hinsicht zu untersuchen:
1) Die topographische Lage des Gräberfeldes wird in Zusammenhang mit dem geographischen Großraum umschrieben. Dabei wird das Hernádflußtal zusammen mit den angrenzenden Gebirgsgruppen als eine geographisch eigenständige Kulturlandschaft der Südwest-Slowakei und der ungarischen Tiefebene gegenüber hervorgehoben. Das slowakische Erzgebirge als gesuchtes Lagerstättengebiet und dessen Rolle in der Entwicklung der frühen Metallurgie werden betont. Aus dieser Hinsicht stellt sich die Lage des Gräberfeldes Hernádkak, in der Nähe des erzreichen Slowakischen Erzgebirges und an einem Flußhandelsweg, der eine transkarpatische Verbindung zur ungarischen Tiefebene darstellt, immer klarer heraus.
2) Die Erforschung des Gräberfeldes, der Verbleib des dort ausgegrabenen Fundmaterials und weitere Abhandlungen über das Gräberfeld werden kurz vorgestellt. Dabei steht im Vordergrund, daß Hernádkak meist im Zusammenhang mit anderen Gräberfeldern, nicht aber als eigenständige Fundstätte in der Forschung bis jetzt ausgewertet wurde. Dies hat zu pauschaler, nicht differenzierter Bezugnahme auf die Erscheinungen dort geführt. Außerdem wurden die Grabungstagebücher nicht berücksichtigt, die für die Untersuchung des Gräberfeldes unerläßlich sind.
3) Die Bestattungsweise und die physikalische Anlage der Gräber insgesamt werden beschrieben, soweit diese aus den Grabungstagebüchern und aus vorhandenen Grabphotos zu entnehmen sind. Das beinhaltet: die Zahl der aufgedeckten Gräber, ihre Ausrichtung und die Beisetzungsform der einzelnen Bestattungen. Dabei werden gleichzeitige Gräberfelder im Hernádtal und in dem angrenzenden Zwischenstromland besonders berücksichtigt, um das Bild der Gräberanlage in Hernádkak rekonstruieren zu können.
4) Ebenfalls ist aufgrund der Angaben in den Grabungstagebüchern eine Rekonstruktion des Befundes in den einzelnen Gräbern bei ihrer Aufdeckung

---

[1] Im folgenden mit UMC abgekürzt.
[2] Im folgenden mit MNM abgekürzt.

möglich. Bei den vorgefundenen, aufgezählten Beigaben wird vor allem auf ihre Lage in der Grabgrube und Vergesellschaftung mit anderen Funden geachtet. Besonders berücksichtigt werden Hinweise auf Traditionen in den Bestattungssitten, wie zum Beispiel ein sich wiederholendes Beigabenmuster in der Keramik und in Kleinfunden und der Bekleidung, Hinweise auf Beruf oder soziale Differenzierung in der damaligen Gesellschaft. In Zusammenhang damit wird das Problem der Grabplünderung behandelt.

5) Der Fundstoff aus den Gräbern, der heute noch im UMC und MNM erhalten ist und hier vorgestellt wird, stammt aus ca. 70 Gräbern. Um einen Überblick über das Fundbild zu gewinnen und um damit den Fundstoff systematisch und detailliert untersuchen zu können, werden die einzelnen Gegenstände typologisch gegliedert.

Die typologische Gliederung ergibt einen Rahmen, wonach die Funde systematisch eingeordnet werden. So sind die Größe und Vielfalt des Typenspektrums, das in den Grabkomplexen vertreten ist, desto deutlicher zu erkennen. Dieses Gerüst wird nicht auf das Fundinventar aus Hernádkak beschränkt, sondern wird auf Funde aus den vergleichbaren oder gleichzeitigen Gräberfeldern in der gleichen Landschaft angewendet.

Die typologische Gliederung wird in den Katalog des Fundmaterials einbezogen. Die einzelnen Gräber werden mit ihrem Fundverband, soweit er überliefert ist, und mit ihrem Befund, soweit er im Grabungstagebuch dokumentiert ist, vorgestellt.

6) Bezugnehmend auf die Typologie wird eine Gliederung der Grabkomplexe vorgenommen. Dabei werden Erscheinungen in vergleichbaren, gleichzeitigen Gräberfeldern und Siedlungen berücksichtigt. Somit ist die Belegung des Gräberfeldes Hernádkak zu verfolgen und sein zeitliches Verhältnis zu Gräberfeldern in der gleichen Kulturlandschaft und dem angrenzenden geographischen Raum Nordost-Ungarns und der Ostslowakei festzulegen.

I. Topographische Lage.

Die Ortschaft Hernádkak liegt im Komitat Zemplén bzw. Borsod-Abaúj-Zemplén, ca. 180 km nordöstlich von Budapest und ca. 15 km östlich von Miskolc, der heutigen Hauptstadt des Komitats. *(Abb.1)*. Die Ortschaft erstreckt sich unterhalb einer Flußterrasse am östlichen Ufer des Hernádflußes am südlichen Ende des breiten flachen Flußtales. *(Abb. 2)*.

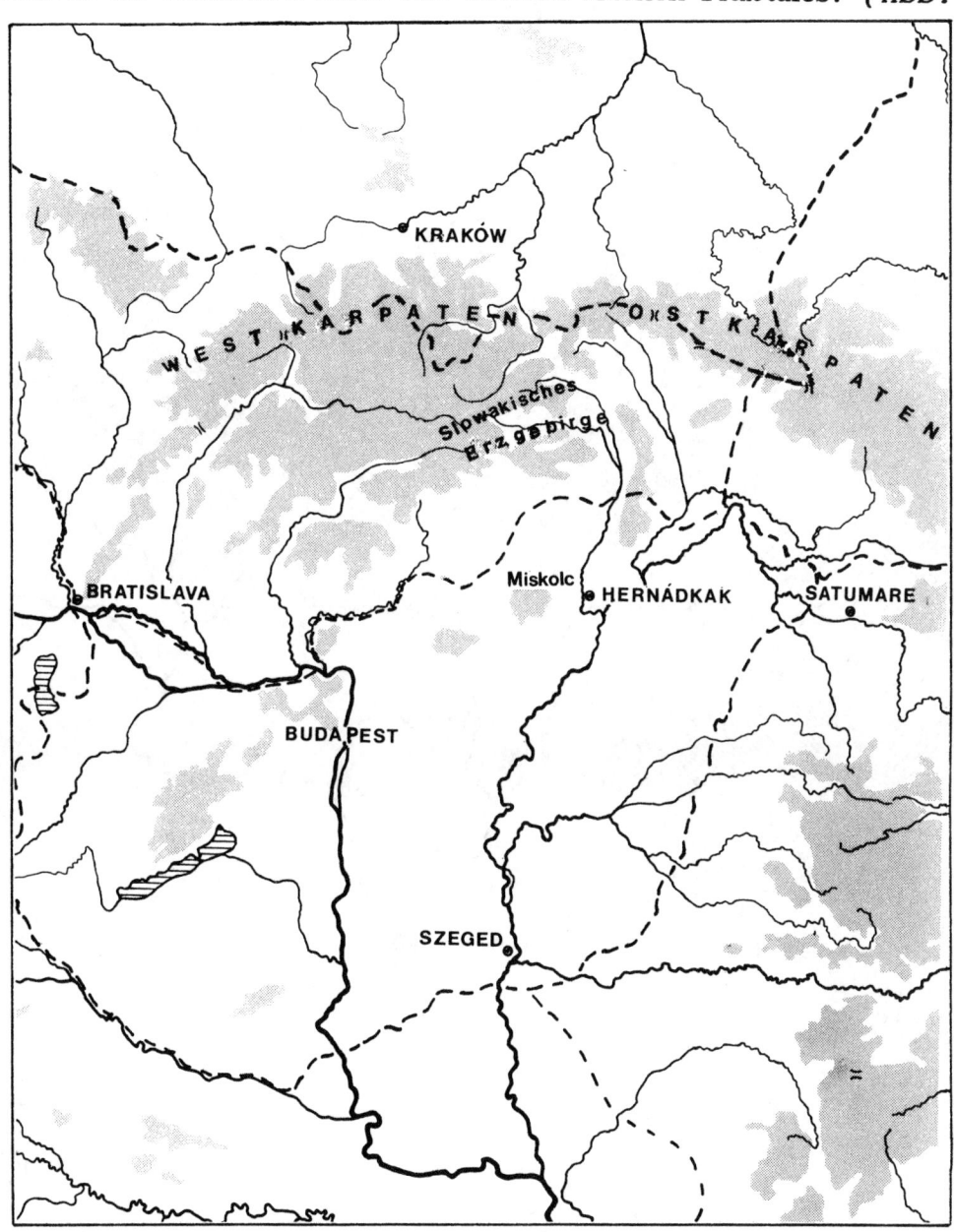

Abbildung 1. Die Lage Hernádkaks im Karpatenbecken.

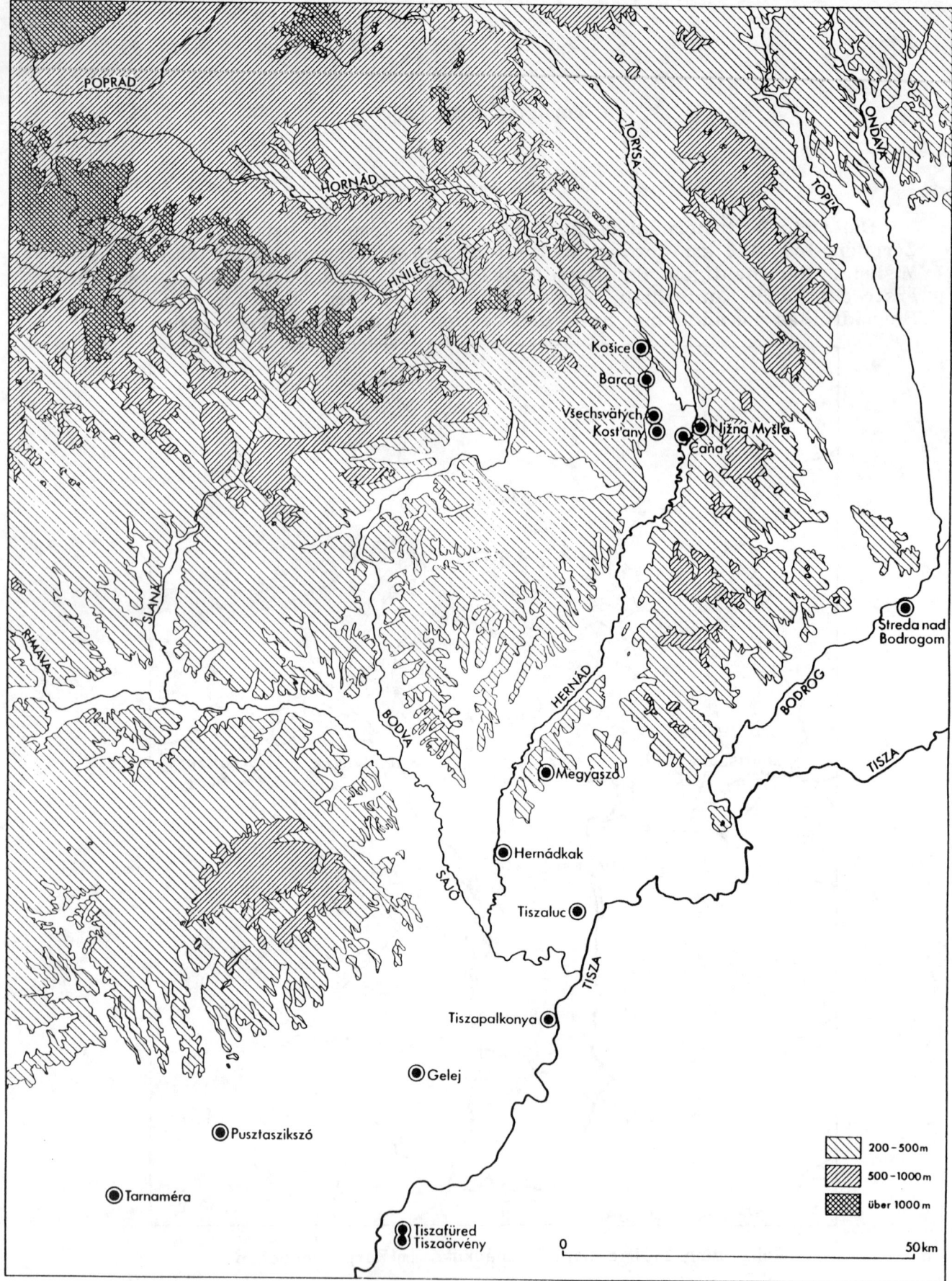

Abbildung 2. Das Hernádtal mit dem Slowakischen Erzgebirge.[3]

---

[3] Grundlage für die Karte siehe Abbildungsnachweis.

Eine genaue Lokalisierung des von von Tompa ergrabenen, vorgeschichtlichen Gräberfeldes war bis jetzt nicht möglich. Weder ist die Stelle des Gräberfeldes auf der Gemeindekarte verzeichnet noch ist eine Beschreibung, ein Plan oder photographisches Material über die Lage des Gräberfeldes im Archiv des Ungarischen Nationalmuseums in Budapest auffindbar. Es war ebenfalls nicht möglich, Hinweise darüber vom Herman Ottó Museum in Miskolc zu bekommen. Die einzigen Quellen zur topographischen Lage sind von Tompas kurze Beschreibung des Gräberfeldes im Rahmen seiner Forschungsgeschichte Ungarns und die Erwähnung einiger Flur- bzw. Grundstücksbesitzernamen in seinem Grabungstagebuch[4] (Abb. 3).

Abbildung 3. Die Ortschaft Hernádkak und Umgebung.

---

[4] Näheres dazu siehe Kapitel II A. Geschichte der Ausgrabungen in Hernádkak. Grundlage für die Karte siehe Abbildungsnachweis.

Hernádkak befindet sich innerhalb einer charakteristischen intermontanen Tallandschaft an den südwestlichen Ausläufern des Zemplén-Gebirges. Die breite Tallandschaft um das Gräberfeld wird durch alte Flußläufe des Hernáds, am östlichen Rande des Flußbetts durch höher liegende Terrassen und daran anschließend eine breite Vorhügellandschaft, die in das Zemplén-Gebirge überleitet, gekennzeichnet. Die pleistozänen Flußterrassen sind aus Löß- und lößähnlichen Sedimenten verschiedener Herkunft entstanden und werden von einem Boden aus degradierter Schwarzerde und braunen Waldböden bedeckt. Zusammen mit dem Lößuntergrund ist dieser Boden für den Ackerbau geeignet.[5] Jenseits des Flusses und der Flußterrassen erstreckt sich ein niedriges Gebiet aus alluvialem Auenboden aus Lehm. Durch den rückwirkenden Staueffekt der Theiß auf den Sajó- und Hernádfluß und durch jahreszeitliche Überflutungen des Hernáds war das Gebiet oft überschwemmt und dadurch sumpfig gewesen. Der Boden war zwar von fruchtbarer Beschaffenheit, aber weniger für den Ackerbau geeignet. Der Hernádfluß bildet hier eine Grenze zwischen den Cserehát-Bergen und dem Karstgebiet von paläozoischer und mesozoischer Struktur im Westen und den jüngeren Zemplén-Bergen von tertiärem vulkanischem Ursprung im Osten. Nach Süden öffnet sich das Hernádtal zur ungarischen Tiefebene, das heißt nach dem mittleren Theißfluß und dem nördlichen Donau-Theiß-Zwischenstromland hin.

Nach Norden wird der Hernád- bzw. Hornádfluß als Vertreter eines größeren intermontanen Flußsystems deutlich.[6] Der 190 km lange Fluß entspringt in der östlichen Niederen Tatra. Dort berührt er das Poprad-Becken und hat somit Anschluß nach Norden zu dem in die obere Weichsel fließenden Popradfluß. Sein Gegenstück, der Waagfluß, fließt von diesem Ursprungsgebiet nach Westen. Bei seinem östlichen Verlauf trennt der Hornádfluß zuerst das Hornád-Becken mit dem Levoca-Hochland und danach das Šariš-Hochland von dem Slowakischen Erzgebirge bzw. von den nördlichen Gemeriden. Parallel dazu fließt in einem südlicheren Längstal der Hnilec. Beim Verlassen des Slowakischen Gebirges wendet sich der Hornád und mit ihm der schon vorher eingemündete Hnilecfluß nach Süden und durchfließt das flache Košice-Becken. Hier mündet der aus dem Prešov-Becken von Norden her fließende Torysa in den Hornád. Danach erstreckt sich der Hornád- bzw. Hernádfluß durch das Hernádtal zwischen den Cserehát-Bergen im Westen und dem Zemplén-Gebirge im Osten, schließt sich dem Sajó wenig südlich von Hernádkak an und führt weiter weiter zur ungarischen Tiefebene hin. Dort mündet er in die Theiß. Aus der Beschreibung wird die Bedeutung des Hornád-Hernád-Flusses als Nord-Süd- und Ost-West-Verbindung und als potentieller Handelsweg offensichtlich. In Hinsicht auf den Großraum stellt er die Trennung zwischen den West- und Ostkarpaten dar.

---

[5] Für seine überaus freundliche Beratung und den Hinweisen betreffs der geographischen und geomorphologischen Situation Hernádkaks bin ich Herrn Prof.F.Fezer, damaliger Direktor des Geographischen Instituts an der Universität Heidelberg, sehr dankbar.
Zur Bodenkunde des Hernádtals siehe J.Bátora 1986 Abb.6.

[6] Ausgewählte Literatur:
Geographical Essays in Hungary (1984). Magyarország Fontosabb Domborzati, Táj-és Víznevei (Földrajzinév-Tár 1). Kartográfiai Vállalat. Budapest (1984). Michal und Buday 1968 II 7-20, bes.215-277. Pécsi 1970. Pécsi und Sárfalvi 1977. Pinczés 1961. Sedlmeyer 1973. Trunkó 1969. Westermann Lexikon der Geographie 1973.

Ein wesentliches Durchzugsgebiet des Hornáds, das Slowakische Erzgebirge ("Slovenské Rudohorie"), ist ein älteres Subsystem der inneren Westkarpaten. Es besteht selbst aus mehreren Gebirgsgruppen von unterschiedlichem geomorphologischem Charakter. Der nordöstliche Teil, die nördlichen Gemeriden, ist von frühpaläozoischer und mesozoischer Struktur mit reichem Erzvorkommen. Das Gebiet wird durch das Slaná-Tal im Westen von einer zweiten, ebenfalls erzführenden Gebirgszone des Slowakischen Erzgebirges, dem Vepor-Gebirge, getrennt. Diese Gebirgszone besteht hauptsächlich aus spätpaläozoischem Granit und ist von kristalliner Substanz, die zum Teil Ähnlichkeit mit dem Krušné hory des Böhmischen Massivs aufweist. Im Westen schließt sich das Vepor-Gebirge an das mittelslowakische Kremnické- und Štiavnické-Bergland und im Süden u.a. an das Rimava-Becken und den Slaná-Sajófluß an.

Durch die nähere Betrachtung der geomorphologischen und geographischen Struktur des Gebietes hebt sich die besondere Stelle des Hernádtales allgemein und damit die topographische Lage des Gräberfeldes Hernádkak speziell hervor. Das Hernádtal stellt eine bedeutende Nord-, Süd- und West-Verbindung zwischen dem Süden Polens, dem Karpatenbecken und dem Lagerstättengebiet des Slowakischen Erzgebirges dar. Der Fundort Hernádkak liegt unweit der ungarischen Tiefebene, befindet sich jedoch in einer Tallandschaft, die mit den Landschaften der inneren Westkarpaten verbunden ist. Das Hornád-Hernádtal mit den daran anschließenden Landschaften ist schon seit paläolithischer Zeit ein besiedelter Raum gewesen.[7] Dies war durch verschiedene sozio-ökonomische Umstände bedingt bzw. begünstigt, die sich durch die Zeit änderten. In der frühen Bronzezeit war die topographische Lage für Ansiedlungen, wie zum Beispiel die der bestattenden Bevölkerung von Hernádkak, für den Ackerbau und für Handel denkbar günstig. Sie befanden sich auf fruchtbarem Boden in der Nähe einer Wasserquelle und unweit von holz- und wildreichen Wäldern. Darüber hinaus lagen die Ansiedlungen an einem Fluß, der Anschluß an weitreichende Handelswege und Zugang zu naheliegenden Plätzen der Erzgewinnung und Kupferproduktion ermöglichte.

Die topographische Lage des Gräberfeldes Hernádkak im Hernádtal sollte im Hinblick auf den geographischen Großraum, ohne Rücksicht auf heutige politische Grenzen, betrachtet werden. Wird die landschaftliche Aufteilung und Zugehörigkeit dieses Raumes so berücksichtigt, können erst die verschiedensten Aspekte des Hernádflußtales und insbesondere die Stellung des Gräberfeldes Hernádkak richtig gewürdigt werden. Welche Entwicklungsmöglichkeiten wurden durch die natürlichen Gegebenheiten dieses Raumes besonders begünstigt? Bis jetzt fehlt eine eingehende Studie, in der die Landschaften Nordost-Ungarns, das heißt das Gebiet der heutigen Komitate Borsod-Abaúj-Zemplén und Szabolcs-Szatmar, und die Ostslowakei, das heißt das Hornád-

---

[7] Ausgewählte Literatur:
L.Bánesz, Študjné zwesti AÚSAV 1, 1956, 1ff. Ein Beitrag zur Erkenntnis der Aurignacien in der Ostslowakei ders. Nové Obzory 7, 1965, 153ff. Das Torysatal in der ältesten Steinzeit; ders. Pravěk Východoslowensky 1, 1970, 9-17. Neue paläolithische Grabungen und Funde der Ostslowakei. J.Bátora 1983, 169ff.; ders. 1986, 129-138. V.Budinský-Krička, Nové Obzory 16, 1974, 85ff. Vel'ký Šariš in der Urzeit und an der Schwelle der Geschichte. M.Lamiová-Schmiedlová, Verzeichnis der archäologischen Untersuchungen der Ostslowakei in den Jahren 1970-1985. Historica Carpatica 17, 1986, 301-337 Abb.1. A.Sherratt 1982, 300ff. S.Šiška, Grabungen auf der neolithischen und äneolithischen Siedlung Šarišské Michal'any (Bez. Prešov). Slov. Arch. 34, 1986, 439-449.

und Torysatal sowie das Slowakische Erzgebirge mit dem Slowakischen Karstgebiet, als geographische Einheit betrachtet werden. Es fehlt ebenfalls eine ausführliche Studie über die Siedlungsgeschichte, kulturelle Entwicklung und vor allem über die Rolle des Gebietes in der frühen Metallurgie, in der besonders auf die Frage nach der kulturellen Eigenständigkeit eingegangen wird. Dabei würden Fremdeinflüsse und Beziehungen zu Gebieten außerhalb dieses Raumes desto deutlicher festzustellen sein.

N. Kalicz hebt das Gebiet mit der Bezeichnung "Nordost-Ungarn" und auch "Nord- und Ostungarn" von der südlichen ungarischen Tiefebene als Landschaft ab.[8] Er bemerkt jedoch, daß das Gebiet eine "nicht abgegrenzt geschlossene geographische Einheit" sei und beschreibt das Gebiet noch als "weißen Fleck" für die ungarische Forschung. Bei einer späteren topographischen Gliederung des heutigen Ungarn wurde das Hernádflußtal zusammen mit den Gebirgsgruppen am nördlichen Rand des Karpatenbeckens als "Nord-Gebirge" zusammengefaßt.[9] Das Verhältnis des Gebietes zu der unmittelbaren Umgebung bzw. zum Hernád-Hornádfluß im slowakischen Gebiet wurde damit nicht geklärt. Es verhält sich nämlich eher peripher zu den Kulturerscheinungen in der ungarischen Tiefebene und wird mit der heutigen nationalstaatlichen Grenze unnatürlich abgeschnitten.

Wird das Gebiet ohne Rücksicht auf willkürliche Grenzen mit Bezug auf die regionalen vorgeschichtlichen Fundverhältnisse betrachtet, so stellen sich zumindest drei Kulturlandschaften innerhalb des "Nord-Gebirges" heraus:
1) das Gebiet der Cserhát-Berge mit dem Eipelfluß,
2) das Gebiet des Bükk- und Matra-Gebirges mit dem Zagyva- und Tarnafluß und
3) das südliche Hernádflußtal.

A. Sherratt liefert eine eingehende Studie über die Besiedlung der ungarischen Tiefebene während des Neolithikums und der Kupfer- und Frühbronzezeit. In Zusammenhang damit stellt er eine ausführliche Bezeichnung und geomorphologische Beschreibung verschiedener Landschaften des östlichen Ungarn vor. So wird das Verhältnis zwischen dem Siedlungsbild und der natürlichen Umgebung herausgearbeitet.[10] Da die ungarische Tiefebene Hauptgegenstand seiner Untersuchung ist, nehmen angrenzende Gebirgsgebiete, wie zum Beispiel die inneren Westkarpaten, eine periphere Stellung ein. Dadurch geraten Landschaften wie das Hernádtal aus ihrem "environmental context" und ihre kulturellen Erscheinungen werden nicht wie jene aus einer selbstständigen Landschaft gewertet.

---

[8] Kalicz 1968, 9-13.
[9] Kalicz 1980, 117ff., Abb.2.
[10] A. Sherratt 1982.

Das Erzvorkommen im Gebiet des Hernádtals.

Obwohl mehrere Arbeiten von Autoren karpatenländischer Herkunft zur Verfügung stehen, die speziell dieses Thema behandeln, ist das Gebiet des Slowakischen Erzgebirges und Nordost-Ungarns in der Frage zu Erzvorkommen und zur Entwicklung der frühen Metallurgie in Mitteleuropa in der westeuropäischen Urgeschichtsforschung und -literatur bis jetzt meist wenig berücksichtigt oder nur vage umschrieben.[11] Das Vorhandensein von Erzlagerstätten dort und ihre Rolle in der Entwicklung der frühen Metallurgie in Mitteleuropa werden mit wenigen Ausnahmen entweder mit dem deutschböhmischen Erzgebirge gleichgesetzt oder mit dem slowakisch-ungarischen Großraum allgemein betrachtet. Bei seiner Beschreibung des Früh-Metallikums in Österreich erwähnte Pittioni das slowakische Erzgebirge als ein wichtiges Lagerstättengebiet außerhalb Österreichs in dieser Zeit.[12] Bei manchen frühen Metallgegenständen konnte Pittioni eine Kupfererzgattung feststellen, die sich in der chemischen Zusammensetzung deutlich von dem Erz aus österreichischen Lagerstätten absetzt.[13] Pittioni vermutete die Herkunft jenes Kupfererzes, das er als "Ostkupfer" oder "Ringbarrenkupfer" bezeichnete, möglicherweise in dem slowakisch-ungarischen Gebiet, speziell dem Matra-Gebirge. Für seine Erforschung lag das Problem der Erzherkunft jedoch darin, wie es für die heutige Forschung noch besteht, daß keine Untersuchungen zur chemischen Komposition von Erzproben aus Lagerstätten in diesem Gebiet vorliegen. Ohne diese Kenntnis vermochte Pittioni keine näheren Vergleiche zwischen "Ostkupfer" und Erzlagerstätten in dem slowakisch-ungarischen Raum zu ziehen.[14] Trotzdem datierte er den Abbau der Lagerstätten dort bereits an den Anfang der Bronzezeit bzw. nach Reinecke Bronzezeit A1. Außerdem betonte er noch die Bedeutung von Gold für die technologische Entwicklung in der Metallurgie, das neben Kupfer in dem slowakisch-ungarischen und siebenbürgischen Erzgebiet reichlich vorkommt.[15] Von besonderer Bedeutung sind deswegen Beiträge von C.Renfrew und E. und F. Schubert über die Eigenständigkeit der frühen Metallurgie und über das Bild der äneolithischen und frühbronzezeitlichen Kulturen in diesem Raum.[16] Auch B.Ottaway weist auf die Slowakei nicht nur als möglichen Ursprung von Kupfererz, sondern auch als Ausgangsgebiet der Anregungen zur Kupferproduktion im Mondsee-Bereich hin.[17] In Zusammenhang mit der Frage nach dem früheren und selbständigen Anfang der Kupferzeit im ungarischen Raum erwähnte bereits J.Hillebrand die Möglichkeit des Sammelns von gediegenem Kupfer im nordungarisch-ostslowakischen Raum.[18]

Aus dem Gebiet der Slowakei selbst stammen mehrere Studien, die sich mit der Erscheinung von Kupfererzen und der Bergbautätigkeit vom Mittelalter bis in die vorgeschichtliche Zeit befassen. In Bezug auf vorgeschichtliche Kupfergewinnung sind folgende Autoren besonders zu erwähnen:

---

[11] Vergleiche Tylecote, der gleich bei der Einleitung seines Werkes schreibt: "...its (Mitteleuropa) eastern frontiers are very vague." 1987,1, Map 1.1-2.
[12] Pittioni, zuletzt 1980,I 2, 36,41-42.
[13] Ebd. 86-87.
[14] Vergleiche dazu Butler 1979,353.
[15] Pittioni 1980, I 1, 41-42 und I 2, 66. Vergleiche Neuninger, Preuschen und Pittioni 1971.
[16] Renfrew 1969 und 1979. Schubert 1965, 1973 und 1982.
[17] Ottaway 1976,121. Vergleiche dazu Schubert 1973,89-91, dagegen Pittioni 1980.
[18] J. Hillebrand 1929, 48, 50.

Bereits 1955 machte M.Novotná in einem ausführlichen Bericht auf den Zusammenhang zwischen Kupfergeräten und dem in der Slowakei anstehenden Kupfererz aufmerksam *(Abb.4)*.

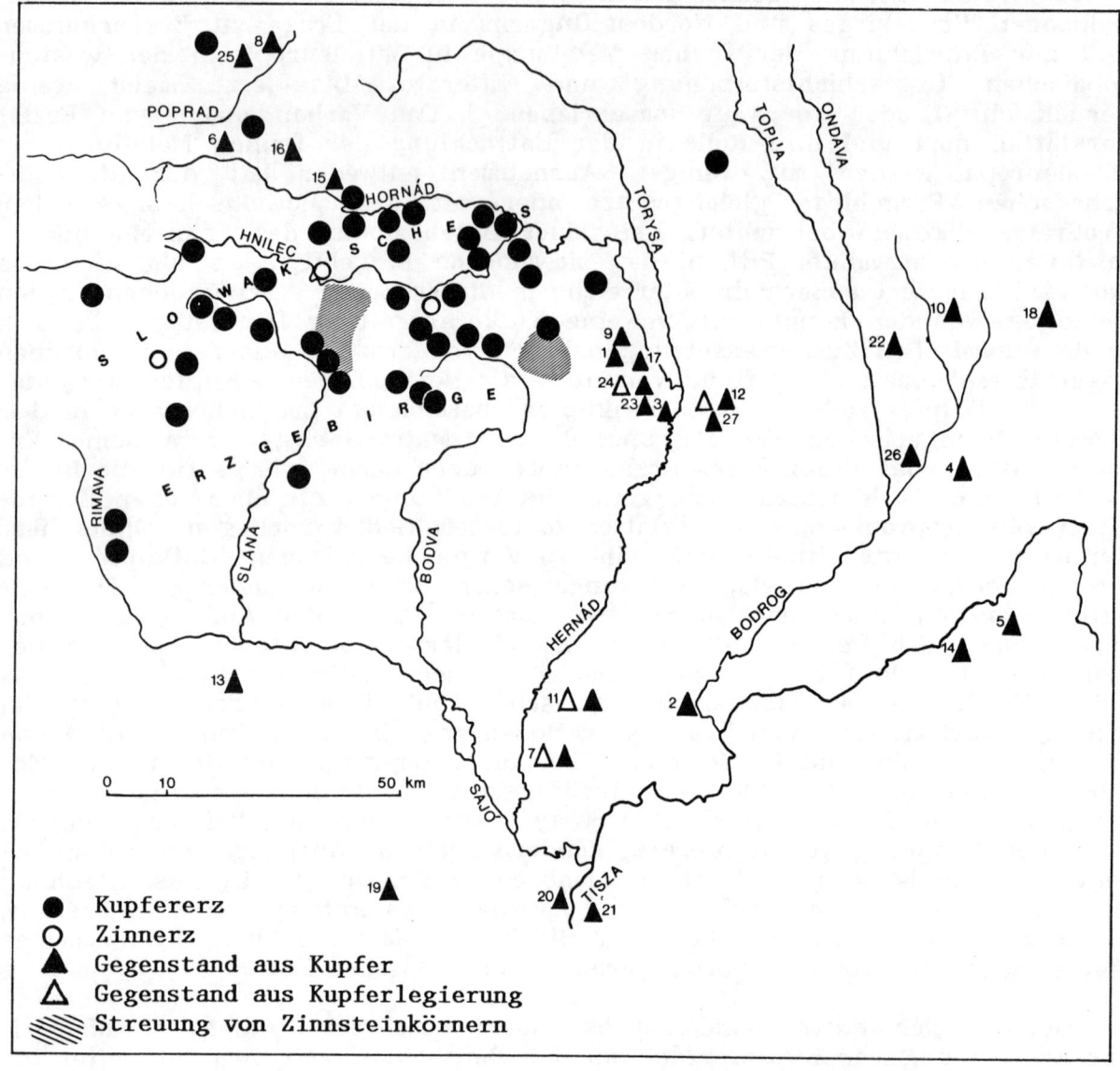

Abbildung 4. Verbreitung der Kupfer-und Zinnerze sowie Gegenständen aus Kupfer und Kupferlegierungen in äneolithischem und frühbronzezeitlichem Fundverband.

1. Barca. 2. Bodrogkeresztur. 3. Čaňa. 4. Čičarovce. 5. Fényeslitke.
6. Ganovce. 7. Hernádkak. 8. Kežmarok. 9. Košice. 10. Lúčky. 11. Megyaszó.
12. Nižná Myšl'a. 13. Ozd. 14. Retközberencs. 15. Spišská Nová Ves.
16. Spišsky Štvrtok. 17. Šebastovce. 18. Tibava. 19. Tibolddaróc.
20. Tiszapalkonya. 21. Tiszaplogár-Basatanya. 22. Trhovište.
23. Valalíky-Košt'any. 24. Valalíky-Všechsvätých. 25. Vel'ké Lomnica.
26. Vel'ký Raškovce. 27. Vyšná Myšl'a.[19]

---

[19] Grundlage für die Karte siehe Abbildungsnachweis.

Bei den Geräten handelt es sich vor allem um Axttypen aus gediegenem Kupfer und aus Kupfer mit Arsen, die nach Novotná in das Äneolithikum zu datieren sind. Obwohl sie den Handel für die Vermittlung der Kupfergeräte in die Slowakei nicht ausschließt, sieht Novotná die Gegenstände eher als Beweise für die frühe Kupferproduktion in diesem Gebiet an. Als weiteres Argument für eine einheimische Kupferförderung und -produktion führt sie wichtige erzführende Gebiete in der Slowakei an, die mittelslowakischen Kremnické- und Štiavnické-Berglandschaft, die Niederen Tatra und die Gemer-Gebirgszone des Slowakischen Erzgebirges. Anhand chemischer Analysen von Rohkupfer und Kupfergeräten aus obigen Gebieten stellt Novotná einen Zusammenhang in der chemischen Zusammensetzung der Objekte fest.[20] Dabei lehnt sie die Ansicht ab, die mitteldeutsch-böhmischen Erzlagerstätten seien alleiniges Herkunftsgebiet für Kupfer-Arsen-Erze. Im Gegensatz dazu betrachtet sie die ähnliche Komposition der Erze und der Geräte als einen Beleg für die Produktion von Gegenständen aus dem in der Slowakei gewonnenen Kupfererz.[21]

Die Ansicht Novotnás wurde später von Liptáková unterstützt.[22] Sie führt steinerne Rillenschlägel als Hinweis auf vorgeschichtliche Bergbautätigkeit an, die in dem von Novotná erwähnten Gebiet Štiavnické und Banská Bystrica gefunden wurden. Weiter hebt Liptáková die spektralanalytischen Untersuchungen Pittionis (1957) bzw. seine Interpretation einer "slowakischen Herkunft" für eine in Österreich sonst fremde Kupfererzgattung hervor. Durch ihre Untersuchung von verlassenen Bergwerken des Mittelalters haben Bublová und Točík der Stellungnahme von Novotná und Liptáková Unterstützung gegeben.[23] Anhand der im gleichen Bergbaugebiet bei Banská Bystrica geborgenen Funde wie steinernen Rillenschlägeln und Klopfunterlagen, Kupferkuchen und Röstöfen, zogen sie Analogien zu ähnlichen Befunden aus Bergbaugebieten, deren Datierung in prähistorische Zeit gesichert ist. Darüber hinaus verfolgten sie die Entwicklung der Bergbautätigkeit in Banská Bystrica bis in das Mittelalter hinein, welche sich mit der Erscheinung des Bergbauwesens in anderen erzführenden Gebieten West- und Mitteleuropas vergleichen läßt.

Im Slowakischen Erzgebirge ist heutzutage das Vorkommen und der Abbau mehrerer Erzsorten in bedeutenden Mengen bekannt, darunter Eisenerze, Kupfer, Zinn, Antimon, Barit, Magnezit, Gold und Silber.[24] Ähnlich wie in anderen bedeutenden, erzführenden Gebieten West- und Mitteleuropas wurde das Slowakische Erzgebirge für Kupfergewinnung früh aufgesucht und bereits im 12.Jh.n.Chr. als bekanntes Bergbaugebiet im Schrifttum erwähnt.[25] Unter der österreich-ungarischen Monarchie erlebte die Ostslowakei weitreichenden Handel innerhalb Europas. Die Kupferproduktion stieg bis zum Höhepunkt am Anfang des 19.Jh. Danach nahm sie u.a. wegen außereuropäischer Konkurrenz drastisch ab und war gegen das Ende des 19.Jh. kaum noch von Bedeutung.[26] Spuren von früherem bzw. vorgeschichtlichem Bergbau sind wenig bekannt. Die Wahrscheinlichkeit ihrer Zerstörung durch mittelalterliche und moderne Abbautätigkeit ist sehr groß, wie dies in anderen erzführenden Gebieten nach-

---

[20] Novotná 1955 Tab.1-3. Dies. PBF IX 3 (1970) 3.
[21] Zu einem späteren Zeitpunkt folgte Pittioni mit den Ergebnissen ähnlicher Erforschungen im österreichischen Raum. Pittioni 1980.
[22] Liptáková 1973.
[23] Točík und Bublová 1985.
[24] Atlas Slovenska, Blatt III 6-7. Sedlmeyer 1973.
[25] Slivka 1978, 1980 und 1981. Vergleiche u.a. Tylecote 1987,29-31.
[26] Magula 1981, 1987.

gewiesen werden kann.[27] Jedoch deuten die Häufigkeit an Metallgegenständen und Gußformen sowie das Vorkommen von für Bergbau geeigneten Geräten aus Siedlungen, Gräbern und Hortfunden auf die Gewinnung von Kupfererzen im Slowakischen Erzgebirge in vorgeschichtlicher Zeit hin.[28]

Die Möglichkeit und das Ausmaß, in dem Zinn im Slowakischen Erzgebirge in vorgeschichtlicher Zeit gewonnen wurde, sollte ebenfalls nicht ausgeschlossen werden. Zinn kommt unter Umständen zusammen mit Gold vor und kann auf ähnliche Weise wie Gold in alluvialen oder sekundären Ablagerungen gefunden werden.[29] Das Vorkommen von Gold im Slowakischen Erzgebirge ist reichlich belegt, jedoch sind Angaben zum Zinnvorkommen unterschiedlich. Gräber der Košt'any- und Hatvan-Kultur im Košice-Becken und in Hernádkak, in denen Zinnbronzen gefunden wurden, weisen sonst keine Zeichen fremder Einflüsse auf. Diese Fundsituation weist nicht auf weitreichende Handelsbeziehungen hin, sondern spricht für eine naheliegende Quelle des Zinnerzes.[30] Unklarheit über die Entstehung und Ablagerung von Zinnerzen, Meinungsverschiedenheiten in Bezug auf das Herkunftsgebiet von Zinn in prähistorischer Zeit sowie der unterschiedliche Stand der prähistorischen Bergbauforschung in den verschiedenen metallführenden Gebieten überhaupt zeigen, daß das Problem des Zinn- und Kupfervorkommens noch längst nicht gelöst ist und größere Aufmerksamkeit benötigt. Intensive Geländebeobachtungen nach bestimmten Gesichtspunkten in Gebieten von vermuteten oder überlieferten Bergwerken haben zur Entdeckung von Spuren prähistorischer Bergbautätigkeit in ehemaligen und modernen erzführenden oder metallproduzierenden Gebieten geführt.[31] Die gleichen Ergebnisse wären bei ähnlichen Felduntersuchungen im Slowakischen Erzgebirge ebenfalls zu erwarten.

---

[27] Vergleiche Tylecote 1987,29.
[28] Vergleiche Abb.4 und Kapitel V D. Bemerkungen zu den Metallanalysen.
Vergleiche auch Childe 1929, 5-7, 223, 231, 246, 415, Map 1. Novotná 1955, Karte 1-2. Liptáková 1973. Taylor 1983, 297. Tylecote 1987,39, Fig.2.8-2.10.
Die Fundplätze spätbronzezeitlicher Hortfunde in der Ostslowakei und im nördlichen Ungarn entsprechen allgemein dem Verbreitungsgebiet der kupfer- und frühbronzezeitlichen Kupfergeräte. Dabei ist eine Intensivierung des Vorkommen zu beobachten. Vergleiche Novotná 1955 Karte 1-2, Mozsolics 1973 Abb.17 und 1985 Tafel 279 und Gašaj 1982, 292-293 Karte C.1.
[29] Tylecote 1987, 44-47, Fig.2.4.
[30] Vergleiche zuletzt Furmánek, der die Verbreitung der spätbronzezeitlichen Hortfunde und Einzelfunde zusammen mit dem Vorkommen von Zinnerz kartiert. Anhand geologischer Beobachtungen u.a. legt er weitere Gründe für eine einheimische Quelle des Zinns im Slowakischen Erzgebirge vor. Furmánek 1987, 49-50 Abb.13.
[31] Genaueres dazu siehe E.Pernicka, Jahrb. RGZM 33,2, 1986, 723-725. Tylecote 1987, 46 Fig.2.5.

II. Forschungsgeschichte.

A. Geschichte der Ausgrabungen in Hernádkak.

1934-1935 wurde das Gräberfeld unter der Leitung von Ferenc von Tompa, dem damaligen Direktor des Ungarischen Nationalmuseums in Budapest, großflächig ergraben und erforscht.[32] Von Tompa notierte in seinem Grabungstagebuch, daß im Jahre 1934 die Ausgrabung vom 22. Mai bis 2. Juni stattfand und daß 30 Arbeiter daran teilnahmen. Einzige Angaben über die genaue Lokalität der Grabung sind die Erwähnung des Ida-Gehöfts, wo 1600 qm aufgedeckt wurden, sowie die Aufzählung von vier weiteren Grundstücken, jeweils mit Zahlen, die sich wohl auf die Größe der dort ergrabenen Flächen beziehen:
Molnár Samuel - 2250 qm, Sarafi Lájos - 130 qm, Molnár Sandor - 160 qm und Juhász Jánosné - 100 qm.[33] In diesem Zeitraum wurden insgesamt 93 Gräber, darunter 90 Körper- und 3 Brandgräber (Grab 1-93), aufgedeckt. Im folgenden Jahr 1935 wurde die Grabung unter von Tompas Leitung vom 30. September bis 9. Oktober durchgeführt. 25 Arbeiter nahmen daran teil und weitere 35 Gräber (Gräber 94-131) wurden ausgegraben. Die genaue Stelle der zweiten Grabungskampagne ist nicht aus von Tompas Notizen zu entnehmen. Er erwähnte lediglich, daß Grab 130 und evtl. Grab 131 50 m weiter entfernt von den vorher aufgezählten Gräbern, auf dem Grundstück von Sarafi Lájos in der Nähe der Landstraße, aufgefunden wurden. Die Zugehörigkeit der beiden Gräber zum Gräberfeld ist daher fraglich.[34]

Bei beiden Grabungskampagnen führte von Tompa nach den Handschriften zusammen mit vermutlich noch drei weiteren Personen ein Tagebuch. Jedes aufgedeckte Grab wurde mit kurzer Befundbeschreibung handschriftlich und auf Ungarisch in einem Heft aufgenommen. Dabei wurde der Grabbefund mit Angaben zur Grabgrubentiefe und der Grablänge, Geschlecht des Bestatteten und Lage des Skeletts und der Beigaben, falls erkennbar, kurz beschrieben.[35] Es ist nicht bekannt, nach welchen Kriterien von Tompa jeweils das Geschlecht des Bestatteten festgestellt hatte. Es scheint, daß lediglich die Orientierung und die Rechts- bzw. Linkslage des Skeletts, evtl. die Tiefe des Grabes, ausschlaggebend waren. Untersuchungen von physioanthropologischer Art, um das jeweilige Geschlecht festzustellen, wurden anscheinend nicht unternommen. Der Verbleib der ausgegrabenen Knochen ist ebenfalls nicht bekannt. Außer den bereits erwähnten Aufzählungen von Grundstücken machte von Tompa in den Grabungstagebü-chern weder eine nähere Beschreibung von der Lage noch von der Ausdehnung des Gräberfeldes. Ein Plan der Gräber oder genaue Hinweise, wie die Gräber in Bezug zueinander lagen, sind ebenfalls nicht bekannt. Wie den Grabungsheften zu entnehmen ist, wurden die Gräber scheinbar je nach Aufdeckung der Reihe nach im Heft eingetragen. Gelegentlich wurde die Lage

---

[32] von Tompa 1934-35, 97-98. Bóna 1975, 148.
[33] Heft I unter: Dokumentation Nr. 3.H.I., Fundort Hernádkak, Megye Borsod-Abaúj-Zemplén, Kreis Miskolc, im Archiv des Ungarischen Nationalmuseums, Budapest.
[34] Heft III, Dokumentation Nr. 3.H.I., Fundort Hernádkak, Kreis Miskolc, Megye Borsod-Abaúj-Zemplén, Archiv des MNM Budapest. Budapest.
[35] Eine Übersetzung der Tagebücher bzw. der Befundbeschreibung ist im Katalog unter dem betreffenden Grab mitaufgeführt. Siehe auch Verzeichnis 7. Zur Übersetzung der Grabungstagebücher.

jener Gräber erwähnt, die sich unmittelbar anschlossen oder direkt nebeneinander lagen. Es ist den Schriften von Tompas nicht zu entnehmen, ob das Gräberfeld vollständig freigelegt wurde.[36] Neben der Beschreibung der aufgedeckten Gräber wurden u.a. Arbeiter und Tagelöhner aufgezählt, Löhne ausgerechnet und desgleichen. Außerdem gibt es noch einige Angaben, die das zur gleichen Zeit von von Tompa aufgedeckte Gräberfeld in Megyaszó betreffen: Vermessungen(?) von einigen Gräbern sowie eine Aufzählung der Gräber, die Metallfunde enthielten.

1939 entdeckte Horvath Imre, ein Lehrer in Hernádkak, ein weiteres Grab an einer anderen, unbekannten Stelle in der Ortschaft. Daraus stammten ein langhalsiger Krug mit Kannelurverzierung und eine verzierte Dolchklinge. Fundstelle und Fundumstände sind jedoch nicht weiter bekannt.[37]

Der Hauptteil des Fundmaterials aus dem Gräberfeld Hernádkak befindet sich heute im Ungarischen Nationalmuseum in Budapest. Vorhanden sind die Beigaben aus den Gräbern 1-9, 11-13, 15-19, 21-26, 28, 31-34, 36-37, 39-40, 42-46, 48-51, 53, 54 (ein Gefäß), 55-56, 58, 64, 67, 71, 74, 78, 81-82, 85, 89-90, 92-93, 104, 108, 111, 117, 123-124 und 126.[38] Eine kleinere Zahl von Fundmaterial aus Hernádkak wird in dem University Museum of Archaeology and Anthropology in Cambridge (Großbritannien) aufbewahrt. Vertreten sind Fundkomplexe aus den Gräbern 54, 96, 98, 101, 102, 103, 105, 109, 122, 125 und 129.[39] Zusammen mit einer ebenfalls kleinen Zahl an Grabfunden aus dem Gräberfeld von Megyaszó stammt das Fundmaterial aus einer Stiftung von Louis Clarke, dem damaligen Kurator des Museums, an das University Museum. Clarke, der aus Cambridge stammende Philanthrop, unternahm Anfang dieses Jahrhunderts mehrere Exkursionen und archäologische Erforschungen in Ungarn. Wegen seiner finanziellen Unterstützung der Erforschung der Gräberfelder Hernádkak und Megyaszó (1934-1935) bekam er einen Anteil der ausgegrabenen Grabkomplexe.[40] Das sich im University Museum in Cambridge befindliche Fundmaterial wurde nach Grabzugehörigkeit mit kurzer Beschreibung vollständig in Inventarbüchern und Karteien aufgenommen. Jedoch sind weder Angaben über den Grabbefund noch Pläne oder Skizzen vom Gräberfeld bekannt.

Nach Abschluß der von Tompaschen Forschungen in Hernádkak im Jahre 1935 fand der Großteil des ergrabenen Fundmaterials endgültige Aufbewahrung im Ungarischen Nationalmuseum in Budapest. Dort verblieb er uninventarisiert und in Kisten verpackt. Erst Anfang der 50er Jahre konnte A.Mozsolics anhand der Grabungshefte und Hinweise auf die Grabzugehörigkeit in Form von Zetteln in den einzelnen Gefäßen einen Teil des Fundmaterials inventarisieren. Ihre Arbeit war erheblich erschwert, da die noch in Kisten aufbewahrten Funde mit erwähnten Hinweisen auf Grabzugehörigkeit durch Angriffe im Zweiten Welt-

---

[36] Vergleiche von Tompa 1934-35,97.
[37] Dokumentation Nr. 40.H.I. im Archiv des Nationalmuseums, Budapest. Inv.Nr. 150.1939.12.
[38] Inv.Nr. MNM 1952.3.1-59 und 1953.24.1-98.
[39] Inventarnummer UMC 1936. 563-573.
[40] Dank Mitteilung von M.D.Cra'ster, Assistant Curator, UMC.
Fundorte, aus denen Clarke auch noch Fundmaterial erhielt, entweder als angekaufte Einzelfunde oder als Anteil der ausgegrabenen Funde: Tószeg, Nagyrév, Herpály, Zagyvapálfalva, Füzesabony, Bihar, Borsod, Miskolc, Piliny, Dolany, Pusztaistvánháza und Szeleta-Höhle, u.a.

krieg zum Teil zerstört oder zumindest durcheinander geraten waren.[41] Bei einem Teil der inventarisierten Funde fügte Mozsolics eine Beschreibung des Grabbefundes bei, die sich auf die Tagebücher von von Tompa bezieht. Auf Grund der Übereinstimmung zwischen der Fundbeschreibung bei von Tompa und Mozsolics und mit dem Fundobjekt selbst werden diese Gegenstände im Rahmen vorliegender Arbeit ausschließlich in Betracht genommen.[42]

Kurz nach dem Abschluß seiner Ausgrabungen in Hernádkak und Megyaszó stellte von Tompa beide Gräberfelder in knapper Zusammenfassung im Rahmen seiner größeren Forschungsgeschichte Ungarns vor. Dabei verzichtete er auf eine genaue Beschreibung der Gräber und auf einen Plan beider Gräberfelder. Die Lage des Bestatteten sowie der Grabbeigaben in der Grabgrube sind lediglich an den Photos von einigen Gräbern zu ersehen.[43] Weiterhin ist es nicht bekannt, ob von Tompa beabsichtigte, seine Erforschungen in Hernádkak und in Megyaszó in ausführlicher oder monographischer Form zu veröffentlichen.

B. Stand der Forschung

Seit von Tompas Forschungen in Hernádkak und seiner darauffolgenden Forschungssgeschichte Ungarns haben mehrere Wissenschaftler in ihren Arbeiten auf einzelne Gräber bzw. Grabbeigaben aus Hernádkak verwiesen.[44] Dieses geschah weniger im Rahmen einer differenzierten Untersuchung des Gräberfeldes, sondern häufiger als kurze Bezugnahme auf einen für ihre Zwecke nützlichen Vergleichsgegenstand aus Hernádkak. Einzelne Gegenstände werden ohne Rücksicht auf ihren Fundkontext in Betracht gezogen. Oft wird die gesamte Gräberanlage Hernádkak im Zusammenhang und als gleichartig mit dem zwar geographisch naheliegenden, jedoch zeitlich zum Teil unterschiedlichen Gräberfeld Megyaszó genannt und das Fundbild beider Anlagen ohne Differenzierung betrachtet. Angesichts der spärlichen Dokumentation des Fundmaterials hat dieses Vorgehen manchmal zu irreführenden oder ungenauen Vergleichen und daraufhin zu falschen Schlußfolgerungen geführt, die für die kulturelle Bestimmung und chronologische Einordnung Konsequenzen haben. Bei ungenauer Kenntnis der Grabkomplexe aus Hernádkak oder Megyaszó ist weder eine eingehende Analyse des Fundmaterials noch eine genaue Stellungnahme in Bezug auf die Typologie der Gefäßformen und -verzierungen erlaubt. Dies

---

[41] Vergleiche Mozsolics' kurze Beschreibung des Zustandes der Beigaben aus Hernádkak Grab 39. Mozsolics 1967,141.
[42] Es handelt sich hier um Grab 1-9, 11-13, 15-19, 21, 23-26, 28, 29, 31-34, 36, 37, 39, 40, 42-46, 48-51, 53-56, 58, 64, 67, 68, 71, 72, 74, 76, 78, 80, 81, 84-87, 89-93, 95, 97, 104, 108, 111, 117, 123 und 124.
Gegenstände, die nicht mit der Fundbeschreibung im Tagebuch übereinstimmen, bleiben von einigen Ausnahmen abgesehen in der vorliegenden Arbeit unberücksichtigt. Im Katalog wird mit einem Vermerk auf ihren Ausnahmecharakter hingewiesen. Vergleiche Verzeichnis 9. Zur Inventarisierung des Fundmaterials im Ungarischen Nationalmuseum, Budapest, und im University Museum of Anthropology and Archaeology, Cambridge.
[43] von Tompa 1934-35, 97-98, Tafel 43-46. Weiteres zu den von von Tompa abgebildeten Grabfunden aus Hernádkak, siehe Verzeichnis 10. Zu den von Tompa abgebildeten Grabfunden aus Hernádkak.
[44] Die einzige von ihnen zitierte Quelle bleibt die Forschungsgeschichte von Tompas, wobei das Gräberfeld Hernádkak in wenigen Sätzen und mit Abbildungen von wenigen Grabfunden außerhalb ihres Fundkontextes dort beschrieben wird.

betrifft ebenso die Bestimmung der kulturellen Zugehörigkeit und chronologischen Einordnung der durch das Fundmaterial überlieferten Bevölkerungsgruppen.

Die heutige nationalstaatliche Grenze verläuft quer durch den Borsod-Slowakischen-Karst, das Hernád-Hornádflußtal und das Zemplén-Gebirge und trennt Komitat Borsod-Abaúj-Zemplén, Ungarn, vom okres Košice in der Slowakei. Sie wirkt als "Grenze" bzw. spielt eine beeinflussende Rolle in der Urgeschichtsforschung in Bezug auf die Vorstellungen von der Verbreitung frühbronzezeitlicher Bevölkerungsgruppen in dieser Landschaft, einerseits der Košt'any- und Otomani-Kulturgruppe in der Slowakei, andererseits der Hatvan- und Füzesabony-Kulturen in Ungarn. Das führt dazu, daß das Vorkommen von Kulturgut der oben genannten Gruppen zum Beispiel im Gräberfeld Hernádkak (Ungarn) oder im Hornádflußtal (Slowakei) von dem einen oder anderen Wissenschaftler oft zu wenig beachtet wird, je nachdem, von welchem Standort aus beobachtet wird. Von slowakischen Vorgeschichtsforschern wird das Gräberfeld Hernádkak allgemein in Zusammenhang mit der Košt'any- und Otomani-Kulturgruppe gebracht. Es handelt sich um Forschungen über die Verbreitung beider Kulturen nord-nordwestlich des Obertheißgebietes, im Hornádflußtal, vor allem im Košice-Becken. Erscheinungen der Hatvan- und vor allem der Füzesabony-Kulturgruppe im südlichen Hernádtal und Hernádkak selbst werden weniger berücksichtigt.[45] Umgekehrt wird von ungarischen Wissenschaftlern beweisführendes Fundmaterial aus dem südlichen Hernádtal, hauptsächlich aus den Gräberfeldern Hernádkak und Megyaszó, hervorgehoben, um die Verbreitung der Hatvan- und Füzesabony-Kulturgruppe zu begründen. Dabei werden Funde bzw. Elemente der Košt'any- und Otomani-Kulturgruppe seltener in Betracht gezogen. Auch die Verbreitung von charakteristischem Hatvan- und Füzesabony-Fundgut weiter nördlich im Hernád-Hornádtal und im Košice-Becken wird nicht untersucht. Somit bekommt das Hernád-Hornádflußtal einen gespaltenen Charakter; die dort durchgeführten Forschungen werden getrennt und geteilt ausgewertet, so daß ein Gesamtbild des Flußtales als Kulturlandschaft kaum entstehen kann. Die Bedeutung des Gräberfeldes Hernádkak, im Hinblick auf die Gräberkunde in der Landschaft des Hernádflußtales während der frühen Bronzezeit, kommt dadurch nicht zur Geltung.

A. Mozsolics widmet in ihrer Studie zu früh- und mittelbronzezeitlichen Bronzefunden im Karpatenbecken dem Metallgut aus Grab 39 in Hernádkak größere Aufmerksamkeit.[46] Sie berichtet im allgemeinen Kontext über das Vorkommen der Kugelkopfnadel mit tordiertem Schaft und der Hülsenkopfnadel in den Gräberfeldern Hernádkak und Megyaszó. Dadurch entsteht der Eindruck, daß beide Nadeltypen zu dem Fundbild von beiden Gräberanlagen gehören. Es sind jedoch keine Kugelkopfnadeln unter den Grabkomplexen aus Hernádkak, sondern nur in Megyaszó bekannt. Sie setzt das Gräberfeld Hernádkak zusammen mit der ersten bzw. älteren Phase der Füzesabony-Kultur und mit dem Depothorizont von Hajdúsámson zeitgleich. Für Mozsolics zeigt das Metallformengut aus Hernádkak Übereinstimmung mit dem Inhalt dieser Zeitstufe. Sie hebt die altertümliche Form der Lanzenspitze aus Grab 39 hervor, deren Aufbau von

---

[45] Bátora 1981, 1983. Gašaj 1986. Hájek 1958, 61-62, 67. Olexa 1982, 391-394. Pástor 1962, 80 und 1965, 46. Vladár 1980, 199-200.
[46] Dabei ist Grab 39 irrtümlich mit Grab 38 verzeichnet. Mozsolics 1967, 61-63, 82, 119-123, 141 Taf.7.3-7. Bei ihrer Inventarisierung der Grabkomplexe berücksichtigt sie eingehend die wenigen, im MNM vorhandenen Grabungsunterlagen von von Tompa.

aussagefähiger Wichtigkeit sei.⁴⁷ Dies gilt ebenfalls für die verhältnismäßig kleine Form der Ahle aus dem gleichen Grab. Im Gegensatz zum Metallgut weist die Keramik aus Grab 39 nach Mozsolics' Meinung eindeutige Verwandtschaft mit der Hatvan-Kultur auf.

L.Hájek hob die Bedeutung der Ostslowakei, besonders des Fundorts Barca und des Gebietes des Košice-Beckens, "geographisch ein geschlossenes Gebiet", für das Äneolithikum und die Bronzezeit hervor.⁴⁸ Er beschrieb die Schichtenabfolge in der vorgeschichtlichen Siedlung Barca und wies auf die Kulturzugehörigkeit des in der jeweiligen Schicht vorhandenen Fundmaterials hin *(Abb.5)*. Dabei sah er in Bezug auf das Fundbild der oberen Schichten einen Zusammenhang mit dem Gräberfeld Hernádkak.

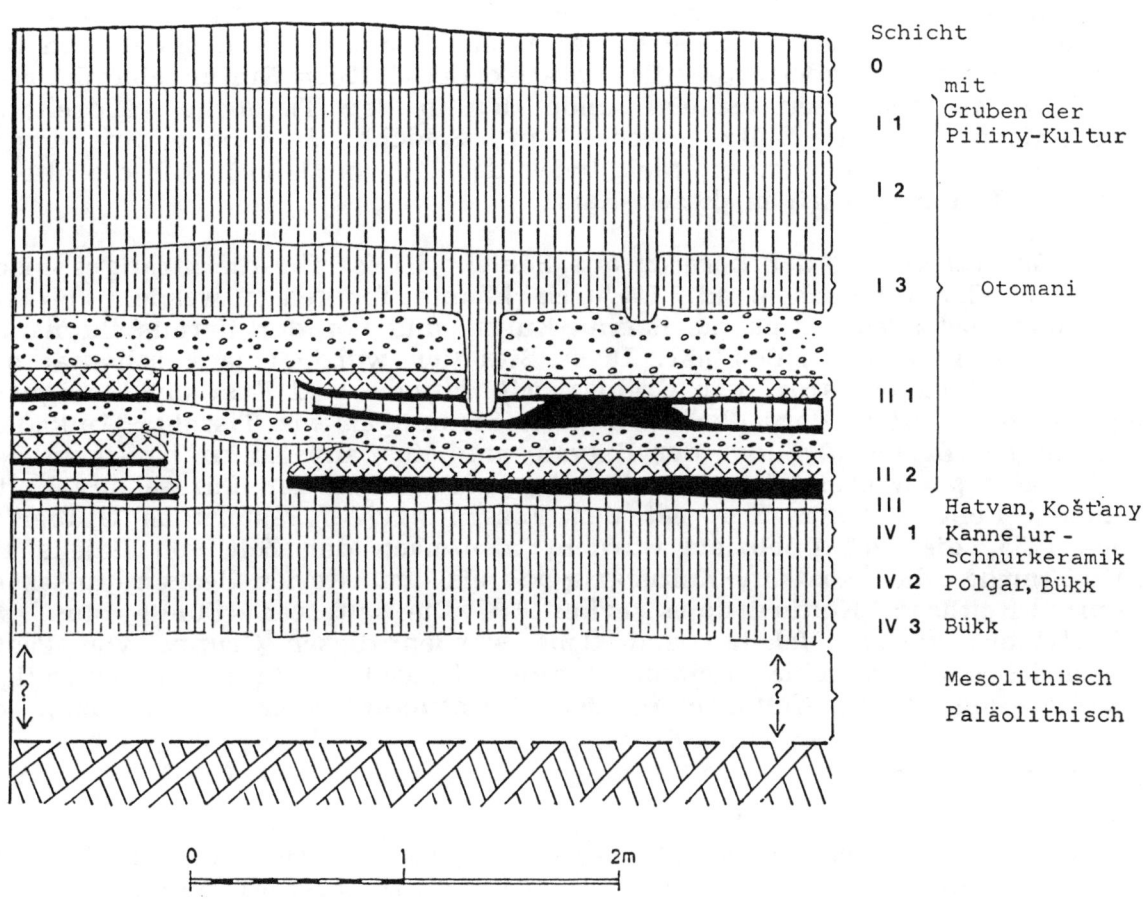

Abbildung 5. Schichtenabfolge der Siedlung Barca.

Die untere Schicht IV 2-3 in Barca schrieb Hájek der äneolithischen Polgar- und Bodrogkeresztúr-Kultur zu.⁴⁹ Die letzte Phase 1 der Schicht IV enthielt Keramik mit schmalen Kanneluren bzw. Rillen und mit Schnurabdrücken, die

---

⁴⁷ Vergleiche Kovács 1975b.
⁴⁸ Hájek 1958, 59-76.
⁴⁹ Hájek 1957, Abb.1; ders. 1958, 61, 64-65. Vergleiche Kabát 1955a und b.

Hájek der ostslowakischen Schnurkeramik-Kultur zuwies.[50] Er erwähnte außerdem das Vorkommen eines Beils aus Kupfer sowie einer Pfeilspitze aus Silex in dieser Schicht.[51] Die folgende Kulturschicht III gehört laut Hájek bereits der frühen Bronzezeit an. Sie besteht aus einer dünnen, grauen Lehmschicht und wies keine Zeichen von Hausgrundrissen, Fußbodenresten oder Hüttenlehm auf, enthielt jedoch Keramik mit "wabenförmigen Vertiefungen" und "spiralförmigen Buckeln".[52] Aufgrund der letztgenannten Spiralverzierung schrieb Hájek diese Funde bzw. Schicht III der Otomani-Kultur zu, die der Füzesabony-Kultur in Ungarn entspricht. Die Gefäßbruchstücke mit wabenförmigen Vertiefungen waren für Hájek außerdem ein Indiz für die Anwesenheit der Hatvan-Kultur in Schicht III. Somit konnte er Schicht III in Barca mit der Hatvan- und der Otomani-Kultur füllen. Leider fügte Hájek keine Abbildungen des für ihn kennzeichnenden und beweisführenden Fundmaterials bei. So kann nicht nachgeprüft werden, ob die "spiralförmigen Buckel" aus Barca Schicht III der für die Otomani-Kultur charakteristischen Spiralbuckelverzierung aus spiralförmigen Kanneluren mit einzelnen, flach konischen Buckeln entsprechen[53] oder ob es sich hier tatsächlich um kleine spitze und buckelartige Knubben handelt, die die Keramik der Hatvan-Kultur charakterisieren.[54] Da die charakteristischen Funde der in der Tiefebene verbreiteten, gleichzeitigen Nagyrév-Kultur weder in Schicht III noch im ganzen Košice-Becken vertreten waren, hielt Hájek das Hatvan-Material für die ältesten Funde der Frühbronzezeit in diesem Raum.

Die Differenzierung der Keramik aus Schicht III ist für die stratigraphische Abfolge in Barca entscheidend. Dadurch könnte festgelegt werden, ob eine Besiedlung dort allein durch die Hatvan-Kultur und vor der Herausbildung der Otomani-Kultur stattgefunden hat. Diese Situation würde eine Parallelität zwischen Schicht III in Barca, den Gräbern mit Hatvan- und Košt'any-Fundgut im Košice-Becken und in Hernádkak und auch Siedlungen wie Tiszaluc-Dankadomb unterstützen. Dort sind Funde der Hatvan- und Košt'any-Kultur häufig in Vergesellschaftung, während Keramik der Nagyrév- sowie der Füzesabony-Kultur in diesem Kontext fehlt. Erst mit den Forschungen J.Pástors im Gräberfeld Košice 1955, die 1962 publiziert wurden, also nach der Zeit von Hájeks Bericht, wurde die Košt'any-Kulturgruppe als im Košice-Becken ansässige frühbronzezeitliche Kulturgruppe erfaßt.[55] Die ältesten Funde aus den Gräberfeldern Košice, Valalíky und Čaňa wurden dieser Gruppe von Pástor zugeschrieben. Nach seiner Meinung fehlten Keramikformen der gleichzeitigen Nagyrév- und Hatvan-Kulturen in dem Grabfundinventar.[56] So bleibt die

---

[50] Hájek 1958, 61, 65-67, Abb.4-5.
[51] Sie finden einen Vergleich bei den Kleinfunden aus den frühen Gräbern der Košt'any-Kultur in Košice-Becken. Vergleiche zum Beispiel Košice Grab 149, 153, 154 und 158. Pástor 1969 Tafel 22.10-15, 24.9-19, 25.1-5, 26.8-17. Čaňa Grab 11. Pástor 1978 Tafel 6.4. Čaňa Grab 21. Pástor 1978 Tafel 3.3. Valalíky-Všechsvätých Grab 49. Pástor 1978 Tafel 26.7. Valalíky-Košt'any Grab 17. Pástor 1962 Abb.11-12, 18-24.
[52] Hájek 1958, 61-62, 67.
[53] Vergleiche zum Beispiel Abb.48.11-14.
[54] Vergleiche zum Beispiel Abb.47.29.
[55] Pástor 1978,7 Anm.1.
[56] Während charakteristische Züge der Hatvan-Kultur in den frühesten Gräbern in Košice fehlen, kommen in der nachfolgenden Phase des Gräberfeldes sowie in Čaňa, Všechsvätých und in Hernádkak Košt'any- und Hatvan-Formen zusammen vor. Vergleiche Hatvan-Elemente im Gräberfeld Čaňa: Grab 10, 11, 36,37,46,57,70. Pástor 1978 Tafel 2.9, 3.2,4, 8.2,4, 10.2, 11.10, 14.1. In

Frage, ob auch charakteristische unverzierte Keramik der Košt'any-Gruppe in der Siedlungsschicht III in Barca tatsächlich vorhanden war, aber nicht als eigenständiges Fundgut erkannt wurde. Stattdessen wurde die zu Hájeks Zeit schon bekannte Keramik mit Textilabdrücken der Hatvan-Kultur als bestimmendes Fundgut der Schicht herangezogen.

Auf die fragliche Hatvan-Schicht III in Barca folgt eine zwei Meter starke Ablagerung von Siedlungsschichten mit mehreren Brand- und Planierungshorizonten. Aufgrund des Fundbestandes wurde sie von Hájek in zwei chronologische Schichten mit je 2-3 Phasen unterteilt und der klassischen Phase der Otomani-Kultur zugeschrieben.[57] Die abgebildete, in Schicht I-II häufig vertretene Spiralbuckelkeramik setzt sich sowohl in der Form als auch in der Verzierung von dem Košt'any-Fundgut in den Gräberfeldern Košice, Valalíky, Čaňa und Hernádkak eindeutig ab. Im Gegensatz zu Hájeks Behauptungen kann das Gräberfeld Hernádkak nicht mit beiden Schichten I und II in Zusammenhang gebracht werden, sondern relativchronologisch gesehen eher mit Schicht III. Letzteres muß jedoch offen bleiben, bis das von Hájek beschriebene Material aus Schicht III veröffentlicht wird.[58]

Bei der Besprechung des Otomani-Formengutes aus den oberen Schichten I-II in Barca nahm Hájek zu Metallgegenständen aus mehreren Fundorten Bezug. Darunter waren eine Dolchklinge[59] und in einer weiteren Abhandlung mehrere Kugelkopfnadeln,[60] die aus dem Gräberfeld Hernádkak stammen sollen.[61] Er verglich die Gegenstände außerdem mit ähnlichen Formen der Aunjetitz-Kultur in Böhmen. Die angeblich aus Hernádkak stammende Dolchklinge und die Nadeln gibt es jedoch nicht unter den inventarisierten Metallfunden des Gräberfeldes. Darüber hinaus erwähnte von Tompa in seiner Beschreibung der einzelnen Gräber keine solchen Metallformen. Die Gegenstände weisen untereinander und im Vergleich zu den Grabbeigaben einen heterogenen Charakter auf. Aus diesen Gründen werden die aufgeführten Kugelkopfnadeln und die Dolchklinge hier lediglich als Streufunde aus der Gegend Hernádkaks gewertet, wenn sie nicht überhaupt als ein Irrtum Hájeks aus der Diskussion gelassen werden sollten. Aus dem angeblich zur Siedlung gehörenden Körpergräberfeld Barca III bildet Hájek als einziges eine reich verzierte Dolchklinge ab.[62] Mangels weiterer Fundabbildungen und -beschreibungen besteht keine Vergleichsmöglichkeit zwischen dem Fundmaterial aus der Siedlung Barca I und dem Gräberfeld Barca III sowie aus den naheliegenden Gräberfeldern Košice, Valalíky und Čaňa und aus Hernádkak. Die Randleistenbeile, mit einer Ausnahme, haben eine lange, schlanke Form im Vergleich zu der kurzen, kräftigen Gestalt des Beils in Hernádkak Grab 96 und Všechsvätých Grab 47. Die verzierte Dolchklinge mit geschweiftem Umriß findet keinen Vergleich mit den unverzierten, geradschneidigen Dolchklingen aus Hernádkak und dem Košice-Becken.[63]

Všechsvätých Grab 33. Pástor 1978 Tafel 23.9. In Hernádkak zum Beispiel Grab 49. Siehe Kapitel VI A. Gliederung der Gräberfelder im Košice-Becken.
[57] Hájek 1958, 62-64, 67-73.
[58] Hájek 1958 Abb.8-10.
[59] Hájek 1958, 72-73 Abb.13.2.
[60] Hájek 1954, 115ff., Abb.22. Vergleiche Novotná 1980, 46 Anm.18.
[61] Sie wurden von Hájek ohne Angaben über ihren Fundzusammenhang oder -umstände aufgeführt.
[62] Hájek 1958 Abb.13.1.
[63] Hájek 1958 Abb.11-12.

Im Rahmen seiner Forschungssgeschichte der Frühbronzezeit in Nordost-Ungarn beschreibt N.Kalicz ausführlich das Verbreitungsgebiet und die Erscheinungsformen der dortigen Siedlungen und Gräberfelder der Hatvan-Kultur. Das ihr zugewiesene Gebiet umfaßt das obere Donau-Theiß-Zwischenstromland (Kom. Heves und nördliches Szolnok) mit der Berg- bzw. Hügellandschaft nördlich und östlich der Donau (Kom. Nógrad und Pest) und das südliche Hernádflußtal (Komitat Borsod-Abaúj-Zemplén).[64] Eine Konzentration von Fundorten ist an den Zagyva-, Tápio- und Tarnaflußläufen, quer durch das Borsoder Flachland und an der Theiß entlang, weniger in das untere Hernádflußtal hinein, zu beobachten.[65] Bei den kartierten Fundorten handelt es sich außer um Einzelfunde und vereinzelte oder vermutete Gräber hauptsächlich um Siedlungsplätze, weniger um Gräberfelder. Sie werden von Kalicz mit Bezug auf ältere Fund- oder Grabungsberichte und aufgrund der Lage und Form der Siedlung oder des von dort stammenden Fundmaterials der Hatvan-Kultur zugeschrieben. Die Siedlungen bestehen in der Regel aus mehreren Wohnschichten von 2-4m Höhe und liegen oft in kleinen Entfernungen zueinander.[66] In einigen Fällen wurde unweit des Siedlungsplatzes eine dazugehörige (?) Gräberanlage gefunden.[67]

In den einzelnen Siedlungen im nördlichen Zwischenstromland ist neben der Hatvan-Kultur eine Belegung durch unterschiedliche Kulturgruppen in der Schichtenfolge zu bemerken. Häufig folgt die Hatvaner Besiedlung auf Wohnschichten mit Fundmaterial, das Kalicz der Nyírség-Gruppe der Zók-Kultur zuschreibt.[68] Ebenso häufig wird die Hatvan-Siedlung von Siedlungsschichten überlagert, die nach Kalicz das charakteristische Fundmaterial der Füzesabony-Kulturgruppe enthalten.[69] Selten enthalten die Siedlungsschichten ausschließlich Fundgut der Hatvan-Kultur.[70] Funde der Kisapostag-, Nagyrév- oder Perjámos-Kultur sowie Beispiele der transdanubischen inkrustierten Keramik kommen ebenfalls selten vor. Diese Beobachtung ist von Bedeutung mit Bezug auf die Vergesellschaftung von Formen verschiedener Kulturen in Hernádkak-Gräbern und die Gliederung der Grabkomplexe.[71] Leider fehlen bis jetzt ausführliche Pläne und Beschreibungen zur Stratigraphie von allen der von Kalicz zitierten mehrschichtigen Hatvan-Siedlungen im Gebiet des nördlichen Zwischenstromlandes und im Hernádtal. Eine Ausnahme dazu ist die von Kalicz 1957 und 1960 ergrabene Siedlung Tiszaluc-Dankadomb.[72] Aus diesem Grund ist das Siedlungs- und Fundbild der Hatvan-Kultur innerhalb einer bestimmten Landschaft und im Rahmen einer typologischen Entwicklung schwer zu umschreiben.

---

[64] Vergleiche Kapitel I.
[65] Kalicz 1968, 129-131 Abb.4. Vergleiche Kalicz 1984, 192-195.
[66] Ebd. 131 und zum Beispiel Nr.27-30 Mezőcsát, Nr.31-32 Tiszakeszi, Nr.33 Ároktő-Dongóhalom und Nr.34 das Földvár bei Szentistván-Schenke.
[67] Ebd. 120 Nr.49-50 Tarnaméra und Nr.52-53 Zaránk-Dögút, 121 Nr.59-63 Hatvan und Nr.86-89 Szécsény, 124 Nr.136 Bag und Nr.137-138 Aszód, 125 Nr.140 Galgahéviz, 126 Nr.171-172 Jászdózsa, 127-128 Nr.191-192 Tiszaug, 128 Nr.196-197 Szelevény und S.149.
Vergleiche Kalicz 1984, 195-196.
[68] Ebd. zum Beispiel Nr.1 Tiszaluc-Dankadomb.
[69] Ebd. zum Zum Beispiel Nr.27 Mezőcsát-Pástidomb, Nr.33 Ároktő-Dongóhalom, Nr.47 Füzesabony-Öregdomb und Nr.171 Jászdózsa-Kápolnahalom. Siehe S.166.
[70] Ebd. 165 Nr.59 Hatvan-Strázsahegy.
[71] Siehe Kapitel VI C. Gliederung des Gräberfeldes Hernádkak.
[72] Siehe weiteres dazu in Kapitel VI B. Stratigraphie der Siedlung Tiszaluc-Dankadomb.

Außer mehreren vereinzelten Gräbern und vermutlichen Grabgefäßen verfügt Kalicz über wenige erschlossene oder anerkannte Gräberanlagen der Hatvan-Kultur im nördlichen Zwischenstromland und im Hernádtal. Diese Situation führt er auf den Forschungsstand sowie auf die allgemeine Unkenntnis über die Bestattungsweise der Hatvan-Kultur zurück. Jedoch nach genauer Unterscheidung zwischen Urnen- und Brandschüttungsbestattungen konnte Kalicz feststellen, daß die Brandschüttung ein häufiger, wenn nicht der ausschließliche Bestattungsritus der Hatvan-Kultur in Nordost-Ungarn war.[73] Bezugnehmend auf die Angaben von Tompas erwähnt Kalicz das Vorhandensein von drei Brandgräbern im Gräberfeld Hernádkak. Auf den Hatvan-Charakter mancher Gefäße in diesen Gräbern sowie in den übrigen, überwiegenden Körpergräbern in Hernádkak geht Kalicz nicht näher ein.[74]

T. Kovács hat sich in mehreren Aufsätzen über verschiedene Aspekte der Füzesabony-Kultur befaßt, u.a. allgemein über die Verwandtschaft zwischen der Füzesabony- und Otomani-Kultur, die Stellung dieser zu der Späthatvan- und Košt'any-Kulturgruppe. In diesem Rahmen zieht er mehrmals einzelne Grabbeigaben in Hernádkak und Tiszafüred außer anderen Fundorten als Vergleich heran, die Charakteristika dieser Kulturgruppen besitzen. Dies geschieht, ohne daß er eine ausführliche Beschreibung des betreffenden Grabbefundes anführt. Er behandelt die Gräberfelder nicht in ihrer Gesamtheit, sondern beschränkt sich auf einzelne Gegenstände und berücksichtigt dabei kaum den Mangel an Dokumentation.[75] Dies gilt u.a. für seine Abhandlung über die frühbronzezeitlichen Dolche im Karpatenbecken.[76] So wurde zu einem von Kovács aufgestellten Dolchtyp jeweils ein Metallgegenstand aus zwei Gräbern in Hernádkak zum Vergleich herangezogen. Die Metallgegenstände wurden zwar durch von Tompa im Grabbefund als "Votivschwert" aufgenommen, jedoch weisen sie wenig Ähnlichkeit mit dem von Kovács behandelten Dolchtyp auf. Einer davon ist lediglich von einem Photo bekannt und nicht im MNM auffindbar.[77] So wird der Vergleich Kovács mit einem Dolchtyp und die Herkunft aus dem jeweils zitierten Grab fraglich. Auf ähnliche Weise bezieht sich Kovács auf zwei Tüllenlanzenspitzen aus Hernádkak. Dies geschieht im Rahmen seiner Studie über Lanzenspitzen im Karpatenbecken bzw. den Hortfund aus Mende.[78] Er fügt keine Beschreibung des jeweils dazugehörigen Grabkomplexes bei. Eine Lanzenspitze (Grab 39) befindet sich im MNM,[79] die andere ist bis jetzt nur von einem Photo bekannt.[80]

In seiner Dokumentation des Gräberfeldes in Pusztaszikszó nahm F. Kőszegi mehrmals übergreifenden Bezug auf das Gräberfeld Hernádkak.[81] Ohne ein einzelnes Grab im Fundverband zu beschreiben, zog Kőszegi ähnliche Keramik sowie Metallgegenstände für einen Vergleich zu Gräbern der frühen Phase der Füzesabony-Kultur in Pusztaszikszó heran. In gleicher Weise verwies B. Polla

---

[73] Kalicz 1968, 110, 143-149. Vergleiche ders. 1984, 195.
[74] Kalicz 1968, 117.
[75] Kovács 1975b, 28-34; ders. 1979, 64 Anm. 29; ders. 1984, 153-164.
[76] Kovács 1980, 154, Anm. 26.
[77] Vergleiche Bóna 1975 Tafel 163.1. Der zweite bekannte Gegenstand stammt aus Hernádkak Grab 108. Vergleiche Tafel 23.9 und Bóna 1975 Tafel 164.20.
[78] Kovács 1975b, 26 Abb. 4.1-3.
[79] Grab 39. Tafel 10.1.
[80] Grab 122. Tafel 24.1. Vergleiche Bóna 1975 Tafel 155.4.
[81] Kőszegi 1968.

mehrmals auf das Gräberfeld Hernádkak bei seiner Untersuchung der Begräbnissitten, der Keramik und des Schmucks in den Gräbern von Streda nad Bodrogom.[82]

Längere Zeit nach von Tompas Forschungen in Hernádkak und nach Mozsolics Inventarisierung der noch erhaltenen Grabfunde aus Hernádkak im MNM wurde das Gräberfeld von I.Bóna ausführlicher beschrieben. Dies geschah im Rahmen von Bónas größerer zusammenfassender Geschichte der Mittelbronzezeit Ungarns. Er umschreibt u.a. die Füzesabony-Gruppe der Kultur der Spiralbuckelgefäße in Bezug auf ihre Verbreitung, die Form der Siedlungen und Bestattungen, das für die Gruppe charakteristische Fundinventar und ihre Herkunft.[83] Am Anfang werden Hernádkak und Megyaszó als beispielhafte Gräberfelder der Füzesabony-Gruppe aufgeführt. Aufgrund der Grabfunde gliedert Bóna das Gräberfeld Hernádkak in zwei zeitliche Phasen A und B, die er seiner Entwicklungsphase A und B der Füzesabony-Gruppe zuschreibt. Grundlage für Bónas weitere Beschreibung der Füzesabony-Gruppe liefert das Fundmaterial aus den Siedlungen der Gruppe, etwa aus Füzesabony, Tiszafüred oder Tószeg. Nach seinen Angaben erstreckt sich das Verbreitungsgebiet der Füzesabony-Kultur von dem oberen Theißgebiet und dem Nyírség im Nordosten Ungarns über das südliche Hernádtal bis zum Matra-Gebirge im Westen, wobei sich das Zentrum der Gruppe im Gebiet der Bodrog- und Hernádflüsse befindet. Nach Bóna wurde die weitere Verbreitung und Ansiedlung der Gruppe nach Norden durch das Slowakische Erzgebirge u.a. zurückgehalten. So wird das Gebiet nach Norden hin, das heißt das Košice-Becken und das obere Hornádtal, als Kulturlandschaft abgegrenzt und nicht mehr von ihm berücksichtigt.

Im Laufe seiner Beschreibung geht Bóna mehrmals auf die Frage zur Rolle der Hatvan-Kultur in der Herausbildung und Entwicklung der Füzesabony-Gruppe ein. Mehrmals verweist Bóna auf den prägenden Einfluß der Hatvan-Kultur in der Verbreitung, im Fundinventar und nicht zuletzt in der Entwicklung der Metallurgie. Ohne Rücksicht auf die Vergesellschaftung von späten Hatvan- und frühen Füzesabony-Formen aus Gräbern in Hernádkak u.a. zu nehmen, schließt er letztlich eine Verwandtschaft der Füzesabony-Gruppe mit der Hatvan-Kultur jedoch aus. Er bezeichnet die Hatvan-Kultur als entfernten "Vorläufer", als "Urbevölkerung", gar als die von der Füzesabony-Gruppe "Besiegten". Auf die Frage zur Herkunft der Füzesabony-Gruppe verweist Bóna stattdessen auf Vorfahren in den kupferzeitlichen Kulturen Südost-Europas, hier die Bodrogkeresztúr- und Péceler-Kultur, zurück und leitet sie von der Gyulavarsánd-Gruppe ab. Grundlage dafür ist die gleichartige Bestattungsweise: Körperbestattung in seitlicher Hockerlage, sowie das Fundinventar. Mehrere Körpergräber in Hernádkak mit Hatvan-Keramik läßt er außer acht. Die dem Füzesabony-Zentrum naheliegenden Gräberfelder im Košice-Becken, die in mehrerer Hinsicht große Übereinstimmung zeigen, läßt er außer wenigen Anmerkungen ebenfalls aus der Diskussion.[84] Zum Schluß werden die Gräberfelder Hernádkak und Megyaszó im Vergleich zu rezent ergrabenen, gut dokumentierten Gräberfeldern und in Bezug auf die Auswertungsmöglichkeiten von Bóna als "überholt" bezeichnet. In

---

[82] Chropovsky 1960, 338-342.
[83] Bóna 1975, 144-170. Das Buch entstand in den 50er Jahren, erschien aber unverändert gedruckt erst zwanzig Jahre später. Weiteres zu dem von Bóna abgebildeten Fundmaterial, siehe Verzeichnis 11. Zu den von Bóna abgebildeten Grabfunden aus Hernádkak, und Mozsolics 1979, 335-338.
[84] Bóna 1975, 170 Anm.235-237.

diesem Sinne bleibt für ihn das Gräberfeld Hernádkak am Rande des Verbreitungsgebietes des Füzesabony-Gyulavarsánd-Kulturkomplexes und die eigenständige Kulturlandschaft des Hernádtals nimmt eine periphere Stelle zu den Entwicklungen im Karpatenbecken ein.

Obwohl Bóna bemüht war, die Grabfundkomplexe aus Hernádkak möglichst vollständig vorzustellen, fällt beim Vergleich der Befundbeschreibung der einzelnen Gräber in den Grabungstagebüchern mit dem heute noch vorhandenen Fundmaterial im Nationalmuseum Budapest auf, daß ein beträchtlicher Anteil der durch von Tompa geborgenen Grabkomplexe heute fehlt bzw. nicht mehr auffindbar ist. Die bis jetzt in den verschiedenen Studien erschienenen Funde stellen nur einen Bruchteil des ursprünglichen Materials dar. Die Befundbeschreibungen durch von Tompa wurden bei diesen Studien nicht einbezogen.[85] Somit basieren alle bisherigen Auswertungen des Gräberfeldes auf unvollständigen Angaben, die für das tatsächliche Gesamtbild der Fundkomplexe nicht repräsentativ sind. Diese Unvollständigkeit wird besonders klar, wenn man die im Tagebuch beschriebenen Gräber in Betracht zieht, die entweder zahlreiche[86] oder wenige, jedoch signifikante Kleinfunde[87] enthielten. Zum Beispiel wurde im Tagebuch notiert, daß aus Grab 67 vier Lockenringe, eine Perle aus Dentalium und eine aus Bernstein, 23 Perlen aus Spiraldraht, eine Drahtösenkopfnadel und ein Gefäß geborgen wurden. Lediglich das Gefäß wird in der Literatur abgebildet, die restlichen Beigaben bleiben unerwähnt.[88] Aus Grab 71 wurden sechs Perlen aus Spiraldraht, eine Fayenceperle, eine Punzier-Nadel, eine Nadel ohne Typenangabe und drei Gefäße im Tagebuch aufgezählt. Nur die Nadel und ein Gefäß werden in der Literatur abgebildet.[89] Grab 81 enthielt 17 Perlen aus Spiraldraht, 42 Perlen aus Bernstein, einen goldenen Lockenring, eine Rollenkopfnadel und drei Gefäße. Einige Spiralperlen und die Keramik sind abgebildet, ohne dem reichen Perlenschmuck Bedeutung zuzumessen.[90] Dadurch, daß die Befundbeschreibung sowie das heute im Nationalmuseum nicht mehr vorhandene Fundmaterial außer acht gelassen wurden, kann eine große Zahl an Grabkomplexen und somit ihre Bedeutung für die Auswertung des Gräberfeldes nicht berücksichtigt werden.[91]

---

[85] Als Einzige bezieht sich Mozsolics auf die Befundbeschreibung von Tompas bei Hernádkak Grab 39.
[86] Grab 67, 71, 81, 90, 95, 110 und 127.
[87] Grab 16, 34, 38, 59, 64, 82, 86, 87, 93, 94, 97, 108, 111, 117, 121, 124 und 126.
[88] Bóna 1975 Taf.159.5. Einen vergleichbar repräsentativen Kopfschmuck enthielten Grab 38, 59, 82 und 126, die ebenfalls im Tagebuch beschrieben werden, aber in der Literatur außer acht gelassen wurden.
[89] Bóna 1975 Taf.160.5-6, 163.25.
[90] Bóna 1975 Taf.160.14-16, 163.3.
[91] Vergleiche Verzeichnis 9. Zur Inventarisierung des Fundmaterials im Ungarischen Nationalmuseum, Budapest und University Museum of Anthropology and Archaeology, Cambridge.

III. Beschreibung des Gräberfeldes.

Einleitung

Die Untersuchung der Gräberanlage in Hernádkak wird durch das Fehlen an genauen und umfassenden Unterlagen aus den von Tompaschen Ausgrabungen erschwert. Neben von Tompas kurzer Beschreibung des Gräberfeldes innerhalb seines allgemeinen Forschungsberichts steht allein die wortkarge handgeschriebene Aufzählung der Gräber zur Verfügung. Dabei wurden die Ausmaße der Grabgrube, die generelle Ausrichtung und der Zustand des vorhandenen Skelettmaterials, das Fehlen oder Aufgewühltsein der Knochen, und die Lage der Gegenstände in der Grabgrube konsequent festgehalten. Da die Eintragungen nicht allein durch von Tompa geführt wurden, sind manche Angaben, wie zum Beispiel zur Grabrichtung, dem Zustand der Knochenreste und zur Bezeichnung der Grabbeigaben aus unterschiedlicher Sicht und daher nicht immer als einheitlich zu verstehen.[92] Die Ausmaße des Gräberfeldes wurden nicht angegeben, so daß es nicht sicher ist, ob das Bestattungsareal in seiner Ganzheit erfaßt worden ist.

Von den insgesamt 130 in den Grabungstagebüchern aufgezählten Gräbern kann nur ein Teil der Gräber anhand der Angaben über Bestattungsform, Lage und Richtung des Skeletts ausgewertet werden.[93] Ungefähr 20 Gräber sind angeblich die von Säuglingen. Hier waren wohl die starke Verwesung, die Größe der noch vorhandenen Knochen und Zähne und die Abwesenheit der Knochen die Hauptindizien für die Bestimmung als Kind oder Säugling für den jeweiligen Tagebuchführenden. Der Zustand dieser Knochenreste erlaubte in der Regel keinen Aufschluß über die Richtung des Skeletts.[94]

Das Fehlen eines Plans vom Gräberfeld verhindert eine horizontale Stratigraphie zu erarbeiten. Die Reihenfolge der Eintragungen der einzelnen Gräber im Grabungstagebuch zusammen mit den wenigen erhaltenen Grabphotos zeigen jedoch, daß die Gräber nicht regellos angelegt wurden. Mehrere Gräber waren in einer Reihe angeordnet,[95] oft lagen zwei Gräber unmittelbar nebeneinander,[96] oder drei oder mehrere Gräber, besonders die angeblichen Gräber von Säuglingen und Kindern, haben eine Gruppe gebildet.[97] Grabüberschneidungen wurden im Tagebuch nicht erwähnt. Entweder hat es sie offenbar nicht gegeben oder es wurde darauf nicht besonders geachtet.

---

[92] Siehe Verzeichnis 7. Zur Übersetzung der Grabungstagebücher und Verzeichnis 8. Zur Befundbeschreibung in den Grabungstagebüchern.
[93] Siehe Verzeichnis 12. Liste der nach Ausrichtung, Grabgrubentiefe und Altersgruppe zitierten Gräber. Wegen der je nach Tagebuchführendem unterschiedlichen Beobachtungen, pauschalen Feststellungen, wie zum Beispiel Himmelsrichtung, und der zuletzt nicht endgültigen Geschlechtsbestimmungen wird die Aussagekraft dieser Angaben erheblich gemindert.
[94] Davon Säuglingsgrab Nr.22-24, 28, 48-50, 61-63, 106-107, 115-116, 123, 125-129.
[95] Grab 1-3, 6-7, 9-10, 12-13, 24-25, 28-29, 36-37, 45-46, 65, 89-90, 109 und 117. Vergleiche Bóna 1975 Tafel 154.5, 6, 7(?); 155.6, 8; 156.7, 8, 9.
[96] Grab 4 und 5, 96a-b, 98 und 101. Siehe die Befundbeschreibung und vergleiche Bóna 1975 Tafel 154.3.
[97] Vergleiche Bóna 1975 Tafel 154.7.

A. Bestattungsweise.

Die Beschreibung der Bestattungsweise gründet hier auf den Befund in der Grabgrube bei der Aufdeckung, soweit der ursprüngliche Zustand noch zu erkennen war, ohne auf einen religiösen Vorgang oder eine Begräbniszeremonie zu deuten. Große Unterschiede sind in dem Erhaltungszustand der Knochen von den Tagebuchführenden beobachtet worden: von sehr gut, mäßig oder schlecht erhalten, bis verwest oder völlig verwest. In manchen Gräbern lagen die Knochen noch komplett in ihrer anatomischen Anordnung, während in anderen nur noch Zähne, Schädelpartien oder Extremitäten des Bestatteten vorhanden waren. Wenige Gräber wiesen überhaupt keine Skelettreste auf.

Die Beisetzungsform in Hernádkak ist außer wenigen Urnen- und Brandschüttungsgräbern und skelettlosen Grabanlagen vorwiegend die der Körperbestattung. Der Verstorbene wurde auf der linken oder rechten Körperseite in leichter Hockerstellung beigesetzt. Nach den wenigen Grabphotos scheint die mäßige Anwinklung des Körpers einheitlich gewesen zu sein. Schädel und Wirbelsäule waren gerade, während die Beine und Arme zum Körper hin angewinkelt lagen. Die Arme wurden unterschiedlich an den Körper geführt. Der auf der oberen Körperseite liegende Arm wurde im Ellenbogengelenk in einem rechten Winkel so gebogen, daß der Unterarm quer über die Taillengegend lag. Der andere Arm, auf dem der Körper lastete, war weiter aufwärts gezogen, so daß die Hand vor dem Gesicht ruhte. Weniger oft befanden sich die Arme zusammen. Die Beine wurden geschlossen und mäßig angewinkelt.[98]

Die Orientierung der einzelnen Gräber nach Himmelsrichtungen wurde in der Befundbeschreibung pauschal angegeben, aber nicht konsequent eingetragen. Selten wurde eine genauere Abweichung von der Nord-Süd- und der Ost-West-Achse notiert. In seinem Forschungsbericht berichtete von Tompa dagegen von einer regelmäßigen Nord-Süd- bzw. Süd-Nord-Ausrichtung der Gräber, wobei das Gesicht des Bestatteten nach Osten schaute. Hier ist zu beachten, daß seine Beobachtungen sich auf die Orientierung der Gräber sowohl in Hernádkak als auch in dem naheliegenden, von ihm zur gleichen Zeit erforschten Gräberfeld bei Megyaszó beziehen. Die vorliegende Untersuchung ergab, daß von den nach der Himmelsrichtung auswertbaren Gräbern (ca. 45) die Mehrzahl in west-östlicher Richtung lag (27) und 17 Gräber nach Nord-Süd ausgerichtet waren. Bei den restlichen Gräbern konnte keine Richtung des Grabes oder der Knochenreste festgestellt werden. Dabei scheint es eine Tendenz während der Belegungsabfolge des Gräberfeldes von der Ost-West zur Nord-Süd-Richtung gegeben zu haben.[99]

Nach von Tompas Angaben handelte es sich bei Bestattungen in rechter Seitenlage um Männer und Knaben, bei einer linken Seitenlage um Frauen und Mädchen. Offensichtlich galten für von Tompa wie auch später für Bóna die Richtung und Seitenlage des Bestatteten sowie die Tiefe der Grabgrube als Hauptindizien für die Geschlechtsbestimmung der Verstorbenen.[100] Diese Annahme wird durch den Charakter der Grabbeigaben verstärkt. Gegenstände wie ein Dolch, Beil, weidenblattförmiges Messer, Steinaxt und Ebereckzahn, das

---

[98] Siehe Abb.19-23. Rekonstruktion des Befundes in den einzelnen Gräbern. Vergleiche Bóna 1975 Tafel 155.1, 2, 4, 6, 8, 9, 10; 156.2.
[99] Siehe Verzeichnis 12.
[100] Einen Hinweis auf anthropologische Untersuchungen der Skelettreste gaben beide Autoren nicht. Von Tompa 1934-35,97-98. Bóna 1975,148-150.

heißt Waffen und Geräte, kommen häufig bei Bestattungen in rechter Seitenlage vor, während Schmuck wie Lockenringe und Perlen oft bei Bestattungen in linker Seitenlage erscheinen. Anthropologische Bestimmungen von Skeletten aus frühbronzezeitlichen Gräberfeldern unterstützen die geschlechtsspezifische Differenzierung der Fundgattungen: Waffen und Geräte kommen vorwiegend in Gräbern von männlichen Individuen, Schmuck und selten Waffen bei weiblichen Individuen vor. So werden hier die Bestimmungen von Tompas zum Geschlecht der einzelnen Bestattungen mit Vorbehalt angenommen. Bemerkenswert ist, daß diese Seitenlage im Gegensatz zu jener der gleichzeitigen Gräberfelder im niederösterreichischen und süddeutschen Raum steht. In Franzhausen, Gemeinlebarn A und Singen zum Beispiel lagen Männer auf der linken Seite und Frauen auf der rechten Seite.[101] Unabhängig von der Seitenlage scheint die Blickrichtung des Bestatteten das Wesentlichste gewesen zu sein.[102] Bei einer Nord-Süd-Ausrichtung war das Gesicht des Toten je nach Seitenlage meistens nach Osten, selten nach Westen gewandt. Ost-West-orientierte Bestattete lagen mit dem Gesicht nach Süden. Eine Ausnahme stellt Grab 54, angeblich von einem Mädchen, dar, dessen Gesicht nach Norden schaute. Der Kanon der Gesichtsorientierung nach Osten ist in den Gräberfeldern des Košice-Beckens und des mittleren Theißgebietes sowohl in zeitlich früheren als auch späteren Gräbern zu beobachten.

Hervorzuheben als nicht übliche Bestattungsform in dem Friedhof sind drei Gräber, durch von Tompa ausdrücklich als Urnengräber bezeichnet: Grab 27, 44 und 72. Bei diesen Gräbern war die Grube im Vergleich zu den Körperbestattungen weniger tief, in der Regel 50-80 cm *(Abb.6)*. Ihre Form wurde nicht angegeben, ebensowenig ist sie auf den Grabphotos zu erkennen. Unbekannt bleiben auch die Anlage und die Ausrichtung der abweichenden Grabform mit Bezug auf die anderen naheliegenden Gräber. Bei diesen Bestattungen wurden die Leichenbrandreste bzw. kalzinierten Knochen in einem verhältnismäßig großen Gefäß mit einer Schüssel als Deckel und ohne Beigaben vorgefunden.[103] Beobachtungen über Leichenbrandaufschüttungen oder sonstige Brandspuren kamen im Grabungstagebuch nicht vor. Eine anthropologische Untersuchung der Leichenbrandreste ist nicht bekannt.

Weitere skelettlose Gräber heben sich aus dem Rahmen der üblichen Beisetzungsform hervor.[104] Ihre Grabgrube ist im Vergleich weniger tief. Die Keramikbeigaben entsprechen in ihrer Zusammensetzung jener der Körpergräber: eine (oder zwei) Henkeltassen oder ein Krug zusammen mit einer Schale oder Schüssel und manchmal Bruchstücke eines größeren topfartigen Gefäßes.[105] Jedoch unterscheidet sich die Lage der Gefäße in der Grabgrube deutlich. Im Gegensatz zu den Skeletten enthaltenden Gräbern, in denen einzelne oder mehrere Gefäße an bestimmten Stellen neben dem Bestatteten standen, sind die Gefäße in diesen Gräbern entweder in einer Gruppe in der Grabgrube lokalisiert und manchmal aufeinander gestellt (Grab 1, 3, 24, 25 und 29) oder sie stehen aufgereiht an der Längsachse der Grabgrube entlang (Grab 2, 4 und

---

[101] Bertemes 1989. Hundt 1958. Krause 1986. Neugebauer 1987.
[102] Für weiteres zur Bedeutung der Blickrichtung des Bestatteten siehe Hänsel 1986,44-45.
[103] Vergleiche Bóna Tafel 154.2, 8. Die von Bóna als Brandgrab bezeichneten Gräber 2 und 23 wurden im Grabungstagebuch als Körperbestattung aufgezeichnet.
[104] Gräber 1, 2, 3, 4, 23, 24, 25, 28, 29, 56, 101, 124.
[105] Vergleiche Definition des Keramiksatzes. Kapitel IV. Beigaben in den Gräbern.

23).¹⁰⁶ Solche Befunde werden im Tagebuch oft als Säuglings- oder Kindergrab gedeutet, wohl wegen des Fehlens von Knochenmaterial. Ein Vergleich dieses Befundes mit Brandbestattungen aus den gleichzeitigen Gräberfeldern Tarnaméra-Schwimmbad und Tiszaörvény-Temetődomb zeigt mehrere Übereinstimmungen in der Zahl, Formengattung und Lage der Keramik in der Grabgrube. Während die Gräber 27, 44 und 72 ohne Zweifel Urnengräber sind, ist aufgrund des Vergleichs zu erkennen, daß die Gräber 1, 4, 23, 24, 25, 28, 29 und 101 Brandschüttungsbestattungen waren.¹⁰⁷

Von Tompa bezeichnete ausdrücklich Grab 4-5, 92, 96, 98 und 101 als "Doppelgrab" bzw. Doppelbestattungen. Ansonsten kamen vorwiegend Einzelbestattungen in Hernádkak vor. Meist geht es aus den Tagebüchern und vorhandenen Grabphotos hervor, daß es sich um ein einmaliges Begräbnis und nicht um eine zweite, spätere Bestattung in dem gleichen Grab handelt. Die Knochenreste wurden in der ursprünglichen Hockerlage auf dem gleichen Niveau nebeneinander vorgefunden. In Grab 92 wurden zwei eng nebeneinander liegende Kinderskelette freigelegt; im Grab 96 wurde ein Kind quer zum Kopfende eines Erwachsenen beigesetzt.¹⁰⁸ Im Gegensatz dazu ist nicht zu unterscheiden, ob Grab 98 und 101 sich überschneiden, unmittelbar nebeneinander lagen oder eine Doppel- oder Nachbestattung darstellen.

B. Grabform.

Die Gestaltung der einzelnen Grabgruben ist in der Grabungsdokumentation kaum berücksichtigt worden. Es scheint, daß es sich hier vorwiegend um einfache Erdgräber handelt. Die Länge der einzelnen Grabgruben ist sehr unterschiedlich: die Gruben von Kindergräbern hatten eine Länge von 50-100 cm, die Gruben von erwachsenen Individuen von 100-160 cm. Sie war wahrscheinlich der Körpergröße des Bestatteten angepaßt gewesen. Die Breite der einzelnen Grabgruben wurde im Grabungstagebuch nicht notiert. Die Tiefe der Grabgrube schwankte zwischen 70-210 cm unter der heutigen Oberfläche. Dabei muß berücksichtigt werden, daß das Verhältnis der Grubentiefe zur ursprünglichen Oberfläche mangels Angaben zum Profil der Grabwände nicht feststellbar ist.¹⁰⁹ Säuglingsgräber hatten eine Tiefe von 70-100 cm, einzelne davon bis 120 cm. Gräber von Kindern und Erwachsenen waren meistens in einer Tiefe von 100-170 cm. Hervorzuheben wegen der verhältnismäßig beträchtlichen Tiefe sind Grab 110 eines Erwachsenen, angeblich einer Frau, in 205 cm Tiefe und das nach Süden gerichtete Grab 71 eines Erwachsenen, angeblich eines Mannes, in 210 cm Tiefe. Auffällig dagegen ist das skelettlose Grab 2, in einer Tiefe von 50 cm, welches möglicherweise als symbolisches Grab anzusehen ist.

Die Form der Grabgruben sowie die Auskleidung der Grabgrubenwände und -sohle wurden nicht festgestellt. Steinstellung, Holzreste oder Nachweise eines Sarges in der unmittelbaren Nähe des Bestatteten wurden nicht erwähnt. Auf die Art und den Befund der Grabauffüllung, auf eine Markierung der einzelnen

---

[106] Siehe Kapitel IV A. Rekonstruktion der Gräber nach Befund, Abb.23. Bóna 1975 Tafel 154.1-2,4-5.
[107] Siehe Tiszaörvény-Temetődomb und Tarnaméra-Schwimmbad. Kalicz 1968, 110, 144-147, Abb.15 und 17, Tafel 125.2-4; ders. 1984, 195-196.
[108] Siehe Kapitel IV.A. Rekonstruktion der Gräber nach Befund. Abb.21. Vergleiche Bóna 1975 Tafel 155.5.
[109] Siehe Verzeichnis 12 und Abb.6. Tabelle der Grabgrubentiefen. Vergleiche dazu Bóna 1975, 149 Taf.154.1.

Gräber evtl. durch einen Hügel, eine Steinsetzung oder ähnliches, auf die Größe des Raumes zwischen den Gräbern sowie überhaupt auf die ursprüngliche Oberfläche wurde offenbar nicht geachtet.[110]

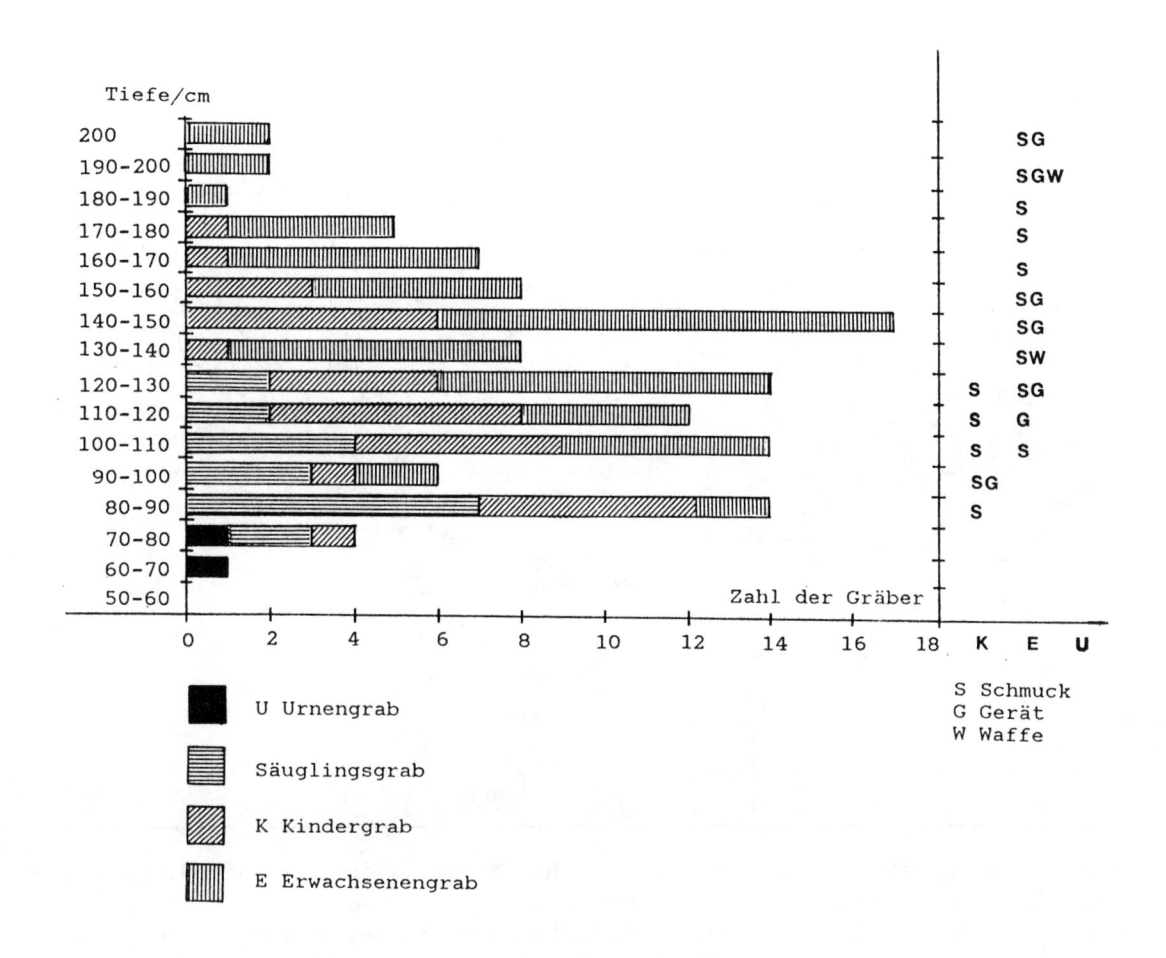

Abbildung 6. Tabelle der Grabgrubentiefen.
1) Altersgruppe des Bestatteten (115 Gräber)
2) Gattung der dort gefundenen Kleinfunde (57 Gräber)

---

[110] Im Gegensatz dazu ist beispielsweise in dem Gräberfeld bei Košice eine ursprüngliche Markierung einiger Gräber durch einen Grabhügel festgestellt worden. Außerdem wurde Scherbenmaterial bzw. -streuung in der Füllerde der Grabgrube gefunden, woraus der Ausgräber bei sonst ungestörten Gräbern einen Hinweis auf eine Begräbnisfeier erschließt. Pástor 1969, 104.

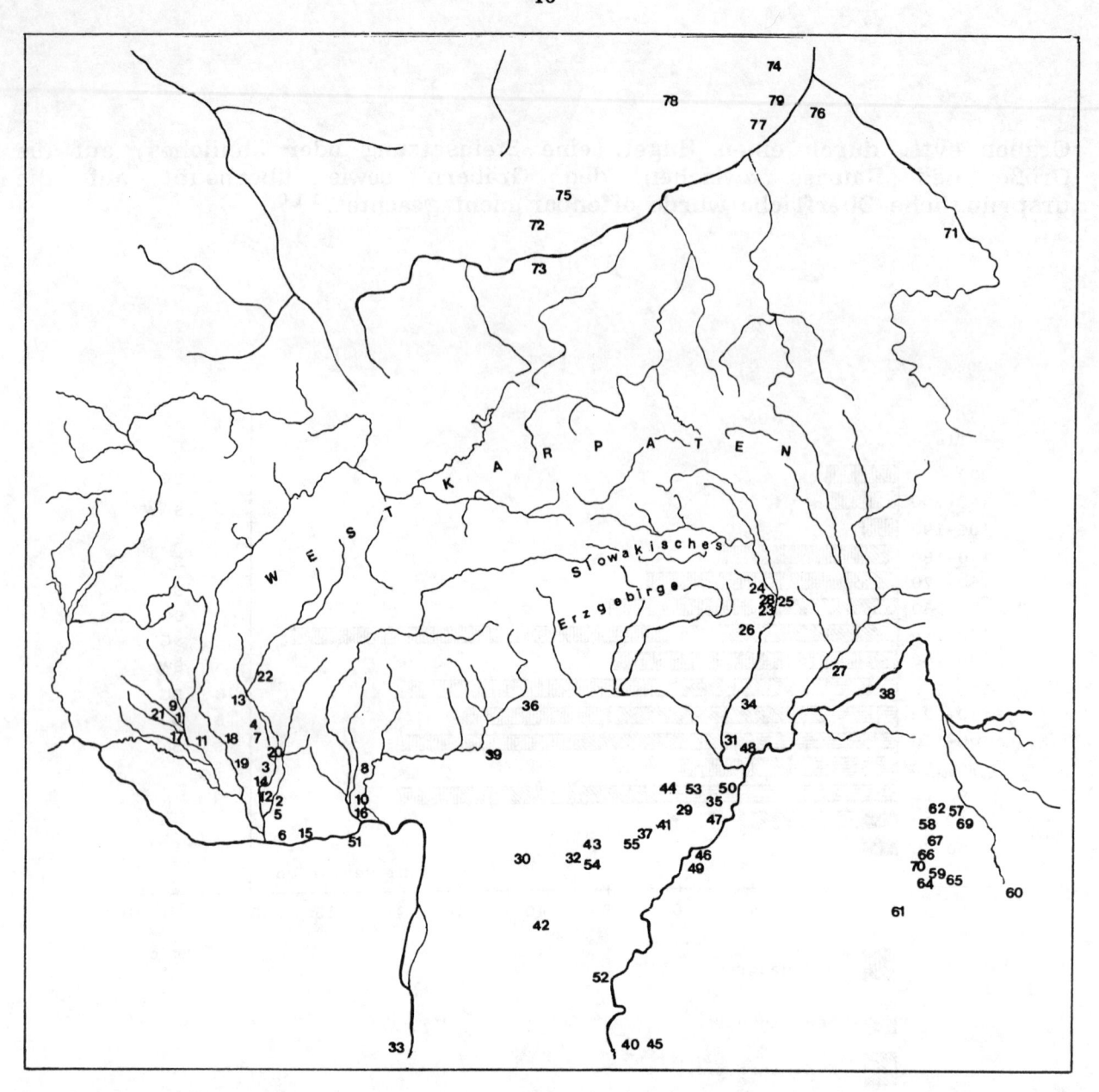

Abbildung 7. Ausgewählte frühbronzezeitliche Gräberfelder und Siedlungen in der Slowakei, in Nordost-Ungarn, in Nordwest-Rumänien und im südlichen Polen.
1.Abrahám. 2.Bajč. 3.Bánov. 4.Branč. 5.Hurbanovo. 6.Iža. 7.Komjatice. 8.Lontov. 9.Majcichov. 10.Male Kosihy. 11.Matúškovo. 12.Nesvady. 13.Nitra. 14.Nové Zámky. 15.Patince. 16.Salka. 17.Sládkovičovo. 18.Šaľa. 19.Tvrdošovce. 20.Úľany nad Žitavou. 21.Veľký Grob. 22.Výčapy Opatovce. Barca[111] 23.Čaňa. 24.Košice. 25.Nižná Myšľa. 26.Perín. 27.Streda nad Bodrogom. 28.Valalíky-Košťany. Valalíky-Všechsvätých.[112] 29.Gelej. 30.Hatvan. 31.Hernádkak. 32.Jászdózsa. 33.Kisapostag. 34.Megyaszó. 35.Mezőcsát. 36.Piliny. 37.Pusztaszikszó. 38.Retközberencs. 39.Szécsény. 40.Szelevény. 41.Szihalom. 42.Tápioszele. 43.Tarnaméra. 44.Tibolddaróc. 45.Tiszaug. 46.Tiszafüred. 47.Tiszakeszi. 48.Tiszaluc. 49.Tiszaörvény. 50.Tiszapalkonya. 51.Tokod. 52.Tószeg. 53.Vatta. 54.Zaránk. 55.Füzesabony. 56.Berea. 57.Carei. 58.Ciumeşti. 59.Dealul vida. 60.Derşida. 61.Diosig. 62.Foieni. 63.Medieşul Aurit-Potău. 64.Otomani. 65.Pir. 66.Pişcolt. 67.Sanislău. 68.Socodor. 69.Tiream. 70.Valea lui Mihai. 71.Chłopice. 72.Iwanowice. 73.Kraków 74.Mierzanowice. 75.Pieczeniegi. 76.Sobów. 77.Świniary Stare. 78.Żerniki Górne. 79.Złota.

---

[111] Siehe Košice.
[112] Siehe Valalíky-Košťany.

C. Vergleichbare Gräberfelder.

Ausgewählte frühbronzezeitliche Gräberfelder im Hernádflußtal und in Nachbarlandschaften wurden in verschiedener Hinsicht untersucht, um die Vorstellung von der ursprünglichen Anlage der Gräber in Hernádkak zu erweitern *(Abb.7)*. Dabei wurde angestrebt, das Gesamtbild des Gräberfeldes zu ergänzen, das Verhältnis Hernádkaks zu den Nachbargräberfeldern zeitlich und kulturell zu definieren und schließlich dadurch die Frage der Kontinuität bestimmter Begräbnissitten während der frühen Bronzezeit zu erhellen. Dafür in Betracht kommen hauptsächlich die Gräberfelder, die mit einem Plan der gesamten Gräberanlage und der einzelnen Grabbefunde sowie mit abgebildeten Grabkomplexen und begleitender Befundbeschreibung veröffentlicht worden sind. Zunächst wurden Gräberfelder aus der gleichen Kulturlandschaft, das heißt dem Hernádflußtal und dem Košice-Becken, danach Gräberfelder aus den angrenzenden Landschaften des mittleren und oberen Theißgebiets und des Zwischenstromlands studiert. Es handelt sich um folgende Fundorte: Megyaszó im Hernádflußtal *(Abb.7.34)*,[113] Košice *(Abb.7.24)*,[114] Valalíky-Košťany *(Abb.7.28)*,[115] Valalíky-Všechsvätých *(Abb.7.28)*,[116] Čaňa *(Abb.7.23)*[117] und Nižná Myšľa *(Abb.7.25)*[118] im Košice-Becken, Tiszapalkonya-Erőmű *(Abb.7.50)*,[119] Tiszafüred-Majaroshalom *(Abb.7.46)*,[120] Tiszaörvény-Temetődomb *(Abb.7.49)*,[121] Gelej-Kanálisdűlő, Gelej-Beltelekdűlő *(Abb.7.29)*[122] und Pusztaszikszó *(Abb.7.37)*[123] im mittleren Theißgebiet, Tarnaméra-Schwimmbad *(Abb.7.43)*[124] im Zwischenstromland und Streda nad Bodrogom im oberen Theißgebiet *(Abb.7.27)*.[125]

Die einzelnen Gräberfelder wurden im Hinblick auf ihre Struktur nach folgenden Kriterien untersucht:
1) Plan des Gräberfeldes, das heißt die Lage der einzelnen Gräber mit Bezug aufeinander,
2) Gesamtzahl der Gräber sowie Zahl der Gräber mit gestörtem Befund,
3) Ausbau der Grabgrube,
4) Beisetzungsform: Körper- oder Brandbestattung,
5) im Falle einer Körperbestattung: Lage des Bestatteten: Ausrichtung, Seitenlage, Grad der Anwinklung, Reste eines Sargs oder einer Leichenumhüllung und
6) Lage der Grabbeigaben mit Bezug auf die Bestattung.

---

[113] Von Tompa 1934-35, 97-98. Bóna 1975, 148ff.
[114] Pástor 1969.
[115] Pástor 1962.
[116] Pástor 1965; ders. 1978, 63-80, 105-139.
[117] Pástor 1978, 15-59, 83-101, 116-139.
[118] Olexa 1982, 1983 und 1987.
[119] Kovács 1979.
[120] Kovács 1973a-b, 1975a, 1977 und 1982.
[121] Kalicz 1968, 127 Nr.179, 144-145 Abb.15. Kalicz 1968, 127 Nr.179, 144-145 Abb.15.
[122] Kemenczei 1979.
[123] Kőszegi 1968.
[124] Kalicz 1968, 120 Nr.50, 145-147 Abb.17.
[125] Polla 1960.

Hernádflußtal

Megyaszó

Das bronzezeitliche Gräberfeld Megyaszó liegt ca. 14 km nordöstlich von Hernádkak. Aus den Abhandlungen von Tompas und Bónas über das Gräberfeld und angesichts der großen Menge von Fundmaterial aus den Gräbern geht klar hervor, daß es sich hier um eine größere ausgedehnte Gräberanlage handelt. Von Tompa berichtete, daß ungefähr 225 Gräber aufgedeckt wurden, ohne das gesamte Gräberareal vollständig zu erfassen. Die Gräber waren allgemein nach Nord-Süd ausgerichtet, wobei die Bestattungen von Männern in rechter Seitenlage mit dem Kopf nach Süden waren, von Frauen in linker Seitenlage mit dem Kopf nach Norden. Die Blickrichtung war allgemein nach Osten. Von Tompa erwähnte nicht, ob Abweichungen von dieser Bestattungsform vorkamen. Den Grabphotos ist zu entnehmen, daß die Gräber parallel nebeneinander in Reihen angelegt wurden.[126] Es handelt sich um einzelne Körperbestattungen, wobei die Verstorbenen auf der rechten oder linken Seite mit mäßig angezogenen Beinen und Armen lagen. Die Position der Grabbeigaben, zumindest der Keramik, scheint ähnlich wie in Hernádkak gewesen zu sein. Kleine Gefäße befanden sich hauptsächlich am Fuße des Skeletts, vor oder hinter den Beinen und nur selten in der Höhe des Beckens oder der Arme. Die traditionelle große flache Schale befand sich platzgünstig vor dem Schoß, hinter der Kniekehle oder vor den Beinen. Die Lage der Kleinfunde wie Nadeln und Perlen ist nicht aus den Grabphotos zu ersehen.

Košice-Becken

Die Forschungen J.Pástors in den ca. 60 km entfernten gleichen Gräberfeldern Košice, Všechsvätých, Košťany und Čaňa im Košice-Becken geben mehrere Aufschlüsse zum Bestattungsbild in Hernádkak. Dies betrifft zunächst die Anlage der Gräber, die Form der einzelnen Grabgruben, die Totenlegung und die Lage der Beigaben. Die Gräber wurden in antiker oder heutiger Zeit aus verschiedenen Gründen in unterschiedlichem Ausmaß beraubt oder gestört. Trotzdem war es Pástor möglich, die Lage der einzelnen Gräber in dem jeweiligen Gräberfeld festzustellen. Dabei zeigt der Plan der einzelnen Gräberfelder eine unterschiedliche Anlage der Gräber: Während in Košice die Gräber relativ einheitlich nach Nord-Süd, Süd-Nord, in Košťany dagegen Ost-West, West-Ost gerichtet waren, waren die Gräber in Čaňa und Všechsvätých wie auch in Hernádkak auf beiden Hauptachsen angelegt worden.[127]

Das Gräberfeld bei Košice lag südlich der heutigen Stadt Košice, am westlichen Rand des Hornádflusses. Ungefähr 180 Gräber wurden im Rahmen von mehreren Grabungskampagnen aufgedeckt.[128] Ein Plan des Gräberfeldes weist eine geschlossene Anlage auf, in der einzelne Gräber streng Nord-Süd, Süd-Nord ausgerichtet und in 1-2m Abstand parallel nebeneinander geordnet sind. Insgesamt bilden sie lange unregelmäßige Reihen auf der Nord-Süd-Achse (*Abb.8*).

---

[126] Bóna a.a.O. Tafel 165.10-11; 166.5.
[127] Pástor 1962,64 Abb.2; ders. 1969,99 Abb.27; ders. 1978,122-123. Vergleiche Abb.8-11: Plan der Gräberfelder in Košice, Čaňa, Valalíky-Košťany und Valalíky-Všechsvätých. Die Seitenlage der einzelnen Bestattungen wurde in vorliegender Arbeit nicht angegeben, sondern lediglich die Ausrichtung, da die überwiegende Zahl der Gräber bei der Aufdeckung zerstört waren und die Seitenlage meist nicht feststellbar war.
[128] Ders. 1969, 101.

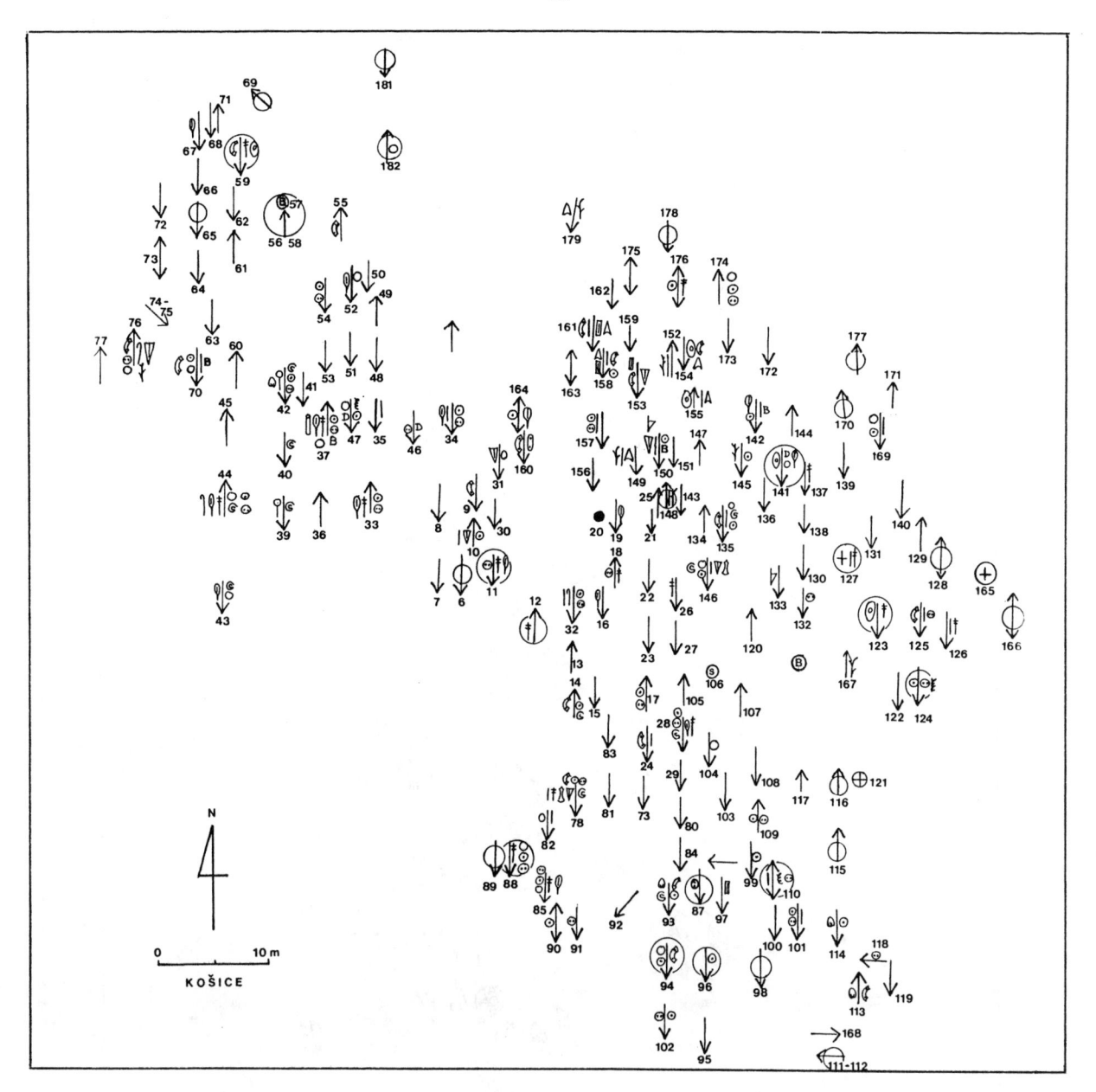

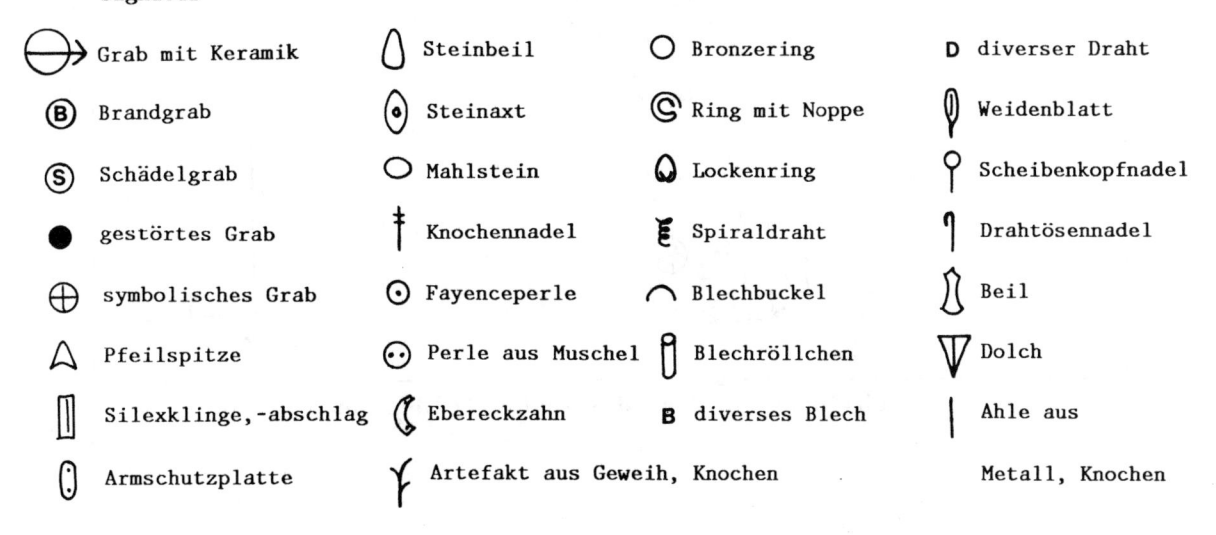

Abbildung 8. Plan des Gräberfeldes Košice.

Signatur

⊖→	Grab mit Keramik	◯	Steinbeil	○	Bronzering	D	diverser Draht
Ⓑ	Brandgrab	⊙	Steinaxt	ℂ	Ring mit Noppe		Weidenblatt
Ⓢ	Schädelgrab	◯	Mahlstein	◖	Lockenring	ϙ	Scheibenkopfnadel
●	gestörtes Grab	†	Knochennadel	Ɛ	Spiraldraht	ʔ	Drahtösennadel
⊕	symbolisches Grab	⊙	Fayenceperle	⌒	Blechbuckel		Beil
△	Pfeilspitze	⊙⊙	Perle aus Muschel		Blechröllchen	∇	Dolch
‖	Silexklinge, -abschlag	⊂	Ebereckzahn	B	diverses Blech		Ahle aus Metall, Knochen
◌	Armschutzplatte	Y	Artefakt aus Geweih, Knochen				

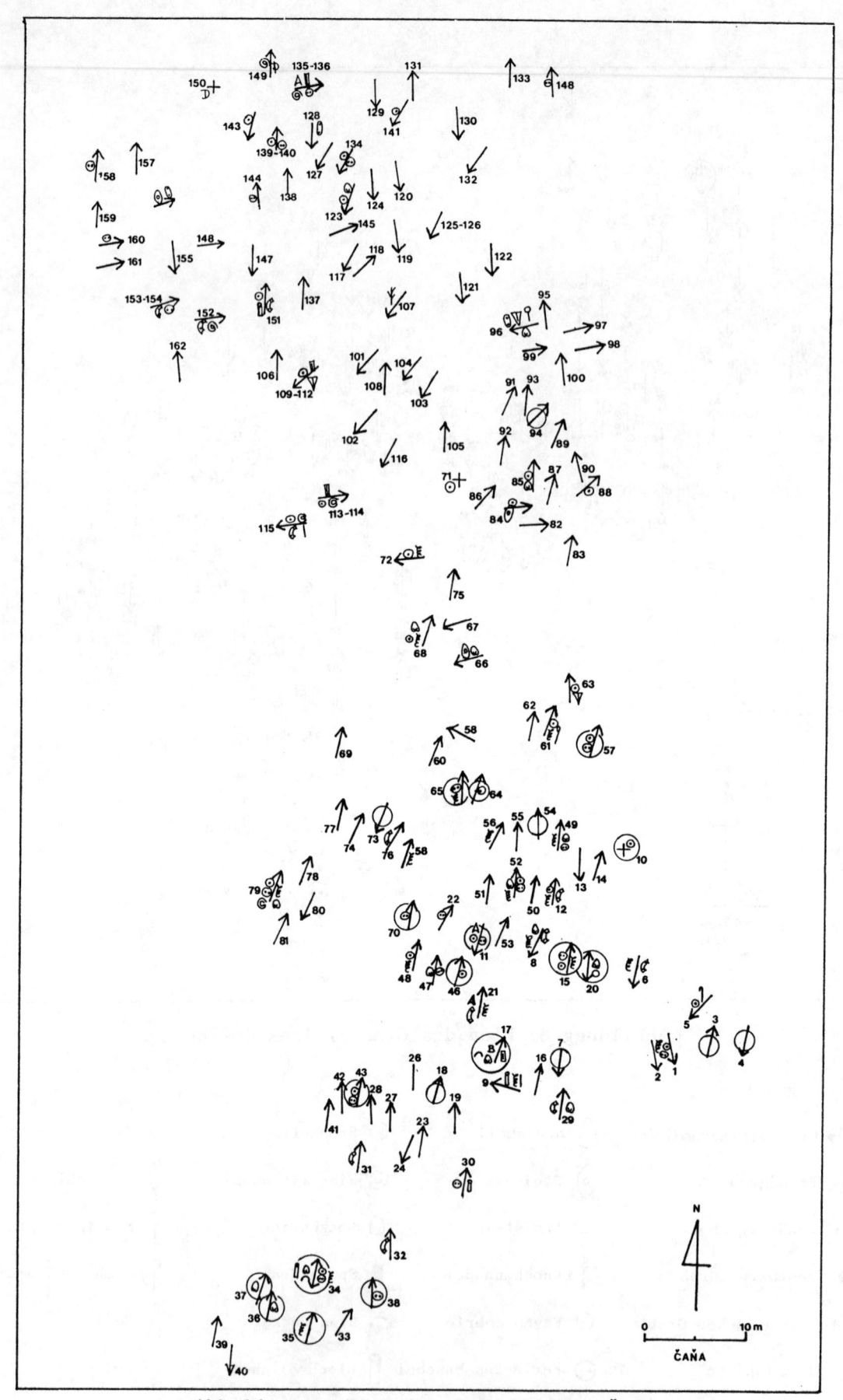

Abbildung 9. Plan des Gräberfeldes Čaňa.

Gräber aus einem zeitlich späteren und kulturell verschiedenen Abschnitt liegen an der Peripherie in unterschiedlicher Ausrichtung und bilden dabei keine Gruppe für sich. Pástor führte die Änderung in den Gräbern in Košice von einer regelhaften nord-südlichen zu einer ost-westlichen Ausrichtung auf einen Wandel in den Bestattungssitten sowie in dem Bevölkerungsbild der dort ansässigen Siedler zurück.[129]

Das fast gleich große Gräberfeld bei Čaňa liegt ca. 15 km südlich des Košice-Gräberfeldes am westlichen Ufer des Hornádflusses unweit der Ortschaft Čaňa. Der Plan des Gräberfeldes weist keine geschlossene Anlage wie in Košice, sondern zumindest zwei größere, unterschiedlich angelegte Gräberareale auf: ein nördliches und ein südliches *(Abb.9)*.[130] Im Gegensatz zu dem Gräberfeld Košice ist die Ausrichtung der einzelnen Gräber sowie der Gräberreihen bzw. -gruppen nicht streng Nord-Süd, Süd-Nord, sondern die Gräber sind überwiegend Nordost-Südwest, nur einige Nord-Süd und Ost-West ausgerichtet. Im südlichen Teil des Gräberfeldes liegen die einzelnen Gräber in 1-2m Abstand, meistens parallel, aber auch quer und schräg zueinander, und bilden dabei mehrere unregelmäßige Reihen. Die Reihen liegen wiederum in unterschiedlich großen Abständen voneinander, so daß der Eindruck von Gräbergruppen entsteht. Im nördlichen Teil des Gräberfeldes sind die Gräber in unterschiedlichen Richtungen angelegt worden, so daß sie kein einheitliches Bild aufweisen. Manche liegen wie im südlichen Teil noch parallel nebeneinander, in nordöstlich-südwestlicher Richtung und in unregelmäßigen Reihen. Zwischen diesen Gräbern befinden sich andere in nord-südlicher Richtung.

Ähnlich erscheint die Gräberanlage in Všechsvätých *(Abb.10)*. Während Gräber einer kleineren Gruppe hauptsächlich eine Nordwest-Südost-Ausrichtung zeigen, sind die intakten Gräber der größeren Gruppe unterschiedlich nach Ost-West und nach Nord-Süd ausgerichtet. Dabei ist jedoch zu berücksichtigen, daß der Befund bei der zweiten Gräbergruppe bei der Aufdeckung überwiegend gestört war und die Achsenrichtung der einzelnen Gräber nicht mehr festzustellen war.[131]

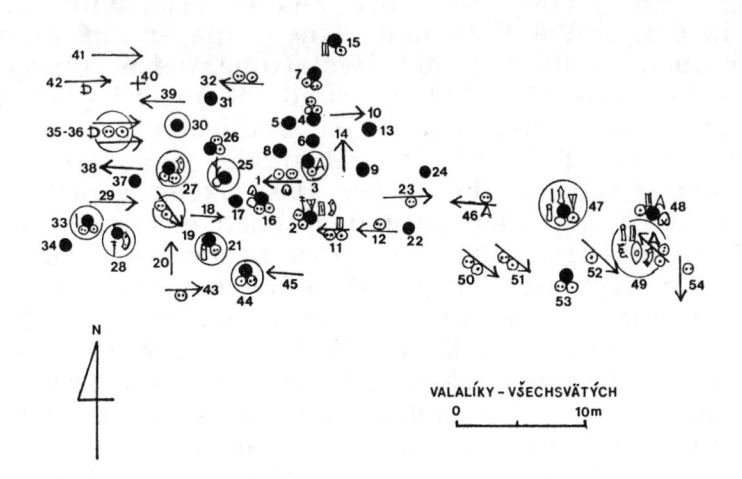

Abbildung 10. Plan des Gräberfeldes Valalíky-Všechsvätých.

---

[129] Ders. 1969, 104-105.
[130] Ders. 1978, 122. Vergleiche dagegen Bátoras Teilung des Gräberfeldes in drei Bereiche. Bátora 1983 Abb.3.
[131] Ebd. 123.

Bei der naheliegenden, namengebenden Siedlung Valalíky-Košt'any, nach der die Kulturgruppe der hier untersuchten Gräberfelder bezeichnet wird, wurden wenige Gräber gefunden *(Abb.11)*.[132] Sie waren in ost-westlicher Richtung angelegt worden. Zusätzlich gab es zwei "symbolische" Gräber, in denen Tierknochen begraben waren. Die Zahl der aufgedeckten Gräber ist jedoch zu gering, als daß sich Grabgruppen erkennen ließen.

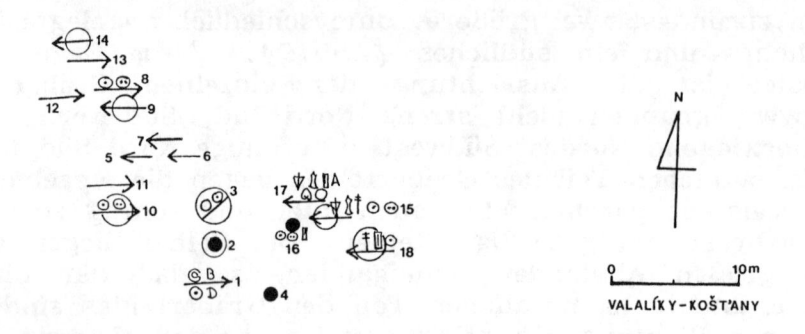

Abbildung 11. Plan des Gräberfeldes Valalíky-Košt'any.

Die Form der Grabgrube in allen Gräberfeldern war rechteckig, seltener quadratisch, mit senkrechten Wänden und abgerundeten oder rechtwinkligen Ecken. Die Tiefe und Ausmaße der Gruben scheinen nach Pástor auf das Geschlecht und auf die Größe des Bestatteten bezogen gewesen zu sein. In Košice schwankte die Tiefe zwischen 50 und 190 cm, wobei die Mehrzahl der Gräber eine Tiefe von 90-150 cm hatten. Obwohl die seichteren Grabgruben die Reste von einer Kinder- oder Brandbestattung enthielten, die tiefsten Reste von Erwachsenen, war die Zahl der Kinderbestattungen unter den normalen Gruben nicht wesentlich weniger als jene der Erwachsenen.[133] In Čaňa scheint das Ausmaß der Grabgruben größer zu sein. Pástor beobachtete hier ebenfalls einen Unterschied in der Grubentiefe und -länge, die er auf Alter, Größe und Stand des Verstorbenen sowie auf die Bestattungsweise zurückführte: Kinder (70-100 cm), Erwachsene (100-130 cm) und "Krieger" (200 und 250 cm). Außerdem war die Zahl der tiefen Gräber im südlichen Teil des Gräberfeldes größer als im nördlichen Teil.[134] Die Mehrzahl der Bestattungen waren Körpergräber. In den Gräbern, in denen das Skelettmaterial noch in der ursprünglichen Anordnung lag oder zumindest noch erkennbar war, wies eine Totenlage wie in Hernádkak auf. Die Beine des Bestatteten waren mäßig angezogen, der Rücken und Kopf ziemlich gerade und ein Arm angewinkelt, so daß die Hand vor dem Gesicht lag. Außerdem hatten einzelne Bestattungen in dem Gräberfeld Košice sehr unterschiedliche Hockerstellung.[135] In Košice und Košt'any konnte Pástor auf eine Markierung der einzelnen Gräber durch einen Grabhügel zurückschließen.[136] Beobachtungen zu Grabmarkierungen in Čaňa und Všechsvätých führte er dagegen nicht an. Außer den Gräbern mit jeweils einer Körperbestattung in Hockerlage notierte Pástor noch Doppelbestattungen,

---

[132] Ders. 1962 Abb.2.
[133] Ders. 1969, 67-74 mit tabellarischen Angaben u.a. zum Ausmaß der Grabgruben.
[134] Ders. 1978, 86-87, 106,136.
[135] Ders. 1969,75 Abb.18.
[136] Ders. 1962,79. 1969, 101.

Brandgräber, Gräber von symbolischer Natur und Schädelbestattungen in vereinzelter Zahl in den Gräberfeldern.

Nižná Myšl'a

In dem mit Hernádkak zum Teil zeitgleichen Gräberfeld bei Nižná Myšl'a, unweit von Čaňa, wurden bis jetzt ca. 70 Gräber aufgedeckt, die in drei unregelmäßigen Reihen in nord-südlicher Richtung angeordnet waren.[137] Die Tiefe und Ausmaße der Grabgruben schwankten je nach Geschlecht und Größe des Bestatteten. Der Ausgräber berichtet von einer "stufenartigen Grubengestaltung" mit Bretterkonstruktion, die bei den Gräbern "gelegentlich" beobachtet wurde. Außerdem wies die Sohle der Grabgrube Reste von organischen Stoffen auf.[138] Während in den bisher erwähnten Gräberfeldern einschließlich Hernádkak anthropologische Untersuchungen des Skelettmaterials fehlten, wurde in Nižná Myšl'a das Geschlecht der Bestatteten anthropologisch bestimmt. Es konnte festgestellt werden, daß sich die Seitenlage und Ausrichtung des Verstorbenen in der Grabgrube nach dem Geschlecht richtete. Männer wurden auf der rechten Seite in Süd-Nord-Richtung beigesetzt, Frauen auf der linken Seite in Nord-Süd-Richtung.[139] Der Bestattete lag auf einer Körperseite mit angewinkelten Extremitäten. Wie in den Nachbargräberfeldern kamen auch in Nižná Myšl'a vereinzelt Gräber mit zwei Bestattungen vor. Sie entsprechen Gräbern in Hernádkak, wobei zwei Kinder oder ein Erwachsener mit einem Kind begraben wurden. Weitere, eventuell abweichende Bestattungsweisen wurden von dem Ausgräber nicht erwähnt.

Oberes Theißgebiet

Streda nad Bodrogom[140]

Das Gräberfeld unterscheidet sich einerseits von den bisher behandelten Anlagen durch den birituellen Begräbnisritus, durch die Form und Verzierung der Grabkeramik und durch manche Kleinfunde. Andererseits ist in Streda nad Bodrogom eine Weiterführung der Bestattungsweise zu beobachten, wie ihr im Košice-Becken und Hernádflußtal begegnet wird.

Der Plan des aufgedeckten Areals zeigt Grabgruben und Störungen durch antike und moderne Gruben und Bauten.[141] Der Ausgräber berichtete, daß die erfaßten Gräber nur einen kleinen Teil einer wahrscheinlich großen Gräberanlage darstellen, deren ursprüngliche Grenzen durch die Rettungsausgrabung nicht bestimmt werden konnten. Aufgedeckt wurden insgesamt 69 Gräber: Brand- und Körperbestattungen sowie einige symbolische Gräber.[142] Im Gegensatz zu den bisher erwähnten Gräberfeldern im Košice-Becken und

---

[137] Olexa 1982b, 388-394. Ein Plan des erfaßten Gräberareals liegt nicht vor.
[138] Ebd. 1982b, 382.
[139] Dies unterstützt von Tompas Beobachtungen zur Seitenlage der Bestattungen in Hernádkak und Megyaszó. Systematisch durchgeführte, anthropologische Bestimmung des Geschlechts sowie des Alters des Verstorbenen kann trotzdem zu schwankenden bzw. widersprüchlichen Ergebnissen führen. Aus diesem Grund werden sie hier nicht als endgültig betrachtet. Vergleiche Hänsel und Kalicz 1986.
[140] Polla 1960, 299-380.
[141] Ebd. S.300, Plan des Gräberfeldes.
[142] Ebd. 300-301, 335-336, 342.

Hernádflußtal ist die Mehrzahl der Bestattungen in Streda nad Bodrogom durch Brandschüttungsgräber vertreten.[143] Dagegen kamen nur wenige Urnengräber (2) zutage: die Leichenbrandreste befanden sich in einem Gefäß, das mit einer Schüssel zugedeckt war.[144] Beachtenswert ist die große Zahl symbolischer Gräber, die aufgedeckt wurden.[145] Verhältnismäßig zahlreich waren Körperbestattungen, die - soweit der Erhaltungszustand der Knochenreste erkennen ließ - auf traditionelle Weise angelegt wurden. Es handelt sich um einzelne Körperbestattungen, wobei der Verstorbene jeweils auf der rechten oder linken Seite mit angezogenen Armen und Beinen lag. Die Hände ruhten im Gesichtsfeld oder in der Nähe des Mundes.[146] Bei einer großen Zahl der Gräber war eine Ausrichtung der Grabgrube bzw. des Bestatteten nach Ost-West festzustellen.[147]

Der Tradition folgend wurden bei der Beisetzung Gefäßbeigaben, vor allem die Henkeltasse und die Schüssel, manchmal ein Topf, in das Grab gegeben. Bei Brandschüttungsgräbern lagen die Leichenbrandreste auf dem Grabgrubenboden, keramische Beigaben, in wenigen Fällen Schmuckgegenstände, daneben oder darunter. In Körpergräbern lagen Keramik und Kleinfunde neben dem Bestatteten in der Nähe des Beckens, der Beine oder der Füße, nicht bei den Händen oder beim Kopf. In einem Fall befand sich ein Lockenring auf dem Schläfenbein des Bestatteten.[148] Die Grabkeramik unterscheidet sich deutlich in der Form und Verzierung von jener in den bisher behandelten Gräberfeldern im Košice-Becken und Hernádflußtal. Dies gilt ebenfalls für die Metallgegenstände von typologischer und chronologischer Empfindlichkeit: Nadeln, ein Lockenring und ein Tutulus.[149] Der Bronzespiraldraht und die Anhänger aus durchbohrtem Tierzahn haben dagegen eine lange Tradition im Košice-Becken u.a. als Grabschmuck.[150] Die Ösenkopfnadeln unterscheiden sich durch den einfachen umgeknickten Kopf und bei zwei Rollenkopfnadeln durch den ovalen Querschnitt des Kopfes von jenen Nadeln in Hernádkak.[151]

Mittleres Theißgebiet

Tiszapalkonya-Erömü

Das "Gräberfeld" Tiszapalkonya-Erömü (Kom. Borsod) umfaßt acht Körperbestattungen, die in Nord-Süd, Süd-Nord bzw. Nordost-Südwest, Südwest-Nordost-Richtung angelegt wurden *(Abb.12)*.[152] Im Gegensatz zum Eindruck, der durch den stark verkleinerten Plan entsteht, stellen diese Bestattungen keine geschlossene Gräberanlage dar. Die Gräber 1-8 sind in einem relativ großen Abstand voneinander, verteilt über ein Areal von ca. 60 qm, angelegt worden. Darunter bilden die Gräber 1-2 eine Ausnahme, weil sie parallel nebeneinander liegen. Grab 1 liegt abseits ca. 100 m im Nordwesten des

---

[143] Vergleiche z.B. Grab 12 und 49. Ebd. 305, 320-322 Abb.2 und 9.
[144] Grab 23 und 41. Ebd. 311, 316-317 Taf.14.5, 16.4 und 19.2-4.
[145] Ebd. S.335.
[146] Vergleiche z.B. Grab 17 und 35. Ebd. 308-309, 314-315 Abb.5 und 7.
[147] Siehe Übersichtstabelle der Gräber und Funde in Streda nad Bodrogom. Ebd. 340-341.
[148] Grab 25. Ebd. Abb.15.3.
[149] Ebd. Abb.15.1-4, 13 und 7.
[150] Ebd. Abb.15.8-11,16-21 und 15.6,14-15.
[151] Ebd. Abb.15.3-5.
[152] Kovács, Folia Arch. 30, 1979, 55-77 Abb.6.

abgebildeten Areals und gehört damit wohl nicht zu den Gruppen im Südosten. In Anbetracht der reihenhaften Anordnung der Gräber 3-7 und des Abstandes dieser Gruppe zu den Gräbern 1-2 bzw. Grab 8, ist in Tiszapalkonya-Erőmű auf eine Anlage von mehreren, in kleinen Gruppen angeordneten Gräbern zu schließen.

Bei ihrer Entdeckung waren die Gräber bereits gestört, vermutlich im Zuge des Baus von Häusern an der gleichen Fundstelle.[153] Alle Bestatteten waren in Seitenlage beigesetzt worden, auffälligerweise alle auf der rechten Seite.[154] Die Beine waren mäßig angezogen, die Arme unterschiedlich gebogen, jedoch war der untere rechte Arm immer höher gezogen, so daß die Hand im Gesichtsfeld lag.[155] Die Grabbeigaben sind in der Zusammensetzung und in ihrer Lage in Übereinstimmung mit den bisher beschriebenen Gräberfeldern. Die kleineren Gefäße befanden sich meistens am Fußende, ausnahmsweise in der Nähe des Armes; eine große Schale stand hinter der Kniekehle oder vor den Beinen. Eine Dolchklinge aus Grab 2 lag neben der Hand des Bestatteten, eine Lage, die auch in Gräbern in Košice, Čaňa, Všechsvätých, Hernádkak und Tiszafüred angetroffen wurde. Möglicherweise dienten die Nadeln in Grab 7 zum Zusammenhalten eines Grabtuches und stellen nicht die tägliche Tragweise dar. Drei Nadeln wurden an der Schulter befestigt, zwei oberhalb der Knie. Die Funktion des Nadelbruchstückes aus Grab 5 mag in Analogie zu Grab 7 ähnlich gewesen sein.

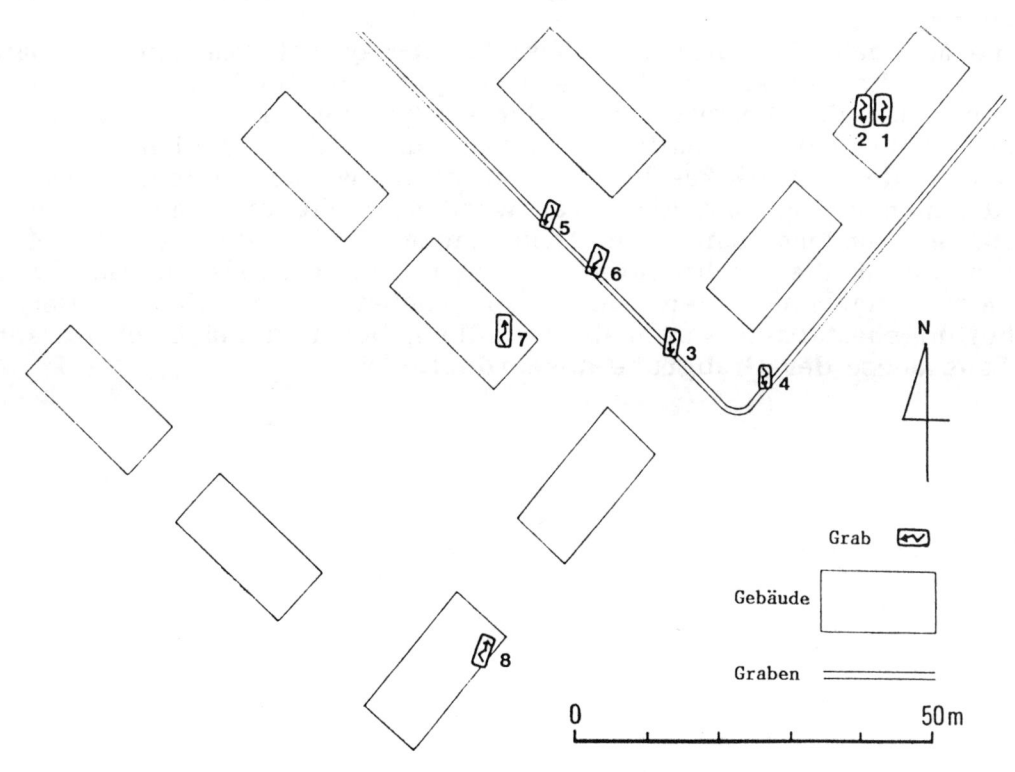

Abbildung 12. Plan des Gräberfeldes Tiszapalkonya-Erőmű.

---

[153] Ebd. 57 und Anm.8.
[154] Die Totenlegung auf der rechten Seite ist charakteristisch für die Körperbestattungen der Aunjetitz-Kultur.
[155] Ebd. Abb.1.

Tiszafüred-Majaroshalom

Zwei Pläne des Gräberfeldes zeigen eine größere Anlage, die sich jeweils auf der Nord-Süd-Achse auf einer Anhöhe ausdehnte *(Abb.13)*. Davon wurde ein Areal von zumindest ca. 140 m Länge und ca. 80 m Breite bzw. 40 m Länge und 50 m Breite im Rahmen von archäologischen Forschungen aufgedeckt und über 1000 Gräber freigelegt.[156] Der Ausgräber berichtet, daß das Gräberfeld auf zwei 2-3m bzw. 5-6m hohen Hügeln am linken Ufer des Theißflusses situiert war. Es war der Bestattungsplatz einer Siedlung, die ca. 560 m östlich davon liegt. Er konnte darunter fünf Grabgruppen feststellen, die sich in 10-22m Abstand befanden. Die Ausrichtung der Gräber war vorwiegend nach Ost-West, weniger nach Nord-Süd. Die Bestattungsweise war Körper- und Brandbestattung in fast gleicher Zahl.

Den wenigen Abbildungen in verschiedenen Berichten ist zu entnehmen, daß bei Körperbestattungen die Skelette auf der rechten oder linken Seite lagen. Die Beine waren mäßig oder extrem angewinkelt. Die Arme lagen über der Brust gekreuzt oder der obere Arm war über die Taille gelegt, der untere Arm und die Hand waren zum Schädel hochgezogen. Die Beigaben bestanden aus kleinen Gefäßen, die meistens am Fußende, selten vor dem Becken des Bestatteten lagen.[157] Unter den Brandbestattungen kamen vorwiegend Urnengräber, weniger Brandschüttungsgräber und vereinzelte sogenannte Pithosgräber vor.

Obwohl die Mehrzahl der Gräber in Tiszafüred-Majaroshalom zeitlich später als das Gräberfeld Hernádkak angelegt wurde, geht in Hinsicht der Ausrichtung der Gräber, Lage des Bestatteten in der Grabgrube, Lage und Zusammensetzung der Grabbeigaben deutlich hervor, daß hier ähnlich wie in den Gräberfeldern des Hernádkakflußtals bestattet wurde. Dabei stammen die Gräber, die hier in Betracht genommen wurden, nicht aus einer geschlossenen Gräbergruppe, sondern sind über das ganze Gräberfeld verteilt. Bei Urnengräbern waren die verbrannten Reste in einem größeren Gefäß. Kleine Gefäße als Beigaben lagen in oder neben der Urne. Bei einer Brandschüttungsbestattung waren die Gefäßbeigaben und die Leichenbrandreste auf der Längsachse der Grabgrube angeordnet.[158]

---

[156] Kovács 1973a-b; ders. 1975a, 5,8,40-43. Plan I-II. Die bis jetzt publizierten Gräber, die hier in Betracht genommen werden, sind auf dem Plan mit Fettschrift versehen. Grab B54, B65, B75, B80, B112, B113, B115, B141, B143, B146, B167, B175, B176, D253, D298 und D334.
[157] Zum Beispiel Kovács 1973a, Abb.2; ders. 1977 Abb.22a.
[158] Ebd. Abb.22d und e.

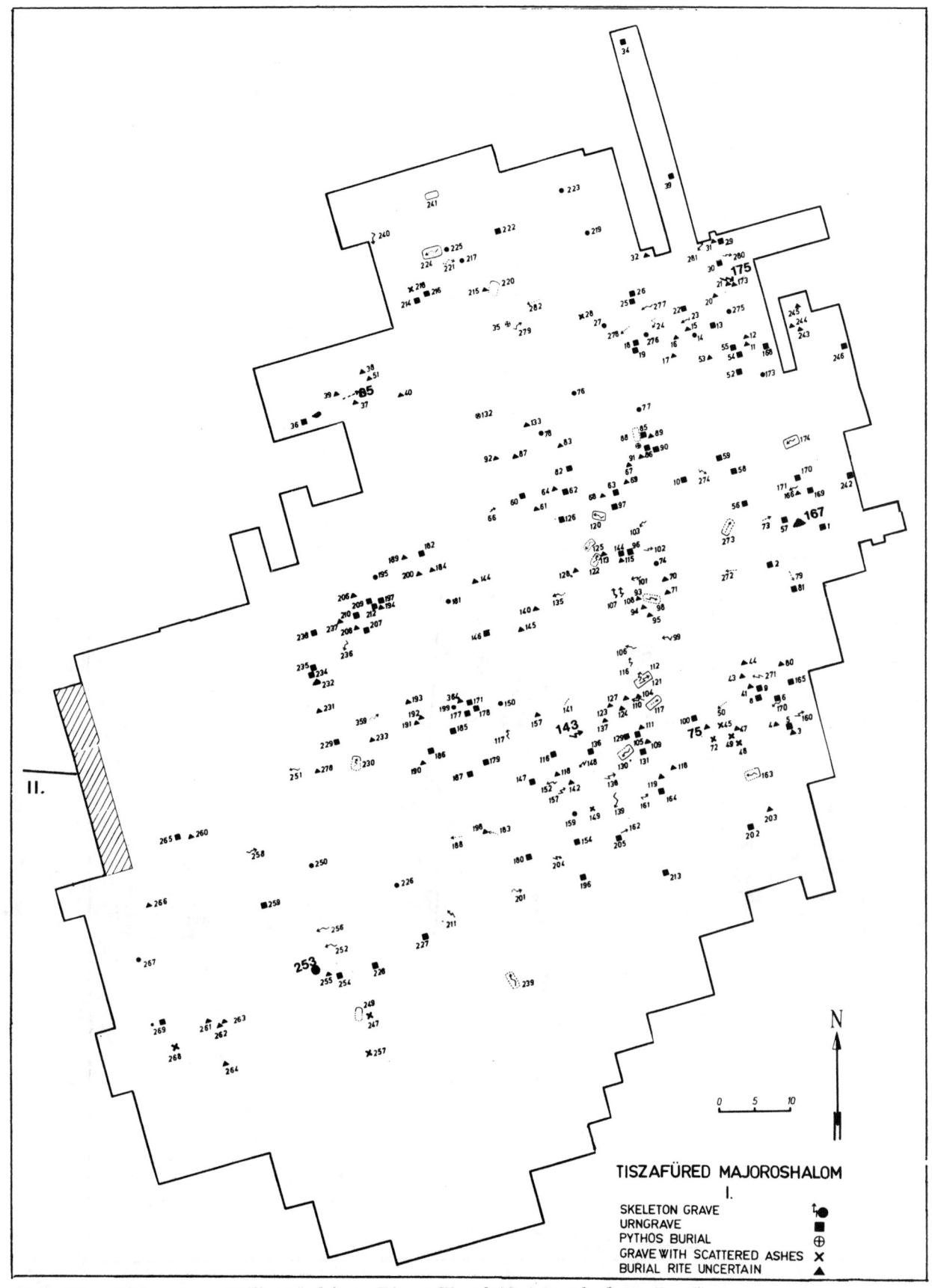

Abb. 13. Plan des Gräberfeldes Tiszafüred-Majaroshalom I. Fortsetzung auf der folgenden Seite.

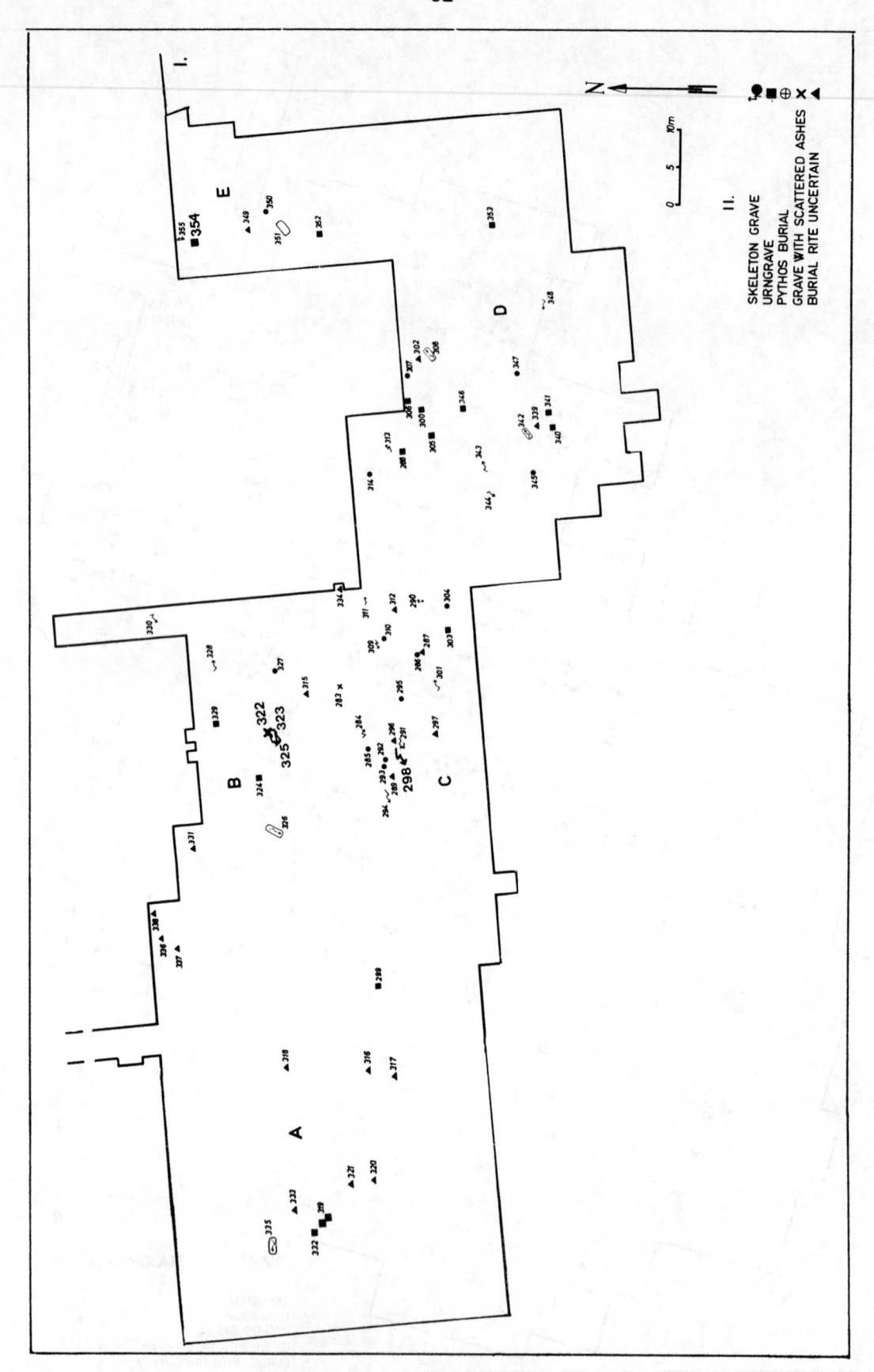

Abb.13. Plan des Gräberfeldes Tiszafüred-Majaroshalom II. Fortsetzung von der vorhergehenden Seite.

Tiszaörvény-Temetődomb

Das Gräberfeld zeigt mehrere Übereinstimmungen in der Anlage der Brandgräber sowie deutliche Parallelen zu der Keramik in Hernádkak-Gräbern. Der Fundort liegt südlich und in geringer Entfernung von Tiszafüred. Hier wurden 14 Gräber aufgedeckt, ohne daß die gesamte Ausdehnung des Gräberareals erfaßt wurde[159] *(Abb.14)*.

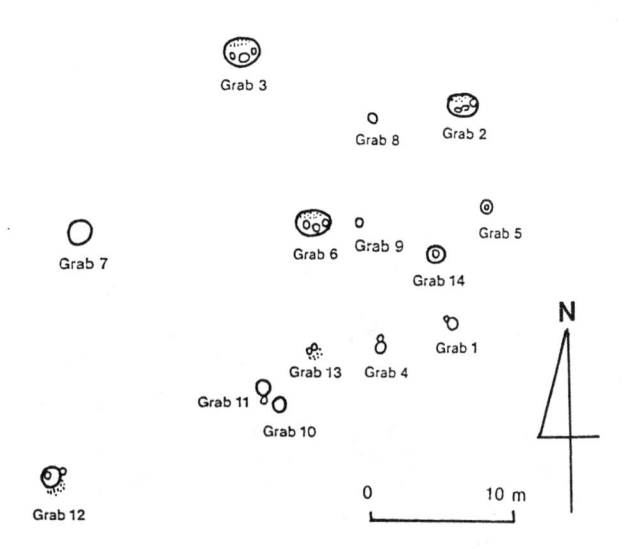

Abbildung 14. Plan des Gräberfeldes Tiszaörvény-Temetődomb.

Die Anordnung der Gesamtanlage läßt sich im allgemeinen nicht erkennen. Grab 2, 3 und 6 scheinen in einer Reihe angelegt worden zu sein. Die Beisetzungsweise ist sowohl Brandschüttung als auch Urnenbestattung. Die Grubenform der Brandschüttungsgräber 2, 3 und 6 war länglich-oval bis rechteckig. Die kalzinierten Knochenreste sowie mehrere (3-6) Gefäße wurden in Richtung der Ost-West-Längsachse geordnet vorgefunden. Bei den spärlich ausgestatteten Urnengräbern waren die kalzinierten Knochen entweder in einer Urne bzw. in einem größeren henkellosen Topf, mit einer Schüssel als Deckel (Grab 1, 5, 11 und 14) oder in einem kleineren Gefäß, einer Henkelschale, einem Napf oder Topf (Grab 4, 8 und 10) gefunden worden. Außer dem Leichenbrandbehälter enthielten Urnengräber meist nur eine Schale oder Schüssel als Urnendeckel. Im Gegensatz dazu waren Brandschüttungsgräber mit mehreren Beigaben aus Keramik und - angesichts der grünen Patina, die gelegentlich auf den Knochenresten zu beobachten war - auch mit Metallgegenständen ausgestattet.

Gelej

Bei der Ortschaft Gelej (Kom. Heves) wurden im Laufe mehrerer Grabungskampagnen zwei Gräberfelder erforscht, die unweit voneinander entfernt liegen.[160] In der größeren Gräberanlage Kanálisdűlő wurden ca.280 Körpergräber aufgedeckt, ohne daß das ganze Gräberareal erfaßt wurde *(Abb.15)*. Die Ausrichtung der Gräber ist Ost-West, Nordwest-Südost sowie

---

[159] Kalicz 1968, 127 Nr.179, 144-145, Abb.15, Tafel 104-106.
[160] Kemenczei 1979 Einleitung, Abb.2.

Südwest-Nordost. Die Gräber wurden überwiegend parallel nebeneinander angelegt und bilden dadurch unregelmäßige Reihen. Dazu kommen noch einzelne Gräber vor, die regellos über das gesamte Areal verteilt sind oder sich an der süd- und südöstlichen Peripherie ringsherum anschließen.[161]

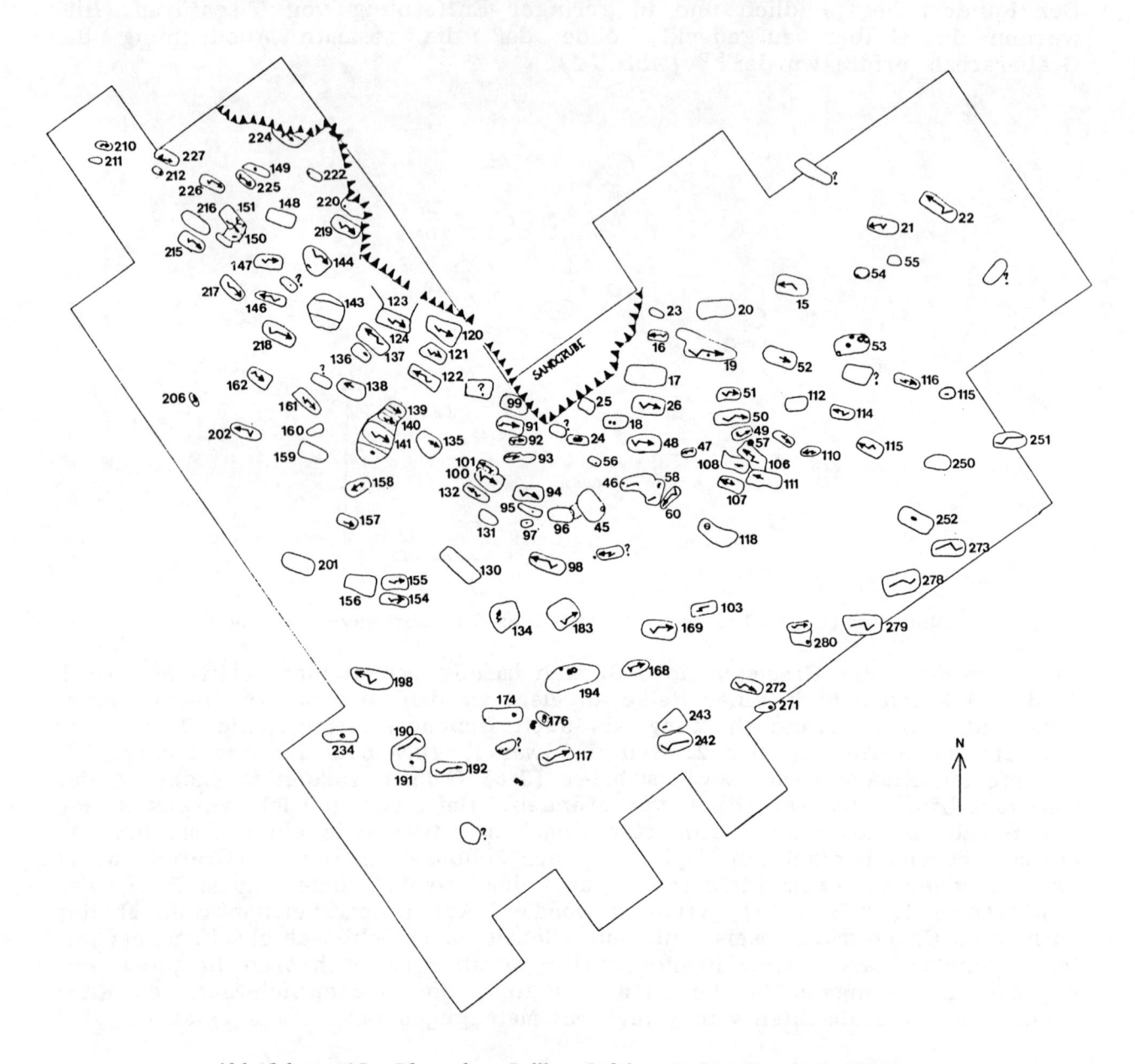

Abbildung 15. Plan des Gräberfeldes Gelej-Kanálisdűlő.

---

[161] Ebd. Abb.3.

Die Totenlegung war in Seitenlage mit unterschiedlicher Anwinklung der Extremitäten. Der Bestattete lag auf der rechten oder linken Seite mit eng bis mäßig angezogenen Beinen. Die Arme waren meistens angewinkelt, so daß ein Arm auf der Taille ruhte, während der andere so weit hochgezogen war, daß die Hand ins Gesichtsfeld kam.[162] Unter den Gräbern waren mehrere Doppelbestattungen; in einem Fall lagen die Bestatteten in entgegengesetzter Richtung.[163] Außerdem kamen Schädelbestattungen sowie skelettlose Gräber vor.[164] Mehrere Gräber waren bei der Aufdeckung bereits in gestörtem Zustand. Im Hinblick auf die Bestattungsweise weist das Gräberfeld Ähnlichkeit mit dem Gräberfeld Košice auf.

In Beltelekdűlő wurde eine kleinere Anlage mit 21 Gräbern aufgedeckt (Abb.16).

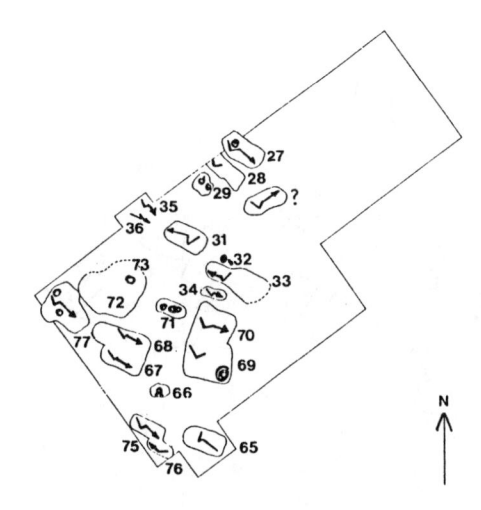

Abbildung 16. Plan des Gräberfeldes Gelej-Beltelekdűlő.

Die Anordnung in Reihen und die Ausrichtung der Gräber scheinen einheitlicher als in Kanálisdűlő und vergleichbar mit den bisher beschriebenen Gräberfeldern Megyaszó, Tiszapalkonya und Pusztaszikszó zu sein. Die Zahl der Gräber mit Beigaben aus Metall und Perlen in Beltelekdűlő ist größer als in Kanálisdűlő.[165]

Pusztaszikszó

Die Ortschaft Pusztaszikszó liegt unweit (ca. 3 km) des eponymen Fundortes Füzesabony, Kom. Heves, *(Abb.7.55)*, wo eine mehrschichtige Siedlung der Füzesabony-Kultur von von Tompa ausgegraben wurde.[166] Außerdem liegt eine weitere Ansiedlung der Füzesabony-Kultur, Szihalom-Árpádvár *(Abb.7.41)*, in der Nähe. Die kleine Gräberanlage in Pusztaszikszó besteht

---

[162] Auffallende Ausnahmen zu der gewöhnlichen Totenlegung stellen eine Bestattung in gehockter Bauchlage (Grab 52) und Bestattungen mit stark angezogenen Beinen dar. Grab 168, 202 und 227. Ebd. Abb.6, 10, 12 und 13.
[163] Grab 130, 151, 183 und 184. Ebd. Abb.8 und 10.
[164] Grab 95, 97 und 131. Ebd. Abb.7-8.
[165] Ebd. Abb.4.
[166] Von Tompa 1934-35, 90-97.

vorwiegend aus Körpergräbern und nur wenigen Brandgräbern bzw. Urnengräbern *(Abb.17)*.[167] Die Körpergräber waren parallel nebeneinander in nordwest-südöstlicher Richtung angelegt und bildeten dabei drei bis vier unregelmäßige, auf der Südwest-Nordost-Achse liegende Reihen. Die wenigen Brandgräber waren den Reihen angeschlossen. In den Körpergräbern lag der Bestattete auf der rechten oder linken Körperseite mit meist mäßig angezogenen Beinen.[168] Die Arme waren unterschiedlich hochgezogen, so daß eine Hand in der Nähe des Gesichts ruhte. Sonst waren die Arme bzw. Hände in gleicher Höhe bis zum Gesicht gehoben. Eine Abweichung dazu stellt Grab 28 dar, in dem der Verstorbene in Rückenlage mit den Armen über die Taille gekreuzt beigesetzt war.[169] Keramik und Kleinfunde befanden sich an dem traditionellen Platz von Grabbeigaben.

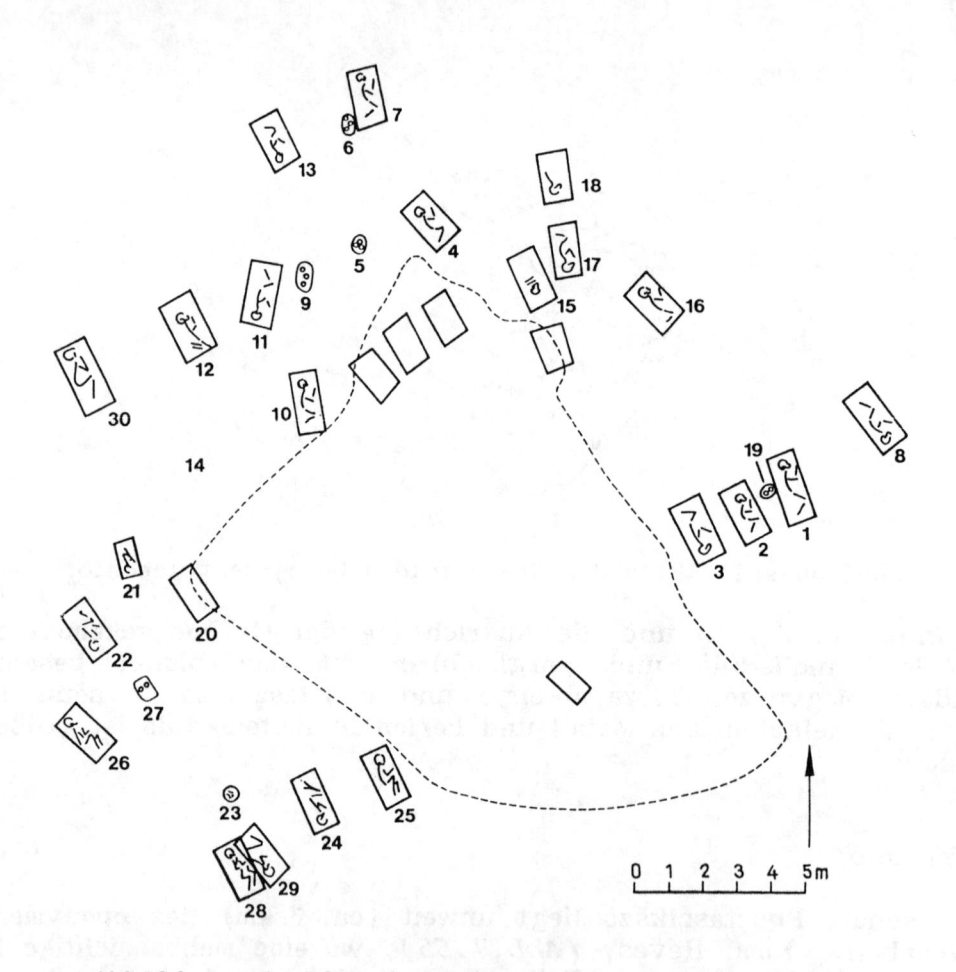

Abbildung 17. Plan des Gräberfeldes Pusztaszikszó.

---

[167] Kőszegi 1968 Plan S.102.
[168] Die Beine des Bestatteten in Grab 7 scheinen evtl. wegen der dicht daraufliegenden Keramik stärker angezogen zu sein. Ebd. Abbildung S.106.
[169] Ebd. 111-112.

Zwischenstromland

Tarnaméra-Schwimmbad

Wie Tiszaörvény-Temetődomb zeigt das Gräberfeld Tarnaméra Übereinstimmungen in der Anlage der Brandgräber sowie deutliche Parallelen zu der Keramik in Hernádkak-Brandgräbern. Erforscht wurde eine kleine Gräberanlage, in der die Gräber in zwei deutlichen Reihen angeordnet sind *(Abb.18)*.[170]

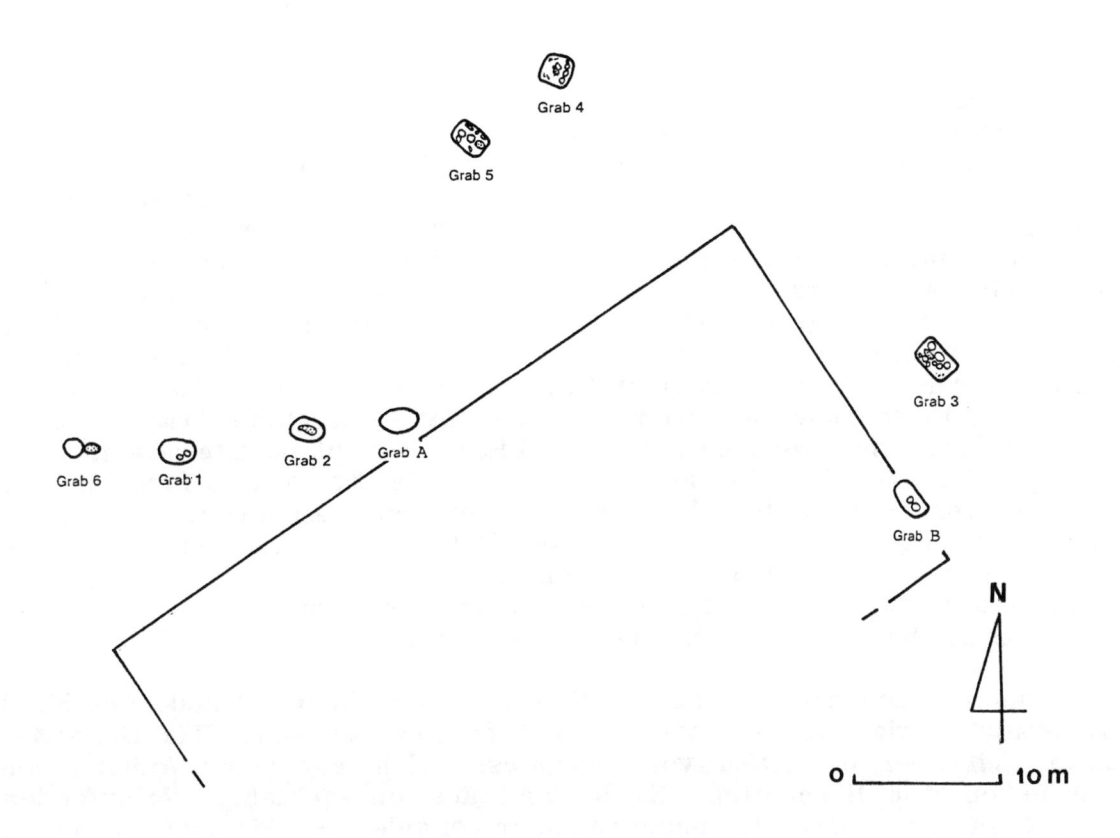

Abbildung 18. Plan des Gräberfeldes Tarnaméra-Schwimmbad.

Der Befund der Gräber A, 1 und 6 war bei der Freilegung schon gestört. Bei Grab 2, 3, 4, 5 und 6 konnte festgestellt werden, daß es sich hier jeweils um einzelne Brandschüttungen handelt. Die Form der Grabgrube war rechteckig. Die kalzinierten Knochenreste sowie mehrere Gefäße waren in Richtung der Längsachse der Grube geordnet: bei Grab 2 nach Ost-West, bei Grab 3 und 5 nach Nordwest-Südost. Eine Abweichung dazu fand sich in der quadratischen Grabgrube 4, in der der Leichenbrand nach Nordwest-Südost ausgerichtet war, während die keramischen Beigaben an der Ostwand der Grube entlang standen. Beigaben aus Metall kamen in den Gräbern nicht vor.[171]

---

[170] Kalicz 1968, 120 Nr.50, 145-147 Abb.17, Tafel 82-83,85. In einer Reihe waren die Gräber 1, 2, 6, A und eventuell noch 3 und B. Zur zweiten Reihe gehören Grab 4 und 5.

[171] Zeitgleiche und kulturell verwandte Brandgräber in der Südwest-Slowakei zeigen dagegen deutliche Unterschiede. Dies betrifft sowohl die Form der Brandbeisetzung als auch das Fundbild. In der Südwest-Slowakei diente eine große Urne als Behälter des Leichenbrandes. Außer dem Urnendeckel wurden

Zusammenfassung.

Aus dem Überblick der gleichzeitigen und zeitlich anschließenden Gräberfelder im Hernádtal und im nördlichen Zwischenstromland ist eine Kontinuität in der Bestattungsweise und in den Grabbeigaben zu beobachten. Diese Kontinuität ist nicht nur bei Körperbestattungen, sondern auch bei Brandgräbern zu verfolgen. Sie betrifft:
1) die Anlage der Gräber. Die Gräber sind häufig parallel nebeneinander in unregelmäßigen Reihen angelegt worden.
2) den Aufbau bzw. die Form der Grabgrube. Bei Körpergräbern überwiegt die rechteckige Grubenform, bei Urnengräbern die runde bis ovale Form. Die Grabgrubenwände sind in der Regel ohne Verkleidung oder sonstige bauliche Gestaltung.
3) die Ausrichtung der Gräber und somit des Bestatteten. Anfangs scheint eine nord-südliche Ausrichtung streng beibehalten worden zu sein, wie zum Beispiel im Gräberfeld Košice. Allmählich steigt die Zahl der Gräber, die nach Ost-West und in abweichenden Richtungen angelegt wurden.
4) die Totenlegung in der Grabgrube. Der Bestattete lag auf der rechten oder linken Seite mit unterschiedlich, meist mäßig angewinkelten Beinen und mit einem zum Kopf hochgezogenen Arm und einem quer über der Taille liegenden Arm. Wenige Ausnahmen dazu sind zum Beispiel Bestattungen in Bauch- oder Rückenlage, Bestattungen mit extrem angewinkelten oder ausgestreckten Beinen oder mit am Körper entlang gestreckten Armen. Bestattungen in einem hölzernen Sarg wurden bis jetzt nicht nachgewiesen.
5) die Lage der Beigaben in der Grabgrube. Die Keramik befand sich am Fußende, vor oder hinter den Beinen oder vor dem Becken, selten im Kopfbereich. Kleinfunde waren an einer Stelle neben dem Bestatteten, die ihrer Funktion oder Tragweise eventuell entspricht.
6) die Zusammensetzung der Gefäßformen als Grabgeschirr.
7) die Vergesellschaftung von bestimmten Kleinfunden.

Daraus kann geschlossen werden, daß das Gräberfeld Hernádkak eine ähnliche Gräberanlage wie jene in Košice und Čaňa gewesen war. Das Gräberfeld erstreckte sich über ein Areal von zumindest 100 m auf einer Anhöhe oder Terrasse neben dem Hernádfluß. Es bestand aus unregelmäßig verlaufenden, kurzen Reihen von parallel, nebeneinander angelegten Einzelbestattungen. Eventuell kann man sich darunter kleine Grabgruppen vorstellen, die aus jüngeren Gräbern um einen Kern von 1-2 älteren Gräbern bestehen. Mit Rücksicht auf die große Zahl von Gräbern, die ohne Angaben zur Lage im Tagebuch aufgenommen wurden, läßt sich dennoch eine bedeutende Veränderung in der Ausrichtung beobachten.[172] Die älteren Gräber sind nach Ost-West ausgerichtet. Die Zahl der nach Nord-Süd angelegten Gräber nimmt bei den zeitlich jüngeren Bestattungen zu und scheint bei den jüngsten Gräbern in der Überzahl zu sein.

---

    in der Regel wenige Beigaben bzw. Gefäße in der Grabgrube vorgefunden. Die Grabgrube weist einen runden Grundriß auf. Nešporová 1969, zum Beispiel Abb.2-5.

[172] Diese Änderung hängt mit der zeitlichen Abfolge der Gräberanlage zusammen, wie aus der Gliederung der Grabkomplexe ersichtlich wird. Siehe Kapitel VI. Gliederung der Gräberfelder nach Keramik und Kleinfunden.

IV. Beigaben in den Gräbern.

Einleitung

Unter dem Begriff Grabbeigaben kommen jene Funde in Betracht, die mit der jeweiligen Bestattung aufgedeckt wurden bzw. mit der Bestattung in eindeutigem Zusammenhang stehen. Es sind:
1. Grabgeschirr, das traditionsgemäß im Rahmen der Bestattungszeremonie in die Grabgrube mitgegeben wurde, zum Beispiel als Opfer, Geschenk, Totenmahl oder Versorgung für das Jenseits. Das Grabgeschirr besteht aus einer Zusammensetzung bestimmter Gefäßformen, die sowohl in Skelett- als auch Brandschüttungsgräbern wiederholt vorkommen. Dazu gehören ein größeres, weites Gefäß, das als Behälter für feste Speisen oder zur Aufnahme einer gespendeten Flüssigkeit geeignet ist, zum Beispiel Schale und Schüssel, und ein hohes, enghalsiges Gefäß, das sich für das Aufbewahren, Spenden oder Trinken einer Flüssigkeit eignet, wie der Krug und die Henkeltasse.
2. Gegenstände, die wohl zum persönlichen und alltäglichen Besitz des Verstorbenen gehörten. Dazu werden hier Schmuck, Kleingeräte und Waffen gerechnet. Sie sind im Sinne einer Tracht, Arbeits-, Jagd- oder "Krieger"-Ausrüstung auf eine Tätigkeit im Leben des Verstorbenen oder im Rahmen seines Berufs oder Standes in der Gesellschaft zurückzuführen.
3. Gegenstände, die einen Teil der für das Grab vorgesehenen Bekleidung oder Leichenumhüllung und Schmuck darstellen.

Bei der Eintragung der Grabfunde im Tagebuch wurde die Lage der Gegenstände in der Grabgrube in Bezug auf die Skelettreste festgehalten. Dabei ist zu beachten, daß, wie bei den Angaben zur Grabgrube und zum Bestatteten, so auch die Beschreibungen der Fundlage und die Bezeichnungen der Grabbeigaben ebenfalls von dem jeweiligen Tagebuchführenden abhängig gewesen zu sein scheinen.[173] Durch das Fehlen einer anthropologischen Untersuchung des Skelettmaterials ist eine geschlechtsspezifische Differenzierung der jeweiligen Grabfunde nicht zu überprüfen. Dennoch lassen sich gewisse Regelmäßigkeiten in der Niederlegung von Beigaben in den Gräbern, in der Lage und in der Zusammensetzung von bestimmten Funden feststellen.

In der überwiegenden Zahl der Gräber wurde der Verstorbene mit Beigaben bestattet, wie es der Tradition entsprach. Nur wenige beigabenlose Gräber bilden hierzu eine Ausnahme, ausschließlich jene von erwachsenen Individuen.[174] Säuglinge und Kleinkinder wurden immer mit Beigaben, auf jeden Fall mit Gefäßen oder Tongegenständen bestattet.[175] Auch in den Brandschüttungs- und Urnengräbern waren eine oder mehrere Tassen als Beigabe vorhanden.[176] Gräber, die bereits bei ihrer Aufdeckung aufgewühlt waren oder in denen die Skelettreste entweder schlecht erhalten waren oder fehlten, enthielten dennoch

---

[173] Vergleiche zum Beispiel die unterschiedliche Bezeichnung für Tasse bzw. Schale, Lockenring bzw. Anhänger und Ahle. Siehe Verzeichnis 7. Zur Übersetzung der Grabungstagebücher.

[174] Hernádkak Grab 10, 20, 30, 41, 52, 60, 75, 77, 83, 100, 113, 118, 120, 131. Siehe Verzeichnis 8. Zur Befundbeschreibung in den Grabungstagebüchern.

[175] Hernádkak Grab 22-24, 48-50, 61-63, 106-107, 115-116, 123, 125-129.

[176] Gräber 1, 4, 23, 24, 25, 27, 28, 29, 44, 72, und 101.

Keramik.[177] Die Beigaben in den einzelnen Gräbern unterscheiden sich in Fundtyp und Qualität, in der Zahl und Fundvergesellschaft. Die Mehrzahl der Gräber enthielt Keramik von besonderer Qualität und Form. Sie war oft mit Schmuckgegenständen und Geräten vergesellschaftet. Einzelne Gräber heben sich durch ihre "reiche" Ausstattung hervor, das heißt mehrere Gegenstände aus - in heutiger Sicht - wertvollem Material wie Bronze, Kupfer, Gold, Bernstein und Fayence.[178] Die Zahl der Gräber mit wenigen Gaben, mit Keramik von grober Ausführung, Gräber ohne Metallgegenstände oder ohne jegliche Beigabe ist relativ klein. Solche Bestattungen werden in der Forschung oft als "arm" bezeichnet oder als möglicherweise ausgeplündert angedeutet. Sicherlich spiegeln die Beigaben in unterschiedlichem Ausmaß das Alter und Geschlecht, den persönlichen Besitz, den sozialen Stand und den Beruf des verstorbenen Individuums im Leben wider. Sie sind infolge seines Todes wohl aus verschiedenen Glaubensgründen bei der Beisetzung mitbegraben. Bei der Auswertung der Gräber heben sich einzelne Gruppen innerhalb des Gräberfeldes durch ihre besondere Ausstattung hervor und können somit auf unterschiedliche Bereiche innerhalb der damaligen Gesellschaft hinweisen. Der "reiche" oder "arme" Zustand einer Ausstattung und möglicherweise auch das Fehlen an Beigaben bei einer Bestattung dürften daher auf tiefere, kompliziertere Gründe aus dem religiösen, ökonomischen oder sozialen Bereich, aber auch auf Naturgegebenheiten zurückzuführen sein.[179]

Aufmerksamkeit wurde einzelnen Schmuckgegenständen und Waffen aus Gräbern in Hernádkak in einigen wissenschaftlichen Arbeiten bereits gewidmet.[180] Dabei wurden Schmuckgegenstände besonders wegen ihrer Auffälligkeit oder ihres Hinweises auf damalige Tracht und Tragweise hervorgehoben. Die kulturelle und zeitliche Einordnung wurde durch den überregionalen Charakter mancher der Kleinfunde vereinfacht. Die gleiche Aufmerksamkeit wurde den keramischen Grabbeigaben dagegen selten gewidmet. Jedoch bietet gerade die Keramik, besonders wenn in Vergesellschaftung mit Kleinfunden, einen ergänzenden Hinweis auf eine kulturelle und zeitliche Einordnung der einzelnen Gräber und damit des gesamten Gräberfeldes durch ihren im Vergleich eher regionalen Charakter. Sie bietet außerdem noch eine weitere Möglichkeit zur Interpretation der Bestattungssitten an. Bei der Bevölkerung von Hernádkak scheint es regelhaft gewesen zu sein, während der Beisetzung Keramik an bestimmten Stellen neben die Toten zu stellen. So wie die Keramik mit der grundlegenden Rolle der Ernährung im täglichen Leben eng verbunden war, wurde sie absichtlich weiter in den Bereich des Todes und des Totenkultes getragen. In diesem Rahmen können die Gefäße in Verbindung mit einem Totenmahl, einer Spende oder mit der Vorsorge für Speise und Trank im Jenseits interpretiert werden.

---

[177] Hernádkak Grab 3, 56, 58, 61, 62, 63, 101, 103, 104, 124. Weiteres zur Keramik als Grabbeigabe und ihre Rolle in den Bestattungssitten wurde von M.Primas 1977, 99-101, beigetragen.

[178] Die auffälligsten Beispiele für reich ausgestattete Gräber sind Hernádkak Grab Nr.39, 54, 81, 96 und 110. Darunter ist ein Grab mit der Fundvergesellschaft Dolch, Beil und Meißel.

[179] Zur Differenzierung in der Totenausstattung in Všechsvätých, vergleiche Pástor 1965, 38.

[180] Siehe Kapitel II. Forschungsgeschichte.

A. Rekonstruktion der Gräber nach dem Befund.

Eine zeichnerische Rekonstruktion der einzelnen Grabkomplexe, in der der Grabbefund dargestellt wird, wurde vorgenommen *(Abb.19-23)*. Sie basiert auf:
1. Beschreibung des Befundes im Grabungstagebuch,
2. Photos von den Gräbern und
3. vorhandenes Fundmaterial aus den Gräbern.

Das bedeutet, ein Grabbefund konnte zeichnerisch mit schematisch dargestellter Bestattung, nach den Himmelsrichtungen ausgerichtet, in der angegebenen Seitenlage, und mit durch Nummern gekennzeichneten Beigaben an beschriebener Stelle wiedergegeben werden. Die Rekonstruktion war nur möglich, wenn Punkte 1-3 vorhanden waren und miteinander übereingestimmt haben.

Bestattungen, die anhand des Tagebuchs sowie eines Grabphotos rekonstruiert werden konnten, wurden vom Photo vereinfacht durchgepaust und mit mehreren Strichlinien dargestellt. Einige Bestattungen wurden allein anhand ihrer Beschreibung im Tagebuch rekonstruiert. Sie wurden mit einer Strichlinie für Rücken und Beine dargestellt. Bestattungen ohne Angaben zur Seitenlage wurden mit einer gestrichelten Linie für den Körper dargestellt. Die Seitenlage war für von Tompa anscheinend ein Indiz für das Geschlecht des Bestatteten. Aus diesem Grunde wurden in dieser Arbeit die Bestattungen ohne Angaben zur Seitenlage, jedoch mit angeblicher Geschlechtsbestimmung so rekonstruiert: angebliche männliche Bestattungen wurden in rechter Seitenlage gezeichnet, weibliche Bestattungen in linker Seitenlage. Das gleiche gilt ebenfalls für die Bestattungen von angeblichen Knaben (rechte Seitenlage) und Mädchen (linke Seitenlage). Die angegebene Ausrichtung des Skeletts in der Grabgrube wurde durch den Nordpfeil angezeigt. Fehlen Angaben zur Ausrichtung, so fehlt auch der Nordpfeil in der Rekonstruktion.

| Grab 6 | Grab 7 | Grab 8 | Grab 9 | Grab 11 | Grab 12 |

| Grab 13 | Grab 16 | Grab 17 | Grab 18 | Grab 19 | Grab 21 |

| Grab 26 | Grab 31 | Grab 34 | Grab 36 | Grab 37 | Grab 38 |

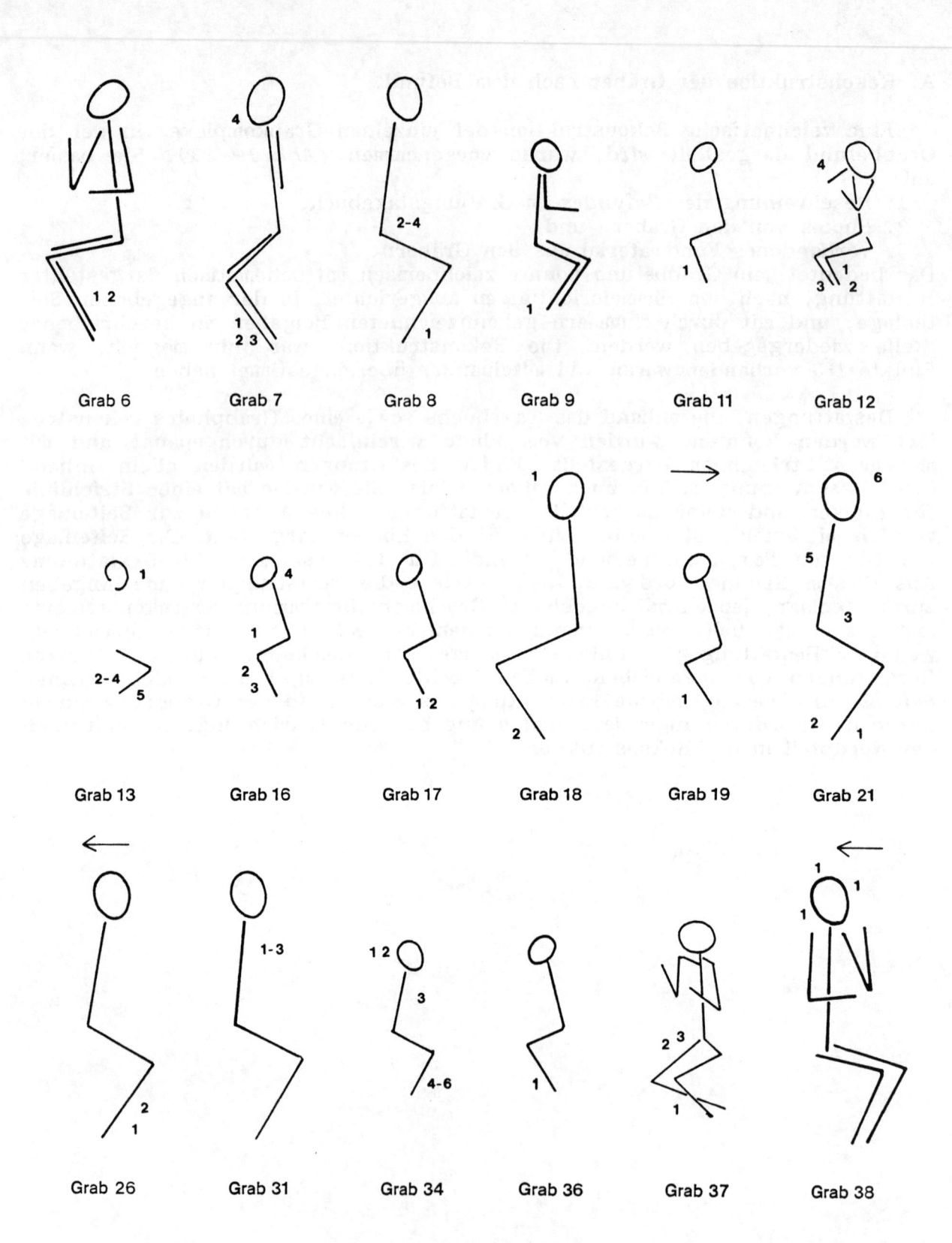

Abbildung 19. Zeichnerische Rekonstruktion der Grabkomplexe 6-38.

Abbildung 20. Zeichnerische Rekonstruktion der Grabkomplexe 39-70.

| Grab 71 | Grab 73 | Grab 74 | Grab 76 | Grab 77 | Grab 79 |

| Grab 80 | Grab 81 | Grab 82 | Grab 84 | Grab 85 | Grab 86 |

| Grab 87 | Grab 88 | Grab 89 | Grab 90 | Grab 91 | Grab 92 |

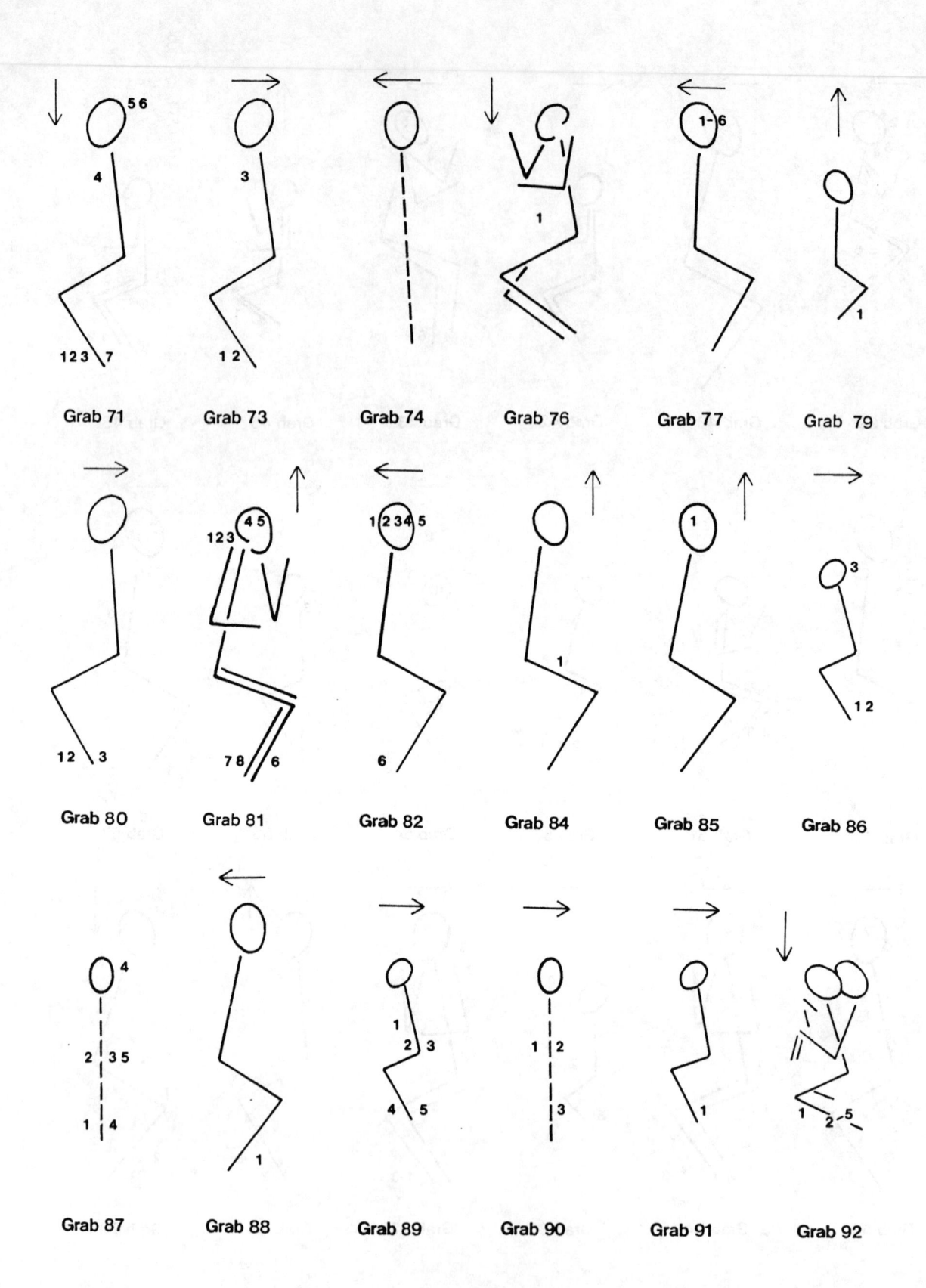

Abbildung 21. Zeichnerische Rekonstruktion der Grabkomplexe 71-92.

65

Abbildung 22. Zeichnerische Rekonstruktion der Grabkomplexe 93-117.

Abbildung 23. Zeichnerische Rekonstruktion der Grabkomplexe
121-129, 1-4, 23-25, 27-29, 44, 72 und 101.

B. Die Lage der Gegenstände in der Grabgrube.[181]

Keramik

In der überwiegenden Zahl der Gräber befand sich die Keramik vor dem Bestatteten in dem Bereich zwischen dem Fußende und der Höhe der Beckenknochen. In wenigen Gräbern lag ein Gefäß in der Nähe des Kopfes, in der Höhe der Arme oder hinter dem Toten nahe des Nackens oder Rückens.[182] Große Gefäße wie Schalen und Schüsseln, jedoch nicht Töpfe, wurden an platzmäßig günstige Stellen vor dem Becken oder hinter der Kniekehle des Bestatteten, seltener am Fußende hingestellt. Sicherlich trug die Enge der Grabgrube oder möglicherweise eines Sarges dazu bei, daß größere Gefäße dorthin gestellt wurden, wo sich ausreichender Platz anbot. Das Umgekehrte galt wohl bei kleineren Gefäßen, die platzmäßig einfacher zu stellen waren. Vorwiegend Tassen, Krüge und Henkelschalen lagen einzeln, paarweise oder in Kombination mit einer Schale oder Schüssel am Fußende oder in der Knöchelgegend, vor den Beinen oder hinter der Kniekehle. Häufig stand ein Trinkgefäß, wie zum Beispiel ein Krug, eine Tasse oder ein Becher, in einem gleichen Gefäßtyp oder in einer weitmundigen Schale oder Schüssel. Die Gefäße wurden zum Beispiel nicht in den Ecken der Grabgrube hoch gestapelt oder gleichmäßig auf der Grabgrubensohle verteilt. Grab 64 bildet eine Ausnahme, weil die Beigaben hinter dem Bestatteten möglicherweise an der Grabwand entlang standen: in der Höhe des Kopfes eine Schüssel, hinter dem Becken eine Tasse und ein Spiralröllchen und in einer Ecke der Grube ein Bronzering. In wenigen skelettlosen Gräbern und in Urnengräbern standen die Gefäße an einer Stelle, in einem "Nest" gehäuft. Bei Brandschüttungsbestattungen waren die Gefäße in einer länglichen Anordnung.

Die Zahl, die Zusammenstellung und die Lage der Keramik in den Gräbern von Kindern unterscheiden sich nicht von der Erwachsener. Ein Bezug der Keramik auf die spezifische Seitenlage des Bestatteten ist ebenfalls nicht festzustellen. Auch wenn in zerbrochenem Zustand, lagen die Gefäßbruchstücke noch in der ursprünglichen, der jeweiligen Gefäßform entsprechenden Anordnung. Hinweise auf das absichtliche Zerbrechen der Gefäße und eine daraufhin folgende Zerstreuung der Bruchstücke in der Grabgrube oder der unmittelbaren Nähe des Bestatteten waren nicht vorhanden, zumindest wurden sie von dem Tagebuchführenden nicht notiert. Eine Änderung in der Niederlegung der Keramik und der Kleinfunde, die mit dem Belegungsablauf der Gräber in Zusammenhang steht, ist in Hernádkak nicht zu begründen. Die Beigaben aus chronologisch frühen Gräbern weisen die gleiche Lage in der Grabgrube wie spätere Gräber auf.[183]

---

[181] Siehe Abb.19-23. Rekonstruktion der einzelnen Grabkomplexe.

[182] Gräber, in denen ein Gefäß ausnahmsweise am Kopf des Bestatteten stand: Hernádkak Grab 4, 18, 47, 64, 94, 96a, 129. Die Lage der Keramik vor der unteren Skeletthälfte hebt sich deutlich von jener Lage von Gefäßen in Gräbern der äneolithischen Theiß-, Tiszapolgár- und Bodrogkeresztúr-Kulturen im mittleren und oberen Theißgebiet ab. Hier befand sich die Keramik am Kopfende und zu den Füßen bzw. neben und auf dem Bestatteten der Länge nach verteilt oder in einem Halbkreis vor dem Gesicht und den Händen des Bestatteten aufgereiht. Vergleiche zum Beispiel: Čičarovce Grab 4 und 5. Vizdal 1980, 54-58 Abb.25 und 58-63 Abb.28. Vel'ké Raškovce Grab 1. Vizdal 1977, 11-17 Abb.3. Tiszapolgár-Basatanya Grab 12, 23, 52, 53 und 66. a.a.O. Tiszavalk-Kenderföld Grab 3 und 21. Patay 1978, 9-11 Abb.6 und 16-17 Abb.18. Gräber in Pusztaistvánháza. Hillebrand 1929 Abb.2.

[183] Weiteres siehe Kapitel VI. Gliederung der Gräberfelder.

Kleinfunde

Die Kleinfunde umfassen
1. Schmuck, darunter: Nadeln, Lockenringe, Blechstreifen, Spiralröllchen und Perlen,
2. Waffen: eine Dolchklinge und zwei Lanzenspitzen, und
3. kleine Geräte: Ahlen, ein Randleistenbeil, eine Steinaxt und eine Tonaxt.
Die überwiegende Zahl der Kleinfunde sind Schmuckgegenstände. Weniger vertreten sind die Geräte; Waffen liegen nur in geringer Anzahl vor. Kleinfunde bestehen meistens aus Metall, das heißt Kupfer, Bronze oder Gold. Perlen können aus verschiedenen Materialien wie Bernstein, Fayence, Ton, Dentalium oder selten Dentalien und Knochen bestehen. Spiralröllchen werden oft als Perlen bezeichnet, sind aber aus Metall. Geräte aus Knochen und Stein, Waffen sowie verkleinerte Nachahmungen davon aus Ton sind in der Minderzahl.

Ähnlich wie die Lage der Keramik im Bereich der unteren Skeletthälfte begrenzt war, so befanden sich die Kleinfunde mit wenigen Ausnahmen vor dem Bestatteten bei der oberen Körperpartie. Schmuckgegenstände lagen vorwiegend um den Kopf und Nacken herum, weniger in der Gegend der Brust, des Rückens oder der Taille. Dabei weisen sie eine für die Tragweise charakteristische Stelle auf:
- Perlen und Spiralröllchen im Bereich des Halses und Nackens,[184]
- Lockenringe und Spiralröllchen um den Schädel,[185]
- Bronzeblech, Blechbesatzstücke und Lederreste im Kopf- und Nackenbereich und[186]
- selten eine Nadel vor dem Brustkorb.[187]
Im Vergleich zu Grabkomplexen im Košice-Becken kommen Perlen und Ebereckzahnlamellen in Hernádkak jedoch bedeutend weniger vor, was auf eine unterschiedliche Schmucktracht zurückzuführen ist. Insbesondere fehlen hier die geschliffenen, scheibenförmigen Perlen aus Muschelmaterial mit ein oder zwei Löchern sowie die große Zahl an Perlen aus Fayence und Knochen. Dagegen sind Bernsteinperlen in Hernádkak vertreten, im Košice-Becken nicht. Kleine Geräte und Nadeln befanden sich am Fußende oder in der Knöchelgegend mit einem Gefäß oder mit mehreren Gefäßen zusammen. Bemerkenswert scheint es, daß sie nicht wie ein "Besteckteil" in dem Gefäß, sondern neben dem Gefäß vorgefunden wurden.[188] Geräte wurden auch vor dem Gesicht, in der Nähe der Hände und im Bereich der Taille oder des Beckens aufgefunden. Die geringe Zahl sowie die unzureichende protokollarische Aufnahme bei Waffen erlauben keine zusammenfassende Aussage über ihre Lage in der Grabgrube.[189]

Aufgrund ihrer unterschiedlichen Lage neben dem Bestatteten müssen Schmuckgegenstände und Geräte unter verschiedenen Aspekten betrachtet und

---

[184] Hernádkak Grab 43, 67, 81, 86, 96b, 97, 98, 105, 108, 110, 125, 129.
[185] Hernádkak Grab 38, 54, 81, 82, 85, 87, 102, 121, 129, 130.
[186] Hernádkak Grab 54, 103, 105, 110.
[187] Hernádkak Grab 97 und 102.
[188] Bei der Befundbeschreibung im Tagebuch wurden Speisereste wie zum Beispiel Tierknochen in den Gefäßen nicht erwähnt. Hier ist wieder zu fragen, ob bei der Aushebung des Grabes besonders darauf geachtet wurde.
[189] Ein aussagefähiger Befund bei einer Waffe ist in Grab 39, in dem eine Lanzenspitze in situ neben einem Gerät vor dem Gesicht des Bestatteten lag.

interpretiert werden:
1. Gegenstände, deren Lage an dem Bestatteten dem täglichen oder normalen Gebrauch entspricht, und
2. Gegenstände, die ausschließlich oder eindeutig für das Begräbnis eine Funktion hatten.
Lag Schmuck unmittelbar auf, neben oder unter dem Schädel, kann dies als Hinweis auf den damaligen Kopf- und Halsschmuck und die übliche Tragweise gedeutet werden. Darunter sind vor allem Lockenringe, ansonsten Spiralröllchen, Buckelchen und aufgerolltes Blech aus Goldblech, und Perlen aus Bernstein, Dentalium und Fayence. Die Lage von Lederresten und Blechband um den Schädel weist auf ihre ursprüngliche Verwendung als Kopfbedeckung oder Stirnband hin.[190] Eine große Zahl an Nadeln wurde jedoch an einer Stelle des Kopfendes, des Fußendes und des Rückens aufgefunden, die für Kleidungszubehör ungewöhnlich oder fragwürdig ist. So entsteht der Eindruck, daß sie mit der Bestattungsweise in Verbindung zu bringen sind, bei der sie zum Schließen bzw. Festhalten eines Leichentuches gedient haben.[191]

Die Lage der Geräte kann ein Indiz auf ihre ursprüngliche Funktion als Handwerkszeug sein. Eine Ahle oder Axt, die dem Anschein nach vor dem Gesicht des Bestatteten lag, wurde möglicherweise bei der Beisetzung dem Toten in die Hand oder auf die Brust gelegt, die bei der Totenlegung zu dem Gesicht herangezogen war.[192] Geräte, Waffen und auch Nadeln lagen häufig vor der Taille oder Beckenpartie und sind möglicherweise in der in Taillenhöhe ruhenden Hand gehalten oder in einer Tasche bzw. an einem Gürtel getragen worden.[193] Darunter sind gestielte weidenblattförmige Gegenstände, die im Grabungstagebuch als "Miniatur-Votivschwerter" bezeichnet wurden.[194] Schmuck und Geräte, die am Fuß des Bestatteten aufgefunden wurden, zeichnen sich durch ihre Lage in oder neben einem Gefäß, statt unmittelbar am Fuß oder Bein, ebenfalls wie die Keramik als Spende oder Geschenk an den Bestatteten, aus.[195]

Aus dem Rahmen der üblichen Bestattungen fällt das Grab 117 in Hernádkak. Dieses enthielt Skelettreste in rechter Hockerlage: an den Füßen zwei Gefäße, hinter dem Becken den Unterkiefer eines Schweines und ca. 5 cm vor dem Gesicht ein Stück Hirschgeweih. Die Beigabe eines Unterkiefers und von unbearbeiteten Eckzähnen eines Haus- oder Wildschweins sowie Geweih vom Wild scheint zunächst keine Besonderheit zu sein, sondern liegt im Rahmen einer gewöhnlichen Erscheinung eines Gräberfeldes und wird in der Forschung

---

[190] Vergleiche Grab 54 Abb.20. Weiteres siehe Abschnitt C. Bemerkungen zur Totenausstattung und Abb.24-27.
[191] Vergleiche Hernádkak Grab 13, 16, 21, 43, 81, 93, 95, 96b, 105, 110, 129. Weitere Hinweise auf eine Umhüllung oder ein Totentuch: In den Gräbern 8 und 10 in Košt'any ist die mit Perlen umrahmte Kopfbedeckung des Toten deutlich zu beobachten. Vergleiche außerdem noch Abb.24: Košice Grab 37, Výčapy Opatovce Grab 255, Všechsvätých Grab 32 und Košt'any Grab 10 und Abb.27 Košt'any Grab 17. Weiteres zur Totenbekleidung in Form eines Leichentuches oder Totenmantels, siehe Hänsel und Kalicz 1986, 55-56.
[192] Vergleiche Abb.19-22 Hernádkak Grab 7, 39, 71, 108; Abb.24 Mierzanowice Grab 71; Abb.26 Všechsvätých Grab 49 und Iwanowice Grab 117.
[193] Siehe Befundbeschreibung zu Hernádkak Grab 21, 87, 89, 90, 108. Vergleiche Abschnitt C und Abb.25 Tvrdošovce Grab 48; Abb.26 Iwanowice Grab 117; Abb.27 Tiszafüred Grab B176 und Košt'any Grab 17.
[194] Abb.21-22 Hernádkak Grab 89, 90, 108. Vergleiche Befundbeschreibung.
[195] Abb.19-21 Hernádkak Grab 16, 39, 67.

allgemein als Reste von Speisegaben interpretiert.[196] Genauer betrachtet handelt es sich hier um diverse Skeletteile wie Rippen und Extremitätenknochen von unterschiedlichen Säugetieren: Pferd, Rind, Schaf, Schwein und Ziege. Die Tierknochen finden sich gewöhnlich auf dem Boden der Grabgrube oder in einem Gefäß an unterschiedlichen Stellen neben dem Bestatteten. Die Gaben in Form eines Schweinunterkiefers, unbearbeiteter Eckzähne vom Eber und Geweih stellen dagegen ein seltenes, jedoch nicht unbekanntes Phänomen dar, das Aufschluß über die damaligen religiösen Vorstellungen gibt. Sie kommen in meist nur einem Grab oder in wenigen Gräbern, als Einzelstück oder zu mehreren, vor. Sie befinden sich, wie im Falle vom Grab 117 in Hernádkak, immer in der Nähe des Schädels des Verstorbenen. Daß die Gabe von Geweih und unbearbeiteten Ebereckzähnen in Zusammenhang mit einer rituellen Handlung steht, ist an dem Befund des Kultschachtes der Theiß-Kultur in Čičarovce zu erkennen.[197] In einem Schacht von über 2m Tiefe befanden sich vier Schichten mit Menschen- und Tierknochen (darunter Geweih, Tierschädel und Ebereckzähnen), Tonfigürchen und -klappern, Keramik und Steinartefakten.[198] Während die unteren Schichten jeweils zerstört und von der oberen, nächstfolgenden Schicht durch eine Aschenlage getrennt vorgefunden wurden, war der Befund der obersten Schicht noch intakt. Hier wurden die Skelettreste eines Mannes(?) in rechter Hockerlage freigelegt.[199] Am Schädel waren zwei Rehhörner aufgesetzt; vor und hinter dem Skelett lagen noch Geweihe und Ebereckzähne zusammen mit Tierknochen, Keramik und Steinklingen. In dem gestörten Grab 7 im gleichen Fundort kamen Geweihstücke und ein Tierschädel vor.[200]

Eine ähnliche Erscheinung ist aus Gräbern der äneolithischen Tiszapolgár-Kultur bekannt. Im Gräberfeld Tiszapolgár-Basatanya (Kom. Hajdú-Bihar) kamen einige außergewöhnliche Bestattungen (Grab 12, 23, 52, 53, 65 und 67) vor, die jeweils die Reste eines Skeletts in rechter Hockerlage und -außer Keramik und Steingeräte- unter bzw. neben dem Schädel oder dem Arm den Unterkiefer eines Wildschweines mit Eckzähnen, vor oder hinter dem Skelett vereinzelte Stücke Geweih, enthielten.[201] Im Grab 1 in Tiszavalk-Kenderföld (Kom. Borsod-Abaúj-Zemplén) lag der Unterkiefer eines Wildschweins auf dem rechten eingebogenen Arm des Bestatteten. Ein ähnlicher Befund kam in weiteren Gräbern vor.[202] Grab 114 in Zengővárkony (Kom. Baranya) enthielt hinter der Wirbelsäule des Verstorbenen eine Schale, daneben den Unterkiefer und die Eckzähne eines Wildschweins.[203] Im Grab 87 in dem mittelbronzezeitlichen Gräberfeld bei Mezőcsát deuten die ungewöhnliche Lage des Toten sowie zwei Hörner auf dessen Schädel auf einen besonderen Stand des Verstorbenen und der Beisetzungsweise hin.[204]

---

[196] Näheres dazu siehe zum Beispiel Bognar-Kutzian 1963, 430-432.
[197] Vizdal 1980, 13-50, 137-138 Abb.4-21 Taf.1-28.
[198] Ebd. Abb.4, 9.2-5 und 14.1-6.
[199] Ebd. Abb.5.
[200] Ebd. 64-66 Abb.43.1-2 Taf.42-44.
[201] Bognar-Kutzian 1963: Grab 12. 50-54 Abb.23a-b. Grab 23. 65-68 Abb.28. Grab 52. 110-113 Abb.52. Grab 53. 113-116 Abb.53. Grab 60. 125-129 Abb.59. Grab 65. 134-135 Abb.64. Grab 67. 137-139 Abb.66.
[202] Patay 1978: Grab 1. 9 Abb.3-4. Grab 22. 17-18 Abb.19. Grab 46. 29 Abb.42-43. Grab 48. 30 Abb.45. Grab 51(?). 31 Abb.47.
[203] J.Dombay, Die Siedlung und das Gräberfeld in Zengővárkony. Beiträge zur Kultur des Aeneolithikums in Ungarn (1960). Taf.40.4 und 41.1,4.
[204] Hänsel und Kalicz 1986, 38, 46-47, 56 Abb.32 Taf.15.3.

Mit Bezug auf den Befund im Grab 117 in Hernádkak sollten die Tierknochenreste nicht einfach als Speisereste abgehandelt werden. Vielmehr sollte in Erwägung gezogen werden, daß es sich hier um eine Person mit besonderem Stand in der damaligen Gesellschaft und um einen besonderen, auf Kult bezogenen Bestattungsritus handelt.[205]

---

[205] Für Bemerkungen zu Sonderbestattungen in Bezug auf kultische Bräuche bzw. religiöse Vorstellungen in der Vorzeit siehe u.a. Bognar-Kutzian 1963, 377-386, Patay 1978, 48-49, Vizdal 1980, 137 und Hänsel und Kalicz 1986, 46-47.

C. Bemerkungen zur Totenausstattung und -bekleidung.

Die Tradition, den Verstorbenen mit bestimmten Schmuck- und Geräteformen beizusetzen, kann regional im Hernádtal sowie überregional in der Südwest-Slowakei, im südlichen Polen und im oberen Mittel-Theißgebiet beobachtet werden *(Abb.24-27)*. Besonders Gegenstände, die als Schmuck oder als Kleiderzierde zu deuten sind, werden durch ein breites Typenspektrum zahlreich oder spärlich in den Gräbern vertreten. Wie bereits beschrieben, handelt es sich um:
1) Perlen aus verschiedenen Muschelarten, Knochen, Ton, Fayence und Bernstein,
2) Ringe von Weidenblattform aus Kupfer- oder Bronzeblech,
3) Noppenringe, das heißt Ringe aus ringartig gewickleltem, einfachem Draht mit einer Schleife, und
4) Lockenringe aus Kupfer, Bronze oder Gold,
5) Arm- und Stirnbänder aus einem schmalen Kupfer- oder Bronzeblech,
6) Kleiderzierde in der Form von Perlen und Scheiben aus Knochen, Muschel und Fayence, Blechbuckeln oder Blechröllchen und Eckzahnlamellen vom Eber.

Das Fundbild in Hernádkak weist gegenüber den Gräbern im Košice-Becken, in der Südwest-Slowakei und im südlichen Polen zahlen- und typenmäßig weniger Schmuckformen auf. Dennoch enthalten einige Grabkomplexe in Hernádkak Kleinfunde, die auf verwandte Schmucktraditionen zurückschließen lassen. Auffallend sind Gräber mit Perlenschmuck aus Dentalium, Fayence, Blech- und Spiralröllchen,[206] einem Arm- oder Stirnband aus Blech,[207] und Lockenringen.[208] Die Lage der Perlen im Hals- und Kopfbereich deutet auf ihre Tragweise als Halskette[209] oder als Zierde einer Kopfbedeckung oder Totenhaube.[210] Aufgrund vergleichbarer Befunde kann nachgewiesen werden, daß ebenfalls in Hernádkak Perlen und Goldblechbuckelchen außerdem als Stoffbesatz verwendet wurden.[211]

Die Lage von drei bearbeiteten bzw. durchbohrten Eckzahnlamellen vom Eber, die, ineinanderliegend, unmittelbar unterhalb des Ellbogens des Bestatteten und oft in Vergesellschaftung mit Geräten aus Knochen und Stein gefunden wurden, widerspiegelt eine ältere, weitverbreitete Tradition. Sie sind eventuell als eine Art Besatz anzusehen.[212] Dies steht im Gegensatz zu bearbeiteten

---

[206] Hernádkak Grab 96b Tafel 21.2-3, Grab 101 Tafel 22.2 und Grab 103 Tafel 22.10-12.
[207] Hernádkak Grab 54 Tafel 13.12 und Grab 89 (siehe die Befundbeschreibung).
[208] Hernádkak Grab 78 Tafel 16.4-5, Grab 54 Tafel 13.8-9 und Grab 129 Tafel 25.1-4.
[209] Vergleiche Abb.24 Totenausstattung mit Halsschmuck: Čaňa Grab 49, Košice Grab 85, Iwanowice Grab 142 und Mierzanowice Grab 9.
[210] Vergleiche Abb.24 Totenausstattung mit Stirnband oder Kopfbedeckung: Hurbanovo Grab 62, Bánov Grab 9, Košice Grab 37, Výčapy Opatovce Grab 182 und 255, Košťany Grab 10 und Všechsvätých Grab 32. Weiteres siehe G.Schumacher-Matthäus 1985, 29-24, 34-38 Tabelle 17 und Tafel 20.4.
[211] Vergleiche die Lage der Perlen aus Hernádkak Grab 54 Tafel 13.7, Grab 105 Tafel 23.4 mit jener im Výčapy Opatovce Grab 25, hier Abb.24, Mierzanowice Grab 4 und Košice Grab 157 (bes. die Lage der Perlen an den Beine), hier Abb.25, und Všechsvätých Grab 49, Abb.26.
[212] Vergleiche Abb.22 Hernádkak Grab 111 und Abb.26. Auf die Rolle unbearbeiteter Eckzähne vom Eber bzw. des Unterkiefers eines Schweines mit Eckzähnen im Begräbnisritus wurde bereits hingewiesen. Kapitel IV. B. Die

Eckzahnlamellen, die meistens paarweise oder zu viert eindeutig als Halsschmuck getragen wurden *(Abb.25)*.

In Hernádkak ist die Zahl der Bestattungen mit Lockenringen relativ häufig. Es handelt sich vorwiegend um den Typ aus massivem Kupfer, Bronze oder Gold.[213] Sie lagen meistens im Bereich des Schädels, selten in der Nähe des Halses. Dabei sind sie oft mit Perlen aus Fayence, Blech oder Spiraldraht oder mit einer Nadel vergesellschaftet. In Hernádkak ersetzen Lockenringe die zeitlich früheren weidenblattförmigen Ringe als traditionellen Kopfschmuck *(Abb.24)*.

Weitere Übereinstimmungen in der Totenausstattung sind bei den Grabkomplexen mit Geräten im Sinne einer Arbeits- oder Jagdausrüstung zu finden *(Abb.26-27)*. Es handelt sich hier um: eine Steinaxt,[214] die Knochenahle,[215] Ahle aus Metall, einzeln oder mit einer Metallnadel vergesellschaftet,[216] ein Meißel und ein Randleistenbeil.[217] Die "Waffenausstattung" eines Bestatteten besteht aus: einem Dolch, auch mit einem Beil vergesellschaftet,[218] einem Messer von gerader Weidenblattform[219] und einer Lanzenspitze.[220]

Lage der Gegenstände in der Grabgrube.
[213] Hernádkak Grab 25, 34, 38, 54, 67, 78, 81, 82, 85, 87, 102 und 129. Weiteres dazu siehe Kapitel V. B. Die Kleinfunde.
[214] Sie ersetzt die traditionelle Geweihaxt im Grabverband. Vergleiche Hernádkak Grab 39 Tafel 10.2 und 6 mit Abb.26: Mierzanowice Grab 71, Košice Grab 154, Iwanowice Grab 117 und Všechsvätých Grab 49.
[215] Vergleiche Hernádkak Grab 109 Tafel 23.10 mit Abb.26 Košice Grab 24 und Abb.27 Výčapy Opatovce Grab 56.
[216] Vergleiche zum Beispiel Hernádkak Grab 3 Tafel 2.4-5 und Grab 39 Tafel 10.5-6
[217] Sie erscheinen anstelle des traditionellen Beils aus Feuerstein. Vergleiche Hernádkak Grab 96a Tafel 20.2-3, Abb.25 Mierzanowice Grab 4 und 83, Abb.26 Iwanowice Grab 117 und Mierzanowice Grab 55.
[218] Vergleiche Hernádkak Grab 96a Tafel 20.2-3, Abb.25 Tvrdošovce Grab 48 und Abb.27: Košice Grab 10 und 146, Mierzanowice Grab 55, Tiszafüred-Majaroshalom Grab B176 und Tiszapalkonya Grab 2.
[219] Vergleiche Hernádkak Grab 108 Tafel 23.9 und Grab 89-90 (siehe Befundbeschreibung) und Abb.27 Košť'any Grab 17.
[220] Hernádkak Grab 39. Tafel 10.1.

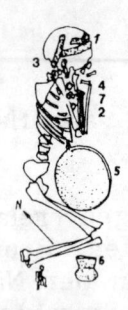

Hurbanovo Grab 62.
1. Stirnband aus Blech mit punktverziertem Saum.
2. Bruchstücke von zwei Ösenarmringen.
3-4. Bruchstücke von zwei Noppenringen.
5. Schüssel.
6. Krug mit Trichterhals und inkrustierter Verzierung.
7. Brillenspirale.
8. Hülsenkopfnadel.
9. Spiraldraht.

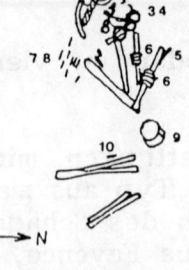

Bánov Grab 9.
1. Stirnband.
2. Ring.
3. Ösenhalsring.
4. Noppenringe.
5. Rollenkopfnadel.
6. Spiralarmring.
7. Blechröllchen.
8. Perlen aus Dentaliummuschel, Fayence und Spiraldraht.
9. Tasse.
10. Bruchstücke von geradem Draht.

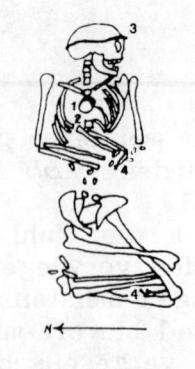

Výčapy Opatovce Grab 182.
1-2. Weidenblattschmuck.
3. Stirnband aus Blech mit punktverziertem Saum und eingedrehten Enden.
4. Perlen aus Hirschgeweih.

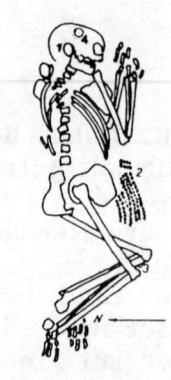

Výčapy Opatovce Grab 25.
1. Weidenblattschmuck.
2. Perlen aus Hirschgeweih.
3. Gefäßbruchstück.
4. Weidenblattschmuck.

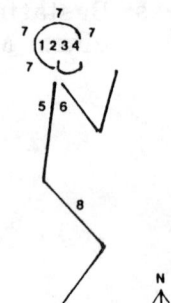

Košice Grab 37.
1-3. Weidenblattringe.
4. Ring aus einfachem Draht.
5-6. Knochennadel mit profiliertem Kopf.
7. Perlen aus Muschel und Fayence
8. Blechröllchen und Stückchen Blech.

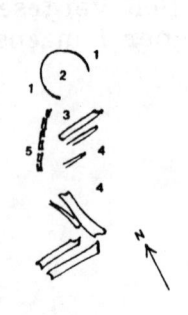

Čaňa Grab 49.
1. Lockenring aus Gold.
2. Einfacher Ring aus Metall.
3. Perlen aus Muschel.
4. Dentaliumperlen.
5. Spiraldraht.

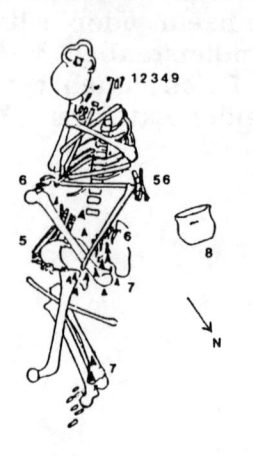

Mierzanowice Grab 9.
1. Bruchstücke eines Ohrringes.
2. Perlen aus Muschel.
3. Bruchstück einer Knochennadel.
4. Fayenceperlen.
5. Perlen aus Knochen.
6. Anhänger aus Tierzähnen.
7. Pfeilspitzen aus Feuerstein.
8. Topf mit Griff.
9. Bruchstücke von Spiraldraht.

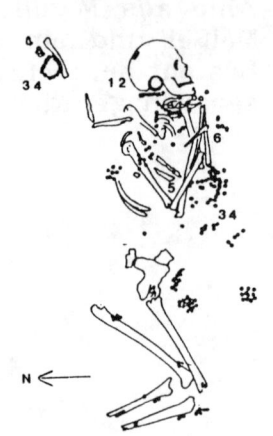

Iwanowice Grab 142.
1. Weidenblattschmuck.
2. Ohrring mit rundem Blattform.
3-4. Perlen aus Fayence Muschel.
5. Feuersteinabspliß.
6. Knochengerät.

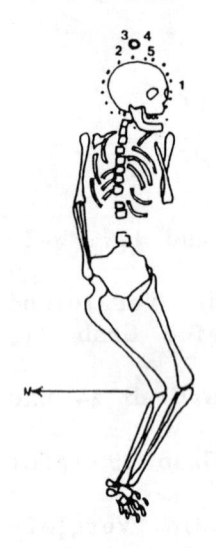

Výčapy Opatovce Grab 255.
1. Perlen aus Schneckengehäuse.
2-5. Ohrring aus Draht.

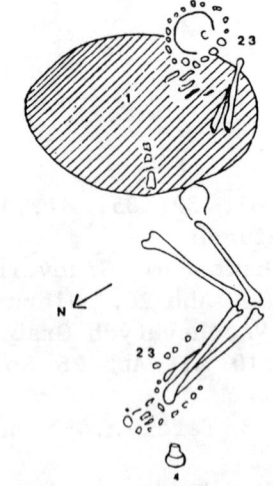

Valalíky-Košťany Grab 10.
1. Brandstelle in 60cm Tiefe.
2-3. Perlen aus Dentalium, Fayence und Knochen.
4. Gefäß.

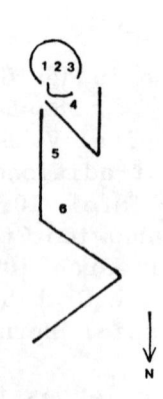

Košice Grab 85.
1-2. Weidenblattringe.
3. Einfacher Ring aus Metall.
4. Perlen aus Muschel und Fayence.
5-6. Knochennadel mit profiliertem Kopf.

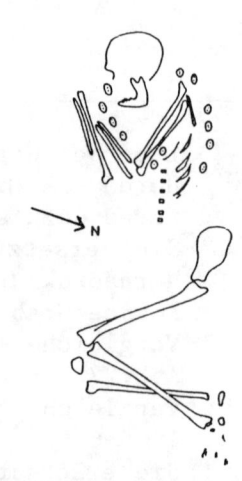

Valalíky-Všechsvätých Grab 32.
Perlen aus Muschel und Fayence

Abbildung 24. Totenausstattung mit Stirnband, Ringen und Perlen.

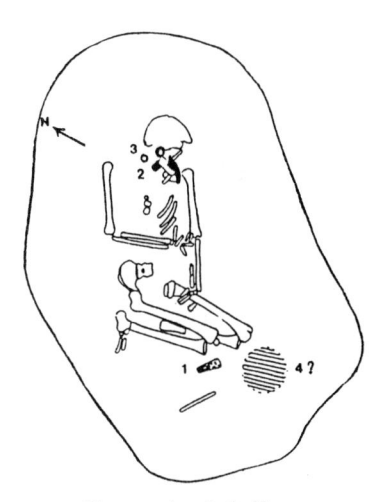

Mierzanowice Grab 83.

1. Beil aus Feuerstein.
2. Anhänger aus Blech.
3. Zwei Ohrringe aus Metall.
4. Topf.

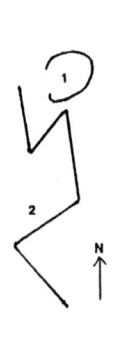

Košice Grab 113.

1. Lockring aus Bronze.
2. Ebereckzahn.

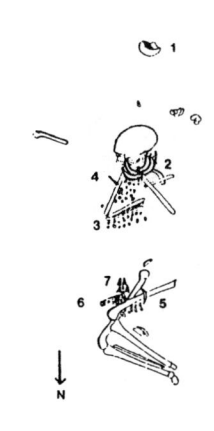

Mierzanowice Grab 4.

1. Bruchstück eines Topfes.
2. Vier Eckzahnlamellen vom Eber.
3. Perlen aus Muscheln und aus Fayence.
4. Knochennadel.
5. Anhänger aus Hunde- und Eberzähnen.
6. Beil aus Feuerstein.
7. Pfeilspitzen aus Feuerstein.

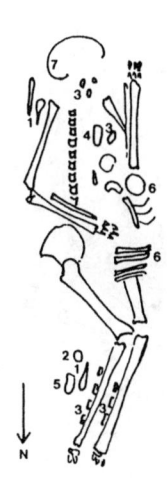

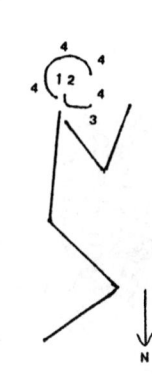

Košice Grab 93.

1. Einfache Ringe aus Metall.
2. Kleine Ringe aus Metall.
3. Eckzahnlamelle vom Eber.
4. Fayenceperlen.

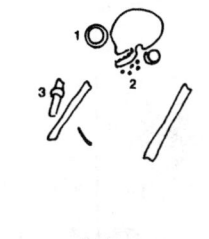

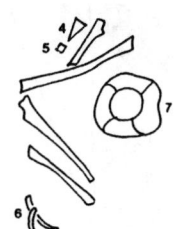

Košice Grab 157.

1. Knochenahle.
2. Gefäßbruchstück.
3. Perlen aus Dentalium, Fayence und Knochen.
4. Muschel.
5. Gegenstand aus Knochen.
6. Skelettreste eines Kindes.
7. Ebereckzahn.

Tvrdošovce Grab 48.

1. Zwei Noppenringe.
2. Perlen aus Muschel und aus Fayence.
3. Armring aus Metall.
4. Dolchklinge.
5. Gerippte Hülse aus Blech.
6. Ebereckzahn.
7. Grosser Krug.

Abbildung 25. Totenausstattung mit Ebereckzahn und Schmuck.

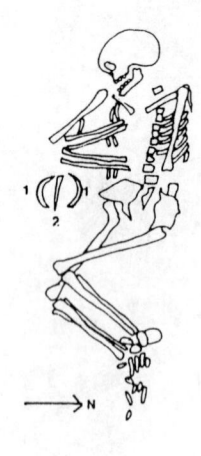

Výčapy Opatovce Grab 158.

1. Zwei Ebereckzähne.
2. Knochenahle.

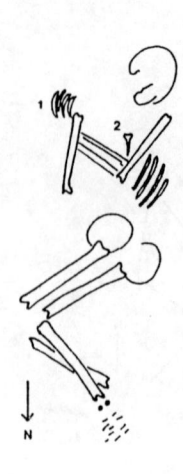

Košice Grab 24.

1. Ebereckzahn.
2. Knochenahle.

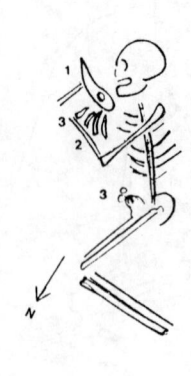

Košice Grab 154.

1. Geweihaxt.
2. Ebereckzahn.
3. Pfeilspitzen und Halbfabrikate aus Quartz und Jaspiz.

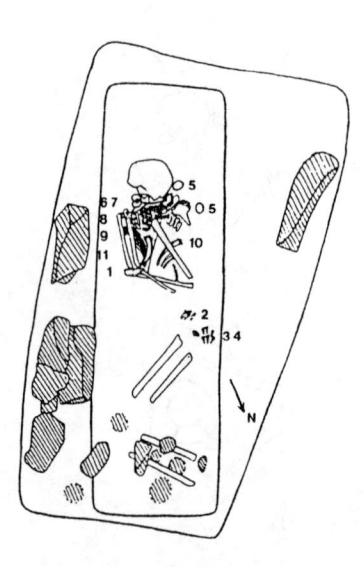

Mierzanowice Grab 71.

1. Beil aus Feuerstein.
2. Anhänger aus Tierzähnen.
3. Spiraldraht.
4. Pfeilspitzen aus Feuerstein.
5. Ohrring aus Metall.
6. Eberzähne.
7. Anhänger aus einer Knochen- und einer Kupferscheibe.
8. Knochennadel.
9. Bruchstücke von Spiraldraht.
10. Zwei Ebereckzähne.
11. Perlen aus Muschel und Fayence.

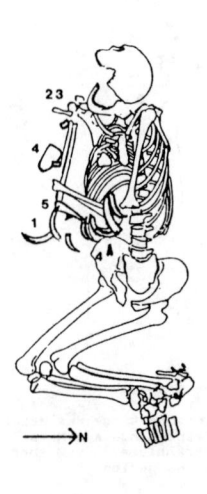

Iwanowice Grab 117.

1. Ebereckzahn.
2. Weidenblattschmuck.
3. Perlen aus Muschel.
4. Beil und Klingen aus Feuerstein.
5. Knochengerät.

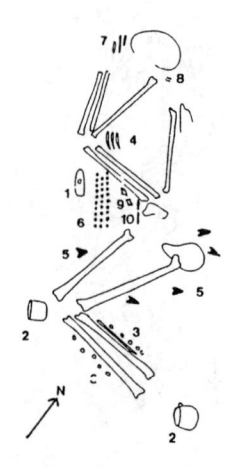

Valalíky-Všechsvätých Grab 49.

1. Steinaxt.
2. Gefäß.
3. Perlen aus Fayence und Dentalium.
4. Ebereckzahn.
5. Pfeilspitzen aus Stein.
6. Fayenceperlen.
7. Kiesel.
8. Schließe aus Bronze.
9. Blechröllchen.
10. Knochengegenstände.

Abbildung 26. Totenausstattung mit Ebereckzahn und Geräten.

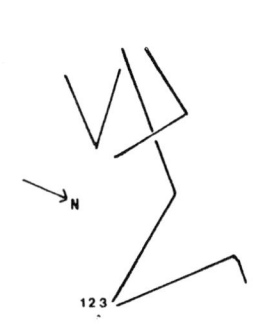

Tvrdošovce Grab 33.

1. Ebereckzahn.
2. Quarzitabschläge.
3. Pfeilspitze aus Silex.

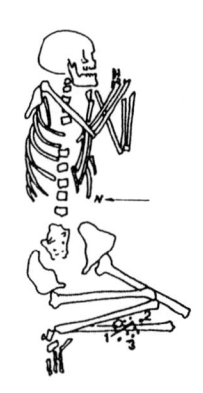

Výčapy Opatovce Grab 56.

1. Perlen aus Knochen.
2. Verteilungsplättchen aus Knochen.
3. Knochenahle.

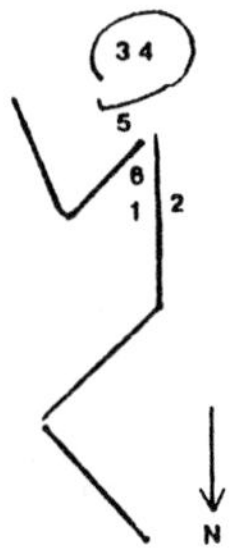

Košice Grab 146.

1. Dolchklinge aus Metall
2. Ahle aus Metall.
3. Beil aus Metall.
4. Einfacher Ring aus Metall.
5. Meißel aus Metall.
6. Perlen aus Dentalium und Fayence.

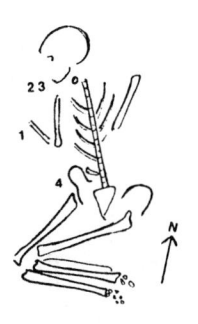

Košice Grab 10.

1. Dolchklinge aus Metall.
2. Miniatur-Dolchklinge aus Metall.
3. Fayenceperle.
4. Knochenahle.

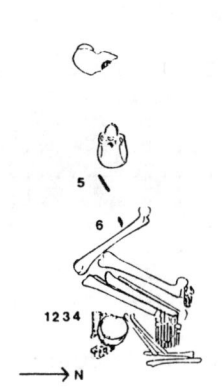

Mierzanowice Grab 55.

1. Henkeltopf.
2-3. Gerät aus Feuerstein.
4. Beil aus Feuerstein.
5. Meißel aus Metall.
6. Bruchstück einer Dolchklinge
7. Bruchstück eines Dolches aus Feuerstein.

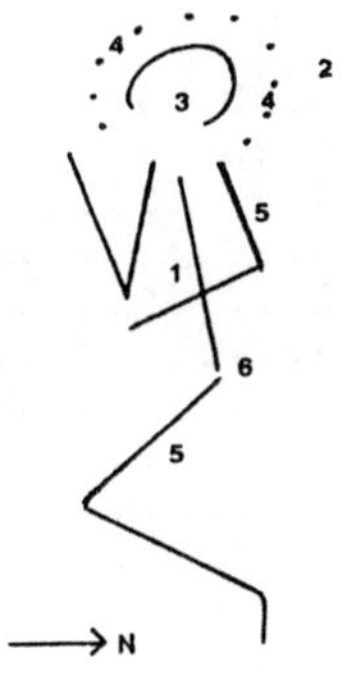

Valalíky-Košťany Grab 17.

1. Dolchklinge aus Metall.
2. Messer aus Metall.
3. Ohrringe aus Draht.
4. Perlen aus Fayence.
5. Klingen und Absplisse aus Obsidian.
6. Pfeilspitzen.

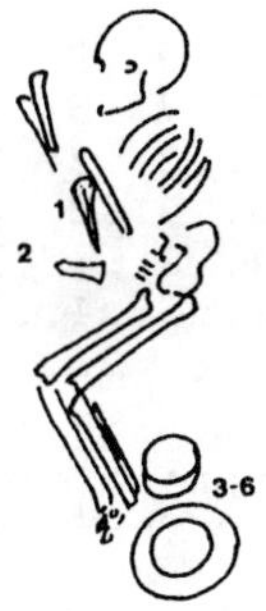

Tiszafüred-Majaroshalom Grab B176.

1. Dolchklinge.
2. Randleistenbeil.
3. Henkeltopf.
4. Henkelschale.
5. Topf.
6. grosse Schale.

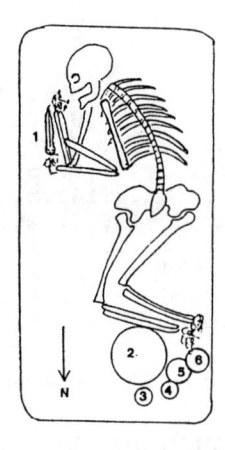

Tiszapalkonya-erőmű Grab 2.

1. Dolchklinge.
2. Grosse Schale.
3-6. Tasse.

Abbildung 27. Totenausstattung mit einer Geräte- oder Waffenausrüstung.

D. Kombination der Grabbeigaben.

Keramik und Kleinfunde kommen in unterschiedlichen Zusammenstellungen in den einzelnen Gräbern vor *(Abb.28)*.[221]

	Tasse	Schüssel	Henkelschale	Schale	Topf	Langhalskrug	Becher	Miniaturgefäß	Tongegenstand
Tasse	35	24	8	16	21	5	7	2	2
Schüssel	24				1				
Henkelschale	8		1		2			1	
Schale	16	1			1	1			
Topf	21					2	1		
Langhalskrug	5	1	2	1	2		2		
Becher	7			1	1	2	2		
Miniaturgefäß	2							1	
Tongegenstand	2	1							

	ohne Metall	Spiralröllchen	Drahtösenkopfnadel	Rollenkopfnadel	Bernsteinperle	Lockenring	Goldblech	Fayenceperle	Ahle	Dentaliumperle	Weidenblatt	Blechband	Dolchklinge	Meißel	Beil	Knochenahle	Knochenperle	Ebereckzahn	Steinaxt	Lanzenspitze
Tasse	45	16	10	10	9	9	4	4	3	3	1	1	1	1	1	1	1	1		
Schüssel	9	10	8	6	7	5	5	3	4	3		1	1	1	1	2				
Henkelschale	3	4	7	5	2	2	1		4		1	1	1	1	1				1	1
Schale	9	5	5	5	5	2	2	1	2											1
Topf	14	5	4	4	2		1	2	2		2									
Langhalskrug	8	2	3	2		4	2			3	1		1						1	1
Becher	5	1		1					1	1										
Miniaturgefäß	2	1																		
Tongegenstand	2	1																		
ohne Keramik	1				4				1				1							

Abbildung 28. Kombination von Keramik und Kleinfunden in den Gräbern.

Eine Untersuchung der verschiedenen Kombinationen gründet sich auf Angaben zum Grabbefund in den Tagebüchern, auf vorhandene Grabphotos und auf das erhaltene Fundmaterial selbst. Dabei werden die im Tagebuch zumeist verallgemeinernden Fundbezeichnungen, vor allem die Gefäßform "Tasse" und "Schale", beibehalten. Genauere Bezeichnungen wie im Falle der Becher, Miniaturgefäße, Langhalskrüge und Kleinfunde werden meistens übernommen. Das Ergebnis kann daher keine genaue, statistische Auswertung darstellen, sondern es zeigt eine relative Häufigkeit der Gegenstände als Einzelstück und in bestimmter

---

[221] Die angegebenen Zahlen stellen keine endgültige, quantitative Auswertung dar, sondern geben einen Überblick über die Fundverhältnisse. Die Bezeichnungen der Gefäßformen in den heute fehlenden Grabinventaren wurden vom Tagebuch übernommen. So ist eine Überprüfung dieser Zuordnung zu einer Gefäßgattung nicht mehr möglich.

kann daher keine genaue, statistische Auswertung darstellen, sondern es zeigt eine relative Häufigkeit der Gegenstände als Einzelstück und in bestimmter Vergesellschaftung in den Gräbern.

Trotz Unterschied und Vielfalt in Form und Zahl ist die Gabe eines grundlegenden Keramiksatzes in der Mehrzahl der Gräber zu erkennen. Dieser besteht aus: einem engmundigen Gefäß, welches dazu geeignet ist, Flüssigkeiten zu behalten oder zu spenden, hier Tasse, Krug und Becher, und einem weitmundigen Gefäß, welches sich dazu eignet, feste Speise zu behalten oder Flüssigkeiten zu empfangen, hier Schale, Schüssel und Henkelschale.[222] Der zweiteilige Keramiksatz kann durch eines oder mehrere zusätzliche Gefäße, wie zum Beispiel eine Henkelschale, einen Becher, einen Topf oder eine Schale erweitert sein. Weniger vertreten sind die Kombinationen zweier Tassen, einer Tasse mit einer Henkelschale und einer Tasse oder einem Krug mit einem Topf. Dagegen kommt die Kombination eines weitmundigen Gefäßes mit einem Vorratsgefäß, zum Beispiel einer Schüssel oder Schale mit einem Topf sowie zum Beispiel zweier weitmundiger Gefäße wie Schüssel und Schale allein als Keramiksatz in den Gräbern nicht vor. Eine beachtlich große Zahl an Gräbern (20) enthielt ein einziges Gefäß als Mitgabe. Darunter ist vorwiegend die Tasse, seltener die Schüssel oder Schale. Ausnahmsweise steht ein Langhalskrug oder ein Topf als die einzige Gefäßbeigabe in einem Grab. Im Gegensatz dazu sind große Gefäße, die als Urne für den Leichenbrand Verwendung fanden, außer einer Schale als Deckel, immer das einzige Grabgefäß.

Wie in den Gräbern von Erwachsenen weist die Mehrzahl der angeblichen Kindergräber den grundlegenden Keramiksatz von Tasse und Schale auf. Dabei kommt die Kombination der Tasse oder des Kruges mit einer Schüssel oder einem Topf öfters als in den Gräbern von Erwachsenen vor. Kinder- und Säuglingsgräber enthielten häufiger als bei Erwachsenen ein einziges Gefäß als keramische Beigabe. Miniaturgefäße und Tongegenstände scheinen gleich oft in den Gräbern von Kindern und Erwachsenen beigegeben zu sein.[223] Verhältnismäßig wenige Fundgattungen sind häufig vertreten, darunter die Tasse, die Schüssel oder Schale, Nadeln, Ahlen und Spiraldraht. Die Zahl der Grabkomplexe, die ausschließlich aus Keramikbeigaben bestehen, überwiegt. Weit weniger sind Grabkomplexe vertreten, die nur Metall enthalten.[224]

---

[222] Siehe Einleitung zu Kapitel IV.
[223] Die geringe Zahl von Gräbern mit Tongegenständen und Miniaturgefäßen erlaubt keine endgültige Aussage zu ihrer möglicherweise altersspezifischen Verteilung unter den Gräbern.
[224] Grab 38, 59, 78 und 85.

E. Zur Frage der Grabentleerung.

Einleitung.

Bevor auf die Frage der Grabentleerung oder "Grabplünderung" in Hernádkak eingegangen wird, sollte nochmals auf den Zustand der ungestörten Skelett- und Brandbestattungen verwiesen werden.[225] Mehrere beispielhafte Gräber können hier in Betracht gezogen werden, in denen Beigaben noch an der traditionellen Stelle in der Grabgrube vorgefunden wurden und deren der Befundbeschreibung entsprechende, ungestörte Zustand auf dem Grabphoto erkennbar ist:

Grab 3 *(Abb.23)*.[226] Brandschüttungsbestattung. Die folgenden Beigaben waren in einer Gruppe im nördlichen Teil der Grabgrube zusammengestellt: ein Langhalskrug, ein Henkeltopf, eine Schüssel, eine Henkeltasse mit hohem Henkel, eine mittelgroße Drahtösenkopfnadel und eine kleine Ahle mit quadratischem Querschnitt.

Grab 6 *(Abb.19)*.[227] Die Ausrichtung des Grabes ist nicht angegeben. Die Knochen sind gut erhalten. Hinter den Beinen in der Knöchelgegend war eine große Schüssel, daneben eine große Henkeltasse.

Grab 37 *(Abb.19)*.[228] Das Grab enthielt die Skelettreste eines Erwachsenen in Nordlage. Vor den Füßen war eine kleine Tasse, vor dem Becken eine Schüssel und eine große Tasse.

Grab 39 *(Abb.20)*.[229] Das Grab enthielt nur noch wenig Knochen von einem Erwachsenen, der mit dem Kopf nach Westen und Gesicht nach Süden beigesetzt wurde. Offenbar war die Bestattung nicht gestört. Im Bereich des Gesichts lagen eine Lanzenspitze, ein Steinbeil und eine Ahle, bei der Schulter eine Goldperle, hinter der Kniekehle eine große Schüssel, darin eine Schale, und am Fußende ein kleiner Krug, Spiraldraht, eine Ahle und und eine Drahtösenkopfnadel.

Grab 51 *(Abb.20)*.[230] Die Skelettreste waren gut erhalten und nach Süden ausgerichtet. Bei den Knöcheln befand sich eine Henkeltasse, vor den Beinen ein Becher und eine Schüssel.

Grab 81*(Abb.21)*.[231] Die Grabgrube war nach Norden ausgerichtet. Die Skelettreste waren gut erhalten und die Lage der Beigaben neben dem Bestatteten wurde ungestört vorgefunden. In der Höhe des Kopfes lag eine Rollenkopfnadel, in der Nähe der Nadel lagen 17 Bronzespiralperlen und 41 Bernsteinperlen, unter dem Schädel ein goldener herzförmiger Lockenring und eine Bernsteinperle, an den Füßen eine Henkelschale, in der Knöchelgegend eine große Schale mit vier buckelförmigen Füßen, darin eine Henkeltasse mit hohem Henkel.

Grab 111*(Abb.22)*.[232] Bei den gut erhaltenen Skelettresten war die Ausrichtung des Kopfes nach Westen, des Gesichts nach Süden festzustellen. Am äußeren rechten Ellbogen lagen drei bearbeitete Eberzahnlamellen und ein kleiner durchbohrter Knochen, an den Beinen eine Henkeltasse und am Becken

---

[225] Siehe zusätzlich noch Kapitel III Abschnitt B. Grabform. und Abb.19-23.
[226] Bóna 1975 Tafel 154.1.
[227] Bóna 1975 Tafel 155.8.
[228] Bóna 1975 Tafel 155.6.
[229] Bóna 1975 Tafel 156.6.
[230] Bóna 1975 Tafel 155.9.
[231] Bóna 1975 Tafel 155.1.
[232] Bóna 1975 Tafel 155.10.

drei Bronzeröllchen.[233]

Im Grabungstagebuch wurde mehrmals von einzelnen Gräbern notiert, daß sie bereits bei ihrer Aufdeckung in aufgewühltem Zustand waren. Die Knochen der Bestatteten fehlten oder waren zerwühlt; Beigaben waren noch vorhanden.[234] In anderen Gräbern, die eventuell als gestört zu bezeichnen sind, war das Skelettmaterial völlig verwest oder schlecht erhalten oder es kamen nur noch Extremitäten vor. Beigaben fehlten oder die vorhandenen Gegenstände lagen durcheinander. Das heißt, der Befund in der Grabgrube zur Zeit ihrer Aufdeckung entspricht nicht der Situation direkt nach der Beisetzung des Verstorbenen. Durch das Fehlen einer Aufzeichnung dieser Gräber sowie einer Beschreibung der Füllerde der Grabgrube ist eine Deutung des aufgewühlten, gestörten Zustands schwierig. Schon bei der Bezeichnung "aufgewühlt" ist nicht klar, ob hiermit auf die Anordnung der Skelettreste, die Anordnung der Beigaben, die Grabauffüllung oder mehreres Bezug genommen wird. Ein Rückschließen von dem aufgewühlten oder gestörten Zustand im Grabe auf Grabplünderung oder -entleerung ist bei diesen Gräbern sowie bei allen metallarmen oder -losen Gräbern in Hernádkak nicht ausgeschlossen. Jedoch ist eine intentionelle Grabentleerung mangels genauer Befundbeschreibung und damit das Achten auf Anzeichen einer Beraubung nicht von vornherein anzunehmen. Das Fehlen oder die Dürftigkeit an Beigaben bzw. bestimmten Fundtypen ist auf verschiedene Ursachen zurückzuführen, die heute sicherlich nicht mehr zu beweisen sind. Es kann zum Beispiel mit der Methode der Grabfreilegung und der Befundaufnahme durch die Ausgräber bzw. den Tagebuchführenden zusammenhängen oder auf die sozio-ökonomische bzw. religiöse Umgebung des Verstorbenen hinweisen.

In Zusammenhang mit dem Zustand des Skeletts und der Zahl und Lage von Beigaben in der Grabgrube bietet der Fundbestand weitere Aufschlüsse über das Problem des vermuteten Grabraubs in Hernádkak. Relativ viele Gräber (58 Gräber) enthielten Keramik, aber keine Kleinfunde aus Metall, während nicht wesentlich weniger Gräber (40) ausschließlich Kleinfunde als Beigaben aufzeigten. Die Kleinfunde in diesen Gräbern vertreten ein breites Typenspektrum, wie im Fundbild in Košice, Valalíky-Košťany, Valalíky-Všechsvätých und Čaňa zu beobachten ist. In Hernádkak handelt es sich ebenfalls um Schmuckgarnituren sowie Jagd-, Arbeits- oder Waffenausrüstungen aus Metall und organischem Material.[235] Außerdem sind unter den Gräbern in Hernádkak Fundkomplexe, die außer der Keramik eine wesentlich beschränktere Auswahl an Kleinfundtypen besitzen, das heißt eine Ausstattung aus einem Nadelpaar, einer Nadel und einer Ahle oder einer einzigen Ahle.[236] Diese Situation spricht eher für eine Änderung in der traditionellen Totenbekleidung als für eine "arme" Ausstattung oder Beraubung des Grabes. Sie stellt den Anfang einer Entwicklung bei den Kleinfundbeigaben dar, die im Fundbild von Megyaszó und Gelej bereits ausgeprägt ist.

Hinsichtlich der spärlichen Ausstattungen fallen die Grabkomplexe auf, die lediglich einen einzigen Kleinfund, wie zum Beispiel ein Stückchen Spiral-

---

[233] Weitere beispielhafte Gräber: 43, 92, 110 und 122. Bóna 1975 Tafel 155.3-5. 156.2.
[234] Grab 4-5, 58, 61-63, (103-)104.
[235] Grab 16, 25, 38, 39, 43, 54, 67, 78, 81, 82, 89, 96a, 98, 103, 105, 108, 110, 111, 124, 125, 126, 127, 129.
[236] Grab 1, 2, 3, 8, 21, 31, 43, 55, 93.

draht,[237] einen Goldblechbuckel,[238] wenige Bruchstücke von Noppen- bzw. Lockenringen[239] oder einzelne Perlen aus Dentalium, Fayence oder Knochen,[240] enthalten. Sie sind möglicherweise der Rest oder Bruchteil einer Schmuckgarnitur oder Arbeits-Jagdausrüstung.[241] Im Vergleich zu dem bisher bekannten Umfang einer Schmuck- oder Jagdgarnitur in den Gräbern ist dieser Fundbestand untypisch. Hier lassen unvollständig vertretene Garnituren oder Ausrüstungen innerhalb eines Grabfundkomplexes auf Raub der restlichen Bestandteile schließen. Dieses betrifft vor allem die Gräber, in denen vereinzelte Kleinfunde und "nur noch Extremitäten" zutage kamen. Hier sind Schädel und die Brustpartie möglicherweise durch die Entnahme von Kleinfunden an den Körperteilen durcheinander gebracht oder zerstört worden. So blieben nur noch die Extremitäten in der ursprünglichen anatomischen Anordnung.

Die verhältnismäßig geringe Tiefe der einzelnen Grabgruben spricht nicht überzeugend dafür, daß Schutz vor dem Grabraub durch einen besonders tiefen Grabschacht gesucht wurde. Sowohl gestörte als auch ungestörte Bestattungen befanden sich in unterschiedlicher Tiefe. Die Grabgrubentiefe scheint eher von der Altersgruppe des Verstorbenen abhängig gewesen zu sein. Die Gräber 39, 71, 96 und 110 von Erwachsenen heben sich durch ihre ungewöhnliche Tiefe und zahlreichen Beigaben von den anderen Gräbern ab.[242] Die zierliche Form und Beschaffenheit der Mehrzahl der Metallbeigaben und die mögliche zerstörerische Wirkung auf sie durch Klima oder Bodengegebenheiten können Gründe für ihr Fehlen oder geringe Vertretung in einem Grabkomplex sein. Die Zweckmäßigkeit ihrer Einschmelzung, um Rohstoff zu gewinnen, ist fraglich und spricht nicht für ihre Entnahme aus einem Grab.

Gestörte bzw. entleerte Gräber im Kosice-Becken.

Die Beobachtungen Pástors zu den gestörten und ausgeraubten Gräbern in Košice, Valalíky-Košt'any, Valalíky-Všechsvätých und Čaňa geben Aufschluß über das Phänomen der Grabentleerung während dieses Zeitraums im Hernádflußtal. Pástor berichtete, daß im Gräberfeld Košice die reichen, in tiefen Gruben angelegten Gräber der Otomani-Kultur ausgeraubt waren.[243] Die Beraubung fand zu einem späteren Zeitpunkt nach der Beerdigung statt, als der Körper des Verstorbenen schon verwest oder nur noch schlecht erhalten war. Pástor nahm dafür eine Zeitspanne von etwa drei Generationen an. Im Rahmen seiner Befundbeschreibung der einzelnen Gräber und der zusammenfassenden Beschreibung ausgeraubter Gräber berichtete Pástor weiter von folgenden Befunden: Die Grabfüllung der ausgeraubten Gräber war "gestört" oder mit Keramikbruchstücken und Knochen durchsetzt.[244] Die Skelettreste in der Grabgrube lagen nicht in ihrer ursprünglichen anatomischen Anordnung,

---

[237] Grab 24, 48, 57, 64 und 125.
[238] Grab 39, vergleiche dazu den kompletten Buckelsatz im Grab 54 und 105.
[239] Grab 121.
[240] Grab 71, 74, 94.
[241] Ein wohl vollständiger Satz Goldblechbuckel kam in Grab 54 und 105 vor. Weitere Beispiele für das Erscheinungsbild für Bernsteinperlen sind Grab 74 und 81 und für Lockenringe Grab 78.
[242] Grab 39, Tiefe 195 cm. Grab 71, 210 cm. Grab 96, 190 cm. Grab 110, 205 cm. Vergleiche Abb. 6. Zu den Beigaben in den einzelnen Gräbern siehe Katalog.
[243] Pástor 1969, 82-83.
[244] An anderer Stelle führte dieser Befund bei ungestörten Gräbern jedoch zu Pástors Vermutung von einer Begräbnisfeier. Ebd. 104.

sondern durcheinander und auf verschiedenen Ebenen oder an einer Stelle der Grube regellos aufgehäuft. Einzelne Knochen wurden außerhalb der Grabgrube gefunden, als ob sie bei der Beraubung aus dem Grabe herausgeworfen worden wären.[245] In einigen Gräbern wurde nur der obere Teil des Körpers zerstört, wo vermutlich wertvolles Material getragen wurde. Dabei blieb der untere Teil oft unberührt an der ursprünglichen Stelle.[246] Auf manchem Knochenmaterial waren nur noch Spuren von grünlicher Patina, die auf den ursprünglichen Metallgegenstand an dieser Stelle hinweisen. Wie bei den Skelettresten war die ursprüngliche Lage der Beigaben in beraubten Gräbern ebenfalls gestört. Gefäße sowie Gefäßbruchstücke, Perlenschmuck aus Dentalium und Muschel und Knochennadeln kamen auf unterschiedlichen Niveaus in der Grabgrube sowie außerhalb des Grabes vor.

Die Gräber in Valalíky-Košťany, Valalíky-Všechsvätých und Čaňa, deren Zustand Pástor auf Grabraub zurückführte, weisen ein ähnliches Bild wie die geplünderten Gräber in Košice auf.[247] Gegenstände in vollständigem oder zerbrochenem Zustand kamen häufig in der Grabfüllung zerstreut vor: "in den gestörten Schichten planlos zerstreut".[248] Die Skelettreste lagen nicht mehr in ihrer ursprünglichen anatomischen Anordnung, sondern durcheinander, so daß die Seitenlage und Orientierung nicht mehr feststellbar waren.[249] Bei den durcheinander liegenden Skelettresten fehlten entweder Skeletteile oder Teile von anderen Bestattungen waren zusätzlich dabei.[250] In einigen Gräbern lagen große Knochen oder Extremitäten zusammen mit dem Schädel an einem Ende der Grabgrube gehäuft.[251]

Als weiteren Hinweis auf den Grabraub betrachtete Pástor die Spuren eines Raubschachts, die bei manchen Gräbern noch nachweisbar waren.[252] Mit Rücksicht auf die damaligen Meinungen über das Phänomen Grabplünderung, und auf Grund seiner Beobachtungen in Košice vertrat Pástor die Ansicht, daß die Gräber in Eile geöffnet wurden, mit dem Ziel, aus ihnen wertvolle Andenken zu entnehmen. Er verglich diese Situation mit den gleichzeitigen Gräberfeldern im Osten sowie im Westen der Slowakei.

In Gelej und Pusztaszikszó wurden Fundumstände beobachtet, die auf Grabentleerung hinweisen.[253] In den entleerten Gräbern lagen Knochen und Beigaben nicht mehr in einer erkennbaren Anordnung. Kleinfunde aus Metall fehlten oder waren nicht vollständig vertreten. Bei den scheinbar unberührten Gräbern dagegen lag das Skelettmaterial noch in der ursprünglichen anatomischen Anordnung und die Gefäßbeigaben noch aufrecht neben dem Bestatteten.

---

[245] Ebd. 83: Beispiele von beraubten Gräbern mit durcheinander geworfenen Skeletteilen.
[246] Ders. 1978, 107-108.
[247] Störungen entstanden außerdem noch durch Grabüberschneidung, zum Beispiel Všechsvätých Grab 113-114, durch Bau eines Ofens in provinzial-römischer Zeit, zum Beispiel Všechsvätých Grab 127, und durch moderne Baumaßnahmen.
[248] Ders. 1965, 37.
[249] Ders. 1969, 55 Abb.14; ders. 1978, 38 Abb.14.
[250] Ders. 1978, 108.
[251] Ders. 1969, 43 Abb.10; ders. 1978, 40 Abb.15 unten, 65 Abb.23.
[252] Ders. 1962 Abb.4.
[253] Gelej-Kanálisdűlő Grab 18, 106 und 137. Kemenczei 1979, Abb.5,7 und 9. Pusztaszikszó Grab 20. Kőszegi 1968, 109.

Eine ähnliche Situation wurde in Gräbern in der Südwest-Slowakei von den Ausgräbern beobachtet. Dort ist der Zustand eines gestörten Grabbefundes infolge der Entnahme der Beigaben von einem ungestörten Grabbefund besonders deutlich zu unterscheiden. In Výčapy Opatovce blieben mehrere Gräber ungestört. Die Knochenreste in Grab 6 und 19 waren noch in der ursprünglichen Hockerlage, die Beigaben unberührt. Grab 64, 120 und 134 weisen eine unterschiedlich starke Störung bzw. Verlagerung oder Zerstreuung der Knochen und und Beigaben in der Grabgrube auf. Die Skeletteile in Grab 104 und 270 waren noch in anatomischer Anordnung, jedoch unvollständig vorhanden. Schädel und Extremitäten waren erhalten, Teile der Brustpartie oder des Beckens fehlten. Eine natürliche Verwesung der Knochen oder eine Zerstörung durch die Entnahme von Beigaben?[254] Grab 28 in Bajč und Grab 10 in Hurbanovo stellen ein Beispiel einer Entleerung dar, wobei die Knochen an einer Stelle auf der Grabgrubensohle gehäuft lagen.[255]

Zusammenfassung

Eine Gegenüberstellung der intakten, traditionell angelegten Bestattungen und der von der Tradition abweichenden Gräber im Košice-Becken und dem nördlichen Zwischenstromland mit Bezugnahme auf die Befundbeschreibung ermöglicht eine Differenzierung zwischen einem Grab, das in ungestörtem Zustand vorgefunden wurde und einem Grab, dessen Befund als gestört bzw. beraubt bezeichnet werden kann. Im Falle eines gestörten Grabbefundes bietet der Vergleich Aufschlüsse zur Frage, ob es sich jeweils um Grabraub oder eher um unterschiedliche Grabausstattung handelt. Dabei sollte berücksichtigt werden, daß Skeletteile oder einzelne Beigaben in manchen Gräbern durch natürliche Umstände verlagert oder nicht mehr erhalten sind. Außerdem wird die Möglichkeit geäußert, daß die Unterschiede ebenso auf die Methode der Grabfreilegung und die Genauigkeit des jeweiligen Tagebuchführenden zurückzuführen sind.

Besonders zu berücksichtigen in Bezug auf das "Fehlen" oder geringfügiges Vorhandensein von Metallschmuck in Gräbern ist die Beobachtung, daß sich im Laufe der Belegung der Gräberfelder im Hernádflußtal eine bedeutende Änderung in der (Grab-)Schmuckausstattung vollzog. Statt mehrerer Schmuckgattungen aus zahlreichen Muschel-, Knochen- und Fayenceperlen, Metall und Ton, wird das Typenspektrum in der Ausstattung auf wenige und bestimmte Nadeltypen reduziert. In der Mehrzahl der im Grabungstagebuch aufgezeichneten Gräber wurden erhaltene Skelettreste und die keramischen Beigaben scheinbar unberührt vorgefunden. Das bedeutet, daß weder die Skelettpartien im aufgewühltem Zustand waren noch die Keramikbeigaben zerbrochen, zerstreut oder umgestellt waren. Verglichen mit dem "normalen" Zustand eines gestörten, evtl. beraubten Grabes, spricht diese Befundbeschreibung dafür, daß das Grab in ungeplündertem Zustand geblieben war. So kann die Frage zur Grabentleerung und deren möglichem Ausmaß in Hernádkak nicht endgültig beantwortet werden.

---

[254] Točík 1979, 71, 78, 85, 120, Abb.16, 19, 25, 56.
[255] Ebd. Abb.155 und 174. Weitere Beispiele von gestörten und ungestörten Gräbern: Bánov: gestörte Gräber, Grab 4 und 5; ungestörte Gräber, Grab 3 und 9. Ebd. Abb.130 und 131, 129 und 133. Hurbanovo: ungestörte Gräber, Grab 43 und 62. Ebd. Abb.163 und 165. Šal'a I: gestörte Gräber, Grab 6 und 9. Ebd. Abb. 80 und 81. Šal'a II: gestörte Gräber, Grab 4 und 11. Ebd. Abb. 88 und 92. Tvrdošovce: gestörte Gräber, Grab 19 und 46; ungestörtes Grab 50. Ebd. Abb. 70, 74 und 76.

V. Der Fundstoff.

A. Die Keramik.

Einleitung

An dieser Stelle sind einige Erläuterungen notwendig, die die Bezeichnung der hier zu behandelnden handgemachten Keramik betreffen. Sie sind aufgeführt, um
1. einen Rahmen aufzustellen, aus dem die Gliederung der Keramik in Formengruppen und Verzierungsmustern deutlich hervorgeht und übersehbar wird,
2. die darin beinhalteten Formtypen und ihre Varianten sowie Verzierungselemente zu differenzieren und zu definieren,
3. mögliche Verwechslungen mancher unterschiedlich gestalteten, jedoch grundsätzlich verwandten Formen zu verringern bzw. zu vermeiden, und
4. eine Grundlagen-Orientierung für die Bewertung, Einordnung oder Gliederung von keramischem Material aus anderen frühbronzezeitlichen Verbänden in dem Raum Nordost-Ungarn und der Ostslowakei zu vergrößern bzw. zu erlangen.

Kennzeichnend für die Siedlungen und Gräberfelder[256] in Nordost-Ungarn und der Ostslowakei während der frühen Bronzezeit ist die große Zahl an Keramikfunden: Tassen, Krüge, Schalen und Schüsseln, Vorratsgefäße und Miniaturgefäße. Während sich der begrenzte keramische Formenschatz am Anfang der frühen Bronzezeit in wenige Formtypen und Verzierungsmuster gliedern läßt, nimmt am Ende der Frühbronzezeit bzw. am Übergang zur Mittelbronzezeit in Ungarn das Spektrum von Gefäßformen und ihren Varianten bedeutend zu. Einerseits treten völlig neue Gefäßtypen auf, andererseits sind einige Gefäßformen grundsätzlich gleich geblieben und entwickeln neue Varianten. Dies betrifft vor allem die Gattung der Tassen. Eine Henkeltasse unterscheidet sich von der anderen, zwei Tassen sind nicht gleich. Jedoch gehören sie ihrer Form nach dem gleichen Henkeltassen-Typ an. Eine ähnliche Entwicklung wie bei den Gefäßformen ist bei der Gefäßverzierung zu beobachten: die anfangs spärliche oder einfache Verzierung aus 1-2 Zierelementen wächst zu komplizierten mannigfaltigen Zusammensetzungen mehrerer Zierelemente an.

In der Bronzezeitforschung Ungarns hat dieser Reichtum an Gefäßformen und -verzierungen dazu geführt, daß entweder eine übermäßig detaillierte Gliederung der Gefäßtypen bzw. Verzierungen gebildet wurde, die im größeren Rahmen unübersichtlich wirkt, oder umgekehrt, zu wenig unter den einzelnen Gefäßtypen bzw. Verzierungen unterschieden wird. Dabei werden manche Henkeltassen bzw. Henkelschalen und Schüsseln aufgrund der Ähnlichkeit ihrer Verzierung oder ihres Profils zusammen gruppiert, anstatt wegen ihrer grundsätzlich unterschiedlichen Form und ihres Größenverhältnisses typologisch auseinander gehalten zu werden. Die plastischen Zierelemente, kleine spitze Knubben und große rundliche Buckel, werden manchmal miteinander verwechselt, und dann als Hinweis auf ein bestimmtes, jedoch in der Tat nicht vorhandenes Verzierungsmotiv bewertet. So ist es möglich, daß ein Gefäß oder ein Gefäßbruchstück, mit einzelnen aufgesetzten Spitzknubben verziert, als Träger der Buckel- oder Spiralbuckelverzierung verzeichnet wird. Die Spitzknubben sind jedoch weder Buckel noch Bestandteil eines Verzierungsmusters, das mit spiralförmigen Kanneluren vorkommt.

---

[256] Siehe Abb. 7.

Zur Technik der Herstellung

Magerung

Im Bruch und gelegentlich auf der Oberfläche ist eine feine Magerung des Tons mit Gesteinspartikeln sichtbar. Diese magernden Zusätze bestehen aus Quarzsplittern, Sand und kleinen Steinchen von unterschiedlicher Korngröße. Bei den wenigen Gefäßen und Gefäßbruchstücken mit grober Oberflächenbehandlung ist die Tonmagerung entsprechend gröber, das heißt mit größeren Steinchen durchsetzt. In manchen Fällen führt eine starke Magerung, wenn auch fein, zu einer leichten Aufrauhung der Gefäßoberfläche.

Töpfern

Die Gefäßwand wurde gleichmäßig und durchgehend hochgezogen. Wülste sind nicht sichtbar, aber sie sind nicht auszuschließen. Denkbar ist, daß bei enghalsigen Gefäßen wie Tassen und Krügen der Hals und der Körper getrennt getöpfert und danach in noch feuchtem Zustand zusammengeklebt wurden. Darauf weisen die unnatürlich rechtwinklige Ansatzstelle des Halses am Gefäßkörper sowie die wulstartige "Naht" an der Innenseite des Halsansatzes hin, die häufig bei enghalsigen Gefäßen beobachtet werden können. Der Henkel wurde außen an die Gefäßwand angedrückt und die Ansatzstelle überglättet, so daß hier wiederum keine Nahtstelle sichtbar ist. Henkelzapfen an der Innenwand, die auf das Durchstecken des Henkels durch die Gefäßwand hinweisen würden, kommen nicht vor.

Brand

Fast alle Gefäße und Gefäßbruchstücke sind relativ hart gebrannt, das heißt die Brandqualität ist selten weich oder bröselig. Ausnahmen dazu sind: 1. einzelne Gefäße und Gefäßbruchstücke von weniger guter Qualität und mit grober Oberflächenbehandlung, und 2. Gefäße und Gefäßbruchstücke, die durch einen unzureichenden Brand oder durch die Lage im Boden schlecht erhalten sind.
Der Scherben ist in der Regel dunkelgrau bis schwarz. Dieses steht manchmal im Gegensatz zu der helleren Farbe der Gefäßoberfläche.

Farbe der Oberfläche

Die Keramik ist grundsätzlich monochrom, jedoch von unterschiedlicher Farbgebung:[257]
 hellgelb mit Beigetönen
 hellorange mit Gelbton (im Gegensatz zu Rotton)
 hellgrau
 dunkelgrau mit Braunton
 dunkelgrau mit Schwarzton
 hellbraun mit Beigeton
 dunkellederbraun
 mattes Schwarz

---

[257] Die Bestimmung der Farben bei Gefäßen und Fragmenten erfolgte mit bloßem Auge ohne Hilfe einer Farbtabelle.

Eine ausgesprochen rote Farbgebung kommt nicht vor. Neben ca. 60 Gefäßen und Gefäßbruchstücken von einheitlichem Farbton kommen ebenfalls ca. 60 Gefäße oder Gefäßbruchstücke mit unregelmäßig gefleckter Färbung vor. Diese unregelmäßige Färbung der Oberfläche rührt von der Herstellung her, das heißt von dem jeweiligen Brennofentyp (offen oder geschlossen) und von der ungleichmäßigen Sauerstoffzufuhr im Brennofen. Die Flecken sind in der Regel schwarz, orange, hellgrau oder beige. Seltener ist die Oberfläche mit Abweichungen von dem gleichen Farbton, wie zum Beispiel hell- bis dunkelgrau, gefleckt. Gelegentlich ist ein Fleck schwarz umrahmt. Drei flache Schalen von dunkelbrauner Farbe weisen einen orangefarbenen Rand auf. Die Behandlung der Oberfläche kann zu einem unterschiedlichen Farbton führen. So wirken zum Beispiel Gefäße und Gefäßbruchstücke von dunklem Farbton mit hoch polierter Oberfläche schwarz, während bei anderen Exemplaren eine gut geglättete Oberfläche eher dunkelgrau erscheint.[258] Das Innere des Gefäßes unterscheidet sich nur selten in der Farbgebung von der Außenseite. Dieses trifft ebenfalls für enghalsige Gefäßformen wie für die Langhalskrüge und die Tassen zu.

Definition der Gefäßformen

Eine Gliederung der Keramik aus den Gräbern von Hernádkak nach Formengattungen und Typen wurde in der hier vorgelegten Arbeit durchgeführt, ohne die Gefäßverzierung zu berücksichtigen. Die Bestimmung bzw. Einordnung der Gefäße in Formengattungen und die Bezeichnung dieser beruhen auf mehreren Faktoren. Bei der Bestimmung der Keramik nach Form haben sich folgende Merkmale als maßgebend herausgestellt:
- die Größe des Gefäßes und damit das Größenverhältnis der Gefäßhöhe zur -breite,
- die Bildung und Weite der Gefäßmündung und damit die Form des Gefäßes als Ganzes: offen oder geschlossen,
- das Profil und
- das Vorhandensein und die Anzahl von Henkeln oder Handhaben.
Die Gefäßbezeichnungen wurden zum Teil aus dem Grabungstagebuch wörtlich übernommen,[259] zum Teil wurden heute gebräuchliche Begriffe benutzt, oder es werden willkürlich Formenbezeichnungen gewählt, die auf bestimmten Gefäßmerkmalen basieren. Aufgrund dieser Kriterien erfolgte die Einordnung der Keramik in die folgenden Formengattungen:
1. der Langhalskrug,
2. die Tasse,
3. die Henkelschale,
4. die Schüssel,
5. die Schale,
6. der Topf,
7. der Becher,
8. die Urne,
9. Miniaturgefäße und
10. verschiedene Tongegenstände.[260]

---

[258] Weiteres zur Behandlung der Oberfläche siehe den Abschnitt zur Definition der Gefäßverzierung.
[259] Siehe Verzeichnis 7. Zur Übersetzung der Grabungstagebücher.
[260] Siehe Abb.30-42. Der Maßstab aller abgebildeten Gefäßtypen ist mit Ausnahme der großen Gefäße ungefähr 1:3.

Die Keramik, die in den einzelnen Formengattungen vertreten wird, ist von unterschiedlicher Zahl und Ausprägung. Zum Beispiel umfaßt die Formengattung Langhalskrug eine Krugform von ziemlich einheitlichem Charakter. Im Gegensatz dazu ist die Formengattung Tassen sehr umfangreich und bedingt eine weitere Unterteilung des Fundmaterials in mehrere Tassentypen und Typvarianten. Die scheinbare Verwandtschaft zwischen manchen Gefäßformen innerhalb einer Gattung, vor allem bei den Tassen, sowie unter mehreren Gefäßgattungen, wie bei Tassen, Henkelschalen und Schüsseln, kann eine Gliederung in Typen erschweren. Jedoch werden die einzelnen Gefäße aufgrund eines strengen Schemas zur Gefäßstruktur konsequent untersucht, so daß sich die einzelnen Gefäßtypen klar identifizieren lassen.

In der vorliegenden Arbeit stellten sich als entscheidend für die Definition eines Gefäßtyps heraus:
1. die Bildung des Gefäßhalses und -körpers, also das Profil, und
2. das Größenverhältnis der einzelnen Gefäßteile zueinander.[261]
Zur Bildung des Gefäßhalses kommen
- das Verhältnis der Halshöhe zur Halsbreite und
- die Form des Halses (trichterförmig, zylindrisch oder kegelförmig) in Betracht.
Für die Bildung des Gefäßkörpers sind folgende Merkmale wichtig:
- Form des Körpers:
    rund (gleichmäßig, kugelig, gedrungen) und damit
    Höhe des Umbugs,
    doppelkonisch (gleichmäßig oder gedrungen) und damit
    Höhe des Umbruchs.

Gefäße innerhalb eines bestimmten Gefäßtyps können in der Ausführung naturgemäß voneinander in unterschiedlichem Ausmaß abweichen. Stärkere Abweichungen unter den Gefäßen eines Typs können dessen weitere Unterteilung in Typvarianten veranlassen. Dafür treten als wesentliche Kriterien zur Definition einer Variante folgende Merkmale auf:
- die Randbildung:
    auslaufend,
    abgerundet (nach innen oder nach außen),
    abgeflacht (horizontal, T-förmig, schräg nach innen) oder
    ausschwingend;
- die Bodenbildung:
    flach,
    erhöht,
    nicht abgesetzt bzw. rundlich,
    mit Omphalos,
    gewölbt oder
    mit Standring;
- Henkel und Handhaben:
    Ansatzstelle des Henkels: randständig, unter- oder überrandständig, oder beide Ansätze am Hals,
    Bildung des Henkels: Länge, Querschnitt, Breite,
    Form der Handhabe: ösenartig, wulstartig, zungen- oder buckelförmig, und
    Anzahl der Henkel bzw. Handhaben.

---

[261] Als Orientierung siehe Abb.29. Darstellung der zugrundeliegenden Terminologie.

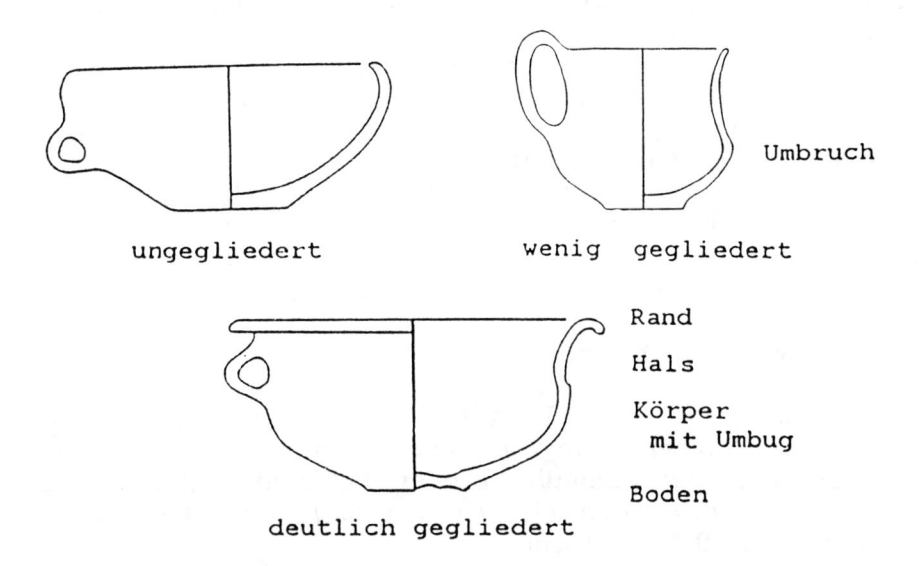

ungegliedert   wenig gegliedert   Umbruch

Rand
Hals
Körper
 mit Umbug
Boden

deutlich gegliedert

Das Profil und die Gefäßteile

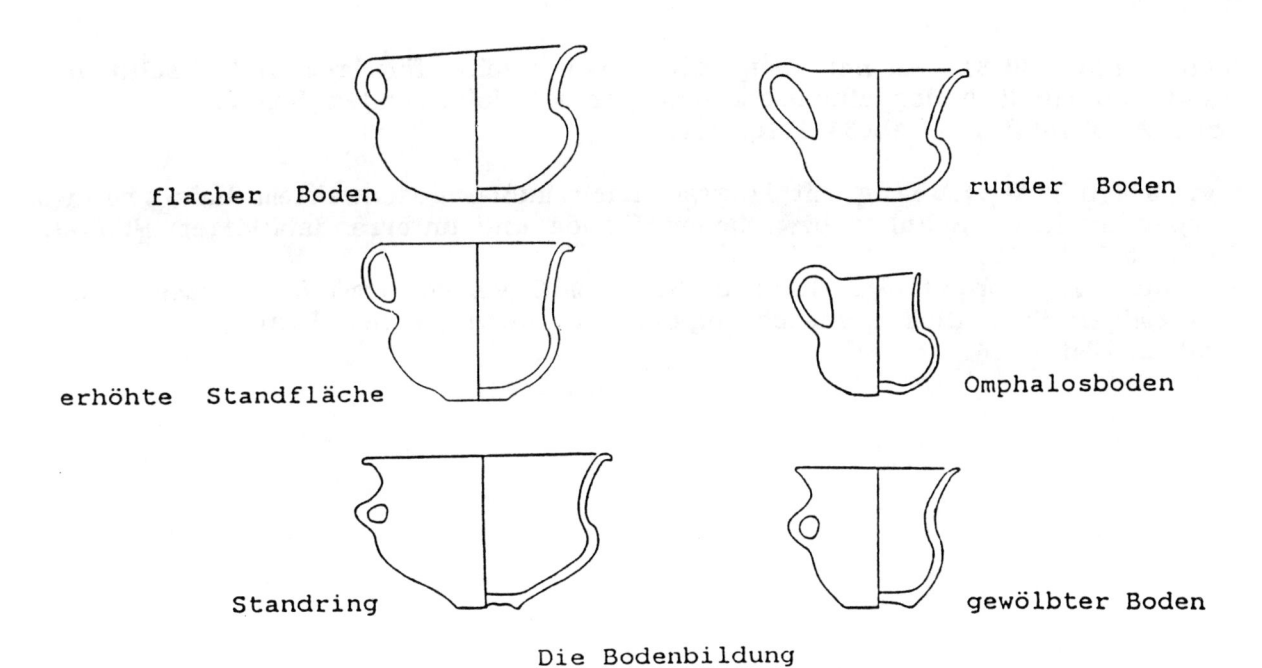

flacher Boden   runder Boden

erhöhte Standfläche   Omphalosboden

Standring   gewölbter Boden

Die Bodenbildung

Abbildung 29. Darstellung der zugrundeliegenden Terminologie.

1. Langhalskrüge (Abb.30).[262]

Der Langhalskrug weist eine deutlich gegliederte geschlossene Form auf, die höher als breit ist. Kennzeichnend ist der lange gerade Hals mit schlichtem Rand, der höher als der Körper ist. Der Körper ist gleichmäßig rund oder doppelkonisch mit meistens flachem, seltener gewölbtem oder abgesetztem Boden. Der Langhalskrug besitzt immer einen relativ kurzen Henkel von rechteckigem oder ovalem Querschnitt, der sich an der Halsmitte oder unteren Halshälfte befindet. Die Gefäßoberfläche ist sorgfältig geglättet und, ausschlaggebend für Hernádkak, die Schulter, selten der Hals, trägt meistens eine Verzierung. Dies steht im Gegensatz zu den Langhalskrügen im nördlichen Zwischenstromland, die meistens eine Verzierung auf dem Gefäßkörper tragen.

Im Detail handelt es sich um:

Typ 1 (Abb.30.1-4). Der charakteristische Krug mit abgesetztem und -im Verhältnis zum Körper- langem, leicht trichterförmigem Hals und rundem Körper. Der Rand ist auslaufend oder horizontal abgeflacht; der Boden ist flach. Er kommt im kleinen (H. ca. 5-6 cm), mittleren (H. ca. 7-8 cm) und großen Format (H. 9-10 cm) vor.
Grab 3 Tafel 2.6. Grab 24 Tafel 7.1. Grab 39 Tafel 10.4. Grab 53 Tafel 13.3. Grab 54 Tafel 13.6. Grab 87 Tafel 18.1. Grab 101 Tafel 22.3.
Variante 1 (Abb.30.5-7). Krug von kleinerem und größerem Format mit einem im Gegensatz besonders breiten Hals und flachem oder gewölbtem Boden. Der Henkel befindet sich an der Halsmitte oder setzt knapp unterhalb des Randes an.
Grab 42 Tafel 10.8. Grab 87 Tafel 18.3. Grab 104 Tafel 22.14. Grab 117 Tafel 23.11.[263]

Typ 2 (Abb.30.8). Kleiner Krug mit engem trichterförmigem Hals, schlichtem Rand und rundlich doppelkonischem Körper mit tiefsitzendem Umbug.
Grab 25 Tafel 7.3. Grab 34 Tafel 9.1.

Typ 3 (Abb.30.9). Krug mit langem, nach außen geschweiftem Hals, rundem Körper mit hoher Schulter bzw. hohem Umbug und unterrandständigem Henkel.
Grab 45 Tafel 12.1.
Variante 1 (Abb.30.10). Kleiner Krug mit verhältnismäßig kurzem trichterförmigem Hals, dickem ausschwingendem Rand und hohem Umbug.
Grab 21 Tafel 6.6.

---

[262] Der Name für diese Gefäßform erfolgt in Anlehnung an von Tompas Bezeichnung.
[263] Der Langhalskrug Typ 1 ist im Hernádtal und im nördlichen Zwischenstromland verbreitet. Während Variante 1 auf das Gräberfeld Hernádkak und Megyaszó beschränkt zu sein scheint, kommt Variante 2 mit breitem Hals öfters im Verbreitungsgebiet der Hatvan-Kultur vor. Siehe Abb.31.

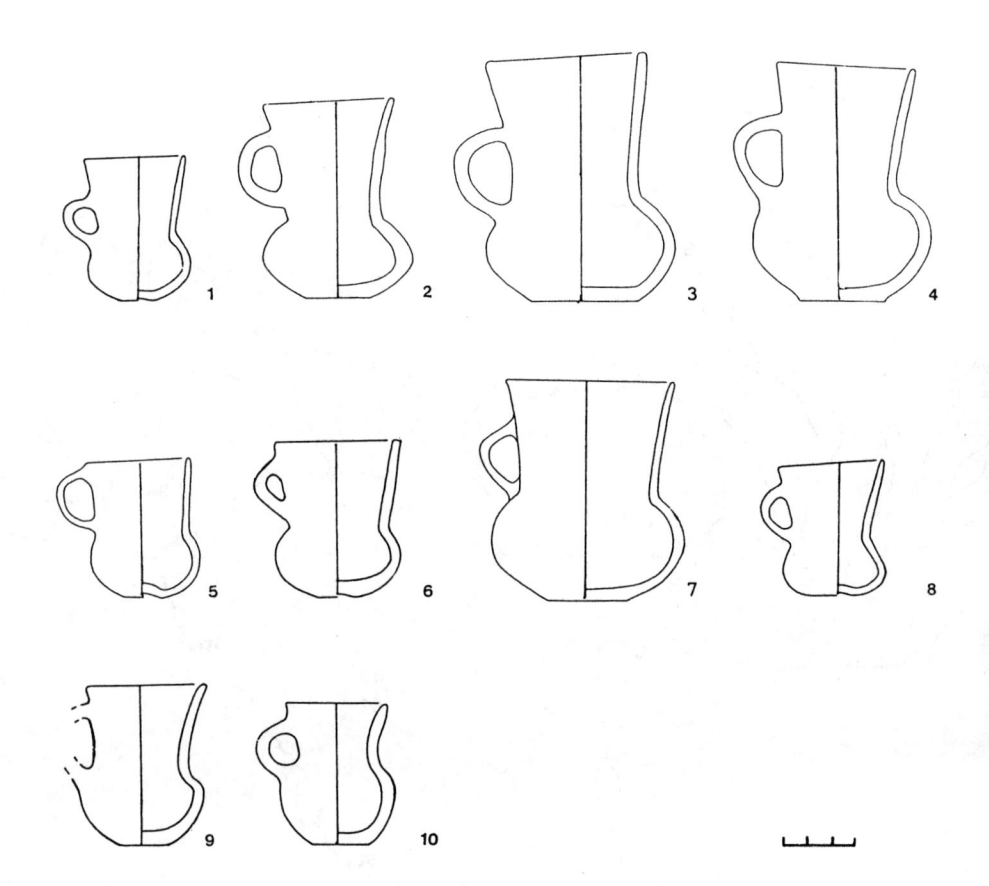

Abbildung 30. Der Langhalskrug. 1-4: Typ 1. 5-7: Typ 1 Variante 1.
8: Typ 2.   9: Typ 3.   10: Typ 3 Variante 1.

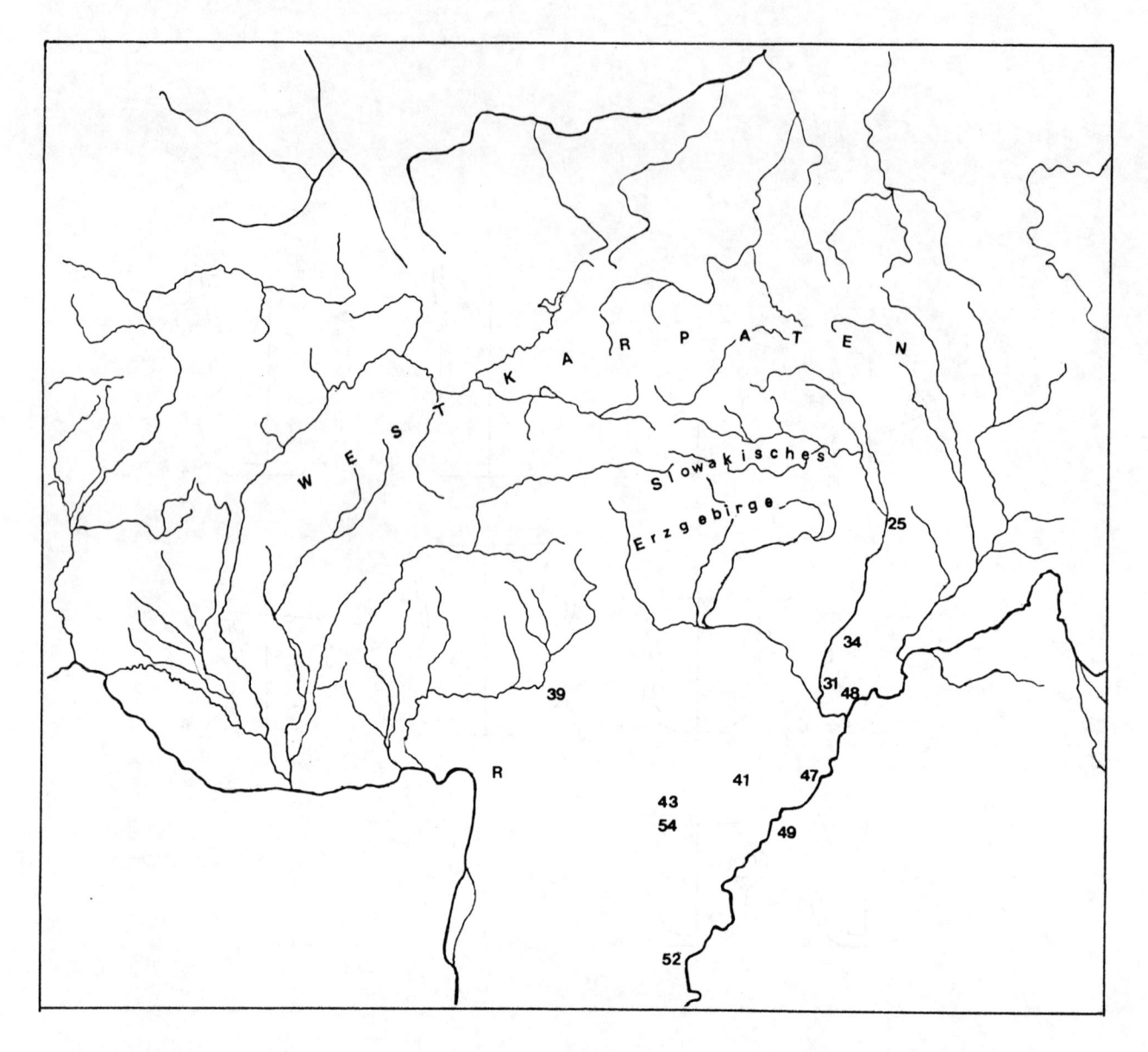

Abbildung 31. Verbreitung des Langhalskruges Hernádkak Typ 1. Fundortnachweis siehe Abb.7.

31. Hernádkak Grab 24, 39, 54. 34. Megyaszó Grab 1, 22, 23, 47. 39. Szécsény-Kerekdomb. 41. Szihalom. 43. Tarnaméra-Schwimmbad Grab 3. 44. Tibolddaróc-Bércút. 47. Tiszakeszi-Szódadomb. 48. Tiszaluc-Dankadomb. 49. Tiszaörvény-Temetődomb Grab 2,11. 52. Tószeg-Laposhalom Schicht BII. 53. Vatta-Testhalom. 54. Zaránk-Dögút. R Rád-Vöröshegy.

2. Tassen (Abb.32).

Diese Gattung ist zahlreich und in vielseitiger Gestaltung vertreten. Die Gefäßteile in ihrer jeweiligen Ausführung kommen in abwechslungsreicher Kombination vor. Tassen werden durch folgende Merkmale charakterisiert:
1. die deutlich gegliederte, geschlossene Form,
2. der, unabhängig von der Form, abgesetzte Hals,
3. der verhältnismäßig große Durchmesser des Gefäßkörpers,
4. die sich in etwa entsprechenden Maße der Gefäßhöhe und des größten Körperdurchmessers und
5. der meistens erhöhte, bandförmige Henkel.

Die Bildung des Randes sowie das Größenverhältnis der Mündung zum Körper sind bei den einzelnen Tassentypen unterschiedlich. Die Mündung kann kleiner bis gleich groß sein, ist aber nie größer. Tassen besitzen zumeist einen bandförmigen Henkel, das heißt einen Henkel von rechteckigem oder flach ovalem Querschnitt, der immer die gesamte Halshöhe überbrückt. Die Ausführung des Ansatzes vom Henkel zum Rand ist für mehrere Tassentypen kennzeichnend, das heißt sie ist ein unterscheidendes Merkmal. Durch ihre geschlossene Form und ihr Größenverhältnis setzen Tassen sich von den Henkelschalen sowie von den Schüsseln ab, obwohl sie im Profil jedoch manchmal vergleichbar sind, besonders Tasse Typ 4, Henkelschale Typ 1 und Schüssel Typ 1.

Definition der Gefäßtypen und ihrer Varianten.

Typ 1 (Abb.32.1-2). Charakteristische Tasse von kleiner oder mittlerer Größe mit zylindrischem bis leicht trichterförmigem Hals ohne ausgeprägte Randbildung, rundem Körper und Omphalosboden. Der Henkel ist überrandständig und rechteckig oder flach oval im Querschnitt.
Grab 17 Tafel 6.1-2. Grab 48 Tafel 12.4. Grab 91 Tafel 18.6. Grab 129 Tafel 25.11.
Variante 1 (Abb.32.3). Tasse von größerem Format mit verhältnismäßig langem Hals und gedrungen rundem Körper.
Grab 96a Tafel 20.7.
Variante 2 (Abb.32.4). Tasse mit verhältnismäßig langem Hals, leicht ausschwingendem Rand und hohem bandförmigem Henkel.
Grab 1 Tafel 1.3. Grab 5 Tafel 3.5. Grab 7 Tafel 3.11. Grab 29 Tafel 8.1.

Typ 2 (Abb.32.5). Tasse mit kurzem, nach außen geschweiftem Hals, auslaufendem Rand, rundem Körper und gewölbtem Boden. Der hohe Henkel ist im Querschnitt quadratisch.
Grab 56 Tafel 14.3.
Variante 1. Tasse mit abgesetztem Trichterhals, schlichtem oder horizontal abgeflachtem Rand und gedrungen rundem Körper. Der ausgeprägte hohe Henkel ist von quadratischem Querschnitt.
Grab 26 Tafel 7.5. Grab 81 Tafel 17.2. Grab 102 Tafel 22.6.

Typ 3 (Abb.32.6-7). Tasse mit gedrungen rundem oder doppelkonischem Körper, verhältnismäßig langem abgesetztem Trichterhals, leicht ausschwingendem Rand mit oder ohne ausgeprägter Randbildung und Omphalosboden. Der meist überrandständige Henkel ist von viereckigem, rechteckigem oder besonders breitem Querschnitt.
Grab 4 Tafel 3.1. Grab 18 Tafel 6.4. Grab 32 Tafel 8.5-6. Grab 68 Tafel 15.1. Grab 92 Tafel 19.1. Grab 93 Tafel 19.4.
Variante 1 (Abb.32.8). Tasse von breiter Form mit zylindrischem Hals, stark

nach außen geschwungenem Rand und gedrungenem Körper. Der Henkel ist von rechteckigem Querschnitt und randständig.
Grab 23 Tafel 6.10. Grab 123 Tafel 24.4.
Variante 2 (Abb.32.9). Tasse von breiter Form mit trichterförmigem Hals, schlichtem Rand, doppelkonischem Körper und hohem Henkel.
Grab 3 Tafel 2.1. Grab 15 Tafel 5.6.

Typ 4 (Abb.32.10). Tasse mit doppelkonischem Körper, abgesetztem trichterförmigem Hals, horizontal nach außen geknickter Randlippe und flachem Boden. Der Henkel ist randständig oder leicht erhöht und von breitem, flach ovalem oder rechteckigem Querschnitt.
Grab 2 Tafel 1.5. Grab 4 Tafel 3.2. Grab 9 Tafel 4.4. Grab 48 Tafel 12.5.
Variante 1 (Abb.32.11). Tasse mit trichterförmigem Hals, schlichtem Rand, randständigem Henkel und gewölbtem Boden.
Grab 33 Tafel 8.7. Grab 67 Tafel 14.8.
Variante 2. Tasse von Miniaturgröße.
Grab 103 Tafel 22.13.

Typ 5 (Abb.32.12). Tasse mit trichterförmigem Hals und schlichtem oder leicht ausschwingendem Rand, rundem bis leicht doppelkonischem Körper und flachem Boden. Der Henkel ist randständig und flach oval im Querschnitt.
Grab 51 Tafel 13.1. Grab 53 Tafel 13.4. Grab 86 Tafel 17.8. Grab 98 Tafel 21.10.[264]

Typ 6 (Abb.32.13). Tasse mit ausschwingendem Hals, schlichtem Rand, rundem Körper und Omphalosboden. Maßgebend ist, daß -im Vergleich zu Tasse Typ 1- der Körper und der obere Gefäßteil gleich hoch sind. Der Henkel ist leicht erhöht und flach oval im Querschnitt.
Grab 37 Tafel 9.4.

Typ 7 (Abb.32.14-15). Tasse mit kegelförmigem Hals, nach außen geschweiftem Rand und einem leicht erhöhten bandförmigen Henkel.
Grab 23 Tafel 6.11. Grab 93 Tafel 19.6.

Typ 8 (Abb.32.16-17). Kleine Tasse mit kurzem geradem Hals, ausschwingendem Rand, rundem bis kugeligem Körper und kleiner Standfläche. Der Übergang vom Hals zum Körper ist im Profil fließend. Der Henkel ist randständig und im Querschnitt rechteckig oder oval.
Grab 12 Tafel 4.8. Grab 19 Tafel 6.5.

Typ 9 (Abb.32.18). Tasse von verhältnismäßig schlanker Form mit leicht geschwungenem Profil: geradem Hals, schlichtem, leicht ausschwingendem Rand und rundem Körper. Der randständige Henkel mit ovalem Querschnitt ist leicht erhöht.
Grab 74 Tafel 16.2. Grab 64. Im MNM nicht auffindbar. Vergleiche Bóna 1975 Tafel 156.3 und 159.20.
Variante 1. Tasse mit hohem Henkel. Grab 129 Tafel 25.9.

---

[264] Das Verbreitungsgebiet der Tasse Typ 5 in unverzierter Ausführung ist auf das Hernádtal und den oberen Mittel-Theißfluß beschränkt. Eine Tasse von ähnlicher Form mit weißinkrustierter Verzierung begegnet im Bereich der Kisapostag-Kultur. Vergleiche hierzu die Tasse aus Grab 33 und 67 in Hernádkak, die auf Einfluß von bzw. Kontakt mit der Kisapostag-Kultur zurückzuführen ist. Siehe Abb.33.

Abbildung 32. Die Tassen. 1-2: Typ 1. 3: Typ 1 Variante 1. 4: Typ 1 Variante 2.
5: Typ 2. 6-7: Typ 3. 8: Typ 3 Variante 1. 9: Typ 3 Variante 2.

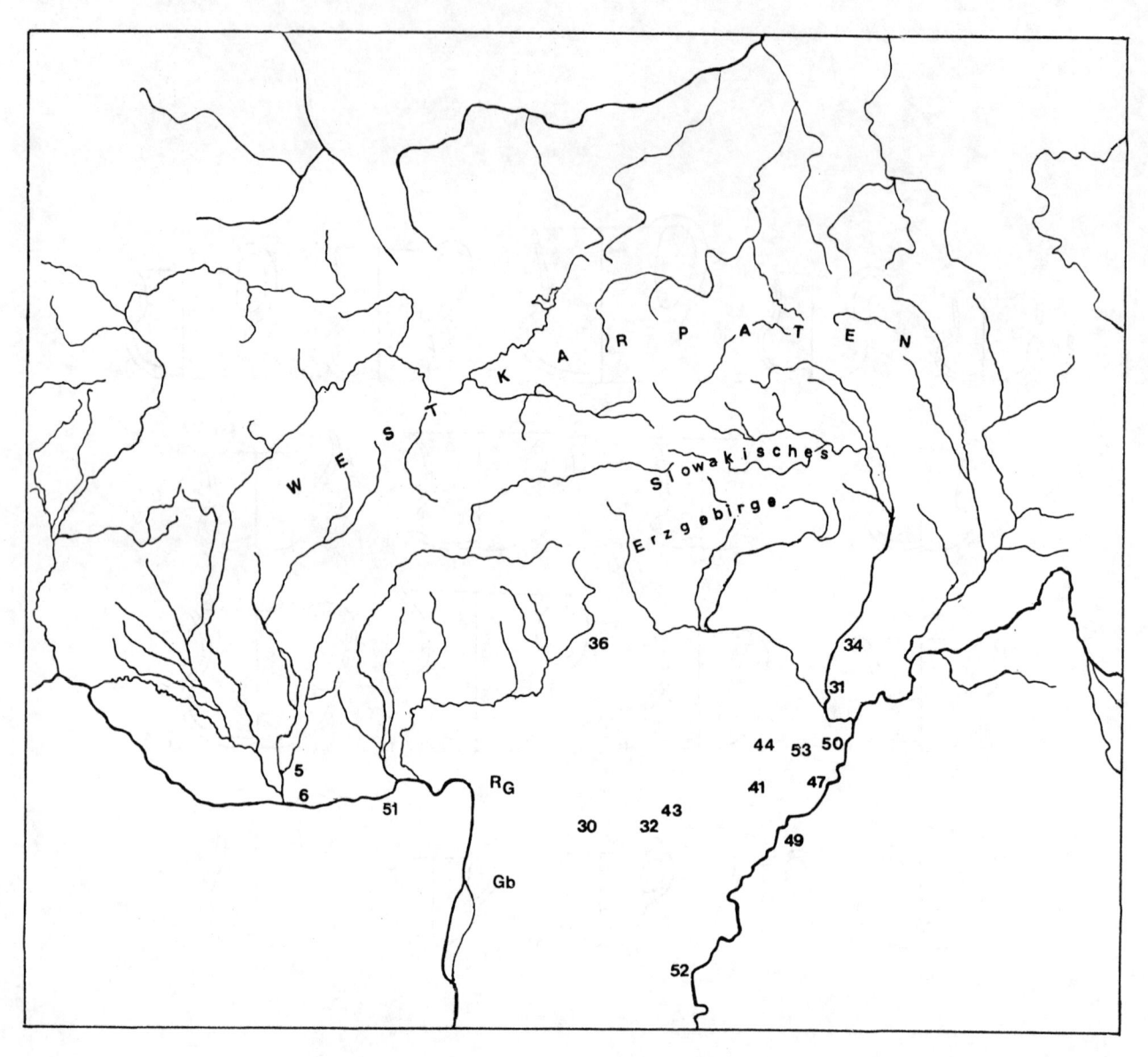

Abbildung 33. Verbreitung der Tasse Hernádkak Typ 5. Fundortnachweis siehe Abb.7.

30. Hatvan-Strázsahegy. 31. Hernádkak Grab 51, 98. 6. Iža Grab 9, 10.
32. Jászdózsa-Kápolnahalom. 33. Kisapostag Grab 5, 9, 16.[265] 34. Megyaszó Grab 1. 36. Piliny-Várhegy. 40. Szelevény-Menyasszonypart I. 41. Szihalom-Árpádvár. 43. Tarnaméra-Schwimmbad Grab 4, 5. 45. Tiszaug-Kéménytető. 47. Tiszakeszi-Szódadomb. 49. Tiszaörvény-Temetődomb Grab 3, 12, 13. 50. Tiszapalkonya-Erőmű Grab 4. 51. Tokod-Leshegy.[266] 52. Tószeg-Laposhalom. G Galgamácsa. Gb Gomba-Várhegy. R Rád.

---

[265] "Kisapostag-Tasse."
[266] "Tokod-Tasse."

3. Henkelschalen (Abb.34).

Henkelschalen umfassen eine Gefäßform, die vom Größenverhältnis betrachtet zwischen der Tassen- und Schüsselform steht und wegen des ähnlichen Profils in manchen Fällen mit diesen Formen verwechselt wird. Die Henkelschalen weisen ein deutlich gegliedertes Profil auf und sind in der Größe wenig breiter als hoch. Charakteristisch für die Henkelschalen ist folgendes:
1. Der Durchmesser der Mündung ist gleich groß oder größer als der Körperdurchmesser, aber nie kleiner. Er ist außerdem meist größer als die Gesamthöhe des Gefäßes.
2. Die Standfläche ist dagegen auffallend klein.
3. Der Hals ist vom Körper abgesetzt, streng trichterförmig oder geschwungen und je nach Gefäßtyp unterschiedlich in der Höhe. Der Rand ist verschieden stark ausschwingend.
4. Der Körper ist konisch mit einem ausgeprägten hohen Umbug.
Dieses Größenverhältnis ist weder mit dem der Schalen und Schüsseln, die bedeutend breiter sind, noch mit den Tassen, deren Mündung und Hals bedeutend enger sind, gleichzusetzen. Die Henkelschalen besitzen immer einen Henkel, der sich meistens auf der Schulter, an der Halsmitte oder unmittelbar unterhalb des Randes befindet. Selten setzt er am Rand an oder ist leicht erhöht. Im Querschnitt ist der Henkel rechteckig, flach oval oder quadratisch.

Die Form der Henkelschale scheint bis jetzt auf das Gebiet des unteren Hernádtals bzw. auf die Gräberfelder Hernádkak und Megyaszó beschränkt zu sein. Sie wird hier als eine typologische Weiterentwicklung der gedrungenen, kurzhalsigen Henkelschale betrachtet, die in Gräbern der Košt'any-Gruppe im Košice-Becken und der Mierzanowice-Kultur in Polen vorkommt. Sowohl bei den Exemplaren im Košice-Becken als auch im Hernádtal ist die Gefäßoberfläche immer geglättet und ohne Verzierung.[267]

Definition der Gefäßtypen und ihrer Varianten.

Typ 1 (Abb.34.1). Charakteristische Henkelschale mit trichterförmigem Hals, der gleich hoch wie der Körper ist, ausladendem Rand und hohem Umbug. Der Boden ist deutlich abgesetzt, flach oder mit Standring und wirkt im Vergleich zu dem Körperumfang klein. Ein kleiner Henkel von quadratischem Querschnitt befindet sich meistens an der Halsmitte.
Grab 2 Tafel 1.6. Grab 39 Tafel 10.3. Grab 96a Tafel 20.8.
Variante 1 (Abb.34.2). Henkelschale mit Trichterhals, der im Vergleich weniger abgesetzt ist. Ansatz eines randständigen Henkels von flach ovalem Querschnitt.
Grab 81 Tafel 17.1.
Variante 2 (Abb.34.3). Henkelschale von breiter offener Form mit stark ausladendem Rand, hohem ausgeprägtem Umbug und auffallend kleinem Fuß bzw. Standring.
Grab 12 Tafel 4.6.
Variante 3 (Abb 34.4). Wenig gegliederte Henkelschale mit langem, leicht eingezogenem Zylinderhals, ausschwingendem Rand und tief sitzendem Umbug. Der Körper verjüngt sich nach unten zu einer kleinen abgesetzten Standfläche. Ansatz des randständigen Henkels von rechteckigem Querschnitt.
Grab 105 Tafel 23.7.

---

[267] Siehe Abb. 60.3-4 und 76.3-4, Henkelschalen bei den Košt'any - und Mierzanowice - Kulturgruppen und Abb.35 Verbreitung der Henkelschalen.

Typ 2 (Abb.34.5-6). Henkelschale mit kurzem, nach außen geschweiftem Hals und ausladendem Rand, hohem rundem Körper und relativ kleiner abgesetzter Standfläche. Ein randständiger oder nur leicht erhöhter Henkel von flach ovalem oder recht- bzw. viereckigem Querschnitt spannt den Hals.
Grab 11 Tafel 4.5. Grab 13 Tafel 5.4. Grab 43 Tafel 11.4.
Variante 1 (Abb.34.7). Henkelschale mit verhältnismäßig langem Hals, gedrungenem Körper mit hohem Umbug, hohem randständigem Henkel und Omphalos.
Grab 102 Tafel 22.9.

Typ 3 (Abb.34.8). Breite Henkelschale mit konischem Körper, eingezogenem kurzem Hals, nach außen geschweiftem Rand und hohem Umbruch. Ein kleiner Henkel befindet sich am Halsansatz.
Grab 58 Tafel 14.5.

Typ 4 (Abb.34.9). Henkelschale mit wenig gegliedertem Profil: breitem, leicht eingezogenem Hals, ausschwingendem Rand, rundem Körper und gewölbtem oder flachem Boden. Ein kleiner Henkel von flach ovalem oder rechteckigem Querschnitt befindet sich am Halsansatz oder an der Halsmitte.
Grab 89 Tafel 18.4. Grab 125 Tafel 24.7.
Variante 1. Henkelschale mit randständigem Henkel. Grab 87 Tafel 18.2.

Typ 5 (Abb.34.10). Henkelschale mit ausgeprägt geschwungenem Profil und abgesetzter erhöhter Standfläche.
Grab 49 Tafel 12.6.

Typ 6 (Abb.34.11). Henkelschale mit doppelkonischem Körper, trichterförmigem Hals und horizontal nach außen geknicktem Rand. Der Boden ist gewölbt. Ein Henkel von rechteckigem Querschnitt setzt unmittelbar unterhalb des Randes an und führt zur Schulter. Das Profil zeigt große Ähnlichkeit mit der Tasse Typ 4 (Abb.32.10), jedoch ist die Form der Henkelschale im Vergleich breiter und gedrungener.
Grab 3 Tafel 2.2.

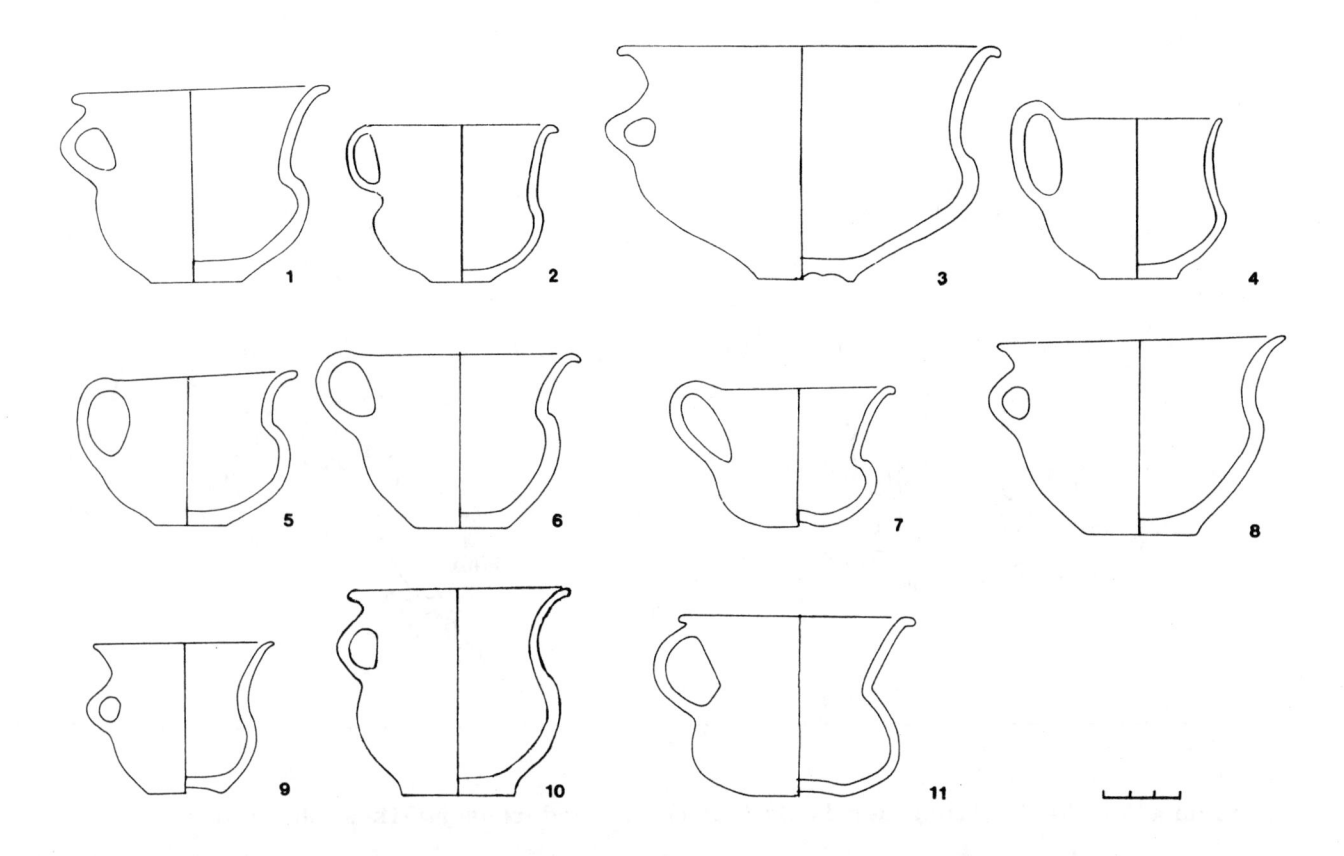

Abbildung 34. Die Henkelschalen. 1: Typ 1. 2: Typ 1 Variante 1. 3: Typ 1 Variante 2. 4: Typ 1 Variante 3. 5-6: Typ 2. 7: Typ 2 Variante 1. 8: Typ 3. 9: Typ 4. 10: Typ 5. 11: Typ 6.

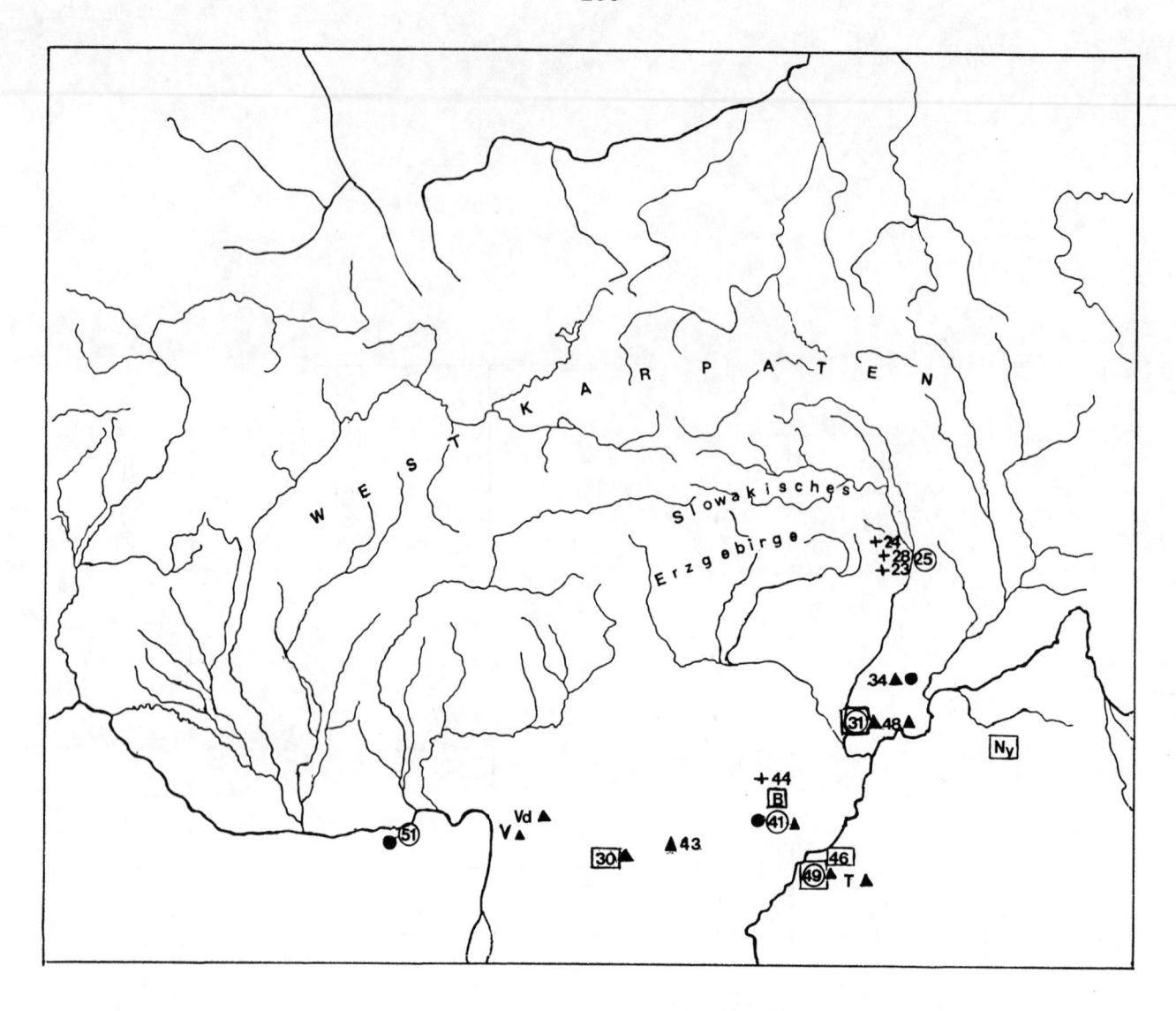

Abbildung 35. Verbreitung der Henkelschalen. Fundortnachweis siehe Abb.7.

Typ Košice.
23. Čaňa Grab 38, 54. 24. Košice Grab 115,124. 28. Valalíky-Všechsvätých Grab 19,49. 44. Tibolddaróc.

Hernádkak Typ 1.
30. Hatvan-Boldog. 31. Hernádkak Grab 2, 12, 39, 81. 34. Megyaszó Grab 50.
40. Szelevény-Menyasszonypart I.
41. Szihalom-Árpádvár. 43. Tarnaméra.
48. Tiszaluc-Dankadomb. 49. Tiszaörvény-Temetődomb Grab 3. T Tiszaigar.
V Vác. Vd Vácducka.

Hernádkak Typ 1 Variante 3.
30. Hatvan-Boldog. 31. Hernádkak Grab 105. 46. Tiszafüred. 49. Tiszaörvény-Temetődomb Grab 3. B Bogács-Pazsagpuszta.
N Nyíregháza.

Hernádkak Typ 3.
25. Nižná Myšľa Grab 282.
31. Hernádkak Grab 58. 33. Kisapostag Grab 10. 41. Szihalom-Árpádvár.
49. Tiszaörvény-Temetődomb Grab 3.
51. Tokod-Hegyeskő Grab 2.

Hernádkak Typ 4.
31. Hernádkak Grab 87, 89, 124, 125.
34. Megyaszó Grab 19, 26.
41. Szihalom-Árpádvár.
51. Tokod-Hegyeskő Grab 2.

4. Schüsseln (Abb.36).

Schüsseln sind deutlich gegliederte, offene Gefäße. Charakteristisch für diese Form ist die breite, ausladende Mündung, deren Durchmesser größer als der Umbug und im Verhältnis doppelt so groß wie die Gefäßhöhe ist. Der Hals ist meistens kurz, geschwungen und vom Körper deutlich abgesetzt. Der Körper ist rundlich und bildet sich nach dem Umbug stark zurück zu einer relativ kleinen Standfläche. Schüsseln besitzen fast immer einen Henkel. Sie werden in der Literatur oft als "Schwedenhelmschüssel" oder "schwedenhelmförmige Schüssel" bezeichnet.[268] Eine unterschiedliche Gefäßbildung stellen die Schüsseln Typ 2 und 3 dar, die eine konische bzw. kugelige Form aufweisen und henkellos sind bzw. zwei Ösenhenkel tragen.

Definition der Gefäßtypen und ihrer Varianten.

Typ 1 (Abb.36.1-3). Charakteristische Schüssel von unterschiedlicher Größe mit trichterförmigem Hals, ausladendem Rand und rundlichem Körper mit hohem Umbug, der sich nach unten verjüngt. Die Randlippe kann gleichmäßig rund oder kantig gestaltet sein. Der Boden ist gewölbt oder mit Standring und Omphalos. Ein Henkel von recht- oder viereckigem Querschnitt führt von unterhalb des Randes bis zum Halsansatz.
Grab 3 Tafel 2.3. Grab 16 Tafel 5.8. Grab 31 Tafel 8.4. Grab 71 Tafel 15.4. Grab 96a Tafel 20.5-6. Grab 98 Tafel 21.6. Grab 124 Tafel 24.5.

Typ 2 (Abb.36.4). Kleine konische Schüssel mit wulstartigem Schulterknick, geradem Hals und leicht ausschwingendem Rand.
Grab 129 Tafel 25.8.

Typ 3 (Abb.36.5). Singuläre halbkugelige Schüssel mit zwei gegenständigen, horizontal durchbohrten Ösenhenkeln und einer nach innen verdickten, rundlichen Randlippe.
Grab 64 Tafel 14.7.
Gefäße von ähnlichem Profil mit nach innen verdickter Randlippe und mit ein oder zwei randständigen Ösenhenkeln kommen vereinzelt in Gräbern der Mierzanowice-Kultur und der Strzyżów-Gruppe vor.[269] In einzelnen Fällen ist vergleichsweise die Oberfläche der Amphoren mit Ösenhenkeln und der Töpfe der Mierzanowice-Kultur, wie bei der Schüssel aus Hernádkak Grab 64, mit seichten Besenstrichen behandelt.[270]

---

[268] Zum Beispiel Kalicz 1968, 168. Bóna 1975, 152-153.
[269] Świniary Stare Grab 29. Kraussowie 1971, 114 Abb.13. Valentiniv (Walentynów), pow. Łuck, Wolhynien. Głosik 1968, 101 Nr. 29 und Taf.17C1. Machnik 1977 Taf.14.8; ders. 1978, 75 Taf.25.8.
[270] Vergleiche z.B. Głosik 1968 Abb.18 und 21.

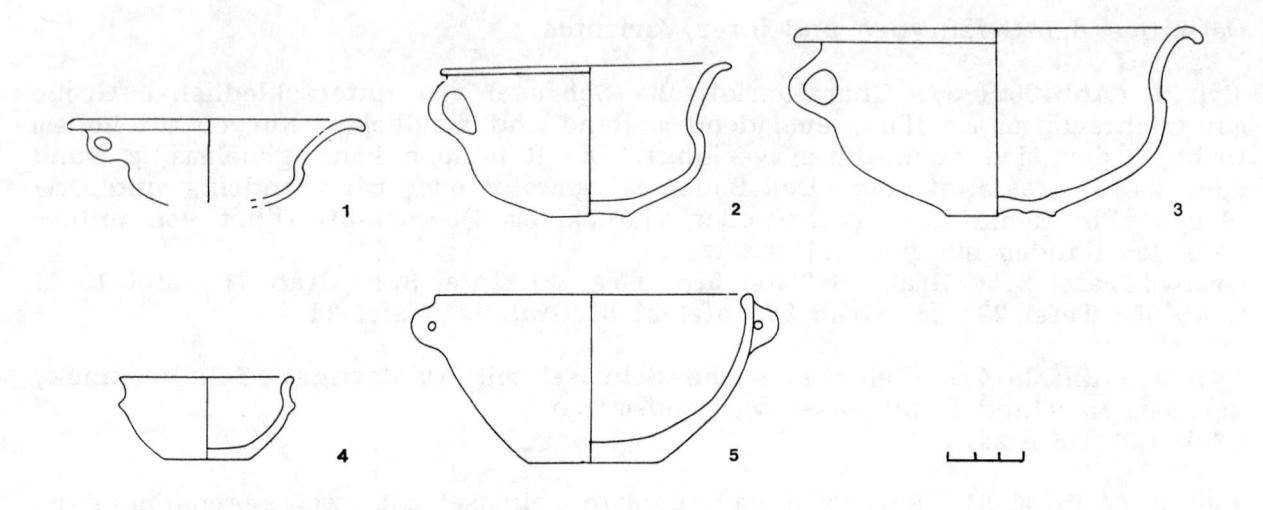

Abbildung 36. Die Schüsseln. 1-3: Typ 1. 4: Typ 2. 5: Typ 3.

5. Schalen (Abb.37).

Schalen gehören wie die Henkeltassen zu den vielseitig gestalteten Gefäßformen. Grundsätzlich haben Schalen eine nicht gegliederte, offene Form und einen Henkel. Sie zeichnen sich durch eine breite Mündung aus, die im Verhältnis zwei- bis dreimal so breit wie die Gefäßhöhe sein kann. Die Standfläche ist im Vergleich zu der Mündung sehr klein. Die Schalenform kann in mehrere Typen gegliedert werden, davon überwiegen die beiden erstgenannten Typen, die einen flachen, kalottenförmigen Körper und einen eingezogenen Rand aufweisen.

Definition der Gefäßtypen und ihrer Varianten.

Typ 1 (Abb.37.2-3). Kleine flache Schale mit unterschiedlich stark eingezogenem Rand. Der Boden ist flach, ohne ausgeprägte Standfläche und oft mit einem Omphalos versehen. Der randständige oder leicht erhöhte Henkel ist von rechteckigem Querschnitt.
Grab 4 Tafel 3.4. Grab 29 Tafel 8.2
Variante 1 (Abb.37.1) Schale mit fast senkrechtem Rand.
Grab 16 Tafel 5.9

Typ 2 (Abb.37.6). Große flache Schale mit eingezogenem Rand. Der Boden ist rundlich mit Omphalos oder mit Standring gebildet.
Grab 95 Tafel 18.7.
Variante 1 (Abb.37.4-5). Mittelgroße Schale mit stark eingezogenem Rand und ausgeprägtem Umbug.
Grab 92 Tafel 19.2. Grab 93 Tafel 19.5.
Variante 2 (Abb.37.7). Große Schale mit nach außen geknickter Randlippe.
Grab 2 Tafel 1.7.
Variante 3 (Abb.37.8). Große Schale mit nach innen geknickter Randlippe und vier konischen Buckeln als Füßen.
Grab 76 Tafel 16.8. Grab 81 Tafel 17.5.

Typ 3 (Abb.37.9). Kleine kalottenförmige Schale mit abgerundeter oder abgeflachter Randlippe und abgesetzter Standfläche. Der Henkel von rechteckigem oder flach ovalem Querschnitt befindet sich unmittelbar unterhalb des Randes oder ist randständig.
Grab 13 Tafel 5.2. Grab 68 Tafel 15.3. Grab 84 Tafel 17.6. Grab 96b Tafel 21.1.

Typ 4 (Abb.37.10). Schale von tiefer Form mit hohem Umbug, eingezogenem, auslaufendem Rand und kleiner abgesetzter Standfläche. Ein flacher Henkel von rechteckigem Querschnitt ist unterhalb des Umbugs angebracht.
Grab 8 Tafel 4.3. Grab 122 Tafel 24.2.[271]

---

[271] Diese Schalenform scheint bis jetzt eine eigenständige Gefäßform im Gräberfeld Hernádkak zu sein. Sie wird hier als eine typologische Weiterentwicklung der konischen bzw. kalottenförmigen Schale mit abgesetzter Standfläche und unterrandständigem Henkel betrachtet, die relativ häufig in Gräbern im Košice-Becken vorkommt. Wie bei den Exemplaren im Košice-Becken ist die Gefäßoberfläche glatt und unverziert.
Vergleiche Čaňa Grab 15, 25, 35, 44 und 64. Pástor 1978 Tafel 4.1, 7.1, 8.1, 9.5 und 13.3. Košice Grab 6 und 148. Pástor 1969 Tafel 1.19 und 23.10.

Typ 5 (Abb.37.11). Dickwandige kalottenförmige Schale mit schräg nach außen, T-förmig abgeflachter Randlippe und breiter, abgesetzter Standfläche. Der unterrandständige Henkel ist von viereckigem Querschnitt.
Grab 37 Tafel 9.3.

Typ 6 (Abb.37.12-13). Konische Schalen verschiedener Größe ohne Henkel.
Abb.37.12. Kleine Schale mit horizontal abgeflachtem Rand und kleiner, deutlich abgesetzter Standfläche.
Grab 101 Tafel 22.5.
Abb.37.13. Konische Schale mit leicht nach innen geknicktem, spitz auslaufendem Rand und kleiner Standfläche.
Grab 97 Tafel 21.5.

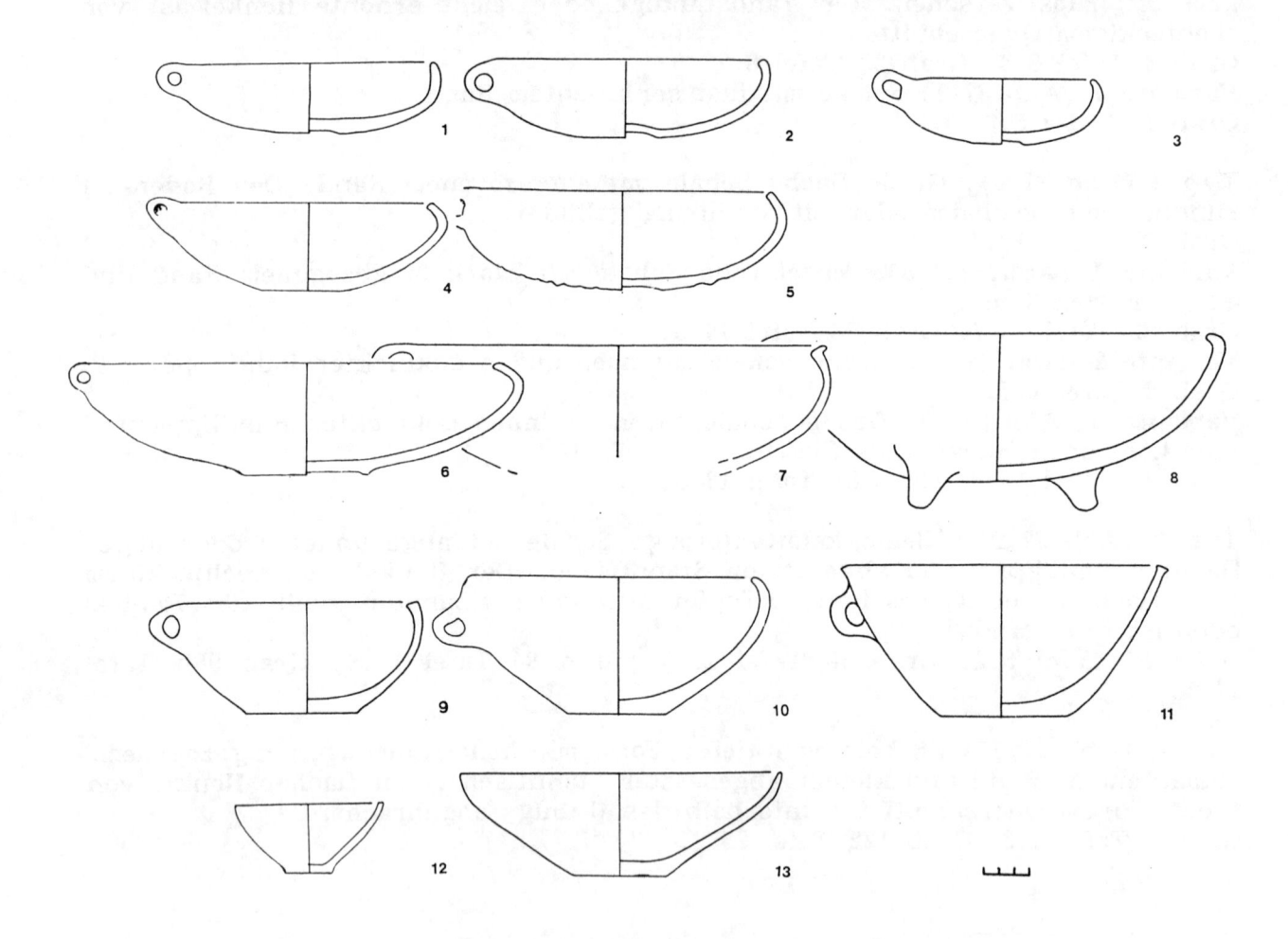

Abbildung 37. Die Schalen. 1-3: Typ 1. 4-8: Typ 2. 9: Typ 3. 10: Typ 4. 11: Typ 5. 12-13: Typ 6.

6. Töpfe (Abb.38).

Diese Gattung umfaßt Gefäße, die in der Form sehr heterogen sind. Gemeinsam ist ihnen, daß das Profil steilwandig oder wenig gegliedert ist. Das Verhältnis der Gefäßhöhe zur -breite ist unterschiedlich, jedoch übertrifft die Höhe meistens die Breite (Typ 2,4-6,8). Im Gegensatz zu diesen ziemlich einheitlichen Zügen gibt es wiederum stärker profilierte, weitmundige oder gedrungene Töpfe (Typ 1 und 7). Die Standfläche ist abgesetzt oder erhöht und im Verhältnis zum Umfang des Körpers bzw. der Mündung klein. Töpfe können einen randständigen Henkel oder eine Handhabe besitzen oder sie sind henkellos.

Definition der Gefäßtypen und ihrer Varianten.

Typ 1 (Abb.38.1). Singulärer kleiner Topf mit kurzem, stark eingezogenem Hals, kurzem ausschwingendem Rand mit leicht verdickter Randlippe, gedrungenem Körper und abgesetztem Boden. Zwei gegenständige flache Henkel überbrücken den Hals; oberhalb der Henkel am Rand sind zwei Durchbohrungen. Einander gegenüberliegend am Rand sowie auf der Schulter befinden sich jeweils zwei zungenförmige Buckel.
Grab 40 Tafel 9.6.

Typ 2 (Abb.38.3). Gehenkelter Topf mit kurzem, leicht eingezogenem Hals, ausschwingendem Rand, rundem oder eiförmigem Körper und flachem Boden. Ein randständiger Henkel überbrückt den Hals.
Grab 3 Tafel 2.7. Grab 92 Tafel 19.3.
Variante 1 (Abb.38.2). Henkeltopf mit zylindrischem Hals, auslaufendem Rand und abgesetzter, erhöhter Standfläche.
Grab 13 Tafel 5.5.

Typ 3 (Abb.38.4). Offener, henkelloser Topf mit gedrungen eiförmigem Körper, leichtem Halseinzug und breiter ausschwingender Mündung.
Grab 98 Tafel 21.7. Grab 101 Tafel 22.1.

Typ 4 (Abb.38.5). Eiförmiger, henkelloser Topf mit abgesetztem geradem Hals, ausschwingendem Rand und kleiner Standfläche.
Grab 2 Tafel 1.4. Grab 12 Tafel 4.7. Grab 43 Tafel 11.1.
Variante 1 (Abb.38.6). Topf von kleinerem Format mit leicht eingezogenem Hals.
Grab 50 Tafel 12.9. Grab 58 Tafel 14.6.

Typ 5 (Abb.38.7). Henkelloser(?) Topf mit geschwungenem Profil: relativ langer zylindrischer Hals, ausschwingender Rand, kugeliger Körper und kleine abgesetzte Standfläche.
Grab 18 Tafel 6.3. Grab 42 Tafel 10.7. Grab 129 Tafel 25.10.

Typ 6 (Abb.38.8). Kleiner, henkelloser Topf mit rundem Körper, kurzem engem Zylinderhals, horizontal abgeflachtem Rand und breitem flachem Boden.
Grab 23 Tafel 6.9.

Typ 7 (Abb.38.9-10). Steilwandiger, henkelloser Topf mit weiter Mündung, mit leicht eingezogenem und nach innen verdicktem Rand und relativ kleiner abgesetzter Standfläche. Außenseite des Randes durch eine horizontal verlaufende Fingertupfenleiste verstärkt. Darauf sind vier breite, knubbenartige Handhaben gegenständig angebracht.
Grab 28 Tafel 7.7.

Variante 1 (Abb.38.9). Topf mit kurzem Halseinzug und ausschwingendem Rand, auf dem sich einzelne Griffknubben befinden.
Grab 29 Tafel 8.3.

Typ 8 (Abb.38.11). Sehr großer, henkelloser Topf mit eiförmigem Körper, allmählich einziehendem Hals ohne ausgeprägte Randbildung und markant abgesetzter Standfläche. Unterhalb des Randes zwei gegenständige, längliche, horizontal durchbohrte Handhaben.
Grab 72 Tafel 16.1.

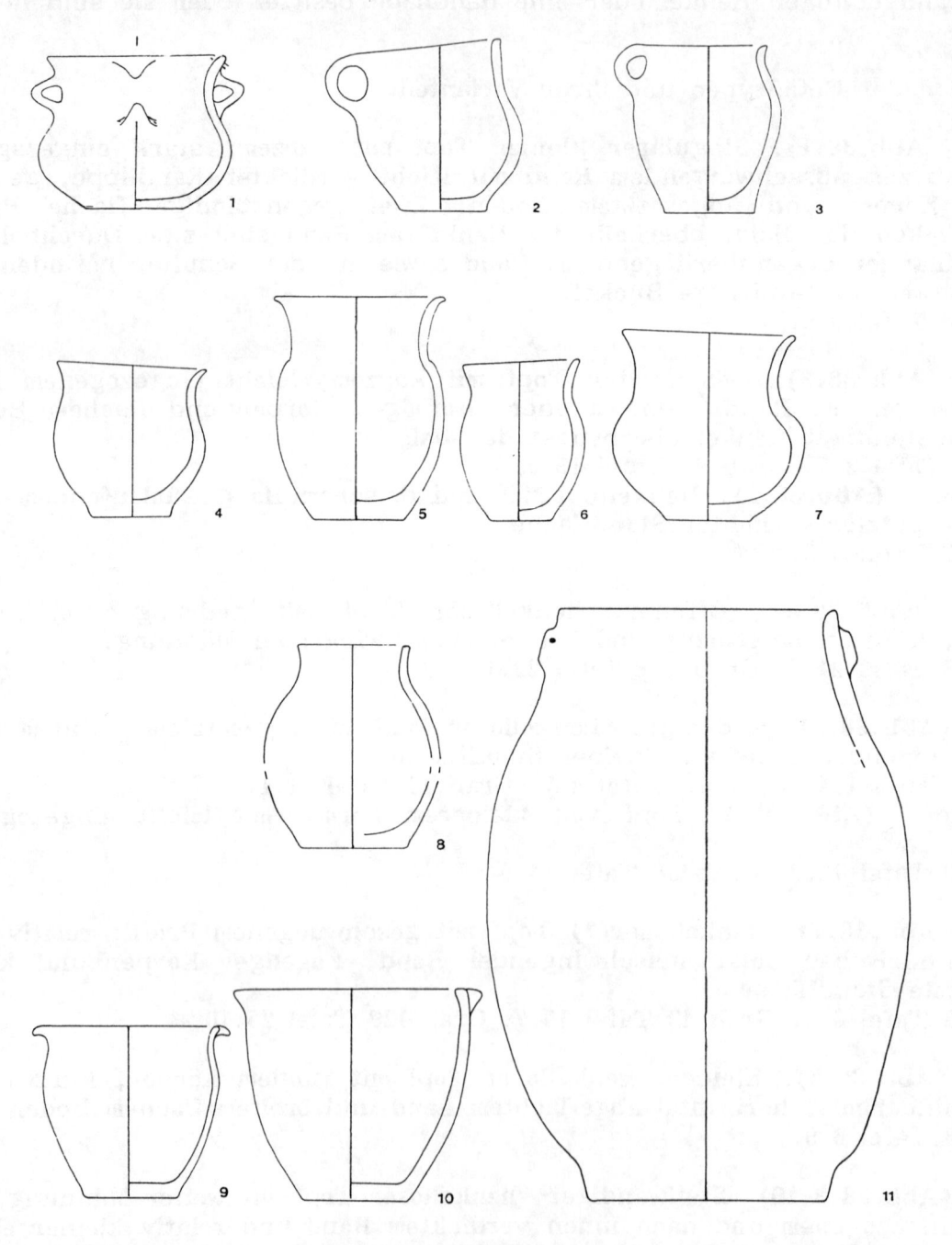

Abbildung 38. Die Töpfe. 1: Typ 1. 2-3: Typ 2. 4: Typ 3. 5-6: Typ 4. 7: Typ 5. 8: Typ 6. 9-10: Typ 7. 11: Typ 8.

7. Becher (Abb.39).

Becher sind nicht gegliederte kleine Gefäße (darunter auch Miniaturbecher). Sie weisen eine konische oder zylindrische Wandung mit einer relativ kleinen Standfläche auf. Becher können einen Henkel tragen oder sie sind henkellos.

Definition der Gefäßtypen und ihrer Varianten.

Typ 1 (Abb.39.1). Henkelloser Becher von fast zylindrischer Form mit verdicktem Rand und abgesetzter Standfläche.
Grab 15 Tafel 5.7.

Typ 2 (Abb.39.2). Henkelloser Becher von zylindrischer Form mit gleichmäßig nach außen schwingendem abgeflachtem Rand und breiter Standfläche.
Grab 13 Tafel 5.3.

Typ 3 (Abb.39.3-5). Steilwandiger, henkelloser Becher mit unterschiedlich stark eingezogenem Rand und kleiner Standfläche.
Grab 8 Tafel 4.1. Grab 24 Tafel 7.2. Grab 123 Tafel 24.3.

Typ 4 (Abb.39.6). Henkelloser Becher von kugeliger Form mit zwei Paar gegenständigen Durchbohrungen unterhalb des Randes.
Grab 40 Tafel 9.5.

Typ 5 (Abb.39.8). Konischer Becher mit horizontal abgeflachtem Rand, kleiner Standfläche und einem Henkel von rechteckigem Querschnitt unmittelbar unterhalb des Randes.
Grab 46 Tafel 12.3.
Variante 1 (Abb.39.7). Becher von Miniaturgröße mit eingezogenem, spitz auslaufendem Rand und einem Ösenhenkel unterhalb des Randes.
Grab 51 Tafel 13.2.
Variante 2 (Abb.39.9). Becher von breiter gedrungener Form mit entsprechend breiter Standfläche. Ein leicht erhöhter Henkel von viereckigem, innen gekehltem Querschnitt befindet sich am Rand.
Grab 50 Tafel 12.8.

Typ 6 (Abb.39.10). Becher von kugeliger Form mit ungleichmäßig abgesetzter Standfläche und Ansatz eines Henkels (Rand fehlt).
Grab 4 Tafel 3.3.

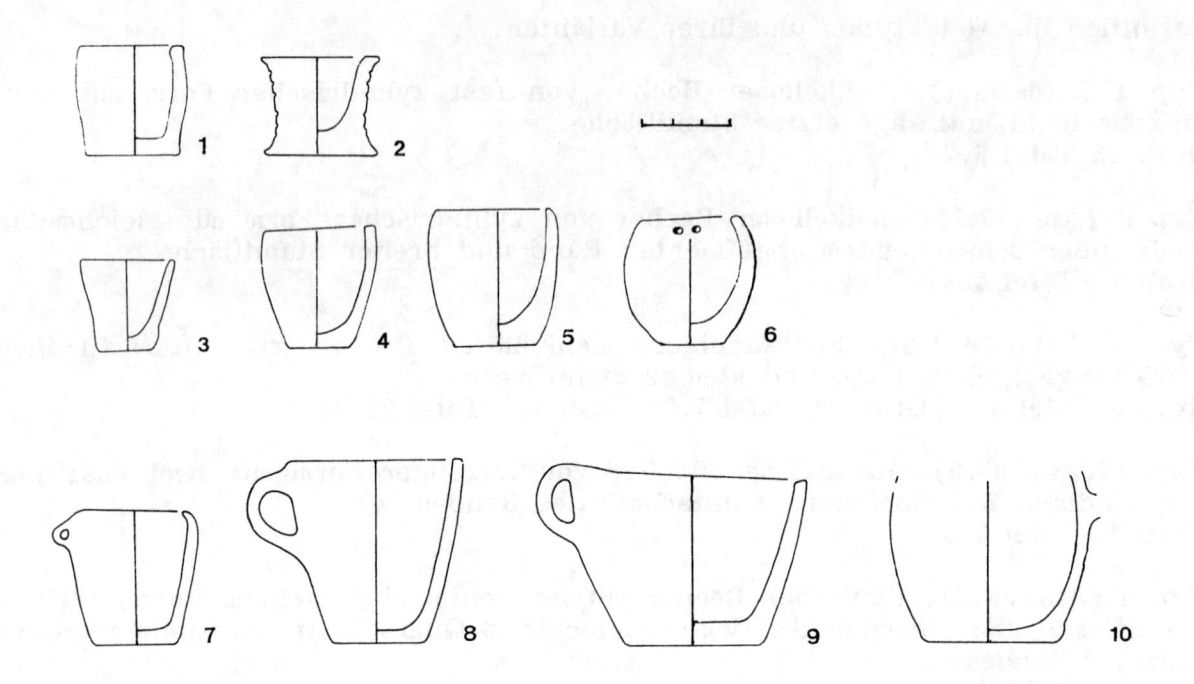

Abbilding 39. Die Becher. 1: Typ 1. 2: Typ 2. 3-5: Typ 3. 6: Typ 4. 7-9: Typ 5. 10: Typ 6.

8. Amphorenartiges Gefäß (Abb.40).

In dem Grabungstagebuch notierte von Tompa drei Gefäße, die kalzinierte Knochen enthielten. Zwei davon befinden sich im MNM. Ein Exemplar ist seiner Form entsprechend zu den Töpfen mit eiförmigem Körper geordnet (Typ 8, Abb.38.11). Die zweite Urne fehlt. Das dritte Gefäß, das in der Literatur häufig als Urne bezeichnet wird, wird hier als einzelner Typ behandelt.

Großes amphorenartiges Gefäß mit hohem geradem Hals und ausschwingender Mündung und einem mächtigen runden Körper mit hohem Umbug. Der Körper verjüngt sich stark nach unten zu einer relativ kleinen Standfläche. Ein kurzer Henkel von gerundet rechteckigem Querschnitt befindet sich auf der Schulter.
Grab 44 Tafel 11.5.

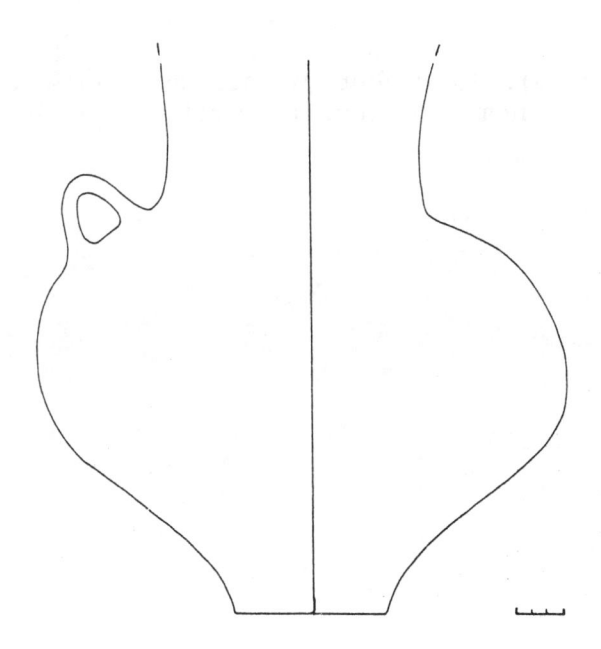

Abbildung 40. Amphorenartiges Gefäß.

9. Miniaturgefäße (Abb.41).

Dazu zählen Gefäße von unterschiedlichen Formgattungen: Töpfchen, Schale, Krug und Becher. Ihre Ausprägung und Proportion wurden zum Teil durch die Miniaturhaftigkeit beeinträchtigt, so daß manche Formmerkmale weniger deutlich sind.

Abb.41.1. Töpfchen mit kegelförmigem Körper, breiter Standfläche, leicht eingezogenem Hals und ausschwingendem Rand.
Grab 1 Tafel 1.2.

Abb.41.2-3. Töpfchen mit zylindrischem Hals, ausschwingendem Rand und rundem Körper.
Grab 5 Tafel 3.6-7.

Abb.41.4. Weitmundige Schale mit trichterförmigem Rand, leichtem Einzug, rundem Körper und einem Henkel von gekrümmtem, flach ovalem Querschnitt am Hals.
Grab 101 Tafel 22.4.

Abb.41.5. Kleiner Krug mit kurzem Hals, stark ausschwingendem Rand, ausgeprägtem Bauchumbruch und kleiner Standfläche. Ein randständiger Henkel mit gerundet rechteckigem Querschnitt führt zum Umbruch.
Grab 36 Tafel 9.2.

Abb.39.7 (Becher Typ 5). Konischer Becher mit stark eingezogenem, spitz auslaufendem Rand und einem Ösenhenkel unterhalb des Randes bzw. auf dem Umbug.
Grab 51 Tafel 13.2.

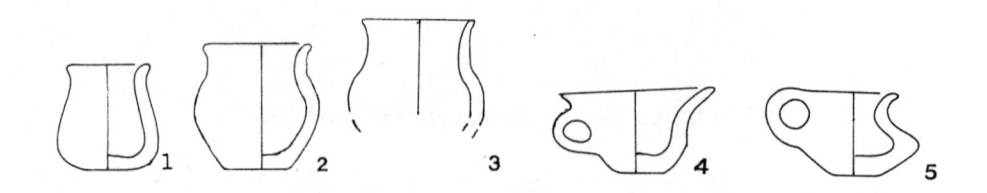

Abbildung 41. Miniaturgefäße.

111

10. Tongegenstände (Abb.42).

Verschiedene Gegenstände wurden aus Ton hergestellt bzw. nachgeahmt.

Abb.42.1. Nachahmung einer durchbohrten Axt in Miniaturgröße.
Grab 125 Tafel 24.9.

Abb.42.2. Tiegelförmiger Gegenstand von ovalem Umriß mit kurzem Stiel.
Grab 7 Tafel 3.10.

Abb.42.3. Deckel von flach konischer Form mit abgerundeter Mitte und hochschwingender Randlippe. Rand mit einer bzw. auf der Gegenseite mit drei Schnurösen durchbohrt. Außenseite des Deckels mit geometrischen Motiven verziert.
Grab 68 Tafel 15.2.

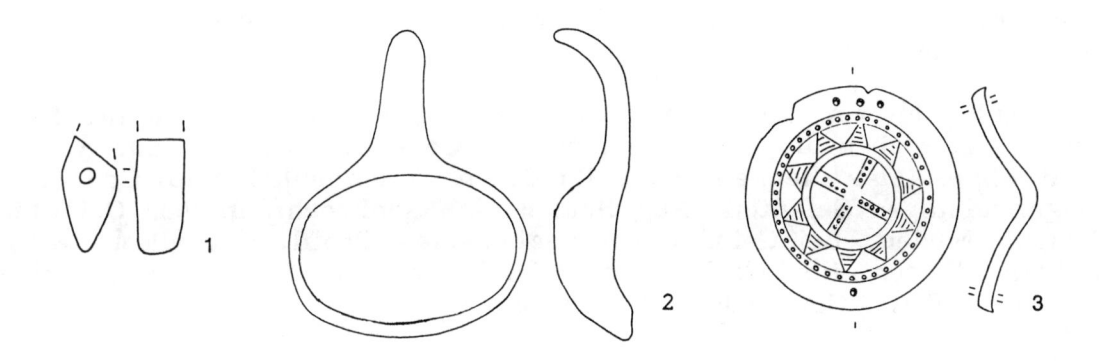

Abbildung 42. Tongegenstände.

Definition der Henkelformen

Die Gewohnheit und der Keramikstil spielten gewiß eine wichtige Rolle beim Anbringen oder Nicht-Anbringen eines Henkels sowie beim Anbringen von einer bestimmten Henkelform auf einem bestimmten Gefäßtyp. Die Funktion eines Henkels kann ebenfalls entscheidend gewesen sein:
er kann zum Aufhängen eines Gefäßes und zum Festhalten des Gefäßes gedient haben, um daraus zu trinken, zu spenden oder um es zu tragen.
Die überwiegende Zahl der hier untersuchten Gefäßformen weist einen Henkel auf.[272] Neben Tassen, Krügen, Schalen und Schüsseln gehören bestimmte Becher- und Topftypen dazu. Nur wenige Gefäße haben zwei Henkel, die dann gegenständig angebracht sind (Tafel 9.6, 14.7).

Eine bestimmte Henkelform kann von der Größe, Machart und Form bzw. dem Typ eines Gefäßes abhängig sein, dies muß aber nicht in allen Fällen zutreffen. Einerseits ist der Henkel bei qualitätsvollen Tassen andersartig als bei Krügen, Schalen und Schüsseln gebildet: er ist überrandständig, schmal, von rechteckigem oder flach ovalem Querschnitt und fein ausgeführt. Wenig(er) qualitätsvolle Keramik, wie Henkeltöpfe, Becher und manche tief konische Schalen, tragen einen kurzen massiven Henkel von entsprechend einfacher Ausführung. Andererseits jedoch kann ein Henkel von der gleichen Ausführung bei fast allen Gefäßformen gleichartig vorkommen: er ist randständig, reicht bis zum Halsansatz und ist von rechteckigem oder flach ovalem Querschnitt. Griffähnliche Randknubben und Halswülste sind ausschließlich bei einfachen Töpfen zu finden.

Der Henkel ist von dem Gefäßkörper deutlich abgesetzt. Er entwächst dem Gefäßhals, setzt aber unterschiedlich an. Im Gegensatz zu den klar gegliederten und abgesetzten Henkeln sind Randösen, Ösenhenkel und Griffknubben kein eigenständiges Gefäßteil. Alle Henkel sind senkrecht an dem Gefäßkörper angebracht worden. Bei Gefäßen mit gegliedertem Profil, vor allem bei Langhalskrügen, Tassen, Henkelschalen und Schüsseln setzt der Henkel meistens an dem oberen Teil des Gefäßhalses an, entweder
randständig,
leicht erhöht,
überrandständig oder
unterrandständig, das heißt unmittelbar unterhalb des Randes.
Bei ungegliederten Gefäßen, Töpfen, Bechern und Schalen, kann die Ansatzstelle weiter unterhalb des Randes oder am Gefäßumbug sein. Anders als der Gefäßkörper ist der Henkel nicht verziert. Manchmal wurde das Feld unmittelbar unterhalb des Henkels gesondert verziert (Tafel 2.1-2, 15.2, 25.11).

---

[272] Gefäßfragmente wurden nicht berücksichtigt, wenn das Bruchstück keine klare Rekonstruktion des Henkels erlaubte (zum Beispiel Tafel 3.3, 8.6, 12.1-2, 14.5, 19.5, 24.5-6). Der schlechte Erhaltungszustand von Töpfen mit Griffknubben erlaubt keine zuverlässige Rekonstruktion der ursprünglichen Anzahl solcher Handhaben (zum Beispiel Tafel 8.3, 16.7, 21.7).

Um die Henkelformen zu umschreiben, wurde auf die Länge und den Querschnitt besonders geachtet.

1. Länge des Henkels.

Die Länge des Henkels steht meistens im Verhältnis zu der Höhe des Gefäßhalses und der Ansatzstelle. Danach gibt es:
- kurze unterrandständige Henkel, wie bei Henkelschalen (Abb. 34.1-2,11) und Schüsseln (Abb. 36.1-3),
- kurze Henkel an der Mitte des Gefäßhalses, wie bei Langhalskrügen (Abb. 30) und Henkelschalen (Abb. 34.9-10),
- mittelgroße randständige oder leicht erhöhte Henkel, die den Hals spannen, wie bei Tassen (Abb. 32.10-12, 14-16) und Henkelschalen (Abb. 34.5-7),
- lange, überrandständige Henkel, die den Hals spannen, wie bei Tassen (Abb. 32.1-5, 17-18).

Die Breite eines Henkels steht nicht allein im Verhältnis zur Länge des Halses, sondern kann vom Querschnitt bedingt sein.

2. Querschnitt des Henkels.

rechteckig
Lange Henkel von schmalem rechteckigem Querschnitt mit abgerundeten Kanten kommen sehr häufig bei Tassen (Tafel 8.1, 19.4, 20.7), aber auch bei Henkelschalen (Tafel 20.8), Schalen (Tafel 4.3), Langhalskrügen (Tafel 7.1) und Schüsseln (Tafel 8.4) mit unterschiedlicher Ansatzstelle vor.
Dieser Querschnitt umfaßt mehrere Variationen, er ist
- kantig und flach (zum Beispiel Tafel 12.3, 18.1),
- mit leicht konvexen Seiten (Tafel 6.11, 15.4, 17.2),
- mit einer konkaven Seite (Tafel 1.5, 3.2, 12.5, 17.6),
- besonders breit und konvex bzw. konkav (Tafel 1.5, 3.11, 11.5, 17.5, 19.6),

oval
Ebenfalls häufig vertreten sind lange, schmale Henkel von flach ovalem Querschnitt (zum Beispiel Tafel 2.6, 7.3, 10.4).[273]
Außerdem gibt es Henkel mit folgenden Variationen:
- rund oval (Tafel 4.8, 13.6)
- oval (Tafel 7.5, 19.3)
- besonders breit und konvex oder konkav (Tafel 5.6, 9.4, 10.8, 15.3)
- unregelmäßig oval im Umriß (Tafel 2.7, 13.1, 14.8).

quadratisch
Weniger vertreten sind Henkel von viereckigem oder annähernd quadratischem Querschnitt. Sie kommen hauptsächlich in kurzer Ausführung bei Langhalskrügen (Tafel 13.3), Henkelschalen (Tafel 1.6, 5.4) und Schalen (Tafel 8.2, 9.3) in randständiger Stelle oder am Hals vor. Abweichungen davon sind Henkel von quadratischem Querschnitt
- mit gekehlter Innenseite (Tafel 12.8) und
- in langer Ausführung bei Tassen (Tafel 14.3, 19.1).

---

[273] Die Grenze zwischen einem flach ovalen Querschnitt und einem rechteckigen Querschnitt mit abgerundeten Kanten und konvexen Seiten ist naturgemäß fließend. Siehe zum Beispiel Tafel 2.1-2.

Einzelne abweichende Henkel bzw. Henkelquerschnitte und Handhaben umfassen:
- Henkel von halbkreisförmigem Querschnitt und mit kleiner ösenartiger Durchbohrung (Tafel 14.7),
- henkelförmige, nicht durchbrochene randständige Handhabe (Tafel 19.2),
- kleiner Henkel von kantig rechteckigem Querschnitt und mit schnurgroßer Durchbohrung, sogenannter Ösenhenkel (Tafel 13.2) und
- schnurgroße Ösen bzw. Randlöcher (Tafel 9.5-6, 15.2).

Handhaben, die die Form einer Knubbe oder eines Buckels haben, sind meistens randständig und waagerecht und zungenförmig (Tafel 7.7, 8.3, 9.5) oder senkrecht, länglich und durchbohrt (Tafel 16.1).

Es stellt sich heraus, daß
1. lange Henkel von rechteckigem bis flach ovalem (vereinzelt quadratischem) Querschnitt in erhöhter oder den Rand überragender Stellung ausschließlich bei Tassen vorkommen,
2. lange Henkel vom gleichen Querschnitt wie Nr.1 die den Gefäßhals überbrücken, in randständiger oder leicht erhöhter Stellung sowohl bei Tassen als auch bei Henkelschalen vorkommen,
3. dagegen kurze Henkel von rechteckigem bis flach ovalem Querschnitt in randständiger oder unterrandständiger Stellung hauptsächlich bei Schalen und Schüsseln vorkommen,
4. kurze und mittelgroße Henkel von rechteckigem Querschnitt bei Langhalskrügen und Henkelschalen an der Halsmitte erscheinen (Abb.19.1-9), und
5. kurze bis mittelgroße Henkel von quadratischem Querschnitt in randständiger Stellung oder an der Halsmitte häufig bei Henkelschalen sowie bei einzelnen Tassen erscheinen.

Definition der Gefäßverzierung

Einleitung

Die Definition der Gefäßverzierung folgt gesondert der Typengliederung der Gefäßformen. Zuerst Zuerst werden Erläuterungen zur Technik der Oberflächenbehandlung gegeben. Dann wird die Oberfläche der unverzierten und verzierten Gefäße getrennt beschrieben, soweit der Erhaltungszustand der Gefäßoberfläche dies erlaubt.[274] Bei verzierten Gefäßen wird die Zusammensetzung einzelner Zierelemente entschlüsselt und die daraus entstandene Verzierung bezeichnet. Jede Verzierung wird nach ihrer Komposition untersucht und entsprechend nach einzelnen Motiven gegliedert. Verschiedene Zusammensetzungen von Verzierungsmotiven werden anschließend aufgeführt. Diese zunächst als unnötig elementarisch erscheinende Untersuchung wurde vorgenommen, um:
- die grundlegenden Elemente der verschiedenen Ziermotive hervorzuheben,
- die zahlreichen Verzierungweisen der Grabkeramik einleuchtend zu umschreiben und
- somit das Vorkommen bestimmter Verzierungselemente bzw. -motive auf der Keramik genauer bestimmen zu können.

Die typologische Entwicklung der Ziermotive kann dadurch verfolgt und "einheimische" Elemente können von "fremden" Elementen unterschieden werden. Die dadurch definierten Ziermotive bieten zu den Gefäßtypen und Kleinfunden zusätzliche und ergänzende Hinweise in der Gliederung der Grabkomplexe sowie in der kulturellen Deutung des Fundmaterials.

Zur Technik der Oberflächenbehandlung.

Die Oberfläche eines Gefäßes wurde entweder geglättet, gerauht oder grob belassen. Bei "Glätten" wird in vorliegender Untersuchung zwischen folgenden drei Techniken unterschieden:

Glatt, das heißt durch Wischen(?) wurde eine gleichmäßig ebene Oberfläche erzeugt, ohne daß ein Glanzeffekt der Oberfläche erreicht bzw. erzielt wurde.

Geglättet, das heißt feine Streifen wurden auf der Oberfläche sorgfältig und eng nebeneinander angebracht, so daß ein leichter Glanzeffekt erreicht wurde. Dabei kommt es häufig vor, daß die entstandenen Glättungsstreifen in der Regel am Gefäßkörper horizontal, am Hals dagegen oft vertikal verlaufen.[275]

Poliert, das heißt die Oberfläche wurde sorgfältig mit (Politur-)Streifen behandelt, so daß ein starker Glanz erreicht wurde.

Gerauht, das heißt das beabsichtigte Aufrauhen der Gefäßoberfläche eventuell durch das zusätzliche Auftragen eines groben Tonüberzuges (Grab 12 Tafel 4.7).

Grob, das Belassen der Gefäßoberfläche in einem nicht glatten und nicht geglätteten Zustand.

---

[274] Bei ca. 60 Gefäßen war die Oberfläche so angegriffen, daß eine Feststellung der ursprünglichen Verzierung nicht möglich ist.

[275] In Bezug auf die Häufigkeit der einzelnen Techniken muß die verwitternde Wirkung durch die Lage des Gefäßes im Boden berücksichtigt werden. Sie führte bei mehreren Gefäßen zu einer Abstumpfung der ursprünglich glänzenden oder polierten Oberfläche.

Besenstrich, das heißt das Gestalten der Oberfläche mit entweder sorgfältig und regelmäßig oder grob aufgetragenen Besenstrichen (Grab 2 Tafel 1.4, Grab 64 Tafel 14.7, Grab 98 Tafel 21.7).[276]

Textilabdruck, das heißt das Gestalten der Oberfläche durch sorgfältig oder grob eingedrückte mattenartige Stoffe (Grab 2 Tafel 1.4).

Einzelne Zierelemente.

Nach der Vorbereitung der Oberfläche kann das Gefäß daraufhin mit folgenden Techniken behandelt worden sein, um einzelne oder mehrere Zierelemente, das heißt eine Verzierung anzubringen:
1. Eintiefungen:
Einstiche, klein mit unregelmäßigem Umriß (Abb. 43.1).
Furchen, klein mit länglichem unregelmäßigem Umriß (Abb. 43.2).
Punkte, fingerspitzengroß, seicht und mit regelmäßig rundem Umriß (Abb. 43.3).
Dellen, ungefähr daumengroß, seicht, und mit regelmäßig rundem Umriß (Abb. 43.4).
Fingertupfen, fingerbreite oder stabförmige Eindrücke mit unregelmäßigem Umriß (Abb. 43.5).
2. Ritzlinien, Rillen und schmale Riefen, deren Breite je nach der Stärke des Gegenstandes variiert, mit dem sie aufgetragen wurden (Abb. 44.1-9).
3. Kanneluren, fingerbreit, selten schmal und riefenartig, mit parallelen Kanten (Abb. 45.1-8).
4. Plastische Auflagen, rippen- oder buckelförmige Auflagen, die durch das Zusammendrücken der noch weichen Gefäßoberfläche oder durch das zusätzliche Anbringen einer kleinen Tonrolle bzw. Masse geformt wurden (Abb. 46.1-8).
5. Weißinkrustation, rillen- oder punktförmige Eintiefungen in der Oberfläche, mit einer weißlichen Masse gefüllt (Abb. 46.9. Vergleiche Tafel 5.3 und Tafel 14.8).

Die Oberfläche der überwiegenden Zahl der auswertbaren Keramik ist "geglättet", das heißt nach der vorliegenden Definition besitzt sie entweder ein "glattes" oder "geglättetes" Aussehen. Bei Gefäßformen mit ausladendem Rand und nach außen steigendem Hals kann die Oberfläche der sichtbaren Innenseite des Randes und des Halses ebenfalls geglättet sein (zum Beispiel Tafel 11.4 und 13.1). Zu den Gefäßformen mit glatter und geglätteter Oberfläche gehören überwiegend Krüge und tiefe Schalen, weniger Henkeltassen.

Die Oberfläche der verzierten Gefäße, überwiegend Henkeltassen, flache Schalen und Schüsseln, ist immer geglättet oder poliert. Zum Beispiel weist eine große Zahl der Gefäße mit Kannelur- und Spiralverzierung eine Hochglanz-Politur auf, im Gegensatz zu Gefäßen mit geglätteter Oberfläche und Ritzlinienverzierung. Wie bei unverzierten Gefäßen ist die sichtbare Innenseite des Randes und Halses entsprechend geglättet oder poliert. Bei verhältnismäßig wenigen Gefäßen wurde die Oberfläche grob belassen oder absichtlich gerauht. Alle Gefäße mit grob belassener Oberfläche sind unverziert (zum Beispiel Tafel 7.2, 14.6 und 16.1).

---

[276] Besenstrich und Textilabdruck werden sowohl als Technik zur Aufrauhung der Gefäßoberfläche wie auch als eine Art, die Oberfläche zu verzieren, betrachtet. Die Qualität des Aufgetragenen ist dementsprechend sorgfältig.

1. Eintiefungen.

Einstiche (Abb. 43.1).
In einer horizontalen Reihe am Halsansatz oder auf dem Gefäßkörper, selten am Hals.
Umfang ca.1-2 mm.
Oft zusammen mit (zwei) parallelen Ritzlinien oder Rillen.

Furchen (Abb. 43.2).
In einer Reihe am Halsansatz oder auf dem Gefäßkörper, selten am Hals.
Länge 2-4 mm, ausnahmsweise 0,5-1,5 cm.
Oft zusammen mit (zwei) parallelen Ritzlinien, Rillen oder Riefen.

Punkte (Abb. 43.3).
Am Halsansatz oder auf dem Gefäßkörper, selten am Hals.
Durchmesser ca.3-6 mm.
Oft als Bestandteil von Motiven aus Ritzlinien oder Rillen.

Dellen (Abb. 43.4)
Einzeln, paarweise oder als Dreiergruppe auf dem Gefäßkörper, häufig in Zusammenhang mit Ritzverzierung, Buckeln, Spiralen oder Kanneluren vor.
Dellen sind nicht mit dem Omphalos zu verwechseln, der im Vergleich größer und ausschließlich einzeln am Gefäßboden vorkommt.
Durchmesser 1-1,5 cm, unterschiedlich seicht.

Fingertupfen (Abb. 43.5)
und ähnliche Einkerbungen.
Am Gefäßrand als Verstärkung bzw. Verkleidung des Randes.

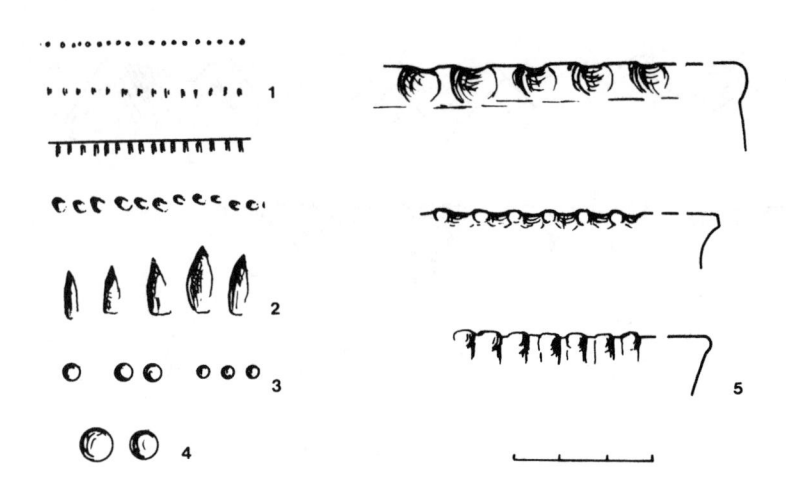

Abbildung 43. Eintiefungen.

2. Ritzlinien, schmale Rillen und schmale Riefen (Abb.44.1-9).

Am Gefäßkörper, seltener am Hals; einzeln, paarweise oder mit mehreren Linien bzw. Rillen in folgender Anordnung:
1. waagerecht,
2. senkrecht,
3. schräg,
4. zickzack, durchgehend oder unterbrochen,
5. Dreieck, hängend und gefüllt,
6. Bögen,
7. Girlanden,
8. Bögen mit gefülltem Zwickel,
9. Kreis.

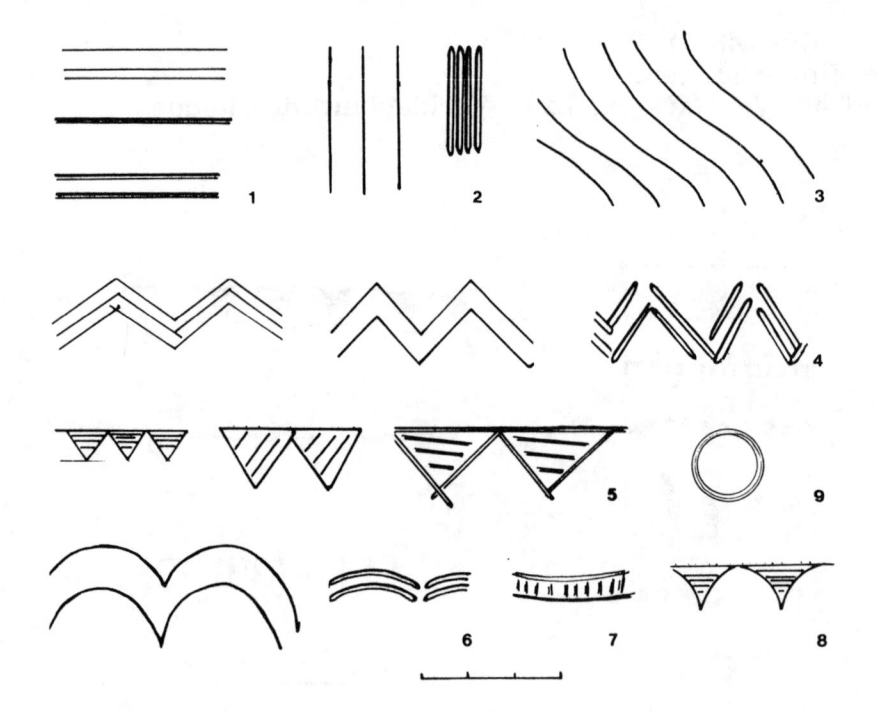

Abbildung 44. Ritzlinien, schmale Rillen und Riefen.

3. Kanneluren und breite Riefen (Abb. 45.1-8).

Auf dem Gefäßkörper, seltener am Hals, in folgender Anordnung:
1. einzeln, waagerecht am Hals, am Halsansatz oder auf der Schulter,
2. mehrere parallele Riefen oder Kanneluren zusammen in senkrechter Anordnung auf dem Gefäßkörper,
3. mehrere parallele Kanneluren in schräger Anordnung auf dem Gefäßkörper (Sie sind entweder fingerbreit oder breiter und flach.),
4. kreisförmig als Umrahmung eines einzelnen Buckels oder des Omphalosbodens,
5. zickzackartig,
6. bogenförmig in einer Einzelreihe oder in zwei oder mehreren parallelen Reihen zusammen,
7. girlandenartig in einer Einzelreihe oder in zwei oder mehreren parallelen Reihen zusammen,
8. spiralförmig, einzeln oder mehrere zusammen in einer Reihe, häufig mit einzelnen Buckeln zusammen.

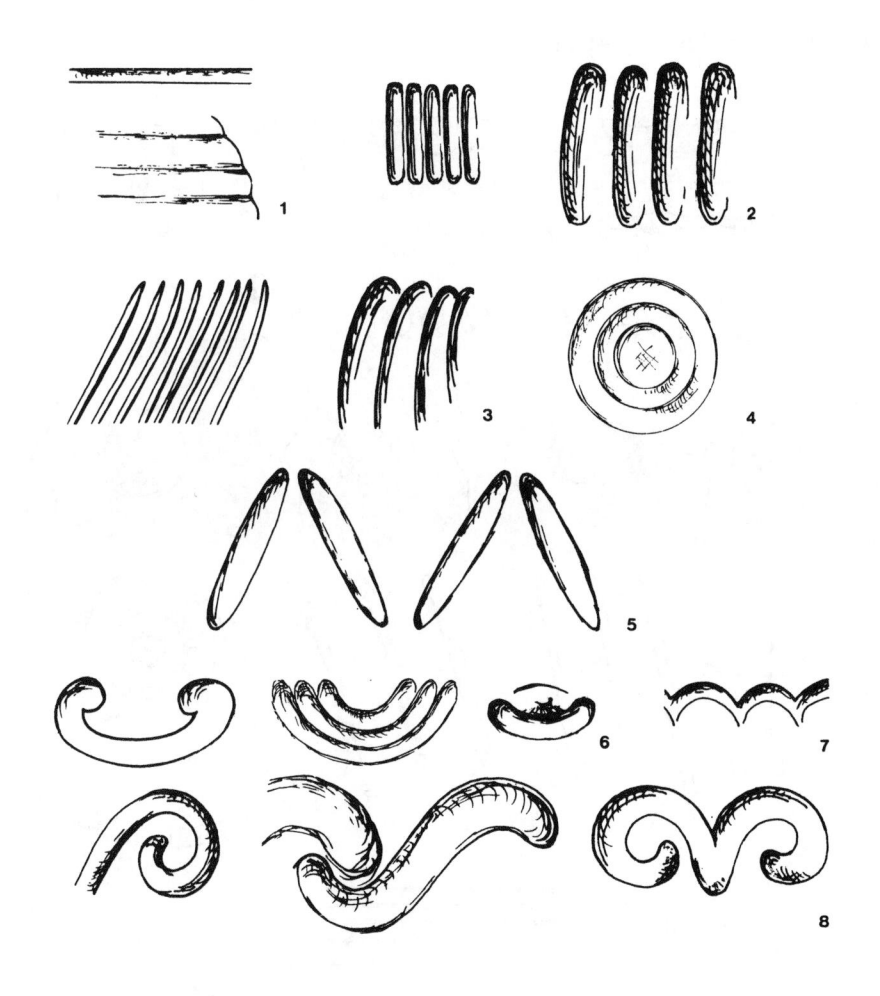

Abbildung 45. Kanneluren und breite Riefen.

4. Plastische Auflagen.

Knubben (Abb. 46.1-3).
1. klein, spitz, knubbenartig; einzeln, paarweise oder mehrere zusammen; am Rand oder auf dem Gefäßkörper.
2. zungenförmig; am Gefäßrand.
3. länglich oval und durchbohrt; kurz unterhalb des Randes als Handhabe.

Buckel (Abb. 46.4-5).
4. klein, flach, von einer Kannelur umgeben, auf dem Gefäßkörper,
5. unterschiedlich groß, rundlich, meistens einzeln.

Rippen, gekerbt oder glatt (Abb. 46.6-9).
6. senkrecht,
7. schräg,
8. kreisförmig,
9. bogen- oder girlandenförmig.

10. **Weißinkrustation** (Abb. 46.10).

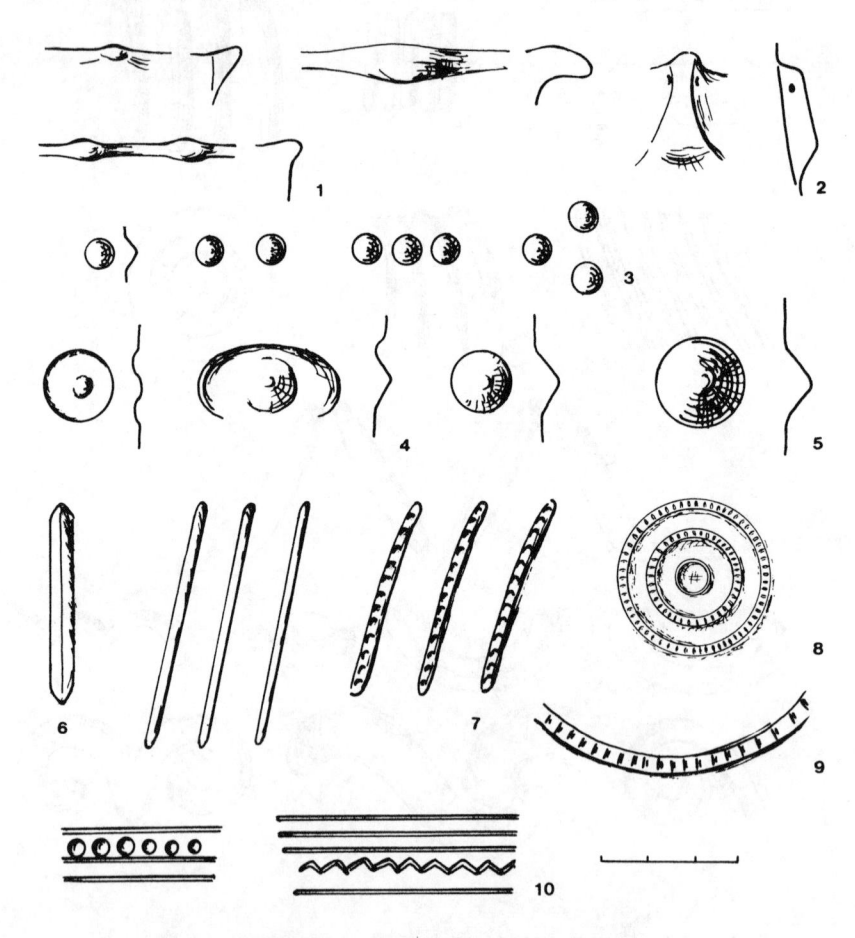

Abbildung 46. Plastische Auflagen.

Kombination der Zierelemente in Ziermotiven.

Zwei oder mehrere Zierelemente können zusammen verschiedene Verzierungsmotive bilden. Folgende Ziermotive bestehen aus aus Ritzlinien, Rillen und schmalen Riefen *(Abb.47)*:
flächendeckende Parallellinien oder Rillen (Abb. 47.1).
zwei parallele Ritzlinien oder Rillen mit senkrechten Strichen in dem ausgesparten Raum, sog. Leitermotiv (Abb. 47.2,4,7).
zwei parallele Ritzlinien oder Rillen mit einer Furchenreihe in dem ausgesparten Raum (Abb. 47.3,9-11,18).
zwei parallele Ritzlinien oder Rillen mit einer Punktreihe oder einem Zickzackband in dem ausgesparten Raum (Abb. 47.12.).
Gruppen aus parallelen Rillen oder schmalen Riefen zusammen mit einer Delle (Abb. 47.2,5) oder einzelnen Punkten (Abb. 47.6,28).
Zickzackbänder aus Ritzlinien oder Rillen (Abb. 47.7-9).
Bögen und Girlanden aus Ritzlinien, Rillen oder schmalen Riefen (Abb. 47.13-19, 28).
Bögen mit gefülltem Zwickel aus Ritzlinien oder Rillen (Abb. 47.19,26-27).
gefüllte Dreiecke in einer Reihe aus Ritzlinien (Abb. 47.20-25).
gefüllte Dreiecke aus Ritzlinien in einer Reihe zusammen mit einzelnen Punkten (Abb. 47.28) oder kleinen Knubben (Abb. 47.29).
gefüllte Dreiecke aus Ritzlinien als Sternmotiv auf einem Gefäßdeckel (Abb.47.30).
gefüllte Dreiecke aus Ritzlinien um einen Buckel oder Omphalos (Abb. 47.31-32).

Folgende Ziermotive bestehen aus Kanneluren *(Abb.48)*:
schmale waagerechte und bogenförmige Kanneluren (Abb. 48.1).
schmale waagerechte Kanneluren mit Knubben oder Punkten (Abb. 48.2).
mehrere schmale, senkrechte Kanneluren, jeweils mit einer gekerbten Zwischenkante bzw. Rippe (Abb. 48.3).
zwei bis vier parallele, girlandenförmige Kanneluren (Abb. 48.4).
eine oder mehrere girlanden- oder bogenförmige Kanneluren zusammen mit Buckeln oder Punkten (Abb. 48.5,7,9,10).
Gruppen aus schmalen parallelen Kanneluren mit einem Buckel in dem ausgesparten Raum (Abb. 48.8).
girlandenförmige Kanneluren mit gekerbter Zwischenkante bzw. Rippe (Abb. 48.10).
spiralförmige Kannelur zusammen mit einem Buckel, schmalen Rillen oder Punkten (Abb. 48.11-13).
S-spiralförmige Kanneluren in einer Reihe (Abb. 48.13-14).
girlandenförmige Kanneluren um den Omphalos als Gestaltung des Gefäßbodens (Abb.48.18).
eine oder mehrere kreisförmige Kanneluren mit oder ohne Mittelbuckel als Gestaltung des Omphalosbodens (Abb. 48.19,20).
eine oder mehrere kreisförmige Kanneluren mit gekerbter Zwischenkante bzw. Rippe und mit oder ohne einem Mittelbuckel als Gestaltung des Omphalosbodens (Abb.48.17,21).

Ziermotive aus den plastischen Auflagen Rippen und Buckeln:
kleine spitze Knubbe zusammen mit (gekerbter) Rippen- und Ritzlinienverzierung (Abb. 47.29).
Buckel zusammen mit einer oder mehreren bogen- oder girlandenförmigen Kanneluren (Abb. 48.5,9,10).
Buckel umgeben von einer halbkreis- (Abb. 48.7) oder kreisförmigen Kannelure (Abb. 48.6,17,20).

Buckel zusammen mit einer spiralförmigen Kannelure, oft mit einer parallelen Rille und mit Punkten, als Bestandteil der sog. Spiralbuckelverzierung (Abb. 48.11-14).

Buckel mit Ritzlinien als Sternmotiv (Abb. 47.31; 48.22).

Große konische Buckel, die zusammen insgesamt als vier Füße einer großen Schale dienen (Tafel 16.8, 17.5).

Der Gefäßboden kann mit Omphalos und verschiedenen Zierelementen gestaltet sein:

mit einfachem Omphalos (Abb. 48.15),

mit standringartig gebildetem Omphalos, von einer Kannelur umkreist (Abb. 48.16),

Omphalos mit Buckel (Abb. 48.17,20,22),

Omphalos von girlandenförmigen Kanneluren umrandet (Abb. 48.18),

Omphalos von einer oder mehreren Kanneluren umkreist (Abb. 48.19),

Omphalos mit Kanneluren, Buckeln und Punkten (Abb. 48.20)

Omphalos von gekerbten Rippen und Kanneluren umkreist (Abb. 48.17,21),

Omphalos von eingeritzten gefüllten Dreiecken umkreist als Sternmotive (Abb. 47.32).

Omphalos mit Buckel von eingeritzten gefüllten Dreiecken umkreist als Sternmotive (Abb.48.22).

Abbildung 47. Ziermotive mit Ritzlinien und schmalen Rillen.

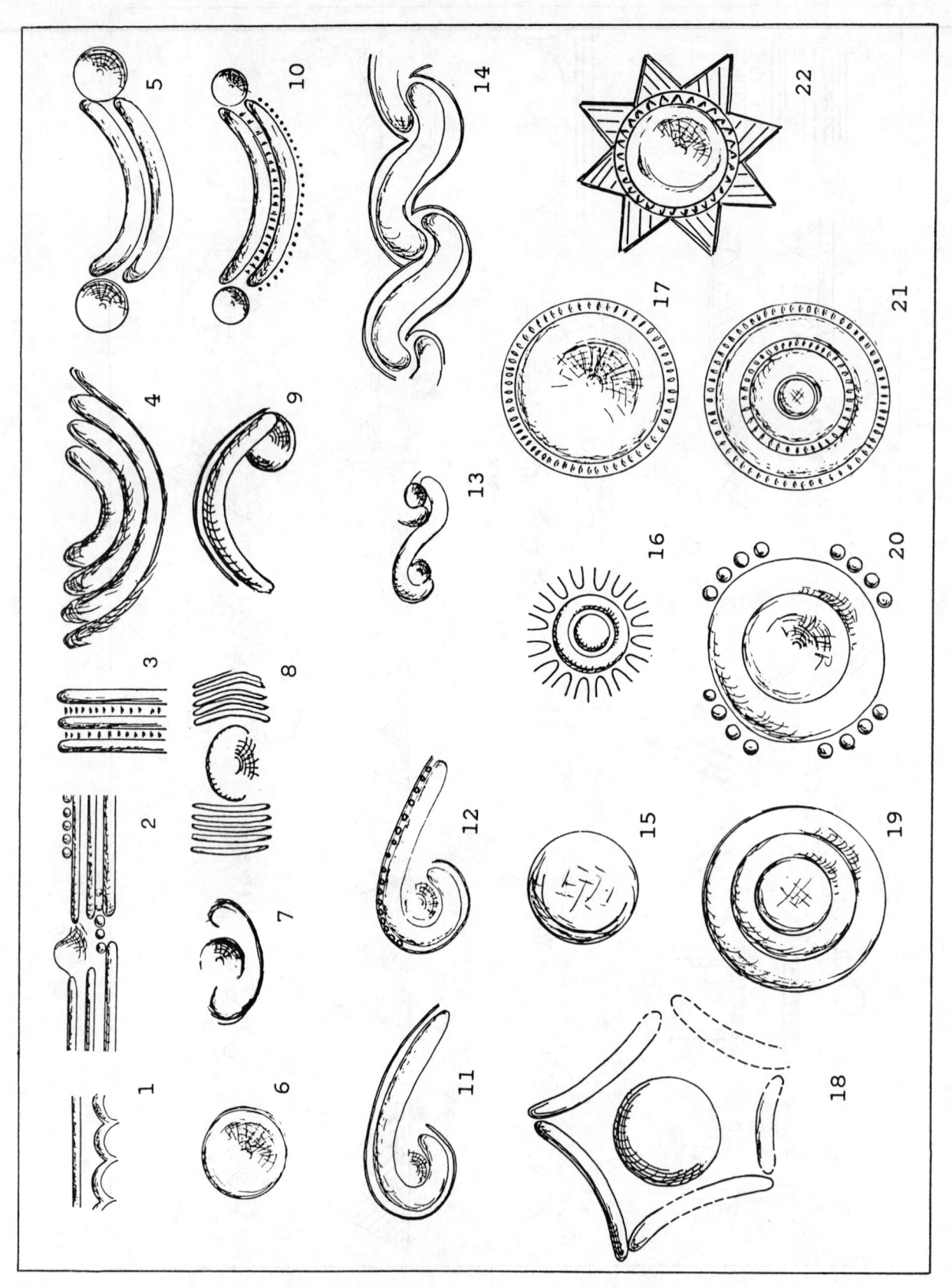

Abbildung 48. Ziermotive mit Kanneluren, plastischen Auflagen und Omphalos.

Zusammenfassung

Eine große Zahl der untersuchten Gefäße weist eine Oberfläche auf, die gut geglättet und ohne Zierde ist. Das heißt, die Oberfläche ist unverziert. Ritzlinien, Rillen und Riefen, Kanneluren und Buckel sind als Verzierung der Gefäßoberfläche ebenfalls häufig vertreten. Weniger oft begegnen plastische Auflagen wie Rippen, kleine Knubben und weiße Inkrustation. Einstich-, Furchen- oder eingetiefte Punktreihen erscheinen als selbständige Betonung des Gefäßhalses bzw. des Halsansatzes oder sie treten in Kombination mit Ritzlinien auf. Spitzknubben und plastische Rippen bilden selbständige, in ihrer Variationsbreite beschränkte Ziermotive. Dies ist ebenso bei Ritzlinien in einfachem Zickzack-Muster zu beobachten.[277] Im Gegensatz zur einfachen Verzierung stehen komplizierte Ziermotive, die aus einer Komposition von mehreren Zierelementen wie Kanneluren, Buckel, Ritzlinien, Rillen und Riefen bestehen können. Einzeln oder zusammen mit einem oder mehreren Elementen bilden sie vielseitige geometrische oder kurvolineare Motive.[278] Dabei kommen Verzierungen aus Spitzknubben und (gekerbten) Rippen und aus Ritzlinien in geometrischen Motiven fast nie zusammen mit Kanneluren oder Buckeln auf dem gleichen Gefäß vor.

Die Ziermotive der Gefäßoberfläche sind nicht immer durch die Technik bedingt, in der sie ausgeführt wurden. Interessant ist, daß das gleiche Verzierungsmotiv in unterschiedlichen Techniken erscheint. Dies ist hauptsächlich bei Motiven aus Ritzlinien, Rillen und fingerbreiten oder riefenartigen Kanneluren zu beobachten. Die Gefäßform ist ebenfalls wenig bestimmend für die aufgetragene Verzierung. Dies betrifft hauptsächlich Motive aus Kanneluren, Buckeln und Rillen, die den Henkeltassen, Schüsseln und Schalen als Zierde dienen. Im Gegensatz dazu sind plastische Rippen und Spitzknubben auf wenige Gefäßformen, vor allem Henkelschalen, beschränkt. Die Verzierung wurde auf den Gefäßkörper, selten auf den Gefäßhals, aufgetragen. Dies trifft vor allem bei den Motiven aus Kanneluren, Buckeln und Rillen zu. Dabei nimmt die Verzierung eine waagerechte und schräge Zone ein (zum Beispiel Grab 11 Tafel 4.5 und Grab 44 Tafel 11.5). Ausnahmen dazu sind einige Gefäße von unterschiedlichem Typus, bei denen eine Zierborte unterhalb des Randes verläuft (zum Beispiel Grab 31 Tafel 8.4). Dagegen können Motive aus Rippen und Spitzknubben auf Henkelschalen in senkrechter Richtung sowohl auf dem Gefäßhals als auch auf dem Körper auftreten, während Besenstriche und Textilabdrücke eher flächendeckend sind (zum Beispiel Grab 2 Tafel 1.4 und Grab 49 Tafel 12.6). Bei Langhalskrügen kann der Hals mit einer Einstichreihe oder mit flachen Parallelrillen um die Halsmitte verziert werden.

Bei der Materialaufnahme und der späteren Untersuchung zur Gefäßform und -verzierung sind eine kleine Anzahl von Gefäßen durch große Übereinstimmung in Machart, Form, Größenverhältnis und Verzierung aufgefallen. Dabei ist der Eindruck entstanden, daß sie aus der gleichen Werkstatt bzw. aus gleicher Hand stammen könnten. Es handelt sich im Detail um:
1) Tassen mit eingeritzten Linien in senkrechtem und bogenförmigem Verlauf,[279]

---

[277] Solche Zierelemente, die allein auf der Gefäßoberfläche aufgetragen wurden, werden hier als einfache Verzierung bezeichnet, das heißt "einfach geometrisch".
[278] Sie werden hier als entwickelte Verzierungsweise betrachtet, zum Beispiel "entwickelt geometrisch".
[279] Grab 3 Tafel 2.1 und Grab 15 Tafel 5.6.

2. Tassen mit flächendeckenden Gruppen von parallelen Ritzlinien,[280]
3) Gefäße mit parallelen, senkrechten Rillen,[281]
4) Tassen mit dem Motiv eines Buckels und kurzen senkrechten Rillen,[282]
5) große flache Schalen mit vier konischen Buckeln als Gefäßfuß und mit eingeritzter geometrischer Verzierung und[283]
6) kleine Tassen mit plastisch aufgesetzten, senkrechten Rippen.[284]

---

[280] Grab 17 Tafel 6.1, Grab 56 Tafel 14.3 und Grab 91 Tafel 18.6.
[281] Grab 13 Tafel 5.4 und Grab 74 Tafel 16.3.
[282] Grab 37 Tafel 9.4, Grab 68 Tafel 15.3 und Grab 92 Tafel 19.1.
[283] Grab 76 Tafel 16.8 und Grab 81 Tafel 17.5.
[284] Grab 86 Tafel 17.8 und Grab 103 Tafel 22.13.

B. Die Kleinfunde.[285]

Einleitung

Die hier systematisch aufgeführten Kleinfunde werden in drei Fundgruppen Geräte, Waffen und Schmuck geordnet und als Typen oder Formen vorgestellt. So wie die keramischen Formen und Verzierungen wurden auch die Kleinfunde in Formgattungen gegliedert. Umfaßt eine Gattung mehrere unterschiedliche Gegenstände, wurden diese dann in Typen eingeordnet. Besteht eine Gattung nur aus Einzelstücken, so wurde keine Einteilung in Typen und Varianten vorgenommen. Die Gliederung in Gattungen und ihre Bezeichnung basiert auf der heute gebräuchlichen Terminologie für entsprechende Gegenstände, ohne daß die ursprüngliche Funktion der Objekte dabei erklärt werden soll. Außerdem werden die Bezeichnungen der Gegenstände nach dem von Tompaschen Grabungstagebuch berücksichtigt bzw. wenn möglich übernommen.[286] Folgende Merkmale werden grundsätzlich immer in Betracht gezogen:
- die Größe des Gegenstandes,
- der Querschnitt,
- der Umriß und
- die Bildung des Kopfes, des Schaftes und der Spitze.

Im Zusammenhang mit Schmuckgegenständen aus Metall werden außerdem noch Schmuck bzw. Perlen aus anderem Material beschrieben. Weil es sich in diesem Abschnitt um **Formgattungen und -typen** handelt, wird eine Verzierung auf dem Gegenstand nicht berücksichtigt. Da alle Stücke nicht auf ihre Metallzusammensetzung hin untersucht worden sind, wird die auf sie bezogene Bezeichnung betreffs ihrer Substanz "Bronze" in Klammern gesetzt und nur als provisorisch betrachtet. Bei Gegenständen, die spektralanalytisch untersucht wurden, wird zunächst die festgestellte Substanz Bronze oder Kupfer angegeben.[287]

Geräte aus Metall

1. Kurzes Beil von sächsischem Typ aus Bronze, mit flachem zugespitztem Nakken, leicht einziehenden Bahnen, flachen Randleisten und schmaler, kaum gekrümmter Schneide (Abb. 49.1).
Grab 96a Tafel 20.2.

2. Kleiner Meißel aus Kupfer mit geradem Schaft von quadratischem Querschnitt, zugespitztem Nacken von rundem Querschnitt und gerader Schneide (Abb. 49.2).
Grab 96a Tafel 20.3.

3. Kleine Ahlen und ähnliche Gegenstände aus "Bronze".

Typ 1 (Abb. 49.3). Beide Enden zugespitzt, Querschnitt rund bis oval.
Grab 39 Tafel 10.6.

---

[285] Der Maßstab aller abgebildeten Typen ist 1:3 mit Ausnahme der Fayenceperlen und des Goldblechschmucks, welche im Maßstab 1:2 vorgelegt sind.
[286] Siehe Verzeichnis 7. Zur Übersetzung der Grabungstagebücher.
[287] Für genauere Angaben zur Metallzusammensetzung siehe Kapitel V D. Bemerkungen zur spektralanalytischen Untersuchung der Gegenstände.

Typ 2 (Abb. 49.4-6). Beide Enden zugespitzt, Querschnitt quadratisch bis rechteckig und flach rechteckig.
Grab 3 Tafel 2.5. Grab 8 Tafel 4.2. Grab 105 Tafel 23.3.

Typ 3 (Abb. 49.7). Mit schmalem, flach ovalem Scheibenkopf.
Grab 54 Tafel 13.13. Grab 90. Vergleiche Bóna 1975 Tafel 163.1.

Typ 4 (Abb. 49.8). Gestielter Gegenstand von weidenblattähnlicher Form: mit länglichem Blatt von flach dreieckigem Querschnitt mit einseitiger kantiger Mittelrippe und mit kurzem geradem Stiel von rechteckigem Querschnitt.[288] Grab 108 Tafel 23.9.

Aufgrund des dachförmigen Querschnitts entspricht der Gegenstand, nach der Typologie von Točík, dem Weidenblatt-Messer mit Längsrippe sowie dem Weidenblattschmuck der Gruppe 2 mit Längsrippe auf einer Seite.[289] Nach Točík ist die Gruppe 2 des Weidenblattschmucks "spezifisch" für die Südwest-Slowakei und Mähren und ein charakteristischer Trachtbestandteil der älteren Nitra-Gruppe in diesem Raum.

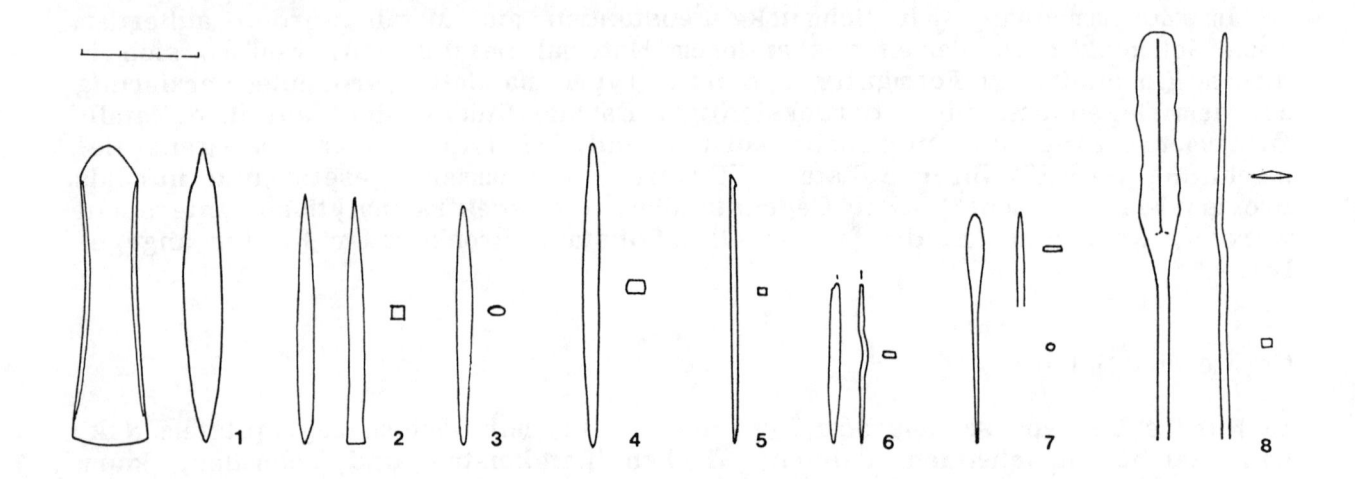

Abbildung 49. Geräte aus Metall. 1: Beil. 2: Meißel. 3: Ahle Typ 1.
4-6: Ahle Typ 2. 7: Ahle Typ 3. 4: Weidenblattförmiges Gerät.

---

[288] Von von Tompa als Miniatur-Votivschwert bezeichnet. Siehe Verzeichnis 7. Zur Übersetzung der Grabungstagebücher.
[289] Točík 1963, 746, 748, 752, Abb.243. Vergleiche dazu das Weidenblattmesser aus den Gräbern 55 und 88 in Branč. Vladár 1973a, Taf.6.23 und 10.14.

Waffen

1. **Dolchklinge** aus Bronze (Abb. 50.1), mit leicht schräg verlaufendem Heftplattenabschluß und rechteckiger Schulter (eine Schulter ist abgebrochen), triangularem Klingenkörper mit fast gerader Schneide. Im Querschnitt ist die Klinge dachförmig mit erhöhter kantiger Mittelrippe. Die Schneide sowie die Klingenspitze zeigen Abnutzungsspuren. In der Mitte der Heftplatte befindet sich der Ansatz eines griffzungenförmigen, abgebrochenen Fortsatzes mit einem nur zur Hälfte noch erhaltenen Nietloch. Dem Heftplattenabschluß folgend sind vier paarweise angebrachte Nieten (eine fehlt). Ursprünglicher Verlauf des Griffplattenausschnittes ist durch die stärkere Patina auf der Heftplatte sichtbar.
Grab 96a Tafel 20.1.

Der Dolch aus Hernádkak Grab 96 weist eine unverzierte Klinge von dachförmigem Querschnitt, vergleichbar mit den Dolchklingen aus Čaňa, Košt'any und Všechsvätých, auf. Die kantige Mittelrippe unterscheidet sich jedoch von diesen, indem sie höher, fast wie plastisch aufgesetzt, wirkt und zur Heftplatte hin stärker wird. Im Gegensatz zu den Dolchklingen aus Čaňa, Košt'any und Všechsvätých, bei denen die Mittelrippe gleichmäßig zur Heftplatte hin ausläuft, hört die Mittelrippe bei der Dolchklinge aus Hernádkak mit einem ausgeprägt abgerundeten Ende vor der eigentlichen Heftplatte auf. Das Ende wird vom Verlauf der ursprünglichen, nicht mehr erhaltenen Griffplatte deutlich ausgespart. Auffallend ist der Unterschied zwischen dem Dolchtyp aus dem Košice-Becken und dem aus Hernádkak in der Bildung der Heftplatte. Während der Heftplattenabschluß bei ersteren halbkreisförmig mit gleichmäßig voneinander, der Kante folgend angebrachten Nieten ist, verläuft die Abschlußkante des Dolches sowie die Stelle der Nieten aus Hernádkak gerade bzw. leicht schräg. Sie bricht zur Klinge hin extrem winklig um, das heißt die Heftplatte besitzt zwei eckige "Schultern" (rekonstruiert man die abgebrochene Schulter). Sie unterscheidet sich weiterhin dadurch, daß sich in der Mitte des Kantenverlaufs ein kurzer, relativ breiter Fortsatz befindet, der in der Höhe des ursprünglichen Nietloches abgebrochen ist. Die Niete bzw. Nietlöcher auf der Heftplatte sind paarweise situiert.

Die Dolchklinge aus Hernádkak unterscheidet sich von den zwei herausragenden Exemplaren aus Čaňa und Všechsvätých durch ihre vergleichsweise kleine Größe. Während die Klingen aus Čaňa, Košt'any und Všechsvätých eine Länge von 20-25 cm besitzen, ist die Klinge aus Hernádkak 12,6 cm lang.[290]

Die Dolchklinge aus Hernádkak nimmt im Karpatenbecken in der Entwicklung des Dolchtyps mit geradem Heftplattenabschluß, eckigen Schultern und Fortsatz eine innovative Stelle ein. Vergleichbare Dolchformen aus Tiszafüred[291] und Tiream[292] stammen aus einem Fundkontext, der kulturell verschieden zuzuordnen ist und der zeitlich später als das Grab 96 in Hernádkak zu datieren ist. Während die Dolchklinge aus Hernádkak mit Keramik der Hatvan- und frühen Füzesabony-Kultur vergesellschaftet ist, stammen die Dolche aus Tiream und Tiszafüred aus einem Kontext der klassischen und späten Füzesabony- bzw. Otomani-Kultur.

---

[290] Dolchklinge aus Čaňa Grab 96. Pástor 1978, 47 Taf.16.4. Dolchklinge aus Košt'any Grab 15. Pástor 1962, 68,70, Abb.7.5. Dolchklinge aus Valaliky-Všechsvätých Grab 47. Ebd. 76-77 Taf.25.3.
[291] Grab B65 und B167. Kovács 1973a, Abb.2.3 und 1.1.
[292] Bader 1978, 129 Nr.92, Pl.58.11. Vergleiche Hänsel 1982, 9 Abb.5.10-13.

2. Tüllenlanzenspitzen.[293]

Typ 1 (Abb. 50.2). Kurze Lanzenspitze aus Bronze mit tief sitzendem eckigem Blattumbruch und rautenförmigem Tüllenquerschnitt. Die Tülle ist mit gekerbten Rippen verziert.
Grab 122 Tafel 24.1.

Typ 2 (Abb 50.3). Längere schlanke Lanzenspitze aus "Bronze" mit tief sitzendem rundem Blattumbruch und rundem Tüllenquerschnitt.
Grab 39 Tafel 10.1.

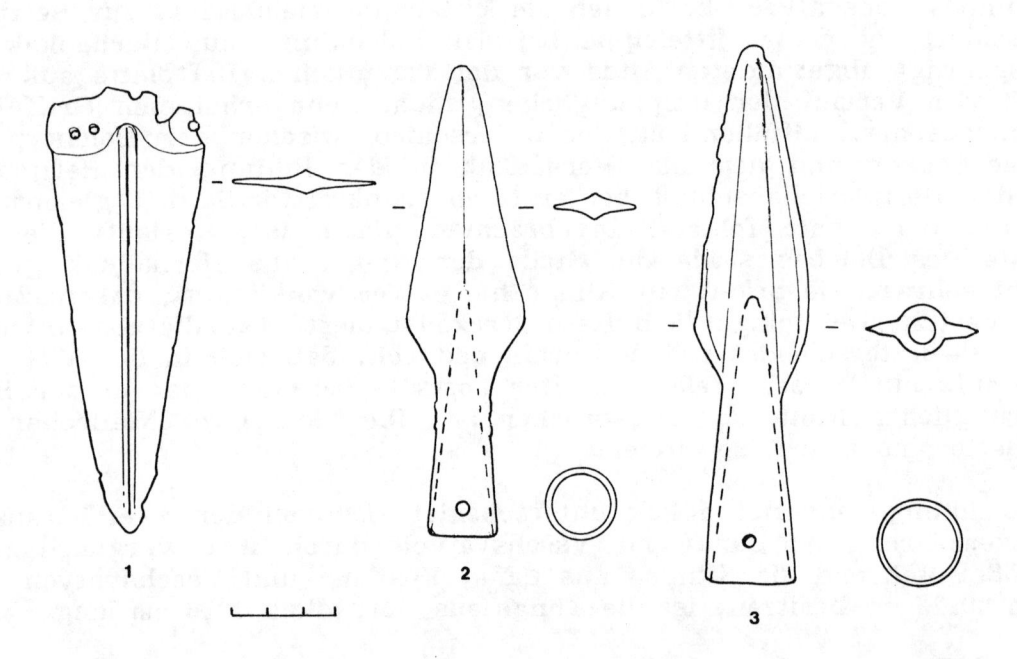

Abbildung 50. Waffen. 1: Dolchklinge. 2: Tüllenlanzenspitze Typ 1.
3: Tüllenlanzenspitze Typ 2.

---

[293] Siehe noch Kapital V. Der Fundstoff. C. Zu den Lanzenspitzen.

Schmuckgegenstände

1. Nadeln.[294]

Typ 1 (Abb. 51.1-3). Rollenkopfnadel von kleiner bis mittlerer Größe mit geradem Schaft von meistens rundem Querschnitt und schmalem, flach gehämmertem, aufgerolltem Kopf, der genauso breit wie der Nadelschaft ist.
Grab 21 Tafel 6.8. Grab 43 Tafel 11.2. Grab 55 Tafel 14.2. Grab 71 Tafel 15.5.
Variante 1 (Abb. 51.4-5). Klein- und mittelformatig, mit flach gehämmertem, aufgerolltem Kopf, der breiter als der Nadelschaft ist.
Grab 81 Tafel 17.4. Grab 95, vergleiche Bóna 1975 Tafel 164.18. Grab 96b Tafel 21.4. Grab 129 Tafel 25.5.
Variante 2 (Abb. 51.6). Von großem Format, mit breitem aufgerolltem Kopf.
Grab 105 Tafel 23.1.
Variante 3 (Abb. 51.7). Von mittlerem Format, mit breitem aufgerolltem Kopf und tordiertem Schaft.
Grab 13 Tafel 5.1.

Typ 2 (Abb. 51.8-9). Drahtösenkopfnadel von kleinem und mittlerem Format mit einem zu einer Öse umgebogenem Ende und geradem Schaft von rundem Querschnitt.
Grab 3 Tafel 2.4. Grab 21 Tafel 6.7. Grab 25 Tafel 7.4. Grab 39 Tafel 10.5. Grab 96a Tafel 20.4. Grab 98 Tafel 21.8. Grab 102 Tafel 22.8. Grab 105 Tafel 23.2.

Typ 3 (Abb. 51.10). Hülsenkopfnadel mit tordiertem Schaft von quadratischem Querschnitt.
Grab 1 Tafel 1.1.

---

[294] Bestimmte Nadeltypen weisen ein konsequentes Größenformat auf, das bei der Beschreibung im Text mit "klein" (ca.6-8 cm), "mittel" (ca.10-13 cm) und "groß" (ca.19-20 cm) definiert wird. Dies betrifft vor allem Nadeln mit Drahtösen- und Rollenkopf.

132

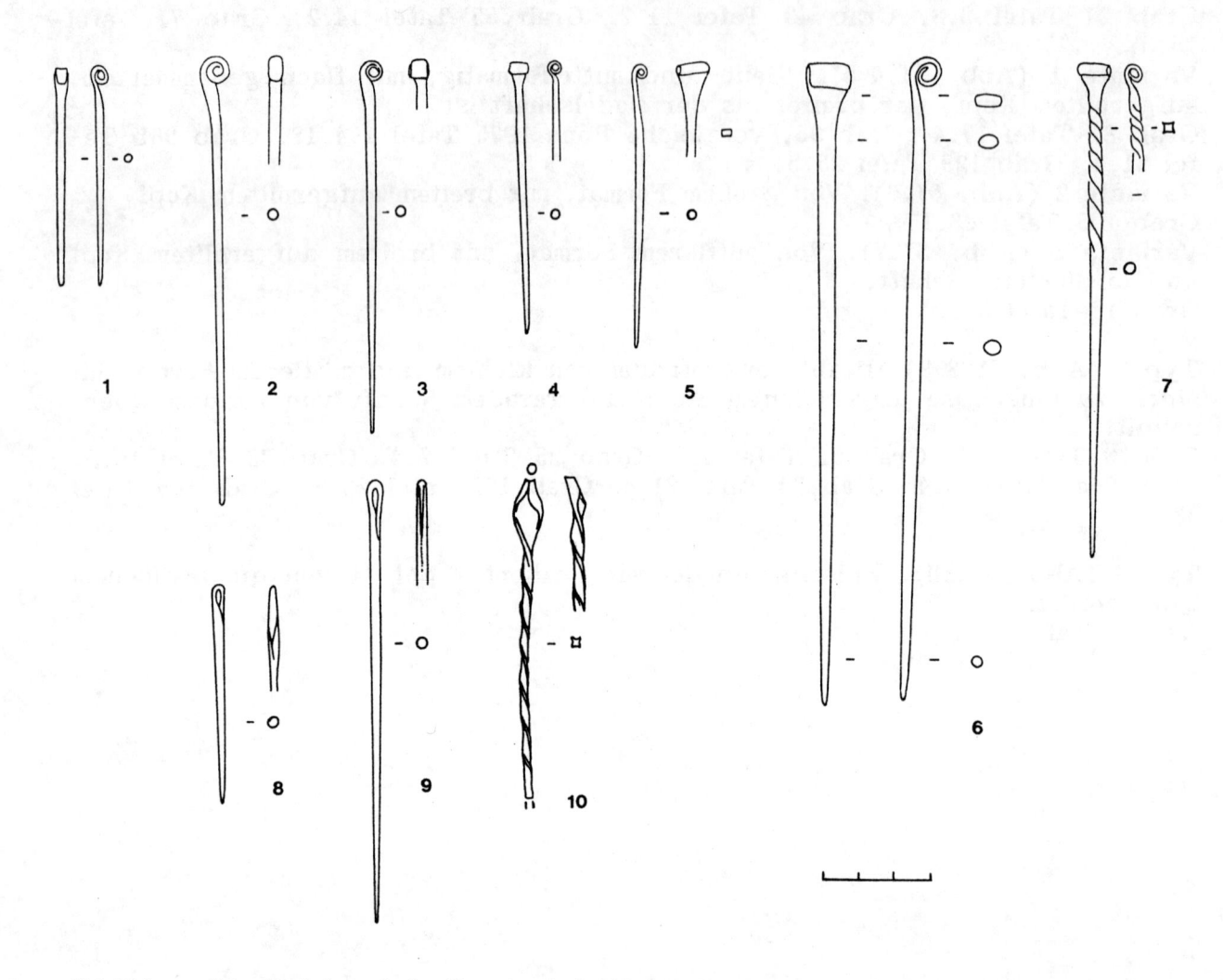

Abbildung 51. Nadeln. 1-3: Typ 1. 4-5: Typ 1 Variante 1. 6: Typ 1 Variante 2.
7: Typ 1 Variante 3. 8-9: Typ 2. 10: Typ 3.

2. Lockenringe aus Bronze und aus Gold.

Typ a (Abb. 52.2-3). Massiv gegossene Lockenringe mit einer Windung von ovalem Umriß mit quadratischem oder rhombischem Querschnitt im Bogenteil und dreieckigem Querschnitt an den übereinandergelegten zugespitzten Enden:
aus Gold (Abb. 52.2. Grab 102 Tafel 22.7),
und aus Bronze (Abb. 52.3. Grab 85 Tafel 17.7. Grab 129 Tafel 25.1-4).[295]
Variante 1 (Abb.52.1). Kleiner zierlicher Lockenring aus Gold mit rundlichem bis spitzovalem Querschnitt im Bogenteil und dreieckigem Querschnitt an den Enden
Grab 54 Tafel 13.8-9.

Typ b (Abb. 52.4). Bruchstücke von Lockenringen mit einer Windung von rundlichem Umriß aus Bronzedraht von rechteckigem Querschnitt. Ein Ende ist zurückgebogen und bildet eine Noppe.
Grab 78 Tafel 16.4-5. Grab 126, vergleiche Bóna 1975 Tafel 164.35.

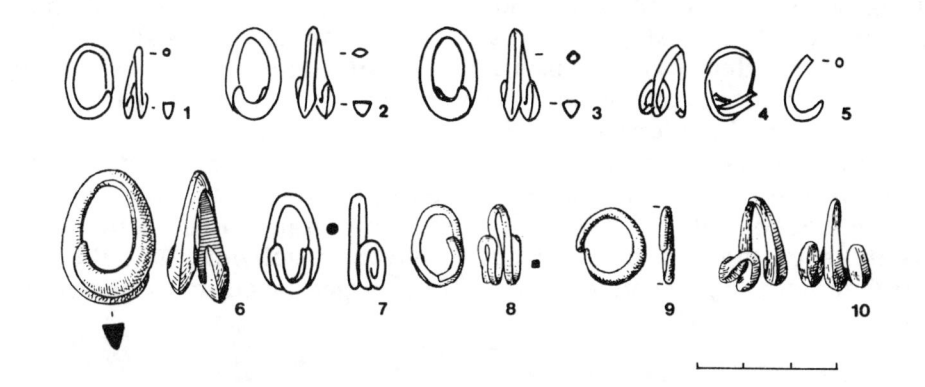

Abbildung 52. 1-3,5: Typ a. 4: Typ b. 6: Zacharia Typus B1.
8-9: Variante des Typus B1. 7,10: Sibiner-Typ.

Noch vorhanden im MNM sind Bruchstücke von länglich ovalen Lockenringen mit einer Windung aus Bronzedraht von rundem Querschnitt und mit zugespitzten Enden *(Abb. 52.5).*[296] Sie besitzen eine ähnliche ovale Form mit zugespitzten Enden wie Typ a, unterscheiden sich von diesem aber dadurch, daß sie aus einfachem Bronzedraht von rundem Querschnitt bestehen. Dabei ist nicht aus den Bruchstücken zu rekonstruieren, ob die Enden übereinander gelegt waren, sich berührten oder offen waren.

Die Terminologie und Klassifikation der Lockenringe wurden in der Literatur bis jetzt meistens im Rahmen einer Beschreibung des Objektes und ohne eine eingehende Studie der unterschiedlichen Formen behandelt. Eine Ausnahme

---

[295] Vergleiche noch Lockenring aus Grab 25. Bóna 1975 Tafel 163.15-16. Grab 82. Bóna 1975 Tafel 163.10.
[296] Vergleiche Bóna 1975 Taf.163.8. Die Zuweisung der abgebildeten Ringe zum Grab 78 ist jedoch nicht mit der vorhandenen Inventarnummer zu begründen.

hierzu ist die Untersuchung von Lockenringen aus Sărata-Monteoru von E. Zacharia.[297] Diese Schmuckgattung ist hauptsächlich aus Gräbern bekannt. Die Gegenstände werden aufgrund ihrer Lage um den Kopf des Bestatteten als Haarring, Lockenring, Noppenring, Ohranhänger, Ohrring, Schläfenring und Sibiner Ohrring unterschiedlich und meistens ohne eine genauere Typendefinition bezeichnet.

In der Beschreibung der Grabfunde aus Hernádkak unterschied der jeweilige Tagebuchführer zwischen zwei Typen von "Ohrringen" oder "Ohranhängern": Typ a und b.[298] Es handelt sich um zwei Typen von Lokkenringen, die sich grundsätzlich durch ihre Beschaffenheit sowie durch ihre Form unterscheiden. Typ a (nach der Bezeichnung von von Tompa) entspricht hier dem massiv gegossenen Lockenring, der eine Windung von länglich ovalem Umriß und übereinander gelegte, spitz zulaufende Enden aufweist. Der Bogenteil ist rund bis rhombisch im Querschnitt, die Enden dreieckig. Er besteht aus Gold oder Bronze.[299]

Typ b (nach der Bezeichnung von von Tompa) weist eine eher rundliche Form auf und besteht aus einer Windung von Bronzedraht von gleichmäßig rechteckigem Querschnitt *(Abb. 52.4)*. Die Enden sind übereinander gelegt; ein Ende ist zurückgebogen und bildet eine Schleife bzw. Noppe. Er ist eigentlich eine Variante des Lockenringtyps, der aus einer Windung von Bronzedraht von gleichmäßig rundem Querschnitt mit einer Noppe besteht *(Abb. 52.7)*. Diese Ausführung ist bis jetzt nicht aus Gräbern in Hernádkak bekannt. Lokkenring Typ b aus rundem Draht kommt häufig in Gräbern der Košt'any-Kultur im Košice-Becken einzeln, paarweise oder in Vergesellschaftung mit Weidenblattschmuck, mit der Knochennadel mit profiliertem Kopf und mit Perlen aus Dentalium, Fayence, Muschel und Ton vor.[300] In den Gräbern der Nitra-Gruppe in der Südwest - Slowakei ist der Lockenring sowohl aus einem als auch aus doppeltem Draht hergestellt.[301] Wegen der einfachen Form sind in manchen Fällen Bruchstücke davon in den Gräbern denkbar schwer zu erkennen gewesen und möglicherweise als Bronzedraht, Ringfragment oder Noppenring aufgenommen worden.

---

[297] Zacharia 1959. Vergleiche Pástor 1969, 86. 1978, 94-96, 137. Polla 1960, 337 mit Abb.15.12-13 als Beispiel des Lockenrings vom Sibiner-Typ. Točík 1979, 37. Vladár Slov.Arch.21, 1973, 263-265.

[298] Typ a: Hernádkak Grab 25, 38, 54, 67, 81, 82, 85. Typ b: Hernádkak Grab 78, 82. Ohne Typbezeichnung: Hernádkak Grab 34, 87, 102, 129.

[299] Vergleiche noch Čaňa Grab 17 und 49 (Lockenringe Typ a aus Gold). Pástor 1978 Taf.5.3 und 9.3-6. Čaňa Grab 8 und 20 (aus Bronze). Pástor 1978 Taf.2.2 und 6.3. Nižná Myšl'a Grab 282 und 40. Olexa 1987 Abb.8.1-6 und 1982b, Abb.2.5. Lockenring aus der Siedlung Dealul vida, bei Sălacea, jud. Bihor, Niveau 3. Aufgrund der Keramik mit eingeritzter Verzierung in geometrischen Motiven ist das Niveau der Phase II der Otomani-Kultur zuzuweisen. Ordentlich 1972, 84 Tafel 18.12. Bader 1978, 128 Nr.80 Abb.89.6. Zacharia 109 Abb.2.2, 5.2, 6.6-8. Hier Abb. 52.6.

[300] Vergleiche Čaňa Grab 96, 135 und 149. Pástor 1978 Taf.17.9 und 18.8; Bátora 1982, 302 Abb. 46.4. Košice Grab 43, 78 und 146. Ders. 1969 Taf. 8.9-11; 14.5; 23.5. Valalíky-Košt'any Grab 1 und 3. Ders. 1962 Abb.6.2 und 9. Zacharia 117 Abb.6.9-10.

[301] Vergleiche Branč Grab 21 und 38. Vladár 1973a Taf. 3.9-10 und 5.17. Hurbanovo Grab 91. Točík 1979 Taf. 90.15. Tvrdošovce Grab 12, 14 und 23. Ders. Taf.53.16, 20, 23; 54.23. Výčapy Opatovce Grab 19, 66 und 104. Ders. Taf.34.5-7; 36.12,14,17; 38.14-15.

Nach der Typologie von Zacharia sind die Lockenringe aus Hernádkak mit Typus B1, dem ovalförmigen Lockenring, und Varianten aus Monteoru Gräberfeld 2 und 4 zu vergleichen *(Abb. 52.6,8-9)*.[302] Dabei stellt der Lockenring Typ b aus einfachem Draht die zeitlich und typologisch ältere Form dar *(Abb. 52.9)*. Er erscheint über eine längere Zeit als der Weidenblattschmuck und kommt zusammen mit einer weiteren Form des Lockenrings vor. Diese dritte Lockenringform, von Pástor und von Tompa als Sibiner-Typ bezeichnet, besteht aus massiv gegossener Bronze oder Gold und weist eine Windung von rundem oder ovalem Umriß auf *(Abb. 52.10)*. Er besitzt einen Bogenteil von rundem Querschnitt und übereinander gelegten zugespitzten Enden. Er unterscheidet sich vom Lockenring Typ a durch die Ausführung der übereinander greifenden Enden: zumindest ein Ende ist zurückgebogen und verläuft parallel in entgegengesetzter Richtung.[303] Während der Sibiner-Lockenring und Lockenring Typ b in der Südwest-Slowakei vertreten sind, ist Typ a dort bis jetzt nicht bekannt. Ein ähnliches Fundbild zeichnet sich in den Gräberfeldern im Ko-šice - -Becken ab: dort sind Typ b und der Sibiner-Lokkenringen als Grabbeigabe vorhanden, jedoch nicht Typ a. In Čaňa sind alle drei Lockenringtypen vertreten.[304] In Hernádkak-Gräbern wurde der Lockenringtyp a dem Sibiner-Lockenring anscheinend vorgezogen.

Zusammenfassend scheint es zwei Richtungen in der Formentwicklung der Lockenringe gegeben zu haben, die typologisch und zeitlich zu verfolgen sind. Am Anfang der Entwicklung stehen wohl runde Ringe aus einfachem Draht mit einer Windung und offenen Enden von unterschiedlicher Gestaltung. (Sie können abgerundet, zugespitzt oder abgeflacht und verbreitert sein. Dabei sind sie nicht übereinander gelegt, sondern nähern sich oder stoßen aufeinander.) Dieser Lockenringtyp ist aus Gräbern der älteren Nitra-Gruppe in der SüdwestSlowakei,[305] der Mierzanowice-Kultur in Polen[306] und der Košt'any-Gruppe im Košice-Becken bekannt.[307] Die weiterentwickelte Form besteht aus einfachem oder doppeltem Draht von rundem Querschnitt mit einer Windung. Ein Ende ist zurückgebogen und bildet eine Noppe. Diese Lockenringform entwickelt sich weiter in den klassischen Noppenring, der aus doppeltem Draht mit mehreren Windungen und einer Noppe besteht. Er ist vor allem in der Südwest-Slowakei vertreten.[308] Bei der zweiten Entwicklungsrichtung nimmt der Lockenring eine länglich ovale Form an. Er besteht aus massiv gegossener Bronze oder Gold mit einer Windung und zugespitzten Enden. Der

---

[302] Zacharia 109-117 Abb. 5.1-2; 6.1-2, 7-8 (Hernádkak Typ a) und Abb. 6.4-4a, 9 (Hernádkak Typ b).

[303] Vergleiche noch Bajč Grab 12, 17, 26 und 32. Točík 1979 Taf.93.14, 95.3,16, 96.8. Čaňa Grab 85. Pástor 1978 Taf.15.3. Hurbanovo Grab 18, 22, 35 und 62. Točík 1979 Taf.83.17, 84.11, 85.8-11, 88.8. Košice Grab 113. Pástor 1969 Taf.19.3. Nižná Myšl'a Grab 282. Olexa 1987 Abb.8.1-6. Valalíky-Košt'any Grab 17. Pástor 1962 Abb.7.13-14. Vgl. Bátora 1982 Abb.9.2-3. Valalíky-Všechsvätých Grab 16, 48 und 54. Pástor 1978 Taf.22.7, 28.2, 29.2. Zacharia 109 Abb.2.5.

[304] Siehe Verzeichnisse 17-19. Fundinventar der einzelnen Gräberfelder.

[305] Tvrdošovce Grab 21 und 31. Točík 1979, 135, 137 Tafel 54.19 und 56.2-4. Výčapy Opatovce Grab 12 und 241. Ebd. 116 Tafel 33.16-17 und 47.14.

[306] Iwanowice Grab 117 und 142. PzP III 1978 Tafel 23 A2 und B3. Mierzanowice Grab 110. Salewicz 1937 Abb.22.14d.

[307] Košice Grab 37. Bátora 1982, 259 Abb.4.21-22. Všechsvätých Grab 54. Ebd. 269 Abb.13.2-3.

[308] Vergleiche Bajč Grab 26. Točík 1979 Taf. 95.8,10-11, 15, 20, 22. Hurbanovo Grab 36. Ders. 1979 Taf. 85.21.

Sibiner-Lockenring ist in der Herstellungsweise diesem Lockenringtyp ähnlich.

3. Röllchen aus spiralig gewickeltem Draht von unterschiedlichem Querschnitt, aus Bronze.[309]
Form 1 (Abb.53.1). Vergleichsweise eng gewickelter, flacher Draht aus Bronze.
Grab 125 Tafel 24.8.
Form 2 (Abb.53.2). Draht mit rechteckigem oder spitzovalem Querschnitt.
Grab 43 Tafel 11.3. Grab 54 Tafel 13.10. Grab 81 Tafel 17.3. Grab 90 Tafel 18.5. Grab 98 Tafel 21.9. Grab 105 Tafel 23.5.
Form 3 (Abb.53.3). Dünner Draht mit rundlichem Querschnitt. Ein Ende vergrößert sich im Durchmesser und ist trichterförmig.
Grab 81 Tafel 17.3 links.

4. Band aus länglichem dünnem Kupferblech (Abb. 53.4).[310]
Grab 54 Tafel 13.12.

5. Goldblechschmuck.[311]
Form 1 (Abb.53.5-6). Röllchen unterschiedlicher Länge aus aufgerolltem Goldblech.
Grab 96b Tafel 21.2. Grab 103 Tafel 22.11.
Form 2 (Abb.53.7). Kleine halbkugelige Buckel aus Goldblech mit zwei gegenständigen Randlöchern zum Annähen.
Grab 54 Tafel 13.7. Grab 105 Tafel 23.4.
Mit Ausnahme von Grab 40 in Nižná Myšľa, in dem zwei kurze Röllchen aus Goldblech zutage kamen,[312] ist Schmuck aus Goldblech in Kugel- und Röllchenform im Hernádtal und Košice-Becken sonst nicht bekannt. Knöpfe mit zwei Randlöchern und längliche Röllchen aus Kupfer- oder Bronzeblech, die aus zeitlich früheren Gräbern im Košice-Becken stammen, stellen möglicherweise Vorbilder für den Goldblechschmuck dar.[313]

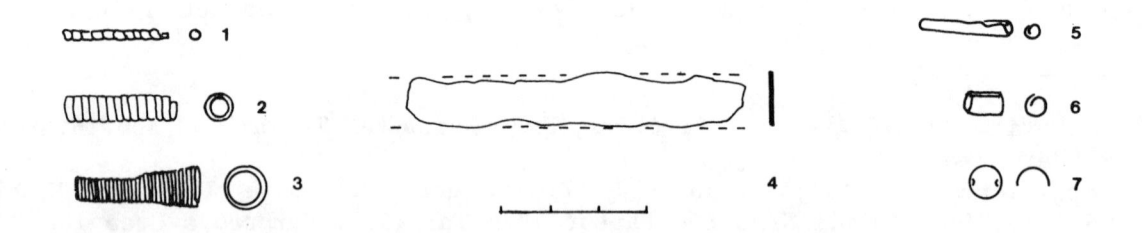

Abbildung 53. 1-3: Spiralröllchen. 4: Blechband.
5-6: Goldblechröllchen. 7: Goldblechkugel.

---

[309] Wegen des schlechten Erhaltungszustandes konnte der Querschnitt bei manchen Spiralröllchen nicht genau festgestellt werden.
[310] Siehe Kap.IV E. Bemerkungen zur Totenausstattung und -bekleidung und Abb. 24.
[311] Siehe Kap.IV E. Bemerkungen zur Totenausstattung und -bekleidung.
[312] Olexa 1982b, 391 Abb.2.4.
[313] Čaňa Grab 17 und 34. Pástor 1978, 25,27 Taf.5.4-7 und Taf.7.10-11. Košice Grab 37. Pástor 1969, 24-25 Taf.7.6-13. Všechsvätých Grab 47. Pástor 1978, 76-77 Taf.25.5.

6. Perlen aus verschiedenem Material.

Fayenceperlen (Abb. 54.1-4).

Form 1 (Abb. 54.1-2). Große, einzelne Perle von ringförmiger oder kurz zylindrischer Form mit gerundeten Kanten.
Grab 78 Tafel 16.6. Grab 129 Tafel 25.6.

Form 2 (Abb. 54.3). Kleine, dünnwandige, zylindrische, in zwei Segmente gegliederte Perle.
Grab 101 Tafel 22.2.

Form 3 (Abb. 54.4). Große, einzelne Perle aus weißem Ton(?). Die Oberfläche ist matt und von feinen Rissen durchzogen. Möglicherweise stellt die Perle den weißen Kern einer Fayenceperle dar, deren charakteristischer türkiser oder blauer Überzug fehlt.
Grab 103 Tafel 22.12.[314]

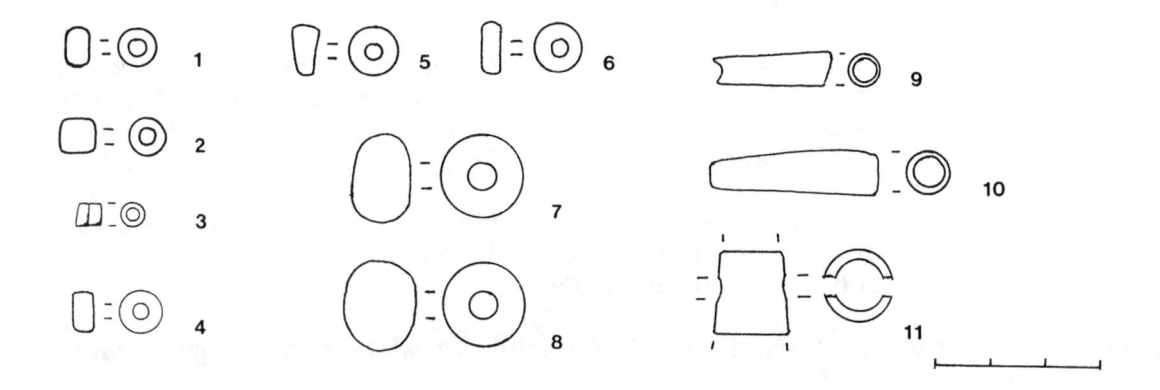

Abbildung 54. 1-4: Fayenceperlen. 5-8: Bernsteinperlen.
9-10: Dentaliumröhrchen. 11: Knochenperle.

Die Bezeichnung der Perlensubstanz als "Fayence" beruht wegen ihrer charakteristischen Farbe und Form auf der allgemeinen Terminologie. Weder chemische, mikroskopische oder spektrographische Untersuchungen der Perlen waren möglich; sie wurden von der Autorin mit bloßem Auge studiert. Die Oberfläche der Perlen ist glatt und entweder matt oder leicht glänzend. Sie ist von einer gleichmäßig und undurchsichtig hellblauen oder helltürkisen Farbe. Die Beschaffenheit und Farbe des Perlenkerns war allein mit dem Auge nicht festzustellen.

Perlen aus Fayence, fayenceähnlichem Material sowie aus Glas sind schon lange aus vorgeschichtlichem Fundkontext, z.B. im Vorderen Orient und in der Ägäis, in der Literatur bekannt. Das Vorkommen von Fayenceperlen in Europa

---

[314] Siehe die Beschreibung der Herstellung von Fayenceperlen. Harding 1984, 88-91.

wurde bislang als Beweis von Kontakt mit dem Mittelmeerraum bzw. als Importgut angesehen.[315] Die Unterscheidung in der Terminologie, Beschaffenheit und Herstellung von Perlen aus den verschiedenen Gebieten ist jedoch nicht einheitlich bzw. sie ist z.T. umstritten und dadurch unklar. In jüngerer Zeit sind einige Autoren durch naturwissenschaftliche Untersuchungen und durch erneute Fundaufnahme und -bearbeitung zu neuen Ergebnissen gekommen, die sowohl für die Technologie und Verbreitung der Fayenceperlen als auch für die Frage zu osteuropäisch-ägäischen Beziehungen von Bedeutung sind.[316] A.Harding konnte formspezifische Fundgruppen von Fayenceperlen hauptsächlich aus Gräbern der frühen Bronzezeit in Mähren, in der Slowakei, im Košice-Becken und in der ungarischen Tiefebene lokalisieren. Außerdem führt er mehrere Fundorte von vergleichbaren Fayenceperlen im südlichen Polen mit an.[317] Er unterscheidet zwischen zwei Phasen in der älteren Frühbronzezeit und bemerkt, daß die Mehrzahl der Fayenceperlen zu der älteren Phase gehört. Für Harding ist die chemische Komposition der Perlen ein Beweis dafür, daß sie in einheimischen Werkstätten hergestellt wurden und daß sie nicht als importiertes Gut aus dem Mittelmeerraum zu betrachten sind.

Die wenigen erhaltenen Fayenceperlen aus Gräbern in Hernádkak sind aufgrund ihrer helltürkisen Farbe und ringförmiger oder kurz zylindrischer Form mit Perlen im Košice-Becken, Polen und in der Südwest-Slowakei zu vergleichen.[318] Facettierte oder sternförmige Fayenceperlen, die Harding als charakteristisch für die Südwest-Slowakei und die ungarische Tiefebene hält, sind nicht in Hernádkak bekannt.

Weiße sowie hellbraune Perlen von fayenceperlen-ähnlicher Form sind aus vereinzelten Gräbern in der Slowakei bekannt, jedoch ist diese Erscheinung im Vergleich mit den hellblauen und türkisen Perlen aus dem gleichen Gebiet relativ selten.[319] So entstehen hier folgende Fragen: Handelt es sich bei weißen Perlen
1) um den Kern einer unfertigen Fayenceperle bzw. um ein Halbfabrikat?
2) um Perlen, deren ursprüngliche Oberfläche verwittert ist?
3) um eine absichtlich weiß gelassene Perle?

Perlen aus rötlichem Bernstein. Oberfläche verwittert bzw. gelb-rot verkrustet. Kern der Perle dunkelrot.

Form 1 (Abb. 54.6). Kleine flache Perle. Grab 74 Tafel 16.2. Grab 103 Tafel 22.10.
Form 2 (Abb. 54.5). Kleine keilförmige Perle. Grab 103 Tafel 22.10.
Form 3 (Abb. 54.7-8). Große Perlen von gedrücktkugeliger bis fast kugeliger Form. Grab 96b Tafel 21.3. Grab 105 Tafel 23.6.

---

[315] Harding 1984, 87-88, Anmerkungen 29-32 zur Literatur. Krause 1986, 156-157, Anmerkungen 146-162 zur Literatur.
[316] Siehe Harding 1984 und Krause 1986 ebd.
[317] Harding 1984, 96-104, Fig.26, 311-313 App.3. Für weiteres siehe noch Pástor 1978, 90-94 und Točík 1979,27. Vergleiche noch: Z.Slusarski, Cmentarzysko kultury mierzanowickiej w miejsc. Skomorochy Małe, pow. Hrubieszów. Wiad. Arch. 23, 1956, 97-100 Abb.5.
[318] Ebd.
[319] Siehe hier Form 3, Abb. 54.4. Weitere Vergleiche: Hurbanovo Grab 18 und 85. Točík 1979, 222, 236, Taf.83.24. Košice Grab 157. Pástor 1969 Taf. 26.1. Valalíky-Košt'any Grab 3 und 10. Pástor 1962 Abb.4.15-16. 6.10. Valalíky-Všechsvätých Grab 35-36. Pástor 1978 Taf.24.2.

11 Gräber in Hernádkak enthielten Perlen aus Bernstein in großer und kleiner Zahl.[320] Dieses relativ häufige Vorkommen von Bernstein als Beigabe in frühbronzezeitlichem Grabverband ist eine bisher ungewöhnliche Erscheinung sowohl im Gebiet des Hernádflußtals als auch in Ungarn und in der Südwest-Slowakei. Bernsteinschmuck wird zu den Schmuckbeigaben in Gräbern der äneolithischen Trichterbecher- und Schnurkeramik-Kultur sowie der epischnurkeramischen Złota-Kultur und der Chłopice-Veselé-Gruppe in Polen gezählt, er ist jedoch im Fundverband der Mierzanowice-Kultur und Strzyżów-Gruppe im genannten Gebiet, der Chłopice-Veselé- und der Nitra-Gruppe in der Südwest-Slowakei und der Košťany-Gruppe im Košice-Becken nicht belegt.[321] Dagegen kommt Bernstein in flacher oder gedrücktkugeliger Form als Grabbeigabe in Vergesellschaftung mit Funden der Aunjetitz-, Füzesabony- und Otomani-Kultur in Polen, in der Südwest-Slowakei und im Hernádflußtal vor.[322] Dabei zeigen die Perlenformen keine bedeutende Ähnlichkeit mit jenen obenerwähnten aus Polen.

Vier Bernsteinperlen stammen aus gestörten Gräbern der Hurbanovo-Gruppe der frühen Aunjetitz-Kultur in Nesvady (Grab 1, 13, 43 und 55).[323] Alle Perlen (evtl. mit Ausnahme von der Perle aus Grab 55, deren Größe bei der Fundbeschreibung nicht angegeben wurde) sind bedeutend größer als die Perlen aus Hernádkak. Während zwei Perlen die bekannte Kugelform besitzen (Grab 43 und 55), ist eine Perle linsenförmig (Grab 13). Die vierte Perle weist eine auffällig längliche Form mit rechteckigem Querschnitt auf (Grab 10). Beide Enden sind etwas schmaler und waagrecht durchbohrt. Obwohl keine weiteren Bernsteinperlen in dem gestörten Grab vorkamen, die auf eine Halskette hinweisen würden, wird an dieser Stelle die Möglichkeit in Erwägung gezogen, daß die längliche durchbohrte Perle als Schieber in einer Perlenkette funktioniert hat. Perlen von mannigfältigen Formen und kompliziert durchbohrte Schieber, die eine Verknüpfung mit Bernsteinschmuck in England, Süddeutschland oder

---

[320] Grab 16 (2 Perlen), 67 (1 Perle), 74 (1 Perle), 81 (42 Perlen), 94 (1 Perle), 95 (1 Perle), 96b (4 Perlen), 103 (ca.13 Perlen), 105 (4 Perlen), 110(?) und 127 (2 Perlen).

[321] Vergleiche D.Jankowska, A.Kośko, K.Siuchniński, H.Quitta, und G.Kohl, Untersuchungen zur Chronologie der neolithischen Kulturen im Polnischen Tiefland. Zeitschr. f. Arch. 13,1979, 219-240 Abb.11.6-7. Krzak 1976, 144-146 Abb.68. Darunter befinden sich Formen, die Ähnlichkeit mit Knochen- und Steingegenständen aus dem Schmuckinventar der Złota-Kultur aufweisen: Ring mit halbkreisförmigem Querschnitt (Fig.68b), Knopf mit V-Bohrung (Fig.68j,l), länglicher Anhänger mit einer Durchbohrung am Schmalende (Fig.68g) und runde bis ovale Zierscheiben (Fig.68d,f). Machnik 1977, 16-17,43, Taf.2.12-13, 21-22. T.Sulimirski, Polska Przedhistoryczna II (1957-1959) 280 Fig.280.

[322] Točík 1979, 37. Vergleiche z.B. Brunovce. Točík 1979, 203-204 Taf.78.23. Hernádkak. Siehe oben. Komjatice II, Grab 5. Točík 1979, 210. Łeki Małe, Kurgan I Grab D. Sarnowska 1969, 181-191, 284-285 Abb.117c und 328-329 Abb.147d. Matuškovo Grab 13, 16, 17, 26, 30 und 53. Točík 1979, 168, 170-173, 179 Taf. 67.2,6,9. 68.3,8. Megyaszó Grab 95 und 127. MNM Inv. Buch 1.1952.152 und 202. Nižná Myšľa, Grab 76. Olexa 1982b, 393-394 Abb.3.5. Sládkovičovo Grab 2, 3, 4, 8, 9, 17, 21, 28, 29, 35, 39, 44 und 48. Točík 1979, 181-189,191 Taf.71.5-9, 25a-e. 72.2,16. 73.4,25a-f. 74.2,6. Trenčianske Biskupice Grab 2. Točík 1979, 46. S.Krizanová, Hist.Slovaca 5, 1947, 41-43 Abb.1.

[323] Dušek 1969. Grab 1: S.11,13 Abb.2.3. Taf.1.2; Grab 13: S.14; Grab 43: S.19 Abb.2.6. Taf.4.15; Grab 55: S.22. Abb.2.9. Taf.10.1.

dem Mittelmeerraum ermöglichen würden, sind aus Gräbern in jenen Gebieten bis jetzt nicht bekannt.[324]

Perlen aus Dentaliumröhrchen (Abb.54.9-10).[325]
Grab 54 Tafel 13.11. Grab 78 Tafel 16.7. Grab 129 Tafel 25.7.

Perlenmaterial aus Dentaliumröhrchen sowie aus Muschel- und Schneckenarten aus Gräbern in Hernádkak und im Košice-Becken u.a. sollen ursprünglich aus dem Mittelmeer stammen. Es besteht jedoch die Möglichkeit ihres natürlichen, fossilen Vorkommens in diesem Gebiet. Dies wird von der geologischen Geschichte des Karpatenbeckens unterstützt. Das Karpatenbecken war im Miozän ein Glied von mehreren Seen, die mit dem Mittelmeer verbunden waren. Heimisch in diesen Gewässern waren u.a. die oben erwähnten Muscheln, Schnecken und Dentalium. So ist durchaus denkbar, daß dieses Material aus Ablagerungen im Gebiet des Hernádflußtals zur Herstellung von Perlen gewonnen werden konnte.[326]

Perlenähnlicher Gegenstand aus Knochen (Abb.54.11) von zylindrischer Form, längs sowie seitlich gegenständig durchbohrt.
Grab 111 Tafel 23.8.

Er wurde zusammen mit drei bearbeiteten Eckzahnlamellen vom Eber im Ellbogenbereich einer Bestattung in rechter Hockerlage gefunden. Der Gegenstand besitzt eine ungewöhnliche Durchbohrung im Vergleich zu dem Schmuck aus Knochenperlen und -verteilern in dem Košice-Becken, Polen und der Südwest-Slowakei. Er wird hier lediglich aufgrund seiner Größe zu den Perlen gruppiert. Knochenartefakte von vergleichbarer Form und Durchbohrung sind aus wenigen Gräbern der Strzyżów-Gruppe in Polen bekannt. Dort kommen sie in Fundkomplexen mit Silexpfeilspitzen oder Ebereckzahnlamellen im Bereich der Taille vor der rechtsliegenden Hockerbestattung vor.[327] Der Befund ist mit der Jagdausstattung in Gräbern im Košice-Becken zu vergleichen.[328]

Perle aus einem Schneckengehäuse aus der Familie der Conidae oder der Cypraeidae. Grab 129 Tafel 32.9.[329]

---

[324] Vergleiche Harding 1984, 58-60, 68-82, Fig.14-15. V.G.Childe, Prehistoric Migrations in Europe (1950) 160-161 Fig.123-124. Die Halskette aus Kakovatos Tholosgrab A besteht hauptsächlich aus Bernsteinperlen von flacher doppelkonischer Form mit spitzem Umbruch. Einzelne ringförmige und gedrücktkugelige Perlen stellen eine sehr allgemeine Gestalt dar, die für typologische Vergleiche nicht geeignet ist.

[325] Klassifikation nach Grzimek 136-139 Abb.1-2, vergleiche 143 und Abb.3-4.

[326] Brinkmann 1959, 261-262, 264-266 Abb.54, Taf.55.9. Pécsi 1970, 7-8.

[327] J.Głosik, A Cemetery of the Strzyżów Culture at Torčzyn, near Łuck, in Volhynia (USSR). Wiad.Arch. 40, 1975, 53-62. Siehe Grab 13, 57 Abb.10. Vergleiche auch Grab 16, rechtsliegende Hockerbestattung, mit zwei Eckzahnlamellen vom Eber und drei Pfeilspitzen aus Feuerstein. Ebd. Abb.13.

[328] Siehe Kapitel IV. C. Bemerkungen zur Totenausstattung und Abb.26-27.

[329] Klassifikation nach Grzimek S.467. Der stark verwitterte Zustand der Schale erlaubte keine genauere Bestimmung.

Geräte aus Knochen oder Stein.

Ahle (Abb. 55.1) aus dem Distalende eines Metapodiums von Schaf/Ziege. Längs gespalten mit Abnutzungsspuren und Politur an dem flach zugespitzten Ende.
Grab 109 Tafel 23.10.

Axt (Abb.55.2) aus dunkelgrauem Felsgestein, bisymmetrisch gebildet und zylindrisch durchbohrt, mit spitzovaler Bahn, senkrechter Schneide und abgeflachtem Nacken. Im Querschnitt rechteckig.
Grab 39 Tafel 10.2.

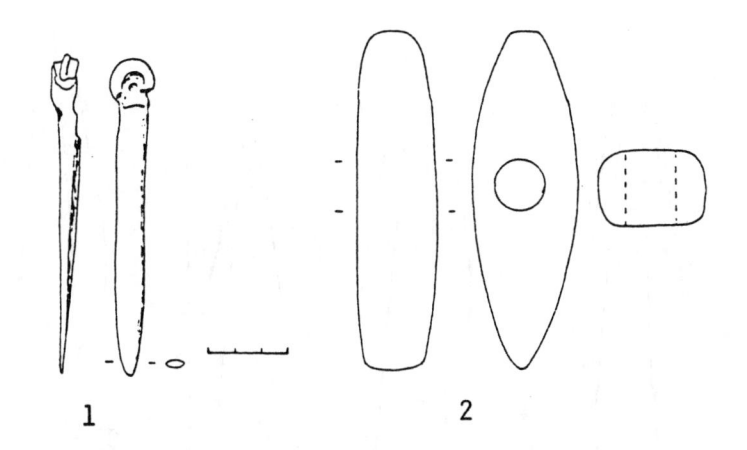

Abbildung 55. 1: Knochenahle. 2: Steinaxt.

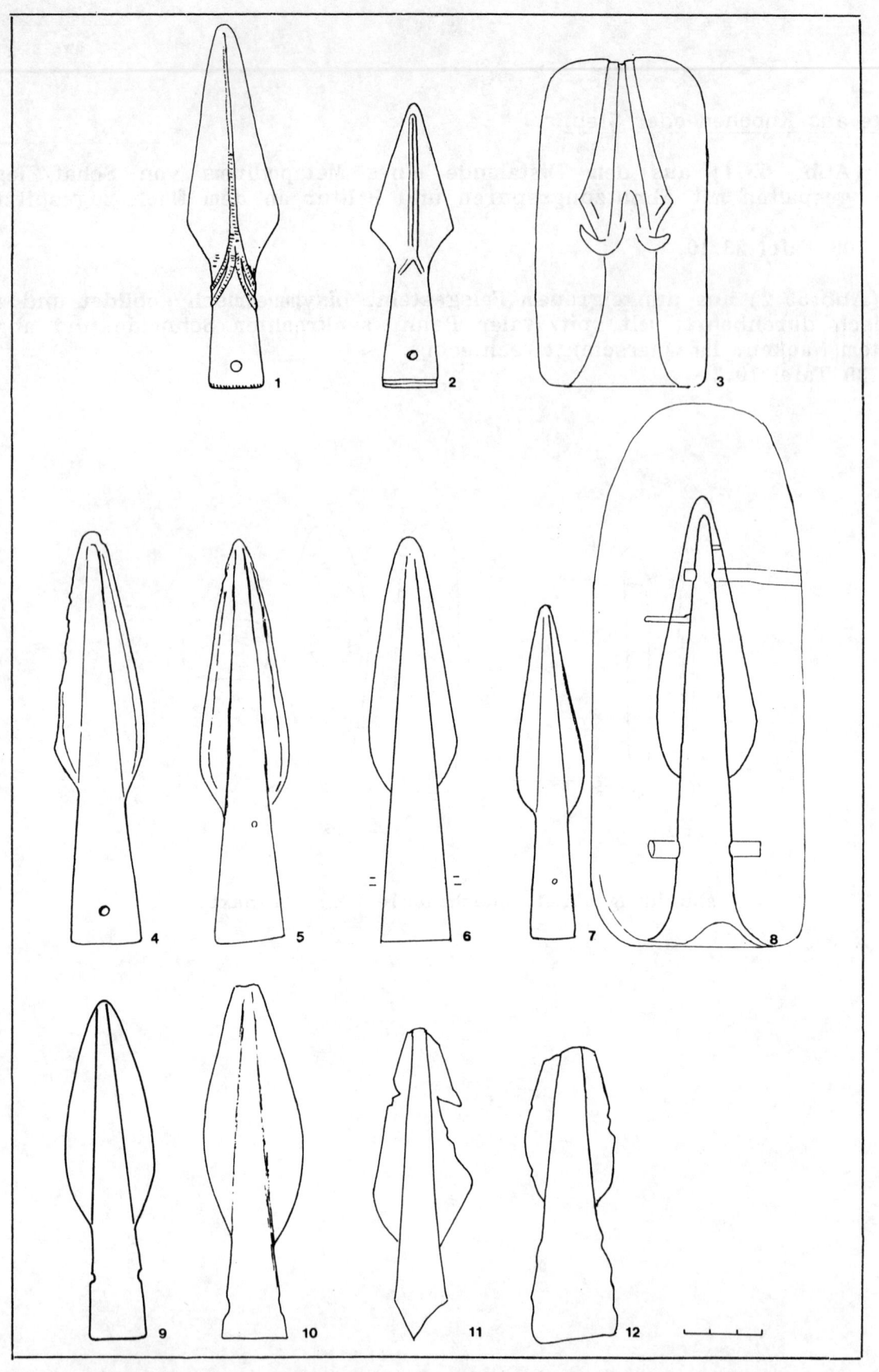

Abbildung 56. Tüllenlanzenspitzen. 1. Hernádkak Grab 122. 2. Wietenberg.
3. Pecica. 4. Hernádkak Grab 39. 5. Czseszewo. 6. Gyulavarsánd. 7. Szihalom.
8. Böheimkirchen. 9. Mende. 10. Ároktő. 11-12. Otomani.

C. Zu den Lanzenspitzen.

Zwei Tüllenlanzenspitzen unterschiedlicher Form stammen aus Grabfundkomplexen der Hatvan-Kultur in Hernádkak. Sie sind für die Entstehung und Fortentwicklung der Tüllenlanzenspitzen aus Metall von großer Bedeutung.
Der Aufbau der Tüllenlanzenspitzen ist mit deren Funktion eng verbunden. So erlebte die Form während der Entwicklung wenige grundsätzliche Änderungen. Dies kann für die Studie und typologische Einordnung erschwerlich sein, wenn bestimmende Merkmale für Tüllenlanzenspitzen in Bezug auf das Alter oder regionale Erscheinungen gesucht werden.[330] Bei der Definition der einzelnen Fundobjekte werden daher folgende typologische Kriterien besonders berücksichtigt:
- die Gesamtlänge der Lanzenspitze,
- die Länge der Tülle im Verhältnis zur Länge des Blattes,
- die Form des Blattes, das heißt der Verlauf des Blattes vom Ansatz bis zur Spitze, Höhe des Blattumbruches in Bezug auf die Gesamtlänge der Lanzenspitze, Form des Umbruches (eckig oder gerundet) und Verlauf des Blattes nach dem Umbruch zurück zur Tülle,
- der ursprüngliche Verlauf der Blattkante, soweit noch feststellbar,[331]
- die Stelle zweier gegenständiger Nagellöcher auf der Tülle, das heißt die Durchbohrung der Tülle, die entweder quer zum Blattansatz bzw. **frontal** oder unterhalb des Blattansatzes bzw. **seitlich** ist.[332]
Dabei wird hier eine Verzierung der Tülle als zusätzliches Merkmal herangezogen, um die kulturelle Einordnung der Lanzenspitze zu ermitteln. Jedoch spielt die Tüllenverzierung für die typologische Einordnung der hier behandelten Lanzenspitzen noch keine ausschlaggebende Rolle.

Die Tüllenlanzenspitze aus Hernádkak Grab 122 weist eine relativ kurze Form auf *(Abb. 56.1)*.[333] Das Blatt umfaßt ca. zwei Drittel der Gesamtlänge der Lanzenspitze (13,2 cm). Es ist verhältnismäßig schmal und bis zur Spitze geradlinig. An dessen Maximalbreite, um die Mitte der Tülle, bricht das Blatt eckig um und verläuft schräg zur Tülle hin. Es ist im Querschnitt durch den dachförmigen kantigen Mittelgrat geprägt. Die Tülle ist kurz oberhalb des Tüllenmundes frontal durchbohrt. Sie reicht innen bis zur Hälfte der Gesamtlänge. Zeichen einer seitlichen Gußnaht sind auf der Tülle nicht festzustellen. Die frontale Durchbohrung der Tülle und das Fehlen einer Gußnaht deuten darauf hin, daß die Lanzenspitze nach dem Verfahren Guß in verlorener Form hergestellt wurde.[334] Die Vorder- und Rückseite der Tülle ist durch plastisch aufgelegte Rippen mit leicht eingeritzten Querstrichen verziert. Die Rippen fangen jeweils paarweise auf einer Tüllenseite unterhalb des Blattansatzes an, führen jeweils hoch zur Tüllenmitte hin, wo sie sich etwa in der Höhe des Blattansatzes zu einem Mittelgrat vereinigen. Rings um den Tüllenmund ist die Kante durch kurze, senkrechte, leicht eingeritzte Striche verziert.

---

[330] Vergleiche die Bemerkungen von A.Mozsolics dazu. Mozsolics 1973, 33.
[331] Diese Beobachtung steht im Zusammenhang mit dem Grad der Abnutzung der Kante und der jetzigen Blattform.
[332] Die Löcher dienten sowohl bei der Herstellung der Lanzenspitze zum Festhalten des Tonkerns mittels eines Nagels als auch nach der Fertigstellung der Befestigung der Lanzenspitze selbst am Holzschaft. Die Bedeutung, die die Stelle der Löcher auf der Tülle innehat, ist in Bezug auf das Gießverfahren in der Forschung bis jetzt kaum berücksichtigt worden.
[333] Vergleiche Tafel 24.1 und Kapitel V B. Waffen 1.
[334] Zur Herstellungstechnik der Tüllenlanzenspitzen siehe Hundt 1986, 142-144 Abb.9.

Diese Verzierungsweise spiegelt die für die Keramik der Hatvan-Kultur charakteristischen, plastisch aufgelegten, gekerbten Rippen wider.[335] Das mit Ritzlinien ausgeführte Winkelmotiv ist bei typologisch und chronologisch weiterentwickelten Lanzenspitzen rudimentär noch anzutreffen.[336]

Bei seiner eingehenden Studie über frühbronzezeitliche Lanzenspitzen führt Kovács Beispiele der frühesten Tüllenlanzenspitzen aus Metall im Karpatenbekken an. Er konnte sie in drei Gruppen typologisch gliedern, die er provisorisch als Typ A, B und C bezeichnete. Hauptindiz für ihre Zuordnung zu den ältesten Lanzen ist für Kovács die frontale Durchbohrung der Tülle.[337] Nach Kovács gehört die Lanzenspitze aus Grab 122 in Hernádkak zusammen mit der Lanzenspitze aus der Siedlung Wietenberg und der Gußform einer Lanzenspitze aus Schicht XIII in der Siedlung Pecica zu seinem Lanzenspitzen-Typ A, der durch den eckigen Blattumbruch gekennzeichnet wird. Als einzige Beispiele für Typ A sind sie auf einen engen Zeitraum beschränkt.

Die Tüllenlanzenspitze aus der Siedlung in Wietenberg besitzt eine kurze Form *(Abb. 56.2)*.[338] Das relativ geradlinige Blatt reicht von der Spitze bis oberhalb der Tüllenmitte hin. Dort bricht es eckig um und verläuft konkav zur Tülle weiter. Die Tülle ist wie bei der Lanzenspitze aus Hernádkak frontal durchbohrt. Sie weist eine ähnliche Tüllenverzierung wie die Lanzenspitze aus Hernádkak Grab 122 auf. Auf der Tülle sind plastisch aufgelegte, quergestrichelte Rippen, die einzeln und seitlich unterhalb des Blattansatzes beginnen und sich in der Höhe des Blattansatzes vereinigen, um als eine Rippe im Mittelgrat bis zur Spitze weiterzuführen. Da die Rippe direkt an der Spitze aufhört, ist hier eine starke Abnutzung der Blattspitze anzunehmen. Die Kante des Tüllenmundes ist mit kurzen, senkrechten, leicht eingeritzten Strichen verziert.

Die Gußform einer Lanzenspitze aus der Schicht XIII in der Siedlung Pecica besteht aus Ton und ist nur noch als Modellhälfte vorhanden *(Abb. 56.3)*.[339] Die Gußform weist die Form einer Lanzenspitze auf, die in der Gesamtlänge relativ kurz ist und die ein bis zur Mitte der Tülle reichendes, (der zeichnerischen Abbildung nach) leicht nach innen geschwungenes Blatt besitzt. Der Blattumbruch ist eckig und verläuft schräg zur Tülle zurück. Unterhalb des Blattansatzes ist jeweils ein widerhakenähnliches Gebilde. Die obere Kante des Modells ist im Bereich der Spitze der Lanzenform abgebrochen.[340] In der

---

[335] Vergleiche Hernádkak Grab 9 Tafel 4.4, Grab 105 Tafel 23.7 und Kalicz 1968 Tafel 48.19 und 53.6.

[336] Vergleiche zum Beispiel Hundt 1970 Abb.5.2, Jacob-Friesen 1967 Tafel 11.1, Kovács 1975b Abb.4.10, Furmanek 1979 Abb.10 und Mozsolics 1967 Tafel 18.4.

[337] Kovács 1975b, 26-36 Abb.4-5. Vergleiche Mozsolics 1967, 61-62 und 1973, 33.

[338] Vergleiche Horedt 1960, 129 Abb.13,3. Die Lanzenspitze ist in einem Photo zusammen mit anderen Funden ohne Größenangaben und ohne Querschnitt veröffentlicht.

[339] Vergleiche Popescu 1944, 73-76 Abb.27. Roska 1912 Abb.57. Die Gußform ist in einer Zeichnung ohne genaue Größenangaben und ohne Querschnitt veröffentlicht worden.

[340] Hier wird zur Frage gestellt, ob der geschwungene Verlauf der Schneidekante auf die tatsächliche Blattform oder eher auf die zeichnerische Wiedergabe zurückzuführen ist. Ebenso, ob die "Widerhaken" unterhalb des Blattansatzes eher als Luftkanal beim Gießverfahren dienten. Vergleiche

Gußform gibt es keine erkennbaren Anzeichen einer Durchbohrung der Tülle. In der Höhe des Blattumbruches ist eine "Winkelverzierung" zeichnerisch angegeben. Es ist jedoch der Zeichnung nicht zu entnehmen, ob hiermit eingeritzte Linien oder plastische Rippen gemeint sind.

Die zweite Tüllenlanzenspitze aus Hernádkak, Grab 39, weist eine schlanke Form auf *(Abb. 56.4)*.[341] Die Tülle reicht bis zur Spitze und wirkt dadurch und durch die schlanke Form länglich. Das Blatt nimmt weniger als zwei Drittel der Gesamtlänge der Lanzenspitze ein, die Blattform ist geradlinig und schmal. An einer Seite ist die Kante beschädigt, jedoch ist die ursprüngliche Bearbeitung der Schneidenkante noch deutlich zu erkennen. Die Lanzenspitze unterscheidet sich von dem Exemplar aus Grab 122 hauptsächlich dadurch, daß der Blattumbruch höher, etwa in halber Tüllenlänge, liegt und vor allem abgerundet ist. Nach dem Umbruch verläuft das Blatt weiter gerundet zur Tülle hin. Außerdem ist die Tülle noch in der Gesamtlänge im Querschnitt kreisförmig und die Oberfläche unverziert. Oberhalb des Tüllenmundes ist die Tülle frontal durchbohrt. Auf einer Seite ist die Durchbohrung beim Gußvorgang zu einer größeren, unregelmäßig ovalen Form geworden. Darüber befindet sich ein zweites, kleineres, rundes Loch. Der geringe Durchmesser dieses Loches, seine Lage abseits der Mitte der Tüllenfläche und das Fehlen eines ähnlichen Loches an dieser Stelle auf der Gegenseite führen zu der Annahme, daß es sich hier um einen Gußfehler handelt. Die Gegenseite der Tülle weist eine Durchbohrung ohne Gußfehler auf. Anzeichen einer Gußnaht auf beiden Tüllenseiten unterhalb des Blattansatzes sind nicht festzustellen. Es wird daher angenommen, daß die Lanzenspitze aus Grab 39 ebenfalls durch das Gußverfahren in verlorener Form hergestellt wurde.

Die Tüllenlanzenspitze aus Grab 39 vertritt nach Kovács den Typ B in seiner Typologie der frühesten Lanzenspitzen.[342] Kovács setzt sie an den Anfang einer typologischen Entwicklung, die schließlich zu den kosziderzeitlichen Tüllenlanzenspitzen mit ausgeprägt gestreckt-ovalem oder "lorbeerblattförmigem" Blatt und seitlicher Durchbohrung führt. Als Beispiel stellt er die Lanzenspitze aus Mende vor *(Abb.56.9)*.[343] Dieser Typ Tüllenlanzenspitze ist während der Mittelbronzezeit im Karpatenbecken weit verbreitet.

Für die Lanzenspitze aus Grab 39 gibt es in der Tat jedoch keine genauen Parallelen. Die folgenden aufgezählten Tüllenlanzenspitzen mit vergleichbarer Größe, Querschnitt und Blattumriß weisen als grundsätzlichen Unterschied gegenständige Nagellöcher unterhalb des Blattansatzes, das heißt eine seitliche

---

dazu J.Hampel, Alterthümer der Bronzezeit in Ungarn (1890). Tafel 5.3.

[341] Vergleiche Tafel 10.1. Kapitel V B. Waffen 2. Kovács 1975b Abb.4.4, Bóna 1975 Tafel 163.27 und Mozsolics 1967 Tafel 7.3.

[342] Kovács bezeichnet das Grab irrtümlich mit 38, was wohl von der irrtümlichen Tafelbezeichnung bei Mozsolics herrührt. Kovács 1975b, 26 Anm.19. Die Lanzenspitze wurde außerdem von von Tompa irrtümlich in Zusammenhang mit Funden aus Füzesabony, u.a. mit einer zweiten Lanzenspitze mit schmalem beschädigtem Blatt und seitlicher Durchbohrung, zum ersten Mal veröffentlicht. Diese fehlerhafte Abbildung führte dazu, daß mehrere Autoren die Lanzenspitze aus Grab 39 einmal im Zusammenhang mit dem Gräberfeld Hernádkak und auch mit der Siedlung Füzesabony weiter irrtümlich zitierten.
Vergleiche Hachmann 1957, 228 Nr.809, Hänsel 1968, 196 Liste 63 Nr.3, 5, 5a, Schubert 1973, 25 Anm.181 und Rittershofer 1983, 383 Liste 12 Nr.7-8.

[343] Kovács 1975b 19-24, 32, 36 Abb.3.

Durchbohrung der Tülle, auf. Dieser Unterschied beinhaltet nicht nur eine Variation zur Befestigung der Lanzenspitze am Holzschaft, sondern vor allem eine andere, neue(?) Herstellungstechnik: den Guß in einer Zweischalenform. An Stelle der Lanzenspitze mit gestreckt ovalem Blatt, wie zum Beispiel die Lanzenspitze aus Mende, werden sie hier als unmittelbare, typologische Weiterentwicklung der Form und der Herstellungstechnik der Lanzenspitze aus Hernádkak Grab 39 angesehen.

1. Die Tüllenlanzenspitze aus Czseszewo (Polen) stammt aus einem Depotfund *(Abb. 56.5)*. Sie ist wegen der relativ kurzen schlanken Form, der schmalen geradlinigen Blattform, die zwei Drittel der Gesamtlänge der Lanzenspitze beträgt, der unverzierten Tüllen und des Verlaufs der ursprünglichen Schneidekante mit der Lanze aus Grab 39 vergleichbar.[344] Die bis zur Spitze reichende Tülle ist im Querschnitt kreisförmig. Ähnlich wie die Lanze aus Grab 39, befindet sich auf einer Tüllenseite ein kleineres Loch abseits von der Mitte der abgebildeten Tüllenfläche und unterhalb der Höhe des Blattansatzes. Es ist wohl ein Gußfehler. Eine frontale Durchbohrung oberhalb des Tüllenmundes ist in der Abbildung nicht zu erkennen. Bei der Beschreibung der Lanzenspitze werden jedoch zwei "Nietlöcher" für die Befestigung des Schafts erwähnt, ohne ihre Stelle auf der Tülle genau anzugeben. Es ist daher anzunehmen, daß die Tülle seitlich durchbohrt ist.

2. Die Tüllenlanzenspitze aus Gyulavarsánd stammt aus einem Depotfund in der Siedlung *(Abb. 56.6)*.[345] Sie weist wie die Lanzenspitze aus Hernádkak Grab 39 eine schlanke Form auf, wobei das Blatt ca. zwei Drittel der Gesamtlänge der Tülle beträgt. Die Blattform ist ebenfalls schmal und geradlinig. Im Vergleich zu der Lanzenspitze aus Hernádkak Grab 39 jedoch wirkt das Blatt etwas breiter. Dieser Eindruck kann auf den gegenwärtigen beschädigten Zustand des Blattes sowie auf die nicht ausreichende Veröffentlichung des Gegenstandes zurückzuführen sein. Die Tülle reicht bis zur Spitze hin und scheint kreisförmig im Querschnitt und unverziert zu sein. Weder eine frontale noch eine seitliche Durchbohrung der Tülle ist den Angaben der Veröffentlichung zu entnehmen.

3. Die Tüllenlanzenspitze aus der Siedlung "Földvár" bei Szihalom weist eine ähnliche Blattform wie die vorher aufgezählten Lanzenspitzen auf *(Abb. 56.7)*.[346] In der relativ undeutlichen photographischen Abbildung des Gegenstandes scheint ein kleines Loch auf der Tüllenfläche zu sein. Die ungenaue Lage des Loches abseits der Mitte der Tüllenachse sowie sein im Vergleich zu den üblichen Durchbohrungen kleiner Durchmesser führt zu der Vermutung, daß es sich hier anstatt um eine frontale Durchbohrung eher um einen Gußfehler[347] oder um einen Fehler im Photoraster handelt.

---

[344] Vergleiche T.Dobrogowski, Przeglad Arch.6, 1937-39, 255-257 Abb.5. Länge ca.14,9 cm, Maximalbreite des Blattes 3,4 cm, größter Durchmesser der Tülle 2,8 cm.

[345] Sie ist ohne Größenangaben und Querschnitt veröffentlicht. Vergleiche Mozsolics 1967, 139. Popescu 1956, 305 Abb.2. Diese Lanzenspitze ist nicht mit dem von Bóna abgebildeten, angeblich aus Gyulavarsánd stammenden Gegenstand identisch. Bóna 1975 Tafel 150, 39.
Kovács zählt sie zu den Lanzenspitzen mit gestreckt ovalem bzw. lorbeerblattförmigem Blatt. Kovács 1975b, 24.

[346] Vergleiche T.Kemenczei, Öskori bronztárgyak a miskolci múzeumban. Évkönyve-Miskolc 7, 1968, 19-33 Tafel 11.1.

[347] Vergleiche den Gußfehler bei der Lanzenspitze aus Hernádkak Grab 39 und

4. Eine weitere Tüllenlanzenspitze dieses Typs wird durch die Modellhälfte einer Gußform vertreten *(Abb. 56.8)*. Sie kam in einer Siedlungsgrube in Böheimkirchen zutage. Nach den Angaben des Ausgräbers wurde sie zusammen mit Funden der klassischen Věteřov-Kultur gefunden.[348]

Zur dritten Gruppe der frühesten Tüllenlanzenspitzen, nach Kovács Typ C, gehört die Lanze aus einem Grab der Perjámos-Kultur in Battonya.[349] In der Ausführung weist sie wesentliche Unterschiede zu den Typen A und B auf. Der Blattumriß ist im oberen Teil schmal und weitet sich in einer geschwungenen Linie nach unten zu einem runden Blattumbruch aus. An dieser Stelle ist das Blatt bedeutend breiter als die Lanzenspitzen-Typen A und B. Im Gegensatz zu dem länglichen Blatt ist die Tülle vom Blattansatz bis zum Tüllenmund wiederum auffallend kurz. Die Schäftungsöffnung ist konkav ausgeschnitten. Oberhalb des Tüllenmundes ist die Oberfläche mit mehreren waagerechten Rippen versehen.

Aufgrund der frontalen Stelle der Nagellöcher und der Rippenverzierung auf der Tülle zieht Kovács eine Lanzenspitze aus Dyje (Milfron) und aus einem unbekannten Fundort in Ungarn als Vergleich zum Typ C heran.[350] Das Exemplar aus dem unbekannten Fundort ist der Lanzenspitze aus Battonya sehr ähnlich, außer daß der geschwungene Blattumbruch stärker ausgeprägt ist. Die Lanzenspitzen aus Battonya und dem unbekannten Fundort sind bis jetzt nur aus Zeichnungen bekannt. So ist der Grad der Abnutzung der Schneidekante und damit die ursprüngliche Blattform nicht festzustellen. Dagegen ist die Schneidekante bei der bedeutend größeren Lanzenspitze aus Dyje (Milfron) relativ gut erhalten; die ursprüngliche, geradlinige Blattform ist erkennbar. Das Blatt bei diesem Exemplar befindet sich an der oberen Tüllenhälfte. Darunter ist die Tülle entscheidend länger als bei den eben angeführten Exemplaren aus Ungarn. Aufgrund des stark abweichenden Größenverhältnisses und der unterschiedlichen Form und Stelle des Blatts auf der Tülle wird die Gleichstellung der Tüllenlanzenspitzen aus Battonya und Ungarn mit Dyje (Milfron) hier abgelehnt. Die Verzierung des Tüllenabschlusses mit Rippen, der konkave Ausschnitt des Tüllenmundes und die frontale Durchbohrung der Tülle der Lanzenspitze aus Dyje (Milfron) können beispielsweise von altertümlichen Traditionen herrühren oder sie können im Zusammenhang mit der Herstellung bzw. Werkstatt oder Funktion stehen. Dagegen bietet die Lanzenspitze aus Dětenice (okr. Jicin, Böhmen) anhand des ähnlichen Größenverhältnisses in der Gesamtlänge und in dem Verhältnis Blatt- zu Tüllenlänge sowie anhand der gleichen Ausführung des Tüllenmundes eher einen Vergleich zu dem Exemplar aus Dyje (Milfron).[351] Die Imitation der Schnurbefestigung der Lanzenspitze am Schaft ist keine seltene Dekoration der Tülle von Lanzenspitzen, Meißeln und Äxten in diesem Fundgebiet.[352] Die Verzierung auf der Tüllenlanzenspitze aus Hernádkak Grab 122 ist hingegen eine Verzierung, die sonst für die gleichzeitige Keramik kennzeichnend ist.

---

aus Czseszewo.
[348] Neugebauer 1979, 46 Abb.5.8.
[349] Kovács 1975b 28 Abb.5.
[350] Kovács 1975b, 34 Abb.5. Vergleiche Hundt 1986 Abb.9.6-8 und Hájek 1953 Abb.4.2.
[351] Hájek 1953, 206-207 Abb.3.9.
[352] G.Jacob-Friesen 1967, 110. Schubert 1973, 25 Anm.183-184. Hundt 1986,139-142.

Im Zusammenhang mit Kovács' Beitrag zur Lanzenspitze aus Mende *(Abb.56.9)* werden hier noch einige Tüllenlanzenspitzen angeführt, die, angesichts der Blattform und der seitlichen Durchbohrung und im Gegensatz zur Lanzenspitze Typ B, unmittelbar in der Formentwicklung zum Typ Mende stehen. Die Lanzenspitze aus der Siedlung Ároktő-Dongóhalom *(Abb. 56.10)* ist im Vergleich etwas größer.[353] Die Tülle wirkt schlank und gestreckt; das Blatt hat einen ovalen Umriß. Die Durchbohrung der Tülle befindet sich unmittelbar oberhalb des Tüllenmundes. Der Gegenstand ist unverziert. Nicht außer acht zu lassen sind vier Lanzenspitzen aus dem Fundort Otomani. Eine Lanzenspitze wurde in der befestigten Siedlung Otomani-Cetăţuie gefunden.[354] Sie stammt nicht aus archäologischem Fundkontext, sondern kam als Streufund in einem Schützengraben zutage. Die Lanzenspitze weist eine verhältnismäßig lange Form (Länge ca.17 cm) mit scheinbar schmalem, ovalem Blatt auf. Der Grad der Abnutzung der Blattkante ist nicht aus der Zeichnung zu erschließen. Der Tüllenmund ist beschädigt; es geht ebenfalls nicht aus der Zeichnung hervor, ob der Rand zum Teil noch erhalten ist. Kurz oberhalb des Tüllenmundes befindet sich eine frontale Durchbohrung. Die Tüllenoberfläche ist ohne Verzierung. Aufgrund der Größe und der Blattform unterscheidet sich die Lanzenspitze deutlich von den Typen A, B und C und ist nicht mit ihnen gleichzustellen. Drei weitere Lanzenspitzen wurden in der unteren Siedlung Otomani-Cetatea de pămînt geborgen.[355] Die zeichnerische Wiedergabe sowie der schlechte Erhaltungszustand der Gegenstände erlauben hier keine endgültige Aussage über die Schäftungslöcher und die Blattform. Nach dem angegebenen Maßstab handelt es sich hier um relativ große Lanzenspitzen (Länge 18-20 cm). Ein Exemplar wurde vor dem Anfang der Grabungsarbeiten auf der Oberfläche aufgelesen.[356] Es weist eine Tülle von kreisförmigem Querschnitt mit tiefsitzender seitlicher Durchbohrung und einen eckigen Blattumbruch auf. Zwei Lanzenspitzen stammen aus einem Haus in der oberen Siedlungsschicht. Eine besitzt eine Tülle von kreisförmigem Querschnitt *(Abb. 56.11)*, bei der zweiten ist die Tülle beschädigt und flach gedrückt *(Abb.56.12)*.[357] Der Zeichnung ist zu entnehmen, daß das Blatt bei beiden Lanzenspitzen stark beschädigt ist und nicht mehr den ursprünglichen Blattumriß genauer darstellt. Erstes Exemplar läßt jedoch vermuten, daß das Blatt von gestreckt-ovaler Form, vergleichbar mit der Lanzenspitze aus Mende, war.

---

[353] Otto-Herman Museum, Miskolc. In Ároktő-Dongóhalom kamen Siedlungsreste der Hatvan-Kultur zutage, darunter Modellhälften zweier Gußformen. Kalicz 1968, 118 Nr.33. Tafel 70-71.

[354] Der Gegenstand ist nur in einer Zeichnung ohne Querschnitt und ohne genaue Größenangaben veröffentlicht. Die unzureichenden Angaben erlauben keine weitere Aussage über die typologische oder chronologische Einordnung des Gegenstands.
M.Roska, Repertorium S.215 und 218 Abb.260. Mozsolics 1973, 166. Bader 1978, 96. Dabei ist die Abbildung irrtümlich mit Pl.88.2 statt Pl.88.3 angegeben.

[355] Sie sind ebenfalls nur in einer Zeichnung ohne genaue Angaben zur Gestalt veröffentlicht worden.
Horedt, Ruşu und Ordentlich 1962, 322 Abb.2. Ordentlich 1963, 136 Abb.16.10-11. Bader 1978 Pl.88.1.

[356] Horedt, Ruşu und Ordentlich 1962, 322 Abb.8.2.

[357] Ordentlich 1963, 136 Abb.16.10-11. Bader 1978 Pl.88.1.

Zur Herkunft der Tüllenlanzenspitze.

Kovács führt als Prototyp der frühesten metallenen Lanzenspitzen einen Gegenstand aus Knochen an, der in der Siedlung Gyulavarsánd zutage kam. Roska berichtete, daß bei der Bergung der Lanze eine Spitze aus Bronze noch in dem Knochengegenstand eingesetzt war.[358] Der Zeichnung ist zu entnehmen, daß es sich um einen Gegenstand handelt, dessen obere Hälfte von länglich triangulärem Umriß und im Querschnitt wohl dachförmig ist. Die Spitze ist abgebrochen. Die untere Hälfte ist tüllenähnlich und im Querschnitt kreisförmig. Die Kante des "Blattes" verläuft geradlinig bis zur Tüllenmitte, wo es eckig umbricht und kurz einzieht. Die "Tülle" scheint kurz oberhalb des Endes frontal durchbohrt zu sein. Die Größe des Tüllenhohlraumes ist nicht bekannt. Am Blattumbruch angefangen und schräg hoch bis zum Mittelgrat führen drei parallele, eingeritzte Linien. Die Tülle ist ebenfalls mit drei Horizontalgruppen aus drei parallelen Ritzlinien verziert.

In der Frage zur Herkunft der Tüllenlanzenspitzen werden an dieser Stelle weitere mögliche Vorbilder angeführt. Es handelt sich um längliche Spitzen aus Feuerstein, die im Verbreitungsgebiet der Mierzanowice- und Strzyżów-Kultur im Südosten Polens vorkommen *(Abb.76.14)*. Eine lanzenähnliche Spitze stammt zum Beispiel aus Grab 9 in Świniary Stare.[359] Im Vergleich zu Pfeilspitzen aus Feuerstein ist der Gegenstand bedeutend größer.[360] Statt einer Einziehung an der unteren Kante, wie bei den Pfeilspitzen, besitzt die Spitze einen länglichen schmalen Fortsatz, der wohl zum Befestigen an einem Schaft diente. Der Gegenstand ist aus einem Kernstück gefertigt und weist Retuschen auf der ganzen Oberfläche auf. Ausschlaggebend für die Frage zum Vorbild der Metallanzenspitzen ist die Form des Blatts: geradlinig, mit eckigem Blattumbruch und mit einer Länge von zwei Drittel der gesamten Spitze. Abgesehen von der unterschiedlichen Schäftungstechnik weist die Spitze Ähnlichkeit in der Größe und Form mit der Tüllenlanzenspitze aus Grab 122 in Hernádkak sowie aus Wietenberg auf. Das Fundbild der Grabinventare in Świniary Stare zeigt außerdem mehrere Übereinstimmungen mit Beigaben aus Gräbern im Košice-Becken und in Hernádkak, darunter Weidenblattringe, Perlen aus Knochen und Stein, Silexpfeilspitzen und -klingen, kleine Töpfe mit zwei gegenständigen Ösenhenkeln (Topf-Typ Mierzanowice) und Henkelschalen. Aufgrund der gemeinsamen Erscheinungen wird hier vorgeschlagen, daß die Lanzenspitze aus Feuerstein auch im Hernádtal bekannt war und als Anregung bei der Entstehung der Tüllenlanzenspitze wirkte.

---

[358] Kovács 1975b, 26. Roska 1941, 50.
Der Gegenstand ist in einer Zeichnung ohne Größenangaben und ohne Querschnitt veröffentlicht.
[359] Kraussowie 1971 Tafel 4.3 und Machnik 1974 Tafel 2.37. Vergleiche Machnik 1977, 73 Tafel 12.4, 16.1-4.
[360] Die Länge der Spitze beträgt ca.11,5 cm, wenig kürzer als die Lanzenspitze aus Hernádkak Grab 122 und ungefähr gleich groß wie die Lanzenspitze aus Wietenberg.

Alle Angaben in Prozent.

HDM		Cu	Sn	As	Sb	Co	Ni	Ag	Au	Fe	Zn	Se
Grab 54	Blechband	96.4	0.084	4.0	0.41	0.107	2.85	0.133	0.0001	<0.30	<0.0170	<0.0016
Grab 54	Ahle	82.7	11.5	0.12	0.112	0.050	0.082	0.023	0.00050	<0.07	<0.0040	<0.0006
Grab 54	Spiraldraht	84.0	11.8	0.41	0.41	0.00040	0.023	0.145	0.00020	<0.07	<0.0045	<0.0012
Grab 96	Dolchklinge	92.9	3.5	0.39	0.262	0.00144	0.101	0.36	0.0035	<0.12	<0.0065	<0.0007
Grab 96	Beil	95.9	6.6	0.78	0.31	0.0103	0.72	0.26	0.0080	<0.13	<0.0068	<0.0008
Grab 96	Meißel	94.0	0.031	2.3	0.37	0.0274	1.92	0.0093	0.00038	<0.13	<0.0068	<0.0007
Grab 96	Rollenkopfnadel	89.6	3.4	0.095	0.39	0.00049	0.023	0.56	0.00193	<0.24	<0.0140	<0.0011
Grab 96	Niet	93.2	8.2	0.47	0.176	0.0040	0.40	0.178	0.0032	<0.08	<0.0050	<0.0006
Grab 98	Spiraldraht	89.9	8.3	0.0029	0.0035	0.00077	0.079	0.0123	0.0207	<0.02	<0.0022	<0.0045
Grab 102	Drahtösennadel	92.6	2.96	1.32	0.30	0.0058	0.69	0.35	0.0207	<0.13	<0.0070	<0.0009
Grab 105	Rollenkopfnadel	91.8	7.5	0.021	0.0135	0.00096	0.039	0.017	0.00040	<0.02	<0.0623	<0.0007
Grab 105	Spiraldraht	93.6	8.4	1.12	0.092	0.00032	0.166	0.235	0.00010	<0.09	<0.0050	<0.0007
Grab 105	Spiraldraht	80.8	10.6	0.020	0.0231	0.00014	0.0191	0.041	0.00026	<0.03	<0.0015	<0.0012
Grab 105	Ahle	101.0	0.026	0.52	0.141	0.0122	0.96	0.205	0.00158	<0.07	<0.0040	<0.0004
Grab 122	Lanzenspitze	89.2	3.07	1.83	0.148	0.0151	0.33	0.234	0.00013	<0.09	<0.0050	<0.0005
Grab 125	Spiraldraht	85.3	11.4	0.0271	0.064	0.0022	0.067	0.0094	0.00012	<0.05	<0.0030	<0.0006
Grab 129	Rollenkopfnadel	95.9	0.086	1.67	0.223	0.171	4.5	0.078	0.00017	<0.37	<0.0070	<0.0006
Grab 129	Lockenring	90.0	3.8	0.712	0.230	0.0083	0.53	0.261	0.0067	<0.09	<0.0050	<0.00026
Grab 129	Lockenring	93.1	3.6	0.71	0.226	0.0075	0.54	0.41	0.3050	<0.13	<0.0070	<0.0010
Grab 129	Lockenring	90.3	3.6	0.070	0.220	0.0081	0.53	0.255	0.0089	<0.08	<0.0070	<0.0005
Grab 129	Lockenring	90.5	3.6	0.68	0.210	0.0087	0.56	0.254	0.0066	<0.10	<0.0055	<0.0006
Grab 102	Drahtösennadel	80.6	2.00	0.89	0.27	0.00063	0.080	0.235	0.0018	<0.13	<0.0075	<0.0010

Abbildung 57. Tabelle der Spektralanalysen von Metallgegenständen aus Hernádkak.

D. Bemerkungen zur spektralanalytischen Untersuchung von Metallgegenständen aus Gräbern in Hernádkak.

22 Metallgegenstände, die aus acht Gräbern in Hernádkak stammen, wurden nach ihren chemischen Zusammensetzungen durch die Methode der optischen Neutronenaktivierungsanalyse untersucht *(Abb. 57)*.[361] Neben Kupfer wurde nach dem Anteil an den Spurenelementen Antimon, Arsen, Eisen, Iridium, Kobalt, Nickel, Silber, Selen, Zink und Zinn gemessen. Die Elemente Blei und Wismut wurden nicht bestimmt. Gegenstände aus Gold wurden nicht untersucht.

Die Ergebnisse der Untersuchung zeigen unterschiedliche Werte sowohl in der Kombination als auch in der Quantität der Spurenelemente. Vier Proben enthalten außer Kupfer als Hauptbestandteil und geringe Mengen von Zinn (anteilmäßig ca.0,02-0,08%), die hier als nicht bedeutend betrachtet werden, einen bedeutend hohen Anteil (ca.2-4%) an den Elementen Arsen und Nickel. Dabei überwiegt in zwei Proben Arsen in einer Proportion 1:2 und 2:3, bei zwei Proben ist umgekehrt der Anteil an Nickel 2-3mal so groß wie Arsen. Außerdem enthalten die Proben verhältnismäßig viel Silber (um 1%). Der Anteil an Antimon ist im Verhältnis dagegen mit 0,1-0,4% klein. Es handelt sich hier um Schmuck und um ein Gerät:

Probe 3,   HDM 737, Blechband aus Grab 54,
Probe 9,   HDM 743, Meißel aus Grab 96a,
Probe 25, HDM 756, Ahle aus Grab 105 und
Probe 28, HDM 759, Rollenkopfnadel aus Grab 129.

Die überwiegende Zahl der Proben zeigen Kupfer als Hauptbestandteil und einen bedeutenden Gehalt an Zinn. Sie können in zwei Gruppen geordnet werden:
Proben, die 2-3% Zinn enthalten und Proben mit 6,5-11% Zinn. Bei den Proben mit kleinerem Zinngehalt ist die Menge der Spurenelemente Arsen, Antimon und Nickel in einer bestimmten Relation zueinander vorhanden. Meist ist der Anteil an Arsen und Nickel größer als an Antimon. Es handelt sich um:

Probe 7,   HDM 741, Dolchklinge aus Grab 96,
Probe 11,   HDM 744, Rollenkopfnadel aus Grab 96,
Probe 18,   HDM 750, Drahtösenkopfnadel aus Grab 102,
Probe 26,   HDM 757, Lanzenspitze aus Grab 122 und
Probe 29-32, HDM 760-763, Lockenringe aus Grab 129.

---

[361] Die untersuchten Gegenstände gehören zum Grabfundmaterial in dem University Museum in Cambridge (Großbritannien): Grab 54, 96, 98, 102, 105, 122, 125 und 129. Probe-Nr.HDM 3-43. Die 30-50mg Proben wurden von der Autorin in Cambridge 1988 entnommen und im Max-Planck-Institut für Kernphysik in Heidelberg analysiert. Ich danke Frau M.Cra'ster, University Museum in Cambridge, Herrn Dr. E.Pernicka, Max-Planck Institut für Kernphysik in Heidelberg, und Herrn Dr. K.-F. Rittershofer, Römisch-Germanische Kommission in Frankfurt, für die Möglichkeit die Analysen durchzuführen. Zur Methode der Analyse siehe Pernicka 1984.

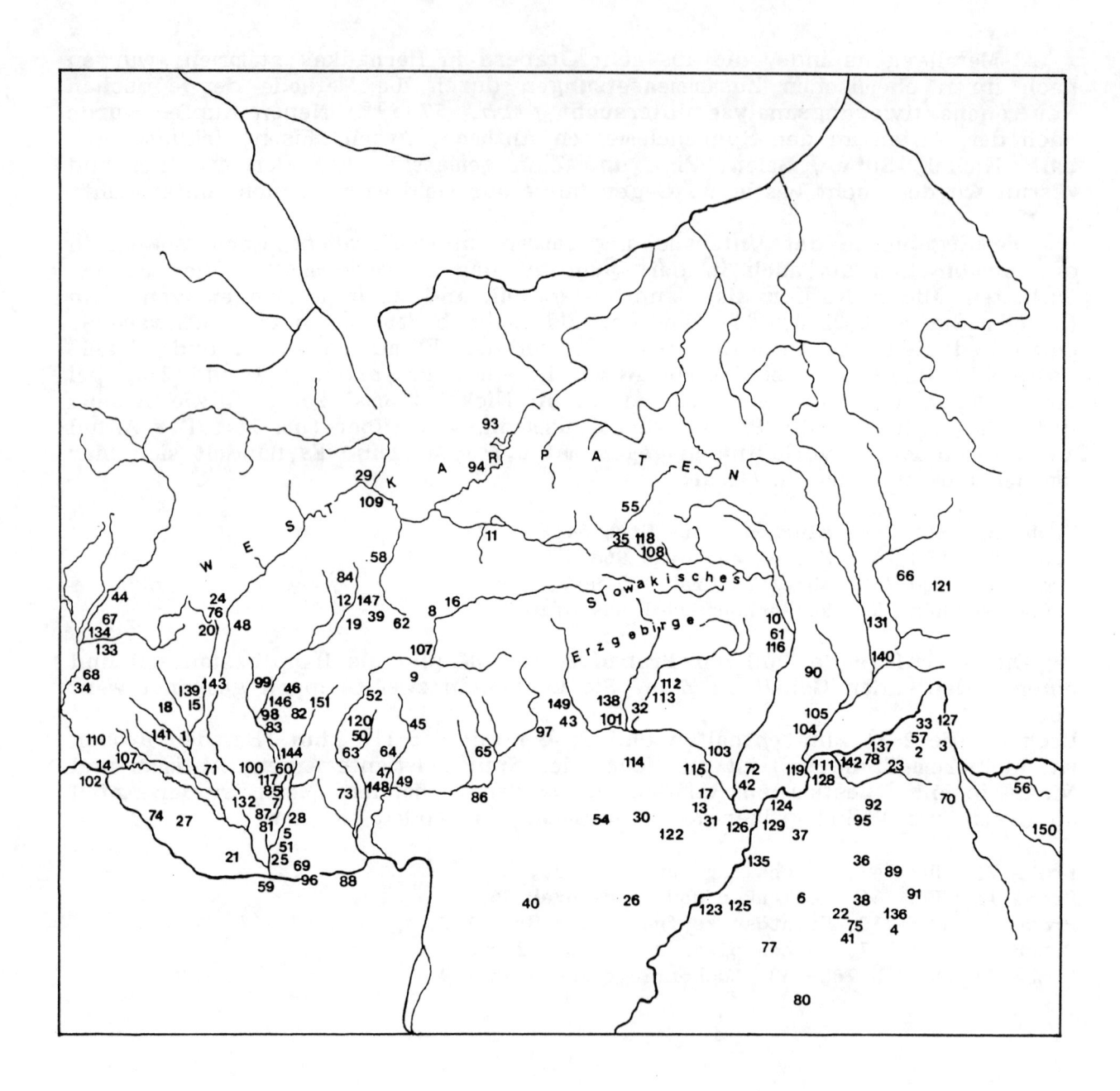

Abbildung 58. Fundorte der von SAM analysierten Metallgegenstände. Fundortnachweis und Analysennummer siehe Verzeichnis 14.

Proben mit höherem Zinngehalt enthalten dagegen meist niedrige Anteile an Arsen, Antimon und Nickel. Es handelt sich um:

Probe 4,   HDM 738, Ahle aus Grab 54,
Probe 5,   HDM 739, Spiraldraht aus Grab 54,
Probe 8,   HDM 742, Beil aus Grab 96,
Probe 14, HDM 747, Niet aus Grab 96,
Probe 15, HDM 748, Spiraldraht aus Grab 98,
Probe 21, HDM 753, Drahtösenkopfnadel aus Grab 105,
Probe 22, HDM 754, Rollenkopfnadel aus Grab 105,
Probe 23, HDM 755, Spiraldraht aus Grab 105 und
Probe 27, HDM 758, Spiraldraht aus Grab 125.

Es handelt sich um Schmuck, Geräte und Waffen, wobei kein Zusammenhang zwischen der chemischen Zusammensetzung und der Fundgattung festzustellen ist. Auffallend ist lediglich, daß Spiraldraht einen besonders hohen Zinngehalt (8-11%) aufweist.[362] Bei den massiv gegossenen Lockenringen ist eine konsequente Beimengung von 3,6% Zinn zu bemerken.[363] Der Anteil an Silber in allen Gegenständen schwankt erheblich zwischen 0,09-2% und scheint unabhängig von der Menge der anderen Elemente sowie vom Fundtyp des Gegenstandes zu sein.

In Anbetracht der relativ kleinen Zahl könnte die Repräsentativität der Proben bezweifelt werden. Wenn sie jedoch im Zusammenhang mit den Analysen von Gegenständen aus dem Košice-Becken, des nördlichen Ungarns und vor allem der Südwest-Slowakei verglichen werden, passen die Analysen in Hernádkak sowohl in Hinsicht auf die metallurgische Entwicklung als auch auf die Metallfundtypen in das Gesamtbild hinein. Ein Überblick über die Entwicklung der frühen Metallurgie während der Frühbronzezeit in Ungarn und in der Südwest-Slowakei wurde in früheren Beiträgen bereits ausführlich behandelt.[364] Hier wird die Fragestellung auf das Spektrum der Elementkombinationen von Metallgegenständen, und sein Verhältnis zur Fundgattung und -verbreitung der Gegenstände beschränkt. Sie basiert auf den Ergebnissen der analytischen Untersuchungen von Metallgegenständen aus oben erwähnten Landschaften, die von SAM durchgeführt wurden, mit Bezug auf die Metallgruppen von Otto und Witter *(Abb. 58)*.[365] Die Materialgruppen von Otto-Witter und von SAM werden dabei zur Kenntnis genommen. Jedoch wurde die Einordnung der hier berücksichtigten Analysen in den Gruppen nicht erneut vorgetragen, da dies außerhalb des Rahmens dieser Untersuchung liegt. Die Gegenstände wurden, jeweils von ihrem steigenden Anteil an Zinn ausgehend, dann nach ihrem Gehalt an Arsen, Antimon, Silber und Nickel betrachtet und gruppiert. Zunächst wurde zwischen Metallen mit und ohne Gehalt an dem Element Zinn unterschieden. Legierungen ohne Zinn wurden dann auf der Basis des höchstwertigen Elements Arsen, Antimon, Silber oder Nickel "typologisch" geordnet. Legierungen mit einem Zinngehalt wurden auf ähnliche Weise nach dem steigenden Wert von Zinn geordnet.

---

[362] Probe 5, 15, 23 und 27, HDM 739, 748, 755 und 758.
[363] Probe 29-32, HDM 760-763.
[364] Mozsolics 1967, 1984 und 1985. Novotná 1955 und 1970. Renfrew 1969. Schubert 1965 und Schubert 1973. Šiška 1968.
[365] Otto und Witter 1952. SAM I 1960 und II 1968 und 1974. Siehe Liste 14. Fundorte und Analysenummern. An dieser Stelle möchte ich Herrn Dr. Schickler für den Zugang zu den neu evaluierten SAM-Analysen in der Datenbank, Landesdenkmalpflege Baden-Württemberg, danken.

Alle Angaben in Prozent.

Barca		SAM-Nr.	Sn	Pb	As	Sb	Ag	Ni	Bi	Au	Zn	Co	Fe
Flachbeil		03352	0.000	0.000	0.450	0.660	0.005	0.040	0.002	0.000	0.000	0.000	0.000
Randleistenbeil		07499	10.000	0.000	0.730	0.050	0.040	0.140	0.001	0.000	0.000	0.000	0.000
Nadel		10331	4.800	0.000	0.700	0.120	0.040	0.250	0.000	0.000	0.000	0.000	0.001
Pfriem		10332	4.200	0.000	0.440	0.470	0.380	0.050	0.011	0.000	0.000	0.000	0.001
Pfriem		10333	4.300	0.000	0.570	0.130	0.030	0.310	0.000	0.000	0.000	0.000	0.000
Dolchklinge		10334	6.600	0.000	0.410	0.060	0.030	0.360	0.000	0.000	0.000	0.000	0.001
Randleistenbeil		10339	4.800	0.002	0.740	0.090	0.010	0.540	0.000	0.000	0.000	0.000	0.020
Randleistenbeil		10340	7.100	0.000	0.410	0.080	0.030	0.260	0.000	0.000	0.000	0.000	0.001
Randleistenbeil		10341	8.300	0.000	0.210	0.070	0.030	0.230	0.000	0.000	0.000	0.000	0.000
Randleistenbeil		10342	4.400	0.000	0.300	0.070	0.160	0.200	0.000	0.000	0.000	0.000	0.001
Randleistenbeil		10343	4.300	0.000	0.800	0.100	0.005	0.590	0.000	0.000	0.000	0.000	0.020
Randleistenbeil		10344	4.800	0.000	0.470	0.050	0.020	0.380	0.000	0.000	0.000	0.000	0.001
Zungenbarren		10345	5.700	0.000	0.670	0.100	0.040	0.520	0.000	0.000	0.000	0.000	0.001
Flachbeil		10346	5.500	0.002	0.180	0.070	0.070	0.210	0.007	0.000	0.000	0.000	0.001
Nietdolch		10347	4.200	0.000	1.850	0.020	0.010	0.094	0.000	0.000	0.000	0.000	0.020
Lanzenspitze		10348	5.900	0.000	0.950	0.130	0.010	0.410	0.000	0.000	0.000	0.000	0.020
Dolchfragment		10349	5.900	0.002	0.580	0.080	0.020	0.400	0.000	0.000	0.000	0.000	0.001
Pfriem		10350	8.000	0.000	0.850	0.100	0.020	0.400	0.000	0.000	0.000	0.000	0.001
Pfriem		10351	5.100	0.000	0.380	0.100	0.020	0.320	0.000	0.000	0.000	0.000	0.001
Pfriem		10352	7.900	0.000	0.100	0.080	0.030	0.190	0.000	0.000	0.000	0.000	0.001
Pfriem		10353	4.600	0.120	0.320	0.060	0.020	0.300	0.000	0.000	0.000	0.000	0.000
Pfriem		10354	4.100	0.000	0.860	0.200	0.005	0.680	0.000	0.000	0.000	0.000	0.020
Pfriem		10355	5.100	0.002	0.810	0.040	0.010	0.280	0.000	0.000	0.000	0.000	0.001
Pfriem		10356	4.700	0.000	0.410	0.090	0.010	0.230	0.000	0.000	0.000	0.000	0.001
Pfriem		10357	5.000	0.000	0.550	0.080	0.010	0.350	0.000	0.000	0.000	0.000	0.001
Pfriem		10358	5.100	0.000	0.430	0.100	0.040	0.260	0.000	0.000	0.000	0.000	0.001
Pfriem		10359	5.800	0.002	0.520	0.060	0.340	0.000	0.000	0.000	0.000	0.000	0.001
Pfriem		10360	5.700	0.000	0.100	0.060	0.010	0.050	0.000	0.000	0.000	0.000	0.001
Pfriem		10361	5.200	0.000	0.590	0.130	0.010	0.320	0.000	0.000	0.000	0.000	0.020
Pfriem		10362	5.400	0.000	0.220	0.060	0.005	0.090	0.000	0.000	0.002	0.000	0.001
Pfriem		10363	5.300	0.000	0.500	0.080	0.005	0.610	0.000	0.000	0.000	0.000	0.001
Rollennadel		10364	5.200	0.000	0.760	0.250	0.002	0.670	0.000	0.000	0.000	0.000	0.001
Rollennadel		10365	8.600	0.000	0.760	0.550	0.005	0.580	0.000	0.000	0.000	0.000	0.001
Axt		11109	6.100	0.000	0.340	0.040	0.002	0.410	0.000	0.000	0.000	0.000	0.020
Megyaszó													
	Axt	14360	10.000	0.000	0.010	0.020	0.002	0.000	0.000	0.000	0.000	0.000	0.001
	Dolch	14361	10.000	0.000	0.002	0.002	0.002	0.000	0.000	0.000	0.000	0.000	0.001
Košt'any													
Grab 15	Dolch	17667	0.900	0.000	0.110	0.270	0.000	0.030	0.005	0.510	0.000	0.000	0.000
Grab 17	Dolch	17668	0.030	0.000	0.090	0.340	0.000	0.080	0.000	0.500	0.000	0.000	0.000
Grab 17	Dolch	17669	0.040	0.000	0.090	0.370	0.000	0.070	0.000	0.460	0.000	0.000	0.000
Grab 15	Beil	17670	0.510	0.000	0.190	0.490	0.000	0.020	0.005	0.500	0.000	0.000	0.000
Všechsvätých													
Grab 47	Dolch	17693	1.050	0.000	0.350	0.720	0.470	0.120	0.006	0.000	0.000	0.000	0.001
Grab 2	Dolch	17694	1.200	0.000	0.420	0.720	0.500	0.020	0.013	0.000	0.000	0.000	0.000
Grab 47	Spiral	17696	0.000	0.000	1.600	0.720	0.520	0.000	0.008	0.000	0.000	0.000	0.000
Grab 16	Ring	17697	2.100	0.000	0.080	0.590	0.350	0.530	0.000	0.000	0.000	0.005	0.020
Grab 16	Ring	17698	0.150	0.000	0.910	1.100	0.560	0.050	0.007	0.000	0.000	0.000	0.000
Grab 16	Ring	17699	0.010	0.000	0.170	0.470	0.440	0.350	0.000	0.000	0.002	0.000	0.000
Grab 16	Ring	17700	0.000	0.000	1.400	1.400	0.530	0.000	0.044	0.000	0.000	0.000	0.000
Grab 16	Ring	17701	0.520	0.002	0.140	0.530	0.500	0.030	0.000	0.000	0.000	0.000	0.001
Grab 25	Ring	17702	0.000	0.000	1.200	1.850	0.540	0.000	0.120	0.000	0.000	0.000	0.020
Grab ?	Ring	17703	0.010	0.000	1.100	1.300	0.540	0.000	0.097	0.000	0.000	0.000	0.000
Grab ?	Ring	17704	0.000	0.000	1.050	1.450	0.430	0.000	0.097	0.050	0.000	0.000	0.001
Grab ?	Ring	17705	0.000	0.000	0.970	1.450	0.430	0.000	0.097	0.000	0.000	0.000	0.001
Grab 49	Ring	17706	0.000	0.000	1.050	1.050	0.700	0.000	0.036	0.000	0.000	0.000	0.001
Grab 48	Ring	17707	0.000	0.000	2.900	2.700	1.500	0.000	0.094	0.000	0.000	0.000	0.000

Abbildung 59. Tabelle der Spektralanalysen von Metallgegenständen aus dem Košice-Becken.

Die chemischen Zusammensetzungen der analysierten Metallfunde aus Košt'any, Všechsvätých und Hernádkak sind sich darin ähnlich, daß die Gegenstände, neben Kupfer als Hauptbestandteil, sehr unterschiedliche Quantitäten der Elemente Arsen, Antimon, Nickel und Zinn aufweisen, hingegen einen ziemlich gleichmäßigen Anteil Silber enthalten *(Abb.59)*. Das heißt, es gibt Metallgegenstände mit niedrigen Mengen einzelner Spurenelemente und Gegenstände mit einer für den spezifischen Metalltyp bedeutend hohen Menge von bestimmten Spurenelementen. Einerseits enthalten die Dolchklingen aus Košt'any und die Lockenringe und der Spiraldraht aus Všechsvätých relativ wenig Arsen, Antimon und Nickel sowie kein Zinn oder Zinn nur in Spuren oder geringen Mengen. Sie entsprechen dem Rohkupfer der Gruppe II nach Otto und Witter und der Materialgruppe E00 nach SAM.[366] Diese Werte finden keinen Vergleich unter den analysierten Metallfunden aus Hernádkak.

Andererseits weisen die Dolchklingen und einzelne Ringe aus Všechsvätých und das Randleistenbeil aus Košt'any einen bedeutenden Anteil an Arsen, Antimon und Nickel auf, die in Relation zueinander stehen. Der Anteil Silber ist gleichmäßig um 0,4-0,5%, während Zinn in kleinen Mengen (0,5-3%) vorhanden ist. Die Analysen entsprechen den silberhaltigen Fahlerzmetallen von Otto und Witter Gruppe IV und VI, SAM B2 und C2. Dieses Metallfundbild kann mit analysierten Funden aus Hernádkak Phase 2-3 sowohl in den Elementkombinationen als auch im Fundtyp verglichen werden.[367] Es scheint berechtigt, daraus zu schließen, daß es sich bei der ersten Gruppe um Gegenstände mit einem geringen bzw. natürlichen Gehalt an Zinn handelt, im Gegensatz zu der zweiten Gruppe von Gegenständen mit einem absichtlich zugefügten Anteil an Zinn (ca. 1-3%). Deutlich im Gegensatz dazu stehen Analysen von Gegenständen aus zeitlich jüngerem Fundverband in Barca und Megyaszó. Sie weisen einen im Vergleich höheren Gehalt an Zinn auf (ca. 5-10%), dagegen ist der Anteil an Arsen, Antimon, Silber und Nickel oft niedriger als bei den Gegenständen mit wenig (1-3%) Zinn. In Hernádkak weisen einzelne Gegenstände einen ähnlich hohen Zinngehalt auf, jedoch sind sie vom Fundtyp her nicht vergleichbar: es handelt sich um Spiraldraht, kleine Ahlen, eine kleine Drahtösenkopfnadel und eine Rollenkopfnadel.[368] Dagegen handelt es sich in Megyaszó um die Axt Typ Křtěnov, Kugelkopfnadeln, eine große Drahtösenkopfnadel und Meißel, in Barca um Randleistenbeile, Pfrieme und Nadeln mit Stachelscheibe.[369]

Bei einer Gegenüberstellung des Bilds der Metallzusammensetzung mit jenem der Südwest-Slowakei sind trotz der kleinen Zahl an spektralanalysierten Metallfunden aus dem Hernádtal ähnliche Tendenzen in der metallurgischen Entwicklung beider Landschaften zu bemerken. Das frühbronzezeitliche Gräberfeld von Výčapy Opatovce zeigt durch die große Zahl der analysierten Metallfunde ein für das Gebiet beispielhaftes Spektrum an Elementkombinationen.[370] Metallgegenstände aus den frühesten Gräbern enthalten neben Kupfer als

---

[366] SAM 17667-17669, 17699, 17701. Siehe SAM I 211 Tab.3-4. SAM II 2 Diagramm 1.

[367] SAM 17670, 17693-17694, 17697, 17701.
Vergleiche Hernádkak HDM 7, 11, 18, 26, 29-32.
Obwohl sich die Dolchklinge aus Hernádkak Grab 96 durch die Bildung der Heftplatte von den Dolchen aus Košt'any und Všechsvätých deutlich absetzt, weist die Klinge einen ähnlichen dachförmigen Querschnitt auf.

[368] Hernádkak Probe 4, 5, 8, 14, 15, 21, 22, 23, 27.

[369] Megyaszó Probe 33, 34, 36-38, 41, 42 und SAM 14360, 14361, 14417.
Barca SAM 10331-10334, 10339-10365.

[370] SAM 10366-10385, 10407-10564, 10827-10832, 10834-10838.

Hauptbestandteil Spuren oder nur geringe Anteile der Elemente Arsen, Antimon, Silber und Nickel. Es handelt sich im Fundtypus hauptsächlich um Weidenblattschmuck, zierliche einfache Ringe und Spiraldraht.[371] Sie sind mit den Metallanalysen aus Košt'any mit wenigen Spurenelementen zu vergleichen und entsprechen Gruppe II von Otto und Witter, SAM E00. Mit der Zunahme an dem Gehalt von Arsen, Antimon und Nickel, bereits ab einem Anteil von ca. 0,1% und besonders ab 0,4%, ist eine bestimmte Relation der Elemente zueinander zu bemerken. Dabei ist der Anteil Antimon zu Arsen meist doppelt bis dreimal so groß oder umgekehrt. Es kommt seltener vor, daß der Anteil der Elemente 1:1 beträgt. Bemerkenswert ist das häufige Überwiegen von Antimon bis zu einer Höhe von 4% in einer Legierung. Dies ist nicht bei dem Element Arsen zu bemerken, das selten einen Anteil von 3% erreicht.[372] Der Anteil an Nickel dagegen ist sehr unterschiedlich. Bei Gegenständen mit bedeutend hohem Anteil an Antimon, seltener Arsen, kann Nickel anteilmäßig bis zu einer Höhe von 4,0% enthalten sein. Der Anteil an Silber scheint von den anderen Elementkombinationen unabhängig zu sein und wird hier als natürliche Erscheinung oder "Verunreinigung" betrachtet. Die Mehrzahl der Analysen kann in Gruppe VI der silberhaltigen Fahlerze nach Otto und Witter und den Materialgruppen IA, IFG, IVC4 und IVFD hauptsächlich nach SAM geordnet werden. Es handelt sich im Fundbild um Weidenblattschmuck und Ringe bei Analysen mit geringen Mengen von Arsen, Antimon und Nickel. Bei einem höheren Anteil der Elemente, besonders bei mehr als 0,4-0,5%, ist ein breiteres Fundspektrum von Finger- und Ohrringen, Armspiralen, Nadeln, Ösenhalsringen und Dolchklingen, neben Weidenblattschmuck, vertreten.[373] Dieses Bild der Elementkombination und -quantität bleibt bestehen, auch wenn Spuren oder geringe Mengen von Zinn (0,005-ca. 0,5%) vorhanden sind. Der Anteil und die Relation der Elemente Arsen, Antimon und Nickel bleibt wie bei Metallgegenständen ohne Zinn der gleiche. Das heißt, die Anwesenheit von Zinn bis zu einer Höhe von ca. 0,5% scheint natürlich oder zufällig zu sein.[374] So wird hier angenommen, daß diese Gegenstände aus zinnhaltigen Erzen hergestellt wurden. Im Fundbild handelt es sich mit Ausnahmen (Törökszentmiklós) um ähnliche Fundgattungen wie bei der vorherigen Gruppe von Gegenständen mit hohen Anteilen an Arsen, Antimon und Nickel.

Bei einem Gehalt von 1-3% Zinn (in manchen Fällen schon bei 0,5%) sind die Elemente Arsen, Antimon und Nickel noch in einer bestimmten Relation zueinander, wobei Zinn immer mehr den überwiegenden Anteil stellt.[375] Bei einem

---

[371] Zum Beispiel: Výčapy Opatovce SAM 10378, 10380, 10381, 10413, 10432, 10433, 10463, 10447, 10554. Tvrdošovce SAM 10655, 10657.
[372] Zum Beispiel: Abrahám 10898. Bajč 10854. Bánov 10773. Hurbanovo 10585. Komjatice 10574. Nesvady 10684. Rusovce 12740, 12741. Tvrdošovce 10648, 10652. Vel'ký Grob 10734, 10738. Veselé 17687, 17688. Výčapy Opatovce 10369, 10834, 10836.
[373] Zum Beispiel: Abrahám SAM 10898, 10902. Bánov SAM 10782-10784. Hurbanovo SAM 10585, 10612. Komjatice SAM 10572, 10760. Nitra SAM 10565. Rusovce SAM 12748, 12759. Tvrdošovce SAM 10655, 10661, 10671. Vel'ký Grob SAM 10739, 10744, 10754. Veselé SAM 17687, 17689. Výčapy Opatovce SAM 10376, 10416.
[374] Zum Beispiel: Abrahám SAM 10922. Bánov SAM 10778, 10781. Hatvan SAM 6532. Hurbanovo SAM 10579, 10584. Komjatice SAM 10574, 10761. Matúškovo SAM 10695, 10696. Nesvady SAM 10686. Rusovce SAM 12742, 12744, 12760. Törökszentmiklós 6412, 6416. Tvrdošovce SAM 10652, 10659, 10667. Vel'ký Grob SAM 10745, 10749. Veselé SAM 17686, 17688. Výčapy Opatovce SAM 10367, 10385, 10539, 10832.
[375] Zum Beispiel: Bánov SAM 10993. Banská Štiavnica SAM 12520. Borsodgeszt SAM

Zinngehalt von ca.5,0% und mehr schwankt der Anteil der anderen Elemente. Entweder bleibt er auf bedeutender Höhe, wobei die Elemente wie bei den Kombinationen mit niedrigem Zinngehalt in Relation zueinander stehen,[376] oder der Anteil an Arsen, Antimon, Nickel und Silber ist bedeutend kleiner.[377] Mit Bezug auf das Fundbild ist zusammenfassend zu bemerken, daß es sich hier sowohl um Fundgattungen wie bisher aufgezählt als auch um typologisch weiterentwickelte Fundtypen und neue Formen handelt. Letztere stammen meist aus einem Fundkontext der fortgeschrittenen und jüngeren Frühbronzezeit.

Im Verlauf der metallurgischen Entwicklung ist zu beobachten, daß in der Slowakei und im nördlichen Ungarn Nickel in unterschiedlicher Höhe in Verbindung mit den Elementen Arsen und Antimon vorkommt. In Metallgegenständen aus den frühesten Gräbern der Frühbronzezeit ist Nickel, wie auch Arsen und Antimon, nicht enthalten oder nur in geringen Mengen vorhanden (siehe oben). Gegenstände mit einer Legierung aus Arsen und Antimon können kein Nickel oder Nickel in geringen Mengen enthalten.[378] In einer Arsen-Antimon-Legierung ist bei einem höheren Anteil Antimon oft ein hoher Anteil Nickel zu beobachten.[379] Dies kommt seltener in Verbindung mit einem überwiegenden Anteil Arsen vor.[380] Selten überwiegt der Anteil Nickel in einer Legierung.[381] Dieses Bild ändert sich bei einem hohen Zinngehalt (mehr als ca.5%), in dem der Anteil Nickel, wie auch Arsen, Antimon und Silber meist bedeutend weniger wird, oder der Anteil Nickel relativ gleich bleibt.

Das Vorkommen von Gußformen und Gußtiegeln in Siedlungen und Gräbern der Hatvan-Kultur ist ein wichtiger Hinweis auf die metallurgische Tätigkeit dieser Gruppe.[382] Bis jetzt sind hauptsächlich Gußformen für Flachbeile, Beile und Meißel bekannt, weniger Dolchklingen oder andere Geräte. Die Drahtösenkopfnadel, Lockenringe und das Beil gehören zu den Metallformen der

---

12979. Dolný Peter SAM 9453, 9468, 9481. Dunajská Streda SAM 10927. Dvory nad Žitavou SAM 10790, 10806. Eger SAM 12510. Gajary SAM 10908. Hurbanovo SAM 10587, 10799. Körösszakál SAM 9257. Matúškovo SAM 10697, 10703, 10704, 10706. Nesvady SAM 10690, 10691. Nitra SAM 10566. Tibolddaróc SAM 12968. Törökszentmiklós 6409-6411, 6413. Včelínce SAM 12155. Veľký Grob SAM 10746. Vinodol SAM 17691. Výčapy Opatovce SAM 10489, 10538.

[376] Zum Beispiel: Bánov SAM 10780. Barca SAM 10347, 10365. Borsodgeszt SAM 12978. Dolný Peter SAM 9454, 9463, 9480. Dunajská Streda SAM 10924-10931. Gajary SAM 10899, 10916. Hajdúsámson SAM 13055-13062. Hodejov SAM 12086-12090. Hurbanovo SAM 10577, 10582. Komárno SAM 10845-10847. Matúškovo SAM 10702. Nitriansky Hrádok SAM 10811-10814. Nové Zámky SAM 10791-10793. Tiszakeszi 12972-12973, 12976. Veľký Grob SAM 10751. Vyškovce SAM 10944.

[377] Zum Beispiel: Bánov SAM 10779. Banská Štiavnica SAM 1105. Barca SAM 10334, 10341. Dolný Peter SAM 9477. Dunajská Streda SAM 10923. Gajary SAM 5697. Hodejov SAM 12099, 12144. Hurbanovo SAM 10580, 10603. Matúškovo SAM 10701. Megyaszó SAM 14360-14361, 14417. Nesvady SAM 10676, 10678, 10680. Szirmabesenyő 5155. Tiszadersz 14297. Tiszaigar 14452. Törökszentmiklós 6422. Veselé SAM 10914. Vinodol SAM 17690. Vyškovce SAM 10946.

[378] Zum Beispiel: Košťany SAM 17670. Všechsvätých SAM 17696, 17698, 17700-17707. Veľký Grob SAM 10744, 10890. Hurbanovo SAM 10608, 10611, 10612. Rusovce SAM 12759, 12761. Bánov SAM 10782.

[379] Výčapy Opatovce SAM 10371, 10376, 10377, 10385, 10410, 10416, 10419, 10423, 10459, 10494, 10520, 10523, 10533, 10834. Tvrdošovce SAM 10648, 10652, 10653, 10659. Rusovce SAM 12740, 12741, 12762. Komjatice SAM 10568, 10574. Veselé SAM 17686.

Hatvan-Kultur in Nordost-Ungarn und im nördlichen Zwischenstromland.[383] Schmuckgegenstände aus Bronze(?) und Gold stammen vorwiegend aus Gräbern: aus Zaránk stammen ein Ösenhalsring, Blechknöpfe und ein Lockenring mit mehreren Windungen,[384] aus dem eponymen Fundort Hatvan-Strázsahegy ein Ösenhalsring[385] und aus Galgamácsa längliche Blechröllchen, ein Anhänger und Spiraldraht.[386] Wie bereits darauf hingewiesen wurde, finden diese Fundgattungen Parallelen in Grabfundkomplexen sowohl im Košice-Becken als auch in der Südwest-Slowakei.[387] In Hernádkak treten zinnhaltige Gegenstände in Vergesellschaftung mit Keramik der Hatvan-Kultur bereits in Phase 2 in Hernádkak auf: die Lanzenspitze aus Grab 122, die Ahle und das Stück Spiraldraht aus Grab 54 und aus Grab 105 die Drahtösenkopfnadel, die Rollenkopfnadel und Spiraldraht. Gegenstände aus Gräbern der Phase 3b und 4 weisen ein ebenfalls unterschiedliches Bild in der chemischen Zusammensetzung auf: Es kommen Gegenstände mit hauptsächlich Kupfergehalt oder mit bedeutenden Mengen von Arsen, Antimon, Nickel oder Zinn vor.

Zusammenfassend weisen Metallgegenstände aus den Gräbern in Hernádkak auf ein fortgeschrittenes System der Erzgewinnung und -bearbeitung und auf die innovative und experimentelle Stelle Hernádkaks im Rahmen der Entwicklung in der frühen Metallurgie in den inneren Westkarpaten hin. Letzteres wird u.a. durch die unterschiedlichen Legierungen aus Arsen, Antimon, Nickel und Zinn, sowie durch die Quantitäten des Zinns verdeutlicht.
Angesichts des heute bekannten Zinnerzvorkommens im Slowakischen Erzgebirge ist die Möglichkeit des Abbaus und der Bearbeitung von Zinnerz aus naheliegenden Erzlagerstätten in prähistorischer Zeit bzw. in der älteren Frühbronzezeit zu akzeptieren.[388]
Für eine naheliegende, "einheimische" Herkunft des Zinn- sowie auch Kupfererzes spricht das Fehlen von eindeutigen fremden Elementen im Fundinventar, die auf eine Einfuhr von Zinn aus weiter entfernten, zinnerzführenden Gebieten, wie zum Beispiel das deutsch-böhmische Erzgebirge, hinweisen. Der Zinngehalt in Spuren oder in geringen Mengen in charakteristischen, bereits kupferzeitlichen Gegenständen aus dem Gebiet der inneren Westkarpaten, zum Beispiel die Äxte aus Tibava und Cífer und die Zungenbarren aus Törökszentmiklós, sprechen dafür, daß Zinn bereits in dem gewonnenen Kupfererz bzw. in dem bearbeiteten Metall auf natürliche Weise vorhanden war.

---

[380] Výčapy Opatovce SAM 10470, 10496, 10511. Tvrdošovce SAM 10669, 10670. Rusovce SAM 12755. Vel'ký Grob SAM 10756-10758. Hurbanovo SAM 10593, 10594, 10598, 10600, 10614, 10797. Abrahám SAM 10898. Všechsvätých SAM 17696. Bánov SAM 10785. Hodejov SAM 12086-12089.
[381] Výčapy Opatovce SAM 10412, 10482, 10486, 10522, 10529, 10530, 10548. Komjatice SAM 10569-10571. Matúškovo SAM 10697, 10698.
[382] Kalicz 1968, 162-163, Szihalom Tafel 75.8, 76.9, 80.3. Tibolddaróc. Ebd. Tafel 62.5. Vatta-Testhalom. Ebd. Tafel 65.2-3. Hatvan-Strázsahegy. Ebd. Tafel 93.2. Mezőcsát-Pástidomb. Ebd. Tafel 68.1-2. Hernádkak Grab 7 Tafel 3.10. Tószeg B1. Siehe Mozsolics 1967, 19 Abb.2 und 98-102 Abb.30.
[383] Kalicz 1968, 163-164.
[384] Ebd. 163 Tafel 88.1-5.
[385] Ebd. 163. Von Tompa 1935 Abb.24.13. SAM Analysennr.6532.
[386] Ebd. 163 Tafel 119.2-4.
[387] Kapitel VI A und D.
[388] Siehe Kapitel I und Abb. 2 und 4.

VI. Gliederung der Gräberfelder.

Ziel der Gliederung

Eine Gliederung der Grabbeigaben im Gräberfeld Hernádkak wurde vorgenommen, um
1) das Vorhandensein von deutlichen Fundgruppen innerhalb des Gräberfeldes zu erkunden,
2) die typologische und zeitliche Entwicklung des Fundbilds innerhalb der Grabfundgruppen festzustellen,
3) die Möglichkeit zu geben, Unterschiede und Ähnlichkeiten unter den Fundgruppen des Gräberfeldes mit anderen Gräberfeldern zu vergleichen,
4) die Reihenfolge in der Belegung der einzelnen Gräber bzw. der Grabfundgruppen innerhalb des Gräberfeldes festzulegen,
5) das Verhältnis dieses Entwicklungsbildes zu anderen Gräberfeldern in der gleichen Landschaft des Hernádtals und in der Nachbarlandschaft des nördlichen Zwischenstromlands zu ermitteln, und damit
6) dem Gräberfeld Hernádkak dort sowie in den umliegenden Gebieten einen zeitlichen Rahmen zu geben und diesen zu begründen.

Grundlage für die Gliederung bildet an erster Stelle das Grabfundmaterial. Obwohl einige Gräber schon im Altertum beraubt worden waren, handelt es sich hier um geschlossene Fundkomplexe. Auch wenn das Fundinventar mehrerer Gräber nicht auffindbar oder nur noch zum Teil vorhanden ist, bleibt dennoch eine große Zahl Grabverbände für die Auswertung. Zusätzlich zu den Grabfunden wurde die vorhandene Dokumentation zur Grabausrichtung und Bestattungsweise und zur Lage der Beigaben in der Grabgrube für die Gliederung stets berücksichtigt. Die chemischen Zusammensetzungen der Metallgegenstände, soweit sie nach spektralanalytischer Untersuchung bekannt sind, wurden ebenfalls mitverwertet.[389] Im Verlauf der Untersuchung bzw. der Abfolge ändert sich das Gewicht der aussagefähigen Fundtypen. Während am Anfang zahlenmäßig die Kleinfunde, weniger die Keramik, für die Gliederung bestimmend sind, nehmen die Gefäßformen und schließlich die Ziermotive eine immer wichtigere Rolle ein. Letzteres trifft in Hernádkak vor allem für die letzte Belegungsphase zu, die außerdem bei der größten Zahl der Gräberkomplexe vertreten ist.

Methode

Zu Beginn der Gliederung wurden Keramik, das heißt die Gefäßformen, die Oberflächenbehandlung oder Verzierung der Gefäße, und die Kleinfunde getrennt betrachtet und nach den bereits aufgezählten Kriterien in Gattungen, Fundtypen und Motive gegliedert.[390] Die einzelnen Fundkomplexe wurden dann stets mit den Angaben des Ausgräbers zum Grabbefund verglichen, um den ursprünglichen mit dem heutigen Fundbestand zu überprüfen. Die dadurch festgestellten, unvollständigen Fundkomplexe konnten anhand der ursprünglichen Befundbeschreibung in manchen Fällen teilweise statistisch ergänzt werden. Die Zufügung des fehlenden Kleinfundtyps war durch die genauen Angaben von Tompas oft möglich, während das fehlende

---

[389] Siehe Kapitel V. Der Fundstoff. D. Bemerkungen zur spektralanalytischen Untersuchung.
[390] Siehe Kapitel V. Der Fundstoff. A. Die Keramik.

Keramikinventar, zumeist ungenau bezeichnet, nachträglich nur nach Gefäßgattung zu vervollständigen ist.[391] Gräber, die eine Einzelform oder ein fragwürdiges Inventar enthalten, wurden, wenn möglich, typologisch eingereiht.[392] Funde, deren Grabzuweisung unsicher oder fraglich ist, wurden für die Gliederung außer acht gelassen. Nicht rekonstruierbare Gefäßbruchstücke und die in der Dokumentation nur vage bezeichneten, heute fehlenden Beigaben wurden nicht berücksichtigt.[393]

Bei der Gliederung der Grabkomplexe wurde den zeitgleichen Gräberfeldern und Siedlungen in der gleichen Landschaft sowie in den anschließenden Gebieten besondere Aufmerksamkeit gewidmet. Als besonders aufschlußreich haben sich die Gräberfelder der Košt'any-Kultur im Košice-Becken: Čaňa, Košice, Valalíky-Košt'any und Valalíky-Všechsvätých, und die Gräberfelder und Siedlungen der Hatvan- und Füzesabony-Kultur im Hernádtal und im anschließenden Zwischenstromland erwiesen.[394] Eine genaue Betrachtung der stratigraphischen Lage des Fundmaterials aus der Siedlung Tiszaluc-Dankadomb in Zusammenhang mit den dokumentierten Gräberfeldern Tiszaörvény und Tarnaméra ergibt mehrere Vergleichsmöglichkeiten für die Grabkeramik in Hernádkak. Daraus können wichtige Schlüsse über die einzelnen Grabgruppen in Bezug u.a. auf die Belegungszeit im Gräberfeld Hernádkak gezogen werden. Besonders die Gräberfelder im Košice-Becken geben Hinweise auf den Anfang des Gräberfeldes, während Gräberanlagen und Siedlungen im Zwischenstromland eher den weiteren Verlauf bzw. das Ende der Belegung bestimmen. Daher scheint es sinnvoll, die Gräberfelder und Siedlungen, deren Fundbild als Vergleich herangezogen wird, erneut zu untersuchen und in der Reihenfolge ihrer Zeitstellung zu betrachten. So werden zuerst die Gräberfelder der älteren Košt'any-Kulturgruppe im Košice-Becken, danach die Siedlung der Hatvan-Kultur Tiszaluc und das Gräberfeld und zuletzt die Gräberfelder der jüngeren Füzesabony-Kulturgruppe in diesem Kapitel behandelt *(Abschnitt A - D)*. Als Ergänzung oder Vervollständigung des überregionalen Fundbildes wird schließlich auf die benachbarten Kulturlandschaften kurz eingegangen, die für die Auswertung des Gräberfeldes Hernádkak von Bedeutung sind *(Abschnitt E)*.[395]

Mehrere kombinationsstatistische Analysen der Grabbeigaben wurden durchgeführt, sowohl auf manuelle Weise als auch mit einer Korrespondenz-Analyse.[396] Dafür kamen hauptsächlich Gefäßtypen, weniger die Varianten eines Typs, in Betracht. Die Gefäßverzierung wurde nach den einzelnen

---

[391] Damit gemeint sind die Bezeichnungen für Gefäßgattungen: Tasse, Krug, Schale, Topf und Becher. Im Gegensatz dazu sind die Kleinfunde meistens genauer nach Typ beschrieben, wie zum Beispiel die Rollenkopfnadel, Drahtösenkopfnadel und Lockenring-Typ a und -Typ b.

[392] Darunter sind Grab 6, 9, 11, 21, 19, 25, 33, 45, 46, 49, 53, 85 und 104.

[393] Siehe Verzeichnis 8. Zur Befundbeschreibung in den Grabungstagebüchern.

[394] Siehe Kapitel II B. Forschungsgeschichte und Kapitel III C. Vergleichbare Gräberfelder.

[395] Siehe dazu auch Kapitel III C. Vergleichbare Gräberfelder.

[396] Die Korrespondenz-Analyse KORAN nach dem Programm von A.Zimmermann, Universität Frankfurt a.M.. Die Grabinventare wurden auf der Präsens-Absens-Basis von kodifizierten Merkmalen der Grabbeigaben ausgewertet. Die Unvollständigkeit mancher Grabkomplexe hat zu eher irreführenden Ergebnissen anstatt zu einem klaren Bild der Fundverhältnisse geführt. Aus diesem Grund werden die Ergebnisse der Analyse an dieser Stelle nicht angeführt.

Zierelementen bewertet. Bei der Gliederung bzw. kombinationsanalytischen Untersuchung der Grabbeigaben stellen sich Fundtypen heraus, die nur in bestimmten Gräbern erscheinen. Diese Funde oder Fundvergesellschaftungen werden hier als charakteristisch für die jeweilige Gräbergruppe betrachtet und als Leitformen einer typologischen oder zeitlichen Phase des Gräberfeldes interpretiert. Es handelt sich dabei um Keramik, das heißt Gefäßformen und -verzierungen, weniger um Kleinfunde, das heißt Gegenstände aus Metall, Stein, Ton, Muschel und Knochen.[397] Andererseits enthalten mehrere Gräber Keramik, die für die Gliederung keine Leitform darstellt. Solche Gefäßtypen werden hier als langlebige Formen im Fundverband betrachtet. Darunter sind vor allem kleine bis miniaturhafte, henkellose, unverzierte Becher[398] und eventuell noch kleine henkellose, unverzierte Töpfe mit geschwungenem Profil.[399] Große topfartige Gefäße kamen häufig in zerbrochenem Zustand vor. Sie sind nach den Angaben und Abbildungen in der Literatur schwer zu rekonstruieren, so daß die Dauer einiger Topfformen in der Belegungszeit des Gräberfeldes nicht immer definitiv bestimmbar ist.

A. Gliederung der Fundkomplexe aus den Gräberfeldern im Košice-Becken.

Das Fundbild der Gräber der Košt'any-Kulturgruppe in Košice, Čaňa, Valalíky-Všechsvätých und Valalíky-Košt'any ist für die Gliederung und Deutung der Grabkomplexe aus Hernádkak besonders im Hinblick auf die Typologie und Chronologie von Bedeutung *(Abb. 60)*. Daher wurde eine Gliederung der Fundkomplexe in den hier umschriebenen Gräberanlagen im Košice-Becken erneut vorgenommen.[400] Obwohl die Gräber dort schon bei ihrer Aufdeckung in unterschiedlichen Ausmaß beraubt bzw. gestört waren, sind dennoch aussagefähige Fundkomplexe vorhanden, um eine Entwicklung der Gegenstände festzustellen und eine Gliederung durchzuführen. Dies betrifft vor allem die Fundkomplexe aus den verhältnismäßig großen Gräberfeldern Košice und Čaňa.

Keramik und Kleinfunde wurden nach Fundgattungen geordnet. Da relativ wenig Keramik unter den Beigaben vorkam, bestehen die Leitformen der jeweiligen Phasen vorwiegend aus den zahlreich vertretenen Kleinfunden, vor allem Metallgegenständen und Perlen aus verschiedenem Material. Die Vergesellschaftung bestimmter Keramikformen mit Kleinfunden in den Gräbern wird nur selten vorgefunden. Gräber mit Kleinfunden enthielten meistens keine Keramik. Der Zustand der Störung oder Plünderung in den Gräberfeldern ergab eine relativ große Zahl von Gräbern, die nur noch Perlen aus Fayence, Muschel, Knochen oder Spiraldraht als Beigaben enthielten. Diese Gräber konnten meistens

---

[397] Während bei den Grabfundkomplexen aus Hernádkak und Gräberfeldern des oberen Mittel-Theißgebietes die Gefäßform und -verzierung entscheidend ist, wird das Bild der Leitformen aus Gräbern im Košice-Becken dagegen durch die Kleinfunde geprägt.
[398] Hernádkak Grab 1, 5, 8, 24 und 40.
[399] Hernádkak Grab 42, 98, 101 und 129.
[400] Vergleiche Abb.7.23, 24, 25, 27, 28 und Kapitel III C. Beschreibung der vergleichbaren Gräberfelder. Für die Gliederung der einzelnen Gräberfelder siehe 1) das Fundinventar (Verzeichnis 17-19), 2) die Kombinationstabelle der Gräber und Leitformen (Abb. 61, 63, 65, 67) und 3) Horizontalstratigraphie des jeweiligen Gräberfeldes (Abb. 62, 64, 66, 68). Die in die Literatur von Bátora eingeführte Phasenbezeichnung "Košice I-III" wird hier in Bezug auf die Gräberfelder im Košice-Becken übernommen. Bátora 1982 und 1983.

mangels der für die einzelnen Phasen geltenden Leitform(en) nicht für die Gliederung des jeweiligen Gräberfeldes berücksichtigt werden. Dennoch war in manchen Fällen aufgrund der Übereinstimmung mit Begleitfunden aus anderen Gräbern eine typologische Einreihung in das Phasensystem möglich. Dies betrifft vor allem Grabkomplexe, in denen ausschließlich Keramik vorkam. Das Ergebnis der Gliederung zeigt eine zeitliche sowie typologische Abfolge der Fundkomplexe bzw. der Gräber innerhalb des Gräberfeldes sowie das Verhältnis der Gräberfelder - formenkundlich und zeitlich - zueinander.

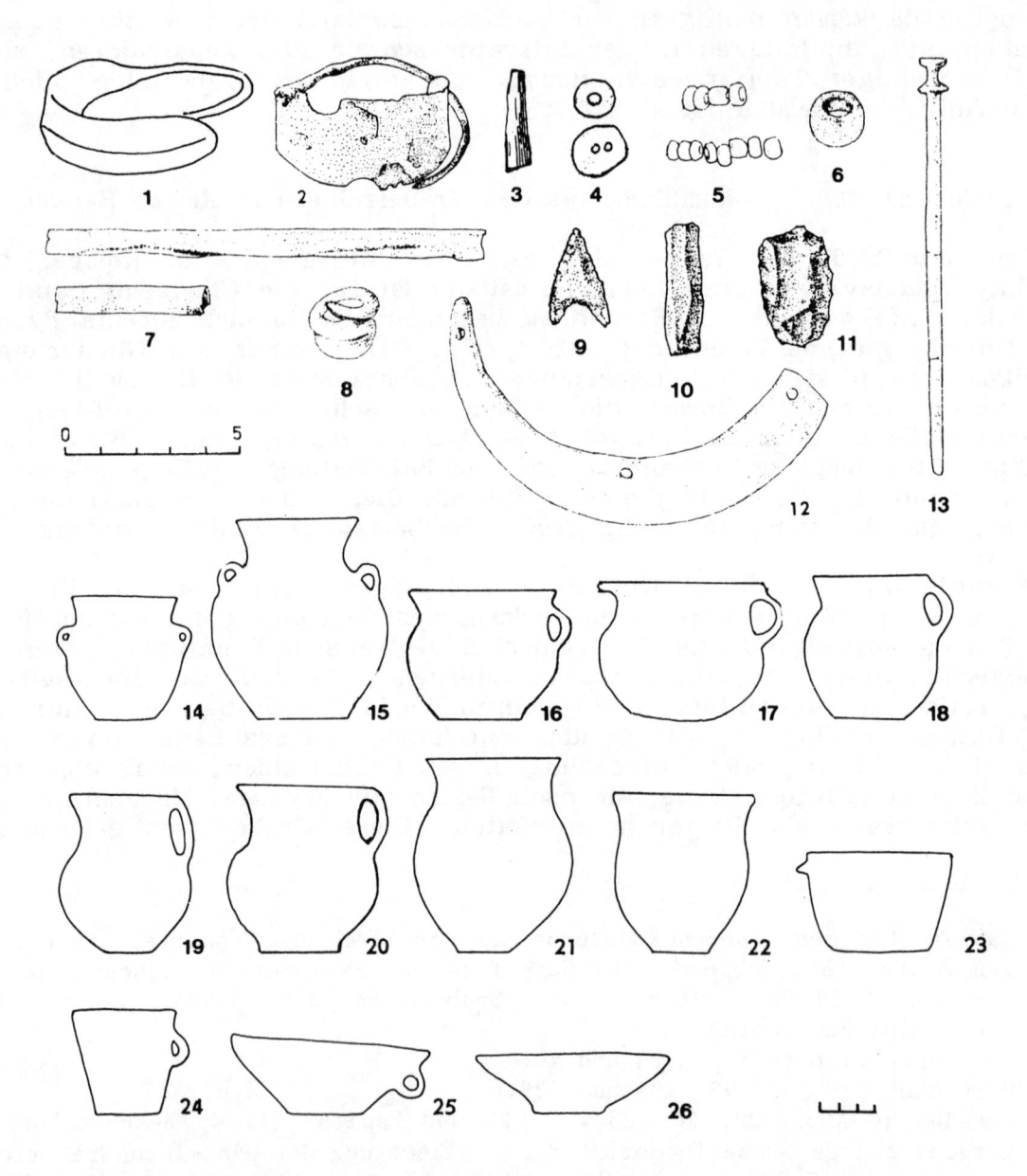

Abbildung 60. Kennzeichnendes Fundinventar der Košt'any-Kulturgruppe.

Košice[401]

Eine große Zahl der Gräber wurde bereits bei der Aufdeckung in zerstörtem Zustand vorgefunden.[402] Manche enthielten keine Beigaben. Andere (ca. 24 Gräber) enthielten Perlen aus Fayence, Muschel oder Knochen sowie kleine Bruchstücke von Metallblech oder -draht, die wegen ihrer Langlebigkeit (hier besonders die Perlen) oder ihrer unvollständigen Form für die Auswertung nicht von Bedeutung sind. Für die Gliederung kamen 36 Gräber bzw. Grabfundverbände in Betracht.[403] Die zeitliche Abfolge der Gräber in Košice kann zumindest in zwei Phasen, hier mit I-II bezeichnet, gegliedert werden *(Abb. 61-62).*[404]

Leitform für die erste und früheste Phase I ist der sog. Weidenblattschmuck: finger- und armgroße Ringe aus Metall, die eine längliche Form, flach oder mit Mittelrippe, und abgerundetem oder spitz zulaufendem Ende und einem kurzen Stiel von rundem Querschnitt aufweisen.[405] Weidenblattringe kommen vorwiegend als Schmuckgarnitur entweder als Einzelstück oder mit weiteren Weidenblattringen vor oder sie erscheinen zusammen mit Perlen aus Dentalium, Fayence, Knochen, Muschel oder Ton (Abb. 60.14-18). Sie stehen weniger in einer Kombination mit Knochen- oder Steingeräten als Arbeits- oder Jagdausstattung. Kennzeichnend für Phase I sind außerdem die Knochennadel mit profiliertem Kopf (Abb. 60.19), längliche Röhrchen aus aufgerolltem Blech (Abb. 60.20) und der Topf-Typ Mierzanowice. Das Gefäß ist in der kleinen weitmundigen Form mit abgesetzter Standfläche und zwei Ösenhenkeln und in der hohen Flaschenform mit einem oder zwei Ösenhenkeln vertreten (Abb. 60.1-2). Weitere Gefäßformen der Phase I sind henkellose Näpfe und hohe Töpfe mit breiter, ausschwingender Mündung und kleiner Standfläche. Die Oberfläche ist oft mit Besenstrich behandelt bzw. gerauht (Abb. 60.8-10).[406] Die Knochennadeln mit profiliertem Kopf und Blechröllchen sind sowohl mit Weidenblattringen (wenn auch selten) als auch mit dem Topf-Typ Mierzanowice vergesellschaftet. Dagegen kommt der letztere Topf-Typ nicht zusammen mit Weidenblattschmuck im Košice-Becken vor. Es scheint daher, daß innerhalb von Phase I zwei Fundgruppen vorhanden sind: eine Gruppe mit

---

[401] Abb.7.24.

[402] Pástor zählte 41 Gräber auf, die durch Grabplünderung zerstört wurden. Pástor 1969, 82-83. Weitere 7 Bestattungen der Košťany-Kultur wurden durch das Anlegen eines jüngeren Grabes der Otomani-Kultur gestört. Ders. 79-80. Hinzu kamen mehrere Gräber, die beim Kiesabbau vom Bulldozer modern zerstört wurden.

[403] Vergleiche Verzeichnis 17. Fundinventar der Gräber in Košice.

[404] Bátora 1982 und 1983.

[405] Wegen den unzureichenden Abbildungen und Beschreibungen der weidenblattförmigen Gegenstände ist es hier nicht möglich, festzustellen, ob es sich jeweils um Weidenblattschmuck mit flachem Querschnitt oder mit einer Mittelrippe handelt. So kann in den Gräberfeldern Košice, Čaňa, Košťany und Všechsvätých keine Unterteilung der Gräber mit Weidenblattringen in zwei Phasen vorgenommen werden, wie sie von Točík für die Gräber der Nitra-Gruppe in der Südwest-Slowakei definiert wird. Točík 1963, 746-748 Abb. 242-243.

[406] Der Gefäßtyp, der für die Mierzanowice-Kultur des südlichen Polens kennzeichnend ist, wird hier vereinfachend als Topf-Typ Mierzanowice bezeichnet. Siehe Abb.76. Ausgewählte Grabkeramik und Kleinfunde der Mierzanowice-Kultur. Vergleiche Košice Grab 59 und 88. Pástor 1969 Taf.12.2 und 16.4.

Weidenblattschmuck als Leitform, die mit Fayenceperlen (segmentiert und nicht segmentiert), Perlen aus durchlochten Muschelscheibchen und Knochennadeln mit profiliertem Kopf vergesellschaftet ist,[407] und eine Gruppe, in der der Topf-Typ Mierzanowice zusammen mit Perlenschmuck, der Knochennadel mit profiliertem Kopf sowie Blechröllchen und vereinzelten Blechstreifen und Drahtstücken vorkommt.[408]

In der Phase II des Gräberfeldes Košice nehmen sowohl die Zahl als auch das Formrepertoire der Metallgegenstände zu. Darunter sind einfache Ringe aus Draht, einfache Drahtringe mit Schleife, Lockenringe, Nadeln mit einfach umgebogenem Kopf oder mit Drahtösenkopf und die Fundvergesellschaftung Beil oder Ahle und Dolchklinge aus Metall.[409] Weidenblattschmuck, Blechröllchen sowie Blechstreifen fehlen; die Knochennadel mit profiliertem Kopf kommt nur vereinzelt vor. Im Grabfundmaterial sind zwei Gruppen, die unabhängig von der Phasenabfolge auf Unterschiede zum Beispiel in der Tracht oder im Brauchtum zurückzuführen sind, deutlich zu erkennen. Erstens: Gräber mit Schmuck in der Form von Ringen aus Draht mit Schleife, Spiraldraht, Perlen aus Fayence (segmentiert und nicht segmentiert), Dentalium und Eckzahnlamellen vom Eber.[410] Sie lagen um den Schädel und in der Halsgegend des Bestatteten. Zweitens: Gräber mit Eckzahnlamellen vom Eber, Knochennadel mit profiliertem Kopf, Knochenahlen, Äxten aus Stein oder Geweih, und vor allem Pfeilspitzen, Klingen und Abspliß aus Obsidian. Eckzahnlamellen, meist bearbeitet, erscheinen öfters in Vergesellschaftung mit Geräten aus Knochen und Stein, seltener in Gräbern mit einer Schmuckausstattung. Gewöhnlich lagen drei oder vier Eckzahnlamellen vom Eber parallel nebeneinander bei den Händen, Rippen oder Beinen, im Schoß oder am Schädel des Bestatteten.[411]

Zu den wichtigen Keramikformen der Phase II gehört der schlanke Krug mit geradem bis kegelförmigem Hals und englichtigem, randständigem Henkel (Abb. 60.6-7), die bauchige Henkelschale mit kurzem Hals, ausladendem Rand und randständigem Henkel (Abb. 60.3-4) und die konische Schale (Abb. 60.12-13). Außerdem kommen noch Formen wie steilwandige, henkellose Näpfe und kleine Töpfe mit starkem S-Profil, der hohe Topf mit breiter ausschwingender Mündung und kleiner Standfläche und der konische Henkelbecher, die aus Phase I bekannt sind, vor (Abb. 60.8-11).

Eine dritte Belegungsphase ist allein durch Keramik vertreten, die aber keine Verwandtschaft zu dem Formengut der vorhergehenden Phasen I-II zeigt. Gräber dieser letzten Phase, in der Literatur mit "III" bezeichnet, liegen an der Peripherie des Gräberfeldes oder überschneiden ältere Gräber. Aufgrund der Gefäßformen und der Verzierung werden diese Gräber der Otomani-Kultur

---

[407] Grab 11, 16, 19, 33, 34, 52, 59, 67, 85, 88, 141, 165(?). Ebd. Taf. 2.5-9; 3.1; 4.1-3,8; 5.10-15; 6.1-4; 10.1-3; 12.1-2,5-9; 15.4-6; 16.1-5; 22.1-5; 28.1-2.
[408] Grab 28, 37, 43, 44. Ebd. Taf. 5.1-4; 6.5; 7.1-13; 8.9-11; 9.1-10.
[409] Grab 78, 146 und 150. Ebd. Taf.14.1-9; 23.1-8; 24.1-6.
[410] Grab 14, 39, 42, 47, 70, 86, 93, 94, 113 und 135, evtl. noch 124. Ebd. Taf.3.5-7; 8.2-3,5-8; 9.13-16; 13.1-6; 15.7-8; 17.2-12; 19.3-5; 20.2-4; 21.6,8-10.
[411] Grab 24, 76, 78, 125, 153, 154, 158, 160, 161. Ebd. 21, Taf. 13.7-15; 14.1-9; 20.5-8; 24.9-19; 25.1-5; 26.8-17; 27.1-10.
Vergleiche die Trachtgruppe in Phase I mit Weidenblattringen, einer Knochennadel mit profiliertem Kopf und Perlen aus Muscheln. Grab 33 und 85. Ebd. 23 Taf.5.10-15 und 37 Taf.15.4-6.

zugeschrieben. Sie sind weder formenkundlich noch horizontalstratigraphisch in die Gräberkomplexe der Phase I-II integriert. Daraus ist zu schließen, daß es nach der Phase II und vor den letzten bzw. jüngsten Bestattungen einen Bruch in der Benutzung des Gräberfeldes, zumindest eine entscheidende Änderung in dem Bestattungsbrauchtum, gegeben hat.[412]

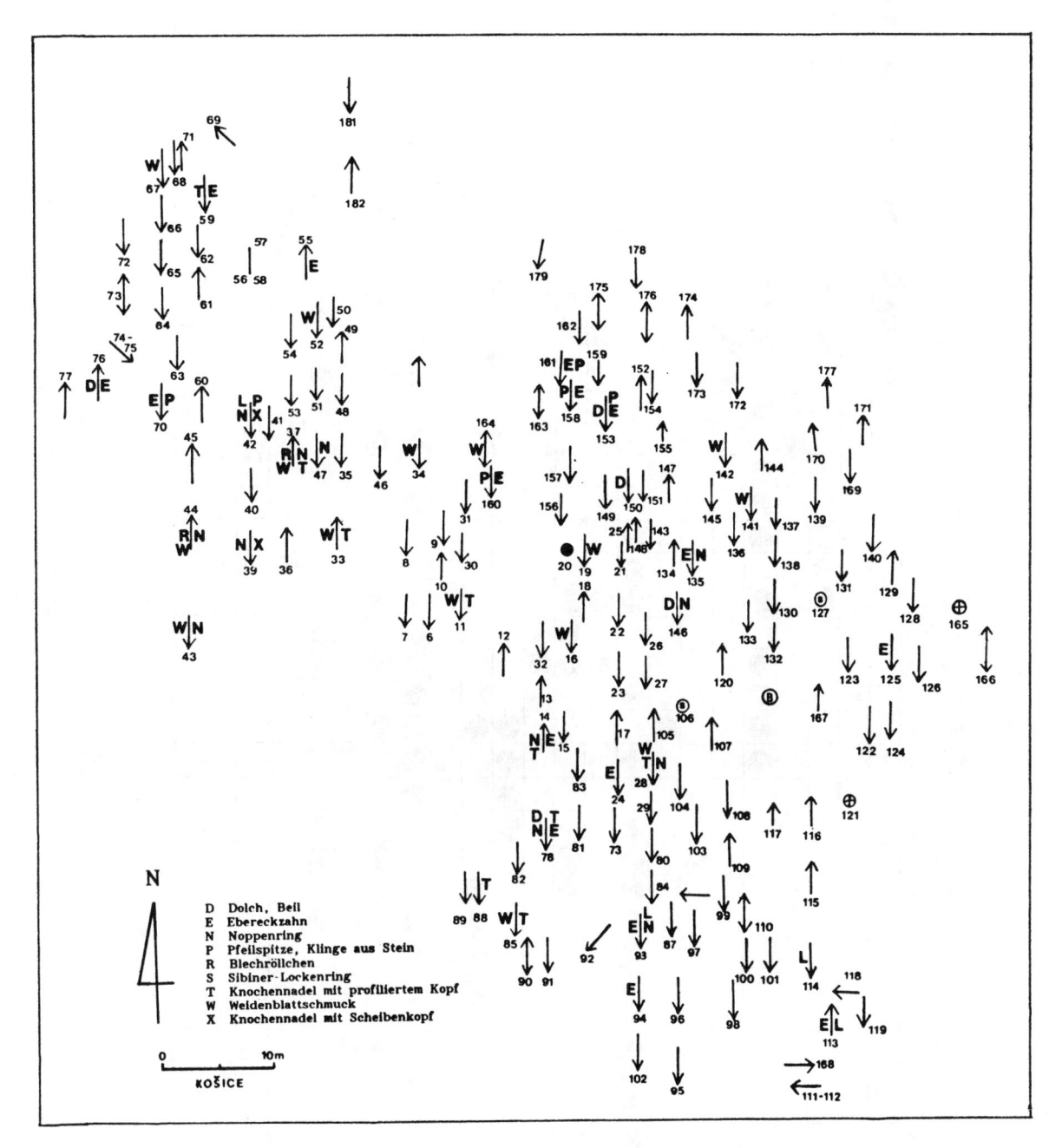

Abbildung 61. Horizontalstratigraphie des Gräberfeldes Košice.

---

[412] Grab 170, 177, 178 und 181 liegen an der Peripherie; Grab 56-57, 65, 111, 115, 141-142 und 152 sind Beispiele von Grabüberschneidung. Abb. 62 und Pástor 1969, 79-80.

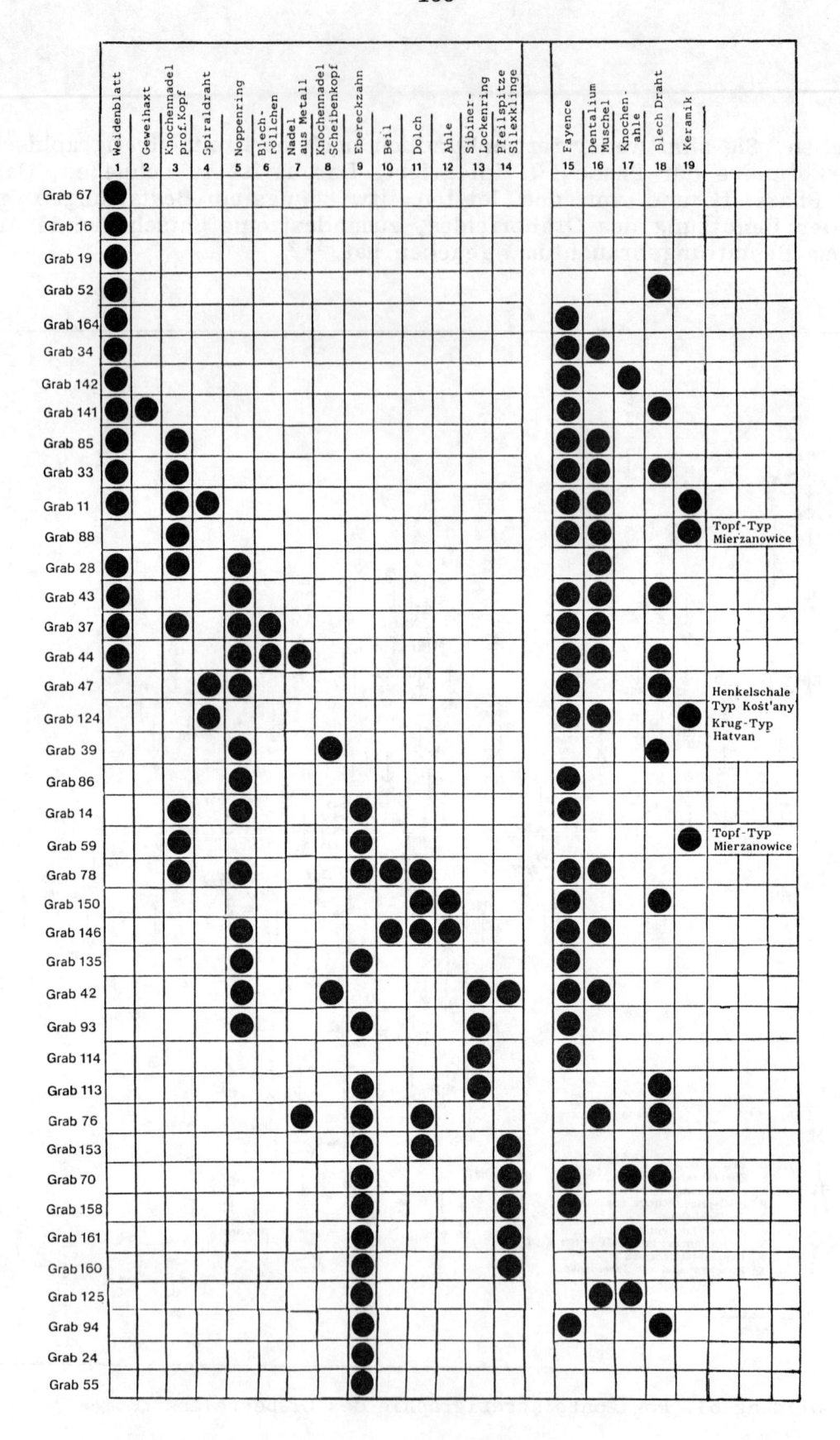

Abbildung 62. Kombination der Gräber und Grabbeigaben im Gräberfeld Košice.

Čaňa[413]

Vergleichbar mit Košice können die Beigaben aus auswertbaren Gräbern im Gräberfeld bei Čaňa in zwei, evtl. drei Phasen gegliedert werden (Abb. 63-64). Obwohl die Zahl der zerstörten Gräber groß ist (von insgesamt 162 Gräbern waren 141 zerstört), wird die Situation durch das häufige Vorkommen von Kleinfunden und Keramik in den Gräbern begünstigt.[414]

Die Unterscheidung einer frühen Phase im Gräberfeld Čaňa, die mit der Phase I in Košice gleichzusetzen ist, scheint hier berechtigt zu sein. Obwohl die bekannte Leitform der Phase - Weidenblattringe - sowie die Knochennadel mit profiliertem Kopf in Čaňa fehlen, deuten längliche Röhrchen aus aufgerolltem Metallblech und Blechstreifen auf das Vorhandensein der Phase Košice I, oder zumindest auf den Übergang von I zu II, hin.[415] Zusätzlich kommen Blechscheibchen mit zwei gegenständigen Randlöchern dazu. Sie erscheinen mit Perlen aus Fayence (segmentiert und nicht segmentiert), durchlochten Perlmuttscheibchen, Dentalium und Spiraldraht.[416] Die Keramikformen dieser Phase umfassen vor allem den Topf-Typ Mierzanowice, den kugeligen Napf und den bauchigen Henkelkrug, die zum Teil Entsprechungen in der Keramik der gleichen Phase in Košice finden.[417] Der schlanke Krug mit kegelförmigem Hals, abgesetzter Standfläche und randständigem Henkel ist eine neue Gefäßform und weist auf den Übergang zu Phase II, in der diese Krugform mehrmals vertreten ist.[418]

Vergleichbar mit Phase II in Košice wird die zweite Phase in Čaňa durch drei Leitformen vertreten: Ringe aus Draht mit Schleife, Lockenringe und bearbeitete Eckzahnlamellen vom Eber. Sie erscheinen selten zusammen in einem Grab und schließen einander meist aus. Dagegen weisen sie die gleichen Begleitfunde wie zum Beispiel Perlen aus Fayence und Dentalium, Spiraldraht, Pfeilspitzen und Obsidianklingen auf. Obwohl der Topf-Typ Mierzanowice noch vorhanden ist, setzen sich die Keramikformen von der vorhergehenden Phase I durch den Krug mit S-Profil und erhöhter Standfläche sowie durch die gedrungene Henkelschale mit ausladendem Rand ab.[419] Eine weitere Fundgruppe besteht aus Dolchklingen.[420] Beachtenswert sind Gefäßformen, die in Košice keine Parallelen finden: schlanke Krüge mit leicht trichterförmigem Hals und randständigem Henkel.[421] Sie sind Leitformen für eine dritte anschließende Phase in der Abfolge des Gräberfeldes, die in Košice nicht zu belegen und nicht mit der Bezeichnung bzw. Phase "Košice III" gleichzusetzen ist.

---

[413] Abb.7.23.
[414] Vergleiche Verzeichnis 18. Fundinventar der Gräber in Čaňa.
[415] Grab 9. Pástor 1978 Taf.2.4-6.
[416] Grab 17 und 34. Ebd. Taf.5.4-5,8 und 7.10-11.
[417] Grab 15, 17, 34, 43. Ebd. Taf.4.2-3; 5.10; 7.12; 11.3.
[418] Grab 17. Ebd. Taf.5.2.
[419] Grab 36, 37, 38, 46, 57. Ebd. Taf. 8.2,4,7; 10.2; 11.10.
[420] Grab 63, 96, 109. Ebd. 36 Taf.16.4,10.
[421] Grab 70. Ebd. Taf.14.1-2.

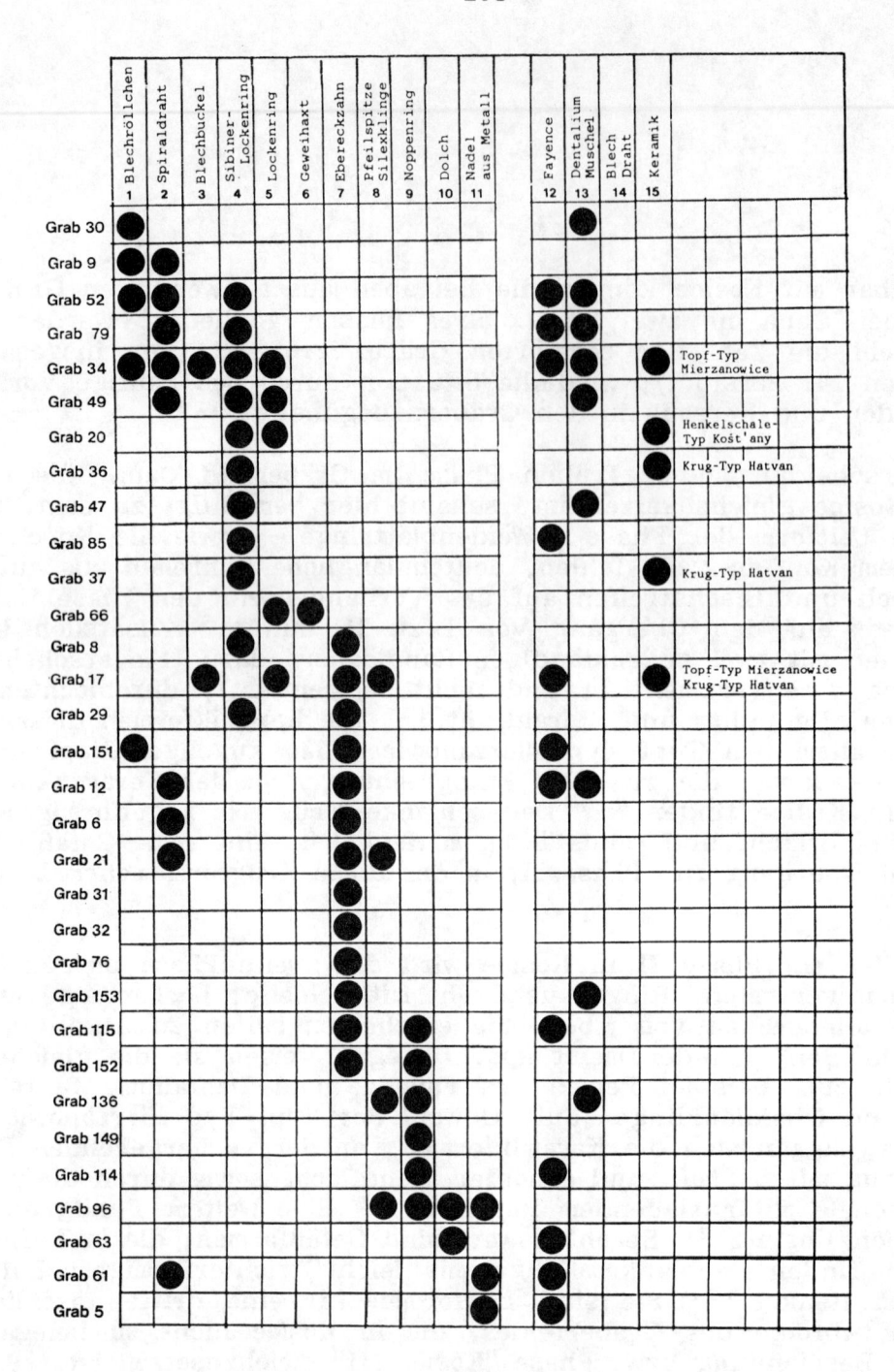

Abbildung 63. Kombination der Gräber und Grabbeigaben im Gräberfeld Čaňa.

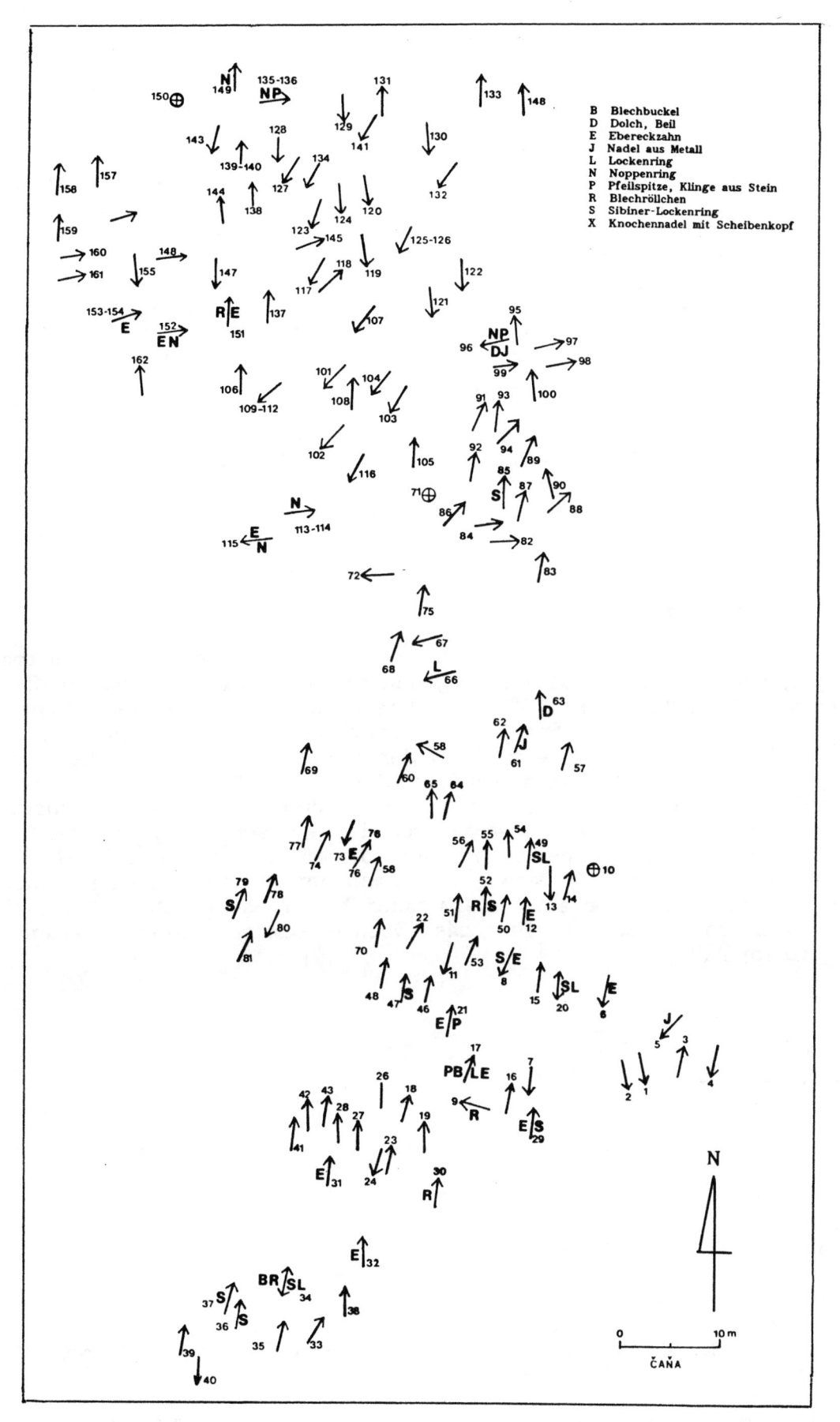

Abbildung 64. Horizontalstratigraphie des Gräberfeldes Čaňa.

Valalíky-Všechsvätých[422]

Im Vergleich zu Košice und Čaňa ist die Zahl der Grabbeigaben aus Všechsvätých bedeutend kleiner (Abb. 65-66).[423] Dennoch ist eine Koordinierung dieses Gräberfeldes mit dem Belegungsablauf in Košice möglich. In Všechsvätých sind Gräber durch Beigaben vertreten, die aufgrund der länglichen Röhrchen aus aufgerolltem Metallblech, Fayenceperlen, Spiraldraht und des Topf-Typs Mierzanowice der Phase I in Košice entsprechen.[424] Weidenblattschmuck und Knochennadeln mit profiliertem Kopf fehlen. In Všechsvätých sowie in Košice und Čaňa kommt die Fundkombination Dolchklinge-Beil-Ahle vor.[425] Analog zu Košice sind in Phase II einfache Ringe aus Draht mit Schleife, Lockenringe und Eckzahnlamellen vom Eber vertreten.[426] Außer mit einer Schmuckausstattung kommen Ebereckzähne noch in Vergesellschaftung mit steinernen Pfeilspitzen, Obsidianklingen und -absplissen und mit einer Dolchklinge vor.[427] Die bauchige Henkelschale, der konische Henkelbecher und der Krug mit S-Profil und erhöhter Standfläche entsprechen den Formen der Phase II in Košice und Čaňa.[428]

Valalíky-Košťany[429]

Obwohl die Zahl der Gräber (acht Gräber) mit auswertbaren Beigaben in Košťany gering erscheint, ist ein Vergleich mit bzw. ihr Anschluß an die Phase II in Košice möglich (Abb. 67-68). Abgesehen von Perlen aus Fayence und Muschel erscheinen hier die für Phase II repräsentativen Kleinfunde Ringe aus Draht mit Schleife, Dolchklinge sowie in der Keramik die bauchige Henkelschale und der Krug mit S-Profil und erhöhter Standfläche.[430] Aufgrund der Knochennadel mit profiliertem Kopf, der steinernen Pfeilspitzen und Abschläge und des konischen Henkelbechers zusammen mit dem konischen Napf mit Griff kann eine Fundgruppe herausgegliedert werden, die mit der Phase I im Gräberfeld Košice zu parallelisieren ist. Dazu gehört noch der untere Teil eines bauchigen Gefäßes mit Fuß, das mit einer Kerbstichreihe in senkrechter Zickzacklinie verziert ist. Er stellt ein für das Košice-Becken fremdes Element der Nyírség-Gruppe dar.[431]

---

[422] Abb.7.28.
[423] Von insgesamt 54 Gräbern waren 26 zerstört. Vergleiche Verzeichnis 19. Fundinventar der Gräber in Valalíky-Všechsvätých.
[424] Ebd.: Grab 21. S.69; Grab 27. 69-70 Taf.23.3-6; Grab 30. 70 Taf. 23.7; Grab 47. 76-77 Taf.24.7-10; 25.1-7.
[425] Grab 47. Ebd. Taf.25.3-4.
[426] Ebd. Grab 4. 65-66 Taf.22.6; Grab 16. 68 Taf.22.7; Grab 48. 77-78 Taf.28.2; Grab 54. 80 Taf.29.2.
[427] Ebd. Grab 2. 63 Taf.22.1-2; Grab 49. 78 Taf.26-27, 28.1.
[428] Ebd. Grab 3. 63, 65 Taf.22.3; Grab 19. 68-69 Taf.23.1; Grab 33. 72 Taf.23.9; Grab 49. 78 Taf.26.1-2.
[429] Abb.7.28.
[430] Pástor 1962: Grab 1. Abb.6.2; Grab 3. Abb.6.11; Grab 10. Abb.4.14; Grab 15. Abb.7.4-9; Grab 17. Abb.7.11-12. Vergleiche Verzeichnis 19. Fundinventar der Gräber in Valalíky-Košťany.
[431] Grab 14. Ebd. Abb.7.3; Grab 16. Ebd. 70 Abb.7.10; Grab 18. Ebd. Abb.8.1-4, 7-8.

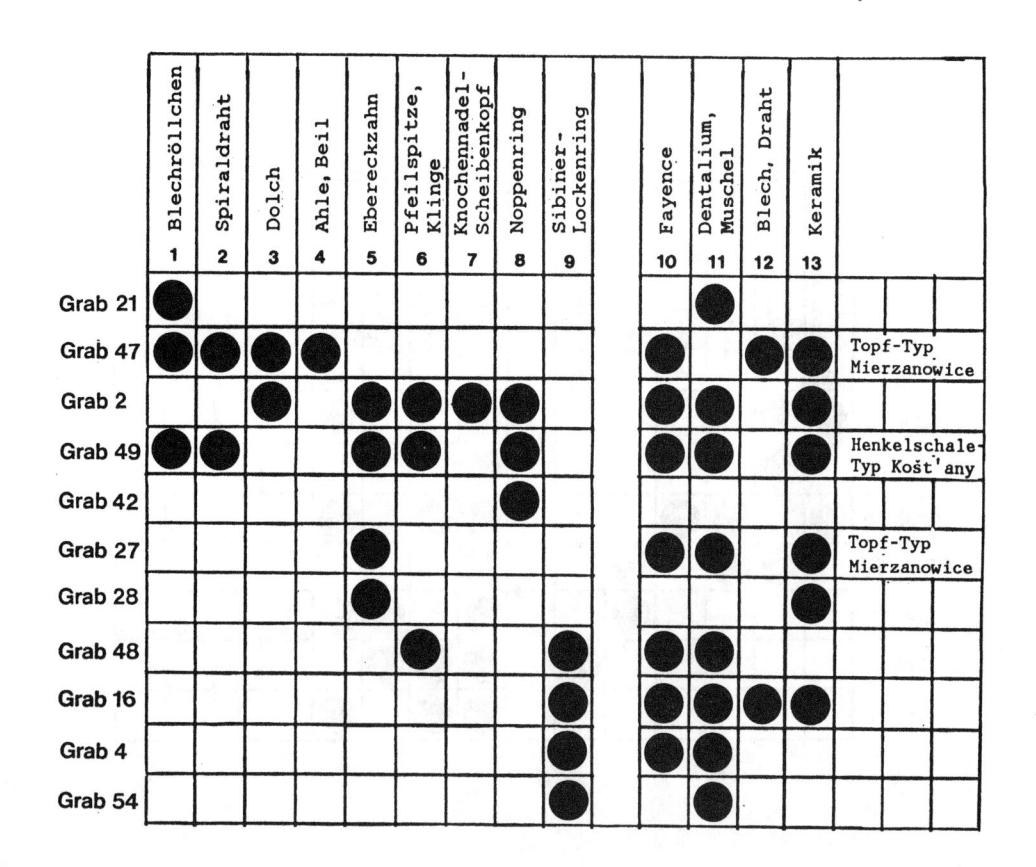

	Blechröllchen	Spiraldraht	Dolch	Ahle, Beil	Ebereckzahn	Pfeilspitze, Klinge	Knochennadel-Scheibenkopf	Noppenring	Sibiner-Lockenring	Fayence	Dentalium, Muschel	Blech, Draht	Keramik	
	1	2	3	4	5	6	7	8	9	10	11	12	13	
Grab 21	●										●			
Grab 47	●	●	●	●						●		●	●	Topf-Typ Mierzanowice
Grab 2			●		●	●	●	●		●	●		●	
Grab 49	●	●			●	●		●		●			●	Henkelschale-Typ Košt'any
Grab 42								●						
Grab 27					●					●	●		●	Topf-Typ Mierzanowice
Grab 28					●								●	
Grab 48							●		●	●	●			
Grab 16									●	●	●	●	●	
Grab 4									●	●	●			
Grab 54									●	●				

Abbildung 65. Kombinationen der Gräber und Grabbeigaben im Gräberfeld Valalíky-Všechsvätých.

VALALÍKY – VŠECHSVÄTÝCH

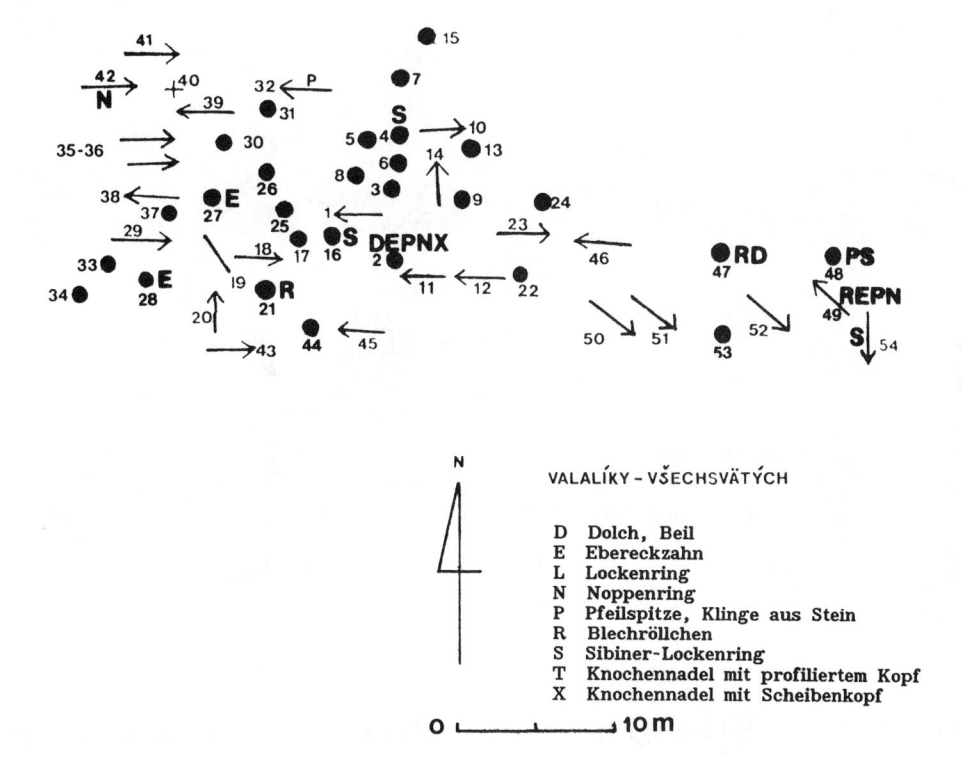

D Dolch, Beil
E Ebereckzahn
L Lockenring
N Noppenring
P Pfeilspitze, Klinge aus Stein
R Blechröllchen
S Sibiner-Lockenring
T Knochennadel mit profiliertem Kopf
X Knochennadel mit Scheibenkopf

0 — 10 m

Abbildung 66. Horizontalstratigraphie des Gräberfeldes Valalíky-Všechsvätých.

	Knochennadel- prof. Kopf	Pfeilspitze, Silexklinge	Dolch	Beil	Lockenring	Noppenring	Fayence	Dentalium, Muschel	Blech, Draht	Keramik	
	1	2	3	4	5	6	7	8	9	10	
Grab 18	●	●					●			●	
Grab 16		●					●				
Grab 15	●		●	●			●	●		●	
Grab 17		●	●		●		●				
Grab 3					●		●		●	●	Henkelschale-Typ Košt'any
Grab 1						●	●	●	●		
Grab 10							●	●		●	Krug-Typ Hatvan

Abbildung 67. Kombinationen der Gräber und Grabbeigaben im Gräberfeld Valalíky-Košt'any.

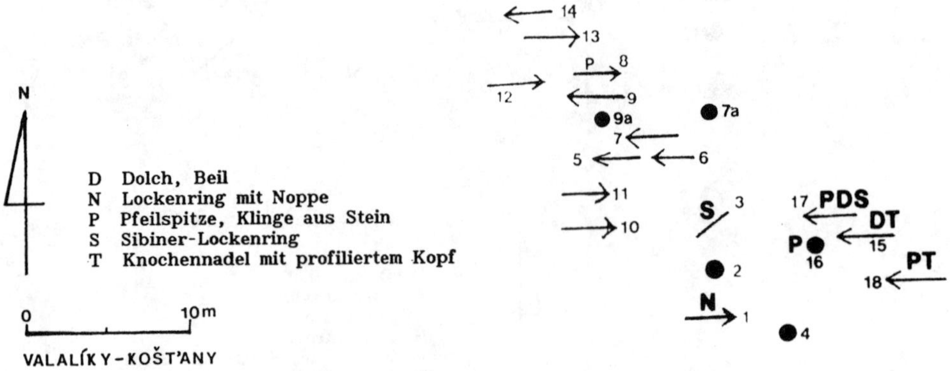

Abbildung 68. Horizontalstratigraphie des Gräberfeldes Valalíky-Košt'any.

Nižná Myšl'a[432]

Aus den Berichten geht hervor, daß ein Teil der Gräber in mehrerer Hinsicht Ähnlichkeit sowohl mit den bisher betrachteten Gräberfeldern als auch mit Hernádkak hat.[433] Ebenfalls scheint es, daß die Belegung des Gräberfeldes in Nižná Myšl'a länger als in Hernádkak angedauert hat.[434] Den Kleinfunden wie aus einer der frühen Bestattungen, Grab 133, entsprechen Beigaben in den älteren Gräbern der Košt'any-Kulturgruppe im Gräberfeld Košice. Das heißt, die früheste Bestattung kann in die Phase Košice II eingeordnet werden.[435] Keramik- und Schmuckformen aus Grab 40 und 282, u.a. das Wagenmodell mit Ritzlinienverzierung, das amphorenartige Gefäß, Tasse-Typ 1 und der Lockenring aus Gold, können mit jüngeren Gräbern im Košice-Becken und in Hernádkak parallelisiert werden.[436] Weiterentwickeltere Gefäßformen und Metallfunde aus Grab 76 und 280 geben Hinweise darauf, daß die Belegung des Gräberfeldes in Nižná Myšl'a länger als in Hernádkak gedauert hat.[437]

Zusammenfassung

Die Grabfundkomplexe aus den Gräberfeldern im Košice-Becken können in die Phasen I-III, die der zeitlichen Abfolge der Gräberfelder zumindest zum Teil entsprechen, gegliedert werden. Phase I kann im Gräberfeld Košice wiederum in zwei Fundgruppen unterteilt werden, die wohl als Trachtgruppen zu betrachten sind. Eine Fundgruppe wird durch Weidenblattschmuck vertreten und kommt nur im Košice-Gräberfeld vor. Sie entspricht, nach der Typologie von Točík, dem älteren Weidenblatt-Horizont in der Südwest-Slowakei. Kennzeichnend für die zweite Fundgruppe sind vor allem längliche Röhrchen aus aufgerolltem Blech, die allein oder mit Weidenblattschmuck vergesellschaftet erscheinen können. Diese Fundgruppe kann mit dem jüngeren Weidenblattschmuck-Horizont in der Südwest-Slowakei parallelisiert werden. Mehrere Gräber, die zahlreiche Perlen aus Knochen und Fayence aufweisen, konnten mangels kennzeichnender Keramik- oder Metallformen für die Gliederung nicht berücksichtigt werden. In der folgenden Phase II dagegen kommen Röhrchen seltener vor, gelegentlich zusammen mit Ringen aus Draht mit Schleife; Weidenblattschmuck fehlt. Diese Vergesellschaftung ist in den Gräberfeldern Čaňa und Všechsvätých zu beobachten. Phase II läßt sich in allen Gräberfeldern ergänzen und bestätigen. Dies betrifft sowohl die Kleinfunde als auch die Keramik. Innerhalb der Phase II sind zwei bzw. drei Fundgruppen (Trachtengruppen?) zu erkennen, die meist unabhängig voneinander und allein in einem Grab vorkommen. Die für die jeweilige Gruppe kennzeichnenden Funde erscheinen selten zusammen in einem Grab.

Kennzeichnende Keramikformen der Phase I in Košice, Čaňa und Všechsvätých sind vor allem der Topf-Typ Mierzanowice, der hohe Topf, der steilwandige Napf und der Henkelbecher.[438] Die bauchige Henkelschale, der

---

[432] Abb.7.25.
[433] Olexa 1982, 389-392.
[434] Olexa 1982, 392-394.
[435] Olexa 1987 Abb.1-2.
[436] Olexa 1982 Abb.2.1,2,6 und 7. Ders. 1987 Abb.8.1-6,14, und 9.1.
[437] Olexa 1982 Abb.3 und 1987 Abb.4.1,3,5. Vergleiche zum Beispiel das Gräberfeld Megyaszó und Abb.73.16, 18, 20, 23-27.
[438] Abb. 60.1-2,8-11. Vergleiche zum Beispiel Čaňa Grab 8, 15, 17, 34. Pástor 1978 Všechsvätých Grab 47, 49. Ebd. Košt'any Grab 15. Pástor 1962.

schlanke Krug mit geradem bis kegelförmigem Hals und eine Variante letzterer Form, der Krug mit S-Profil und erhöhter Standfläche, erscheinen in Phase II (Abb. 60.3-4, 6-7). Der konische Henkelbecher und die kleine konische Schale kommen sowohl mit dem Topf-Typ Mierzanowice als auch mit der bauchigen Henkelschale vor und sind somit in der Abfolge schwer festzulegen (Abb. 60. 13). Anders bei der Schale mit kleiner Standfläche, konischer Wandung und hängendem Henkel: sie steht mit dem Krug mit S-Profil und erhöhter Standfläche in Zusammenhang (Abb. 60.12). Es ist auffällig, daß Gräber der Phase I nur wenig oder gar keine Keramik enthalten.[439] Im Laufe der Abfolge der Gräberfelder nimmt die Zahl an Keramik bzw. Gefäßgattungen zu. Eine ähnliche Entwicklung ist in den vergleichbaren, gleichzeitigen Gräberfeldern in der Südwest-Slowakei zu beobachten. Die Mehrzahl der zeitlich älteren Gräber, die der Phase I in Košice entsprechen, zum Beispiel in Výčapy Opatovce und Branč, enthielt keine Keramik, sondern vorwiegend Schmuck. Gräber in den gleichen Fundorten, die mit der Phase II zu parallelisieren sind, haben außer Schmuck auch Keramik als Beigabe. Ist dieses Phänomen als Änderung in den Bestattungssitten bzw. -zeremonien zu interpretieren?

Horizontale Stratigraphie der Gräberfelder[440]

Die Verteilung der Fundtypen auf die einzelnen Gräber dient als Ergänzung zum Gesamtbild des Gräberfeldes. Bei der horizontalen Stratigraphie der größeren Gräberanlagen Čaňa und Košice sind Gruppen von 3-10 Gräbern zu erkennen. In Košt'any und Všechsvätých sind zwar Grabgruppen zu erkennen, jedoch ist die Zahl der aussagefähigen Grabbeigaben zu gering, um einen Belegungsablauf zu verfolgen. Die einzelnen Grabgruppen sind um einen älteren "Kern" gebildet. Dieser besteht aus einem Grab mit Beigaben, die zur Phase Košice I gehören: ein Topf-Typ Mierzanowice, Weidenblattschmuck, Röhrchen aus aufgerolltem Metallblech, Knochennadeln mit profiliertem Kopf. Um das "Kerngrab" herum liegen in unregelmäßig reihenhafter Anordnung die jüngeren Gräber der Phase II und (außer in Košice) III.[441] Ihre Grabbeigaben umfassen die bauchige Henkelschale, die konische Schale, Ringe aus Draht mit Schleife, bearbeitete Ebereckzähne bzw. Eckzahnlamellen, Lockenringe, Spiraldraht. In Košice bilden Grab 11, 37, 88 und 89, und wahrscheinlich auch 59, 128 und 166 jeweils den alten Kern einer Grabgruppe, der von jüngeren Gräbern umgeben bzw. sukzediert wird. Im südlichen Teil des Gräberareals in Čaňa gehören Grab 9, 34, 52, 79 und 96 zu den älteren Gräbern. Im nördlichen Teil des Gräberfeldes sind die Gräber im Vergleich sehr unterschiedlich angelegt. Aus diesem Grund und aufgrund der Unvollständigkeit oder der fehlenden Aussagefähigkeit des Fundinventars kann der Belegungsablauf hier nicht bestimmt werden.

---

[439] Eine Ausnahme ist Grab 11 in Košice, das mit verhältnismäßig vielen Beigaben, u.a. Weidenblattschmuck und einem einfachen, weitmundigen Topf, ausgestattet war.

[440] Abb. 62, 64, 66 und 68. Die Ausrichtung der in situ befindlichen Skelette bzw. des Kopfes wird durch die Pfeilrichtung, ohne Berücksichtigung der Seitenlage, angegeben.

[441] Eine ähnliche Situation wurde von Christlein im Gräberfeld Gemeinlebarn A festgestellt. Um einen Kern, der die ersten, älteren Gräber darstellt, waren die jüngeren "Übergangsgräber" angelegt. Christlein 1964, 27ff., Abb.4.

In Košice und Čaňa gibt es vereinzelte Beispiele von Grabüberschneidung, die Hinweise auf die Abfolge der Belegung des Gräberfeldes geben. Dabei wurde die ältere Bestattung der Košt'any-Kultur von jener der späteren Otomani-Kultur gestört. Pástor konnte feststellen, daß es sich nicht um eine Nachbestattung handelte, sondern um den Ausbau der Grabgrube für eine weitere, neue Bestattung.[442]

---

[442] Pástor 1969, 79-80; ders. 1978, 87-88.

B. Stratigraphie der Siedlung Tiszaluc-Dankadomb.[443]

Da das stratifizierte Fundbild der Siedlung Tiszaluc-Dankadomb von großer Bedeutung für die Untersuchung des Gräberfeldes Hernádkak ist, wird die Schichtenabfolge in Tiszaluc-Dankadomb hier zusammengefaßt vorgestellt. Die Siedlung bleibt bis jetzt der einzige methodisch ergrabene und dokumentierte Fundort unter den bekannten Ansiedlungen der Hatvan-Kultur im Hernádtal und dem oberen Zwischenstromland. Die Fundstelle Tiszaluc-Dankadomb liegt direkt am Theißfluß ca. 20 km südöstlich von Hernádkak entfernt.[444] Nach Kalicz' Angaben besteht das Siedlungsareal des Dankadombs aus einem Siedlungshügel von 3 m Höhe, der durch einen halbkreisförmigen Graben befestigt und gleichzeitig von einem niedrigeren Siedlungshügel getrennt wurde.[445] Bei seiner Erforschung der Siedlung ließ Kalicz einen Grabungsschnitt (Schnitt VI) von 20 m Länge und 2 m Breite in nord-südlicher Richtung durch den von dem Graben umgebenen, "befestigten" Wohnhügel anlegen. Ein Plan vom Westprofil des Grabungsschnitts sowie Horizontalpläne der Hausreste in den Schichten bzw. 13 Spatenstichen werden in der Dokumentation beigefügt.[446] Die Horizontalpläne sind im südlichen Teil des Profils in einer Länge von 10-12 m zu finden.[447] Anhand der Pläne und aufgrund Kalicz' Angaben zur Tiefe der einzelnen 13 Spatenstiche und den darin enthaltenen Siedlungsresten und Funden ist eine Rekonstruktion der Stratigraphie bedingt möglich. Das Verhältnis der Spatenstiche übereinander läßt sich anhand der Publikation jedoch nicht genauer rekonstruieren.

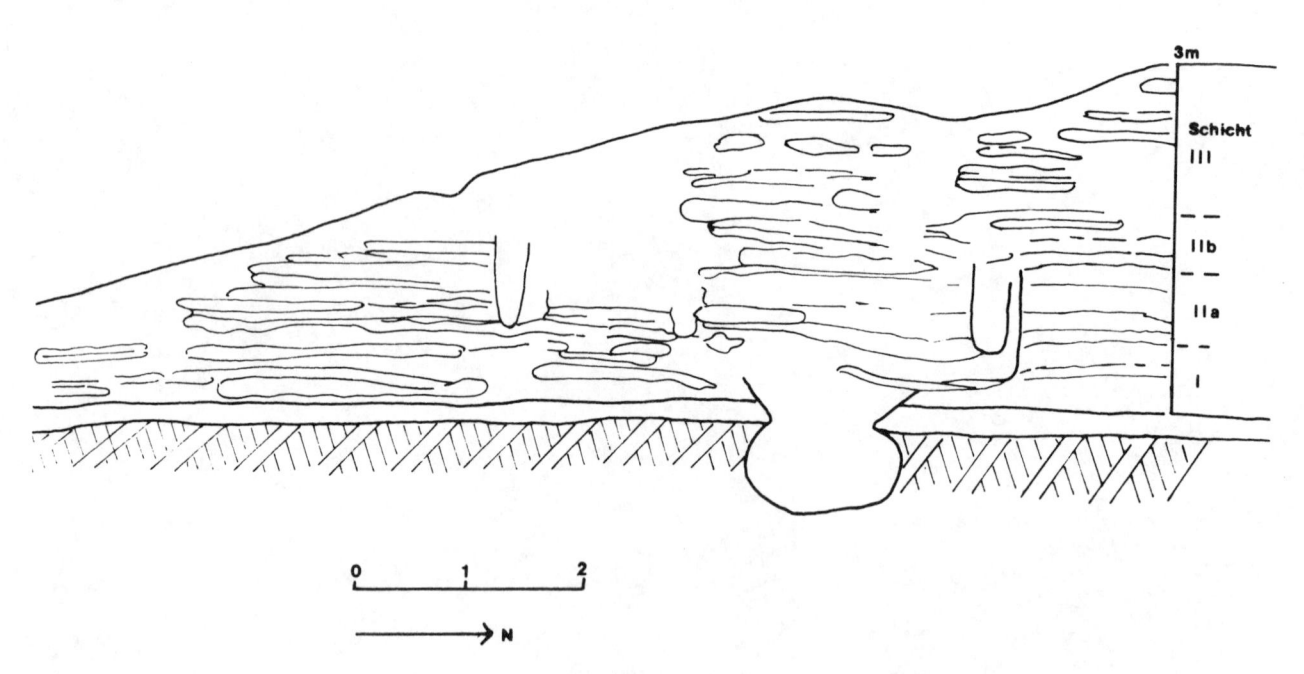

Abbildung 69. Westprofil des Grabungsschnitts VI in Tiszaluc-Dankadomb.

---

[443] Abb.7.48.
[444] Siehe Abb.3 unten rechts.
[445] Kalicz 1968 69, 72-73, 114-115, 136-142, 164-165 Tafel 120.1.
[446] Ebd. Abb.6,8-12. Tafel 120.34. Vergleiche hier Abb. 69-70.
[447] Dabei wird von Kalicz nicht angegeben, wo sich der auf dem Horizontalplan angegebene fiktive Nullpunkt in der Profilzeichnung befindet.

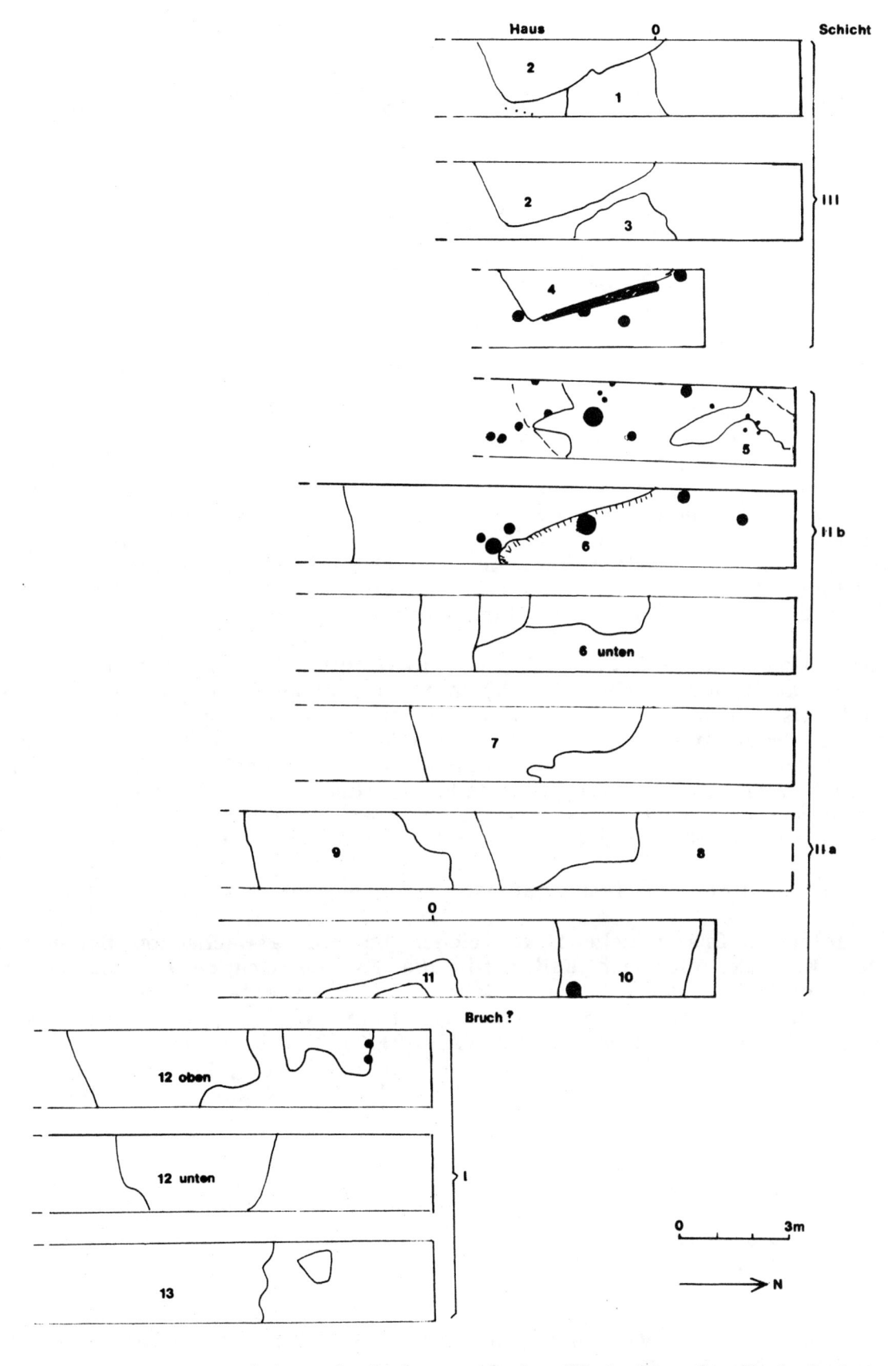

Abbildung 70. Hausgrundrisse im Grabungsschnitt VI in Tiszaluc-Dankadomb.

Zu dem Profil, den Horizontalplänen und den Spatenstichen.

Die Numerierung der Häuser 10-13 entspricht dem Spatenstich, in dem das jeweilige Haus gefunden wurde. Es wird hier daher angenommen, daß das gleiche für die Hausreste 1-9 meist zutrifft, obwohl dies nicht immer deutlich aus Kalicz' Angaben hervorgeht. Die Stelle des Nullpunkts für das Niveau der Häuser 10-13 (Schicht I-IIa) war konstant.
Haus 12 folgt direkt auf die Reste von Haus 13, während Haus 10 und 11 (Schicht IIa) wenig nördlich davon im Grabungsschnitt liegen.[448] Im Spatenstich des Hauses 8 und 9 war der Nullpunkt anscheinend auf eine Stelle weiter nördlich auf dem Hügel fixiert. Haus 9 -wie Kalicz berichtet- folgt auf die Reste des Hauses 11. Es wird hier angenommen, daß Haus 8 demzufolge über Haus 10 lag.[449] Die Reste der Häuser 6-8 (Schicht IIa-b) folgen unmittelbar aufeinander. Dagegen sind der Grundriß und die Spatenstichzugehörigkeit des Hauses 5, das angeblich auf Haus 6 folgt, gestört bzw. unklar.[450] Dennoch berichtet Kalicz von einer kontinuierlichen Entwicklung von Spatenstich 6 bzw. 5 zu 4. Haus 4 (Schicht III) weist einen kleineren Grundriß und eine andere Lage auf dem Horizontalplan als Haus 5 auf.[451] Angesichts dieses Befunds scheint es, daß eine größere Änderung innerhalb der Spatenstiche von Haus 4-6 stattfand. Auf Haus 4 folgt Haus 2, das gegenüber Haus 3 gelegen ist. In der Schichtenfolge folgt als letztes Haus 1 auf Haus 3.[452]

Kurz zusammenfassend läßt sich eine Kontinuität in dem Bau der Häuser 12-13 (Schicht I), 6-11 (Schicht IIa-b) und 1-4 (Schicht III) feststellen. Dagegen fand zwischen dem Niveau von Haus 11 und 12 sowie dem Niveau von Haus 5 eine bedeutende Änderung statt. Wie verhält sich die Abfolge der Spatenstiche und Häuser im Vergleich zum Fundbild aus den einzelnen Schichten? Anhand Kalicz' Angaben zur Lage der Funde innerhalb der Schichtenfolge und in den einzelnen Spatenstichen ist es möglich, die Entwicklung des für die Hatvan-Kultur charakteristischen Fundmaterials zu verfolgen *(Abb.71)*.

Zum Fundbestand der einzelnen Spatenstiche in der Schichtenfolge.

Die untersten Spatenstiche 11-13 reichen bis zum gewachsenen Boden und enthalten Keramik, die nach Kalicz für die Nyírség-Gruppe der Zók-Kultur charakteristisch ist. Dabei bemerkt Kalicz, daß "Elemente der Hatvan-Kultur bereits vorhanden" seien.[453] Hiermit meint er wohl größere eimerförmige Gefäße und Töpfe mit Textilabdrücken (Abb.71.9),[454] Besenstrich,[455] einzelnen kleinen Knubben[456] und einer profilierten bzw. gekerbten Rippe am Halsansatz oder auf der Schulter[457] und den kleinen Henkeltopf.[458]

---

[448] Kalicz 1968, 141 Abb.12.
[449] Ebd. 140 Abb.11.
[450] Ebd. 138-139 Abb.9-10.
[451] Ebd. 137 Abb.8.
[452] Ebd.
[453] Ebd. 1968, 164.
[454] Ebd. Tafel 128.34. Vergleiche noch ebd. Tafel 32.7-8; 33.28; 34.16 und Hernádkak Topf-Typ 3-4 (Abb.38.4-6).
[455] Zum Beispiel Kalicz 1968 Tafel 32.11; 33.27,31; 34.28.
[456] Ebd. Tafel 32.19 und 33.32. Vergleiche Zierelemente aus plastischen Auflagen, Abb. 46.1.
[457] Kalicz 1968 Tafel 32.24; 33.30; 35.20. Vergleiche Zierelemente aus plastischen Auflagen, Abb. 46.5-6.
[458] Kalicz 1968 Tafel 31.2. Vergleiche Hernádkak Topf-Typ 2 (Abb. 38.3).

Beachtenswert ist außerdem das Randstück eines kleinen Gefäßes mit zwei parallel umlaufenden Schnurabdrücken an der Außenseite.[459] Kalicz faßt Spatenstich 11-13 als Schicht I zusammen und bezeichnet sie als die erste Siedlungsphase in Tiszaluc. Das gleiche Fundbild wurde in der äußeren "unbefestigten" Siedlung von Kalicz beobachtet.

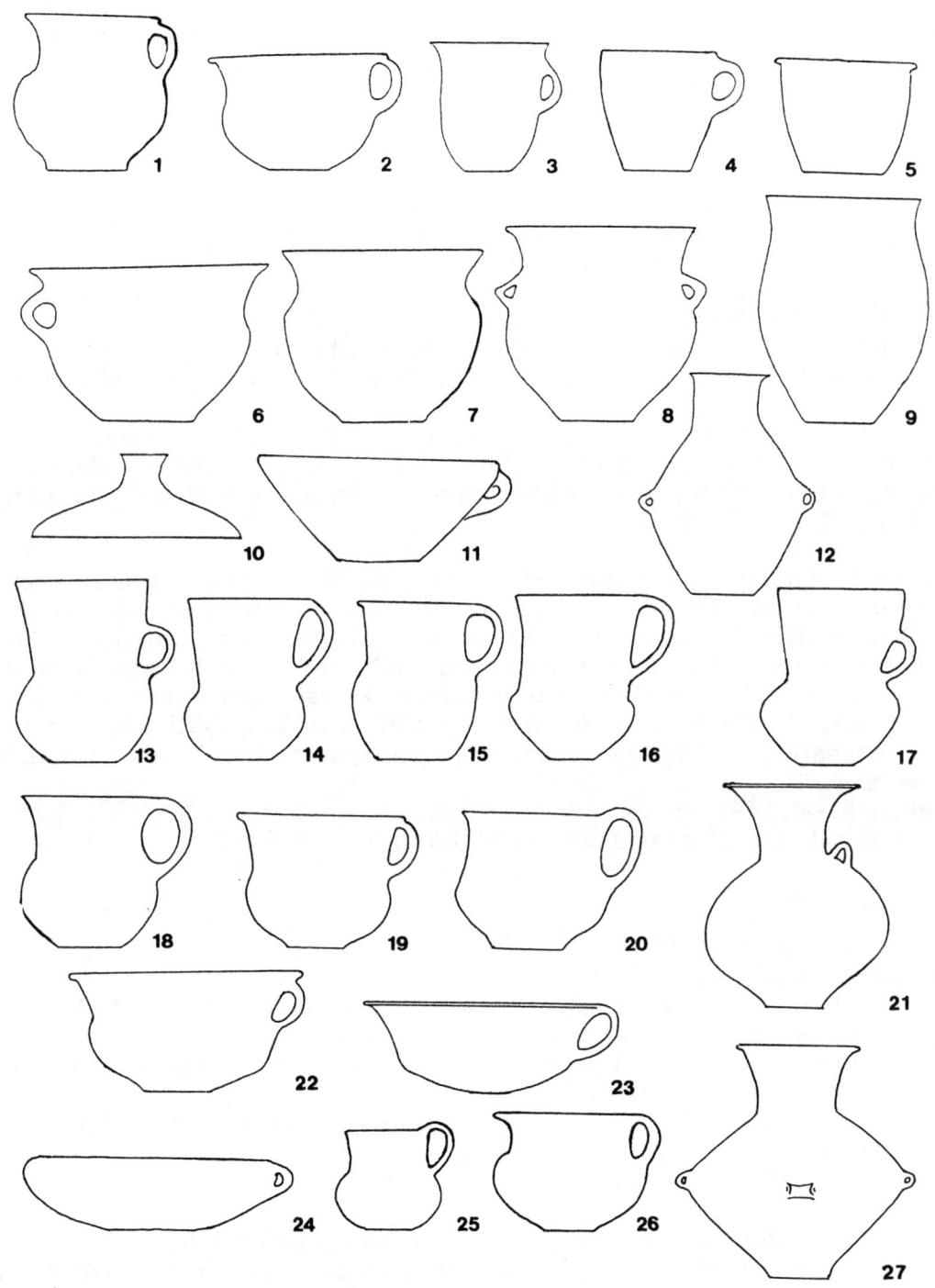

Abbildung 71. Kennzeichnende Gefäßformen der Hatvan- und frühen Füzesabony-Kulturgruppe.

---

[459] Kalicz 1968 Tafel 35.2. Vergleiche Hernádkak Grab 33. Tafel 8.7.

Schicht II folgt ohne Bruch auf Schicht I. Aufgrund des weiteren Vorhandenseins des charakteristischen Nyírség-Fundguts im unteren Teil der Ablagerungen wird sie von Kalicz in IIa und IIb unterteilt. Schicht IIa, Spatenstiche 7-10, enthielten außer der Nyírség-Keramik nun Fundmaterial, das nach Kalicz den frühesten Abschnitt der Hatvan-Kultur darstellt. Neben den bereits im Spatenstich 11 beobachteten Hatvaner Gefäßformen und der Oberflächenbehandlung treten vor allem im Spatenstich 7 neue, kennzeichnende Merkmale in der Keramik auf:

- der eckige unterrandständige Henkel,[460]
- die abgesetzte Standfläche (Abb.71.1),[461]
- der Standring,[462]
- der "Napf" bzw. die Henkelschale mit plastisch aufgelegten, senkrechten Rippen auf dem Gefäßkörper (Abb.71.1-2),[463]
- der "Napf" bzw. der kleine steilwandige Topf mit glatter Oberfläche, Besenstrich, Textilabdrücken oder Fingertupfenleiste (Abb.71.5),[464]
- große Töpfe mit Tunnelhenkeln, abgesetzter Standfläche, Textilabdrücken und kleinen Knubben (Abb.71.7-8),[465]
- Gefäßbruchstücke mit sorgfältig geglätteter Oberfläche,[466] mit paarweise oder zu dritt angeordneten kleinen Knubben,[467] und mit gekerbter Rippe,[468]
- ein Randstück mit horizontaler eingetiefter Stichreihe als Verzierung[469] und
- die für die Hatvan-Kultur charakteristischen Räder von Wagenmodellen, Tierplastik, Miniaturäxte, Spinnwirtel und konische Deckel mit knopfartigem Griff aus Ton (Abb.71.10).[470]

Nach dem siebten Spatenstich zieht Kalicz eine hypothetische Grenze in Schicht II und bezeichnet sie als IIa und IIb. Hauptgrund für die Unterteilung ist das Fehlen des Nyírség-Fundguts in den oberen Spatenstichen 5-6, das heißt Schicht IIb. Das Fundbild des oberen Teils ändert sich sonst nur wenig, stellt aber seiner Meinung nach den mittleren klassischen Abschnitt der Hatvan-Kultur dar.[471] Spatenstich 6 zeigt ein ähnliches Fundbild wie der vorhergehende Spatenstich 7. Dagegen erscheinen im Spatenstich 5 neue Gefäßformen und Zierweisen:

- die Fußschüssel,[472]
- die tiefe Schale mit eingezogenem Rand (Abb.71.11),[473]

---

[460] Kalicz 1968 Tafel 36.12.

[461] Ebd. Tafel 36.17; 40.10.

[462] Ebd. Tafel 37.12. Diese Henkelform und Bodenbildung sind bei der Henkelschale Typ 4-5 in Hernádkak bekannt. Abb. 34.9.

[463] Kalicz 1968, Tafel 41.4. Vergleiche Hernádkak Grab 49 Tafel 12.6 und Henkelschale Typ 5 (Abb. 34.10).

[464] Kalicz 1978 Tafel 39.16,20. Vergleiche Hernádkak Topf-Typ 7 (Abb. 38.9-10).

[465] Kalicz 1968 Tafel 38.4; 39.11.

[466] Zum Beispiel ebd. Tafel 36.7; 37.16.

[467] Ebd. Tafel 37.20; 44.9,22. Vergleiche Zierelemente Abb. 46.1.

[468] Kalicz 1968 Tafel 42.28. Vergleiche Zierelemente Abb. 46.5-6 und Ziermotive Abb. 47.29.

[469] Kalicz 1968 Tafel 37.11.

[470] Ebd. 158-159.

[471] Ebd. 165. Tafel 43-44.

[472] Ebd. Tafel 45.7.

[473] Ebd. Tafel 46.11 und 129.7d1. Vergleiche Hernádkak Schale-Typ 4 (Abb. 37.10).

die große Henkelschale mit kleiner Standfläche, hohem Schulterknick und
   einem randständigen Henkel (Abb.71.6),[474]
zungenförmige Randknubben,[475]
ein Tonröhrchen,[476]
Gefäßverzierung aus feinen Ritzlinien in einfachem geometrischem Motiv[477]
und aus aufgelegten, gekerbten Rippen in W-förmiger Anordnung,[478] und
ein Gegenstand aus Geweih mit Kerbschnittverzierung.[479]

Nach Kalicz verläuft die Entwicklung im Fundbild sowie in der Besiedlung von Schicht IIb zur Schicht III Spatenstich 1-4 ohne Unterbrechung, jedoch mit deutlichen Änderungen. Obwohl die Mächtigkeit dieser Schicht im Vergleich zu der vorhergehenden Schicht IIa-b verhältnismäßig stark ist, scheint eine Unterteilung der Schichtenfolge für Kalicz nicht angebracht gewesen zu sein. Er ordnet Schicht III dem späten bzw. zweiten Abschnitt der Hatvan-Kultur zu.[480] Das Bild der Gefäßformen in Spatenstich 4 unterscheidet sich wenig von dem in Spatenstich 5. Auffallend ist aber, daß die Gefäßbruchstücke mit Ritzlinienverzierung in einfachem geometrischem Dekor, das heißt gefüllte Dreiecke, Zickzacklinien und parallele Linien, und mit eingetieften Punkten bedeutend zahlreicher als in Spatenstich 5 vertreten sind.[481] Die tiefe Schale mit eingezogenem Rand sowie die große Henkelschale, große Gefäße mit senkrechten Rippen am Hals und kleine Gefäße mit hoher abgesetzter Standfläche wie in Spatenstich 5 kommen nicht mehr oder nur selten vor. Beachtenswert sind folgende neue Erscheinungen in Spatenstich 3:
   Langhalskrüge in verschiedenen Varianten (Abb.71.13-17),[482]
   Gefäßbruchstücke mit Ritzlinienverzierung in komplizierten geometrischen
      Motiven[483]
   und Verzierung aus geschwungenen Ritzlinien oder Riefen.[484]

Die oberen Spatenstiche 1-2 von Schicht III beweisen eine Weiterentwicklung der geschwungenen Zierelemente aus den schon bekannten Ritzlinien und Riefen. Sie unterscheiden sich deutlich von Spatenstich 3-4 durch das Auftreten von Ziertechnik aus fingerbreiten Kanneluren. Außerdem erscheinen größere, runde Buckel und Dellen neben den schon bekannten kleinen Knubben und eingetieften Punkten.[485] Neue Keramikformen in Schicht III umfassen:
   die sog. Schwedenhelmschüssel (Abb.71.22-23)[486]
   und die kleine flache Schale (Abb.71.24).[487]

---

[474] Kalicz 1968 Tafel 45.28 und 129.7a4. Vergleiche Hernádkak Henkelschale-Typ 2 (Abb. 34.6).

[475] Kalicz 1968 Tafel 46.15. Vergleiche Hernádkak Topf-Typ 1 und 7 Variante 1 (Abb. 38.1 und 9).

[476] Kalicz 1968 Tafel 46.2.

[477] Ebd. Tafel 57.1. Vergleiche Zierelemente Abb. 46.2 und Ziermotive Abb. 47.2-4,17.

[478] Kalicz 1968 Tafel 45.19; 46.7.

[479] Ebd. Tafel 45.1.

[480] Ebd. 165.

[481] Ebd. Tafel 47.14,16; 48.5,12,15.

[482] Ebd. Tafel 51.4-9. Vergleiche Hernádkak Langhalskrug-Typ 1 (Abb. 30.1-7).

[483] Kalicz 1968 Tafel 50.18, 24. Vergleiche Ziermotive Abb. 47.7,9,19-20.

[484] Kalicz 1968 Tafel 50.11,13,16. Vergleiche Ziermotive Abb. 47.16-17,28.

[485] Kalicz 1968 Tafel 54.4,12; 56.1.

[486] Ebd. 168. Zum Beispiel Tafel 54.12; 52.9. Vergleiche Hernádkak Schüssel-Typ 1 (Abb.36.1-3).

[487] Ebd. Tafel 129.7e. Vergleiche Hernádkak Schale-Typ 1 (Abb. 37.1-3).

Es ist auffallend, daß die für die Hatvan-Kultur charakteristischen und in Spatenstich 3-7 häufig vertretenen Tongegenstände wie Modelle von Wagenrädern, Äxte, Tierfiguren, Spinnwirtel, flache Deckel und Löffel fehlen. Gefäße mit senkrechten gekerbten Rippen auf dem Körper kommen nur noch selten vor.

In Anbetracht dieser Entwicklung im Fundbild scheint es hier notwendig, bei weiterer Bezugnahme die obere Schicht genau nach den Spatenstichen zu bezeichnen: III (Spatenstich) 4, III (Spatenstich) 3 und III (Spatenstich) 1-2. Schicht III 4 zeichnet sich einerseits durch die Ähnlichkeit des Fundinventars mit Spatenstich 5, andererseits durch die Zunahme und Vielfältigkeit an einfachen geometrischen Ziermotiven aus. Schicht III 3 weist dann eine Weiterentwicklung der geometrischen Motive und eine Erweiterung des Stils durch verwandte, geschwungene Motive auf. Entscheidend ist das Auftreten von Langhalskrügen und die sog. Schwedenhelmschüssel in III 3. Die Zahl der tiefen Schalen und der mit senkrechten Rippen verzierten Töpfe geht zurück. Ein bedeutender Unterschied zwischen III 3-4 und III 1-2 ist das Auftreten von Spiralkanneluren als Verzierung des Gefäßkörpers. Außerdem treten die Gefäßformen und Zierweisen, die in III 3-4 überwiegen, wie Langhalskrüge, geometrische Motive und Tongegenstände, zurück oder sie kommen nur noch selten vor. Schicht III 1-2 wird aus folgenden Gründen nicht als eine eigenständige Phase in der Schichtenabfolge herausgegliedert: Mehrere Elemente der Hatvan-Kultur, zum Beispiel die Henkelschale, der Schüssel-Typ 1, und Zierelemente wie kleine Knubben, gekerbte Rippen und Textilabdrücke, sind noch im Fundmaterial vorhanden. Es besteht eine enge Verflechtung zwischen altbekannten und neuen Gefäßformen und -verzierungen. So setzt sich das Fundbild von Schicht III 1-2 nicht grundlegend von jenem der Schicht III 4 und 3 ab, sondern weist in mehrerer Hinsicht eine Weiterentwicklung in der Keramik mit zusätzlichen neuen Formen auf. Dabei ist besonders zu beachten, daß weder kleine Tassen noch Gefäßverzierung aus Spiralkanneluren, charakteristische Merkmale bei der Keramik der Füzesabony-Kultur, in Schicht III 1-2 vorkommen.

C. Gliederung der Fundkomplexe aus dem Gräberfeld Hernádkak.[488]

Die Untersuchung der Beigaben aus den einzelnen Gräbern hat ergeben, daß das Material sich in zumindest drei Fundgruppen ordnen läßt, die hier als repräsentativ für die zeitlichen Phasen in der Belegung des Gräberfeldes interpretiert werden *(Abb.72)*.[489]

Phase 1
Grab 58, 89, 90, 108 und 111.

Die Zahl der Gräber in der ersten und frühesten Fundgruppe bzw. Belegungsphase des Gräberfeldes Hernádkak ist relativ klein. Aufgrund der Bestattungsweise und Grabbeigaben stehen diese Gräber in Analog zu den gleichzeitigen Gräbern der Košt'any-Kultur, im Košice-Becken, Ende der Phase Košice I / Anfang Košice II. Hauptsächlich vertreten sind Kleinfunde, weniger Keramik, die noch ältere Traditionen von Grabbeigaben aus zahlreichem Ring- und Perlenschmuck im Košice-Becken und in der Südwest-Slowakei widerspiegeln. Gegenüber den Grabinventaren im Košice-Becken ist das Vorkommen des Perlenschmucks aus Dentalium, Knochen und Fayence sowie die Zahl der Perlen in den einzelnen Gräbern in Hernádkak jedoch auffallend gering. Weidenblattringe und der einhenklige kugelige Becher mit Schnurverzierung, die die Gräber der älteren Nitra-Kultur in der Südwest-Slowakei kennzeichnenen, sowie der charakteristische Topf der Mierzanowice-Kultur mit zwei Ösenhenkeln, der in den frühesten Gräbern der Košt'any-Kultur (Phase Košice I) vorkommt, fehlen in Hernádkak Phase 1. Ebenfalls fehlen charakteristische Keramikfunde der Nyírség-Gruppe, die in Tiszaluc Schicht I belegt sind. Stattdessen findet das Fundbild der Metallgegenstände überwiegend Parallelen bei den Gräbern der Phase II in Košice, Valalíky und Čaňa.
Darunter:
   gerade weidenblattförmige Gegenstände (Grab 89, 90 und 108),
   Röhrchen aus aufgerolltem Blech (Grab 111),
   Blechband (Grab 89),
   bearbeitete Eckzahnlamellen vom Eber (Grab 111) und
   Knochenperlen (Grab 111).
Funde wie die kleine Drahtösenkopfnadel (Grab 108) und Spiraldraht (Grab 89, 90, 108) erscheinen in den Grabinventaren über Phase 1 hinaus.

In den Gräbern der Phase 1 kommt zu wenig Keramik vor, um in Hernádkak mehrere charakteristische Formen herauszubilden. Diese Situation entspricht wiederum dem spärlichen Keramikfundbild in den Gräbern der Košt'any-Kultur im Košice-Becken, der Mierzanowice-Kultur im südlichen Polen und der Nitra-Gruppe in der Südwest-Slowakei. Dennoch kann die Henkelschale aus Grab 89 mit leicht abgesetztem, langem Hals, stark ausschwingendem Rand, rundem Körper und einem kleinen Henkel am Halsansatz als keramische Leitform in Hernádkak Phase 1 angesehen werden. Die Oberfläche ist sorgfältig geglättet und unverziert.[490] Diese Gefäßform findet keinen genauen Vergleich außerhalb Hernádkaks, jedoch wird sie hier als typologisch verwandt mit der gedrungenen, kurzhalsigen Henkelschale betrachtet, die in den gleichzeitigen Gräbern im Košice-Becken Phase II vorkommt und eine für diese Phase charakteristisch

---

[488] Abb.7.31.
[489] Zur Arbeitsmethode siehe die Einleitung zu Kapitel VI A.
[490] Henkelschale-Typ 4, Abb. 34.9.

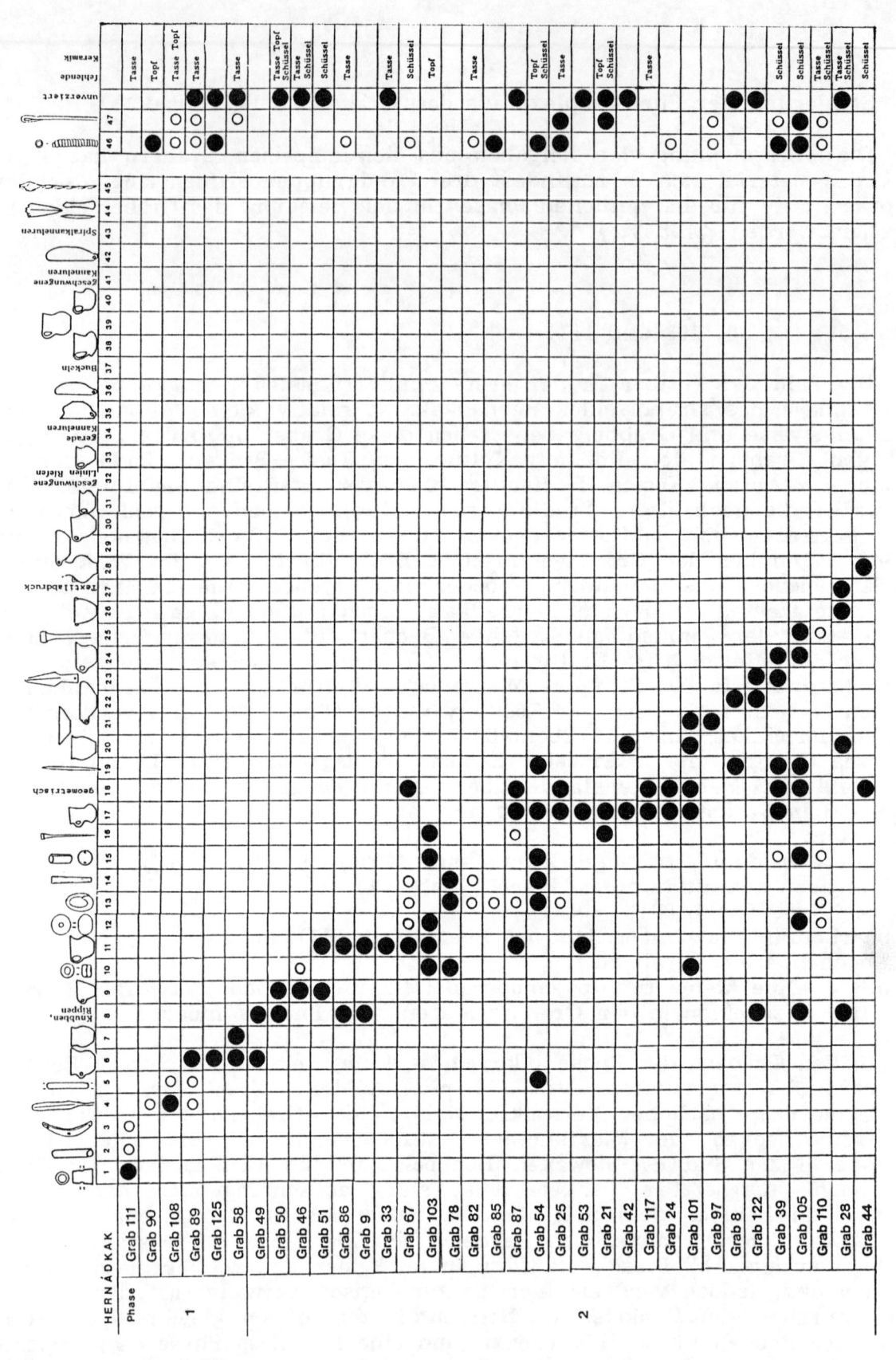

Abbildung 72. Fundkombinationen im Gräberfeld Hernádkak. Fortsetzung auf der gegenüberliegenden Seite.

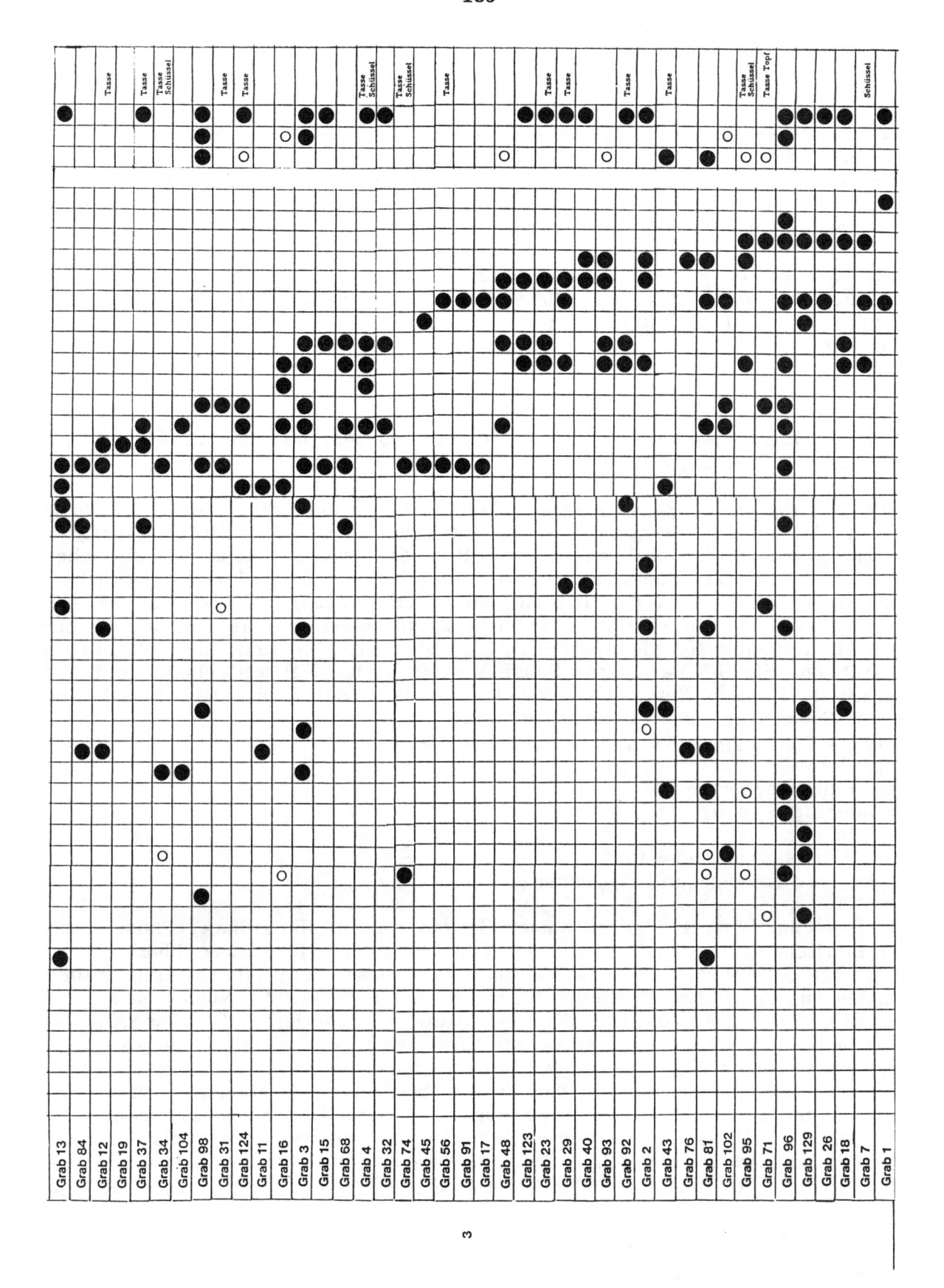

Abbildung 72. Fundkombinationen im Gräberfeld Hernádkak. Fortsetzung von der vorherigen Seite.

geglättete, unverzierte Oberfläche aufweist.[491] Ebenfalls wie im Košice-Becken ist die Henkelschale in Hernádkak Grab 89 mit einem weidenblattförmigen Gegenstand vergesellschaftet. Somit wird ein kultureller und zeitlicher Anschluß der ersten Gräber in Hernádkak an die Gräberfelder in der gleichen Landschaft weiter nördlich im Hernádtal offensichtlich.

Die Gräber der Phase 1 sind nach Ost-Westen ausgerichtet und ausschließlich Körperbestattungen. Diese Ausrichtung steht im Gegensatz zu der strengen Nord-Süd-Anordnung der Gräber in Košice, ist aber ähnlich wie bei Gräbern in Valalíky Košťany und Všechsvätých.

Phase 2
Grab 6, 8, 9, 21, 24, 25, 28, 33, 39, 42, 44, 46, 49, 50, 51, 53, 54, 58, 67, 78, 82, 85, 86, 87, 97, 101, 103, 105, 110, 117, 122 und 125.

Die Grabfunde der Phase 2 in Hernádkak stellen eine typologische Entwicklung dar, in der der Übergang des anfangs von der Košťany-Kultur geprägten Fundbilds, wie im Košice-Becken, zum Bild der Hatvan-Kultur im südlichen Hernádtal, wie in der Siedlung Tiszaluc, und im nördlichen Zwischenstromland erkennbar wird. Anhand der Keramik läßt sich Phase 2 in zwei weitere Abschnitte unterteilen. Wesentlich für Phase 2 ist einerseits das Fehlen von gestreckten weidenblattförmigen Artefakten, Blechröllchen und Ebereckzahn in den Gräbern, die für Hernádkak Phase 1 bzw. Košice I-II maßgebend sind.[492] Andererseits kommen Funde vor, die aus Phase 1 und Košice II bekannt sind oder mit Formen in Košice I verwandt sind:
Henkelschale Typ 5 (vergleiche Henkelschale Typ 4),
Topf Typ 4,
der Henkelbecher,
Lockenring-Typ b,
Spiraldraht,
die Drahtösenkopfnadel und
Perlen aus Fayence und Dentalium.

Henkelschale-Typ 4, der im Košice-Becken und in Hernádkak, Phase 1 mit Weidenblattformen vergesellschaftet war, erscheint in Hernádkak Phase 2 zusammen mit der Tonaxt. Die Gefäßform sowie diese Vergesellschaftung haben Parallelen in der Hatvan-Siedlung Tiszaluc, Schicht IIa.[493] Noch charakteristisch für die Keramik ist die geglättete, unverzierte Gefäßoberfläche. Außerdem ist das Gefäß bei einzelnen Exemplaren mit plastisch aufgelegten, senkrechten Rippen (Grab 49) oder mit kleinen Randknubben verziert (Grab 50). Diese Zierweise erscheint sowohl im Košice-Becken als auch in Tiszaluc IIa und wird der frühen Hatvan-Kultur zugeschrieben. Der Standring sowie die abgesetzte Standfläche sind weitere Merkmale, die während Hernádkak Phase 2 in beiden Gegenden auftreten.[494] Im Gegensatz zu Tiszaluc kommen große Gefäße mit Besenstrich oder Textilabdrücken und Tierplastik in

---

[491] Košice Grab 115, 124.
[492] Im Vergleich zum Košice-Becken ist die Zahl der Kleinfunde in den Gräbern auffallend klein. Das heißt, dort war es nicht Tradition, Körperbestattungen mit Kleinfunden, zum Beispiel Perlenschmuck wie im Košice-Becken, reich auszustatten.
[493] Kalicz 1968 Tafel 37.8-9.
[494] Ebd. Tafel 36.17; 37.12; 41.4,8-9. Všechsvätých Grab 33. Pástor 1978 Tafel 23.9.

Hernádkak-Gräbern nicht vor. Das Keramikinventar umfaßt außerdem noch Topf- und Schüsselformen, die in der Befundbeschreibung erwähnt werden, aber heute nicht im MNM auffindbar sind. Analog zu dem Fundbild der Košt'any-Gräber und der Schicht Tiszaluc IIa handelt es sich hier wahrscheinlich um den eiförmigen Topf und die henkellose konische Schale.[495] Aufgrund der Übereinstimmung in Gefäßformen und Oberflächenbehandlung werden Grab 46, 49, 50 und 125 zu den frühen Gräbern der Phase 2 geordnet. Die Keramik stellt Gefäßformen der frühen Hatvan-Kultur dar.

In den anderen Gräbern der Phase 2 treten mehrere neue Formen unter den Beigaben auf. Bei den Kleinfunden gibt es:
  massiv gegossene, im Querschnitt profilierte Lockenringe vom Typ a aus
     Bronze oder Gold,
  Bernsteinperlen,
  Goldblechbückelchen und -röllchen,
  Drahtösenkopfnadeln von größerem Format,
  Rollenkopfnadeln von kleinem und großem Format,
  Lanzenspitzen und
  die Steinaxt.
Bei der Keramik:
  Tasse Typ 5,
  der Langhalskrug,
  die tiefe Schale Typ 4,
  die Henkelschale Typ 1 und
  Topf Typ 3 und 7.[496]

Maßgebend für Phase 2 ist die Gefäßverzierung aus Ritzlinien in einfachen geometrischen Motiven (zum Beispiel Abb. 47.2-4, 7, 23, 29-30). Die Verzierung findet mehrere Entsprechungen in Tiszaluc IIb und am Anfang von III.[497] Die tiefe Schale aus Grab 122 ist mit einer Lanzenspitze vergesellschaftet, die die kennzeichnende (gekerbte) Rippenverzierung der Hatvan-Kultur trägt. Mit Ausnahme von Grab 70 in Čaňa und Grab 282 in Nižná Myšl'a, haben diese Leitformen keine Parallelen in älteren Gräbern im Košice-Becken.[498] Aufgrund der Keramik können Gräber der Phase 2 in zwei Gruppen gegliedert werden, die von sowohl typologischer als auch zeitlicher Bedeutung sind. Es handelt sich zunächst um Gräber, in denen die unverzierte Tasse Typ 5 und der Langhalskrug vorkommen. Ein weiterer Vergleich der Grabkeramik mit dem differenzierten Fundbild der Schicht Tiszaluc II und III (sowie des Fundbilds in den Gräberfeldern in Hatvan, Tiszaörvény und Tarnaméra) unterstützt die Unterteilung der zweiten Phase des Gräberfeldes Hernádkak. Neben den Gräbern mit Keramikformen der frühen Hatvan-Kultur gehören Gräber mit Henkelschale Typ 4, Topf Typ 4 und Gefäßverzierung aus Rippen, Knubben und Ritzlinien in einfachen geometrischen Motiven zu einem frühen Abschnitt von Hernádkak Phase 2. Gräber, die den Langhalskrug, Henkelschale Typ 1, Schale Typ 4, Topf Typ 3 und 7 sowie Gefäße mit entwickelt geometrischer Ritzverzierung enthalten, sind später in Phase 2 einzuordnen.

---

[495] Vergleiche Topf-Typ 4 (Abb. 38.5-6) und Schale-Typ 6 (Abb. 37.12-13). Siehe die Befundbeschreibung zum Beispiel zu den Gräbern 43, 46, 58, 82, 108 und 111 im Katalog.
[496] Abb. 34.1-2,4; 37.10; 38.9-10.
[497] Kalicz 1968 Tafel 47.14,16; 57.1.
[498] Pástor 1978 Tafel 14.1. Olexa 1987 Abb.7-10.

Einzelne Gefäße weisen durch ihre abweichende Form oder Verzierung Elemente auf, die für diese Landschaft fremd sind. Die Tasse aus Grab 33 und 67 besitzt die charakteristische Form der Kisapostag-Kultur. Die Form des Kruges aus Grab 21 und die Verzierung der genannten Tasse aus Grab 67 haben Ähnlichkeit mit der nordpannonischen inkrustierten Keramik.

Bei den überwiegenden Körperbestattungen liegen die Gräber in ost-westlicher und nord-südlicher Richtung. Da die Ausrichtung bei einer großen Zahl der Gräber in der Befundbeschreibung nicht notiert wurde, kann hier keine Aussage über die allgemeine Orientierung gemacht werden. Unter den Gräbern befinden sich eine Brandschüttungsbestattung und eine Urnenbestattung.[499]

Phase 3
Grab 1, 2, 3, 4, 5, 7, 11, 12, 13, 15, 16, 17, 18, 19, 23, 26, 29, 31, 32, 34, 37, 40, 43, 45, 48, 56, 68, 71, 74, 76, 81, 84, 91, 92, 93, 95, 96, 98, 102, 104, 123, 124 und 129.

In Phase 3 wird die Mehrzahl der Bestattungen in Hernádkak repräsentiert. Gefäßformen und Zierelemente, wie sie aus der Phase 2 bekannt sind, setzen sich hier zum Teil fort. Unter den Kleinfunden sind:
 Bernsteinperlen,
 Lockenringe und
 Rollenkopfnadeln.
Bei der Keramik:
 Henkelschale Typ 1,
 Topf Typ 4 und
 Gefäßverzierung aus geometrischen Motiven.

Der Hauptteil der Grabkeramik unterscheidet sich jedoch durch seine typologisch weiterentwickelte und vielfältige Ausprägung von den Leitformen der vorherigen Phase 2. Neben dem streng geometrischem Muster erscheinen jetzt Verzierungen verschiedenster Kombinationen aus geschwungen geometrischen Zierelementen.[500] Dies ist zum Beispiel bei der Henkelschale und der kalottenförmigen Schale zu erkennen. Henkelschale-Typ 1, die noch mit "altertümlicher" Knubben- und Rippenverzierung in Grab 81 erscheint, trägt zum Beispiel in Grab 2 und 12 eine entwickelt geometrische Verzierung. Im Gegensatz zu der streng geometrischen Ausführung in Phase 2, trägt die Schale mit Kalottenform (anstelle der tiefen Schale mit hohem Umbug) eine geometrische Verzierung in entwickelter, zum Teil geschwungener Ausführung.[501] Die Langshalskrugform von Phase 2 erscheint ebenfalls mit für 3 charakteristischen geschwungenen Ziermotiven.[502] Zusammen mit der Weiterentwicklung von bereits bekannten Keramikformen und -verzierungen ist das Auftreten von neuen Gefäßtypen und Zierelementen für die Gliederung der Gräber in eine dritte Phase entscheidend:
 die Schüssel-Typ 1 (Abb. 36. 1-3),
 die kleine und große flache Schale-Typ 1 und 2 (Abb. 37.1-8),
 die Tassen Typ 1-3, 8 und 9 (Abb. 32.1-9, 16-17)
 und Ziermotive, die aus senkrechten und bogen- und girlandenförmigen Riefen und Kanneluren bestehen (Abb. 47.16-17; 48.1,4-10, 15-20).

---

[499] Grab 44, 101.
[500] Vergleiche Abb. 47.13-14, 18-19,28.
[501] Siehe Grab 12, 13, 68 und 84. Tafel 4.6; 5.2; 15.3; 17.6.
[502] Siehe Grab 3, 34 und 45. Tafel 2.6; 9.1; 12.1.

Im Gegensatz zu der Keramik bleibt das Spektrum der Kleinfunde bei den bereits seit Phase 2 bekannten Gattungen Spiraldraht, Nadeltypen und Ahlen. Einzige neue Form ist die Hülsenkopfnadel mit tordiertem Schaft.[503] Die Kombination der Dolchklinge, des Beils und des Meißels aus Grab 96 kommt nur einmal in Hernádkak-Gräbern vor. Sie ist jedoch als Fundvergesellschaftung in Gräbern seit der Phase Košice II bekannt und wird hier als eine Weiterführung der im Košice-Becken bekannten Traditionen interpretiert.

Von den insgesamt 42 Gräbern der Phase 3 sind acht nord-südlich und drei ost-westlich ausgerichtet. (Bei neun Gräbern gibt es keine Angaben zur Ausrichtung.) Körperbestattungen sind in der Mehrzahl. Vier Gräber sind Brandschüttungsbestattungen.[504]

Eine kleine Zahl von Fundkomplexen bildet eine weitere Gräbergruppe innerhalb Phase 3, die einem späten Abschnitt der Phase 3 in Hernádkak zugeordnet werden: Grab 7, 18, 26, 71, 95, 96 und 129.
Das Fundbild dieser Gräber hebt sich von den anderen Grabbeigaben dadurch ab, daß die Gefäße mit Spiralmotiven aus Kanneluren verziert sind.[505] Die Gefäßformen zeigen dagegen wenig entscheidende Veränderungen. Spiralkanneluren gehören nicht zu den charakteristischen Zierelementen der Hatvan-Kultur.[506] Sie erscheinen zum Beispiel nicht in Tiszaluc, Tiszaörvény und Tarnaméra, die für Hernádkak Phase 2 und 3 sonst große Übereinstimmungen im Fundbild zeigen. Dieses Ziermotiv erinnert wiederum an die Gefäßverzierung, die in den Gräbern der Füzesabony-Kultur im nördlichen Zwischenstromland vorkommt bzw. dafür kennzeichnend ist. Die Bestattungsweise und die Ausrichtung der Gräber entsprechen der Phase 3: Körperbestattung in nord-südlicher und ost-westlicher Richtung, wobei die Gräber nach Nord-Süd in der (knappen) Mehrzahl sind. Zwei Gräber sind ohne Angaben zur Ausrichtung. In dieser Subphase gibt es keine Brandbestattungen.

Zusammenfassend kann aufgrund der Keramikformen und -verzierung sowie der Kleinfunde eine Gliederung der Gräber in Hernádkak in drei Phasen durchgeführt werden. Aufgrund von Vergleichen der Leitformen der einzelnen Grabkomplexe mit anderen Gräberfeldern, zum Beispiel im Košice-Becken und im nördlichen Zwischenstromland, können Anhaltspunkte, was die kulturelle und zeitliche Einordnung der einzelnen Gräber bzw. Gräbergruppen betrifft, gewonnen werden, die die Gliederung begründen. Somit sind aufgrund des mit dem Košice I-II ähnlichen Fundmaterials die wenigen Grabfundkomplexe zu erkennen, die die früheste Belegungsphase 1 in Hernádkak bilden. Parallelen in der Siedlung Tiszaluc I und in Hatvan-Gräberfeldern des nördlichen Zwischenstromlandes bleiben jedoch aus. Dagegen zeigt eine größere Zahl der Grabfundkomplexe Übereinstimmung in der Gefäßform und -verzierung mit dem Fundbild der Hatvan-Kultur. Ein Vergleich mit der Entwicklung des stratifizierten Fundmaterials aus Tiszaluc sowie mit den Grabbeigaben aus den Hatvan-Gräbern im

---

[503] Grab 1. Tafel 1.1.
[504] Grab 1,2,3,4.
[505] Vergleiche Abb. 48.11-14.
[506] Vergleiche Kalicz 1968, 175.

nördlichen Zwischenstromland ermöglicht bzw. begründet eine Gliederung der Gräbern in Hernádkak in zwei weitere Phasen.[507] Das Vorhandensein von "älteren" Formen in manchen jüngsten Gräbern, in Form von einzelnen Fayenceperlen, Goldblechschmuck und kleinen Nadeln, scheint zunächst merkwürdig zu sein. Es wird hier als Indiz der Kontinuität der Belegungsabfolge sowie des langen Beibehaltens von älteren Bestattungssitten in Hernádkak interpretiert.

---

[507] Vergleiche Abschnitt E. Gräberfelder und Siedlungen der Hatvan- und frühen Füzesabony-Kultur.

D. Gräberfelder im Hernádtal und im oberen Zwischenstromland.

Megyaszó[508]

Eine kleine Zahl der Gräber in Megyaszó kann mit der Gliederung der Gräber in Hernádkak, Phase 2b-3a, gleichgesetzt werden. Jedoch enthält die Mehrzahl der Gräber in Megyaszó sowie in Tiszapalkonya, Tiszafüred und Gelej Funde, die sich der Belegungsabfolge in Hernádkak typologisch und zeitlich anschließen. Dabei kann eine Weiterentwicklung bestimmter Gefäßtypen aus der Phase 3 in Hernádkak beobachtet werden. Diese Entwicklung ist am deutlichsten beim Tasse-Typ 1-3 aus Hernádkak zu erkennen. Das Gefäß nimmt ein größeres Format mit schlichter oder ausgeprägter Randbildung an, wie bei Tasse-Typ 1 Variante 1 zu beobachten ist (Abb. 32.3-4; 73.2,7). Der Gefäßkörper ist mit einzelnen Buckeln und Motiven aus Kanneluren verziert.[509] Eine Variante ist die Tasse mit relativ engem Hals, stark ausschwingendem Rand und randständigem Henkel. Der gedrungene Körper ist meist mit senkrechten Kanneluren verziert.[510] Ebenfalls charakteristisch ist die hohe Tasse (oder Kanne) mit langem engem Hals und doppelkonischem Körper, der meist mit turbanartigen Kanneluren verziert ist (Abb.73.8).[511] Der Befund der Beigaben in Megyaszó unterscheidet sich nicht von der Tradition in Hernádkak. Er besteht ebenso aus dem Geschirrsatz von einer oder zwei Tassen zusammen mit einer Schale. Die Schale ist vorwiegend der in Hernádkak bekannte große Typ 2, (Abb. 37.4-8), weniger eine weiterentwickeltere Form mit eckigem Umbruch (Abb.73.3,15).[512] Anstelle mehrerer Kleinfunde von breitem Typenspektrum, wie im Košice-Becken und in Hernádkak, ist die Grabkeramik in Megyaszó, Tiszapalkonya, Tiszafüred und Gelej oft mit 1-2 Kugelkopfnadeln und einer Drahtösenkopfnadel, selten Schmuck oder Waffen, vergesellschaftet.[513]

Unter den neuen Keramikformen dieser Phase sind:
1. die kleine bauchige Tasse mit ausladendem Rand und randständigem Henkel (Abb.73.6),[514]
2. ein krugartiges Gefäß mit doppelkonischem Profil, ausschwingendem Rand und hohem Henkel (Abb.73.9-10),[515]
3. die Henkeltasse mit Fuß (Abb.73.12 und 20),
4. die große Kanne mit kugeligem Körper, zylindrischem Hals und ausschwingendem Rand (Abb.73.14)[516] und
5. die flache Schale mit eingezogenem Rand und eckigem Umbruch oder Schulterknick (Abb. 73.15-16).[517]
Der einhenklige Becher von großer zylindrischer Form mit breiter Standfläche kommt vereinzelt vor (Abb. 73.11).[518] Zu den neuen Metallformen gehören die

---

[508] Abb.7.34.
[509] Vergleiche Bóna 1975 Tafel 172.1,3 und 177.12.
[510] Ebd. Tafel 171.10, 173.2 und 175.11,19.
[511] Ebd. Tafel 172.5 und 174.1,12.
[512] Zum Beispiel Grab 74 und 110. Ebd. Tafel 174.1-3 und Tafel 175.11,16-21.
[513] Zum Beispiel Grab 69, 92 und 174. Ebd. Tafel 185.15-17; 186.1-3; 188.5-6,9.
[514] Zum Beispiel ebd. Tafel 177.11.
[515] Zum Beispiel ebd. Tafel 175.6 und 179.3.
[516] Ebd. Tafel 179.7.
[517] Zum Beispiel Ebd. Tafel 177.13.
[518] Grab 25 und 117. Ebd. Tafel 170.12 und 176.6. Vergleiche Gelej-Kanálisdűlő Grab 119. Kemenczei 1979 Tafel 15.2.

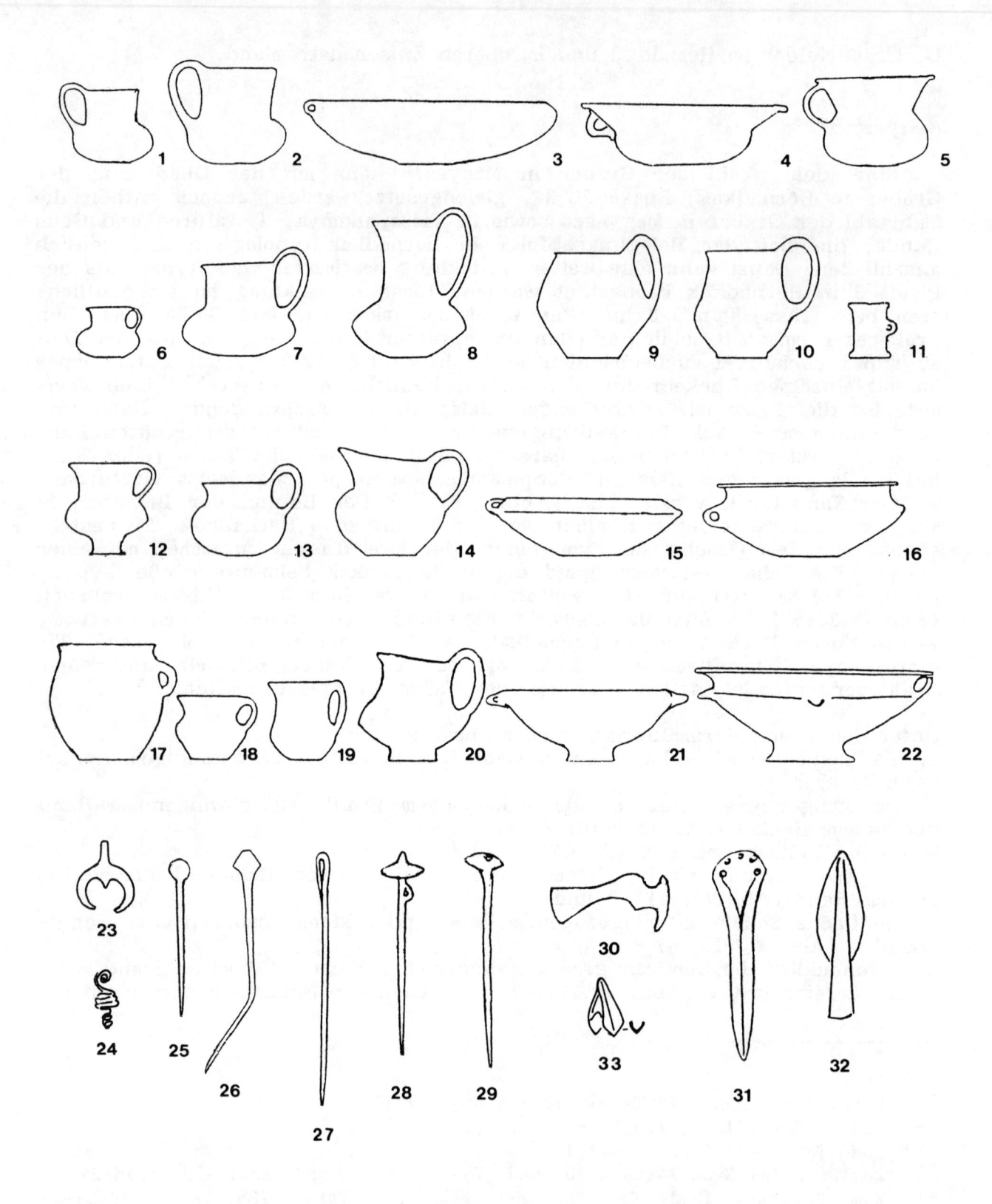

Abbildung 73. Kennzeichnende Gefäßformen der Füzesabony-Kultur im Hernádtal, im nördlichen Zwischenstromland und im oberen Theißgebiet.

Nadel mit durchbohrtem kugeligem Kopf oder mit konischem Kopf und tordiertem Schaft, die große Drahtösenkopfnadel, die große Hülsenkopfnadel mit tordiertem Schaft, die große Nadel mit breitem Rollenkopf und tordiertem Schaft, die Dolchklinge mit rundem Heftende, die Schaftlochaxt und die Axt vom Typ Křtěnov (Abb. 73.9-10, 25-27, 31).[519] Die große Kanne mit kugeligem Körper und die doppelkonischen Tassen sowie die verzierte Dolchklinge mit runder Heftplatte finden Gegenstücke in der Siedlung Barca I Schicht 1 (Abb. 73.9-10, 14, 31).[520]

Tiszafüred-Majaroshalom[521]

Aus dem Gräberfeld sind bis jetzt nur wenige frühbronzezeitliche Gräber bekannt und in verschiedenen Abhandlungen vereinzelt publiziert worden.[522] Dabei wurden sie nicht im Kontext der gesamten Gräberanlage vorgestellt, so daß die genaue Stelle mancher Gräber innerhalb des Gräberfeldes nicht zu lokalisieren ist (Abb.13). Aufgrund der Bestattungsweise und des Befunds sowie der Keramikformen und -verzierungen und der wenigen Kleinfunde sind sie mit Hernádkak Phase 3 zu vergleichen.

Die gestörten Gräber B167, B175 und B176 enthielten jeweils den traditionellen Keramiksatz aus Tassen und Schalen zusammen mit Metallfunden, darunter eine Dolchklinge, eine Rollenkopfnadel und eine Drahtösenkopfnadel.[523] Dabei kommen noch altertümliche Gefäßformen und -verzierungen vor, die an Phase 3 in Hernádkak erinnern: Tasse-Typ 1 Var.1., Schüssel-Typ 1 und Schale-Typ 2 sowie Verzierungen aus Kanneluren und Buckeln (Abb. 73.2-5). Vergleichbare Metallgegenstände stammen aus Tiszafüred-Fertőihalom Grab D: ein Lockenring aus Gold, Spiraldraht und Perlen aus Dentalium und Fayence,[524] und aus einem Hortfund aus der Siedlung Tiszafüred-Ásotthalom: goldene Lockenringe, Spiraldraht, Blechröhrchen und Perlen.[525]

Wie in Megyaszó ist eine Weiterentwicklung von bekannten Keramiktypen aus Hernádkak Phase 3 zu erkennen. Im Grab B65 und im Grab B75 ist der traditionelle Keramiksatz aus Tasse, Schale und Topf zusammen mit der Kombination Dolch-Beil-Ahle oder Meißel vorhanden.[526] Aufgrund der weiterentwickelten Keramikformen, -verzierungen und Metallgegenstände sind diese Gräber jedoch nicht mehr mit der Phase 3 in Hernádkak zu vergleichen, sondern mit den typologisch fortgeschrittenen Formen wie im Gräberfeld Megyaszó (Abb. 73.6-19, 23-28, 30-31). Das gilt besonders für folgende frühbronzezeitliche Gräber in Tiszafüred-Majaroshalom: Grab D334, Grab B141, Grab B361, Grab B143, Grab B146, Grab B112, Grab B113, Grab B115 und Grab B54.[527]

---

[519] Vergleiche Bóna 1975 Tafel 182-189.
[520] Hájek 1958 Abb.9,10 und 12.
[521] Abb.7.46.
[522] Siehe Kovács 1973a-b, 1975a-b, 1977, 1982.
[523] Kovács 1973a, Abb.1.1-8; ders. 1977 Abb.22a; ders. 1982 Abb.2.1-6.
[524] Schumacher 35 Tabelle 17.
[525] Schumacher 36 Tabelle 18.
[526] Kovács 1973a, Abb.2.1-9; ders. 1982 Abb.3.1-12.
[527] Kovács 1973a Abb.1.3; ders. 1977 Abb.25A und B; ders. 1982 Abb.1.3,8; 4.3-5,7-10; 5.6-11,14,16 und 9.11.
Bei Grab B54 gibt es leider nur die Abbildung des Grabbefundes, nicht der einzelnen Funde, so daß keine näheren Vergleiche möglich sind. Kovács 1977 Abb.25B.

Tiszapalkonya-Erömü[528]

Einzelne Gräber in Tiszapalkonya weisen zum Teil noch ältere Formen auf, die mit Phase 3 in Hernádkak zu vergleichen sind. Es handelt sich um Grabgeschirr aus Tassen,[529] die flache Schale (Abb. 73.1-3),[530] Lockenringe und Spiraldraht.[531] Dies betrifft auch in begrenztem Rahmen die Verzierungen aus kleinen Buckeln, Ritzlinien, einfachen senkrechten oder schrägen Kanneluren.[532]

Jedoch ist in der Keramik eine Entwicklung ähnlich wie in Megyaszó und Tiszafüred zu erkennen: die Mehrzahl der Grabbeigaben weist weiterentwickeltere Formen als in Hernádkak Phase 3 auf. Außerdem erscheinen noch weitere neue Gefäßformen, die keinen Vergleich in Hernádkak finden (Abb. 73.6-7, 9-10, 14).[533] Der Gefäßkörper ist mit dichteren und zum Teil neuen Verzierungsmotiven bedeckt: große spitze Buckel, fast waagerechte schräge Rippen mit begleitenden Ritzlinien, Buckel dicht nebeneinander mit begleitenden Ritzlinien im Spiralmotiv und dicht ausgeführte Buckel- und Girlandenmotive.[534] Außer Schmuckformen, die noch in Hernádkak-Tradition stehen, unterscheiden sich die Kleinfunde durch neue Formen wie die verzierte Dolchklinge mit runder Heftplatte, Nadeln mit durchbohrtem, konischem Kugelkopf und tordiertem, gebogenem Schaft, großen Drahtösenkopfnadeln und konischen Buckeln aus Goldblech mit gegenständigen Randlöchern (Abb. 73.26-27, 31).[535]

Gelej[536]

In Gelej-Kanálisdűlő und Gelej-Beltelekdűlő wurden Traditionen in der Bestattungsweise weitergeführt, die jenen in Hernádkak und im Košice-Becken zum Teil entsprechen. Diese werden in der Zusammensetzung des Keramiksatzes aus Tassen und Schalen[537] und in einzelnen Formen in den Gräbern widerspiegelt: zum Beispiel der Henkelbecher,[538] die Schale Hernádkak-Typ 2,[539] der weitmundige Topf[540] und bei den Kleinfunden Perlen aus Spiraldraht und Fayence.[541] Die überwiegende Zahl der Grabbeigaben stellt neue oder weiterentwickelte Formen dar, die nicht mehr mit der Phase 3 in Hernádkak zu parallelisieren sind. Es handelt sich vor allem um folgendes Formengut: Nadeln mit durchlochtem konischem Kopf und tordiertem Schaft und große

---

[528] Abb.7.50.
[529] Kovács 1979 Abb. 2.7,10,12; 3.6. Vergleiche Tasse-Typ 3 und 4.
[530] Ebd. Abb.2.4 und 3.11.
[531] Ebd. Abb.5 und Beschreibung zu Tiszapalkonya Grab 4.
[532] Zum Beispiel ebd. Abb.2.4,7,10 und 3.6.
[533] Ebd. Abb.3.9; 4.6,11,18-19.
[534] Ebd. Abb.2.5; 3.2,8; 4.6, 11-12, 19.
[535] Ebd. Abb.2.3; 4.1-4,10,14,16; 5.2-7.
[536] Abb.7.29.
[537] Zum Beispiel in Kanálisdűlő Grab 25 und 128. Vergleiche Kemenczei 1979 Tafel 4.5-7 und 16.7-10 und in Beltelekdűlő Grab 69 und 72. Ders. Tafel 10.1-2,10-11.
[538] Zum Beispiel Grab 48. Ebd. Tafel 7.6.
[539] Zum Beispiel Grab 25 und 72. Ebd. Tafel 4.1,7.
[540] Zum Beispiel Grab 101 und 128. Ebd. Tafel 13.4 und 16.8-9.
[541] Zum Beispiel Grab 91 in Kanálisdűlő und Grab 68 in Beltelekdűlő, ebd. Tafel 12.2 und 9.13-15.

Drahtösenkopfnadeln (Abb. 73.26-27),[542] weiterentwickelte Formen der Tasse-Typ 1 (Abb. 73.7),[543] die hohe Tasse (Abb. 73.8),[544] die kleine bauchige Tasse mit Randhenkel (Abb. 73.6),[545] die doppelkonische Tasse (Abb. 73.9-10),[546] die Tasse mit ausgebildetem hohem Fuß (Abb.73.12),[547] die kurzhalsige Tasse mit kugeligem Körper (Abb. 73.13),[548] die Schale mit eingezogenem Rand und Schulterknick (Abb. 73.15-16)[549] und der bauchige Topf mit einem Henkel auf der Schulter (Abb. 73.17).[550] Die Verzierung des Gefäßkörpers besteht aus Buckeln und aus Kanneluren und Ritzlinien in unterschiedlicher Zusammensetzung von Spiral-, Girlanden- und Bogenmotiven.[551]

Pusztaszikszó[552]

Wie in Megyaszó, Tiszafüred, Tiszapalkonya und Gelej widerspiegeln die Gräber bzw. die Beigaben in Pusztaszikszó Traditionen in der Bestattungsweise, wie sie in Hernádkak beobachtet werden können. Jedoch bestehen sie aus überwiegend weiterentwickelten Formen und Verzierungen, die keinen Vergleich mehr in Hernádkak Phase 3 finden. Eventuell können das große eimerförmige Gefäß mit durch Besenstrich gerauhter Oberfläche und der Henkelbecher als ältere, langlebige Formen angesehen werden.[553]
Die Gefäße stimmen in der weiterentwickelten Form und Verzierung mit der Keramik überein, die in den Gräberfeldern Megyaszó, Tiszapalkonya und vor allem Gelej bis jetzt beobachtet wurde. In wenigen Gräbern waren Metallbeigaben vorhanden bzw. erhalten. Sie umfassen ausschließlich Nadeln: die Nadel mit durchlochtem konischem Kopf und tordiertem Schaft und die große Drahtösenkopfnadel (Abb. 73.26-27).[554]

Kurz zusammenfassend, das Bild der Beigaben aus den Gräberfeldern der Füzesabony-Kultur in Megyaszó, Tiszapalkonya, Tiszafüred, Gelej und Pusztaszikszó steht deutlich im Gegensatz zu dem Fundbild von Hernádkak Phase 2, Tiszaluc IIb und III 3-4 und den aufgezählten Hatvaner Gräberfeldern und Siedlungen.[555] Keines der Gräber enthält Keramik, die den Leitformen der Gräbergruppe Hernádkak 2 oder Tiszaluc Schicht IIb-III 4 entspricht. Dies bezieht sich insbesondere auf das Fehlen vor allem von Keramik mit Ritzlinienverzierung in einfach geometrischen Motiven, dem Langhalskrug und der Henkelschale-Typ 1 und 3. Stattdessen herrschen hier Ziermotive aus geschwungenen Riefen, senkrechten und geschwungenen, das heißt bogen- und girlandenförmigen Kanneluren und Buckeln, und die Gefäßformen Tasse-Typ 4 und 6 und die flache Schale-Typ 1 vor, weniger Schüssel-Typ 1. Dieses Formengut

---

[542] Zum Beispiel Grab 50. Ebd. Tafel 7.10-12.
[543] Zum Beispiel Grab 128. Ebd. Tafel 16.7.
[544] Zum Beispiel Grab 25. Ebd. Tafel 4.6.
[545] Zum Beispiel Grab 128. Ebd. Tafel 16.10.
[546] Zum Beispiel Grab 69 und 72. Ebd. Tafel 10.2,11.
[547] Zum Beispiel Grab 108. Ebd. Tafel 13.14.
[548] Zum Beispiel Grab 71. Ebd. Tafel 10.7.
[549] Zum Beispiel Grab 69 und 71. Ebd. Tafel 10.1,8.
[550] Zum Beispiel Gelej-Beltelekdűlő Grab 68. Ebd. Tafel 9.16.
[551] Zum Beispiel ebd. Tafel 9, 18, 21 und 26.
[552] Abb.7.37.
[553] Grab 9,14,24 und 25. Kőszegi 1968 Tafel 20.2 und 26.
[554] Grab 10 und 12. Ebd. Tafel 24.2,3-6.
[555] Vergleiche Abb.60, 71 und 73.

ist mit Leitformen der Gräbergruppe 3 in Hernádkak und Schicht III 1-3 in Tiszaluc zu parallelisieren. Das heißt, Hernádkak Phase 3 kann mit der zweiten Phase des Gräberfeldes Megyaszó und mit den frühesten Gräbern in Tiszapalkonya und in Tiszafüred in kultureller und chronologischer Hinsicht gleichgesetzt werden. Aufgrund der Ziermotive und der Tassenform werden die Gräberfelder der Füzesabony-Kultur zugewiesen.[556] Während in Hernádkak und Tiszaluc diese kennzeichnenden Merkmale genauso häufig wie die komplizierte Ritzlinienverzierung vorkommen, überwiegen sie in Megyaszó, Tiszapalkonya, Tiszafüred, Gelej und Pusztaszikszó. Bemerkenswert ist, daß die Tassen Typ 1-3 und die Verzierung aus Spiralkanneluren in den Gräbergruppen 3 spät in Hernádkak, jedoch nicht in Tiszaluc vertreten sind. Die Mehrzahl der Gräber in Megyaszó, Tiszapalkonya, Tiszafüred, Gelej und Pusztaszikszó enthielten Beigaben, die nicht mehr mit jenen der Phase 3 in Hernádkak zu vergleichen sind. Dies betrifft vor allem die Keramik, die sich in entwickelteren oder neuen Gefäßformen und -verzierungen äußert. Kleinfunde werden nicht nur durch größere und neue Formen verzeichnet, sondern außerdem durch eine Reduzierung und zugleich eine Vereinheitlichung des Typenspektrums. Gräber in Tiszafüred, Gelej und Pusztaszikszó können in zwei weitere Zeitstufen gegliedert werden *(Abb. 74-75)*.

Daraus wird hier geschlossen, daß das vergleichbare Fundmaterial aus Hernádkak 2 spät, Tiszaluc IIb-III 4, Tiszaörvény und Tarnaméra Formen der Hatvan-Kultur repräsentiert. Dagegen erscheinen im Fundbild Hernádkak 3 und Tiszaluc III 1-2 Formen der späten Hatvan- und der frühen Füzesabony-Kultur zusammen. Das heißt, sie stellen den Übergang Spät-Hatvan zur Füzesabony dar. So läßt sich einerseits die Gliederung der Gräber in Hernádkak und ihre Aufstellung in einer zeitlichen Reihenfolge durch einen Vergleich mit anderen, deutlich unterschiedlichen und voneinander absetzbaren Gräberfeldern bestätigen. Andererseits ist eine kontinuierliche Weiterentwicklung sowohl in der Bestattungsweise als auch in bestimmten Formen des Fundgutes in allen Gräberfeldern zu verfolgen.

---

[556] Kovács 1973, 1982, 1984 Taf.65. Bóna 1975, 148-151. von Tompa 1934-35, 96-98.

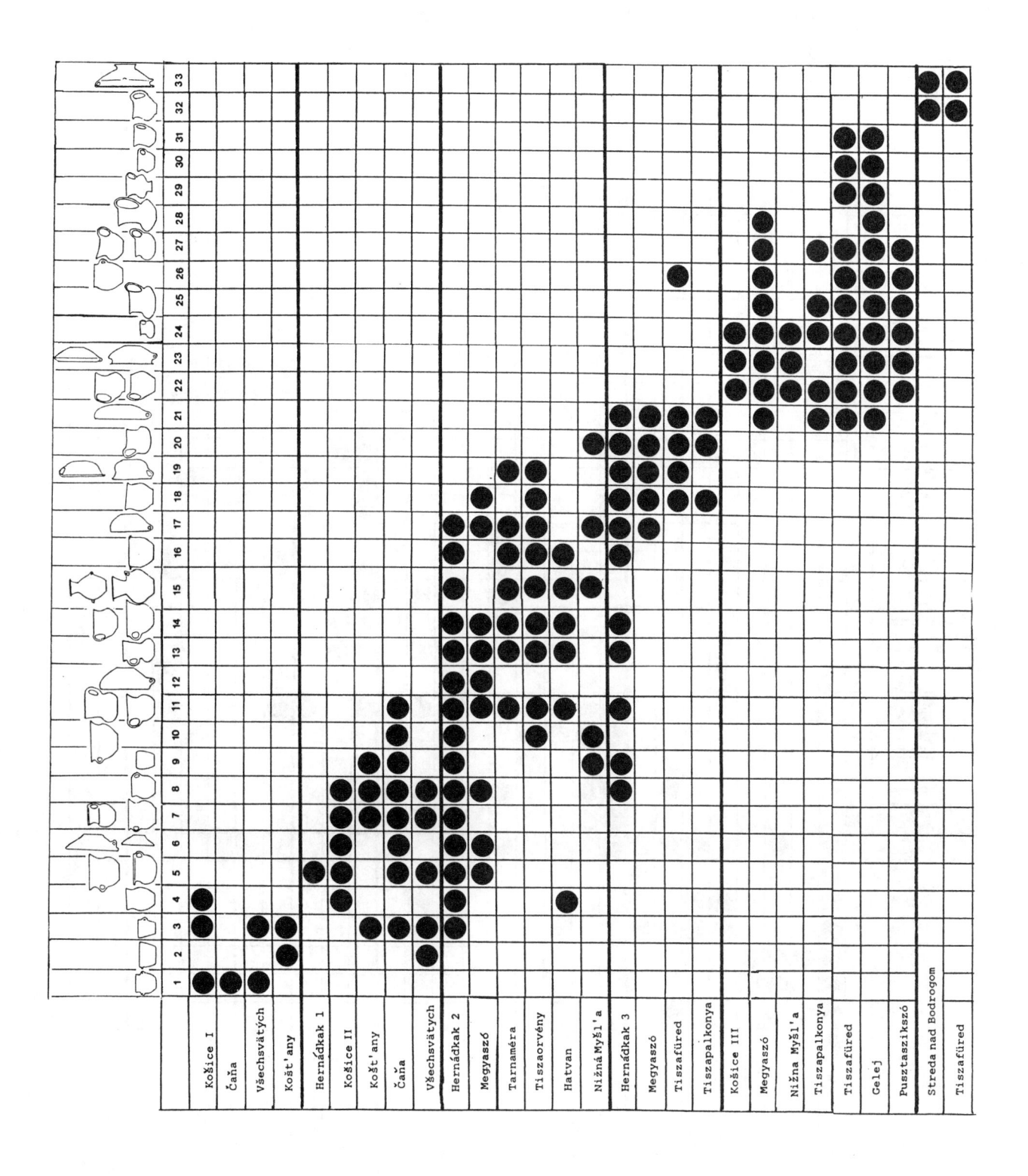

Abbildung 74. Kombinationen der Keramik in den ausgewählten Gräberfeldern.

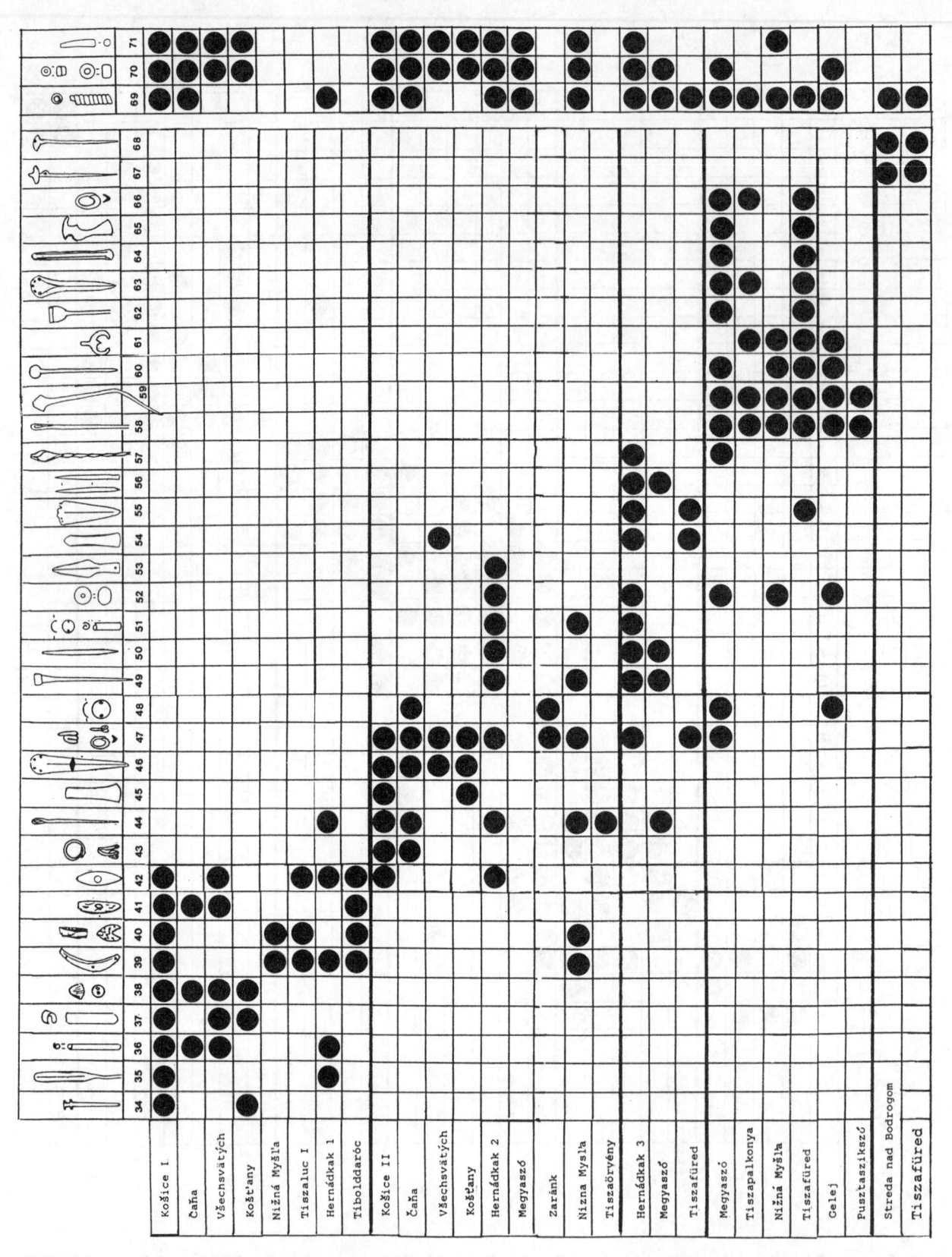

Abbildung 75. Kombinationen der Kleinfunde in den ausgewählten Gräberfeldern und Siedlungen.

E. Gräberfelder und Siedlungen der Hatvan- und frühen Füzesabony-Kultur.

Zur Überprüfung des Fundbilds der hier definierten Gräbergruppen und Phasen in Hernádkak sollen nunmehr weitere beispielhafte Gräberfelder und Siedlungen der Hatvan- und der frühen Füzesabony-Kulturgruppe im Hernádflußtal und im nördlichen Zwischenstromland zum Vergleich herangezogen werden. Dies wird zwar durch den Mangel an systematischer Durchforschung und ausführlicher Dokumentation der Fundorte in diesen Gebieten in manchen Fällen verhindert. Dennoch sind bei einer genauen Betrachtung des von dort stammenden Fundmaterials Hinweise zur Erhellung oder Ergänzung des Fundbilds zu gewinnen.

Wie oben bereits betont, bietet die benachbarte Siedlung Tiszaluc, die bisher von der Forschung kaum berücksichtigt wurde, die Möglichkeit, das Fundbild eines Gräberfelds mit einer Siedlungsstratigraphie zu korrelieren.[557] Wird die Korrelation der Leitformen in den Grabgruppen mit jenen der Schichtenfolge begründet, so können diese Formen im Sinne eines geschlossenen Fundes und auch im Sinne eines stratigraphisch belegten Fundes als sichere Leitformen für die zeitliche Abfolge aussagen. Gräber der Phase 1 in Hernádkak und Schicht I in Tiszaluc setzen sich voneinander ab. Das Fundbild in beiden Fundorten ist grundsätzlich verschieden, was sowohl auf zeitliche als auch auf kulturelle Gründe zurückgeführt werden kann. Wie Kalicz berichtet, ist die erste Siedlungsschicht in Tiszaluc der im nördlichen Karpatenbecken verbreiteten Nyírség-Gruppe der Zók-Kultur zuzuschreiben, die früher als die Hatvan-Kultur zu datieren ist.[558] Dagegen zeigen die Gräber der Phase 1 sowohl im Fundbild als auch in der Gräberanlage große Ähnlichkeit mit den frühesten Gräbern der Košťany-Kultur im Košice-Becken, die sich in der Bestattungsweise (Skelett- im Gegensatz zu Brandbestattung) und im Fundgut von der Nyírség-Gruppe unterscheidet.[559]

Frühe Gräber der Phase 2 in Hernádkak Grab 46, 49, 50 und Schicht IIa in Tiszaluc enthalten noch Fundtypen der vorhergehenden Phase 1 bzw. Schicht I, haben aber als gemeinsame Formen vor allem die Henkelschale, Hernádkak Henkelschale Typ 5, mit gekerbten Rippen.[560] Die Zahl an übereinstimmenden Fundtypen der frühen Hatvan-Kultur nimmt im Verlauf der Phase 2 in Hernádkak und Schicht IIb in Tiszaluc zu, das heißt, die Parallelität der Gräbergruppen und der Schichtenfolge wird immer deutlicher und ist bis zum Ende der Schichtenfolge in Tiszaluc bzw. der Phase 3 in Hernádkak zu verfolgen.

Außer vereinzelten und vermuteten Gräbern ist die Zahl an sicher belegten Gräberfeldern der Hatvan-Kultur im nördlichen Zwischenstromland, die hier als Vergleich zur Verfügung stehen, sehr klein.[561] Daher sind die erschlossenen Gräber in Tiszaörvény *(Abb.7.49)* und Tarnaméra *(Abb.7.43)* von großer Bedeutung. Sie enthielten Grabbeigaben, die mit Fundtypen der Tiszaluc-Schicht IIb und III 4 und Hernádkak Phase 2 und 3 verglichen werden können. Das Typenspektrum der Funde ist auf einen bestimmten Abschnitt der

---

[557] Siehe Abschnitt B. Stratigraphie der Siedlung Tiszaluc-Dankadomb.
[558] Kalicz 1968, 69,72-73, 114, 164.
[559] Siehe Kapitel III C. Vergleichbare Gräberfelder und Kapitel VI C. Beschreibung der Phase Hernádkak 1. Siehe Abb. 60.1-14. Kennzeichnende Gefäßformen der Košťany-Kulturgruppe.
[560] Siehe Kalicz 1968 Tafel 41.4.
[561] Kalicz 1968, 110.

Schichtenfolge in Tiszaluc bzw. der Gräbergruppen in Hernádkak begrenzt. Es unterstützt damit die Gleichsetzung jeweils einer Phase in Hernádkak mit der entsprechenden Schicht in Tiszaluc. Im Detail handelt es sich in Tarnaméra um Grab 1[562] und in Tiszaörvény um Grab 1, 4, 8 und 9,[563] die aufgrund des großen weitmundigen Topfes mit Besenstrich und einzelnen Knubben, der unverzierten Tasse Hernádkak Typ 5 und der unverzierten Henkelschale Hernádkak Typ 5 mit Hernádkak Anfang Phase 2 und Tiszaluc IIb gleichgesetzt werden.[564] Tarnaméra Grab B, 3, 4 und 5[565] und Tiszaörvény Grab 2, 3, 6, 11 und 13[566] werden aufgrund des Langhalskruges, der Henkelschale Hernádkak Typ 1 Variante 1 und 3, des amphorenartigen Gefäßes und der Ritzverzierung in einfachen geometrischen Motiven mit Tiszaluc III 4 und der späteren Phase 2 in Hernádkak gleichgesetzt.[567] Das gleiche Keramikbild wiederholt sich in "Brandgrabnestern" und vermuteten Gräbern, die in dem eponymen Fundort Hatvan *(Abb.7.30)* entdeckt wurden.[568]

Funde aus vermuteten Brandgräbern in Zaránk-Dögút *(Abb.7.54)* stimmen anhand des kleinen rundlichen Topfes mit spitzen und zungenförmigen Randknubben, des Henkelbechers, Blechbuckelchen und des Lockenrings mit dem Fundbild von Hernádkak 2 und Tiszaluc IIb überein.[569] In diesem Kontext ist das relativ kurzhalsige Gefäß als Variante des Langhalskruges zu betrachten.[570] Darüber hinaus finden der Lockenring mit mehreren Windungen und die Blechbuckelchen mit zwei Randlöchern eindeutige Parallelen in den Gräbern der Košťany-Kultur im Košice-Becken.[571] Der kleine, dünnstäbige Ösenhalsring aus Zaránk hat hingegen weder im Hernádtal noch im nördlichen Zwischenstromland Parallelen im Bereich der Hatvan-Kultur.

Grab 1 und 2 aus Jászdózsa-Kápolnahalom *(Abb.7.32)* enthielten Keramik, der Formen der Hatvan-Kultur in Hernádkak Phase 2 spät und Tiszaluc Schicht IIb und III 4 entsprechen: der steilwandige Topf mit Randknubben Hernádkak Typ 7, die unverzierte Tasse Hernádkak Typ 5 und ein großer Topf mit Textilabdrücken.[572] Die länglichen Perlen aus aufgerolltem Bronzeblech und die Dentaliumperle, vermutlich Grabfunde aus einer Sandgrube bei Galgamácsa, sind sowohl mit Leitformen der Kisapostag-Kultur als auch der Košťany-Kultur und ebenfalls mit Hernádkak 2 spät zu parallelisieren.[573]

---

[562] Ebd. Tafel 85.13.
[563] Ebd. Tafel 104.1-2,9 und 105.1,5.
[564] Vergleiche Hernádkak Grab 49, 51, 53, 86.
[565] Kalicz 1968 Tafel 82.1-13, 83.1-12 und 84.3,6.
[566] Ebd. Tafel 104.3-9, 105.2-4 und 106.1,3,7-9.
[567] Vergleiche Hernádkak Grab 44, 67, 87 und 105.
[568] Hatvan Régi-Kálváriapart. Kalicz 1968, 121 Nr.62. Tafel 90.7-11; 91.1,4-15; 92.7,11-15.
Hatvan-Boldog. Kalicz 1968, 121 Nr.63. Tafel 92.1-6; 94.2-3,5-9.
[569] Ebd. Tafel 88.1-8,10. Vergleiche Hernádkak Grab 28, 46, 51, 54 und 87.
[570] Vergleiche Langhalskrug Typ 1 Variante 1, Abb. 30.5.
[571] Vergleiche Čaňa Grab 17, 34 und 36. Pástor 1978 Tafel 5.4-7; 7.9,11; 8.3. Košice Grab 93, 113 und 165. Ders. 1969 Tafel 17.4-8; 19.3; 28.2. Košťany Grab 17. Pástor 1962 Abb.7.14. Všechsvätých Grab 16, 35 und 47. Ders. 1978 Tafel 22.7; 24.1; 25.5.
[572] Kalicz 1968 Tafel 99.1,4,5,7 und 9.
[573] Ebd. Tafel 119.2,4. Vergleiche Košice Grab 37. Pástor 1969 Tafel 7.6-13. Všechsvätých Grab 21. Ders. 1978, 69.

Wie bereits erwähnt, enthielten einige Gräber in dem mehrphasigen, überwiegend jüngeren Körpergräberfeld bei Megyaszó *(Abb.7.34)* Keramik und Kleinfunde, die mit dem Fundbild der Phase 2 in Hernádkak und im nördlichen Zwischenstromland vergleichbar sind, darunter:
  der Langhalskrug,[574]
  die Henkelschale Hernádkak Typ 1 Variante 1 und Typ 4,[575]
  Tasse-Typ 5,[576]
  die tiefe Schale mit hohem Umbug, Hernádkak Typ 4,[577]
  die kalottenförmige Schale, Hernádkak Typ 3[578]
  und der Topf mit breiter Mündung.[579]
Vergleichbare Kleinfunde sind:
  kleine Nadeln mit Drahtösenkopf und mit Rollenkopf,[580]
  kleine Ahle und Meißel[581]
  und Lockenringe.[582]
Das Fundbild stellt außerdem die früheste Phase des Gräberfeldes Megyaszó dar.

Das Fundmaterial aus Siedlungsplätzen der Hatvan-Kultur gibt ebenfalls einen Hinweis bzw. eine Bestätigung zur Gliederung des Fundbilds in Hernádkak. Wie bei den Gräberfeldern besteht auch hier, im Gebiet des Hernádtals und des nördlichen Zwischenstromlandes, ein Mangel an systematisch erforschten, ausführlich dokumentierten Fundstellen. Außer Tiszaluc-Dankadomb bleibt bis jetzt nur der Siedlungshügel Tószeg-Laposhalom (Kom. Szolnok) *(Abb.7.52)* in Betracht zu ziehen.[583]

Das stratifizierte Fundmaterial aus den 3-8 m hohen frühbronzezeitlichen Siedlungsablagerungen, Schicht A-D, läßt sich mit Funden in Tiszaluc Schicht IIb-III 3, vergleichen. Die Situation in der untersten Schicht A in Tószeg ist ähnlich wie in Tiszaluc I und der Phase 1 in Hernádkak: die Leitformen dieser Phase stammen von einer lokalen Kulturgruppe, nicht der Hatvan-Kultur. Im Gegensatz zur Nyírség-Gruppe in Tiszaluc I ist das Fundbild der untersten Schicht A in Tószeg von Keramikformen der für diese Region bestimmenden Nagyrév-Kultur geprägt.[584] Funde dieser Kulturgruppe kommen noch in Schicht B1 zusammen mit Fundmaterial vor, das Elemente der frühen Abschnitte der Hatvan-Kultur wie in Tiszaluc IIa aufweist: Gefäße und Tunnelhenkel mit Besenstrich und Textilabdrücken, Gefäße mit erhöhter Standfläche, der eimerförmige Topf Hernádkak Typ 4 und Silexklingen.[585]

Die nächstfolgende Schicht B wird stratigraphisch in B1 und B2 unterteilt. Das Fundinventar des Siedlungsniveaus B2 unterscheidet sich von B1 u.a. durch das Fehlen von Nagyrév-Formen. Analog dazu ist das Fehlen des Nyírség-Fundgutes in Tiszaluc IIb. Das Bild der Funde ändert sich außerdem

---

[574] Megyaszó Grab 1, 22, 23. Bóna 1975 Tafel 170.9, 15, 18.
[575] Megyaszó Grab 19 und 22. Ebd. Tafel 170.8; 171.3.
[576] Megyaszó Grab 1, 26 und 47. Ebd. Tafel 170.11,16; 171.18.
[577] Megyaszó Grab 13, 22. Ebd. Tafel 170.2, 10.
[578] Megyaszó Grab 24 und 27. Ebd. Tafel 170.3,14.
[579] Megyaszó Grab 1, 155. Ebd. Tafel 170.17; 177.14-15.
[580] Megyaszó Grab 21. Ebd. Tafel 183.18-19.
[581] Megyaszó Grab 13 und 21. Ebd. Tafel 183. 12, 13, 20.
[582] Megyaszó Grab 24. Ebd. Tafel 183.9-10.
[583] Mozsolics 1952. Banner-Bóna-Márton 1959. Stanczik 1979-1980. Schalk 1981.
[584] Vergleiche Schalk 1981 Tafel 1-2.
[585] Ebd. Tafel 3.41, 42, 46; 28.138; 35.255.

durch das Auftreten der flachen Schüssel Hernádkak Typ 1, inkrustierter Keramik und von Gefäßbruchstücken mit einfach geometrischer Verzierung.[586] Zusammen mit Keramik der Perjámos-Kultur und transdanubisch inkrustierter Keramik sind die charakteristischen Hatvan-Funde noch zahlreicher in den oberen Niveaus 7-8 der Schicht B2 zu beobachten. Neben der Schüssel und dem Langhalskrug äußert dies sich vor allem in der Gefäßverzierung: Ritzlinien in einfachen und komplizierten geometrischen Motiven, weniger aus geschwungenen Riefen.[587] Das Fundbild entspricht dem Bild der Keramik sowohl in Tiszaluc III 3-4 als auch der fortgeschrittenen Phase 2 in Hernádkak.

Schicht C in Tószeg ist wegen der Gefäßformen, vor allem der Tassen, Hernádkak Tasse Typ 1,5 und 9, und der vielfältigen Verzierung aus geraden und geschwungenen Kanneluren und Buckeln, bedeutend weniger aus geometrischen Motiven, Hernádkak 3 gegenüberzustellen.[588] Dies gilt aber nicht für die oberen Niveaus der Schicht III in Tiszaluc, da die Tassen Hernádkak Typ 1-3 sowie die Verzierung aus Spiralkanneluren dort nicht vorkommen. Die Keramik in der folgenden Schicht Tószeg D kann anhand der mit Spiralkanneluren und Buckeln verzierten Schüsseln (Hernádkak Typ 1) und Tassen (Hernádkak Typ 1-3) mit Gefäßen aus Gräbern am Ende der Phase 3 in Hernádkak bedingt verglichen werden.[589] Der überwiegende Teil des Fundmaterials aus Tószeg C-D wird der klassischen Phase der Füzesabony-Kultur zugeschrieben, wie sie in den Grabfundkomplexen in Tiszapalkonya und zum Teil Tiszafüred, aber nicht in Gräbern der Hatvan-Kultur, vertreten ist. Das charakteristische Fundbild der Hatvan-Kultur, wie in Tószeg Schicht B2, Tiszaluc Schicht IIb-III 4 und Hernádkak Phase 2-Anfang 3, ist nicht mehr oder nur vereinzelt vertreten.

Das stratifizierte Fundmaterial aus der 4 m hohen Siedlung Jászdózsa-Kápolnahalom stellt ein ähnliches Bild der Entwicklung wie in Tószeg-Laposhalom dar. Auf dem ursprünglichen Humus wurden mehrere Wohnniveaus, bzw. zwei Siedlungsschichten festgestellt, die jeweils dem frühen und dem späten Abschnitt der Hatvan-Besiedlung zugeschrieben werden. Das Fundmaterial aus diesen Schichten kann mit Tiszaluc Schicht IIb-III 4 und Hernádkak Phase 2 verglichen werden. Darauf folgt eine Siedlungsschicht, die die charakteristischen Funde der Füzesabony-Kultur aufweist. Die oberste Schicht wird als kosziderzeitlich bezeichnet.[590]

Aus den zusammenfassenden Beschreibungen von Kalicz geht deutlich hervor, daß es zahlreiche Fundstellen im Gebiet des Hernádtals und des nördlichen Zwischenstromlandes gibt, in denen Kalicz Siedlungsplätze vermutet und der Hatvan-Kultur zuschreibt. Sie liefern Funde oder Fundverbände, die, aufgrund ihrer Übereinstimmung mit den Grabbeigaben in Hernádkak und dem Siedlungsmaterial in Tiszaluc, als weitere Beweisführung für die Gliederung der Gräber in Hernádkak sowie der Korrelation dieser mit der Schichtenfolge in Tiszaluc dienen.[591] Die einzelnen Fundstellen sind meist nicht systematisch

---

[586] Ebd. Tafel 4.55, 58, 59, 61.
[587] Ebd. Tafel 5. 64-67, 73; 6.80, 86, 89; 17.22-31, 39-40.
[588] Ebd. Tafel 8.101-111; 18.44-71.
[589] Ebd. Tafel 12.149; 13.166, 170-172; 19.88, 92, 93.
[590] Freundliche Mitteilungen von I.Stanczik. Siehe auch I.Stanczik, Arch.Ért. 107, 1980, 44ff. Abb.5. Vergleiche Kalicz 1968 Tafel 101.11-12.
[591] Kalicz 1968, 114-134, 165-166. Im Hernádtal, Nr.9, 11, 13, 15, 17, 18 und 25; im nördlichen Zwischenstromland, Nr.27-30, 37, 41-44, 46, 47, 57, 181; in der Südwest-Slowakei, Nr.82, 86, 100, 104 und 110; im mittleren Zwi-

durchforscht oder die Ergebnisse der Erforschungen sind unvollständig oder nur in der Form eines Vorberichts bekannt. Anhand der Angaben von Kalicz zur topographischen Lage und der abgebildeten Auswahl an beispielhaften Funden läßt sich dennoch bei manchen Fundstellen ein Siedlungsbild ähnlich wie in Tiszaluc, Tószeg und Jászdózsa erkennen. Die topographische Lage dieser Flachland-Siedlungen ist, wie in Tiszaluc, Tószeg und Jászdózsa, meist in der Nähe eines Wasserlaufes. Der Siedlungshügel selbst besteht in der Regel aus 2-4m hohen, mehrschichtigen Wohnablagerungen und ist häufig zum Teil von einem Graben umgeben. Das Fundmaterial aus den einzelnen Siedlungshügeln entspricht selten der ganzen Schichtenfolge in Tiszaluc bzw. allen Gräbergruppen in Hernádkak, sondern nur bestimmten Abschnitten in der Abfolge. So kommt es vor, daß sich einzelne Siedlungen im Fundbild typenmäßig voneinander absetzen und dabei selber einen bestimmten Abschnitt der Abfolge in Hernádkak oder Tiszaluc vertreten.

Wie bei den vermuteten Gräberanlagen ist auch die Zahl der Siedlungen klein, die Funde des frühen Abschnitts der Hatvan-Kultur, Hernádkak Phase 2 und Tiszaluc Schicht IIa-b entsprechend liefern. In keiner der Fundstellen wurde Material gefunden, das ausschließlich den frühesten Abschnitt der Hatvan-Kultur darstellt. Entweder steht das Früh-Hatvaner Material in Vergesellschaftung mit Funden der älteren regionalen Kulturgruppe, wie dies in Tiszaluc und in Tószeg der Fall ist, oder es kommt -wie hier bei stratigraphisch nicht festgelegten Siedlungsplätzen- mit späteren Hatvan-Formen zusammen vor. Die mehrschichtigen Siedlungen Szihalom-Árpádvár (Abb.7.41),[592] Tápiószele-Tűzköves (Abb.7.42),[593] Tiszaug-Kéménytető (Abb.7.45)[594] und Vatta-Testhalom (Abb.7.53)[595] sind deshalb von besonderer Bedeutung in der Frage zum Formengut der frühen Hatvan-Kultur und ihrer Korrelation mit der Schicht IIa-b in Tiszaluc.

In Tápiószele-Tűzköves und evtl. in Tiszaug kommt Keramik der frühen Hatvan-Kultur mit Fundgut der Nagyrév-Kultur zusammen vor. Darunter sind Formen, die durchaus Entsprechungen in Tiszaluc Schicht IIa, ohne eindeutige Merkmale der Schicht IIb, haben:
  große Töpfe mit Besenstrich und Textilabdruck,[596]
  Keramik mit Verzierung aus Stichreihen[597]
  und Tongegenstände wie der Spinnwirtel.[598]
Das Bild des Hatvaner Fundinventars in Szihalom, Tiszaug und Vatta zeigt Formen, die mit beiden Schichtenabschnitten, Tiszaluc II a und b, sowie mit Hernádkak Phase 2 zu parallelisieren sind. Bei den Gefäßformen handelt es sich um:
  das amphorenartige Gefäß,[599] den bauchigen Topf mit Textilabdruck,[600]
  den (eimerförmigen) Topf mit Besenstrich,[601]

---

schenstromland und an der Theiß, Nr.161, 162, 191 und 196.
[592] Ebd. 119 Nr.46.
[593] Ebd. 126 Nr.162.
[594] Ebd. 127 Nr.191. Csányi und Stanczik 1982.
[595] Kalicz 1968, 119 Nr.39.
[596] Ebd. Tafel 102.2, 5-6, 11, 15 und 16. Vergleiche Hernádkak Topf-Typ 4.
[597] Ebd. Tafel 102.12. Vergleiche Tafel 37.11; 41.6; 42.1.
[598] Ebd. Tafel 102.4. Vergleiche Tafel 42.3.
[599] Ebd. Tafel 66.11.
[600] Ebd. Tafel 76.18.
[601] Ebd. Tafel 66.12 und 76.17. Csányi und Stanczik 1982, 239-254 Abb.9.1-2.

den kleinen steilwandigen Napf (Hernádkak Topf Typ 7),[602]
die tiefe Henkelschale (Hernádkak Henkelschale Typ 3),[603]
die kleine Henkelschale (Hernádkak Henkelschale Typ 4)[604]
und die tiefe Schale mit hohem Umbug (Hernádkak Schale Typ 4).[605]
Der kleine Krug aus Vatta mit polierter Oberfläche, waagrechten Ritzlinien am Hals und auf der Schulter und halsständigem Henkel ist als Variante des Langhalskrugs der späteren Phase 2 in Hernádkak und Tiszaluc III anzusehen.[606] Außerdem gibt es noch charakteristische Kleinfunde aus Ton: Spinnwirtel, Stempel, Löffel, Wagenradmodelle und Tierfiguren. Einfach geometrische Ziermotive aus Ritzlinien, die sorgfältig geglättete Gefäßoberfläche, zungenförmige Randknubben, einzelne kleine Knubben und gekerbte Rippen sind weitere Kennzeichen der Schicht IIa-b in Tiszaluc und der frühen Phase 2 in Hernádkak.[607]

Aus Ároktő-Dongóhalom im Hernádtal und Szihalom bei Füzesabony stammt Keramik, die darüber hinaus Übereinstimmung mit Funden aus der Schicht III Abschnitt 4 in Tiszaluc und mit der Grabkeramik aus Tarnaméra und Tiszaörvény sowie der Phase 2 spät in Hernádkak findet. Darunter: die Tasse Hernádkak Typ 5,[608] der Langhalskrug,[609] die Schüssel Hernádkak Typ 1,[610] der Henkeltopf Hernádkak Typ 2,[611] der konische Deckel mit Knopfgriff,[612] miniaturhafte Gefäße,[613] und ein Wagenmodell.[614] Die Feinkeramik zeichnet sich durch eine sorgfältig geglättete Oberfläche oder Ritzlinienverzierung in einfachen geometrischen Motiven aus. Entwickelt geometrische und geschwungene Ziermotive, die in Tiszaluc III 3-4 und Hernádkak 2 spät häufig vorkommen, sind in Ároktő und Szihalom hingegen selten vertreten. Beachtenswert ist das Fehlen der Tasse Typ 1-3, der Schale Typ 1-2 sowie der Verzierung aus Kanneluren und Buckeln.

Zahlreicher sind Siedlungen, in denen Funde der Phase Hernádkak 3 und Tiszaluc III 1-3 vertreten sind. Es handelt sich vor allem um: die Tassen Typ 1 und 3,[615] Schale Typ 2,[616] Henkelschale Typ 1 und 2,[617] Schüssel Typ 1,[618] Askoi[619] und die Verzierung von entwickelt geometrischen und geschwungenen Ziermotiven aus Ritzlinien, Riefen und Kanneluren. Dagegen kommen Formen der vorhergehenden Phase Hernádkak 2 spät und Tiszaluc III 4, wie der Langhalskrug, Schüssel Typ 1, Henkelschale-Typ 1 und

---

[602] Kalicz 1968 Tafel 66.9 und 74.4.
[603] Ebd. Tafel 76.13.
[604] Ebd. Tafel 76.15. Csányi und Stanczik 239-254 Abb.10.6-7.
[605] Kalicz 1968 Tafel 76.3.
[606] Ebd. Tafel 65.6. Vergleiche Hernádkak Langhalskrug-Typ 1.
[607] Zum Beispiel ebd. Tafel 66.6, 9, 12; 74.4,8. Csányi und Stanczik 1982 Abb.10.6-7.
[608] Kalicz 1968 Tafel 75.2; 76.5.
[609] Ebd. Tafel 75.4.
[610] Ebd. Tafel 74.6.
[611] Ebd. Tafel 75.3; 77.4.
[612] Vergleiche ebd. Tafel 75.7.
[613] Ebd. Tafel 76.14.
[614] Ebd. Tafel 75.9. Vergleiche Nižná Myšl'a Grab 40. Olexa 1982 Abb.2.
[615] Vergleiche Abb. 32.4-5,11-12,14 und Abb.73.1-2.
[616] Vergleiche Abb.73.3.
[617] Vergleiche Abb. 34.2-3,6-7.
[618] Vergleiche Abb.73.4.
[619] Vergleiche Kalicz 1968 Tafel 115.

Ritzlinienverzierung in einfachen geometrischen Motiven, bedeutend weniger vor. Diese Fundsituation ist bei den Siedlungen Mezőcsát-Laposhalom*(Abb.7.35)*,[620] Mezőcsát-Pástidomb*(Abb.7.35)*,[621] Hatvan-Strázsahegy*(Abb.7.30)*,[622] Szécsény-Kerekdomb*(Abb.7.39)*,[623] Szelevény-Menyasszonypart I *(Abb.7.40)*,[624] Gomba-Várhegy,[625] Bocsárlapujtö-Pókahegy,[626] Piliny-Várhegy*(Abb.7.36)*,[627] und Tiszakeszi-Szódadomb*(Abb.7.47)*[628] auch zu beobachten.

In mehreren Siedlungen kamen Hatvan-Formen zusammen mit Fundmaterial zutage, das für die zeitlich jüngere Füzesabony-, Vatya- oder Aunjetitz-Kulturgruppe kennzeichnend ist. Es ist anzunehmen, daß in Analog zu Jászdózsa und Tószeg die Hatvan-Siedlungsschicht von Schicht(en) der späteren Kulturgruppen überlagert war.[629]

Nach Kalicz gehören die Schwedenhelmschüssel (Hernádkak Schüssel Typ 1) und die Verzierung aus senkrechten und geschwungenen Kanneluren zum Fundbild des späten Abschnittes der Hatvan-Kultur.[630] Andere Autoren halten dieses Fundbild dagegen als charakteristisch für die Füzesabony-Gruppe der Otomani-Kultur bzw. die Kultur der Spiralbuckelkeramik.[631] Im Rückblick auf die bisher betrachteten Siedlungen und Gräberfelder der Hatvan-Kultur können folgende Gefäßformen und Zierweisen als charakteristisch für die Hatvan-Kultur bestimmt werden:
1) feine unverzierte Keramik mit gut geglätteter Oberfläche, wie der Langhalskrug und Tasse Typ 5,[632]
2) Schüssel Typ 1, die sog. Schwedenhelmschüssel,[633]
3) der steilwandige Napf, Topf Typ 7, mit einzelnen Randknubben und mit einfacher, gerauhter oder mit Textilabdruck versehener Oberfläche,[634]
4) der bauchige Topf mit Textilabdruck,[635]
5) das amphorenartige Gefäß mit einem oder zwei Henkeln,[636]
6) die Henkelschale Typ 1 und 5 mit gekerbten Rippen und kleinen Knubben oder mit geometrischer Ritzverzierung,[637]

---

[620] Ebd. 117 Nr.28.
[621] Ebd. 117 Nr.27.
[622] Ebd. 120 Nr.59. von Tompa 1934 und 1935.
[623] Kalicz 1968, 122 Nr.86.
[624] Ebd. 128 Nr.196.
[625] Ebd. 125-126 Nr.158.
[626] Ebd. 122 Nr.79.
[627] Ebd. 122 Nr.82.
[628] Ebd. 118 Nr.32.
[629] Zum Beispiel in Szécsény, Szelevény, Gomba und Piliny.
[630] Ebd., 157-158,175.
[631] Dabei wird oft nicht genau zwischen der Schale mit eingezogenem Rand und der Schüssel Typ 1 sowie der Verzierung aus Kanneluren differenziert. Die Schüssel-Typ 1 und die Verzierung aus Knubben und flachen Buckeln ist sicherlich von der Hatvan-Kultur abzuleiten, während die flache Schale und Kannelurverzierung der Füzesabony-Gruppe zuzuweisen sind.
[632] Vergleiche Abb.71.13-18.
[633] Vergleiche Abb.71.22-23.
[634] Vergleiche Abb.71.5.
[635] Vergleiche Abb.71.8.
[636] Vergleiche Abb. 71.12, 21, 27.
[637] Vergleiche Abb.71.1-2, 18-20.

7) der große eimerförmige Topf Typ 4 mit Besenstrich oder Textilabdruck[638] und

8) die tiefe Schale mit (unter-)randständigem Henkel.[639]

Verzierungsmotive aus senkrechten und geschwungenen Kanneluren und aus einzelnen Buckeln kommen überwiegend auf Gefäßformen vor, die im Hatvan-Formenschatz fremd, aber wiederum eine häufige Erscheinung in der Füzesabony-Kultur sind. Dies betrifft vor allem die Tasse Typ 1-3 und die flache Schale. Kannelur- und Buckelverzierung kommt zum Beispiel nicht auf Hatvaner Formen wie dem Langhalskrug, der Henkelschale oder der tiefen Schale Typ 4 vor. So scheint die Verzierung aus Kanneluren und Buckeln spezifisch für die frühe Füzesabony-Gruppe zu sein. Das Erscheinen einzelner, charakteristischer Hatvan-Formen mit Keramik der Füzesabony-Gruppe in einem Grabverband, wie dies zum Beispiel in Hernádkak Grab 3, 81, 93, 96 und 129 zu beobachten ist, wird hier als die allmähliche Assimilation der jüngeren Füzesabony-Gruppe an das ältere Hatvan-Milieu interpretiert. Die Etablierung der Füzesabony-Gruppe wird durch das Erscheinen der weiterentwickelten Tassenform und der Kannelurverzierung bzw. Spiralkanneluren verdeutlicht, wie dies in späten Gräbern in Hernádkak 3 und vor allem in Megyaszó, Tiszapalkonya, Tiszafüred, Gelej und Pusztaszikszó zu beobachten ist.[640]

---

[638] Vergleiche Abb. 71.9.
[639] Vergleiche Abb. 71.11.
[640] Grab 7, 18, 26, 95, 96 und 129. Vergleiche Abb. 73.6-22.

F. Gräberfelder in der Südwest-Slowakei, im südlichen Polen und in Nordwest-Rumänien.[641]

Um das Verhältnis des Fundbildes in Hernádkak zu den Nachbarlandschaften zu erhellen und das Ausmaß des Kontaktes bzw. der gegenseitigen Beeinflussung festzustellen, wird an dieser Stelle kurz auf folgende Gebiete eingegangen.[642]

Südwest-Slowakei

Die Zahl der bekannten frühbronzezeitlichen Gräberfelder in der Südwest-Slowakei übertrifft die der bisher dokumentierten Gräberfelder im Košice-Becken und Hernádtal. Es handelt sich um Gräberanlagen, die in unterschiedlichem Ausmaß erfaßt worden sind und in denen hauptsächlich Körperbestattungen zutage kamen. Sie liegen auf Sanddünen oder Lößanhöhen, meist unweit eines Fluß- oder Bachlaufes.[643] Die Dokumentation, die zur Verfügung steht, ist relativ ausführlich mit Befundbeschreibungen, Abbildungen der Beigaben und Plänen der gesamten Anlage sowie der einzelnen Gräber.[644] Außerdem wurden die dort vertretenen Kulturgruppen u.a. mit Bezug auf ihr charakteristisches Fundinventar beschrieben. Ausgewählte Metallgegenstände aus verschiedenen Fundorten wurden spektralanalytisch untersucht und die Ergebnisse veröffentlicht.[645] Aufgrund der vorliegenden Forschungsergebnisse und weil die Südwest-Slowakei außerhalb des Rahmens dieser Arbeit liegt, wird hier keine detaillierte Gliederung oder kombinationsstatistische Analyse der einzelnen Gräberfelder wie im Hernádtal und Košice-Becken vorgenommen. Stattdessen werden die kulturellen Erscheinungen zusammengefaßt und dem Gesamtbild der Gräberfelder im Hernádtal gegenübergestellt.

In der Südwest-Slowakei vollzog sich eine Entwicklung in den Grabbräuchen, die parallel zu jener des Hernádflußtals verlief. Das heißt, die Entwicklung der Gräberfelder in beiden Kulturlandschaften zeigt grundlegende, gemeinsamen Züge:
1) die Bestattungsweise: vorwiegend Körperbestattung,
2) die Totenlegung: (geschlechts-)differenzierte Seitenlage in meist mäßiger Hockerstellung,
3) die Ausrichtung des Grabes bzw. des Verstorbenen in der Grabgrube: Ost-West bis Nordost-Südwest,
4) die Tradition der Grabbeigaben,
5) die Lage der Beigaben in der Grabgrube und
6) die Vergesellschaftung bestimmter Fundgattungen.
Im Gegensatz zu den Gemeinsamkeiten setzen sich beide Landschaften durch das für die dort ansässige Kulturgruppe kennzeichnende Fundinventar aber auch deutlich voneinander ab.[646] Am Übergang des Äneolithikums zur

---

[641] Siehe Abb. 7.1-22. Ausgewählte frühbronzezeitliche Gräberfelder und Siedlungen in der Slowakei, in Nordost-Ungarn, in Nordwest-Rumänien und im südlichen Polen.

[642] Vergleiche Einleitung zu Kapitel VI.

[643] Točík 1979, 23-24.

[644] Dušek 1969, Nešporová 1969, Novotná und Novotný 1984, Točík 1979, Točík-Vladár 1971, Vladár 1973a-b.

[645] SAM 1,1960, 2,1-3.1968 und 2,4.1974. Schubert 1973.

[646] So stimmt zum Beispiel das Bild der Kleinfunde aus den Gräbern in Branč,

Frühbronzezeit bildet sich die für diese Landschaft eigene Nitra-Gruppe heraus, die die Bestattungsweise von Körpergräbern mit Beigaben ausübte. Unter den Beigaben sind zahlreiche Kleinfunde unterschiedlicher Fundgattungen vertreten: die kennzeichnenden weidenblattförmigen Finger- und Armringe, Perlen aus Knochen und Muschelmaterial, Silexgeräte und bearbeitete Eckzahnlamellen vom Eber. Dagegen ist die Zahl der mit Schnurabdrücken verzierten Keramik spärlich. Diese Sitte kann mit den frühesten Gräbern im Košice-Becken und Hernádflußtal bzw. mit der Košťany-Kulturgruppe, in denen Körperbestattungen mit Weidenblatt- und Perlenschmuck und mit wenig Keramik vorgefunden wurden, gleichgesetzt werden. Während die Kleinfunde beider Gruppen große Ähnlichkeit aufweisen, unterscheiden sich die unverzierten Gefäße der Košťany-Kulturgruppe eindeutig.[647]

Im weiteren Verlauf der Entwicklung in der Südwest-Slowakei wirken sich andere, lokale Einflüsse auf das Bild der Bestattungen aus. Die regionalen Unterschiede im Fundinventar verstärken sich innerhalb des Gebietes und gegenüber dem Hernádflußtal. Während vor allem der Einfluß der Kisapostag-Kultur und später der frühen Aunjetitz-Kultur fast im ganzen Gebiet dominiert, ist das Fundmaterial aus Gräberfeldern an der Donau und an der Eipel entlang von der Nord-Pannonischen- und der Hatvan-Kultur stark beeinflußt.[648] Ähnlich wie im Hernádtal ändert sich das Bild der Grabbeigaben allmählich. Keramik wird häufiger, das heißt zu einer Tradition in den Gräbern. Das Grabgeschirr besteht meist aus einem tassenförmigen und einem schüsselförmigen Gefäß. Kleinfunde kommen noch häufig vor und bestehen zum Teil aus neuen Fundgattungen: statt mehreren weidenblattförmigen Ringen und zahlreichen Knochen- oder Muschelperlen treten einzelne Anhänger, Armspiralen und Nadeln aus Metall auf. Im Gegensatz zu Gräberfeldern im Hernádtal ist das Fundbild jedoch durch das größere Ausmaß an Grabplünderung unvollständig.

Bestimmte kennzeichnende Merkmale der Hatvan-Kultur sind in der Südwest-Slowakei und im Hernádtal gleich:
- die Beisetzungsform des Brandgrabes,
- das amphorenartige Gefäß,
- der bauchige Topf mit kleiner Standfläche sowie
- die Behandlung der Gefäßoberfläche mit Textilabdrücken.[649]

Jedoch läßt sich das Fundbild in beiden Landschaften genauer differenzieren. Im Verbreitungsgebiet der Hatvan-Kultur in der Südwest-Slowakei erscheinen Urnengräber häufiger als im nördlichen Zwischenstromland, wo Brandschüttungsbestattung vorwiegt. Der Leichenbrandbehälter stellt einen anderen Gefäßtyp, den bauchigen bis kugeligen Topf mit kleiner Standfläche und Tunnelhenkeln, als im nördlichen Zwischenstromland dar.[650] Die Grabkeramik der für diese Gegend eigenen Tokod-Gruppe der Hatvan-Kultur[651] besitzt außerdem mehrere Elemente der Kisapostag- und Nordpannonischen Kultur: zum Beispiel die Kisapostag-Tassenform mit kugeligem Körper und

---

Výčapy Opatovce, Tvrdošovce, Košice (Phase I-II) und Hernádkak Phase 1 häufig überein, während die Keramikformen und -verzierungen keine gemeinsamen Züge besitzen.

[647] Siehe Kapitel VI A und Abb. 60.

[648] Für Fundorte der Hatvan-Kultur, siehe Nešporová 1969 Abb. 1.

[649] Vergleiche Nešporová 1969 Abb.10 und Kalicz 1984 Taf.54.7-12. 55.3-13.

[650] Vergleiche den Befund eines Urnengrabes mit einer Brandbestattung, zum Beispiel: Nešporová 1969, Abb.7-8. und Kalicz 1969, Abb.17.

[651] Bandi 1963.

ausgeprägtem Trichterhals und die hoch polierte Gefäßoberfläche mit weißinkrustierter Verzierung.[652] Im Gegensatz dazu weist die Grabkeramik im Košice-Becken und Hernádflußtal Merkmale der Hatvan-Kultur auf, wie sie im nördlichen Zwischenstromland bekannt sind: den Langhalskrug, Tasse Typ 5, Schüssel Typ 1 und Henkelschale Typ 1 und 5.[653]

Im Verlauf der Entwicklung wird das Fundbild der Keramik in der Südwest-Slowakei und dem Hernádflußtal durch Merkmale fremder Kulturkreise grundsätzlich verschieden. In der Südwest-Slowakei setzt sich der Formenschatz der Aunjetitz-Kultur immer mehr durch. Dagegen entwickeln sich im Hernádtal und dem nördlichen Zwischenstromland Keramikformen und Verzierungsmotive, die mit der frühen Füzesabony-Gruppe in Verbindung zu bringen sind.[654]

Polen

Gräberfelder der frühbronzezeitlichen Mierzanowice-Kultur in der vorkarpatischen Hügellandschaft Südpolens bieten eine Ergänzung zu dem bisher untersuchten Bild der Bestattungstraditionen im Hernádflußtal an. Dies betrifft besonders die Košťany-Kulturgruppe im Košice-Becken und die ältesten Gräber in Hernádkak. Ihre Entwicklung erfolgte auf Traditionen der äneolithischen Chłopice-Veselé-Kultur, deren Nachbarschaft vor allem in der Südwest-Slowakei zu beobachten ist, weniger in der Ostslowakei und dem Hernádflußtal.[655] Die Auswirkung der Mierzanowice-Kultur im Laufe ihrer zweiten, jüngeren Entwicklungsphase ist dagegen deutlich im Hernádflußtal zu sehen. Unterdessen läßt sich das Bestattungsbild der Mierzanowice-Kultur mit den Gräberfeldern der Košťany-Kultur im Košice-Becken in mehrerer Hinsicht vergleichen:
1) in der Größe und Form der Gräberanlagen,
2) in der Ausrichtung und Form der Grabgruben und
3) im Grabbefund: Totenlegung, Lage und Typ der Grabbeigaben.
Aufgrund von Übereinstimmungen in der Bestattungsweise und in dem Grabfundinventar können die Gräberfelder der Mierzanowice-Kultur in Südpolen und die frühen Gräber der Košťany-Kultur im Hernádflußtal, das heißt Hernádkak Phase 1, kulturell sowie zeitlich korreliert werden.

Die repräsentativen Gräberfelder der Mierzanowice-Kultur, die hier in Betracht gezogen werden, liegen auf höher gelegenen Stellen in der Landschaft am oberen Weichselfluß und bei der Mündung des San-Flusses in die Weichsel *(Abb.7.72-79)*. Es handelt sich um:
- größere Gräberanlagen von 150-300 Gräbern, wie zum Beispiel in Iwanowice auf der Babia Góra bei Miechów, Woi. Kraków, *(Abb.7.72)* und Mierzanowice bei Opatów, Woi. Tarnobrzeg *(Abb.7.74)*,[656]
- kleinere Anlagen von 50 oder weniger Gräbern, zum Beispiel Świniary Stare bei Sandomierz, Woi. Tarnobrzeg *(Abb.7.77)*, und Żerniki Górne, Woi. Kielce

---

[652] Vergleiche Mozsolics 1942, 81-89. Nešporová 1969, Taf.7.2 und 11.7.
[653] Vergleiche Kalicz 1984 Taf. 52.1-10, 20-22, 24 und Taf. 53.20-22. Vergleiche hier Abb. 31, 33 und 35. Verbreitung des Langhalskruges, der Tasse Typ 5 und der Henkelschalen.
[654] Vergleiche Kovács 1984 Taf.65. Siehe VI D. Gräberfelder im Hernádtal und im oberen Zwischenstromland.
[655] Machnik 1972. Ders. 1977, 81-82.
[656] A.und J.Machnik 1974. Hensel und Milisauskas 1984. Salewicz 1937.

(Abb.7.78),[657] und
- kleine Grabgruppen, hier Pieczeniegi (6 Gräber) bei Miechów, Woi. Kraków, *(Abb.7.75),* und Sobów (3 Gräber), Woi. Tarnobrzeg *(Abb.7.76).*[658]

Die Gräberanlagen und -gruppen bestehen aus einfachen flachen Erdgräbern, die 1-3m voneinander entfernt angelegt wurden und dadurch ein größeres Areal einnehmen. Das Gräberfeld Iwanowice weist eine verlängerte ovale Form von 160x110 m auf.[659] Die einzelnen Gräber liegen entweder parallel oder quer zueinander, so daß sie oft unregelmäßige Reihen oder -bei größeren Anlagen- Grabgruppen bilden.[660] Außerdem gibt es noch vereinzelte Gräber, die scheinbar ohne direkten Bezug auf die umliegenden Gräber angelegt wurden. In den erwähnten Fällen hatten die einzelnen Grabgruben eine ovale oder rechteckige Form. Die Ausführung des Grabschachts in Bezug auf die Tiefe und Verkleidung der Wände und den Boden weist, sowohl innerhalb eines einzigen Gräberfeldes als auch unter mehreren Gräberfeldern, Unterschiede auf. Neben der überwiegenden Zahl von Grabgruben von rechteckiger Form mit einfach belassenen Wänden kommen einige Gräber vor, deren Wände mit Steinplatten oder Holz verkleidet bzw. gestützt waren.[661] Die Ausrichtung der einzelnen Grabgruben zeigt überwiegend nach Ost-West, weniger nach Nord-Süd, selten nach Nordost-Südwest und Nordwest-Südost.[662] Die Anordnung in der Gräberanlage, die Ausrichtung und Form der Grabgruben und die Totenlegung finden Entsprechungen unter den frühen Gräbern der Košt'any-Kultur im Hernádflußtal.[663] Der Verstorbene lag auf der rechten oder linken Körperseite mit mäßig angezogenen Beinen. Die Arme waren angewinkelt, so daß eine Hand oder beide Hände im Gesichtsfeld bzw. unter dem Gesicht ruhten. Bei Bestattungen in einem schmalen Sarg erfolgte nur eine leichte Anwinklung der Beine; beide Arme lagen auf der Brust oder ein Arm am Körper entlang gestreckt. Beisetzungen in Rückenlage oder in Hockerstellung mit eng angezogenen Beinen gibt es selten.[664] Die unterschiedliche Seitenlage wurde von den Ausgräbern auf das Geschlecht des Verstorbenen bezogen: Bestattungen auf der rechten Seite waren jene von männlichen Individuen, die auf der linken Seite von weiblichen Personen. Im Gräberfeld Iwanowice konnte diese Interpretation mit anthropologischen Untersuchungen der Skelettreste zum Teil bestätigt werden. Wenige Gräber enthielten organische Reste,

---

[657] Machnik 1977. Kraussowie 1971. PzP III (1978) 63.

[658] Krauss 1968. Nosek 1946-47. Dabei ist zu berücksichtigen, daß "kein einziges Gräberfeld ... gänzlich erforscht" wurde, so daß sich hinter den vereinzelten Grabgruppen oder kleineren Gräberanlagen möglicherweise ein größeres Gräberfeld verbirgt. Machnik 1977, 58. Eine Ausnahme dazu stellt jetzt das Gräberfeld Iwanowice dar, wo 1983 weitere Ausgrabungen durchgeführt wurden. Ausführliche Ergebnisse dieser Erforschungen liegen jedoch nicht vor. Hensel und Milisauskas 1985, 91-93.

[659] Machnik 1977, 58. Hensel und Milisauskas 1985,91.

[660] Iwanowice, Machnik 1977, 60 Photo 11. Hensel und Milisauskas 1985, 93. Mierzanowice, Salewicz 1937, Abb.10-11, 15-16, 18-19, 21-23. Machnik 1977, Tafel 7c-e. Pieczeniegi, Krauss 1968, Abb.1. Świniary Stare, Machnik 1977, Abb.9. Żerniki Górne, PzP III (1978) 63 Abb.26.

[661] Pieczeniegi, Krauss 1968, Świniary Stare, Kraussowie 1971,131.

[662] Nach Machnik gehören die älteren Bestattungen zu den nach Nord-Süd gerichteten Gräbern. Machnik 1977,64.

[663] Siehe Kapitel III C. Vergleichbare Gräberfelder im Hernádtal und im nördlichen Zwischenstromland.

[664] Siehe zum Beispiel Grab 68 und 110 in Mierzanowice. Machnik 1977, Tafel 7D.

die auf die Beisetzung des Verstorbenen in einem hölzernen Sarg oder in einer Art Flechtwerk hinweisen.[665] Die Verteilung von Muschelperlen über die gesamte Körperlänge bzw. unmittelbar oberhalb des Verstorbenen gab Anlaß zur Vermutung, daß es sich in einigen Gräbern um ein mit Muschelperlen geschmücktes Leichentuch handele.[666]

Zur Totenausstattung bei der Mierzanowice-Kultur gehörten ein breites Typenspektrum an Schmuck: Lockenringe, Blechscheiben und vor allem Perlen aus Muschel, Fayence und Knochen, Geräte aus Stein und Knochen, und in auffallend kleiner Zahl Keramik bzw. Gefäßtypen. *(Abb. 76.1-14).*[667] Gräber innerhalb eines Gräberfeldes weisen unterschiedliche Ausstattung auf: vereinzelte Gräber heben sich durch reichlichen Perlenschmuck, zum Beispiel Grab 4 und 9 in Mierzanowice,[668] und Grab 5 in Pieczeniegi,[669] und Schmuck aus weidenblattförmigen Lockenringen, zum Beispiel Grab 142 in Iwanowice[670] und Grab 11 in Świniary Stare,[671] hervor. Andere Gräber zeichnen sich aus durch Geräte wie Pfeilspitzen, Klingen und Beile aus Silex, Knochenahlen und bearbeitete Eberecktzähne oder Eckzahnlamellen, zum Beispiel: Grab 4 und 83 in Mierzanowice,[672] Grab 117 in Iwanowice[673] und Grab 5 in Pieczeniegi.[674] Verhältnismäßig wenige Gräber enthielten Keramik; in den meisten Fällen war ein Gefäß, selten zwei Gefäße, vorhanden. Keramik und Kleinfunde kommen nicht oft zusammen in einem Grab vor, ein Phänomen, das unter den frühen Košt'any-Gräbern im Hernádflußtal ebenfalls zu beobachten ist. Die unterschiedliche Grabausstattung wurde von den Ausgräbern auf die geographische Lage der Fundorte sowie auf die soziale Stellung und das Geschlecht des Verstorbenen zurückgeführt. Auf die Frage des Grabraubs wurde nicht näher eingegangen.[675]

Die Lage der Schmuckbeigaben auf den Skelettresten scheint in den hier untersuchten Gräbern der ursprünglichen Tragweise zu entsprechen. Lockenringe aus weidenblattförmigem Blech oder aus einfachem Draht befanden sich im Bereich des Schädels.[676] Perlenschmuck aus Muscheln, Knochen, Tierzähnen oder Fayence befand sich in mehreren Reihen im Bereich des Halses, des Armes (oder beider Arme) oder an den Beinen der Skelettreste.[677] Perlen, die über dem Brustkorb und den Beinen verteilt waren, lassen auf ein mit Perlen

---

[665] Machnik 1977,63.
[666] Machnik 1977,63.
[667] Vergleiche Machnik 1977 Tafel 10-11.
[668] Salewicz 1937, Abb.11 und 12b-e. Vergleiche hier Abb. 24-25.
[669] Krauss 1968, Tafel 1.2-5.
[670] PzP III (1978) 60 Taf.23 A. Vergleiche hier Abb. 24.
[671] PzP III (1978) 57 Taf.21 C.
[672] Salewicz 1937, Abb. 20a-d. Vergleiche hier Abb. 24-25.
[673] PzP III (1978) 60 Taf.23 B. Vergleiche hier Abb. 26.
[674] Krauss 1968, 162 Abb.4.
[675] Aus den wenigen Aufzeichnungen ist zu entnehmen, daß manche Gräber bei der Aufdeckung in gestörtem Zustand waren. Der gestörte Zustand der Skelettreste im Brustkorb- und Halsbereich sowie das Fehlen von Halsschmuck könnte hier auf Grabraub hinweisen, wie zum Beispiel in Mierzanowice Grab 55 und Świniary Stare Grab 3 und 29.
[676] Zum Beispiel Iwanowice Grab 142. PzP III (1978) Taf.23 A. Vergleiche hier Abb. 24. Mierzanowice Grab 83 und 110. Salewicz 1937, Abb.19,22. Świniary Stare Grab 11. PzP III (1978) Taf.21 C. Vergleiche hier Abb. 25.
[677] Zum Beispiel Mierzanowice Grab 9, 110 und 153. Machnik 1977 Tafel 7C und Salewicz 1937, Abb.11. Vergleiche Abb. 24.

geschmücktes Leichentuch oder ähnliches schließen.⁶⁷⁸

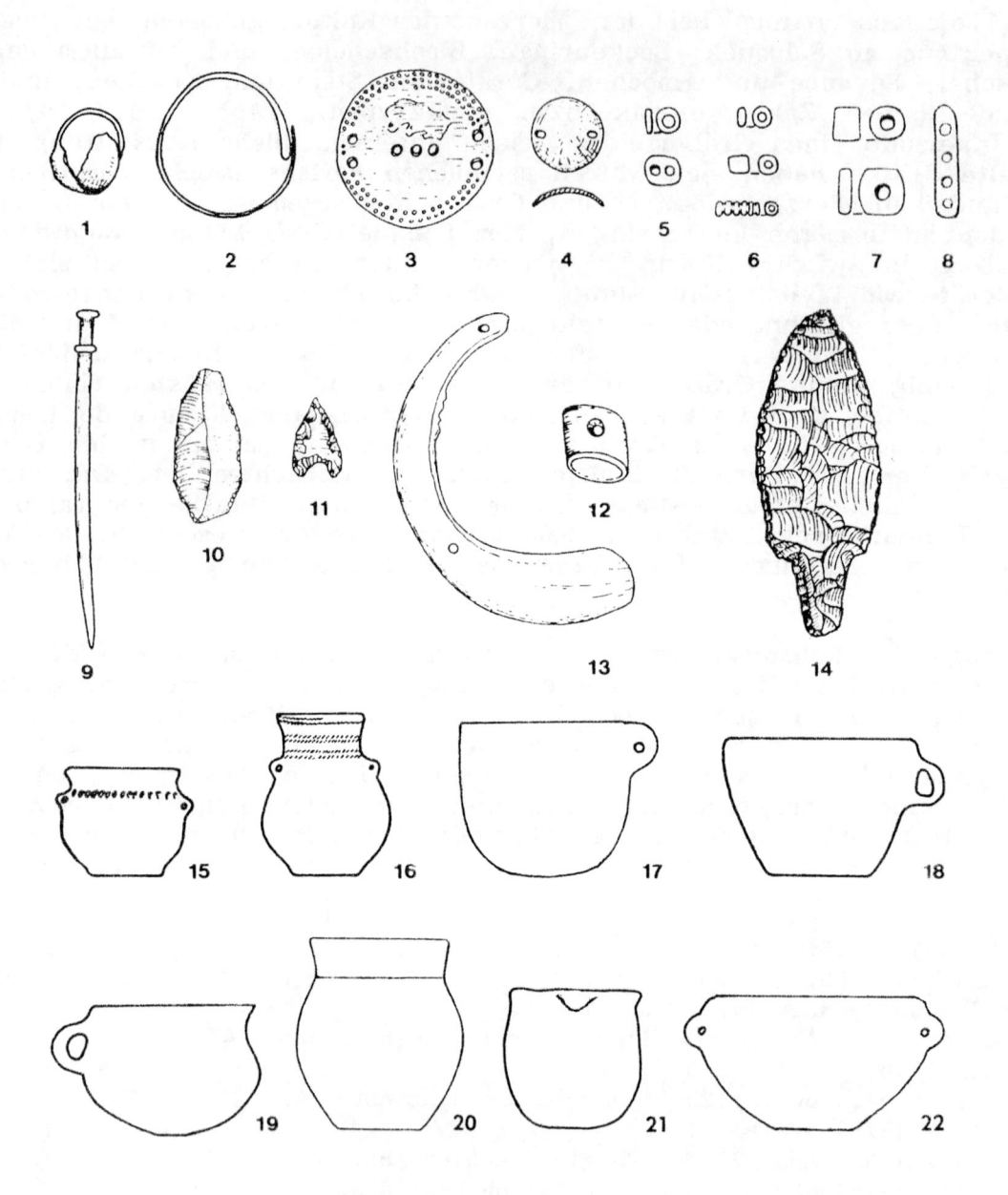

Abbildung 76. Ausgewählte Grabkeramik und Kleinfunde der Mierzanowice-Kultur.

---

⁶⁷⁸ Iwanowice Grab 142. PzP III (1978) Taf.23 A. Vergleiche Abb. 24.

Perlen aus Fayence gibt es in verschiedenen Formen: flach, tonnenförmig, zylindrisch, segmentiert oder nicht segmentiert.[679] Pfeilspitzen und Silexklingen erscheinen oft zusammen mit mehreren bearbeiteten Eckzahnlamellen vom Eber und befanden sich meistens im Bereich der Arme oder des Schoßes des Verstorbenen.[680] Die Lage der Ebereckzahnlamellen läßt ihre Verwendung als Gürtelbeschlag vermuten.[681] In einem Grab wurden bearbeitete Ebereckzahnlamellen als Halsschmuck getragen.[682] Zum Schmuckinventar der Mierzanowice-Kultur gehörten außerdem kleine verzierte Scheiben aus Knochen oder Metallblech *(Abb. 76.3-4)*. Entweder handelt es sich um eine einzelne Knochen- oder Blechscheibe oder um eine kleinere Blechscheibe, die auf einer Knochenscheibe befestigt wurde.[683] Die Scheiben kommen als Einzelstück im Bereich des Brustkorbs in den Gräbern von angeblich männlichen Bestattungen vor. In einem Fall ist eine verzierte Knochenscheibe mit zwei Gefäßen und einem Steinbeil vergesellschaftet,[684] in einem anderen Grab kommt eine Scheibe zusammen mit einem Gefäß und Perlenschmuck vor.[685]

Bei der geringen Zahl von Grabkeramik sind hauptsächlich folgende Gefäßtypen vertreten:
- der kugelige Topf mit kurzem Hals, breiter Mündung und Ösenhenkeln (Eine Variante dieser Form ist größer mit langem, flascheähnlichem Hals. *Abb. 76.15-16)*,[686]
- die gedrungene Henkelschale mit kurzem Hals, ausschwingendem Rand und unterrandigem Henkel (Die Oberfläche ist unverziert. *Abb. 76.19)*,[687]
- der Becher mit rundlicher oder senkrechter Wandung und einem ösen- oder griffartigem Henkel (Die Oberfläche ist unverziert. *Abb. 76.17-18)*,[688]
- der eimerförmige Topf mit leicht eingezogenem Hals *(Abb. 76.20)*[689] und
- die halbkugelige Schüssel mit zwei Ösenhenkeln *(Abb. 76.22)*.[690]
Die Keramik weist keine einheitliche Lage in der Grabgrube auf. Sie wurde entweder am Fußende, vor oder hinter dem Bestatteten in Becken- oder Kopfhöhe, oder direkt an der Grubenwand vorgefunden. In mehreren Gräbern lagen einige Tierknochen am Fußende des Bestatteten, nicht in einem Gefäß,

---

[679] Zum Beispiel Mierzanowice Grab 9. Salewicz 1937 Abb.12b. Pieczeniegi Grab 5. Krauss 1968 Tafel 1.4.
[680] Iwanowice Grab 117. PzP III (1978) Taf.23 B. Mierzanowice Grab 71. Machnik 1977 Tafel 7E. Świniary Stare Grab 6(?). PzP III (1978) Taf.21 F. Vergleiche Abb. 26.
[681] Machnik 1977, 65.
[682] Mierzanowice Grab 4 und 83. Salewicz 1937 Abb. 15,19. Vergleiche Abb. 25.
[683] Mierzanowice Grab 66, 71, 153 und 154. Salewicz 1937 Abb.14a, 14c, 18 und 23.
[684] Mierzanowice Grab 154. Salewicz 1937, Abb.7,9,14a,24c.
[685] Mierzanowice Grab 153. Salewicz 1937 Abb.5, 14e. Ein Hortfund enthält drei vergleichbare Blechscheiben, die mit einer auffällig großen Zahl Fayenceperlen von unterschiedlicher Form vergesellschaftet sind. Er wird der mit Mierzanowice zum Teil gleichzeitigen Strzyżów-Kultur zugeschrieben, deren Verbreitungsgebiet östlich am Oberlauf des westlichen Bugflusses ist. Hortfund Horodysko, pow. Lublin. Inv.Arch.Pologne Fasc.25 Pl.159.
[686] Der Topf-Typ erscheint häufig unter der Keramik der Košt'any-Kulturgruppe im Košice-Becken. Vergleiche Topf-Typ Mierzanowice, Abb. 60.14-15.
[687] Die Henkelschale ist ebenfalls charakteristisch für die Keramik der Košt'any-Kulturgruppe im Košice-Becken. Vergleiche Abb. 60.16-17.
[688] Vergleiche Abb. 60.24 und Hernádkak Becher Typ 5 Abb. 39.8-9.
[689] Vergleiche Abb. 60. 21-22.
[690] Vergleiche Hernádkak Grab 64 Tafel 14.7.

sondern direkt auf dem Boden. Sie wurden von den Forschern als Speiseopfer gedeutet.[691]

Nach Machnik ist die Entwicklung der Mierzanowice-Kultur in zwei Phasen zu unterteilen. In der ersten Phase sind noch Elemente der Chłopice-Veselé-Kultur, das heißt Keramik mit Schnurverzierung, evident. Anhand der weidenblattförmigen Lockenringe und Keramik mit Ösenhenkeln kann diese Phase mit den frühesten Gräbern der Košt'any-Kultur im Košice-Becken parallelisiert werden. In der zweiten Phase der Mierzanowice-Kultur kommt die Amphora mit Ösenhenkeln und Weidenblattschmuck noch vor. Neue, für die Phase kennzeichnende Formen bei den Grabbeigaben sind Ringe aus Draht mit Schleife, bearbeitete Ebereckzähne, Blechscheiben mit zwei Randlöchern und die bauchige Henkelschale. Sie finden Entsprechungen in den Gräbern der Phase Košice II bzw. Phase 1 in Hernádkak. Die Entwicklung der Mierzanowice-Kultur läuft jedoch noch vor dem Auftreten von massiv gegossenen Lockenringen und dem Langhalskrug während Hernádkak Phase 2 aus. Obwohl die traditionelle Bestattungsweise weiter geübt wird, gibt es nur vereinzelte Funde, die beide Landschaften verbinden. Das Fundbild ändert sich während dieser Phase, in der in Kleinpolen Gefäß- und Kleinfundformen der frühen Aunjetitz-Kultur auftreten. Im Hernádflußtal dagegen wird das Fundbild in den Gräbern zunehmend von der kennzeichnenden Keramik und Kleinfunden der Hatvan-Kultur geprägt.

Nordwest-Rumänien

In der Erforschung der Bronzezeit im Karpatenbecken wird das Gebiet Nordost-Ungarns und der Ost-Slowakei mit der Otomani-Kultur Nordwest-Rumäniens in Zusammenhang gebracht. Ist dies mit den Erscheinungen im Gräberfeld Hernádkak in Verbindung zu bringen? Sind bestimmte Elemente in der Gefäßverzierung, hier vor allem Buckel und Spiralmotive, und in den Kleinfunden, zum Beispiel die Lockenringe aus Gold, als Beweise für eine Verbindung oder sogar Herkunft aus der Otomani-Kultur zu sehen? Die hier zu behandelnde Landschaft umfaßt das Gebiet des Bodrog und Rétköz am oberen Theißfluß, dem Nyírség südöstlich des Theißflusses, die sich im Osten anschließenden Ebenen des Someș- und Crasna-Flusses und das breite Ér-Flußtal des heutigen Nordwest-Rumäniens *(Abb.7.56-70)*. Die in diesem Gebiet verbreitete Nyírség-Gruppe der Zók-Kultur bzw. Nir-Kultur wird in Hinsicht auf ihre Bestattungsweise und ihr Fundinventar als Grundlage für die nachfolgende frühbronzezeitliche Hatvan- und Otomani-Kultur betrachtet.[692]

Nach dem heutigen Forschungsstand scheint es, daß Totenverbrennung fast ausschließlich von der Nyírség-Nir-Kulturgruppe ausgeübt wurde. Der Leichenbrand wurde in einer Urne mit einer Schüssel als Deckel deponiert und meistens ohne Beigefäße in einer Grube beigesetzt, das heißt in einem Urnengrab. Im Gegensatz zum Zwischenstromland Ungarns und zur Südwest-Slowakei sind keine großen Gräberanlagen der Kulturgruppe bekannt, stattdessen sind bis jetzt nur vereinzelte Gräber oder kleine Gruppen von 2-4 Gräbern vorgekommen.

Die für die Nyírség-Nir-Kultur charakteristischen Gefäßformen sind:
- der bauchige Krug mit hohem engem Hals, ausschwingendem Rand und einem

---

[691] Machnik 1977, 65.
[692] Kalicz 1968, 63-77 Abb.3. Bader 1978, 20-30, 40, 134.

am Halsansatz ansetzenden Henkel,[693]
- die kugelige Amphora mit kurzem, engem Hals,[694]
- die doppelkonische Schale,[695]
- die Fußschale[696] und
- die Verzierung der Gefäßoberfläche mit Ritzlinien und Kerbschnittmuster.[697]
Die Gefäßformen und -verzierungsweise werden auf die Verwandtschaft bzw. die Herkunft der Gruppe aus der Vučedol-Zók-Kultur zurückgeführt.[698] Andere Formen der Nyírség-Kultur, auch im Fundinventar der späteren Košt'any- und Hatvan-Kultur enthalten, sind:
- der weitmundige Topf,[699]
- die konische Schale,[700]
- die flache Schale mit vier Füßen,[701]
- der Henkeltopf,[702]
- der Henkelnapf und[703]
- der Henkelbecher.[704]
Hervorzuheben wegen der Verwandtschaft mit Gefäßformen der Mierzanowice-Kultur im südlichen Polen ist die kleine kugelige Amphora mit ösenähnlichen Henkeln.[705] Die Vielzahl an Kleinfunden aus Knochen, Muschel und Metall, wie sie in den Gräberfeldern des Hernádflußtals, der Südwest-Slowakei und im südlichen Polen bekannt sind, fehlt in den meisten, bis jetzt aufgedeckten Nyírség-Nir-Gräbern. Wenige vereinzelte Kleinfunde sind aus Siedlungen und Kulturgruben bekannt; sie umfassen Geräte in der Form von Geweihäxten und Silexklingen und -abschlag.[706]

T. Bader konnte zwei Phasen innerhalb der Nir-Kultur Nordwest-Rumäniens unterscheiden.[707] Die ältere "Berea-Phase"[708] setzt er mit den äneolithischen Kulturen Coțofeni IIIC, Schneckenberg A und Baden (Endphase) gleich. Die jüngere "Sanisläu-Phase"[709] bildet den Übergang zur Frühbronzezeit und ist nach Bader mit Schneckenberg B, Phase IA der Otomani-Kultur, Hatvan I und der Košt'any-Kultur I-II gleichzeitig. Die Keramik dieser Phase findet Parallelen in der Nyírség-Kultur im oberen Theißgebiet. Trotz der grundlegend unterschiedlichen Bestattungsweise mit unterschiedlichem Fundbild weisen die oben aufgezählten, gemeinsamen Keramikformen darauf hin, daß die Nyírség-Nir-Kulturgruppe den frühesten Gräbern der Košt'any-Kultur im Hernádflußtal bzw. Hernádkak Phase 1 unmittelbar vorangeht, wenn sie nicht zum Teil gleichzeitig ist. Die Grabbräuche der Nyírség-Nir-Kultur sind in der

---

[693] Kalicz 1968, 74-75 und als Beispiel Tafel 14.5.
[694] Ebd. zum Beispiel Tafel 16.10.
[695] Ebd. Tafel 31.3.
[696] Ebd. zum Beispiel Tafel 12.7.
[697] Ebd. 28.12-19; 31.3.
[698] Siehe zum Beispiel Kalicz 1968, 75-77.
[699] Ebd. Tafel 16.5-6,15.
[700] Ebd. Tafel 17.7,9.
[701] Ebd. Tafel 17.10.
[702] Ebd. Tafel 17.1.
[703] Ebd. Tafel 127.4a.
[704] Ebd. Tafel 16.3.
[705] Ebd. Tafel 13.9.
[706] Bader 1978, 27-28, 134 Tafel 5.8-9,15. 7.9.
[707] Ebd. 28-29, 134.
[708] Nach dem Fundort Berea-Colina cu măcriș, jud. Satu Mare, benannt. Abb. 7.56.
[709] Nach dem Fundort Sanisläu, jud. Satu Mare, benannt. Abb. 7.67.

Phase I der Otomani-Kultur, vor allem in der Beisetzungsweise des Brandgrabs, weniger im Fundbild, weiter zu verfolgen. Neben vereinzelten Gräbern in Berea und Foieni *(Abb.7.62)* und einer kleinen Grabgruppe in Sanisläu ist bis jetzt nur eine größere Gräberanlage bei Ciumeşti *(Abb.7.58)* bekannt.[710] Vertreten sind ausschließlich Brandbestattungen.[711] Sie unterscheiden sich in mehrerer Hinsicht deutlich von den wenigen Urnen- und Brandschüttungsgräbern in Hernádkak. Die Mehrzahl der Gräber enthielten ein einziges Gefäß, das jeweils eine unterschiedliche Formgattung aufweist: Krug, kleiner henkelloser Topf, tiefe Schale mit ein oder zwei Henkeln, hoher eiförmiger Topf oder Amphora. In wenigen Gräbern kam ein Beigefäß vor. In Foieni diente das zweite Gefäß, eine Schüssel, als Urnendeckel. Verglichen mit den Urnengräbern in Hernádkak sind die Maße der Gefäße in Ciumeşti und Sanisläu auffällig klein, um als Leichenbrandbehälter gedient zu haben. In der Mehrzahl der Gräber in Ciumeşti wurde das Gefäß mit der Mündung nach unten vorgefunden. Das Vorhandensein von Asche oder kalzinierten Knochen sowohl im Gefäß als auch in der Grabgrube wurde nicht erwähnt.[712] In Hinsicht auf den Befund und auf das kleine Format der Gefäße stellt sich die Frage, ob es sich hier um symbolische Bestattungen handelt. Das Phänomen erscheint noch in Phase III der Otomani-Kultur in Ciumeşti-Bostănărie Grab 3.1964[713] und in Groapa de lut bei Valea lui Mihai *(Abb.7.70)*.[714] Im Gegensatz zu den zahlreichen Kleinfunden als traditionelle Grabbeigaben im Hernádflußtal enthalten Gräber der Phase I, mit Ausnahme von Grab 13.1962 in Ciumeşti, keine Kleinfunde. Das gestörte Grab in Miristea lui Csányi, in dem zwei Silexpfeilspitzen und ein Schläfenring aus Metall zutage kamen, fällt aus dem Rahmen der gewohnten Ausstattung in Nordwest-Rumänien und steht wiederum in Analogie zu Traditionen im Hernádflußtal.[715]

Obwohl die Bestattungsweise und die Grabbeigaben der beiden Kulturlandschaften auf grundsätzlich verschiedenen Traditionen beruhen, gibt es dennoch einige Übereinstimmungen in der Bestattungsweise der frühen Otomani-Kultur und in den Gräbern der Phase 1 in Hernádkak. In Ciumeşti können Gefäßformen wie die Henkelschale (Grab 1 und 7.1962), der Krug (Grab 3.1962), der kleine weitmundige Topf (Grab 3,6 und 14.1962) und die tiefe Schale (Grab 10.1962) zum Vergleich herangezogen werden, ebenso wie die Behandlung der Gefäßoberfläche durch Glätten, Berauhen mit Besenstrich oder Verzieren mit Einstichreihen, gekerbten Leisten oder Fingertupfenleisten. Diese

---

[710] Ebd. 39-41.
Ciumeşti-Bostănărie, jud. Satu Mare. Németi 1969, 60-63. Ordentlich und Kacsó 1970, 49-63. Bader 1978, 123 Nr.28.
Berea-Miristea lui Csányi, jud. Satu Mare. Németi 1969, 60 Tafel 16. 3-5. Bader 1978,121 Nr.11.
Foieni, jud. Satu Mare. Németi 1969, 63 Tafel 16.2 und 17.1-2. Bader 1978, 124 Nr.38.
Sanisläu, jud. Satu Mare. Németi 1969, 63-63 Tafel 17.4-5. Bader 1978, 127 Nr.75.

[711] Das Körpergrab 52 in Sanisläu gehört zur jüngeren Phase.

[712] In den wenigen Fällen waren die vorhandenen Leichenbrandreste meistens in einem verhältnismäßig großen, eiförmigen Topf beigesetzt worden.

[713] Németi 1969, 60-63 Tafel 13.1-5. 14.1-8. 15.1-8.

[714] Ordentlich 1965.

[715] Vergleiche Gräber mit Silexpfeilspitzen, bearbeitetem Ebereckzahn und Lockenringen in: Košice Grab 158. Pástor 1969 Tafel 26.8-17; Košt'any Grab 17. Pástor 1962 Abb.7.11-24; Čaňa Grab 136. Pástor 1978 Tafel 17.9-14; und Hernádkak Grab 111. Tafel 23.8. Vergleiche auch Abb. 24-26.

Gemeinsamkeiten bezeichnen jedoch keinen engen Kontakt zwischen den Kulturlandschaften. Sie gehören eher zu einem grundlegenden Keramikinventar, das in lokaler Ausprägung unter den frühbronzezeitlichen Kulturgruppen angetroffen werden kann.

Während der zeitlich nachfolgenden Phase II der Otomani-Kultur im Ér-Flußtal findet eine bedeutende Änderung in der Bestattungsweise statt. Die Tradition der Totenverbrennung wurde durch Körperbestattung ersetzt, das heißt, der Verstorbene (ausnahmsweise zwei Individuen) wurde in einem einfachen Erdgrab mit Beigaben beigesetzt. Das Bild der Grabkeramik ändert sich ebenfalls, indem neue Gefäßformen und -verzierungen auftreten. Ihre Oberfläche wird im Gegensatz zu der vorhergehenden Phase I durch Ritzlinien verziert.[716] Beispielhafte Grabkomplexe begegnen im Gräberfeld Pir (Abb.7.65),[717] in Diosig (Abb.7.61)[718] und in Sanislău Grab 52.[719] Wegen der kurzen Befundbeschreibung der Gräberanlagen ohne abgebildetes Fundmaterial kann nur ein allgemeines Bild der Bestattungsweise gewonnen werden. Einzelne Gräber geben Aufschlüsse über die Ausdehnung der jeweiligen Anlage, Grubenform, Totenlegung und Grabausstattung in dieser Phase. Die Ausrichtung der Grabgrube bzw. des Bestatteten weist keine Regelmäßigkeit auf und kann entweder Nordost-Südwest, Nord-Süd oder Ost-West sein. Die einzelnen Grabgruben sind oval bis rechteckig im Umriß und 40 cm bis 2m in den Boden eingetieft worden. Die Ausstattung des Verstorbenen weist kein einheitliches Bild auf. Während in Ciumeşti und Sanislău Gräber der Phase I meistens ein Gefäß als einzige Beigabe enthielten, kam in Gräbern der Phase II eine verhältnismäßig große Zahl Bestattungen ohne Beigaben vor.[720] Das Gefäß befand sich entweder am Fuße des Bestatteten, an den Beinen oder neben dem Becken, den Ellenbogen oder am Schädel. Das Typenspektrum der Beigaben beinhaltet andere Traditionen als jenes der Phase I. Vor allem im Gräberfeld Pir hat der Befund in einigen Gräbern, das heißt in der Totenlegung und dem Beigabentyp, Ähnlichkeit mit Bestattungen im Hernádflußtal und in Hernádkak Phase 1-2. Der Verstorbene lag in Hockerstellung mit mehreren Kleinfunden als Beigabe, darunter Geweihhäxten,[721] bearbeiteten Eckzahnlamellen vom Eber,[722] einer kleinen Scheibe aus Knochen, Ton oder Metallblech,[723] einer Nadel aus Metall (Form?),[724] einer Dolchklinge,[725] Geweihstücken und Tierknochen,[726] einem Mahlstein,[727] und einem anthropomorphen Figürchen aus Ton.[728]

Die folgende Phase III der Otomani-Kultur wird durch Keramik gekennzeichnet, die eine Weiterentwicklung mancher Formen oder Verzierungen der Phase

---

[716] Siehe Ordentlich 1970, 91.
[717] Pir, jud. Satu Mare. Székely 1966, 125-135 Abb.4-5.
[718] Diosig, jud. Bihor. Bader 1978, 124 Nr.35.
[719] Németi 1969, 63-64.
[720] In Pir 15 aus 31 Gräbern, in Tiream ein Grab aus drei Gräbern, in Ciumeşti ein Grab aus zwei Gräbern, in Pişcolt (Abb.7.66) eine Brandbestattung ohne Beigefäße. Németi 1969, 63 Tafel 17.6.
[721] Székely 1966, 125-135. Grab 1,3,18(?),27 und 29.
[722] Ebd. Grab 6.
[723] Ebd. Grab 1,8,18,27 und 29.
[724] Ebd. Grab 2.
[725] Ebd. Grab 19 (Phase III).
[726] Ebd. Grab 1,18, 19, 24a und 27.
[727] Ebd. Grab 20.
[728] Ebd. Grab 3.

II aufweist.[729] Die Bestattungsweise zeigt eine Kontinuität zwischen Phase II und III: die Tradition der Körperbestattung. Die Skelettreste in Grab 10 in Pir wurden in einer Schicht Flechtwerk vorgefunden, welches den Ausgräber auf eine sargartige Umhüllung des Verstorbenen schließen läßt.[730] Die Bestattung war außerdem von Kohlestücken, Tierknochen und Gefäßbruchstücken umgeben. Bei Grab 2 in Tiream wurde in der Auffüllung der 1,90m tiefen Grabgrube eine beträchtliche Menge Keramikbruchstücke gefunden, die entweder mit einer Begräbnisfeier oder mit dem Vorgang der nachträglichen Beisetzung zusammenhängt.[731] Im Gegensatz dazu wurden in der Phase III der Otomani-Kultur einige Gräber mit einer Vielzahl von Gefäßen unterschiedlicher Gattungen angelegt.[732] In Berea Grab 1 befanden sich Gefäßbeigaben in einer Reihe neben der Hockerbestattung. Dagegen waren in Grab 2 in Berea weder Knochenreste noch Asche festzustellen, sondern sieben Gefäße, die wiederum in zwei Gruppen in der Grabgrube aufgestellt waren. Das Phänomen einer Niederlegung mehrerer Gefäße ohne Knochenreste oder Asche wiederholt sich in Ciumeşti Grab 3.1964 und Groapa de lut. Ein Vergleich mit den knochenleeren, aber gefäßreichen Brandgräbern in Ciumeşti und den keramikreichen Körpergräbern in Berea und Tiream weist zugleich auf die Tradition zahlreicher Keramikbeigaben in bestimmten Gräbern und auf die symbolische Natur der knochenleeren Gräber.

Für die typologische sowie zeitliche Gegenüberstellung des Gräberfeldes Hernádkak in die Abfolge der Otomani-Kulturentwicklung sollen die zum Teil mehrphasigen Siedlungen der Kultur in der Ér- und Someş-Landschaft zur Ergänzung des dortigen Fundbildes herangezogen werden, darunter: Dealul vida, jud. Bihor *(Abb.7.59)*,[733] Medieşul Aurit-Potău, jud. Satu Mare *(Abb.7.63)*,[734] Otomani-Cetăţuie und -Cetatea da pămînt, jud. Bihor *(Abb.7.64)*,[735] Socodor, jud. Arad *(Abb.7.68)*,[736] und Tiream, jud. Satu Mare *(Abb.7.69)*.[737] Wie schon M.Roska beobachtete, ist das Fundbild der Phase I der Otomani-Kultur mit jenen der vorangegangenen äneolithischen Kulturen, hier der Coţofeni- und vor allem der Nir-Kultur verwandt.[738] Angesichts der Kontinuität in der Bestattungsweise und im Siedlungsgebiet scheint der Übergang vom Ende der Coţofeni-und Nir-Kultur zum Anfang der Otomani-Kultur ununterbrochen gewesen zu sein. Es entspricht der Entwicklung im Hernádflußtal zur gleichen Zeitperiode.

---

[729] Bader teilt sie typologisch in zwei Subphasen A und B auf. Bader 1978, 62.
[730] Székely 1966, 125-135 Abb.5.
[731] Németi 1969, 64-65 Tafel 16.1 und 18.1-7,9. Hier wird daran erinnert, daß Pástor ähnliche Befunde im Gräberfeld Košice als Zeichen einer Begräbnisfeier betrachtete. Siehe Kapitel III D.
[732] Ciumeşti-Bostănărie Grab 3.1964, 21 Gefäße. Németi 1969 Tafel 13.1-5. 14.1-8. 15.1-8.
Tiream Grab 2, 10 Gefäße. Németi 1969 Tafel 18.1-7,9.
Groapa de lut bei Valea lui Mihai, ca. 28 Gefäße. Ordentlich 1965 Tafel 1-3.
Berea-Colina cu măcriş Grab 1, 12 Gefäße. Németi 1969 Tafel 10.1-5. 11.1-7.
Grab 2, sieben Gefäße. Ebd. Tafel 12.1-7.
[733] Ordentlich 1972. Bader 1978, 128 Nr.80 (Sălacea).
[734] Bader und Dumitrascu 1970. Bader 1978, 126 Nr.55.
[735] Ordentlich 1962, 1963. Bader 1978,126 Nr.67.
[736] Popescu 1956, 5-50.
[737] Bader 1978, 129 Nr.92.
[738] Roska 1930.

Die unterste Siedlungsschicht in Dealul vida, Medieşul Aurit-Potău und Otomani-Cetăţuie und -Cetatea de pămînt wird in die Phase I der Otomani-Kultur eingestuft.[739] Die Siedlungskeramik findet wiederum Entsprechungen in den Gräberfeldern Ciumeşti-Bostănărie, Grab 1-15.1962 und 1-11.1964, und Ciumeşti-Grajduri Grab 26-27.1964,[740] Foieni[741] und Sanislău Grab 51 und 61.[742] Somit ist die zeitliche Gleichstellung der Siedlungen mit Hernádkak Phase 1 gestützt. Im Gegensatz zu der Kontinuität von der Nir-Kultur zur Phase I der Otomani-Kultur zeigt das Bild der Siedlungskeramik in der folgenden Phase II wesentliche Veränderungen. Anstatt die Oberfläche zu berauhen, zu glätten oder unverziert zu belassen, wird die Keramik verziert. Die "kennzeichnende" Verzierung der Phase II besteht aus geometrischen Motiven, die in Ritzlinien ausgeführt wurden.[743] Zu der Gefäßverzierung der Phase II gehören auch noch Motive, die in Riefen ausgeführt sind. Nach Ordentlich folgt Riefenverzierung nach Ritzlinien in der typologischen Entwicklung der Ziermotive innerhalb der Phase II.[744] Mangels Angaben zur Lage der Keramik in der Schichtenfolge der Siedlungen ist dies nicht zu überprüfen, noch kann es mit einer ähnlichen Entwicklung in der Grabkeramik gleichgesetzt werden. Zu den wenigen, stratigraphisch gut beobachteten Kleinfunden gehört ein Lockenring aus Gold, der im Niveau 3, Anfang der Phase II, in der mehrphasigen Siedlung Dealul vida gefunden wurde und der mit Lockenringen in Hernádkak Phase 2 vergleichbar ist.[745] In der mehrphasigen Otomani-Siedlung Holmul cinepii bei Tiream kamen mehrere Metallfunde zutage, die Vergleiche in Gräbern der Phase 2 spät und 3 in Hernádkak finden: eine Dolchklinge,[746] zwei schlanke Beile[747] und eine Rollenkopfnadel.[748] Die Keramik umfaßt mehrere Gefäßformen, die mit jenen der Phase 2 spät, zum Beispiel der Henkelschale, Hernádkak Typ 5, und der tiefen Schale, Hernádkak Typ 4,[749] sowie der Phase 3, nämlich der einhenkligen Tasse, Hernádkak Typ 1, und der Schüssel, Hernádkak Typ 1, in Hernádkak gewisse Ähnlichkeit haben.[750] Mangels Angaben zur stratigraphischen Lage der Gegenstände sowie der entsprechenden Keramik kann eine endgültige Gleichsetzung der Siedlung mit ähnlichen Kleinfunden in Hernádkak Phase 3 nur mit Vorbehalt gemacht werden.

Die Tradition der Körperbestattung und das Verzieren der Gefäße mit Spiralmotiven, Buckeln und Kanneluren, die die zweite und dritte Phase der Otomani-Kultur kennzeichnen, können mit Hernádkak Phase 3 bedingt parallelisiert werden. Vor allem die Verzierung entspricht im Prinzip manchen Ziermotiven auf Keramik der Phase 3 in Hernádkak. Sie ist jedoch nicht als Beweisführung für einen starken Einfluß der Otomani-Kultur auf das Gebiet des Hernádtals zu

---

[739] Bader 1978,36.
Ordentlich 1972.
[740] Ordentlich und Kacsó 1970 Abb.1-3.
[741] Németi 1969 Tafel 16.2 und 17.1-2.
[742] Németi 1969 Tafel 17.4-5.
[743] Ordentlich 1970,91.
[744] Ebd.
[745] Ordentlich 1972 Tafel 18.12.
[746] Bader 1978, Tafel 88.11.
[747] Ebd. Tafel 88.13,18.
[748] Ebd. Tafel 88.17.
[749] Bader 1978 Tafel 33.16, 38. Vergleiche Hernádkak Schale Typ 4 und Berea Grab 1. Németi 1969 Tafel 10.3.
[750] Bader 1978 Tafel 33.15,18. Vergleiche Hernádkak Tasse Typ 1 und Ciumeşti Grab 3/1964. Németi 1969 Tafel 15.5-6. Vergleiche Hernádkak Schüssel Typ 1 und Ciumeşti Grab 3/1964. Ebd. Tafel 13.3.

sehen. Wie bereits betont, finden einige Gefäßformen Übereinstimmung mit Keramik dort. Phase 2 spät - 3 in Hernádkak kann auf jeden Fall mit dem Ende der Phase II der Otomani-Kulturentwicklung gleichgesetzt werden. Da der Anfang der folgenden Phase Otomani III stratigraphisch nicht definiert ist, bleibt die Frage zur Korrelation der Phase Hernádkak 3 mit Otomani III offen. Die Weiterentwicklung von Gefäßformen und -verzierungen aus Phase II zusammen mit dem Erscheinen von neuen Formen im Verlauf der Phase Otomani III führt zu einem Fundbild, das keine Übereinstimmungen in Hernádkak, sondern eher in den zeitlich darauffolgenden Gräberfeldern Megyaszó, Tiszafüred, Gelej, Pusztaszikszó und Streda nad Bodrogom findet.

H.G.Hüttel hat überzeugend gegen die Gleichsetzung der Otomani-Phasen I-III mit dem Verlauf der gesamten Bronzezeitperioden in Rumänien und im Karpatenbecken argumentiert.[751] Er weist mit Recht auf Analogien zwischen der Phase II der Otomani-Kultur und der Phase Hatvan-Tószeg C Früh bzw. Ende Tószeg B2 hin.[752] Das Fundbild von Hernádkak Phase 2, das mit Otomani Phase II gleichgesetzt werden kann (siehe oben), unterstützt eine Datierung in die Bronzezeit A1. Die "organische, typologisch ununterbrochene Fortsetzung"[753] von Otomani Phase II zur Phase III, in der Hüttel einen älteren Abschnitt sieht, wird durch die kontinuierliche Entwicklung von Hernádkak Phase 2-3 bestätigt. Der ältere Abschnitt bzw. der Anfang Otomani-Phase III, der "nicht präzise zu definieren" ist,[754] erscheint in der Zeit noch vor der Anlage von Gräbern, die u.a. Nadeln mit durchbohrtem, kugeligem oder konischem Kopf enthielten.[755] Sie müssen deshalb noch in die Bronzezeit A1 datiert werden. Die Weiterentwicklung der Phase III der Otomani-Kultur, die demzufolge in Bronzezeit A2 datiert werden kann, steht relativchronologisch nach der Belegungsabfolge in Hernádkak. Sie wird in den Gräberfeldern Valea lui Mihai und Pir Grab 19 und in der Siedlung Derşida *(Abb.7.60)* vertreten, die noch vor dem Erscheinen von charakteristischen Funden des Koszider-Horizonts belegt bzw. besiedelt wurden und berechtigen somit eine Datierung in die Bronzezeit A 3 nach Reinecke.[756]

---

[751] Hüttel, Bemerkungen zur Chronologie der Suciu de Sus-Kultur. Präh.Zeitschr.54,1979,32-46.
[752] Ebd. 1979,33.
[753] Ebd. 1979,34-35.
[754] Ebd. 1979,35.
[755] Zum Beispiel in Megyaszó, Tiszapalkonya, Tiszafüred, Gelej, Pusztaszikszó und Streda nad Bodrogom. Siehe Abschnitt D. Gräberfelder im Hernádtal und im oberen Zwischenstromland.
[756] Nach Bader folgt in der Otomani-Kulturentwicklung eine weitere Phase IV, die er anhand der Keramik typologisch herauszugliedern versucht. Er belegt die Phase IV mit den Siedlungen Pişcolt und Cehǎlut und dem Grab 6.1964 in Ciumeşti-Bostǎnǎrie. Das hier enthaltene Fundinventar findet keine Entsprechungen in der Phase III (spät), weder in der gleichen Landschaft noch im angrenzenden Gebiet des oberen Theißflusses. Bader 1978,62.

VII. Zur Stellung des Gräberfeldes Hernádkak in der relativen und absoluten Chronologie.

Aufgrund der Grabfundkomplexe konnte die Belegungsabfolge des Gräberfeldes in Hernádkak in drei Phasen gegliedert werden.[757] Während einzelne Fundgattungen über fast die ganze Dauer relativ unverändert erscheinen, wie zum Beispiel Perlen aus Fayence und Dentalium, Spiraldraht, einfache ungegliederte Töpfe und Becher, haben sich bestimmte Formen in der Keramik und in den Kleinfunden als kennzeichnend für jeweils eine Belegungsphase herausgestellt. Ein Vergleich dieser kennzeichnenden Leitformen mit jenen aus repräsentativen, mehrphasigen Gräberfeldern in den angrenzenden Kulturlandschaften ermöglicht sowohl ihre kulturelle Zuordnung als auch die Einordnung der Phasen in das für die jeweilige Landschaft geltende chronologische System *(Abb.77).*[758]

Bei der Beschreibung der Gräberfelder der Košt'any-Kulturgruppe im Košice-Becken wurde festgestellt, daß die ältesten Bestattungen in den frühesten Abschnitt der Bronzezeit A1 zu datieren sind.[759] Das Grabinventar wird durch Schmuck und Geräte aus Knochen, Tierzähnen, Geweih, Muschel, Schneckengehäusen und Stein und aus Ringen von Weidenblattform, Blechröllchen und Drahtringen aus Metall charakterisiert. Beachtenswert ist die Vielfalt und große Zahl an Gegenständen aus organischem Material. Aufgrund dieses Fundbilds können diese Gräber mit jenen der Nitra-Kultur in der Südwest-Slowakei und der älteren Phase der Mierzanowice-Kultur im transkarpatischen Gebiet Polens gleichgesetzt werden. Das Keramikinventar des Košice-Beckens bzw. des Hernádflußtals unterscheidet sich von der Südwest-Slowakei und Polen dadurch, daß anstelle der schnurverzierten Gefäße der Nitra-Gruppe und des kugeligen Topfes mit Ösenhenkeln der Mierzanowice-Kultur Gefäßtypen der Košt'any-Kultur mit unverzierter geglätteter Oberfläche vertreten sind. Innerhalb der ersten Belegungsphase scheint eine Zunahme im Typenspektrum der Metallbeigaben in den Gräbern im Hernádtal und in der Südwest-Slowakei stattzufinden. Dabei kommen weidenblattförmige Ringe seltener oder nicht mehr vor. Die ältesten Gräber in Hernádkak, Phase 1, werden anhand des ähnlichen Fundbildes, das heißt der weidenförmigen Gegenstände, der Blechröllchen, Ebereckzahnlamellen und der Henkelschale, in diesen Abschnitt eingeordnet. So kann die erste Phase des Gräberfeldes Hernádkak am Anfang der älteren Bronzezeit A1, parallel zu der klassischen Nitra-Kultur

---

[757] Siehe Kapitel VI. Gliederung der Gräberfelder.
[758] Für die Südwest-Slowakei siehe die Chronologie von Točík 1979, 22 und Bátora 1987. Vergleiche dazu Schubert 1973 Chronologietabelle.
Für das Karpatenbecken, speziell das nördliche Zwischenstromland siehe die Chronologie von A.Mozsolics 1967, 116-126, Hänsel 1968, Kalicz 1980 und Kovács 1980. Dabei wird das System von Hänsel mit den Stufen Frühdanubisch I und II erweitert.
Für das obere Theißgebiet mit Nordwest-Rumänien, siehe die Chronologie von T.Bader 1978 und I.Ordentlich 1970.
Für die vorkarpatische Hügellandschaft Polens siehe die zeitliche Einordnung nach J.Machnik 1972 und 1977.
[759] Vergleiche Pástor 1969, 96-105; ders. 1978, 120, 127-135. Bátora 1981, 7-15 Abb.1.

Reinecke	Ruckdeschl	Christlein	Hänsel	Mozsolics	Kalicz Kovács	Bátora Točik	Südwest-Slowakei	Zwischenstromland	Hernádtal	Košice-Becken	südliches Polen	Nordwest Rumänien
Bronzezeit						Äneolithikum	Glockenbecher Kosihy-Čaka Chłopice-Veselé	Makó-Gruppe		Schnurkeramik Chłopice	Schnurkeramik Chłopice	Nir
A1	A1a	Stufe 1	Früh danubisch	BIb	Frühbronzezeit I	Bronzezeit	Nitra I	Tószeg A	Nyírség Tiszaluc I	Košice I	Strzyżów - Mierzanowice	Otomani I
	A1b	Stufe 2	I	BII	II	A1	Nitra II	Tószeg B1	Tiszaluc IIa Hernádkak 1	Košice II	Mierzanowice	Otomani II
		Stufe 3	II				Nitra-Aunjetitz Hurbanovo I Kisapostag	Tószeg B2 Füzesabony A	Tiszaluc IIb Hernádkak 2	Košťany - Otomani	Mierzanowice - Aunjetitz	
A2	A2a	Stufe 4	III	BIIIa	Mittelbronzezeit I	A2	Aunjetitz Hurbanovo II Madarovce	Tószeg C Füzesabony B	Tiszaluc III 3-4 Hernádkak 3 früh	Otomani		Otomani IIIA
	A2b			BIIIb	II			Tószeg D Füzesabony C	Tiszaluc III 1-2 Hernádkak 3 spät	Košice III	Trzciniec	Otomani IIIB
A3	A2c		Mittel danubisch I		III	A3	Madarovce	Füzesabony D	Megyaszó			Otomani IV

Abbildung 77. Tabelle zur vergleichenden Chronologie.

Stufe II in der Südwest-Slowakei nach Točík[760] und gleichzeitig mit der Nyírség-Kultur der Frühbronzezeit II nach Kalicz, Anfang Bronzezeit Ib nach Mozsolics, Tószeg A, bzw. der Stufe Frühdanubisch I im Karpatenbecken,[761] und der ersten Phase der Otomani-Kultur in Nordwest-Rumänien eingestuft werden.

Die zweite Belegungsphase in Hernádkak wird in einen frühen und einen späten Abschnitt unterteilt. Das Fundinventar in Gräbern des frühen Abschnitts ist mit jenem der Phase Košice II zu vergleichen und weist neben Gefäßformen und Metallerzeugnissen der Košt'any-Kultur das Auftreten von Elementen der frühen Hatvan-Kultur in der Keramik auf. Anstelle des Weidenblattschmucks gibt es Lockenringe und außerdem Nadeln mit Drahtösenkopf und Rollenkopf. In der Südwest-Slowakei dagegen ist neben den Gefäßtypen und Schmuckformen der Nitra-Gruppe der Einfluß der frühen Phase der Kisapostag-, Hatvan- und frühen Aunjetitz-Kultur im Fundinventar zu beobachten. Im Gegensatz zum Hernádtal kommen hier Scheibenkopfnadeln, einfache Schleifenkopfnadeln, viereckige Bleche mit eingerollten Enden und Brillenspiralen vor. Wie bereits hingewiesen wurde, stellen Gräber der Phase 2 das Ende des von der Košt'any- bzw. Nitra- und Mierzanowice-Kultur geprägten Fundbilds in den Gräberfeldern im Hernádflußtal und in der Südwest-Slowakei dar. Die Mehrzahl der Gräber in Hernádkak enthalten Leitformen der frühen Hatvan-Kultur. Dementsprechend muß Hernádkak Phase 2 noch in die ältere Bronzezeit A1, das heißt Točíks zweite Stufe der Nitra-Kultur, Kalicz' Frühbronzezeit II und Mozsolics' BIb datiert werden. Das chronologische System von Hänsel kann erweitert werden und die Stufe Frühdanubisch I hiermit definiert werden.[762]

Im Verlauf der Phase 2 in Hernádkak bzw. in dem jüngeren Abschnitt ist vor allem die Entfaltung von Keramikformen und Gefäßverzierungen der Hatvan-Kultur zu beobachten. Außerdem treten vereinzelte Formen in der Keramik auf, die auf den Einfluß der Kisapostag-[763] und eventuell der frühen Aunjetitz-Kultur[764] hinweisen, wie sie in der Südwest-Slowakei und im Karpatenbecken bereits ausgeprägt waren. Übereinstimmende Metallformen bestehen aus Lockenringen, Rollenkopfnadeln, dem Stirnband aus Blech, Goldschmuck und Perlen aus Bernstein. Aufgrunddessen wird Phase 2 spät in Hernádkak mit dem dritten Abschnitt der Bronzezeit A1, Stufe Nitra und Aunjetitz, in der Südwest-Slowakei nach Točík, der Frühbronzezeit III nach Kalicz, Bronzezeit II nach Mozsolics, Tószeg B2, eingeordnet. Demnach wird die Stufe Frühdanubisch II definiert. Bóna hat die Abfolge der Gräber in zwei Phasen gegliedert: Hernádkak A und B. Phase A setzt er mit seiner Stufe Füzesabony A, dem frühen Abschnitt der Füzesabony-Kultur, gleich. Nach Bóna ist dieser gleichzeitig mit u.a. der Kisapostag-Kultur B und mit der frühen Vatya-Kultur.[765]

---

[760] Točík 1979, 22. Bátora 1989, 207-212.
[761] Kalicz 1980, 129-131, Abb.1. Mozsolics 1967.
[762] Mozsolics ordnet die Hatvan-Kultur in BII ein, wobei sie den Anfang dieser Kultur in BI vermutet. Demnach wäre die frühe Phase der Hatvan-Kultur hier am Übergang BI zu BII zu datieren.
[763] Zum Beispiel die Tasse mit kugeligem Körper, Trichterhals und inkrustierter Verzierung. Vergleiche Tasse Typ 4 in Grab 33 und 67. Tafel 8.7 und 14.8.
[764] Siehe die Henkelschale aus Grab 105 mit konkaver Wandung. Tafel 23.7.
[765] Bóna 1975, 25-26, 73, 77, 151.

Elemente der klassischen Hatvan-Kultur sind weiterhin im Fundinventar der Gräber aus der Phase 3 in Hernádkak zu erkennen. Die dritte Phase wird durch neue Keramikformen und -zierweisen, vor allem die einhenklige Tasse und die Gefäßverzierung aus Kanneluren und Buckeln, gekennzeichnet, die der frühen Füzesabony-Gruppe zugewiesen werden und in der Forschung oft auf den Einfluß der Otomani-Kultur zurückgeführt werden. So ordnet Mozsolics das Gräberfeld Hernádkak in den Depothorizont Hajdúsámson, ihre Stufe Bronzezeit IIIa ein, und setzt es mit den Gräberfeldern der klassischen Füzesabony-Kultur gleich. Dies würde der Stufe Mittelbronzezeit I nach Kalicz und Kovács im Sinne Reinecke Bronzezeit A2 bzw. Frühdanubisch III entsprechen. Diese Einordnung basiert eigentlich auf dem Fundbild in einer kleinen Zahl Gräbern aus dem späten Abschnitt der Phase 3.[766] In der überwiegenden Zahl der Gräber der Phase 3 fehlen jedoch charakteristische Formen der Hortfunde Hajdúsámson und Apa bzw. Stufe Bronzezeit A2: zum Beispiel die Nadel mit kugeligem oder doppelkonischem, durchbohrtem Kopf, der Dolch mit geschweifter, verzierter Klinge, längliche Beile mit flachem Nacken und runder Schneide, wie sie zum Beispiel in den Gräberfeldern Megyaszó und Tiszafüred bekannt sind. Ebenfalls fehlen die klassische Aunjetitz-Tasse, inkrustierte Keramik und Gefäße mit ausgeprägtem Buckel- und mit Spiralverzierung der Füzesabony- bzw. Otomani-Kultur.[767] Das Vorhandensein von einer Verzierung aus im Vergleich relativ einfachen Spiralkannelurmotiven auf Gefäßen in Hernádkak ist für eine chronologische Einordnung dieser Gräber bzw. der Phase 3 in die Bronzezeit A2 nicht zwingend. Wie bereits darauf hingewiesen wurde, tritt Keramik mit Spiralverzierung bereits in der Phase II der Otomani-Kultur in Nordwest-Rumänien auf. Demzufolge wird hier die Mehrzahl der Gräber der Phase Hernádkak 3 noch in die Stufe BII nach Mozsolics, Kalicz' Frühbronzezeit III, Otomani II und Frühdanubisch III entsprechend, datiert. Die Mehrzahl der Gräber in Hernádkak Phase 3 kann als repräsentativ für die entwickelte Stufe Bronzezeit A1 im Hernádtal angesehen werden kann, während die kleine Zahl Gräber, die mit Spiralkannelur verzierte Keramik enthält, möglicherweise den Übergang zur Stufe Bronzezeit A2 in der Slowakei, das heißt Frühdanubisch III, Mozsolics' Bronzezeit IIIa, Tószeg C früh,[768] Kalicz und Kovács Mittelbronzezeit 2 im Karpatenbecken und Otomani IIIa in Nordwest-Rumänien darstellen.

Die Abfolge der Gräber in Hernádkak kann mit weiter entfernten Kulturlandschaften in mehrerer Hinsicht relativchronologisch korreliert werden. Dies bezieht sich insbesondere auf:
1) die Bestattungsweise in fast ausschließlich Körpergräber, wobei der Tote in einer differenzierten Seitenlage in mäßiger Hockerstellung beigesetzt wurde,
2) eine konsequente Ausrichtung der Gräber bzw. des Gesichts des Bestatteten,
3) die Tradition der Grabbeigaben im Bezug auf ihre Zahl, ihre Lage und die Zusammensetzung der Fundgattungen, und
4) vergleichbares Fundinventar.
Eine detaillierte Korrelation der verschiedenen Landschaften liegt nicht im Rahmen dieser Arbeit. Hier kommen größere frühbronzezeitliche Gräberfelder in Niederösterreich und Süddeutschland in Betracht.[769]

---

[766] Grab 7, 18, 26, 71, 95, 96, 129. Vergleiche Kapitel VI C. Gliederung des Gräberfeldes.
[767] Vergleiche Abb. 76. Siehe Hüttel 1978, 426-430.
[768] Hüttel ebd.
[769] Siehe dafür die chronologischen Systeme von Bertemes 1989, Christlein 1964, Krause 1986, Neugebauer 1987, 13 Abb.1, und Ruckdeschl 1978.

225

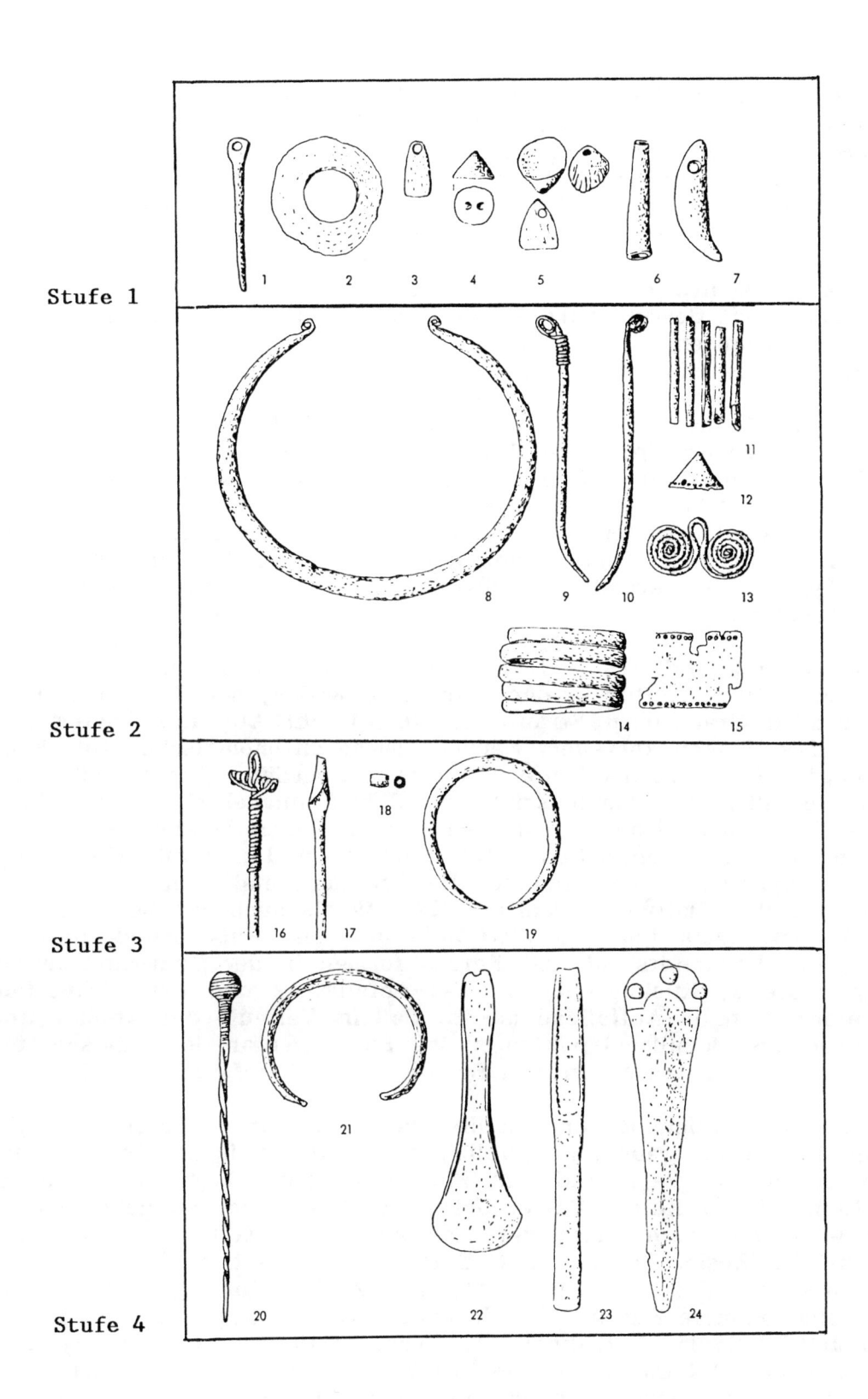

Stufe 1

Stufe 2

Stufe 3

Stufe 4

Abbildung 78. Leitformen der frühbronzezeitlichen Stufengliederung nach Christlein.

Ein Plan der Gräberfelder weist einzelne Bestattungen in unregelmäßigen Reihen, die darunter Gruppen bilden, auf. In Košice zum Beispiel scheint es, daß eine ältere Bestattung von jüngeren umgeben wird. Einflüsse von Metallnutzung bei den Kulturgruppen im Karpatenraum sind am Anfang der Bronzezeit A1 mit wenigen Ausnahmen (hier vor allem Weidenblattschmuck) nicht bemerkbar. Die Phase 1 in Hernádkak und Košice I werden aufgrund des Kleinfundbildes (abgesehen von Weidenblattringen): vereinzelte Ringe aus einfachem Draht, Schmuck aus zahlreichen Perlen, Knochen und Ebereckzahn, Geräte aus Stein und Knochen, mit Gemeinlebarn I bzw. Gollnsdorf und Loretto-Leithaprodersdorf, und Franzhausen (Grab 552) nach Neugebauer, Gemeinlebarn A nach Bertemes, und mit Straubing bzw. Straubing-Jungmeier Grab 5, 7, 10 und 24 und Straubing-Ortler Grab 3, 4, 5, 11, 20 und 22, sowie den frühesten Gräbern der Stufe A1a nach Ruckdeschl relativchronologisch gleichgesetzt. Die Stufe entspricht außerdem Christlein Stufe 1 *(Abb.78)*. Dabei wird das Typenspektrum im Hernádflußtal und in der Südwest-Slowakei gegenüber der von Knochengegenständen gekennzeichneten Stufe 1 durch Weidenblattschmuck und Blechröllchen aus Metall erweitert. Die Korrelation wird außerdem durch Keramikformen: einfache konische Schalen und den Henkeltopf, der Ähnlichkeit zur Henkelschale Typ 4 in Hernádkak aufweist, mit unverzierter, geglätteter Oberfläche unterstützt.

Hernádkak Phase 2 und Košice II können, anbetracht der Gleichzeitigkeit mit der klassischen Nitra-Kultur in der Südwest-Slowakei, mit Gemeinlebarn 2, den metallführenden Gräbern in Straubing, Ruckdeschl A1a und Anfang A1b und dem Gräberfeld Singen korreliert werden. Diese chronologische Stufe kann ebenfalls bedingt mit Christleins Stufe 2 korreliert werden, obwohl Leitformen in dem Metall, vor allem der Ösenhalsring, die Schleifennadel mit Armbrustkonstruktion und die Brillenspirale, nicht vorkommen. Neben langlebigen Formen wie dem Knochenring, einfachen Drahtringen und Spiraldraht, sind Blechröllchen, Noppenringe, Lockenringe, Nadeln aus Metall, und die Verzierung aus geometrischen Motiven sowohl auf Keramik als auch auf Metall hierfür kennzeichnend. Hernádkak Phase 3 wird aufgrund der Hülsennadel und des Dolches, sowie der Verwandtschaft mit Keramikformen in der Südwest-Slowakei mit Christlein Stufe 3, Ruckdeschl Ende A1-Anfang A2 und dem Gräberfeld Singen gegenüber gestellt. Auffallend ist es, daß im Verlaufe der Abfolge und mit der Zunahme des Metallfundspektrums das Fundinventar der Landschaften weit weniger Gemeinsamkeiten als in zum Beispiel Stufe 1 aufweist.

Nur wenige konventionelle und kalibrierte Radiocarbon-Daten für die Frühbronzezeit im Karpatenraum sind publiziert, um die Stelle des Gräberfeldes in der absoluten Chronologie zu fixieren. Eine Reihe Daten liegt aus der Siedlung der Chłopice-Veselé-Kultur Babiej Gorze bei Iwanowice, südliches Polen, vor. Danach wäre die späte Phase der Chłopice-Veselé-Kultur, die vor der Košt'any-Kultur im Košice-Becken und Hernádtal anzusetzen ist, zwischen 1880+30 bis 1750+170 v.Chr. (unkalibriert), 2340-2060 v.Chr. (kalibriert), zu datieren. Die Mierzanowice-Kultur, die Hernádkak Phase 1 gleichzusetzen ist, wird um 1790+100-1695+35 (unkalibriert), bzw. 2210-2040 (kalibriert) datiert.[770] Ein einziges C14-Datum für die Frühbronzezeit im Karpatenbecken ist der Autorin bekannt. Es stammt aus den älteren Grabungen von von Tompa in Tószeg bzw. aus Schicht B1 in Tószeg, in der Funde der frühen

---

[770] A.und J.Machnikowie 1973, 153-154, 157-158.
Machnik 1977, 80-81. Ders. 1984, 358.
Alle Kalibrationen sind nach M.Stuiver und B.Becker, Radiocarbon 28, 2B, 1986, 863-910 Fig.1I, berechnet.

Hatvan-Kultur auftreten und die der Phase 2 in Hernádkak gleichgesetzt wird. Nach dem C14-Datum ist Schicht B1 um 1735+35 v.Chr. (unkalibriert) bzw. um 2140-2080 v.Chr. (kalibriert) zu datieren.[771] Damit zu vergleichen sind Radiocarbon-Daten für die jüngere und späte Phase der Nagyrév-Kultur in Budapest-Csepel um 1785+80 v.Chr. (unkalibriert), 2200-2160 v.Chr. (kalibriert).[772] Kalicz erwähnt ein C14-Datum um 2600 BP für die jüngere Phase der Hatvan-Kultur in Rétközberencs, Nordost-Ungarn. Dieses Datum ist jedoch ohne Zitat und nicht überprüfbar.[773] Noch zu erwähnen sind zusammengefaßte Radiocarbon Daten für frühbronzezeitliche Gräberfelder im westösterreichischen Raum. Demzufolge wird die Frühbronzezeit in diesem Raum nach den kalibrierten Daten auf 2300/2200-1900 datiert.[774] Die vorliegende Zahl von Radiocarbon-Daten für den Karpatenraum in der Frühbronzezeit ist jedoch zu klein, um die Kalibration abzusichern. So kann nur _angenommen_ werden, daß die Belegung des Gräberfeldes Hernádkak nach der Chłopice-Veselé-Kultur, das heißt nach 2300 v.Chr., und im gleichen Zeitraum wie die späte Nagyrév-Kultur in Csepel stattfand. Das Ende der Belegung muß zunächst offen bleiben, jedoch -in Analog zu dem westösterreichischen Raum- ist ein Enddatum vor ca.1900 v.Chr. anzunehmen.

Neue Überprüfungen chronologischer Systeme und Versuche, archäologische mit naturwissenschaftlichen Daten zu verknüpfen, haben gezeigt, daß u.a. die ältere Frühbronzezeit im Sinne von P.Reinecke Bronzezeit A1, früher anzusetzen ist und länger gedauert hat, als bisher geglaubt.[775] Von Bedeutung für die absolute Datierung des Gräberfeldes Hernádkak sind die dendrochronologischen Daten und die Radiocarbon-Daten für das Ende der Schnurkeramik und für die Grabhügel der klassischen Aunjetitz-Kultur Polens und Mitteldeutschlands.[776] Danach wäre das Ende der Schnurkeramik um 2200 v.Chr. als terminus post quem für den Anfang des Gräberfeldes Hernádkak anzusetzen, während das Datum um 2000 für Grabhügel in Leubingen und Łeki Małe ein terminus ante quem für das Ende des Gräberfeldes ist. Demnach würde die Belegung des Gräberfeldes Hernádkak den Zeitraum von etwa 2200-2000 v.Chr. einnehmen und eine Dauer von ca.200 Jahren betragen.

---

[771] GrN 6653. Es handelt sich um Proben von Triticum monococcum, Inv.Nr.1928 V 66.
[772] R.Kalicz-Schreiber 1984, 164.
[773] Kalicz 1984, 205.
[774] Neugebauer 1987, 11-13.
[775] Zuletzt B.Becker, R.Krause und B.Kromer, Germania 67, 1989,421-442.
[776] Ebd. Abb.2,3 und 4.

VIII. Zusammenfassung

In der vorliegenden Arbeit wurde das Gräberfeld Hernádkak als Anlage in topographischer und morphologischer Hinsicht untersucht. Sämtliche Beigaben aus den dort aufgedeckten Gräbern wurden unter chronologischen wie typologischen Gesichtspunkten ausgewertet und in einen kulturellen Zusammenhang gestellt.

Das Gräberfeld ist bisher vorwiegend in wissenschaftlichen Arbeiten aus Ungarn behandelt worden. So ist es immer mit Bezug auf die Frühbronzezeit im Karpatenbecken gesehen worden. Hier wird eine Studie vom Umfeld Hernádkaks, der angrenzenden Landschaften und des Verlaufs des Hernádflusses selbst versucht, um die Bedeutung der topographischen Lage des Gräberfeldes offensichtlich zu machen. Das Gräberfeld liegt am Hernád, am südlichen Ausgang des Flusses in das Karpatenbecken. Sein Flußsystem bildet zusammen mit den umliegenden Gebirgen eine eigene Landschaft, die sich von der angrenzenden Südwest-Slowakei, dem nördlichen Zwischenstromland und der ostslowakischen Tiefebene abhebt. Ein großer Teil dieser Landschaft besteht aus dem erzreichen Slowakischen Erzgebirge, das eine lange Tradition im Bergbau besessen hat. Der Hornád (Hernád) ist einer der größeren Flüsse, der das Gebirgsgebiet durchfließt. Zusammen mit dem Hnilec bietet der Hernád vom Hernádtal aus einen Zugang zu den Erzlagerstätten im Slowakischen Erzgebirge. Somit war das Gräberfeld Hernádkak an einem potentiellen, weitreichenden Handelsweg nach Norden, Süden und Westen gelegen. Die dort bestattende Bevölkerung lebte im Umkreis von den metallurgischen Aktivitäten, sie hatten Anteil an Innovationen im Metallgewerbe u.a. aus dem Slowakischen Erzgebirge und unterhielt Kontakte in verschiedene Richtungen. In Hinsicht auf Ackerbau und Viehzucht war die Lage der zum Gräberfeld gehörenden Siedlung denkbar günstig: auf fruchtbaren Schwarzerde- und braunen Waldböden und nahe einer Wasserquelle.

In der Urgeschichtsforschung wurde das Gräberfeld Hernádkak bisher für bestimmte, gezielte Fragestellungen zur zusätzlichen Beweisführung herangezogen. Dabei wurde es entweder als Grabanlage der Frühbronzezeit allgemein betrachtet oder ein Grab bzw. einzeln ausgewählte Grabfunde wurden herausgegriffen und das Ganze nicht als eigenständiger, zusammenhängender Komplex untersucht. Dies ist u.a. auf die mangelhafte Dokumentation des Gräberfeldes, die zum Teil unvollständigen Grabinventare und auch auf das Außerachtlassen der wenigen Grabungsunterlagen von von Tompa zurückzuführen. Diese beschränkte Betrachtungsweise hat zu ungenauen Fundvergleichen, zu einer unvollständigen und nicht repräsentativen Materialvorlage sowie zu manchmal falscher zeitlicher und kultureller Einordnung der Grabfundkomplexe bzw. des Gräberfeldes insgesamt geführt. Bei einem Rückblick auf die einzelnen Beiträge, in denen Bezug auf Hernádkak genommen wurde, fällt außerdem die vom Standpunkt her unterschiedlich orientierte Betrachtungsweise der jeweiligen Autoren auf. Einerseits wird das Gräberfeld in der slowakischen Literatur mit frühbronzezeitlichen Kulturen vorwiegend in der Südwest-Slowakei, darunter auch der Hatvan- und Otomani-Kultur, in Zusammenhang gesehen. Andererseits tendieren ungarische Autoren dazu, den Einfluß von nördlich und westlich liegenden Kulturerscheinungen, wie zum Beispiel die Košt'any-, Mierzanowice-, Otomani- und Aunjetitz-Kultur, wenig zu beachten. Stattdessen wird ein Bild der Hernádkak-Gräber vor dem Hintergrund der im eigentlichen Karpatenbekken beheimateten Kulturen, vor allem der Hatvan- und Füzesabony-Kultur, gezeichnet.

In der vorgelegten Arbeit wurde angestrebt, ein Gesamtbild des Gräberfeldes Hernádkak zu vermitteln. Nach der Durcharbeitung der Grabungsunterlagen von von Tompa und durch Vergleiche mit ausführlicher dokumentierten, frühbronzezeitlichen Gräberfeldern und Siedlungen aus dem Umland Hernádkaks, konnte ein relativ aufschlußreiches Bild der Anlage sowie der Ausstattung der Gräber, rekonstruiert werden. Das Gräberfeld Hernádkak umfaßt überwiegend Körperbestattungen, weniger Brandbestattungen bzw. Urnengräber und Brandschüttungsbestattungen, die meist im ungestörten Zustand vorgefunden wurden. Anhand der wenigen Aufzeichnungen von den Ausgrabungen in Hernádkak konnten die einzelnen Grabbefunde, das heißt die Ausrichtung der Grabgrube oder des Verstorbenen und die regelhafte Lage der Beigaben in der Grabgrube rekonstruiert werden.

Sowohl bei Körper- als auch bei Brandbestattungen ist ein traditionelles Grabgeschirr aus bestimmten Gefäßgattungen festzustellen, das meist aus einem tassen- oder krugförmigen Gefäß und oft einer Schale besteht. Körpergräber weisen außerdem noch eine Ausstattung aus Schmuck, Geräten oder Waffen auf, während Brandgräber keine als Kleinfunde bezeichneten Beigaben enthielten. Es wird hier angenommen, daß die Kleinfunde, im Gegensatz zu dem keramischen Grabgeschirr, allgemein mit der Tätigkeit oder der sozialen Stellung des Verstorbenen im Leben in Verbindung standen. Die Lage von Schmuckgegenständen in Bezug zu den Bestatteten gibt in mehreren Fällen Aufschlüsse über die ursprüngliche Tragweise des Totengewandes. Unterschiede in der Zahl und Qualität der Kleinfunde können mit der Stellung des Verstorbenen in der damaligen Gesellschaft in Zusammenhang stehen. Die in Hernádkak festgestellten Traditionen in der Totenlegung und -ausstattung sind ebenfalls in frühbronzezeitlichen Gräberfeldern im Hernádflußtal sowie in den angrenzenden Kulturlandschaften der Südwest-Slowakei, des nördlichen Zwischenstromlands, im südlichen Polen und in Nordwest-Rumänien zu beobachten. Dies bezieht sich sowohl auf Körper- als auch auf Brandbestattungen.

Bei der Untersuchung der Grabbeigaben wurde das Fundmaterial zunächst systematisch in Fundgattungen und -typen geordnet. Aufgrund der Angaben in den Grabungstagebüchern konnten mehrere Grabkomplexe, die heute unvollständig erhalten sind oder gänzlich fehlen, ergänzt oder wiederhergestellt werden. Die Vervollständigung bzw. Rekonstruktion wurde durch einen Vergleich mit Material aus gleichzeitigen Gräberfeldern und Siedlungen des Umlandes unterstützt. So ist eine strukturierte Grundlage entstanden, die besonders bei der Behandlung von Fragen beispielsweise zu Traditionen in der Grabausstattung, zur Grabplünderung und zur Gliederung unerläßlich ist.

Bei der Typengliederung der Keramik haben sich einige Gefäßgattungen herausarbeiten lassen, die bis jetzt als eigenständige Gattung wenig berücksichtigt bzw. übersehen wurden. Es handelt sich um den Langhalskrug, die tiefe Schale und die kalottenförmige Schale. Durch die klare Definition ihrer kennzeichnenden Eigenschaften hebt sich der Langhalskrug im Vergleich zu der Tasse, die tiefe Schale und die kalottenförmige Schale von der flachen Schale deutlich ab. Zu ähnlichen Ergebnissen hat die Typendefinition einzelner Kleinfunde geführt, darunter die Lockenringe, Perlenschmuck, die Nadeln, die Lanzenspitzen und die Dolchklinge. So wurde die Verbreitung einzelner Gattungen bzw. Typen einfacher verfolgt und ihre kulturelle Zuordnung bzw.

Herkunft abgeleitet. Darüberhinaus sind sie von Formen der zeitlich nachfolgenden Gräberfelder klar unterschieden worden.

Grabbeigaben aus Metall geben Aufschluß über die metallurgischen Aktivitäten der bestattenden Bevölkerung in Hernádkak bzw. im Hernádflußtal. Manche Gegenstände weisen auf ein technisch fortgeschrittenes Herstellungsverfahren hin. Außer einzelnen Objekten aus Kupferblech erscheinen in Hernádkak Gegenstände aus mit Zinn legiertem Kupfer, die in der Technik des Ein- oder Zwei-Schalengusses oder des Gusses in verlorener Form hergestellt wurden. Außerdem haben spektralanalytische Untersuchungen einer geringen Zahl von Metallgegenständen aus Gräbern in Hernádkak, Košt'any und Všechsvätých gezeigt, daß sie aus Kupfer mit genau proportionierten Anteilen an Arsen, Antimon, Silber und Zinn bestehen. (Nickel kommt als Beimengung vergleichsweise selten vor.) Die überwiegende Zahl der analysierten Metallbeigaben in Hernádkak stammt aus Gräbern der Hatvan-Kultur und weist einen bedeutenden Zinngehalt auf. Dabei klärt sich die innovative Rolle der Košt'any- und Hatvan-Kultur für die Entwicklung der frühen Metallurgie durch das Vorkommen von Gußformen und von Gegenständen, die komplizierte Legierungen und Gußverfahren aufweisen.

Die Gliederung der einzelnen Grabkomplexe erfolgte auf der Basis der typologischen Einordnung und kombinationsstatistischen Analyse des Fundmaterials. Die dadurch festgestellten Gräbergruppen zeigen, daß die Belegung des Gräberfeldes in zumindest drei ununterbrochene Phasen zu unterteilen ist. Während sich einzelne Belegungsphasen durch bestimmte Keramikformen und -zierweisen, die als Leitformen der einzelnen Phasen gekennzeichnet werden, voneinander absetzen, ist eine Kontinuität in der Bestattungsweise und in der Tradition der Beigaben zu bemerken. Phase 1, 2 und 3 setzen sich zeitlich voneinander ab, wobei der Übergang zwischen den einzelnen Phasen als kontinuierlich zu sehen ist. Die wenigen Grabfundkomplexe der Phase 3 spät stellen sowohl zeitlich wahrscheinlich die letzten Gräber des Gräberfeldes als auch kulturell Keramik der Füzesabony-Gruppe dar. Grabfundkomplexe aus den anfänglichen Belegungsphasen 1 und 2 enthalten traditionsgemäß wenige Gefäße und mehrere Kleinfunde als Beigaben. Im Verlauf der Belegung wird die Zahl an Keramikbeigaben in den Gräbern größer, die Zahl und das Typenspektrum der Kleinfunde dagegen kleiner. In der letzten Belegungsphase 3 ist eine Vielfalt und gleichzeitig eine enge Verflechtung von älteren und neuen Gefäßformen und -verzierungsweisen zu beobachten.[777] Die verschiedenen Keramikstile in einzelnen Gräbern werden hier als soziologische oder herkunftsbedingte Unterschiede in der dort bestatteten Bevölkerung angesehen. Es handelt sich hauptsächlich um Gefäßformen und -verzierungen der späten Hatvan- und frühen Füzesabony-Kulturgruppe der Phase 3 in Hernádkak. Somit können die herausgestellten Gräbergruppen einerseits chronologisch, das heißt als zeitliche Phasen in der Belegung des Gräberfeldes, andererseits sozial, zum Beispiel als Hinweis auf bestimmte Individuen, Gruppen oder auf den Stil einzelner Töpfer in der damaligen Gesellschaft, interpretiert werden.

Bei einer Gegenüberstellung des Gräberfeldes Hernádkak mit Gräberfeldern und Siedlungen aus der gleichen Landschaft sowie aus den Nachbarlandschaften stellen sich deutlich überregionale Ähnlichkeiten und regionale Unterschiede heraus. Gräber der Phase 1 in Hernádkak können mit den Gräberfeldern im Košice-Becken kulturell und zeitlich gleichgesetzt werden. Aufgrund der

---

[777] Dies kommt durch die Verstreuung der Punkte in den Fundkombinationen zum Ausdruck. Siehe Abb. 72.

traditionellen Bestattungsweise und Grabausstattung sind sie außerdem mit den frühbronzezeitlichen Gräberfeldern in der Südwest-Slowakei und im südlichen Polen zu korrelieren. Im Verlauf der Belegungsphase 2 treten immer mehr Formen der Hatvan-Kultur im Fundbild auf, wie diese im nördlichen Zwischenstromland, weniger in der Südwest-Slowakei und im nördlichen Ungarn, bekannt sind. Während die dritte Belegungsphase anfangs von dem kennzeichnenden Formengut der Hatvan-Kultur geprägt ist, erscheint im Verlauf der Phase 3 Keramik, die der frühen Füzesabony-Kultur zuzuschreiben ist. In der späten Phase 3 ist die mit Spiralen und Buckeln verzierte Keramik der Füzesabony-Gruppe der Otomani-Kultur vertreten, die im östlichen Karpatenbecken bekannt ist.[778]

Die Einordnung des Gräberfeldes in das relativchronologische System von A.Točík und J.Bátora (Slowakei), B.Hänsel, N.Kalicz und T.Kovács (Karpatenbecken), T.Bader und I.Ordentlich (Nordwest-Rumänien), J.Machnik (südliches Polen) und R.Christlein und W.Ruckdeschl (Süddeutschland) erfolgt hier auf der Basis der überregionalen Ähnlichkeit vor allem unter den Kleinfunden aus den Gräberfeldern.[779] Dies wird außerdem zum Teil durch verwandte Formen und Zierweisen in der Keramik und durch ähnliche Traditionen in der Bestattungsweise unterstützt. Demzufolge sind die frühesten Gräber in Hernádkak in die ältere Frühbronzezeit zu datieren. Die Belegungsphasen des Gräberfeldes nehmen die Stufe Bronzezeit A1 ein und enden, bevor die kennzeichnenden Leitformen der Stufe Bronzezeit A2 auftreten bzw. ausgeprägt werden. Daraus wird ersichtlich, daß eine feinere Unterteilung der Stufe A1 wie zum Beispiel nach Točík A1 a-b, Hänsel (im erweiterten Sinne) Frühdanubisch I und II oder Christlein Stufe 1-3 berechtigt ist.

Wie oben festgestellt wurde, kann die Belegung des Gräberfeldes Hernádkak in den Zeitraum zwischen 2200 - 2000 v.Chr. absolut datiert werden. Mit Rücksicht auf die relativchronologische Einordnung und die absolute Datierung des Gräberfeldes in die frühbronzezeitliche Chronologie für Mitteleuropa ist das Gräberfeld zeitlich zwischen dem Ende des Frühhelladikums (Frühhelladisch III) und dem Ende des Mittelhelladikums (Mittelhelladisch III) einzuordnen. Dies bedeutet, daß das Gräberfeld nicht in der Zeit der Schachtgräber von Mykene angelegt wurde. Diese Datierung trägt mit sich die schwerwiegende Bedeutung, daß bestimmte Erscheinungen wie vor allem Fayenceperlen und Gefäßverzierung aus Spiralmotiven, nicht auf Einflüssen aus der Ägäis bzw. aus dem mykenischen Bereich beruhen. Anbetracht mehrerer Zeichen des Kontaktes mit den angrenzenden Landschaften: Übereinstimmungen in der Bestattungsweise, in der Totenausstattung, in der Keramik und in den Kleinfunden, werden diese Erscheinungen hier vielmehr auf lokale Herstellung (Fayenceperlen), auf den Tausch mit dem Nachbarland und dessen Einfluß (Bernstein, Spiralmotive) zurückgeführt.[780] Obwohl es an Metallanalysen an Gegenständen aus diesem Gebiet mangelt, die aus dem Ende der Kupferzeit und Anfang der Bronzezeit stammen, weisen die wenigen Analysen von Metallartefakten der Košťany- und Hatvan-Kultur im Košice-Becken und in Hernádkak ähnliche und für den Anfang der Bronzezeit typische Elementkombinationen auf. In der Annahme, daß

---

[778] Vergleiche Abb.76.1-5.
[779] Siehe Kapitel VII. Zur Stellung des Gräberfeldes Hernádkak in der relativen und absoluten Chronologie.
[780] Vergleiche Childe 1929 Epilogue im Gegensatz zu Renfrew 1979, 281-292.

sich bereits in der Kupferzeit eine autonome Entwicklung in der Metallurgie vollzogen hatte[781] und sich fortsetzte, ist es durchaus vorstellbar, daß Kontakte zwischen den erzführenden Landschaften des südlichen Polens, des Slowakischen Erzgebirges, des Bihor-Gebirges und Siebenbürgens, das heißt der Košt'any- Mierzanowice- und Hatvan-Kulturgruppen und der Otomani-Kultur, bestanden und daß sie im Verlauf der Zeit intensiver wurden. Dies könnte zum Beispiel durch die Prospektion, die Erschließung neuer Bergbaugebiete und den Austausch von metallurgischen Technologien geschehen sein.

---

[781] Renfrew 1969 und 1979, 137-170.

Summary

Finds from the prehistoric cemetery at Hernádkak, now in the collections of the University Museum of Archaeology and Anthropology (Cambridge, Great Britain) and of the Hungarian National Museum in Budapest, were studied and recorded by the author. The material proved to be of great significance in many aspects and benefitted a long and detailed investigation. The aim of the present monograph is:
to give a full description of the site of Hernádkak cemetery in its natural topographical (opposite political) setting, thereby stressing the potential of its proximity to the Slovakian Ore Mountains,
to recount the history of investigation of the cemetery and later research,
to attempt a reconstruction of the actual state of the graves upon their discovery as far as photographs, excavation diaries and comparison with other cemeteries allow,
to present a detailled investigation and evaluation of the finds found in the graves and
to place Hernádkak cemetery in a relative and absolute chronological context, which should result in a definition of the beginnings of the Early Bronze Age in the Carpathian Basin.

The community of Hernádkak is located in Komitat Borsod-Abaúj-Zemplén in northern Hungary. Although seemingly on the edge of the Carpathian Basin, geomorphologically and topographically the setting of Hernádkak belongs to the river-valley system of the Hornád River together with the Slovakian Ore Mountains in eastern Slovakia. Depending on the standpoint of the individual authors and modern political borders, Hernádkak's location has been viewed as peripheral to the Carpathian Basin or to the area of the Slovakian Ore Mountains. Thereby the potential of the Hernád (Hornád) river-valley as an important trade route between southern Poland, the metalliferous Slovakian Ore Mts. and the Carpathian Basin has been mostly overlooked. With reference to its geographical setting, the role of Hernádkak cemetery in the development of early metallurgy in the Carpathians and Carpathian Basin during the Early Bronze Age becomes significant. This is supported by analyses of metal objects from the cemetery.

Documentation and research specifically concerned with Hernádkak is sparse, beginning with accounts of the work carried out in Hernádkak by the excavator himself, Ferenc von Tompa. Only a few simple diaries (handwritten in Hungarian), which he kept of the excavation, remain in the archives of the Nationalmuseum in Budapest. Until now there has been no detailed study of the cemetery and its grave goods. Instead, Hernádkak is mentioned by various authors in a general context with other Early Bronze Age cemeteries in Hungary, such as Megyaszó and Tiszafüred. Little or no reference is made thereby to contemporary cemeteries in Slovakia. This general and superficial evaluation of the cemetery has led to discrepancies and incorrect conclusions concerning its cultural associations and chronological position within the Early Bronze Age in the Carpathian Basin.

Despite the limited state of documentation, considerable information about the probable physical appearance of the cemetery and several individual graves can be attained by studying the published photographs of graves in Hernádkak together with von Tompa's descriptions in the excavation diaries. Furthermore, information is increased by comparative study of graves from contemporary cemeteries in the Hernád river-valley, the Košice Basin, southern Poland and southwest Slovakia. Many parallels can be drawn concerning the structure of the graves and the position of the skeletal remains. Especial attention is given to the objects found in each grave, as described in the excavation diaries and in regard to the position, number and combination of objects, in order to determine a pattern or tradition in types of grave goods. It can be observed that certain types of pottery and small finds occur repeatedly in specific places in the graves. With reference to comparative cemeteries in Hungary, Slovakia and southern Poland, distinctive types of grave equipment and burial traditions can be recognized in the graves in Hernádkak. Based on the excavator's diaries, the afore mentioned photographs of several graves and the position of the skeletal remains and the grave goods, the original state of the individual graves can be reconstructed. The question is posed as to the extent of grave-robbery or the intentional removal of funerary goods after burial of the deceased in Hernádkak. With reference to the state of undisturbed graves, the appearance and position of the scattered bones and objects in suspected robbed graves are in many cases indicative of the nature of disturbance.

A typological study of individual pottery shapes, the methods and motifs used to decorate the pottery and the small finds shows a repertoire of at least nine categories of pottery, surface decoration ranging from simple to intricate geometric and curvolinear designs and several categories of jewellery, less of tools and weapons. Since there is as yet no equivalent study of the material from Hernádkak or from a comparative Early Bronze Age cemetery in this area, the examination is necessarily extensive and is illustrated with type-tables of the pottery shapes, decorative styles and small finds as well as with distribution maps. The small finds, such as beads made of faience and amber, spearheads and daggers, are especially significant in regard to their innovative form and in the case of metals the composition, their distribution and their early date in the Carpathian Basin. Results from neutron activation analysis of metal objects from the University Museum in Cambridge show that the composition of the objects ranges from low impurity copper with arsenic and nickel as additional elements, to copper alloyed either with small (2-3%) or substantial (6-11%) amounts of tin. In a comparative study of the metal composition of more than 1000 objects from the Early Copper to Early Bronze Age (based on studies of Junghans-Sangmeister-Schröder) parallels can be distinguished in metal technology in southwestern and eastern Slovakia and in northern Hungary. Emphasis is given to the significance of these geographic areas, especially in reference to the metal objects from Hernádkak, the question of source of tin and the development of metallurgy, i.e. bronze technology in this region.

Based on the material from the grave complexes, the duration of Hernádkak cemetery can be divided into three phases and the grave goods assigned to at least two, if not three cultural groups:
Phase 1 - the Košt'any group with elements of the Mierzanowice culture of southern Poland,
Phase 2 - the Hatvan culture in its early and advanced phase,
Phase 3 - the Hatvan culture in its late phase together with the early phase of the Füzesabony group of the Otomani culture.
This is supported by a renewed examination and comparison with contemporary cemeteries of the Košt'any-, Mierzanowice-, Hatvan- and Füzesabony-groups in the Košice Basin, southern Poland and the northerly Danube-Tisza interfluve as well as the stratigraphical sequence in the Hatvan settlement Tiszaluc-Dankadomb. According to the chronological system of P.Reinecke and A.Točík, phase 1-3 in Hernádkak should be dated within the period Bronze Age A1, phase 1 being at the very beginning and phase 3 during the transition of A1 to A2, yet before the classical Bronze A2 horizon. With the help of the few

radiocarbon dates available from this area (several from southern Poland and one date from the settlement at Tószeg), compared with dates from contemporary cemeteries in lower Austria and southern Germany, it can be estimated that the cemetery at Hernádkak was in use between approx. 2200-2000 BC. Thus Hernádkak takes on a key role in the definition of the beginnings of the Early Bronze Age: the characterisation, the burial practices and the date of specific cultural groups within this period in northern Hungary and eastern Slovakia.

Verzeichnisse.

Verzeichnis 1. Abbildungen.

Abb. 1.	Die Lage Hernádkaks im Karpatenbecken.
Abb. 2.	Das Hernádtal mit dem Slowakischen Erzgebirge.
Abb. 3.	Die Ortschaft Hernádkak und Umgebung.
Abb. 4.	Verbreitung der Kupfer- und Zinnerze sowie Gegenstände aus Kupfer und Kupferlegierungen in äneolithischem und frühbronzezeitlichem Fundverband.
Abb. 5	Schichtenabfolge der Siedlung Barca.
Abb. 6.	Tabelle der Grabgrubentiefen.
Abb. 7.	Ausgewählte frühbronzezeitliche Gräberfelder und Siedlungen in der Slowakei, in Nordost-Ungarn, in Nordwest-Rumänien und im südlichen Polen.
Abb. 8.	Plan des Gräberfeldes Košice.
Abb. 9.	Plan des Gräberfeldes Čaňa.
Abb. 10.	Plan des Gräberfeldes Valalíky-Všechsvätých.
Abb. 11.	Plan des Gräberfeldes Valalíky-Košt'any.
Abb. 12.	Plan des Gräberfelds Tiszapalkonya-Erőmű.
Abb. 13.	Plan des Gräberfelds Tiszafüred-Majaroshalom.
Abb. 14.	Plan des Gräberfelds Tiszaörvény-Temetődomb.
Abb. 15.	Plan des Gräberfelds Gelej-Kanalisdűlő.
Abb. 16.	Plan des Gräberfeldes Gelej-Beltelekdűlő.
Abb. 17.	Plan des Gräberfelds Pusztaszikszó.
Abb. 18.	Plan des Gräberfelds Tarnaméra-Schwimmbad.
Abb. 19-23.	Rekonstruktion des Befundes in den einzelnen Gräbern.
Abb. 24.	Totenausstattung mit Stirnband, Ringen und Perlen.
Abb. 25.	Totenausstattung mit Ebereckzahnlamellen und Schmuck.
Abb. 26.	Totenausstattung mit Ebereckzahnlamellen und Geräten.
Abb. 27.	Totenausstattung mit Geräte- oder Waffenausrüstung.
Abb. 28.	Kombinationen von Keramik und Kleinfunden in den Gräbern.
Abb. 29.	Darstellung der dem Text zugrundeliegenden Terminologie für die Keramik.
Abb. 30.	Die Langhalskrüge.
Abb. 31.	Verbreitung der Langhalskrüge.
Abb. 32.	Die Tassen.
Abb. 33.	Verbreitung der Tasse Typ 5.
Abb. 34.	Die Henkelschalen.
Abb. 35.	Verbreitung der Henkelschalen.
Abb. 36.	Die Schüsseln.
Abb. 37.	Die Schalen.
Abb. 38.	Die Töpfe.
Abb. 39.	Die Becher.
Abb. 40.	Amphorenartiges Gefäß.
Abb. 41.	Die Miniaturgefäße.
Abb. 42.	Gegenstände aus Ton.
Abb. 43.	Eintiefungen.
Abb. 44.	Ritzlinien und schmale Rillen.
Abb. 45.	Riefen und Kanneluren.
Abb. 46.	Plastische Auflagen.
Abb. 47.	Ziermotive mit Ritzlinien und schmalen Rillen.
Abb. 48.	Ziermotive mit Kanneluren, plastischen Auflagen und Omphalos.
Abb. 49.	Die Geräte aus Metall.

Abb. 50. Die Waffen.
Abb. 51. Die Nadeln.
Abb. 52. Die Lockenringe.
Abb. 53. Die Schmuckgegenstände aus Metall.
Abb. 54. Die Perlen.
Abb. 55. Die Geräte aus anderem Material.
Abb. 56. Lanzenspitzen.
Abb. 57. Ergebnisse der spektralanalytischen Untersuchung von Metallgegenständen aus Hernádkak.
Abb. 58. Fundorte der von SAM spektralanalysierten Gegenständen.
Abb. 59. Ergebnisse der spektralanalytischen Untersuchung von Metallgegenständen aus dem Košice-Becken.
Abb. 60. Kennzeichnendes Fundinventar der Košt'any-Kulturgruppe.
Abb. 61. Horizontalstratigraphie des Gräberfeldes Košice.
Abb. 62. Kombination der Gräber und Grabbeigaben im Gräberfeld Košice.
Abb. 63. Kombination der Gräber und Grabbeigaben im Gräberfeld Čaňa.
Abb. 64. Horizontalstratigraphie des Gräberfeldes Čaňa.
Abb. 65. Kombination der Gräber und Grabbeigaben im Gräberfeld Valalíky-Všechsvätých.
Abb. 66. Horizontalstratigraphie des Gräberfeldes Valalíky-Všechsvätých.
Abb. 67. Kombination der Gräber und Grabbeigaben im Gräberfeld Valalíky-Košt'any.
Abb. 68. Horizontalstratigraphie des Gräberfeldes Valalíky-Košt'any.
Abb. 69. Westprofil des Grabungsschnitt VI in Tiszaluc-Dankadomb.
Abb. 70. Hausgrundriße im Grabungsschnitt VI in Tiszaluc-Dankadomb.
Abb. 71. Kennzeichnende Gefäßformen der Hatvan- und frühen Füzesabony-Kulturgruppe.
Abb. 72. Fundkombinationen im Gräberfeld Hernádkak.
Abb. 73. Kennzeichnendes Fundinventar der Füzesabony-Kultur im im Hernádtal, nördlichen Zwischenstromland und oberen Theißgebiet.
Abb. 74. Kombinationen der Keramik in den ausgewählten Gräberfeldern.
Abb. 75. Kombinationen der Kleinfunde in den ausgewählten Gräberfeldern und Siedlungen.
Abb. 76. Ausgewählte Grabkeramik und Kleinfunde der Mierzanowice-Kultur.
Abb. 77. Tabelle zur vergleichenden Chronologie.
Abb. 78. Leitformen der frühbronzezeitlichen Stufengliederung nach Christlein.

Verzeichnis 2. Abbildungsnachweis.

Abbildung 1. Stumme Karte von Mitteleuropa 1:3 000 000. Institut für Vor- und Frühgeschichte der Universität Tübingen - 1966.

Abbildung 2.
Geological Map of Czechoslovakia. East. 1:500,000. Geological Survey of Czechoslovakia. Ústredni ústav geologický. Praha 1967.
Fyzická Mapa CSSR. Ústredni sprava geodézie a kartografie. 1963. 1:500,000.
Atlas Slovenskej Socialistickej Republiky. Blatt III 6-7. Slovensky Úrad geodézie a kartografie. 1980.

Abbildung 3.
Siksava (Szikszó) a Tisza-Dob, Karte 13-XXIV, Blattnr. 4766. Rozmnol dle mapy býv. c.a k. voj. zemep. ústavu castecne 4.V.1910. Cis 608(1919). 1:75.000

Abbildung 4.
Atlas Slovenskej Socialistickej Republiky, Blatt III 6-7. 1980.
V.Furmánek, Zu einigen Fragen der südöstlichen Urnenfelder in der Slowakei. Mitt. Berl. Ges. Anthr. Ethn. und Urgesch. 8, 1987, 39-54 Abb.13.
Novotná 1955, 72-73 Karte 1-2.

Abbildung 24. Totenausstattung mit Stirnband, Ringen und Perlen.
Bánov Grab 9.   Točík 1979, 198-200 Abb.133.
Čaňa Grab 49. Pástor 1978, 30,32 Abb.7. Tafel 11.1-8.
Hurbanovo Grab 62.   Točík 1979, 231-232 Abb.165.
Iwanowice Grab 142. PzP III (1978) Taf.23 A.
Košice Grab 37. Pástor 1969, 24-25 Tafel 7.1-13.
Košice Grab 85. Pástor 1969, 37 Tafel 15.4-6.
Mierzanowice Grab 9.   Salewicz 1937 Abb.11.
Mierzanowice Grab 71.   Salewicz 1937 Abb.18.
Valaliky-Všechsvätých Grab 32. Pástor 1978, 70 Abb.25a.
Valaliky-Košt'any Grab 10.   Pástor 1962, 66-68 Abb.4.
Výčapy Opatovce Grab 182. Točík 1979, 102-103 Abb.41.
Výčapy Opatovce Grab 255.   Točík 114, 118 Abb.53.

Abbildung 25. Totenausstattung mit Ebereckzahnlamellen und Schmuck.
Košice Grab 93. Pástor 1969, 39-40 Tafel 17.2-9.
Košice Grab 157.   Pástor 1969, 56-57 Abb.15. Tafel 26.1-4.
Mierzanowice Grab 4. Salewicz 1937 Abb.15.
Mierzanowice Grab 83. Salewicz 1937 Abb.19.
Tvrdošovce Grab 48.   Točík 1979, 141, 143 Abb.75.

Abbildung 26. Totenausstattung mit Ebereckzahnlamellen und Geräten.
Iwanowice Grab 117. PzP III (1978) Taf.23 B.
Košice Grab 24. Pástor 1969, 21-22 Abb.7.
Košice Grab 113. Pástor 1969, 44 Tafel 19.3-5.
Košice Grab 154. Pástor 1969, 56 Abb.12.4. Tafel 25.1-5.
Valaliky-Všechsvätých Grab 49. Pástor 1978, 77-78 Abb.28. Tafel 25.6, 26.1-6, 27, 28.1.
Výčapy Opatovce Grab 158. Točík 1979, 96, 98 Abb.36.

Abbildung 27. Totenausstattung mit Geräte- oder Waffenausrüstung.
Košice Grab 10. Pástor 1969, 15 Abb.4.2. Abb.6 Tafel 2.1-4.
Košice Grab 146. Pástor 1969, 53 Tafel 23.1-8.

Mierzanowice Grab 55. Salewicz 1937 Abb.16.
Tiszafüred-Majaroshalom Grab B176. Kovács 1982 Abb.2.1-6.
Tvrdošovce Grab 33. Točík 1979, 137.
Valalíky-Košt'any Grab 17. Pástor 1962, 70.
Výčapy Opatovce Grab 49. Točík 1979, 76-77 Abb.14.
Výčapy Opatovce Grab 56. Točík 1979, 76-77 Abb.15.

Abbildung 31. Verbreitung des Langhalskruges Hernádkak Typ 1.
Fundortnachweis siehe Abb.7 und Verzeichnis 6.
31. Tafel 7.1; 10.4; 13.6.
34. Bóna 1975 Taf.170.9, 15, 18; 171.18.
35. Kalicz 1968 Taf.88.7.
39. Kalicz 1968 Taf.95.17.
41. Kalicz 1968 Taf.75.4.
43. Kalicz 1968 Taf.82.9; 83.2; 86.9.
44. Kalicz 1968 Taf.60.8.
47. Kalicz 1968 Taf.72.1.
48. Kalicz 1968 Taf.51.4,6,8; 52.7-8.
49. Kalicz 1968 Taf.104.4; 106.1.
52. Schalk 1981 Taf.5.67.
53. Kalicz 1968 Taf.66.6.
54. Kalicz 1968 Taf.88.7.
R   Kalicz 1968 Taf.95.2-4.

Abbildung 33. Verbreitung der Tasse Hernádkak Typ 5.
Fundortnachweis siehe Abb.7 und Verzeichnis 6.
6. Dušek 1969 Taf.20.5; 21.9.
30. Kalicz 1968 Taf.92.7; 93.11. Ders. 1980 Abb. 5.1,8.
31. Taf. 13.1; 21.10.
32. Kalicz 1968 Taf.99.5; 101.11.
33. Mozsolics 1942 Taf.2.61; 3.33; 4.66,103.
34. Bóna 1975 Taf.170.16; 173.1.
36. Kalicz 1968 Taf.89.14.
40. Kalicz 1968 Taf.108.7-8,13-14.
41. Kalicz 1968 Taf.76.5; 77.1.
43. Kalicz 1968 Taf.82.3; 83.7-8; 86.7.
45. Kalicz 1968 Taf.107.11.
47. Kalicz 1968 Taf.72.4.
49. Kalicz 1968 Taf.105.3; 106.2-3.
50. Kovács 1979 Abb. 2.10.
51. Bandi 1963 Taf.5.15.
52. Schalk 1981 Taf.8.109-111.
G   Kalicz 1968 Taf.99.17.
Gb Kalicz 1968 Taf.101.9-10.
R   Kalicz 1968 Taf.95.8-9.

Abbildung 35. Verbreitung der Henkelschalen.
Fundortnachweis siehe Abb.7.
Typ Košice.
23. Pástor 1978 Taf.8.7; 12.2.
24. Pástor 1969 Taf.19.7; 20.3.
28. Pástor 1978 Taf.23.1; 26.1-2.
44. Kalicz 1968 Taf.60.11.

Hernádkak Typ 1.
30. Kalicz 1968 Taf.92.1.
31. Taf.1.6; 4.6; 10.3; 17.1.
34. Bóna 1975 Taf.172.7.
40. Kalicz 1968 Taf.107.2-3.
41. Kalicz 1968 Taf.74.8.
43. Kalicz 1968 Taf.84.7; 86.5.
48. Kalicz 1968 Taf.41.4; 52.5.
49. Kalicz 1968 Taf.105.2.
T   Kalicz 1968 Taf.107.13-14.
V   Kalicz 1968 Taf.98.9.
Vd Kalicz 1968 Taf.95.1.

Hernádkak Typ 1 Variante 3.
30. Kalicz 1968 Taf.92.5.
31. Taf.23.7.
46. Kalicz 1968 Taf.103.15-16.
49. Kalicz 1968 Taf.104.3,7.
B   Kalicz 1968 Taf.73.7.
N   Kalicz 1968 Taf.117.4.

Hernádkak Typ 3.
25. Olexa 1987 Abb.9.1.
31. Taf.14.5.
33. Mozsolics 1942 Taf.3.34.
41. Kalicz 1968 Taf.76.13.
49. Kalicz 1968 Taf.105.4.
51. Bandi 1963 Taf.5.9; ders. 1965 Taf.18.2.

Hernádkak Typ 4.
31. Taf.18.2,4; 24.7.
34. Bóna 1975 Taf.170.11; 171.3.
41. Kalicz 1968 Taf.76.15.
51. Bandi 1963 Taf.5.17.

Abbildung 52. Lockenringe.
1. Hernádkak Grab 54. Tafel 13.8-9.
2-3. Hernádkak Grab 85, 102, 129. Tafel 17.7, 22.7, 25.1-4.
4. Hernádkak Grab 78. Tafel 16.4-5.
5. Hernádkak. Grab ? Bóna 1975 Taf.163.8.
6. Zacharia 1959, 117 Abb.6.7.
7. Zacharia 1959, 116 Abb.5.5.
8. Zacharia 1959 Abb.6.9.
9. Zacharia 1959 Abb.6.10.
10. Zacharia 1959, 109 Abb.2.5.

Abbildung 56. Tüllenlanzenspitzen.
1. Hernádkak Grab 122. Tafel 24.1.
2. Wietenberg. Horedt 1960, 129 Abb.13,3.
3. Pecica. Popescu 1944, 73-76 Abb.27. Roska 1912 Fig.57.
4. Hernádkak Grab 39. Tafel 10.1.
5. Czseszewo. T.Dobrogowski, Przeglad Arch.6,1937-39, 255-257 Abb.5.
6. Gyulavarsánd. Mozsolics 1967, 139. Popescu 1956, 305 Abb.2.
7. Szihalom. T.Kemenczei, Öskori bronztárgyak a miskolci múzeumban.

Évkönyve-Miskolc 7,1968,19-33 Tafel 11.1.
8. Böheimkirchen. J.-W.Neugebauer 1979 Abb.5.8.
9. Mende. Kovács 1975 Abb.3.1.
10. Ároktő-Dongóhalom. Otto-Hermann-Múzeum, Miskolc, Ungarn.
11-12. Otomani. Bader 1978, Pl.88.1-2. Ordentlich 1963 Abb.16.10-11.

Abbildung 60. Kennzeichnendes Fundinventar der Košt'any-Kulturgruppe.

1. Weidenblattförmiger Ring mit Mittelrippe. Vergleiche Košice Grab 16. Pástor 1969 Tafel 4.1,3.
2. Weidenblattförmiger Ring ohne Mittelrippe. Bátora 1982 Abb.4.17.
3. Perlen aus Dentaliumschnecke. Ebd. Abb. 40.3.
4. Durchlochte, scheibenförmige Perlen aus Muschelmaterial. Ebd. Abb. 4.11.
5. Perlen von unterschiedlicher Form aus Fayence. Ebd. Abb.13.5.
6. Perle aus Ton. Ebd. Abb.13.8.
7. Perlen unterschiedlicher Länge aus aufgerolltem Metallblech. Ebd. Abb.4.13,16.
8. Ringartig gewickelter Draht mit einer Windung und Schleife. Ebd. Abb.9.3.
9. Pfeilspitze aus Feuerstein. Ebd. Abb. 38.3.
10. Abschlag aus Feuerstein. Ebd. Abb. 38.8.
11. Abschlag aus Feuerstein. Ebd. Abb. 38.21.
12. Bearbeitete Eckzahnlamelle vom Eber. Ebd. Abb. 39.2.
13. Knochennadel mit profiliertem Kopf. Ebd. Abb. 4.24.
14. Košice Grab 165. Pástor 1969 Tafel 28.1.
15. Košice Grab 128. Pástor 1969 Tafel 21.7.
16. Košice Grab 115. Pástor 1969 Tafel 19.7.
17. Čaňa Grab 38. Pástor 1978 Tafel 8.7. Bátora 1982, 292 Abb.38.6,23.
18. Košice Grab 12. Pástor 1969 Tafel 3.2.
19. Čaňa Grab 17. Pástor 1978 Tafel 5.2.
20. Valalíky-Všechsvätých Grab 33. Pástor 1978 Tafel 23.9.
21. Košice Grab 12. Pástor 1969 Tafel 3.4.
22. Košice Grab 11. Pástor 1969 Tafel 3.1.
23. Valalíky-Všechsvätých Grab 47. Pástor 1978 Tafel 25.1.
24. Košice Grab 165. Pástor 1969 Tafel 28.2.
25. Čaňa Grab 15. Pástor 1978 Tafel 4.1.
26. Košice Grab 148. Pástor 1969 Tafel 23.10.

Abbildung 69. Westprofil des Grabungsschnitts VI in Tiszaluc-Dankadomb. Kalicz 1968 Abb.6.

Abbildung 70. Hausgrundriße im Grabungsschnitt VI in Tiszaluc-Dankadomb. Kalicz 1968, 137-141 Abb.8-12.

Abbildung 71. Kennzeichnende Gefäßformen der Hatvan- und frühen Füzesabony-Kulturgruppen.
1. Tiszaluc-Dankadomb. Kalicz 1968 Tafel 41.4 und 128.3a1 und 8g.
2. Tiszaörvény-Temetődomb Grab 6. Kalicz 1968 Tafel 104.7.
3. Tiszakeszi-Szódadomb, Kalicz 1968 Tafel 72.3.
4. Hernádkak Grab 46. Tafel 21.2.
5. Hatvan-Kálváriapart, Kalicz 1968 Tafel 91.4.
6. Hernádkak Grab 58. Tafel 25.5.
7. Tiszaluc-Dankadomb, Kalicz 1968 Tafel 39.11 und 128.2f.
8. Tarnaméra-Schwimmbad Grab 3. Kalicz 1968 Tafel 82.4.

9. Tiszaluc-Dankadomb, Kalicz 1968 Tafel 128.4a1.
10. Tarnaméra-Schwimmbad. Kalicz 1968 Tafel 86.2.
11. Hernádkak Grab 8. Tafel 7.5.
12. Szihalom-Árpádvár, Kalicz 1968 Tafel 74.2.
13. Tiszaluc-Dankadomb, Kalicz 1968 Tafel 51.4.
14. Tarnaméra-Schwimmbad Grab 3. Kalicz 1968 Tafel 83.2.
15. Szihalom-Árpádvár. Kalicz 1968 Tafel 77.7.
16. Tiszaörvény-Temetődomb Grab 2. Kalicz 1868 Tafel 104.4.
17. Tiszaluc-Dankadomb, Kalicz 1968 Tafel 51.8.
18. Gomba-Várhegy. Kalicz 1968 Tafel 101.9.
19. Hernádkak Grab 81. Tafel 21.6.
20. Hernádkak Grab 105. Tafel 39.16.
    Tiszaörvény-Temetődomb Grab 2. Kalicz 1938 Tafel 104.3.
21. Tarnaméra-Schwimmbad Grab 5. Kalicz 1968 Tafel 83.12.
22. Hernádkak Grab 96a. Tafel 36.10.
    Tiszaörvény-Temetődomb Grab 2. Kalicz 1938 Tafel 104.6.
23. Tarnaméra-Schwimmbad Grab 5. Kalicz 1968 Tafel 83.9.
24. Hernádkak Grab 29. Tafel 15.1.
25. Hernádkak Grab 129. Tafel 43.13.
26. Hernádkak Grab 16. Tafel 11.4.
27. Tarnaméra-Schwimmbad Grab B. Kalicz 1968 Tafel 84.6.

Abbildung 73. Kennzeichnendes Fundinventar der Füzesabony-Kulturgruppe im Hernádtal, nördlichen Zwischenstromland und oberen Theißgebiet.

1. Vergleiche Hernádkak Tasse Typ 1 (Abb.32.1-2). Hernádkak Grab 129. Tafel 25.11.
2. Vergleiche Hernádkak Tasse Typ 1 Variante 1 (Abb. 32.3). Hernádkak Grab 96a. Tafel 20.7.
3. Vergleiche Hernádkak Schale Typ 2 (Abb. 37.4-5). Hernádkak Grab 95. Tafel 18.7.
4. Vergleiche Hernádkak Schüssel Typ 1 (Abb. 36.2). Hernádkak Grab 96a. Tafel 20.5-6.
5. Vergleiche Hernádkak Henkelschale Typ 6 (Abb. 34.11). Hernádkak Grab 3. Tafel 2.2.
6. Kleine Tasse mit rundem bis gedrungenem Körper, zylindrischem Hals, ausladendem Rand und randständigem Henkel von flach-ovalem Querschnitt. Die Verzierung befindet sich auf dem Körper. Vergleiche Gelej Kanális-dűlő Grab 103. Kemenczei 1979 Tafel 13.7-8. Megyaszó Grab 154. Bóna 1975 Tafel 177.11.
7. Tasse, die eine Weiterentwicklung von Tasse Typ 1 Variante 1 in Hernádkak darstellt:
   - mit rundem oder doppelkonischem Körper, zylindrischem Hals, ausschwingendem Rand und hohem Henkel. Vergleiche Megyaszó Grab 12. Bóna 1975 Tafel 169.13. Megyaszó Grab 154. Bóna 1975 Tafel 177.12.
   - mit rundem bis doppelkonischem Körper, zylindrischem oder trichterförmigem Hals, horizontal ausladendem Rand und leicht erhöhtem Henkel. Vergleiche Megyaszó Grab 164. Bóna 1975 Tafel 178.8. Megyaszó Grab 166. Bóna 1975 Tafel 178.12.
   - mit gedrungenem Körper, zylindrischem Hals, horizontal ausladendem Rand und erhöhtem Henkel. Vergleiche Megyaszó Grab 160. Bóna 1975 Tafel 177.18. Megyaszó Grab 166. Bóna 1975, 178.14.
   - mit verhältnismäßig langem breitem Hals, schlichtem oder leicht ausschwingendem Rand, randständig oder erhöhtem Henkel und rundem bis gedrungenem Körper. Vergleiche Hernádkak Grab 96b, Tafel Megyaszó Grab 135. Bóna 1975

Tafel 176.9.
Die Verzierung befindet sich auf dem Körper.

8. Hohe Tasse oder Kanne mit langem engem Hals, auslaufendem Rand, doppelkonischem Körper und hohem Henkel von flach-ovalem Querschnitt. Die Verzierung -meistens breite, schräg laufende Kanneluren- befindet sich auf dem Körper. Vergleiche Gelej Kanális-dűlő Grab 122. Kemenczei 1979 Tafel 15.11. Megyaszó Grab 76 und 105. Bóna 1975 Tafel 172.3,5.

9. Tasse von doppelkonischer Form mit kurzem eingezogenem Hals und ausschwingendem Rand. Die Standfläche ist erhöht oder als niedriger Fuß gebildet. Der Henkel ragt über den Rand und ist im Querschnitt konkav, und von sogenannter "ansa lunata"-Form. Vergleiche Gelej Beltelek-dűlő Grab 77. Kemenczei 1979 Tafel 12.1. Gelej Kanális-dűlő Grab 69. Kemenczei 1979 Tafel 10.2. Megyaszó Grab 15. Bóna 1975 Tafel 170.6.

10. Eine Variante zu Abb. 73.9 ist die Tasse mit doppelkonischem Körper, der in dem allmählich einziehenden konischen Hals fließt. Die Bildung des Fußes, Rands und Henkels ist gleich. Die Verzierung befindet sich auf dem Körper und manchmal auf dem Hals. Vergleiche Gelej Kanális-dűlő Grab 72 und 98. Kemenczei 1979 Tafel 10.11; 12.12. Megyaszó Grab 170. Bóna 1975 Tafel 179.1.

11. Henkelbecher von zylindrischer Form mit breiter Standfläche und ausschwingendem Rand. Gelej Kanális-dűlő Grab 119. Kemenczei 1979 Tafel 15.2.

12. Unterschiedlich profilierte Tasse mit hohem Fuß. Die Verzierung befindet sich auf dem Körper und häufig auf dem Fuß. Vergleiche Gelej Kanális-dűlő Grab 108. Kemenczei 1979 Tafel 13.14. Tiszafüred-Majaroshalom Grab B75. Kovács 1982 Abb.3.12.

13. Tasse mit markantem kugeligem Körper, kurzem eingezogenem zylindrischem Hals, ausschwingendem Rand und hohem flachem Henkel. Die Verzierung befindet sich auf dem Körper. Vergleiche Gelej Kanális-dűlő Grab 71 und 158. Kemenczei 1979 Tafel 10.7; 20.7-8. Pusztaszikszó Grab 2. Kőszegi 1978 Tafel 15.3.

14. Kanne mit kugeligem Körper, abgesetztem Hals mit ausgußförmiger Randbildung und hohem Henkel. Tiszafüred-Majaroshalom Grab D253. Kovács 1982 Abb.6.1.

15. Die Schale mit stark eingezogenem Rand und markantem kantigem Schulter. Die Oberfläche ist meistens verziert, kommt auch unverziert vor. Vergleiche Megyaszó Grab 154. Bóna 1975 Tafel 177.13. Pusztaszikszó Grab 10. Kőszegi 1978 Tafel 17.6.

16. Schale mit markantem kantigem Schulter, abgesetztem Hals und ausladendem Rand. Ein kleiner Henkel befindet sich auf der Schulter. Gelej Kanális-dűlő Grab 69. Kemenczei 1979 Tafel 10.1.

17. Topf von kugeliger Form mit kurzem eingezogenem Hals und Henkel auf der Schulter. Gelej Beltelek-dűlő Grab 68. Kemenczei 1979 Tafel 9.16.

18. Kleine Tassen mit doppelkonischem bis rundlichem Körper, kurzem Hals, ausschwingendem Rand und randständigem Henkel. Maßgebend ist die kleine kurzhalsige Form und die unverzierte Oberfläche. Vergleiche Pusztaszikszó Grab 10. Kőszegi 1978 Tafel 17.4. Tiszafüred-Majaroshalom Grab B167. Kovács 1973a, Abb. 1.8.

19. Kleine Tasse mit relativ langem konkavem Hals, tiefsitzendem Umbug und randständigem Henkel. Die Oberfläche ist unverziert. Vergleiche Pusztaszikszó Grab 17. Kőszegi 1978 Tafel 21.3. Tiszafüred-Majaroshalom Grab B75. Kovács 1982 Abb.3.11.

20. Krug mit doppelkonischem Körper, abgesetztem Hals mit ausgußförmiger Randbildung, hohem Henkel und Standfuß. Streda nad Bodrogom Grab 52. Polla 1960 Tafel 24.3.

21. Schale mit Standfuß und randständigen Grifflappen. Streda nad Bodrogom Grab 15. Polla 1960 Tafel 10.2.
22. Konische Schale mit kurzem abgesetztem Hals, ausladendem Rand und Standfuß. Ein Henkel führt vom Rand zur Schulter. Streda nad Bodrogom Grab 52. Polla 1960 Tafel 24.2.
23. Halbmondförmiger Anhänger mit Mitteldorn. Vergleiche Gelej Beltelek-dűlő Grab 68. Kemenczei 1979 Tafel 9.8-10. Tiszapalkonya Grab 8. Kovács 1979 Abb.4.17.
24. Fingerring aus spiralig gewickeltem Draht. Vergleiche Tiszapalkonya Grab 8. Kovács 1979 Abb.5.2-3.
25. Nadel mit kugeligem, durchbohrtem Kopf. Vergleiche Gelej Kanális-dűlő Grab 154. Kemenczei 1979 Tafel 19.9. Megyaszó Grab 75. Bóna 1975 Tafel 186.13. Nižná Myšl'a Grab 280. Olexa 1987 Abb.4.1. Tiszafüred Grab B65. Kovács 1973a Abb.2.2.
26. Kugelkopfnadel mit konischem durchbohrtem Kopf. Vergleiche Gelej Beltelek-dűlő Grab 68. Kemenczei 1979 Tafel 9.11-12. Gelej Kanális-dűlő Grab 218. Kemenczei 1979 Tafel 25.2-3. Megyaszó Grab 92. Bóna 1975 Tafel 186.2-3. Pusztaszikszó Grab 10. Kőszegi 1968 Tafel 24.4-5. Tiszafüred Grab B146. Kovács 1982 Abb.5.10-11. Tiszapalkonya Grab 7. Kovács 1979 Abb.4.1-4.
27. Drahtösenkopfnadel. Vergleiche Gelej Kanális-dűlő Grab 218. Kemenczei 1979 Tafel 25.1. Megyaszó Grab 92. Bóna 1975 Tafel 186.1. Nižná Myšl'a Grab 280. Olexa 1987 Abb.4.3. Pusztaszikszó Grab 12. Kőszegi 1968 Tafel 24.2. Tiszapalkonya Grab 7. Kovács 1979 Abb.4.7-10.
28. Nadel mit Scheibenkopf und Mitteldorn. Vergleiche Tiszafüred Grab D253. Kovács 1982 Abb.6.4-5.
29. Nadel mit linsenförmigem durchbohrtem Kopf. Streda nad Bodrogom Grab 32. Polla 1960 Abb.15.2.
30. Schaftlochaxt. Megyaszó Grab 2. Bóna 1975 Tafel 182.1. Tiszafüred-Majaroshalom Grab B75. Kovács 1982 Abb.3.1.
31. Dolch mit verzierter geschwungener Klinge. Megyaszó Grab 110. Bóna 1975 Tafel 182.7. Tiszapalkonya-Erőmű Grab 2. Kovács 1979 Abb.2.3.
32. Tüllenlanzenspitze mit lorbeerförmigem Blatt. Mende. Kovács 1975 Abb.3.1.
33. Lockenring mit V-förmigem Querschnitt in den Enden. Tiszafüred-Majaroshalom Grab B112. Kovács 1982 Abb.4.1-2. Vergleiche Zacharia Lockenring Typus B 1c aus Monteoru Stufe III. Zacharia 1959 Abb.7.5-6.

Abbildung 76. Ausgewählte Grabkeramik und Kleinfunde der Mierzanowice-Kultur.

1. Weidenblattförmiger Ring. Machnik 1977 Tafel 11.29.
2. Ring mit flachem verbreitetem Ende. Ebd. Tafel 11.33. Vergleiche Iwanowice Grab 117 und 142. PzP III (1978) Taf.23 A 2 und B 3. Mierzanowice Grab 110. Salewicz 1937 Abb.14d.
3. Verzierte Scheibe aus Blech. Ebd. Taf.11.23.
4. Scheibe aus Blech mit zwei Randlöchern. Ebd. Tafel 11.25.
5. Durchlochte, scheibenförmige Perlen aus Muschelmaterial. Ebd. Tafel 11.11,14.
6. Perlen von unterschiedlicher Form aus Fayence. Ebd. Tafel 11.12-13,15.
7. Perlen aus Knochen. Ebd. Tafel 11.16-17.
8. Perlenverteiler aus Knochen. Ebd. Tafel 11.28.
9. Knochennadel mit profiliertem Kopf. Ebd. Tafel 11.3.
10. Abschlag aus Feuerstein. PzP III (1978) Tafel 21 C 8.
11. Pfeilspitze aus Feuerstein. Tafel 21 F 2.
12. Durchlochte Perle aus Knochen. Torczyn, pow. Łuck. Grab 13. Głosik 1975

Abb.10a. Machnik 1977 Taf.15.14-15.
13. Bearbeitete Eckzahnlamelle vom Eber. Machnik 1977 Tafel 15.27. Vergleiche Iwanowice Grab 117. PzP III (1978) Taf.23 B 11. Mierzanowice Grab 4. Salewicz 1937 Abb.12g. Torczyn Grab 16. Głosik 1975 Abb.13.
14. Lanzenspitze aus Feuerstein. Machnik 1977 Tafel 16.3.
15. Kleiner Topf von kugeliger Form mit abgesetztem Hals und mit zwei Ösenhenkeln (Topf Typ Mierzanowice). Machnik 1977 Taf. 10.13. Vergleiche Mierzanowice Grab 4 und 154. Salewicz 1937 Abb.6 und 9. Świniary Stare Grab 46. PzP III (1978) Taf. 21 D 1.
16. Flaschenförmige Variante des Topf Typ Mierzanowice mit langem geradem Hals. Machnik 1977 Tafel 10.10.
17. Becher mit Ösenhenkel. Świniary Stare Grab 29. Kraussowie 1971, 114 Abb.13. PzP III (1978) Tafel 21 E 2.
18. Steilwandige Henkelbecher. Machnik 1977 Taf.10.5. Vergleiche Mierzanowice Grab 55 und 154. Salewicz 1937 Abb.17e und 7. Świniary Stare Grab 39. Kraussowie 1971 Taf.4.4.
19. Henkelschale. Świniary Stare Grab 34 und 3. Kraussowie 1971 Taf.4.1-2. PzP III (1978) Tafel 21 B 2. Machnik 1977 Taf.10.3.
20. Großer Topf mit abgesetztem Hals. Mierzanowice und Świniary Stare. Machnik 1972 Taf.1.6.
21. Topf mit leicht einziehendem Hals und Griffknubbe. Mierzanowice und Świniary Stare. Machnik 1977 Taf. 10.14.
22. Schüssel mit Ösenhenkeln. Grab 1, Walentynów, pow. Łuck. PzP III (1978) 101 Taf.17C oben. Machnik 1977 Taf. 14.8.

Abbildung 78. Leitformen der Stufengliederung der frühbronzezeitlichen Flachgräber. Christlein 1964 Abb.2-3.

Verzeichnis 3. Tafelverzeichnis.

Verzeichnis zu den Tafeln und den Gräbern.

Tafel 1.	Hernádkak Grab 1-2.
Tafel 2.	Hernádkak Grab 3.
Tafel 3.	Hernádkak Grab 4-7.
Tafel 4.	Hernádkak Grab 8-9, 11-12.
Tafel 5.	Hernádkak Grab 13, 15-16.
Tafel 6.	Hernádkak Grab 17-19,21,23.
Tafel 7.	Hernádkak Grab 24-26,28.
Tafel 8.	Hernádkak Grab 29,31-33.
Tafel 9.	Hernádkak Grab 34,36,37,40.
Tafel 10.	Hernádkak Grab 39,42.
Tafel 11.	Hernádkak Grab 43-44.
Tafel 12.	Hernádkak Grab 45-46,48-50.
Tafel 13.	Hernádkak Grab 51,53-54.
Tafel 14.	Hernádkak Grab 55-56,58,64,67.
Tafel 15.	Hernádkak Grab 68,71.
Tafel 16.	Hernádkak Grab 72,74,76,78.
Tafel 17.	Hernádkak Grab 81,84-86.
Tafel 18.	Hernádkak Grab 87,89-91,95.
Tafel 19.	Hernádkak Grab 92-93.
Tafel 20.	Hernádkak Grab 96a.
Tafel 21.	Hernádkak Grab 96b-98.
Tafel 22.	Hernádkak Hernádkak Grab 101-104.
Tafel 23.	Hernádkak Grab 105,108-109,111,117.
Tafel 24.	Hernádkak Grab 122-125.
Tafel 25.	Hernádkak Grab 129.
Tafel 26.	Hernádkak Grab 54,96b.
Tafel 27.	Hernádkak Grab 96a.
Tafel 28.	Hernádkak Grab 98,101.
Tafel 29.	Hernádkak Grab 102-103.
Tafel 30.	Hernádkak Grab 105.
Tafel 31.	Hernádkak Grab 122,125.
Tafel 32.	Hernádkak Grab 129.

Verzeichnis zu den Phototafeln 26-32 und Tafeln 1-25.

Phototafel 26	Tafel	Phototafel 30	Tafel
1	13.8	1	23.1
2	13.9	2	23.2
3	13.12	3	23.3
4	13.11	4	23.4
5	13.13	5	23.5
6	13.10	6	23.6
7	13.7	7	23.7
8	13.6	Phototafel 31	
9	21.2	1	24.1
10	21.3	2	24.8
11	21.4	3	24.9
12	21.1	4	24.7
Phototafel 27		5	24.2
1	20.3	Phototafel 32	
2	20.4	1	25.6
3	20.1	2-5	25.1-4
4	20.2	6	25.7
5	20.1	8	25.5
6	20.5	9	25.8
7	20.8	10	25.10
8	20.6	11	25.9
9	20.7	12	25.11
Phototafel 28			
1	21.10		
2	21.8		
3	21.9		
4	22.1		
5	22.5		
6	22.2		
7	22.4		
Phototafel 29			
1	22.13		
2	22.10		
3	22.12		
4	22.11		
5	22.6		
6	22.9		
7	22.7		
8	22.8		
9	-		

Verzeichnis zu den Gräbern und Tafeln.

Grab 1	Tafel 1.1-3.	Grab 54	Tafel 13.6-13; 26.1-8.
Grab 2	Tafel 1.4-7.	Grab 55	Tafel 14.1-2.
Grab 3	Tafel 2.1-7.	Grab 56	Tafel 14.3-4.
Grab 4	Tafel 3.1-4.	Grab 58	Tafel 14.5-6.
Grab 5	Tafel 3.5-7.	Grab 64	Tafel 14.7.
Grab 6	Tafel 3.8-9.	Grab 67	Tafel 14.8.
Grab 7	Tafel 3.10-11.	Grab 68	Tafel 15.1-3.
Grab 8	Tafel 4.1-3.	Grab 71	Tafel 15.4-5.
Grab 9	Tafel 4.4	Grab 72	Tafel 16.1.
Grab 11	Tafel 4.5	Grab 74	Tafel 16.2-3.
Grab 12	Tafel 4.6-8.	Grab 76	Tafel 16.8.
Grab 13	Tafel 5.1-5.	Grab 78	Tafel 16.4-7.
Grab 15	Tafel 5.6-7.	Grab 81	Tafel 17.1-5.
Grab 16	Tafel 5.8-9	Grab 84	Tafel 17.6.
Grab 17	Tafel 6.1-2.	Grab 85	Tafel 17.7.
Grab 18	Tafel 6.3-4.	Grab 86	Tafel 17.8.
Grab 19	Tafel 6.5.	Grab 87	Tafel 18.1-3.
Grab 21	Tafel 6.6-8.	Grab 89	Tafel 18.4.
Grab 23	Tafel 6.9-11.	Grab 90	Tafel 18.5.
Grab 24	Tafel 7.1-2.	Grab 91	Tafel 18.6.
Grab 25	Tafel 7.3-4.	Grab 92	Tafel 19.1-3.
Grab 26	Tafel 7.5-6.	Grab 93	Tafel 19.4-6.
Grab 28	Tafel 7.7-8.	Grab 95	Tafel 18.7.
Grab 29	Tafel 8.1-3.	Grab 96a	Tafel 20.1-8; 27.1-9.
Grab 31	Tafel 8.4.	Grab 96b	Tafel 21.1-4; 26.9-12.
Grab 32	Tafel 8.5-6.	Grab 97	Tafel 21.5.
Grab 33	Tafel 8.7-8.	Grab 98	Tafel 21.6-10; 28.1-3.
Grab 34	Tafel 9.1.	Grab 101	Tafel 22.1-5; 28.4-7.
Grab 36	Tafel 9.2.	Grab 102	Tafel 22.6-9; 29.5-9.
Grab 37	Tafel 9.3-4.	Grab 103	Tafel 22.10-13; 29.1-4.
Grab 39	Tafel 10.1-6.	Grab 104	Tafel 22.14.
Grab 40	Tafel 9.5-6.	Grab 105	Tafel 23.1-7; 30.1-7.
Grab 42	Tafel 10.7-8.	Grab 108	Tafel 23.9.
Grab 43	Tafel 11.1-4.	Grab 109	Tafel 23.10.
Grab 44	Tafel 11.5.	Grab 111	Tafel 23.8.
Grab 45	Tafel 12.1.	Grab 117	Tafel 23.11.
Grab 46	Tafel 12.2-3.	Grab 122	Tafel 24.1-2; 31.1,5.
Grab 48	Tafel 12.4-5.	Grab 123	Tafel 24.3-4.
Grab 49	Tafel 12.6.	Grab 124	Tafel 24.5-6.
Grab 50	Tafel 12.7-9.	Grab 125	Tafel 24.7-9; 31.2-4.
Grab 51	Tafel 13.1-2.	Grab 129	Tafel 25.1-11; 32.1-12.
Grab 53	Tafel 13.3-5.		

Verzeichnis 4. Konkordanz zu den Tafeln, Phototafeln und Textabbildungen sowie zur Kombinationstabelle Abb. 72.

Tafel 1	Text Abb.	Tabelle Abb.72	Tafel 6	Text Abb.	Tabelle Abb.72
1	51.10	45	1	32.2	40
2	41.1	-	2	32.2	40
3	32.4	40	3	38.7	-
4	38.5	7	4	32.9	38
5	34.1	24	5	32.17	33
6	34.1	24	6	30.10	17
7	37.7	42	7	51.9	47
Tafel 2.			8	51.3	16
1	32.9	38	9	38.8	-
2	34.11	-	10	32.8	38
3	36.2	35	11	32.15	-
4	51.9	47	Tafel 7		
5	49.5	19	1	30.3	17
6	30.3	17	2	39.5	-
7	38.2	30	3	30.8	17
Tafel 3.			4	51.8	47
1	32.7	38	5	32.5	40
2	32.6	38	6	32.2	40
3	39.10	-	7	38.10	26
4	37.3	36	8	-	-
5	32.4	40	Tafel 8		
6	41.2	-	1	32.4	40
7	41.3	-	2	37.2	36
8	-	-	3	38.9	26
9	34.1	-	4	36.1	35
10	42.2	-	5	32.6	-
11	32.4	40	6	32.6	-
Tafel 4.			7	32.11	11
1	39.3	-	8	-	-
2	49.6	19	Tafel 9		
3	37.10	22	1	30.8	17
4	32.10	-	2	41.5	-
5	34.5	31	3	37.11	21
6	34.3	24	4	32.13	-
7	38.5	7	5	39.6	-
8	32.16	33	6	38.1	-
Tafel 5.			Tafel 10		
1	51.7	25	1	50.3	23
2	37.9	29	2	55.2	-
3	39.2	-	3	34.1	24
4	34.5	31	4	30.2	17
5	38.2	30	5	51.9	47
6	32.9	38	6	49.3	19
7	39.1	-	7	38.7	-
8	36.2	35	8	30.5	17
9	37.1	36			

Tafel 11	Text Abb.	Tabelle Abb.72	Tafel 17	Text Abb.	Tabelle Abb.72
1	38.5	7	1	34.2	24
2	51.3	16	2	32.5	40
3	53.2	46	3	53.2-3	46
4	34.6	-	4	51.4	16
5	40	28	5	37.8	42
Tafel 12			6	37.9	29
1	30.9	-	7	52.2	13
2	32.1-2	40	8	32.12	11
3	39.8	9	Tafel 18		
4	32.1	40	1	30.1	17
5	32.10	-	2	34.9	6
6	34.10	6	3	30.5	17
7	-	-	4	34.9	6
8	39.9	9	5	53.2	46
9	38.6	7	6	32.2	40
Tafel 13			7	37.6	42
1	32.12	11	Tafel 19		
2	39.7	9	1	32.7	38
3	30.2	17	2	37.4	42
4	32.12	11	3	38.3	30
5	-	-	4	32.6	38
6	30.2	17	5	37.5	42
7	53.7	15	6	32.14	-
8	52.1	13	Tafel 20		
9	52.1	13	1	50.1	44
10	53.2	46	2	49.1	44
11	54.10	14	3	49.2	44
12	53.4	5	4	51.8	47
13	49.7	19	5	36.2	35
Tafel 14			6	36.2	35
1	-	-	7	32.3	40
2	51.1	16	8	34.1	24
3	32.5	40	Tafel 21		
4	-	-	1	37.9	29
5	34.8	6	2	53.6	15
6	38.6	7	3	54.7-8	12
7	36.5	-	4	51.5	16
8	32.11	11	5	37.13	21
Tafel 15			6	36.1	35
1	32.7	38	7	38.4	20
2	42.3	-	8	51.9	47
3	37.9	29	9	53.2	46
4	36.3	35	10	32.12	11
5	51.2	16	Tafel 22		
Tafel 16			1	38.4	20
1	38.11	-	2	54.3	10
2	54.6	12	3	-	-
3	32.18	39	4	41.4	-
4	52.4	13	5	37.12	21
5	52.4	13	6	32.5	40
6	54.1	10	7	52.2	13
7	54.9	14	8	51.9	47
8	37.8	42			

Tafel 22	Text Abb.	Tabelle Abb.72	Tafel 27	Text Abb.	Tabelle Abb.72
9	34.7	-	1	49.2	44
10	54.5-6	12	2	51.9	47
11	53.5	15	3	50.1	44
12	54.4	10	4	49.1	44
13	32.10	-	5	50.1	44
14	30.6	17	6	36.2	35
Tafel 23			7	34.1	24
1	51.6	25	8	36.2	35
2	51.9	47	9	32.3	40
3	49.4	19	Tafel 28		
4	53.7	15	1	32.12	11
5	53.2	46	2	51.9	47
6	54.7-8	12	3	53.2	46
7	34.4	24	4	38.4	20
8	54.11	1	5	37.12	21
9	49.8	4	6	54.3	10
10	55.1	-	7	41.4	-
11	30.7	17	Tafel 29		
Tafel 24			1	32.10	-
1	50.2	23	2	54.5-6	12
2	37.10	22	3	54.4	10
3	39.4	-	4	53.5	15
4	32.8	38	5	32.5	40
5	36.2	35	6	34.7	-
6	34.9	6	7	52.2	13
7	34.9	6	8	51.9	47
8	53.1	46	9	-	-
9	42.1	-	Tafel 30		
Tafel 25			1	51.6	25
1	52.3	13	2	51.9	47
2	52.3	13	3	49.4	19
3	52.3	13	4	53.7	15
4	52.3	13	5	53.6	46
5	51.5	16	6	54.7-8	12
6	54.2	10	7	34.4	24
7	54.9-10	14	Tafel 31		
8	36.4	-	1	50.2	23
9	32.18	39	2	53.1	46
10	38.7	-	3	42.1	-
11	32.2	40	4	34.9	6
Tafel 26			5	37.10	22
1	52.1	13	Tafel 32		
2	52.1	13	1	54.1-2	10
3	53.4	5	2-5	52.3	13
4	54.10	14	6	54.9-10	14
5	49.7	19	7	-	-
6	53.2	46	8	51.5	16
7	53.7	15	9	36.4	-
8	30.2	17	10	38.7	-
9	53.6	15	11	32.18	39
10	54.7-8	12	12	32.2	40
11	51.5	16			
12	37.9	29			

Verzeichnis 5. Konkordanz zu den Kombinationstabellen Abb.72 sowie 74-75, den Tafeln bzw. den Textabbildungen.

Abb.72.1	Taf.23.8
Abb.72.2	Vgl. Pástor 1969 Taf. 7.6-11
Abb.72.3	Bóna 1975 Tafel 163.37
Abb.72.4	Taf.23.9
Abb.72.5	Taf.13.12; 26.3
Abb.72.6	Taf.12.6; 14.5; 18.2,4; 24.6-7; 31.4
Abb.72.7	Taf.1.4; 4.7; 11.1; 12.9; 14.6
Abb.72.8	Vgl. Abb.46. 1,3,6-7
Abb.72.9	Taf.12.3,8; 13.2
Abb.72.10	Taf.16.6; 22.2,12; 25.6; 28.6; 29.3; 32.1
Abb.72.11	Taf.8.7; 13.1,4; 14.8; 17.8; 21.10; 28.1
Abb.72.12	Taf.16.2; 21.3; 22.10; 23.6; 26.10; 29.2; 30.6
Abb.72.13	Taf.13.8-9; 16.4-5; 17.7; 22.7; 25.1-4; 26.1-2; 29.7; 32.2-5
Abb.72.14	Taf.13.11; 16.7; 25.7; 26.4; 32.6
Abb.72.15	Taf.13.7; 21.2; 22.11; 23.4; 26.7,9; 29.4; 30.4
Abb.72.16	Taf.6.8; 11.2; 14.2; 15.5; 17.4; 21.4; 25.5; 26.11; 32.8
Abb.72.17	Taf.2.6; 6.6; 7.1,3; 9.1; 10.4,8; 13.3,6; 18.1,3; 22.3,14; 23.11; 26.8
Abb.72.18	Vgl. Abb. 47.1-9
Abb.72.19	Taf.2.5; 4.2; 10.6; 13.13; 23.3; 26.5; 30.3
Abb.72.20	Taf.21.7; 22.1; 28.4
Abb.72.21	Taf.9.3; 21.5; 22.5; 28.5
Abb.72.22	Taf.4.3; 24.2; 31.5
Abb.72.23	Taf.10.1; 24.1; 31.1
Abb.72.24	Taf.1.5-6; 4.6; 10.3; 17.1; 20.8; 23.7; 27.7; 30.7
Abb.72.25	Taf.5.1; 23.1; 30.1
Abb.72.26	Taf.7.7; 8.3
Abb.72.27	Vgl.Taf.1.4
Abb.72.28	Taf.11.5
Abb.72.29	Taf.5.2; 15.3; 17.6; 21.1; 26.12
Abb.72.30	Taf.2.7; 5.5; 19.3
Abb.72.31	Taf.4.5; 5.4
Abb.72.32	Vgl. Abb. 44.3,6-8
Abb.72.33	Taf.4.8; 6.5
Abb.72.34	Vgl. Abb. 45.2-3
Abb.72.35	Taf.2.3; 5.8; 8.4; 15.4; 20.5-6; 21.6; 24.5; 27.6,8
Abb.72.36	Taf.3.4; 5.9; 8.2
Abb.72.37	Vgl. Abb. 46.2,4
Abb.72.38	Taf.2.1; 3.1-2; 5.6; 6.4,10; 15.1; 19.1,4; 24.4
Abb.72.39	Taf.16.3; 25.9; 32.11
Abb.72.40	Taf.1.3; 3.5,11; 6.1-2; 7.5-6; 8.1; 12.2,4; 14.3; 17.2; 18.6; 20.7; 22.6; 25.11; 27.9; 29.5; 32.12
Abb.72.41	Vgl. Abb. 45.6-7
Abb.72.42	Taf.1.7; 16.8; 17.5; 18.7; 19.2,5
Abb.72.43	Vgl. Abb. 45.8
Abb.72.44	Taf.20.1-3; 27.1,3-4
Abb.72.45	Taf.1.1
Abb.72.46	Taf.11.3; 13.10; 17.3; 18.5; 21.9; 23.5; 24.8; 26.6; 28.3; 30.5; 31.2
Abb.72.47	Taf.2.4; 6.7; 7.4; 10.5; 20.4; 21.8; 22.8; 23.2; 27.2; 28.2; 29.8; 30.2

Abb.74.1	Taf.60.1-2
Abb.74.2	Taf.60.23
Abb.74.3	Taf.60.24
Abb.74.4	Taf.60.21-22
Abb.74.5	Taf.60.16-17
Abb.74.6	Taf.60.25-26
Abb.74.7	Taf.60.19-20
Abb.74.8	Taf.60.18
Abb.74.9	Pástor 1962 Taf.6.12
Abb.74.10	Taf.71.6
Abb.74.11	Taf.71.18
Abb.74.12	Taf.71.11
Abb.74.13	Taf.71.13-17
Abb.74.14	Taf.71.19-20
Abb.74.15	Taf.71.12,21,27
Abb.74.16	Taf.71.5
Abb.74.17	Vgl. Abb.37.9
Abb.74.18	Vgl. Abb.38.4
Abb.74.19	Taf.71.22,23
Abb.74.20	Taf.71.25; 73.1
Abb.74.21	Taf.71.24; 73.3
Abb.74.22	Taf.73.9-10
Abb.74.23	Taf.73.15-16
Abb.74.24	Taf.73.6
Abb.74.25	Taf.73.7
Abb.74.26	Taf.73.17
Abb.74.27	Taf.73.13-14
Abb.74.28	Taf.73.8
Abb.74.29	Taf.73.12
Abb.74.30	Taf.73.18
Abb.74.31	Taf.73.19
Abb.74.32	Taf.73.20
Abb.74.33	Taf.73.21-22
Abb.75.34	Taf.60.13
Abb.75.35	Taf.60.1-2
Abb.75.36	Taf.60.7
Abb.75.37	Vgl. Abb.53.4 und Bátora 1982 Abb.13.7
Abb.75.38	Taf.60.4
Abb.75.39	Taf.60.12
Abb.75.40	Taf.60.9-11
Abb.75.41	Vgl. Pástor 1969 Taf.22.2
Abb.75.42	Vgl. Pástor 1969 Taf.12.1
Abb.75.43	Taf.60.8
Abb.75.44	Vgl. Abb.51.9
Abb.75.45	Vgl. Pástor 1969 Taf.14.2
Abb.75.46	Vgl. Pástor 1978 Taf.16.4; 25.3
Abb.75.47	Vgl. Abb.52.1-10
Abb.75.48	Vgl. Pástor 1978 Taf.7.11
Abb.75.49	Vgl. Abb.51.1-7
Abb.75.50	Vgl. Abb.49.3-4
Abb.75.51	Vgl. Abb.53.5-7
Abb.75.52	Vgl. Abb.54.5-8
Abb.75.53	Vgl. Abb.50.2-3
Abb.75.54	Vgl. Abb.49.1
Abb.75.55	Vgl. Abb.50.1
Abb.75.56	Vgl. Abb.49.2

Abb.75.57	Vgl. Abb.51.11
Abb.75.58	Taf.73.27
Abb.75.59	Taf.73.26
Abb.75.60	Taf.73.25
Abb.75.61	Taf.73.23
Abb.75.62	Vgl. Bóna 1975 Taf.184.11
Abb.75.63	Taf.73.31
Abb.75.64	Vgl. Kovács 1982 Abb.3.2
Abb.75.65	Taf.73.30
Abb.75.66	Taf.73.33
Abb.75.67	Taf.73.28
Abb.75.68	Taf.73.29
Abb.75.69	Vgl. Abb.53.1-3
Abb.75.70	Vgl. Abb.54.1-4; 60.5
Abb.75.71	Vgl. Abb.54.9-10; 60.3

Verzeichnis 6. Literaturangaben zu den wichtigen Gräberfelder und Siedlungen aus der Zeit der frühen Bronzezeit im Gebiet des Hernádtals, des nördlichen Karpatenbeckens und der Karpaten. Siehe Abb.7.

Polen

Iwanowice, woi. Kraków. Abb.7.72.
Hensel und Milisauskas 1984.
Machnik 1977.

Nova Huta, woi. Kraków. Abb.7.73.

Mierzanowice, woi. Tarnobrzeg. Abb.7.74.
Salewicz 1937.

Pieczeniegi, woi. Kraków. Abb.7.75.
Krauss 1968.

Sobów, woi. Tarnobrzeg. Abb.7.76.
Nosek 1946-47.

Świniary Stare, woi. Tarnobrzeg. Abb.7.77.
Kraussowie 1971.
Machnik 1977.

Żerniki Górne, woi. Kielce. Abb.7.78.
PzP III (1978) 63.

Rumänien

Berea-Colina cu măcriş, jud. Satu Mare. Abb.7.56
Bader 1978, 23-24, 40 Nr.7. 1981-82, 150 Nr.15.
Németi 1969.

Carei-Bobald, jud. Satu Mare. Abb.7.57.
Bader 1978, 121 Nr. 17. 1981-82, 151, 162 Nr.17.

Ciumeşti-Bostănărie, jud. Satu Mare. Abb.7.58.
Bader 1978, 39, 123 Nr.28. 1981-82, 152, 163 Nr.19.
Németi 1969, 60-63.
Ordentlich und Kacsó 1970.

Dealul vida, jud. Bihor. Abb.7.59.
Bader 1978, 128 Nr.80.
Ordentlich 1972.

Derşida, jud. Salaj. Abb.7.60.
Chiodioşan 1966, 1968.

Diosig, jud. Bihor. Abb.7.61.
Bader 1978, 124 Nr.35.

Foieni, jud. Satu Mare. Abb.7.62.
Bader 1978, 124 Nr.38.
Németi 1969, 63.

Medieşul Aurit-Potău, jud. Satu Mare. Abb.7.63.
Bader und Dumitrascu 1970.
Bader 1978, 32, 65 No.55, 126. 1981-82, 153, 163 Nr.22.

Otomani, jud.Bihor. Abb.7.64.
Bader 1978, 30-62, 128 Nr. 67, 134-136.
Horedt, Ruşu und Ordentlich 1962.
Hüttel 1978, 1979.
Nestor 1932,89-92.
Ordentlich 1963, 1966, 1968, 1969, 1970.
Popescu 1944,89-99.
Roska 1925, 1930.

Pecica (Pécska), jud.Arad.
Bóna 1975,79ff. 84-85.
Roska 1912.
Soroceanu 1982.
von Tompa 1934-35, 63, 66, 102.

Periam (Perjámos), jud.Arad.
Bóna 1975,79ff. bes.84-85.
Roska 1909, 1911, 1913.
von Tompa 1934-35, 63, 66, 102.

Pir, jud. Satu Mare. Abb.7.65.
Bader 1978, 127 Nr.68. 1981-1982, 164 Nr.23.
Székely 1966.

Pişcolt jud. Satu Mare. Abb.7.66.
Bader 1978, 127 Nr.69.
Németi 1969, 63.

Săcueni, jud.Bihor.
Bader 1978, 128 Nr.79.

Sălacea-Dealul Vida, jud.Bihor. Abb.7.59.
siehe Dealul-vida.

Sanislău, jud. Satu Mare. Abb.7.67.
Bader 1978, 127 Nr.75. 1981-82, 164 Nr.29.
Németi 1969, 63-64.

Socodor, jud.Arad. Abb.7.68.
Popescu 1956, 43-88.

Tiream, jud. Satu Mare. Abb.7.69.
Bader 1978, 129 Nr.92. 1981-82, 154, 164 Nr.25.
Németi 1969, 64-65.

Valea lui Mihai, jud. Bihor. Abb.7.70.
Bader 1978, 130 Nr.99.
Ordentlich 1965.

Vărşand (Gyula), jud.Arad.
Bóna 1975,124ff.
Popescu 1956, 89-152.
Roska 1941.

Wietenberg, jud.Harghita.
Horedt 1960.
Horedt und Seraphin 1971.

Slowakei

Abrahám, okr. Galanta. Abb.7.1.
Točík 1979,30.

Bajč, okr. Komárno. Abb.7.2.
Točík 1979,48,238-259.

Bánov, okr. Nové Zámky. Abb.7.3.
Točík 1979, 41,194-201.

Barca, okr. Košice-mesto. Abb.7.24.
Hájek 1953a, 1958.
Kabát 1955a-b.

Branč, okr. Nitra. Abb.7.4.
Točík 1979,30,41-42.
Shennan 1975.
Vladár 1973a.

Čaňa, okr. Košice-vidiek. Abb.7.23.
Bátora 1983, Abb.3.
Gasaj 1986.
Pástor 1978, 15-59, 83-101 Taf.1-21.

Hurbanovo, okr. Komárno. Abb.7.5.
Točík 1979,31,48,215-238.

Iža, okr. Komárno. Abb.7.6.
Dušek 1969
Točík 1979,60.

Košice, okr. Košice-mesto. Abb.7.24.
Pástor 1969.

Lontov, okr. Nové Zámky. Abb.7.8.
Nešporová 1969, 372-373, 382.
Točík 1979,57.

Matúškovo, okr. Galanta. Abb.7.11.
Točík 1979, 44, 166-180.

Malé Kosihy, okr. Nové Zámky. Abb.7.10.
Nešporová 1969,373.
Točík 1979,1.

Nesvady, okr. Komárno. Abb.7.12.
Točík 1979, 48.
Chropovsky-Dušek-Polla 1960

Nižná Myšl'a, okr. Košice-vidiek. Abb.7.25.
Olexa 1982a,b.

Nové Zámky, okr. Nové Zámky. Abb.7.14.
Točík 1979.

Patince, okr. Komárno. Abb.7.15.
Dušek 1969
Točík 1979,61.

Perín, okr. Košice. Abb.7.26.
Pástor 1962, 63,79, Abb.8,10-13.

Salka, okr.Nové Zámky. Abb.7.16.
Nešporová 1969, 378-382.
Točík 1979,57,61.

Sládkovičovo, okr. Galanta. Abb.7.17.
Točík 1979, 45,180-194.

Šal'a, okr. Galanta. Abb.7.18.
Točík 1979, 33,144-160.

Streda nad Bodrogom, okr. Trebisov. Abb.7.27.
Chropovsky-Dušek-Polla 1960.

Tvrdošovce, okr. Nové Zámky. Abb.7.19.
Točík 1979,46,129-144.

Úl'any nad Žitavou, okr. Nové Zámky. Abb.7.20.
Točík 1979, 33,46,206-209.

Valalíky-Košt'any, okr. Košice. Abb.7.28.
Gasaj 1986.
Pástor 1962.

Valalíky-Všechsvätých, okr. Košice. Abb.7.28.
Pástor 1965.
Pástor 1978, 63-123, 125ff. Taf.

Vel'ký Grob. okr. Galanta. Abb.7.21.
Točík 1979, 33,47.

Výčapy Opatovce. Abb.7.22.
Točík 1979, 34,47,65-129.

Ungarn

Ároktő-Dongóhalom, Kom. Borsod-Abaúj-Zemplén.
Bóna 1975,146-147,167.
Évkönyve-Miskolc V 1965,449.
Kalicz 1968,118 Nr.33.

Füzesabony-Öregdomb (-Nagyhalom), Kom. Heves. Abb.7.55.
Bóna 1975, 146-148.
Kalicz 1968,119 Nr.47.
Kovács 1984, 235-255.
Stanczik 1978,93-97.
von Tompa 1934-35,90-97.

Gelej, Kom. Borsod-Abaúj-Zemplén. Abb.7.29.
Évkönyve-Miskolc 8,1969,505ff.
Évkönyve-Miskolc 9,1970.
Évkönyve-Miskolc 17,1977.
Kemenczei 1979.

Gomba-Várhegy, Kom. Pest.
Kalicz 1968, 125-126 Nr.158.

Hatvan, Kom. Heves. Abb.7.30.
Kalicz 1968, 120-121.
von Tompa 1934, 1935 und 1934-35.

Hernádkak, Kom. Borsod-Abaúj-Zemplén. Abb.7.31.
Bóna 1975, 148ff, 167.
von Tompa 1934-35, 97-98.

Jászdózsa-Kápolnahalom, Kom. Szolnok. Abb.5.32.
Bóna 1975,146-147, 167ff.
Kalicz 1968,126 Nr.171.

Kisapostag, Kom. Fejér. Abb.7.33.
Bóna 1975,28ff.
Mozsolics 1942.
Szathmári 1983.

Megyaszó, Kom. Borsod-Abaúj-Zemplén. Abb.7.34.
Bóna 1975, 148ff.
von Tompa 1934-35, 97-98.

Mezőcsát, Kom. Borsod-Abaúj-Zemplén. Abb.7.35.
Kalicz 1968,117 Nr.27-28.

Pusztasziksó, Kom. Heves. Abb.7.37.
Kőszegi 1968.

Rétközberencs, Kom. Szatmár-Szabolcs. Abb.7.38.
Kalicz 1968,129.

Szihalom-Árpádvár, Kom. Heves. Abb.7.41.
Bóna 1975,146-147.
Kalicz 1968, 119 Nr.46.

Tápiószele-Tűzköves, Kom. Pest. Abb.7.42.
Kalicz 1968, 126 Nr.162.

Tarnaméra-Schwimmbad, Kom. Heves. Abb.7.43.
Kalicz 1968, 120 Nr.50, 145-147.

Tibolddaróc-Bércút, Kom. Borsod-Abaúj-Zemplén. Abb.7.44.
Kalicz 1968, 119 Nr.40.

Tiszaug-Kéménytető, Kom. Szolnok. Abb.7.45.
Kalicz 1968, 127 Nr.191.
Csányi-Stanczik,1982,297 Nr.18, 239-254.

Tiszafüred-Ásotthalom, Kom. Szolnok. Abb.7.46.
Bóna 1975,146-147,167ff.
Kalicz 1968, 127 Nr.181.
Kovács 1973a-b.

Tiszafüred-Majaroshalom, Kom. Szolnok. Abb.7.46.
Bóna 1975,167ff.
Kovács 1973a-b, 1975a, 1982a.

Tiszakeszi-Szódadomb, Kom. Borsod-Abaúj-Zemplén. Abb.7.47.
Bóna 1963a.
Évkönyve-Miskolc V 1965,452.
Kalicz 1968,118 Nr.32.

Tiszaluc-Dankadomb, Kom. Borsod-Abaúj-Zemplén. Abb.7.48.
Kalicz 1968,114-115 Nr.1.

Tiszaörvény-Temetődomb, Kom. Szolnok. Abb.7.49.
Kalicz 1968, 127 Nr.179, 144-145.

Tiszapalkonya-Erőmű, Kom. Borsod-Abaúj-Zemplén. Abb.7.50.
Évkönyve Miskolc II 1958,132.
Kovács 1979.

Tokod-Hegyeskő, Kom. Komarom. Abb.7.51.
Bandi 1965.

Tokod-Leshegy, Kom.Komarom. Abb.7.51.
Bandi 1963.
Torma 1972.

Tószeg-Laposhalom, Kom. Szolnok. Abb.7.52.
Banner-Bóna-Márton 1959.
Bóna 1975,146-148,167ff. 1979-80,83-107.
Schalk 1981.
Stanczik 1979-80,63-81.
von Tompa 1934-35, 62ff.

Vatta-Testhalom, Kom. Borsod-Abaúj-Zemplén. Abb.7.53.
Kalicz 1968,119 Nr.39.

Zaránk-Dögút, Kom. Heves. Abb.7.54.
Kalicz 1968,120 Nr.52-53, 147.

Verzeichnis 7. Zur Übersetzung der Grabungstagebücher.

Bei der Übersetzung der Grabungstagebücher bzw. der Beschreibung der einzelnen Grabbefunde wurden die ungarischen Bezeichnungen für Gefäßformen und Kleinfunde von der Autorin ins Deutsche übertragen. Dabei wurde versucht, sich an die Angaben des Protokolführers genau zu halten, jedoch auch auf die jeweilige Gefäß- bzw. Metallform Rücksicht zu nehmen, um so einer konsequenten Formbezeichnung zu wahren. Zur Verdeutlichung werden hier einzelne Fundgattungen mit der jeweiligen ungarischen Bezeichunung(en) und wenn vorhanden beispielhafte Gegenstände aus den Grabkomplexen angegeben.

Keramische Formen

1. Kleine Tasse
   csésze: Grab 101.
   szilke: Grab 4-5, 26, 124.

2. Große Tasse, Henkeltasse
   bögre, fülesbögre: Grab 37, 45, 46, 48, 51, 53, 56, 67, 81, 89, 93, 96, 102, 123, 124, 129.
   cserépbögre: Grab 26, 92.

3. Krug mit langem Hals
   nyakasbögre: Grab 21.
   fülesbögre: Grab 32, 34, 54, 104, 117.
   (füles)kancsó: Grab 7, 24, 25, 39.
   hosszúnyakú korsó: Grab 3.
   szilke: Grab 42.
   fülescsupor: Grab 53.

4. Becher
   pohár: Grab 51.
   csésze: Grab 50.
   fülesbögre: Grab 46.
   kis csupor: Grab 101, 123.

5. Henkelschale
   kancsó: Grab 39.
   (füles)bögre: Grab 2, 43, 49, 105, 125.
   fülesköcsög: Grab 11.

6. Schüssel, Schale
   tál: Grab 96, 98, 122.
   tálacska: Grab 101, 129.
   fülestál: Grab 93.

7. Topf
   cserép: Grab 56.
   cserépfazék: Grab 40.
   csupor: Grab 2, 18, 50, 98, 101.
   bögre: Grab 42, 43.

8. Henkeltopf
   köcsög: Grab 13, 68.
   csupor: Grab 3.
   füleskancsó: Grab 92.

Metallformen

1. Ahle
   ár: Grab 3, 39.
   poncolo ár: Grab 2, 8, 39, 54, 105.
   bronz ár: Grab 2, 39.
   poncolo tű: Grab 71.

2. Nadel
   tű: Grab 54, 82, 96b.
   Schaufelkopfnadel - lapátfejű tű: Grab
   Drahtösenkopfnadel - fűzőtű: Grab 3, 21, 25, 39,
   96a, 98, 102, 105.
   Rollenkopfnadel - pödröttfejű tű, becsavartfejű tű,
   kampós fejű tű:
   Grab 43, 55, 105, 121, 129.

3. Gegenstand aus Metall mit Weidenblattform
   votiv kardocska: Grab 89.
   votiv kard: Grab 90.
   bronz kés: Grab 108

4. Lockenring
   fülbevaló: Grab 34, 87, 102, 110.
   fülönfüggő: Grab 102, 121, 129, 130.
   fülbevaló a-tip: Grab 25.
   fülönfüggő a-tip: Grab 82.
   szívalakú a-tip fülbevaló: Grab 67, 81.
   szívalakú a-tip (fülon-)függő Grab 38, 54, 85.
   szívalakú bronz gyöngyök: Grab 59.
   fulonfüggő b-tip: Grab 78, 82.
   hajfurtszorítók: Grab 126.

5. Spiraldraht
   (bronz)spirál: Grab 24, 39, 43, 67, 89, 97, 108, 110, 125, 127.
   (bronz)spirális: Grab 90, 95, 98, 105, 124.
   (bronz)spirálgyöngyök: Grab 48, 57, 59, 64, 71, 81,
   82, 86, 96b, 97.
   bronz huzal: Grab 64.

6. Röllchen aus Bronze- oder Goldblech
   bronz csövecske: Grab 111.
   arany csövecske: Grab 103.
   gerzdgyöngyök: Grab 96b.

7. Fayenceperlen
   pasztagyöngy: Grab 78, 101, 129.
   zöldes pastagyöngy: Grab 46.

8. Goldblechbuckelchen
   aranypitke: Grab 54, 105, 110.

9. (Arm-)Ring
   karika: Grab 64.
   karika karperec: Grab 89.

Verzeichnis 8. Zur Befundbeschreibung in den Grabungstagebüchern.[782]

1. Gräber ohne Angaben zur Ausrichtung:
   Grab 1-18, 20-25, 27-35, 44, 46-50, 58, 61-63, 69, 72, 74, 87, 90, 100-101, 104, 106-107, 115-116, 123, 127.

2. Richtung der Gräber unsicher:
   Grab 56, 96b, 124-126, 128-129.

3. Aufgewühlte oder gestörte Gräber
   keine Knochen vorhanden: Grab 4, 5, 58, 62, 63.
   Knochen schlecht erhalten, verwest: Grab 61, 103, 104.

4. Gräber ohne Beigaben:
   Grab 10, 20, 30, 41, 52, 60, 75, 77, 83, 100, 113, 118, 119, 120, 131.
   Knochen gut erhalten: Grab 52, 75, 113, 120.
   Knochen schlecht erhalten oder verwest: Grab 10, 20, 30, 60, 77, 83, 119.
   nur der Schädel vorhanden: Grab 41.
   Knochen mittelmäßig erhalten: Grab 100, 118, 131.

5. Gräber ohne Keramikbeigaben, mit Metall: Grab 38, 59, 78, 85.
   Knochen gut erhalten: Grab 85.
   Knochen schlecht erhalten oder verwest: Grab 38, 59, 78.

6. Gräber mit Keramikbeigaben, ohne Metall:
   Grab 4, 5, 6, 7, 9, 11, 12, 14, 15, 17, 18, 19, 22, 23, 26, 27, 28, 29, 32, 33, 35, 36, 37, 40, 42, 44, 45, 46, 47, 49, 50, 51, 53, 56, 58, 65, 66, 68, 69, 70, 72, 73, 76, 79, 80, 84, 88, 91, 92, 99, 104, 106, 107, 109, 112, 114, 115, 117, 122, 124, 128.
   Knochen gut erhalten: Grab 6, 9, 51, 99, 122.
   Knochen schlecht erhalten: Grab 11, 14, 19, 26, 58, 65, 104.
   Knochen verwest: Grab 15, 17, 22, 23, 28, 29, 32, 33.
   nur noch Extremitäten vorhanden: Grab 7, 12, 13, 18, 40, 103.

7. Gräber mit mindestens zwei Beigaben aus Metall:
   Grab 34, 39, 43, 54, 55, 59, 64, 67, 71, 77, 78, 81, 82, 85, 86, 87, 89, 90, 95, 96a-b, 97, 98, 102, 103, 104, 105, 108, 110, 111, 124, 126, 127, 129, 130.
   Knochen gut erhalten: Grab 43, 81, 85, 111, 130.
   Knochen mittelmäßig erhalten: Grab 108, 110.
   Knochen schlecht erhalten: 59, 64, 78, 95, 96a, 97, 98, 102, 105,
   Knochen verwest: Grab 34, 39, 54, 67, 71, 82, 86, 87, 89, 90, 103, 104, 124.
   nur noch Zähnen oder Extremitäten: Grab 55, 96b.
   keine Knochen vorhanden: Grab 126, 127, 129.

8. Gräber ohne Knochenmaterial:
   Grab 1, 2, 3, 4, 5, 56, 58, 62, 63, 69, 101, 107, 115, 116, 123, 125, 126, 127, 129.

---

[782] Vergleiche Befundbeschreibung der einzelnen Gräber im Katalog.

9. Gräber wobei das Knochenmaterial bei der Aufdeckung schon verwest war, jedoch anhand einzelner Schädelstücke oder Zähne eine ursprüngliche Skelettbestattung nachzuweisen ist:
   Grab 7, 12, 13, 14, 18, 40, 54, 55, 96a-b, 103, 104, 128.

10. Angebliche Säuglingsgräber:
    Grab 22, 23, 24, 28, 48, 49, 50, 61, 62, 63, 101, 106, 107, 115, 116, 123, 124, 125, 126, 127, 128, 129.

11. Angebliche Kindergräber:
    Grab 4, 5, 11, 13, 15, 16, 17, 19, 20, 25, 29, 32, 33, 34, 35, 36, 42, 45, 46, 53, 54, 55, 66, 69, 79, 86, 87, 89, 90, 91, 92, 94, 96, 97, 102, 103, 112.

12. Außergewöhnliche Bestattungen:
    Grab 41. Schädelbestattung. Keine Beigaben.
    Grab 77. Skelettbestattung, Schädel fehlt. Keine Beigaben.
    Grab 117. Skelettbestattung. Vor dem Gesicht ein Stück Hirschgeweih, vor dem Becken ein Unterkiefer vom Schwein.

Verzeichnis 9. Zur Inventarisierung des Fundmaterials aus Hernádkak im Ungarischen National Museum, Budapest, und im University Museum of Anthropology and Archaeology, Cambridge.

1. Gräber, deren Fundinventar vollständig vorhanden ist:
   1, 3, 4, 5, 6, 9, 11, 13, 15, 17, 18, 19, 26, 32, 36, 40, 42, 45, 49, 53, 68, 72, 76, 78, 84, 96a, 98, 101, 122, 123, 125, 129.

2. Gräber, deren im Grabungsprotokoll beschriebenen Inventar unvollständig vorhanden ist:
   Grab 2, 7, 8, 12, 16, 21, 23, 24, 25, 28, 29, 31, 33, 34, 37, 39, 43, 44, 46, 48, 50, 51, 54, 55, 56, 58, 64, 67, 71, 74, 81, 85, 86, 87, 89, 90, 91, 92, 93, 95, 96b, 97, 102, 103, 104, 105, 108, 109, 111, 117, 124.

3. Gräber, deren im Grabungsprotokoll beschriebenen Inventar im MNM gänzlich fehlt:
   Grab 14, 22, 27, 35, 38, 47, 57, 59, 61, 62, 63, 65, 66, 69, 70, 73, 79, 80, 82, 88, 94, 99, 106, 107, 110, 112, 114, 115, 116, 121, 126, 127, 128, 130.

4. Funde, deren Grabzuweisung unsicher ist, das heißt der jeweilige Gegenstand weicht entweder von der Befundbeschreibung im Tagebuch, von der Beschreibung im Museums Inventar oder von dem bei Bóna abgebildeten Gegenstand ab.[783]
   Grab 13, 24, 28, 29, 49, 74.

5. Gräber mit zum Teil falsch zugewiesenem Inventar, d.h. das vorhandene Gefäß oder der Gegenstand stimmen mit der beschriebenen Grabbeigabe im Grabungsprotokol nicht überein:
   Grab 23, 42, 49, 50, 56, 79.

6. Gräber, deren Beigaben ohne Vergleich mit der Befundbeschreibung, unter dem Gräberfeld Megyaszó mit der gleichen Grabnummer bzw. umgekehrt irrtümlich inventarisiert wurden:
   Grab 20, 22, 65, 68, 72, 74, 76, 79, 80, 83, 84, 87, 89, 91.[784]

---

[783] Bóna 1975 Tafel 155-165.
[784] Es handelt sich hauptsächlich um Grabfunde aus Megyaszó, die anscheinend anhand einer Befundbeschreibung inventarisiert wurden, die auf einem nicht mehr vorhandenen Grabungstagebuch sich bezieht.

Verzeichnis 10. Zu den von Tompa abgebildeten Grabfunden aus Hernádkak.[785]

Tafel 46.1:	Grab 71
Tafel 46.2:	Grab 44
Tafel 46.3,33:	Grab 92
Tafel 46.4	fehlt
Tafel 46.5,19,28,30:	Grab 81
Tafel 46.6,32(?):	Grab 93
Tafel 46.7:	Grab 13
Tafel 46.8.	?
Tafel 46.9:	Grab 3
Tafel 46.10-18,20-23:	Grab 110
Tafel 46.24:	Streufund
Tafel 46.25:	Grab 36
Tafel 46.26:	Grab 67
Tafel 46.27:	Grab 54
Tafel 46.29,31:	Grab 39
Tafel 46.34:	Grab 43

Verzeichnis 11. Zu den von Bóna abgebildeten Grabfunden aus Hernádkak.[786]

Tafel 155.2:	statt Hernádkak Grab 76, Megyaszó Grab 76.
Tafel 156.4:	statt Hernádkak Grab 72, Grab 67.
Tafel 157.1:	statt Hernádkak Grab 1, Grab 54.
Tafel 157.4:	statt Hernádkak Grab 2, Grab 21.
Tafel 158.3:	unsichere Grabzuweisung.
Tafel 158.6:	statt Hernádkak Grab 22, Megyaszó Grab 221.
Tafel 158.7-8:	statt Hernádkak Grab 20, Megyaszó Grab XX.
Tafel 158.9:	statt Hernádkak Grab 21, Grab 45.
Tafel 158.11:	statt Hernádkak Grab 16, Grab 15.
Tafel 158.17:	statt Hernádkak Grab 23, Grab 32.
Tafel 158.18:	statt Hernádkak Grab 25, Grab 21.
Tafel 159.3:	gehört nicht zum Fundinventar des Grabes 42.
Tafel 159.7:	statt Hernádkak Grab 45, Grab 25.
Tafel 159.10:	gehört nicht zum Fundinventar des Grabes 43, sondern evtl. Grab 13. Unsichere Grabzuweisung.
Tafel 159.16:	nicht auffindbar im MNM.
Tafel 159.18:	nicht auffindbar im MNM.
Tafel 159.21:	statt Hernádkak Grab 65, Megyaszó Grab 65.
Tafel 160.3:	gehört nicht zum Fundinventar des Grabes 68.
Tafel 160.7:	statt Hernádkak Grab 79, Megyaszó Grab 79.
Tafel 161.2:	statt Hernádkak Grab 80, Megyaszó Grab 80.
Tafel 161.4,11:	statt Hernádkak Grab 83, Megyaszó Grab 83.
Tafel 161.10,14:	nur ein Gefäß wurde in der Befundbeschreibung aufgezählt.
Tafel 161.13:	statt Hernádkak Grab 91, Megyaszó Grab 91.
Tafel 163.19:	statt Hernádkak Grab 3, Hernádkak 21.
Tafel 163.20:	statt Hernádkak Grab 3, Hernádkak Grab 8.
Tafel 163.22:	statt Hernádkak Grab 4, Hernádkak Grab 3.
Tafel 163.24:	statt Hernádkak Grab 21, Hernádkak Grab 3.
Tafel 164.1-15:	nicht auffindbar im MNM.

---

[785] von Tompa 1934-35 Tafel 46.1-34.
[786] Bóna 1975 Tafel 155-165.

Tafel 164.16:	statt Hernádkak Grab 96, Siedlung Füzesabony (Vergleiche von Tompa 1934-35 Tafel 41.4).
Tafel 164.19,24:	gehört nicht zum Fundinventar des Grabes 15.
Tafel 164.27:	statt Hernádkak Grab 32, Grab 74.
Tafel 164.28:	gehört nicht zum Fundinventar des Grabes 72.
Tafel 164.29-31:	statt Hernádkak Grab 32, Grab 34(?).
Tafel 164.33:	gehört nicht zum Fundinventar des Grabes 102.
Tafel 165.4:	statt Megyaszó Grab 76, Hernádkak Grab 76.

Verzeichnis 12. Liste der Gräber nach ihrer Ausrichtung, Grubentiefe und Altersgruppe.

Grab	Kopf	Gesicht	Grube	Tiefe	Alter	Grab	Kopf	Gesicht	Grube	Tiefe	Alter
1	?	?	?	55	B	51	S	O		145	E
2	?	?	?	50	B	52	N	?	?	126	E
3	?	?	?	90	B	53	W	?		140	K
4-5	?	?	?	50	B?	54	W	?		175	K
6	?	?	?	124	E	55	O	?		105	K
7	?	?	?	124	E	56	?	?	?	160	B?
8	?	?	?	110	E	57	W	?		170	E
9	?	?	?	116	K	58	?	?	?	170	?
10	?	?	?	104	E	59	O	?		140	E
11	?	?	?	140	K	60	O	?	?	100	E
12	?	?	?	154	E	61	?	?	?	105	S
13	?	?	?	154	K	62	?	?	?	90	S
14	?	?	?	120	E	63	?	?	?	80	S
15	?	?	?	120	K	64	O	S		160	E
16	?	?	?	140	K	65	?	?	W	150	E
17	?	?	?	100	K	66	O	?		100	K
18	?	?	?	170	E	67	O	S		133	E
19	O-W	S		140	K	68	?	?	N	105	E
20	?	?	?	?	K	69	?	?	?	83	K
21	?	?	?	160	E	70	?	?	S	105	E
22	?	?	?	105	S	71	?	?	S	210	E
23	?	?	?	77	B?	72			?	65	U
24	?	?	?	?	S	73	?	?	W	175	E
25	?	?	?	86	B?	74	?	?	?	135	?
26	O	S		155	E	75	N	?	?	132	E
27			?	?	U	76	S	O	?	122	E
28	?	?	?	85	B?	77	?	?	W	80	E
29	?	?	?	85	B?	78	O	?		100	E
30	?	?	?	135	E	79	?	?	N	100	K
31	?	?	?	148	E	80	W	?		160	E
32	?	?	?	120	K	81	?	?	N	165	E
33	?	?	?	70	K	82	?	?	O	164	E
34	?	?	?	155	K	83	?	?	S	85	E
35	?	?	?	125	K	84	?	?	N	145	E
36	N	W		160	K	85	?	?	N	145	E
37	N	W		160	E	86	?	?	W	129	K
38	O	S		135	E	87	?	?	?	115	K
39	W	S		195	E	88	?	?	O	148	E
40	W	S		130	E	89	?	?	W	116	K
41	S	O		120	E	90	?	?	W	90	K(?)
42	O	S		130	K	91	?	?	W	115	K
43	W	S		170	E	92	?	?	S	100	K,K
44			?	70	U	93	?	?	N	120	E
45	N	O		85	K	94	S	?		110	K
46	N	O		85	K	95	N	?		140	K
47	?	?	?	160	E	96a	W	S		190	E
48	?	?	?	116	S	96b	S?	?	?	190	K
49	?	?	?	?	S	97	W	S		140	K
50	?	?	?	?	S	98	W	S		180	E

Grab	Kopf	Gesicht	Grube	Tiefe	Alter
99	S	?		110	E
100	?	?	?	110	E
101	?	?	?	80	B?
102	W	S		120	K
103	N	O?		120	K
104	?	?	?	120	?
105	N	O		140	E
106	?	?	?	90	S
107	?	?	?	105	S
108	W	S		140	E
109	S	O		150	E
110	O	S		205	E
111	W	S		125	E
112	O	S		110	K
113	O	S		110	E
114	W	S		140	E
115	?	?	?	75	S
116	?	?	?	100	S
117	S	O		125	E
118	N	O		90	E
119	O	S		95	E
120	W	S		135	E
121	O	S		140	E
122	W	S		130	E
123	?	?	?	85	S
124	S?	O?		80	B?
125	S?	O?		90	S
126	O?	S?		80	S
127	?	?	?	110	S
128	W	S		120	S
129	N	O		125	S
130	O	S		155	E
131	W	S		145	E

Verzeichnis 13. Liste der Gräber in den einzelnen Phasen.

Gräberfeld Košice

Košice Phase I
    a) mit Weidenblattschmuck und Blechröllchen: Grab 11, 16, 19, 28, 33, 34, 37, 43, 44, 52, 67, 85, 88, 116, 128, 141, 142, 164, 165.
    b) mit Keramik: Grab 59, 88, 116, 128, 166.

Košice Phase II
    a) mit Ring aus einfachem Draht mit Schleife: Grab 14, 39, 42, 47, 78, 86, 93, 135, 146, 150.
    b) mit Eberzahn: Grab 14, 24, 55, 59, 70, 76, 78, 93, 94, 113, 125, 135, 153, 154, 158, 160, 161.
    c) mit Lockenring: Grab 42, 93, 113, 114.
    d) mit Dolchklinge: Grab 76, 78, 146, 158.
    e) mit Metallnadeln: Grab 32, 44, 76.
    f) mit Keramik: Grab 6, 12, 56-57, 66(?), 87, 89, 98, 112(?), 115, 123, 124 und 148.

Košice Phase III (Gräberfeld an der Peripherie):
Grab 170, 177, 178, 181.

Gräberfeld Čaňa

Košice Phase I
    a) mit Blechröllchen: Grab 9, 30, 43.
    b) mit Blechröllchen und Keramik: Grab 34, 43.

Košice Phase II
    a) mit Ring aus einfachem Draht mit Schleife: Grab 79, 114, 115, 135, 149, 152.
    b) mit Eberzahn: Grab 6, 8, 12, 17, 21, 29, 31, 32, 76, 151, 152, 153, 154.
    c) mit Lockenring: Grab 8, 17, 20, 34, 36, 37, 47, 49, 66, 79, 85,
    d) mit Dolchklinge: Grab 63, 109, 151(Niet?).
    e) mit Metallnadel: Grab 5, 61, 96.
    f) mit Keramik: Grab 3, 7, 10, 15, 17, 20, 25, 35, 36, 37, 38, 44, 46, 54, 57, 64, 70.

Gräberfeld Valaliky-Všechsvätých

Košice Phase I
    a) mit Blechröllchen: Grab 21, 25, 30, 47.
    b) mit Kombination Dolch-Beil-Ahle: Grab 47.
    c) mit Keramik: Grab 30, 47.

Košice Phase II
    a) mit Ring aus einfachem Draht mit Schleife: Grab 4, 42, 49.
    b) mit Eberzahn: Grab 2, 27, 28, 49.
    c) mit Lockenring: Grab 4, 16, 48, 54.
    d) mit Dolchklinge: Grab 2.
    e) mit Keramik: Grab 3, 19, 33, 49.

Gräberfeld Valalíky-Košťany

Košice Phase I
Grab 14, 16, 18

Košice Phase II
a) mit Ring aus einfachem Draht mit Schleife: Grab 1,3,8.
b) mit Eberzahn: Grab 10, 15.
c) mit Lockenring: Grab 17, 18.
d) mit Dolchklinge: Grab 15, 17.
e) mit Keramik: Grab 3, 10, 14, 15, 18.

Gräberfeld Hernádkak

Phase 1 = Košice Ende Phase I
Grab 58, 89, 90, 108, 111.

Phase 2 früh = Košice Phase II
Grab 8, 46, 49, 50, 82, 85, 122, 125.

Phase 2 spät
Grab 6, 9, 21, 24, 25, 28, 33, 39, 42, 44, 51, 53, 54, 64, 67, 78, 86, 87, 97, 101, 103, 105, 110, 117.

Phase 3
Grab 1, 2, 3, 4, 5, 11, 12, 13, 15, 16, 17, 19, 23, 29, 31, 32, 34, 37, 40, 43, 45, 48, 56, 68, 74, 76, 81, 84, 91, 92, 93, 98, 102, 104, 123, 124.

Phase 3 spät
Grab 7, 18, 26, 71, 95, 96 und 129.

Gräberfeld Megyaszó

Phase 1 = Hernádkak Phase 2
Grab 10, 21, 22, 23, 24, 25, 26, 27, 47, 49, 81, 122, 123, 149, 155(?).

Phase 2 = Hernádkak Phase 3
Grab 43, 50, 79, 82, 84.

Phase 3
Grab 2, 3, 13, 15, 16, 34, 37, 48, 70, 71, 76, 77, 105, 108, 150, 154, 163, 183, 184, 187, 197, 215.

Gräberfeld Nižná Myšľa

Phase 1 = Košice Phase (Ende) I - II
Grab 133.

Phase 2 = Hernádkak Phase 2 spät
Grab 40, 282.

Gräberfeld Tiszapalkonya-Erőmű

Hernádkak Phase 3
Grab 4.

Tiszafüred-Majaroshalom

Phase 1 = Hernádkak Phase 3
Grab B143, B167, Grab 176

Verzeichnis 14. Fundorte und Analysenummern der von der Gruppe Junghans, Sangmeister und Schröder und von Novotná und Šiška untersuchten Metallgegenständen, die in der Arbeit berücksichtigt wurden (Abb. 58).[787]

Fundort	Analysenummer
1. Abrahám	10898,10902,10921-10922
2. Ajak	13035
3. Aranyosapáti	12999
4. Bagamér	9256
5. Bajč	10854-10855
6. Balmazújváros	13045
7. Bánov	10773,10778-10785,10989, 10993-10994,10997-10998
8. Banská Bystrica	3647,3653
9. Banská Štiavnica	1105,12520
10. Barca	10331-10334,10339-10365,11109 Šiška 1972 Tab.II.
11. Bešeňová	Novotná 1955, 87 Tab.3.
12. Bojnice	Novotná 1955, 87 Tab.3.
13. Borsodgeszt	12978-12979
14. Bratislava	3698,3715,3736,6481, 7096,12620-12739,12800
15. Brestovany	10842
16. Brusno	10821
17. Bükkaranyos	12969
18. Cífer	10910
19. Cigel'	10820
20. Čachtice	10395
21. Čalovo	10810
22. Debrecen	1293-1296,13043,13050,13053
23. Demecser	13000
24. Dolné Srnie	10386
25. Dolný Peter	9453-9488,10844
26. Dormánd	6486
27. Dunajská Streda	10923-10937,10983
28. Dvory nad Žitavou	10789-10790,10804-10809
29. Ďurčiná	10849
30. Eger	12510
31. Emőd	12965-12967
32. Edelény	12963
33. Fényeslitke	13020-13025,13027,13030
34. Gajary	5697,10899-10901,10908-10909, 10911-10913,10915-10920
35. Gánovce	10815
36. Hajdúhadház	13048-13049
37. Hajdúnánás	12525
38. Hajdúsámson	12996,13055-13063
39. Handlová	3785,10396,10398,10400-10402
40. Hatvan	6532
41. Hencida	9228-9230,9233
42. Hernádkak	HDM 737-739, 741-744, 747-750, 753-763, 773.

---

[787] ( ) = nicht kartiert

43.	Hodejov	10617-10642,10708-10721,10856-10881, 10883-10889,10891-10897,12079-12096, 12098-12144
44.	Holíč	3670,9825
45.	Hontianske Nemce	10393
46.	Horné Lefantovce	12166
47.	Horné Semerovce	10404
48.	Hrádok	10839
49.	Hrkovce	5719
50.	Hronské Kosihy	10391
51.	Hurbanovo	10576-10616,10797-10799
52.	Jabloňovce	Novotná 1955, 87 Tab.3.
53.	Jászladány (nicht kartiert)	6393,6565,14382
54.	Kápolna	12798
55.	Kežmarok	6498
56.	Kispalád	6579-6580, 13018-13019
57.	Kisvárda	13040-13042
58.	Kláštor pod Znievom	10389,10394
59.	Komárno	10568-10575,10845-10847
60.	Komjatice	10760-10761
61.	Košťany	17667-17677
	Košice, siehe Barca	3750 Novotná 1955, 87 Tab.1.
62.	Kremnica	3635
63.	Levice	6502
64.	Lišov (Zvolen)	10388
65.	Lučenec	3695,3697
67.	Luhačovice	10990
68.	Malé Leváre	10903-10906
69.	Marcelová	10843
70.	Matészalka	6510
71.	Matúškovo	10695-10698,10700-10707
72.	Megyaszó	14360-14361, 14417 HDM 764-772
73.	Mikula	10337
74.	Mliecany	10983
75.	Monotorpályi	13054
76.	Moravské Lieskové	10405
77.	Nádudvar	13044
78.	Nagyhalász	13001,13003,13008,13016-13017
79.	Nagykörű (nicht kartiert)	6468
80.	Nagyrábé	6398
	Nemce, siehe Hontianske Nemce	10393
81.	Nesvady	10672-10692
82.	Neverice	12466
83.	Nitra	3657,10819
84.	Nitrianske Pravno	6483
85.	Nitriansky Hrádok	10321-10326, 10769-10772, 10774-10776, 10787-10788, 10811-10814,10980
86.	Nógradmarcal	14386,14390,14392-14394
87.	Nové Zámky	10791-10793,17675-17676
88.	Nyergesújfalu	12787,12819,18453
89.	Nyírgelse	13038
90.	Nyíri	13037

91.	Nyírlugos	13039
92.	Nyírtura	13007
93.	Oravská Polhora	10392
94.	Oravský Podzámok	10390
95.	Oros	13004-13006
96.	Patince	10694
97.	Piliny	6393,6565,12826,14382-14383
98.	Pohranice	10338
99.	Radošiná	17677-17679
100.	Rastislavice	17680-17681
101.	Rimavská Seč	10852
102.	Rusovce	12740-12770
103.	Sajóvámos	5212
104.	Sárazadany	
105.	Sárospatak	13002

Selmecz, siehe Banská Štiavnica 12520

106.	Senec	10794,11093,12507
107.	Sliač	17685
108.	Spišská Nová Ves	10816-10818
109.	Strečno	10848
110.	Stupava	12870-12879,12881-12887
111.	Szabolcs	12987
112.	Szendrő	6396,6493,12964,12971,12975
113.	Szendrőlád	6578
114.	Szilvásvárad	6499
115.	Szirmabesenyő	5155
116.	Šebastovce	Šiška 1972 Tab.II.
117.	Šurany	10776-10777
118.	Švábovce	10975-10979,10981-10982,10984-10986
119.	Tarcal	13031
120.	Tekovská Nová Ves	Novotná 1955, 87 Tab.1.
121.	Tibava	3353-3354,10722,10724,10726,
		10728,10730,10732
		Šiška 1968, 118.
122.	Tibolddaróc	12968
123.	Tiszadersz	14297
124.	Tiszadob	13011-13012
125.	Tiszaigar	14452
126.	Tiszakeszi	12972-12973,12976
127.	Tiszamogyorós	12980
128.	Tiszanagyfalu	6397,6509
129.	Tiszapolgár-Basatanya	6519-6531,6567-6575
130.	Törökszentmiklós (nicht kartiert)	6409-6422
131.	Trhovište	Novotná 1955, 87 Tab.2.
		Šiška 1968, 118.
132.	Tvrdošovce	10643-10649,10651-10664,
		10666-10671,10693
133.	Uherský Brod	10988,10991
134.	Uherský Hrádiste	19892-19901
135.	Újszentmargita	6513

Valalíky, siehe Košťany und Všechsvätých.

136.	Vámospercs	13047
137.	Vasmegyer	13013-13015
138.	Včelínce	12149-12165
139.	Veľké Košťoľany	3351

Veľké Lovce, siehe Nové Zámky und Novotná 1977.

140. Veľké Raškovce   Šiška 1977.
141. Veľký Grob   10734-10759,10890
142. Vencsellő   12990
143. Veselé   10914,17686-17689
144. Vinodol   17690-17692
145. Vrádište   3741
     Všechsvätých, siehe Košťany 17693-17694,17696-17707
146. Výčapy Opatovce   10366-10385,10407-10564,
                                 10827-10832,10834-10838
147. Vyšehradné (Priedvidza)   12167
148. Vyškovce   10786,10941-10974
149. Vyšná Pokoradz   10850-10851
150. Zajta   6587-6590
151. Žitavany   10795-10796

Verzeichnis 15. Abkürzungen.

Atlas Slovenska	Atlas Slovenskej Socialistickej Republiky. Blatt III 6-7. Slovensky Úrad geodézie a kartografie. 1980.
MNM	Magyar Nemzeti Múzeum (Ungarisches National Museum), Budapest.
UMC	University Museum of Anthropology and Archaeology, Cambridge.
Bodendm.	Durchmesser des Gefäßbodens
Br.	Breite
Dm.	Durchmesser
Dm-Halsansatz	Durchmesser des Halsansatzes
erh.	erhalten
erg.	ergänzt
gr.Dm.	größter Durchmesser des Gefäßes
H.	Höhe des Gefäßes
Inv.Nr.	Inventarnummer des Gegenstandes
L.	Länge des Gegenstandes
Randdm.	Durchmesser des Gefäßrandes
rek.	rekonstruiert
Stfl.	Standfläche des Gefäßes
B	Brandschüttungsgrab
E	Erwachsene
K	Kind
S	Säugling
U	Urnengrab

Verzeichnis 16. Die benutzte Literatur.[788]

Atlas Slovenskej Socialistickej Republiky. Slovenský Ústav. Blatt III 6-7.

Bader 1978
T.Bader, Epoca bronzului in Nord-Vestul Transilvaniei (Die Bronzezeit in Nordwest-Siebenbürgen). (Bukarest 1978).

Bader 1981-82
T.Bader, Săpăturile archeologice din judetul Satu Mare (Partea I-a). Die archäologischen Grabungen im Kreis Satu Mare. SCIV Satu Mare 5-6, 1981-82, 150-154, 159-165.

Bader und Dumitrascu 1970
T.Bader-S.Dumitrascu, Săpăturile arheologice la asezarea de tip otomani de la Mediesul Aurit. Mat.si Cerc.arh.9, 1970, 127-136.

Bandi 1963
G.Bandi, Die Lage der Tokodgruppe unter den bronzezeitlichen Kulturen Nordtransdanubiens und der Südslowakei. Musaica 3, 1963, 23-35.

Bandi 1965
G.Bandi, Data to the Early and Middle Bronze Age of Northern Transdanubia and Southern Slovakia. Alba Regia 4-5, 1965, 65-71.

Bandi und Nemeskéri 1970
G.Bandi-J.Nemeskéri, A Környe-fácánkerti bronzkori hamvasztásos temető (Das bronzezeitliche Brandgräberfeld von Környe-Fácánkert). Alba Regia 11, 1970, 7-34.

Banner 1927
J.Banner, A magyarországi zsugoritott temetkezések (Die in Ungarn gefundenen Hockergräber). Dolgozatok-Szeged 3, 1927, 1ff., 59-122.

Banner 1928
J.Banner, Az ószentiváni ásatások (Die Ausgrabungen in Ószentiván). Dolgozatok-Szeged 4, 1928, 148-237, 238-243.

Banner 1929
J.Banner, Az ószentiváni bronzkori telep és temető (Die Ausgrabungen in Ószentívan). Dolgozatok-Szeged 5, 1929, 52-81.

Banner 1931
J.Banner, Beigaben der bronzezeitlichen Hockergräber aus der Marosgegend. Dolgozatok-Szeged 7, 1931, 1-53.

Banner, Bóna und Márton 1959
J.Banner-I.Bóna-L.Márton, Die Ausgrabungen von L.Márton in Tószeg. Acta Arch. Hung. 10, 1959, 1-140.

---

[788] Der Zitierweise sowie den Abkürzungen liegen die Richtlinien und Abkürzungsverzeichnisse für Veröffentlichungen der Römisch-Germanischen Kommissiion des Deutschen Archäologischen Instituts 3. Ausgabe 1975 zugrunde.

Bárta 1974
J.Bárta, Sídliská pracloveka na slovenských travertínoch (Die Siedlungen der Urmenschen in den slowakischen Travertinen). Nové Obzory 16, 1974, 133-175.

Bátora 1981
J.Bátora, Die Anfänge der Bronzezeit in der Ostslowakei. Slov.Arch.29, 1, 1981, 7-15.

Bátora 1982
J.Bátora, Ekonomicko-socialny vývoj východného slovenska v starsej dobe bronzovej. Slov.Arch.30, 1982, 249-314.

Bátora 1983
J.Bátora, Záver eneolitu a zaciatok doby bronzovej na východnom Slovensku. Hist.Carp.14, 1983, 169-227.

Bátora 1986
J.Bátora, Beitrag zur Frage der Siedlungen und Siedlungsverhältnisse in der Nitra- und Košt'any-Gruppe, in:
Urzeitliche und Frühhistorische Besiedlung der Ostslowakei in Bezug zu den Nachbargebieten. Arch. Inst. der slowak. Akademie der Wissenschaften. 129-138. Kongreß-Košice 1984 (Nitra 1986).

Bertemes 1989
F.Bertemes, Das frühbronzezeitliche Gräberfeld von Gemeinlebarn. (Bonn 1989) Saarbrücker Beitr. zur Altertumskunde Bd.45 (1989).

Bognar-Kutzian 1963
I.Bognar-Kutzian, The Copper Age Cemetery of Tiszapolgár-Basatanya (Budapest 1963).

Bóna 1975
I.Bóna, Die Mittelbronzezeit Ungarns und ihre südöstliche Beziehungen, Arch. Hungarica 49 (1975).

Bóna 1979-80
I.Bóna, Tószegi-Laposhalom 1876-1976 (Tószeg-Laposhalom 1876-1976). Szolnok Megyei Múzeumok Évkönyve 1979-80, 83-107.

Brinkmann 1959
R.Brinkmann, Abriß der Geologie Bd.2 (1959).

Budinský-Krička 1974
V.Budinský-Krička, Vel'ký Šaris v praveku a na prahu dejín (Vel'ký Šariš in der Urzeit und an der Schwelle der Geschichte). Nové Obzory 16, 1974, 85-111.

Butler 1979
J.J.Butler, Rings and Ribs: The Copper Types of the "Ingot Hoards" of the Central European Early Bronze Age, in: Proceedings of the Fifth Atlantic Colloquium (Dublin 1979) 345-362.

Charles 1975
J.A.Charles, Where is the tin? in: Antiquity 49, 1975, 19-24.

Chiodioşan 1968
N.Chiodioşan, Beiträge zur Kenntnis der Wietenbergkultur im Lichte der neuen Funde von Derşida. Dacia N.S.12, 1968, 155-175.

Christlein 1964
R.Christlein, Beiträge zur Stufengliederung der frühbronzezeitlichen Flachgräberfelder in Süddeutschland. Bayer.Vorgeschbl.29, 1964, 25-63.

Chropovsky 1960
B.Chropovsky, Gräberfeld aus der älteren Bronzezeit in Vel'ký Grob. in: B.Chropovsky, M.Dušek und B.Polla, Pohrebiská zo starsej doby bronzov ej. (Bratislava 1960) 13-136.

Csányi und Stanczik 1982
M.Csányi und I.Stanczik, Elozetes jelentés a Tiszaug-Kéménytetoi bronzkori tell-telep ásatásáról. Vorbericht über die Ausgrabungen der bronzezeitlichen Tellsiedlung von Tiszaug-Kéménytető. Arch. Ért. 109, 1982, 239-254.

Dubský 1939
B.Dubský, Úneticka kultúra v jizních Čechách. Pam. Arch. 42-43, 1939-46, 29-33.

Dušek 1960
M.Dušek, Patince - das Gräberfeld der Nordpannonischen Kultur. in: B.Chropovsky, M.Dušek und B.Polla, Pohrebiská zo starsej doby bronzovej. (Bratislava 1960) 139-296.

Dušek 1969
M.Dušek, Bronzezeitliche Gräberfelder in der Südwest-Slowakei. (Bratislava 1969).

Fischer 1956
U. Fischer, Die Gräber der Steinzeit im Saalegebiet (1956).

Foltiny 1941a
S.Foltiny, A szoregi bronzkori temető (Das bronzezeitliche Gräberfeld in Szöreg). Dolgozatok-Szeged 17, 1941, 1-89.

Foltiny 1941b
S.Foltiny, Koraréz-és bronzkori temető Deszken (Torantál M.) (Frühkupferzeitliches und bronzezeitliches Gräberfeld in Deszk (Kom.Torontal). Folia Arch. 3-4, 1941, 69-98.

Gašaj 1983
D.Gašaj, Výsledky záchranného výskumu opevnenej osady otomanskej kultúry v Rozhanovciach (Ergebnisse der Rettungsgrabung auf der befestigten Siedlung der Otomani-Kultur in Rozhanovce). Arch. Rozhledy 35, 1983, 130-137.

Gašaj 1986
D.Gašaj, Hrobové nálezy otomanskej kultúry vo valalíkoch. Hist.Carp.17, 1986, 191-202.

Gazdapusztai 1966
Gy.Gazdapusztai, Das bronzezeitliche Gräberfeld bei Battonya (Vorläufige Mitteilung). Acta Ant. et Arch. 10, 1966, 57-64.

Gazdapusztai 1968
A.Gazdapusztai, Das bronzezeitliche Gräberfeld von Battonya. Acta Ant.et Arch. 12, 1968, 5-37.
Gy.Gazdapusztai, Einige Probleme des Gräberfeldes bei Battonya und der Bronzezeit in Südostungarn. Acta Ant. et Arch. 12, 1968, 39-44.
Gy.Farkas u. P.Liptak, Anthropologische Auswertung des frühbronzezeitlichen Gräberfeldes bei Battonya. Acta Ant. et Arch. 12, 1968, 53-64.
J.Matolcsi, Untersuchungen des Tierknochenmaterials des frühbronzezeitlichen Gräberfeldes bei Battonya. Acta Ant. et Arch. 12, 1968, 65-74.

Gedl 1980
M.Gedl, Die Dolche und Stabdolche in Polen. PBF VI 4 (1976) 1980.

Gedl 1983
M.Gedl, Die Nadeln in Polen I (Frühe und ältere Bronzezeit). PBF XIII 7 (1980) 1983.

Geographical Essays in Hungary (1984).

Girić 1971
M.Girić, Mokrin (I). The Early Bronze Age Necropolis. Diss.et Monogr.11 (1971).

Głosik 1968
J.Głosik, Kultura Strzyżówska. Mat. Starożytne 11, 1968, 7-114.

Głosik 1975
J.Głosik, A Cemetery of the Strzyżów Culture at Torczyn near Łuck in Volhynia (USSR).
Wiad. Arch. 60, 1975, 53-62.

Grzimek 1970
B.Grzimek, Enzyklopädie des Tierreiches. Bd.3, Kap.6. Grabfüßer und Muscheln (1970).

Hájek 1953a
L.Hájek, Vzácný nález z doby bronzové v barci u kosic. Arch. Rozhledy 5, 1953, 319-322.

Hájek 1953b
L.Hájek, Drobné príspevky k poznání únetické kultury (Kleine Beiträge zur Kenntnis der Aunjetitz-Kultur). Pam.Arch.44, 1953, 201-215.

Hájek 1954a
L.Hájek, Jizní Čechy ve starsí dobe bronzové (La Boheme méridionale a l'age du bronze ancien). Pam.Arch.45, 1954, 115-192.

Hájek 1954b
L.Hájek, Zlatý poklad v barci u košic. Arch. Rozhledy 6, 1954, 584-587, 610-612 Abb.254-257 oben.

Hájek 1958
L.Hájek, Zur relativen Chronologie des Äneolithikums und der Bronzezeit in der Ostslowakei in: Kommission für das Äneolithikum und die ältere Bronzezeit. Nitra 1958 (1961) 59-76.

Hänsel 1968
B.Hänsel, Beiträge zur Chronologie der mittleren Bronzezeit im Karpatenbecken (1968).

Hänsel 1982
B.Hänsel, Südosteuropa zwischen 1600 und 1000 v.Chr. Präh. Arch.in Südosteuropa I (1982) 1-38.

Hänsel und Kalicz 1986
B.Hänsel und N.Kalicz, Das bronzezeitliche Gräberfeld von Mezőcsát, Kom. Borsod, Nordostungarn. Ber. RGK 67, 1986, 5-88.

Harding 1984
A.F.Harding, The Mycenaeans and Europe (1984).

Hensel und Milisauskas 1985
W.Hensel - S.Milisauskas, Excavations of Neolithic - Early Bronze Age Sites in Southeastern Poland. IV.Excavations at Iwanowice. (1985) 85-93.

Hillebrand 1929
J. Hillebrand, A pusztaistvánháza korarézkori temető (Das frühbronzezeitliche Gräberfeld von Pusztaistvánháza). Arch. Hungarica 4 (1929).

Horedt 1960
K.Horedt, Die Wietenbergkultur. Dacia N.S. 4, 1960, 107-137.

Horedt et al. 1962
K.Horedt, M.Ruşu und I.Ordentlich, Săpăturile de la Otomani. Mat. şi Cerc. Arheol. 8, 1962, 317-324.

Horedt und Seraphin 1971
K.Horedt-C.Seraphin, Die prähistorische Ansiedlung auf dem Wietenberg bei Sigisoara-Schäßburg. (Bonn 1971)

Hüttel 1978
H.-G.Hüttel, Zur Enddatierung der Otomani-und Wietenberg-Kultur. Germania 56, 1978, 424-433.

Hüttel 1979
H.-G.Hüttel, Bemerkungen zur Chronologie der Suciu de Sus-Kultur. Prähist. Zeitschr. 54, 1979, 32-46.

Hundt 1958
H.-J. Hundt, Katalog Straubing I: Die Funde der Glockenbecherkultur und der Straubinger Kultur. Materialhefte zur Bayr. Vorgesch. 11 (1958).

Hundt 1969
H.-J.Hundt,Rezension zu Pástor 1969 und Dušek 1969, Jahrb.RGZM 16, 1969,211-214.

Hundt 1970
H.-J.Hundt, Verzierte Dolche der Otomani-Kultur. Jahrb.RGZM 17, 1970,35-55.

Hundt 1986
H.-J.Hundt, Zu einigen vorderasiatischen Schaftlochäxten und ihrem Einfluß auf den donauländischen Guß von Bronzeäxten. Jahrb.RGZM 33, 1986, 131-157.

Inv.Arch.Pologne:
Fasc.11 Pl.58-63 (Tumulus No.1 A-B. Łeki Małe, dep. de Poznań).
Fasc.14, Pl.87. Körpergrab 81 in Mierzanowice.
Fasc.25, Pl.159. Hortfund Horodysko, dep. de Lublin.

Jovanović 1978
B.Jovanović, The origins of metallurgy in southeast and central Europe and problems of the earliest copper mining, in: Origins of Metallurgy in Atlantic Europe (Dublin 1978), 335-343.

Kabát 1955a
J.Kabát, Otomanská osada v Barci u Košic. Arch Rozhledy 7, 1955, 594-617.

Kabát 1955b
J.Kabát, Opevnení otomanské osady v Barci. Arch Rozhledy 7, 1955, 742-746, 760.

Kacsó 1987
C.Kacsó, Beiträge zur Kenntnis des Verbreitungsgebietes und der Chronologie der Suciu de Sus-Kultur. Dacia N.S. 31, 1987, 51-75.

Kalicz 1968
N.Kalicz, Die Frühbronzezeit in Nordost-Ungarn. Arch. Hungarica 45 (1968).

Kalicz 1970
N.Kalicz, Bronzkori telep Rétközberencs határában. Arch. Ért. 97, 1970, 23-31.

Kalicz 1980
N.Kalicz, Die terminologischen und chronologischen Probleme der Kupfer- und Bronzezeit in Ungarn, in: Atti X Simp. Int. Neol. Etá Bronzo in Europa. Verona 1980 (1982) 117-137.

Kalicz 1981
N.Kalicz, Neue Aspekte über die Chronologie der Nyírség-Gruppe. Slov.Arch.29, 1981, 67-74.

Kalicz 1984
N.Kalicz, Die Hatvan-Kultur. in: Kulturen der Frühbronzezeit des Karpatenbeckens und Nordbalkans (1984) 199-215.

Kemenczei 1979
T. Kemenczei, Das Mittelbronzezeitliche Gräberfeld von Gelej. Régészeti Füzetek II 20 (1979).

Koran 1955
J.Koran, Prehledné dejiny československého hornictví I. (Praha 1955)

Kőszegi 1968
F.Kőszegi, Mittelbronzezeitliches Gräberfeld in Pusztaszikszó. Acta Arch. Hung. 20, 1968, 101-141.

Kovács 1973a
T.Kovács, Korai markolatlapos bronz török a Kárpát-medencében. (Frühe Bronzedolche mit Griffplatte im Karpatenbecken) Arch. Ért. 100, 1973, 157-166.

Kovács 1973b
T.Kovács, Archäologische Forschungen im Jahre 1972. Tiszafüred. Arch.Ért.100,1973,260 Nr.20.

Kovács 1975a
T.Kovács, Tumulus Culture Cemeteries of Tiszafüred-Majoroshalom. Régéseti Füzetek Ser. 2, 17 (1975).

Kovács 1975b
T.Kovács, Der Bronzefund von Mende. Folia Arch. 26, 1975, 19-43.

Kovács 1977
T.Kovács, The Bronze Age in Hungary (Budapest 1977).
Ders., Die Bronzezeit in Ungarn (Budapest 1977).

Kovács 1979
T.Kovács, Középső bronzkori aranyleletek északkelet-magyarországról (Mittelbronzezeitliche Goldfunde aus Nordost-Ungarn). Folia Arch.30, 1979,55-77.
(Vergleiche Kovács, Neuere Bronzezeitliche Goldfunde in Ungarn. Thracia Praehistorica. Supplementum Pulpudeva 3, 1978,320-328.)

Kovács 1980
T.Kovács, Die terminologischen und chronologischen Probleme der frühen und mittleren Bronzezeit in Ostungarn, in: Atti X Simp. Int. Neol. Etá Bronzo in Europa. Verona 1980 (1982) 153-164.

Kovács 1982
T.Kovács, Einige neue Angaben zur Ausbildung und inneren Gliederung der Füzesabony-Kultur. Präh.Arch. in Südosteuropa I (1982) 287-304.

Kovács 1984
T.Kovács, Die Füzesabony-Kultur. in: Kulturen der Frühbronzezeit des Karpatenbeckens und Nordbalkans (1984) 235-255.

Kovalčík 1970
R.M.Kovalčík, Záchranný archeologický výskum na "Barimbergu" pri Spišskom Štvrtku, okr. Spišská Nová Ves (Rettungsgrabung am Barimberg bei Spišský Štvrtok). Musaica 21 (10), 1970, 5-12.

Krauss 1968
A.Krauss, Cmentarzysko i osada kultury mierzanowickiej w Pieczeniegach, pow. Miechów (La nécropole e l'habitat de civilisation de Mierzanowice a Pieczeniegi, dist. de Miechów). Mat. Arch.9, 1968, 159-165 Tafel 1.

Krause 1986
R.Krause, Die vorgeschichtlichen Gräber auf der Nordstadtterrasse von Singen am Hohentwiel (Stuttgart 1986).

Kraussowie 1971
J.und A.Kraussowie, Cmentarzysko kultury mierzanowickiej w Świniarach Starych, pow. Sandomierz. Mat. Arch. 12, 1971, 109-131, Tafel 1-5.

Krzak 1976
Z.Krzak, The Złota Culture. (Wroclaw-Warschaw-Kraków-Gdánsk 1976).

Lamiová-Schmiedlová 1986
M.Lamiová-Schmiedlová, Súpis archeologických výskumov na východnom slovensku v rokoch 1970-1985 (Verzeichnis der archäologischen Untersuchungen in der Ostslowakei in den Jahren 1970-1985). Hist.Carp.17, 1986,301-337, Abb.1.

Liptáková 1973
Z.Liptáková, Kamenné mlaty zo Španej Doliny, okr. Banská Bystrica (Steinschlägel aus Špania Dolina, Kr. Banská Bystrica).
Arch. Rozhledy 25, 1973, 72-75.

Machnik 1972
J.Machnik, Die Mierzanowice - Košt'any - Kultur und das Karpatenbecken. Slov. Arch. 21, 1972, 177-188.

Machnik 1977
J.Machnik, Frühbronzezeit Polens (Wroclaw-Warschaw-Kraków-Gdánsk 1977).

Machnik 1978
J.Machnik, Wczesny okres epoki brazu. PzP III (1978) 9-136.

Machnikowie 1973
A.und J.Machnikowie, Wczesnobrazowy zespót osadníczy na "Babiej Górze" w Iwanowice, pow. Miechów, w świetle dotychczasowych badań wykopaliskowych (Recent Excavations of the Early Bronze Age Complex of Sites at Babia Góra, Iwanowice, Miechów District). in: Z badań nad neolitem i wczesna epoka brazu w Malpolsce. (Wroclaw-Warschaw-Kraków-Gdánsk 1973) 141-158.

Magula 1981
R.Magula, O niektorých pricinách úpadku medenorudného baníctva v 19.storocí v spišsko-gemerskom rudohorí (Von einigen Gründen des Niederganges der Kupfererzförderung im Zipser-Gemer-Erzgebirge im 19.Jh.).
Hist.Carp.12, 1981, 111-126.

Magula 1987
R.Magula, Banícke skoly na východnom slovensku pred rokom 1918 (Bergbauschulen in der Ostslowakei vor dem Jahre 1918).
Hist.Carp.18, 1987,47-54.

Mahel und Buday 1968
M.Mahel und T.Buday et al., Regional Geology of Czechoslovakia, Bd. II. The West Carpathians. Praha (1968).

Márton 1931
L.Márton, Stabdolche aus Ungarn. Prähist.Zeitschr.22, 1931,

Moesta 1983
H.Moesta, Erze und Metalle - ihre Kulturgeschichte im Experiment (Berlin - Heidelberg - New York 1983).

Mozsolics 1942
A.Mozsolics, A kisapostagi korabronzkori urnatemető (Der frühbronzezeitliche Urnenfriedhof von Kisapostag). Arch. Hungarica 26 (1942).

Mozsolics 1952
A.Mozsolics, Die Ausgrabungen in Tószeg im Jahre 1948. Acta Arch. Hung. 2, 1952, 35-69.

Mozsolics 1967
A.Mozsolics, Bronzefunde des Karpatenbeckens (Budapest 1967).

Mozsolics 1984
A.Mozsolics, Ein Beitrag zum Metallhandwerk der ungarischen Bronzezeit. Ber. RGK 65, 1984, 20ff.

Mozsolics 1985
A.Mozsolics, Bronzefunde aus Ungarn. Depotfundhorizonte Aranyos, Kurd und Gyermely. (Budapest 1985) National Atlas of Hungary. Hungarian Academy of Sciences (Budapest 1967).

Németi 1969
I.Németi, Descoperiri funerare din epoca bronzului în jurul Careiului (Grabfunde der Bronzezeit aus der Umgebung der Stadt Carei, Kreis Satu Mare). SCIV Satu Mare 1969, 57-72 Taf.10-18.

Nešporová 1969
T.Nešporová, K problematike hatvanskej kultúry na juznom slovensku (Zur Problematik der Hatvan-Kultur in der Südslowakei). Slov.Arch.17, 1969, 369-402.

Neugebauer 1979
J.-W.Neugebauer, Die Stellung der Veterovkultur bzw. ihrer Böheimkirchner Gruppe am Übergang von der frühen zur mittleren Bronzezeit Niederösterreichs. Arch. Korrbl. 9,1979,35-52.

Neugebauer 1987
J.-W.Neugebauer, Die Bronzezeit im Osten Österreichs. 1987.

Neuninger, Preuschen und Pittioni 1971
H.Neuninger, E.Preuschen und R.Pittioni, Goldlagerstätten in Europa. Arch. Austr. 49, 1971, 23-35.

Northover 1984
J.P.Northover, The exploration of the long-distance movement of bronze in Bronze Age and early Iron Age Europe. Bull. Univ. London Inst. Arch. 19, 1982 (1984) 45-72.

Nosek 1946-47
S.Nosek, Zagadnienie Praslowiańszczyzny w świetle prahistorii. Kultura Tomaszowska (Mierzanowicka). Światowit 19, 1946-47, 105-115, Tafel 16-18.

Novotná 1955
M.Novotná, Medené nástroje a problém najstarsej tazby medi na Slovensku (Kupfergeräte und das Problem der ältesten Kupfergewinnung in der Slowakei). Slov.Arch.3, 1955, 70-100.

Novotná 1970
M.Novotná, Die Äxte und Beile in der Slowakei. PBF IX 3 (1970).

Novotná 1977
M.Novotná, Unbekannte Funde der Kupferindustrie aus der Slowakei. Arch. Rozhledy 29, 1977, 622-633.

Novotná 1980
M.Novotná, Die Nadeln in der Slowakei. PBF XIII 6 (1980).

Novotná 1982
M.Novotná, Kupfer- und Bronzemetallurgie während der Bronzezeit in der Slowakei, Arch. Polski 27, 1982, 359-369.

Novotná und Novotný 1984
M.Novotná-B.Novotný, Kulturen der Frühbronzezeit des Karpatenbeckens und Nordbalkans (1984).

Novotný und Kovalčík 1967
B.Novotný - R.M. Kovalčík, Sídlisko zo starsej doby bronzovej pri Spišskom Štvrtku, okr. Spišská Nová Ves (Eine Siedlung aus der älteren Bronzezeit bei Spišský Štvrtok, Bez. Spišská Nová Ves). Musaica 18(7), 1967, 25-46.

Olexa 1982a
L.Olexa, Siedlungen aus der Bronzezeit in Nižná Myšl'a in der Ostslowakei. Beiträge zum bronzezeitlichen Burgenbau in Mitteleuropa. Berlin-Nitra (1982) 331-334.

Olexa 1982b
L.Olexa, Siedlungen und Gräberfelder aus der Bronzezeit von Nižná Myšl'a in der Ostslowakei. Präh. Arch. in Südosteuropa Bd.I (1982) 387-397.

Olexa 1983
L.Olexa, Sídliská a pohrebiská z doby bronzovej v Nižnej Myšl'i. Arch. Rozhledy 35, 1983, 122-129.

Olexa 1987
L.Olexa, Gräber von Metallgiessern in Nižná Myšl'a. Arch. Rozhledy 39, 1987, 255-275.

Ordentlich 1963
I.Ordentlich, Poselenija v Otomani v svete poslednich raskopok. Dacia N.S. 7, 1963, 115-138.

Ordentlich 1965
I.Ordentlich, Un depozit de vase de tip Otomani de la Valea lui Mihai (reg. Crisana). SCIV Sibiu 12, 1965, 181-197.

Ordentlich 1966
I.Ordentlich, Die innere Periodeneinteilung der Otomani-Kultur in Rumänien. in: Kongreß-Prag 1966, 619-622.

Ordentlich 1970
I.Ordentlich, Die chronologische Gliederung der Otomani-Kultur auf dem rumänischen Gebeit und ihre wichtigsten Merkmale. Dacia 14, 1970, 83-97.

Ordentlich 1972
I.Ordentlich, Contributia săpăturilor arheologice de pe "Dealul vida" (com. Sălacea, jud.Bihor) la cunoașterea culturii Otomani (1). SCIV Satu Mare 1972, 63-84.

Ordentlich und Kacsó 1970
I.Ordentlich-C.Kacsó, Cimitirul din epoca bronzului de la Ciumești. SCIV 21, 1970, 49-63.

Ottaway 1976
B.Ottaway, Distribution pattern of early copper using cultures in Austria. Istrazivanja 5, 1976, 117-122.

Ottaway 1982
B.Ottaway, Earliest Copper Artifacts of the Northalpine Region: their Analysis and Evaluation. Schriften des Seminars für Urgeschichte der Universität Bern 7 (1982).

Otto und Witter 1952
H.Otto-W.Witter, Handbuch der ältesten vorgeschichtlichen Metallurgie in Mitteleuropa (Leipzig 1952).

Pástor 1955
J.Pástor, Poplnicové pohrebiste v Haniske pri Košiciach. Arch. Rozhledy 7, 1955, 737-742 Abb.338-341.

Pástor 1962
J.Pástor Pohrebisko zo staršej doby bronzovej v Košt'anoch. Štud. Zvesti AÚSAV 9, 1962, 63-80.

Pástor 1965
J.Pástor, Frühbronzezeitliches Gräberfeld in Všechsvätých. Folia Arch.17, 1965,37-50.

Pástor 1969
J.Pástor, Košické Pohrebisko (Košice 1969).

Pástor 1978
J.Pástor, Čaňa a Valalíky, pohrebiská zo staršej doby bronzovej (Košice 1978).

Patay 1978
P.Patay, Das Kupferzeitliche Gräberfeld von Tiszavalk-Kenderföld (Budapest 1978).

Pécsi 1970
M.Pécsi, Geomorphological Regions of Hungary (Budapest 1970).

Pécsi und Sárfalvi 1977
M.Pécsi-B.Sárfalvi, Physical and Economic Geography of Hungary (Budapest 1977).

Pinczés 1961
Z.Pinczés, Physical geography of the southern part of the Zemplén Mountains.
Földrazji Ért. 10, 1961, 479ff.

Pittioni 1980
R.Pittioni, Geschichte Österreichs I 2 (Wien 1980) 85-87.

Polla 1960
B.Polla, Birituelle Füzesabonyer Begräbnisstätte in Streda nad Bodrogom. in:
B.Chropovsky, M.Dušek und B.Polla, Pohrebiská zo staršej doby bronzovej. (Bratislava 1960) 299-386.

Popescu 1944
D.Popescu, Die frühe und mittlere Bronzezeit in Siebenbürgen (Bukarest 1944).

Popescu 1956
Cercetări arheologice în Transilvania (1956).
I. Sondajele de la Socodor (1948) 5-50.
II. Săpăturile de la Vărsand (1949) 51-114.

PzP III (1978).
Prahistoria ziem Polskich III (1978). Wczesna epoku brazu. (Wroclaw-Warschaw-Kraków-Gdánsk 1978)

Primas 1977
M.Primas, Bestattungssitten der ausgehenden Kupfer- und frühen Bronzezeit.
Ber. RGK 58, 1, 1977, 1-160, Beilage 1-3.

Renfrew 1969
C.Renfrew, The Autonomy of the South-East European Copper Age. Proc.Preh.Soc.
35, 1969, 12-47.

Renfrew 1979
C.Renfrew, The Autonomy of the South-East European Copper Age. in: Problems in European Prehistory (Edinburgh 1979), 137-179.

Roska 1909
Márton Roska, Ásatás a perjámosi Sánczhalmon. Földrajzi Kozlemények 39, 1909, 16-43.

Roska 1912
M.Roska, Ásatás a pécska-szemlaki határban levo Nagy Sánczon (Fouilles exécutées au Nagy Sánc dans la commune de Pécska-Szemlak). Dolgozatok-Kolozsvár 3, 1912, 1-73.

Roska 1930
M.Roska, Ásatások az ottományi várhegyen és földvárban (Grabungen am Várhegy und Földvár von Ottomany). Dolgozatok Szeged 6, 1930, 163-177.

Roska 1941
M.Roska, A Gyulavarsándi, Arad M., Laposhalom rétegtani viszonyai (La stratigraphie de la colline "Laposhalom" de Gyulavarsánd, dép.Arad, abrégé).
Folia Arch.3-4, 1941,45-61.

Ruckdeschl 1978
W.Ruckdeschl, Die frühbronzezeitlichen Gräber Südbayerns. Antiquitas Reihe II Bd.11 (Bonn 1978).

Ruşu und Chiţu 1982
M.Ruşu - L.Chiţu, Depozitul de la Aiud si problema marilor ateliere de prelucrarea bronzului din Transilvania. Apulum 20, 1982,33-51.

Salewicz 1937
K.Salewicz, Tymczasowe wyniki badań prehistorycznych w Mierzanowicach (pow. opatowski, woj. kieleckie). Z otchłani wieków Jahrb.12, Heft 4-5, 1937, 39-59.

SAM I 1960
S.Junghans, E.Sangmeister und M.Schröder, Metallanalysen kupferzeitlicher und frühbronzezeitlicher Bodenfunde aus Europa (Berlin 1960).

SAM 2,1-3, 1968
S.Junghans, E.Sangmeister und M.Schröder, Kupfer und Bronze in der frühen Metallzeit Europas (Berlin 1968).

SAM 2,4, 1974
S.Junghans, E.Sangmeister und M.Schröder, Kupfer und Bronze in der frühen Metallzeit Europas (Berlin 1974).

Sangmeister 1963
E.Sangmeister in: Bognar-Kutzian (1963) 559-564.

Sárfalvi 1969
B.Sárfalvi, Research Problems in Hungarian Applied Geography. (Budapest 1969).

Sarnowska 1969
W.Sarnowska, Kultura Unietycka w Polsce (Wroclaw-Warschaw-Kraków 1969).

Schalk 1981
E.Schalk, Die frühbronzezeitliche Tellsiedlung bei Tószeg, Ostungarn, mit Fundmaterial aus der Sammlung Groningen (Niederlande) und Cambridge (Great Britain). Dacia 25, 1981, 63-129.

Schickler 1982
H.Schickler, Frühe legierte Metallfunde aus Mitteleuropa. Arch. Polski 27, 1982, 279-291.

Schubert 1973
E.Schubert, Studien zur frühen Bronzezeit an der mittleren Donau. Ber. RGK 54, 1973, 1-105.

Schubert 1982
E.Schubert, Grundzüge der metallurgischen Entwicklung im nordwestlichen Karpatenbecken bis zur Mitte des 2.Jhtd.v.u.Z., Arch.Polski 27, 1982,315-317.

Schubert 1965
F.Schubert, Zu den südöstlichen Kupferäxten. Germania 43, 1965, 274-295.

Sherratt 1976
A.Sherratt, Resources, technology and trade: an essay in early European metallurgy. in: G. de G. Sieveking et al. (ed.), Problems in Economic and Social Archaeology (1976) 557-581.

Sherratt 1982
A.Sherratt, The development of Neolithic and Copper Age settlement in the Great Hungarian Plain. Part I: The regional setting. Oxford Journal of Archaeology Vol.1 No.3, 1982, 287-316.
Part II: Site survey and settlement dynamics. Oxford Journal of Archaeology Vol.2 No.1, 1983, 13-41.

Schumacher-Matthäus 1985
G.Schumacher-Matthäus, Studien zu bronzezeitlichen Schmucktrachten im Karpatenbecken. Marburger Studien zur Vor-und Früngeschichte Bd.6 (1985).

Sedlmeyer 1973
K.Sedlmeyer, Landeskunde der Tschecho-Slowakei (Frankfurt a.M. 1973).

Slivka 1978, 1980 und 1981
M.Slivka, Stredoveké hutníctvo a kovácstvo na východnom slovensku (Das mittelalterliche Hütten- und Schmiedewesen in der Ostslowakei).
Teil 1, Hist.Carp.9, 1978, 217-263.
Teil 2, Hist.Carp. 11, 1980, 218-288.
Teil 3, Hist.Carp. 12, 1981, 211-276.

Soroceanu 1982
T.Soroceanu, Pecica - eine bronzezeitliche Siedlung in Westrumänien. Prähist.Arch. in Südosteuropa I (1982) 353-370.

Stanczik 1978
I.Stanczik, Vorbericht über die Ausgrabung der bronzezeitlichen Tellsiedlung von Füzesabony-Öregdomb. Folia Arch. 29, 1978, 93-97.

Stanczik 1979-80
I.Stanczik, Az 1973-74. évi tószegi ásatások (Die Ausgrabungen in Tószeg im Jahre 1973-74). A Szolnok megyes múzeumok Évkönyve 1979-80, 63-81.

Stuchlík 1987
S.Stuchlík, Unetické pohrebiste v Mušově (Praha 1987).

Stone and Thomas 1956
J.F.S.Stone and L.C.Thomas, The Use and Distribution of Faience in the Ancient East and Prehistoric Europe. Proc. Preh. Soc. 22, 1956, 37-84.

Szombathy 1929
J. Szombathy, Prähistorische Flachgräber bei Gemeinlebarn in Niederösterreich. Röm.-Germ. Forsch. 3, 1929.

Székely 1966
Z.Székely, Cimitirul din epoca bronzului de la Pir (Cimetiere de l'áge du bronze de Pir). SCIV 17, 1966, 125-135.

Szpunar 1987
A.Szpunar, Die Beile in Polen I. PBF IX 16 (1987).

Šiška 1964
S.Šiška, Pohrebisko tiszapolgárskej kultúry v Tibave. Slov.Arch. 12, 1964, 293-356.

Šiška 1968
S.Šiška, Tiszapolgárska kultúra na Slovensku (Die Tiszapolgár-Kultur in der Slowakei). Slov. Arch. 16, 1968, 61-175.

Šiška 1972
S.Šiška, Gräberfelder der Lažňany-Gruppe in der Slowakei. Slov. Arch. 20, 1972, 107-175.

Taylor 1983
J.W.Taylor, Erzgebirge tin: a closer look. Oxford Journal of Archaeology 2(3) 1983, 295-298.

Tihelka 1953
K.Tihelka, Moravská únetická pohrebiste (Die Aunjetitzer Gräberfelder in Mähren). Pam.Arch.44, 1953, 229-328.

Točík 1963
A.Točík, Ze současné problematiky evropského pravěku. Arch. Rozhledy 15, 1963, 716ff.

Točík 1979
A.Točík, Výčapy Opatovce und weitere altbronzezeitliche Gräberfelder in der Südwestslowakei (Nitra 1979).

Točík und Bublová 1985
A.Točík - H.Bublová, Príspevok k výskumu zaniknutej tazby medi na Slovensku (Beitrag zur Untersuchung des stillgelegten Kupferabbaues in der Slowakei). Štud. Zvesti AÚSAV 21, 1985,47-128.

Točík und Vladár 1971
A.Točík - J.Vladár, Prehĺad bádania v problematike vývoja slovenska v dobe bronzovej (Übersicht der Forschung in der Problematik der bronzezeitlichen Entwicklung der Slowakei). Slov.Arch.19,2, 1971,365-422.

von Tompa 1934
F.von Tompa, A hatvani bronzkori lakótelep. Arch.Ért.47, 1934, 133-134.

von Tompa 1935
F.von Tompa, Bronzkori lakótelep Hatvanban. Arch.Ért.48, 1935, 16-34.

von Tompa 1934-35
F.von Tompa, 25 Jahre Urgeschichtsforschung in Ungarn 1912-1936, Ber. RGK 24-25, 1934-35, 61-102.

Torma 1972
I.Torma, Frühbronzezeitliche Befestigte Siedlung in Tokod-Leshegy. Mitt. Arch. Inst. 3, 1972, 73-77.

Trunkó 1969
L.Trunkó, Geologie von Ungarn. Beiträge zur regionalen Geologie der Erde, Bd.8 (Berlin-Stuttgart 1969).

Tylecote 1987
R.F.Tylecote, The early history of metallurgy in Europe (London 1987).

Vizdal 1977
J.Vizdal, Tiszapolgárske Pohrebisko vo Vel'kých Raškovciach (Košice 1977).

Vizdal 1980
J.Vizdal, Potiská kultura na východnom slovensku (Košice 1980).

Vladár 1970
J.Vladár, Zistovací výskum opevneného výšinného sídliska otomanskej kultu'ry v spišskom štvrtku (Probegrabung in einer befestigten Höhensiedlung der Otomani-Kultur in Spišský Štvrtok). Východoslovenský Pravek 1, 1970,37-47.

Vladár 1973a
J.Vladár, Gräberfelder aus der älteren Bronzezeit in Branč. Arch.Slovaca Fontes 12 (1973).

Vladár 1973b
J.Vladár, Osteuropäische und mediterrane Einflüsse im Gebiet der Slowakei. Slov.Arch. 21, 1973, 253-357.

Vladár 1975
J.Vladár, Spišský Štvrtok, befestigte Siedlung der Otomani-Kultur. in: III. Internationaler Kongreß für slawische Archäologie (Bratislava 7.-14.Sept. 1975) 1-24.

Vladár 1977
J.Vladár, Die Problematik der Frühbronzezeit in der Slowakei. Symposium Budapest-Velem (1977) 211-221.

Westermann Lexikon der Geographie, 2.Auflage 1973, Bd.II 389 (Hernádfluß) und Bd. IV 274-275 (Slowakei) und 747-752 (Ungarn).

Zacharia 1959
E.Zacharia, Die Lockenringe von Sărata-Monteoru und ihre typologischen und chronologischen Beziehungen. Dacia N.S.3, 1959, 103-134.

Verzeichnis 17. Fundinventar der Gräber in Košice.[789]

Grab 1-5 durch Kiesgewinnung gestört.
Funde: Miniaturbeil aus Bronze, Bruchstück einer Dolchklinge aus Bronze, Ring aus Bronzedraht mit Schleife, Bruchstück Knochennadel mit durchlochtem Kopf, Bruchstücke Schmuck von Weidenblattform, Spiraldraht, Fayenceperlen.
Pástor 1969, 14 Taf.1.1-18.

Grab 6. Schale.
Pástor 1969, 14 Taf.1.19.

Grab 7. Keine Beigaben.
Pástor 1969, 14-15.

Grab 8. Keine Beigaben.
Pástor 1969, 15.

Grab 9. Zwei Ebereckzähne.
Pástor 1969, 15.

Grab 10. Bruchstück Dolchklinge aus Bronze, Miniaturdolchklinge aus Bronze, Fayenceperle, Knochenahle.
Pástor 1969, 15 Taf.2.1-4.

Grab 11. Zwei Töpfe, zwei Ringe von Weidenblattform, Perlen aus Dentalium, Fayence und Koralle, Blechröllchen, Spiraldraht, Knochennadel mit profiliertem Kopf.
Pástor 1969, 15,17 Taf.2.5-9, 3.1.

Grab 12. Drei Gefässe, Knochennadel mit profiliertem Kopf.
Pástor 1969, 17 Taf.3.2-4.

Grab 13. Keine Beigaben.
Pástor 1969, 17.

Grab 14. Zwei Ebereckzähne, Knochennadel mit profiliertem Kopf, Fayenceperle, Ring aus Bronzedraht mit Schleife.
Pástor 1969, 17, 19 Taf.3.5-7.

Grab 15. Keine Beigaben.
Pástor 1969, 19.

Grab 16. Drei Ringe von Weidenblattform.
Pástor 1969, 19 Taf.4.1-3. Vergleiche Bátora 1982, 259 Abb.4.1-3.

Grab 17. Perlen aus Fayence und Koralle.
Pástor 1969, 19 Taf.4.4.

Grab 18. Perlen aus Fayence und Koralle, Knochennadel mit profiliertem Kopf.
Pástor 1969, 19-20 Taf.4.5-6.

Grab 19. Schmuck von Weidenblattform.
Pástor 1969, 20 Taf.4.8.

Grab 20. Keine Beigaben.
Pástor 1969, 20.

Grab 21. Keine Beigaben.
Pástor 1969, 20.

Grab 22. Keine Beigaben.
Pástor 1969, 20-21.

Grab 23. Keine Beigaben.
Pástor 1969, 21.

Grab 24. Ebereckzahn, Knochennadel.
Pástor 1969, 21.

Grab 25. Keine Beigaben.
Pástor 1969, 21.

Grab 26. Knochennadel mit profiliertem Kopf.
Pástor 1969, 21 Taf.4.7.

Grab 27. Keine Beigaben.
Pástor 1969, 21.

---

[789] Das Fundinventar ist eine Aufzählung der Funde in den einzelnen Gräbern, basiert auf den Angaben von Pástor und soll dem Leser zum Nachschlagen dienen. Es handelt sich weder um eine vollständige Übersetzung des Textes von Pástor noch um einen ausführlichen Katalog.

Grab 28. Ring aus Bronzedraht mit Schleife, Schmuck von Weidenblattform, Knochennadel mit profiliertem Kopf, Fayenceperlen.
Pástor 1969, 21-22 Taf.5.1-4

Grab 29. Keine Beigaben.
Pástor 1969, 22.

Grab 30. Keine Beigaben.
Pástor 1969, 22.

Grab 31. Ring aus Bronzedraht, Perle aus Koralle, Miniaturdolchklinge.
Pástor 1969, 22 Taf.5.5-6.

Grab 32. Nadel aus Bronze, Perlen aus Bronze, Dentalium, Fayence und Koralle, Knochenahle.
Pástor 1969, 22-23 Taf.5.7-9.

Grab 33. Drei Knochennadeln mit profiliertem Kopf, Perlen aus Fayence, Knochen und Koralle, Schmuck von Weidenblattform.
Pástor 1969, 23 Taf.5.10-15. Vergleiche Bátora 1982, 259 Abb.4-11.

Grab 34. Knochenahle, Knochennadel, Perlen aus Fayence und Koralle, Schmuck von Weidenblattform.
Pástor 1969, 23-24 Taf.6.1-4.

Grab 35. Knochenahle.
Pástor 1969, 24.

Grab 36. Keine Beigaben.
Pástor 1969, 24.

Grab 37. Vier Ringe von Weidenblattform, zwei Knochennadeln mit profiliertem Kopf, Perlen aus Fayence, Koralle und Meeresmuschel, fünf Blechröllchen, Blechfragmente.
Pástor 1969, 24-25 Taf.6.5, 7.1-13. Vergleiche Bátora 1982, 259 Abb.4.12-24.

Grab 38. Keine Beigaben.
Pástor 1969, 25.

Grab 39. Ring aus Bronzedraht mit Schleife, Knochennadel mit Scheibenkopf.
Pástor 1969, 25 Taf.8.2-3.

Grab 40. Ring aus Bronzedraht mit Schleife.
Pástor 1969, 25 Taf.8.4.

Grab 41. Keine Beigaben.
Pástor 1969, 25-26.

Grab 42. Knochennadel mit Scheibenkopf, Sibiner-Lockenring, Fragment eines Rings aus Bronzedraht mit Schleife, Perlen aus Dentalium und Fayence.
Pástor 1969, 26 Taf.8.5-8.

Grab 43. Schmuck von Weidenblattform, Ringe aus Bronzedraht mit Schleife, Perle aus Koralle, Knochennadel.
Pástor 1969, 26 Taf.8.9-11.

Grab 44. Kleiner Ring aus Bronzedraht, drei Ringe aus Bronzedraht mit Schleife, Fragment vom Weidenblattschmuck, Nadel aus Bronze, Perlen aus Fayence und
Koralle, zwei Blechröllchen.
Pástor 1969, 26-27 Taf.9.1-10.

Grab 45. Keine Beigaben.
Pástor 1969, 27.

Grab 46. Ringfragmente aus Bronzedraht, Tierzahn.
Pástor 1969, 27 Taf.9.11-12.

Grab 47. Ring aus Bronzedraht mit Schleife, Ringfragmente aus Bronzedraht,
Perlen aus Fayence, Spiraldraht.
Pástor 1969, 27 Taf.9.13-16.

Grab 48. Keine Beigaben.
Pástor 1969, 27-28.

Grab 49. Keine Beigaben.
Pástor 1969, 28.

Grab 50. Keine Beigaben.
Pástor 1969, 28.

Grab 51. Keine Beigaben.
Pástor 1969, 28.

Grab 52. Schmuck von Weidenblattform, Ringfragmente.
Pástor 1969, 28 Taf.10.1-2.

Grab 53. Keine Beigaben.
Pástor 1969, 28.

Grab 54. Perlen aus Fayence und Koralle.
Pástor 1969, 29-30 Taf.10.4.

Grab 55. Ebereckzahn.
Pástor 1969, 30 Taf.10.5.

Grab 56. Krug, Schale und Gefäßbruchstücke.
Pástor 1969, 30-31 Taf.10.6-9, 11.1-2.

Grab 57. Schale mit Leichenbrand.
Pástor 1969, 30 Taf.11.3-4.

Grab 58. Keine Beigaben.
Pástor 1969, 30.

Grab 59. Steinaxt, Amphora mit zwei Ösenhenkeln, Ebereckzahn, Knochennadel mit profiliertem Kopf.
Pástor 1969, 31 Taf.12.1-2.

Grab 60. Keine Beigaben.
Pástor 1969, 31.

Grab 61. Keine Beigaben.
Pástor 1969, 31.

Grab 62. Keine Beigaben.
Pástor 1969, 31.

Grab 63. Keine Beigaben.
Pástor 1969, 31-32.

Grab 64. Keine Beigaben.
Pástor 1969, 32.

Grab 65. Krug, Schale.
Pástor 1969, 32 Taf.12.3-4.

Grab 66. Keine Beigaben.
Pástor 1969, 32.

Grab 67. Fragmente von Schmuck von Weidenblattform.
Pástor 1969, 32 Taf.12.5-9.

Grab 68. Keine Beigaben.
Pástor 1969, 32-33.

Grab 69. Gefäß.
Pástor 1969, 33.

Grab 70. Zwei Ebereckzähne, Ringfragment aus Bronzedraht, Fayenceperle, zwei Knochenahle, Fragment aus Bronzeblech.
Pástor 1969, 33 Taf.13.1-6.

Grab 71. Keine Beigaben.
Pástor 1969, 33.

Grab 72. Keine Beigaben.
Pástor 1969, 33.

Grab 73. Keine Beigaben.
Pástor 1969, 35.

Grab 74. Keine Beigaben.
Pástor 1969, 35.

Grab 75. Keine Beigaben.
Pástor 1969, 35.

Grab 76. Zwei Ebereckzähne, Ring aus Bronzedraht mit flachem Ende, Ringfragment aus Bronzedraht, Dolchklinge aus Bronze, Nadel aus Bronze, Tierzahn, Unterkiefer und Zahn vom Pferd.
Pástor 1969, 35 Taf.13.7-15.

Grab 77. Keine Beigaben.
Pástor 1969, 35-36.

Grab 78. Beil und Dolchklinge aus Bronze, Ringe aus Bronzedraht mit Schleife, Knochennadel mit profiliertem Kopf, Ebereckzahn, Bruchstück Knochennadel.
Pástor 1969, 36 Taf.14.1-9.

Grab 79. Bruchstück Knochennadel.
Pástor 1969, 36 Taf.15.1.

Grab 80. Keine Beigaben.
Pástor 1969, 36.

Grab 81. Keine Beigaben.
Pástor 1969, 36-37.

Grab 82. Ringfragment aus Bronzedraht, Bruchstück Knochennadel.
Pástor 1969, 37 Taf.15.2-3.

Grab 83. Keine Beigaben.
Pástor 1969, 37.

Grab 84. Keine Beigaben.
Pástor 1969, 37.

Grab 85. Zwei Ringe von Weidenblattform, Ring, Perlen aus Fayence und Koralle, Bruchstück von zwei Knochennadeln mit profiliertem Kopf.
Pástor 1969, 37 Taf.15.4-6.

Grab 86. Ring aus Bronzedraht mit Schleife, Fayenceperlen.
Pástor 1969, 38 Taf.15.7-8.

Grab 87. Gefäß, Gefäßbruchstücke, Perlen aus Koralle.
Pástor 1969, 38 Taf.15.9-10.

Grab 88. Kleine Amphora mit zwei Ösenhenkeln, großes Gefäß mit Ösenhenkel, Perlen aus Dentalium und Fayence, Fragment eines Bronzerings, Knochennadel mit profiliertem Kopf.
Pástor 1969, 38-39 Taf.16.

Grab 89. Henkelbecher.
Pástor 1969, 39 Taf.16.6.

Grab 90. Fayenceperlen.
Pástor 1969, 39 Taf.16.7.

Grab 91. Perlen aus Koralle.
Pástor 1969, 39 Taf.17.1.

Grab 92. Keine Beigaben.
Pástor 1969, 39.

Grab 93. Vier Ringe aus Bronzedraht mit Schleife, Spiraldraht, Ebereckzahn, Fayenceperlen.
Pástor 1969, 39-40 Taf.17.2-9.

Grab 94. Fayenceperlen, Ebereckzahn, Ringfragment aus Bronzedraht, Unterteil eines Gefässes.
Pástor 1969, 40 Taf.17.10-12.

Grab 95. Keine Beigaben.
Pástor 1969, 40.

Grab 96. Gefäßbruchstücke, Fayenceperlen, Knochengegenstand.
Pástor 1969, 40.

Grab 97. Pfeilspitze aus Stein.
Pástor 1969, 40 Taf.17.13.

Grab 98. Oberteil eines Gefässes.
Pástor 1969, 40-41 Taf.18.1.

Grab 99. Fayenceperlen.
Pástor 1969, 41.

Grab 100. Keine Beigaben.
Pástor 1969, 41.

Grab 101. Perlen aus Fayence und Koralle, Knochenahle,
Pástor 1969, 41 Taf.17.15-16.

Grab 102. Perlen aus Fayence und Knochen.
Pástor 1969, 41 Taf.18.2.

Grab 103. Keine Beigaben.
Pástor 1969, 41-42.

Grab 104. Ring aus Bronzedraht.
Pástor 1969, 42 Taf.18.5.

Grab 105. Keine Beigaben.
Pástor 1969, 42.

Grab 106. Keine Beigaben.
Pástor 1969, 42.

Grab 107. Keine Beigaben.
Pástor 1969, 42.

Grab 108. Keine Beigaben.
Pástor 1969, 42.

Grab 109. Perlen aus Fayence und Koralle.
Pástor 1969, 42 Taf.18.4.

Grab 110. Gefäßbruchstücke, Knochenahle, Spiraldraht, Perlen.
Pástor 1969, 42-43 Taf.18.6-7.

Grab 111. Kleiner Krug, Schale, Krug.
Pástor 1969, 43-44 Taf.19.1-2.

Grab 113. Sibiner-Lockenring, Ebereckzahn.
Pástor 1969, 44 Taf.19.3-5.

Grab 114. Sibiner-Lockenringe, Fayenceperlen.
Pástor 1969, 44.

Grab 115. Henkelschale.
Pástor 1969, 44 Taf.19.7.

Grab 116. Topf mit Henkel.
Pástor 1969, 44 Taf.19.6.

Grab 117. Knochenahle, Perlen aus Koralle.
Pástor 1969, 44-45 Taf.19.8-9.

Grab 118. Perlen aus Koralle.
Pástor 1969, 45.

Grab 119. Keine Beigaben.
Pástor 1969, 45.

Grab 120. Keine Beigaben.
Pástor 1969, 45.

Grab 121. Brandgrab der Otomani-Kultur, durch hallstattzeitliche Grube zerstört. Gefäßbruchstücke.
Pástor 1969, 45.

Grab 122. Keine Beigaben.
Pástor 1969, 45.

Grab 123. Geweihaxt, Knochennadel mit profiliertem Kopf, Topf, Gefäßbruchstücke.
Pástor 1969, 45-46 Taf.22.1.

Grab 124. Drei Gefässe, Perlen aus Dentalium und Fayence, Spiraldraht.
Pástor 1969, 46-47 Taf.20.2-4.

Grab 125. Zwei Ebereckzähne, Knochenahle, Perlen aus Koralle.
Pástor 1969, 47 Taf.20.5-8.

Grab 126. Knochennadel mit profiliertem Kopf, Bruchstück einer Knochennadel.
Pástor 1969, 47 Taf.21.1-2.

Grab 127. Knochennadel mit profiliertem Kopf, Knochenahle, Gefäßbruchstück.
Pástor 1969, 47 Taf.21.3-5.

Grab 128. Amphora mit zwei Ösenhenkeln.
Pástor 1969, 47, 49 Taf.21.7.

Grab 129. Keine Beigaben.
Pástor 1969, 49.

Grab 130. Keine Beigaben.
Pástor 1969,49.

Grab 131. Keine Beigaben.
Pástor 1969, 49.

Grab 132. Perle aus Koralle.
Pástor 1969, 49.

Grab 133. Keine Beigaben.
Pástor 1969, 49.

Grab 134. Keine Beigaben.
Pástor 1969, 49.

Grab 135. Zwei Ebereckzähne, Bruchstück Knochennadel, Fayenceperlen, zwei Ringe aus Bronzedraht, davon einer mit Schleife.
Pástor 1969, 49, 51 Taf.21.6,8-10.

Grab 136. Keine Beigaben.
Pástor 1969, 51.

Grab 137. Knochennadel mit profiliertem Kopf.
Pástor 1969, 51 Taf.21.11.

Grab 138. Keine Beigaben.
Pástor 1969, 51.

Grab 139. Keine Beigaben.
Pástor 1969, 51.

Grab 140. Keine Beigaben.
Pástor 1969, 51.

Grab 141. Ringfragmente aus Bronzedraht, Schmuck von Weidenblattform, Geweihaxt, drei Gefäßbruchstücke.
Pástor 1969, 51-52 Taf.22.1-5.

Grab 142. Zwei Bestattungen. Ältere Bestattung (Košt'any-Kultur): Fayenceperlen, Schmuck von Weidenblattform.
Jüngere Bestattung (Otomani-Kultur): zwei Gegenstände aus massivem Bronze, Bruchstück einer Knochenahle.
Pástor 1969, 52 Taf.22.6-9.

Grab 143. Keine Beigaben.
Pástor 1969, 52.

Grab 144. Keine Beigaben.
Pástor 1969, 52-53.

Grab 145. Fayenceperlen, zwei längliche Gegenstände aus Geweih.
Pástor 1969, 53 Taf.22.16, 30.5-6.
Bátora 1982, 268 Abb.11.1-3.

Grab 146. Dolchklinge, Ahle, Beil und Meißel aus Bronze, Ringe aus Bronzedraht mit Schleife, Perlen aus Dentalium und Fayence.
Pástor 1969, 53 Taf. 23.1-8.

Grab 147. Keine Beigaben.
Pástor 1969, 53.

Grab 148. Schale, längliche Knochen, Bruchstück Knochennadel, Knochenahle.
Pástor 1969, 54 Taf.23.9-16.

Grab 149. Vier Pfeilspitzen aus Stein, Knochenahle, Pferdezahn.
Pástor 1969, 54 Taf.22.10-15. Vergleiche Bátora 1982, 268 Abb.11.4-9.

Grab 150. Steingerät, Messer, Ahle und Dolchklinge aus Bronze, Bruchstück Knochennadel, Fayenceperlen.
Pástor 1969, 54-55 Taf. 24.1-6. Bátora 1982, 268 Abb.11.20-25.

Grab 151. Keine Beigaben.
Pástor 1969, 55.

Grab 152. Knochenahle, flacher Knochengegenstand.
Pástor 1969, 55 Taf. 24.7-8.

Grab 153. Zwei ganze und fünf Bruchstücke Ebereckzahn, zwei Dolchklingen
aus Bronzen, Steinklinge.
Pástor 1969, 55-56 Taf.24.9-19. Vergleiche Bátora 1982, 268 Abb.11.10-19.

Grab 154. Geweihaxt, Ebereckzahn, zwei Pfeilspitzen aus Stein, zwei Halbfabrikate aus Stein.
Pástor 1969, 56 Taf.25.1-5.

Grab 155. Geweihaxt, Steinklinge, Knochenahle, Bruchstück Knochennadel.
Pástor 1969, 56 Taf.25.6-10.

Grab 156. Keine Beigaben.
Pástor 1969, 56.

Grab 157. Knochenahle, Gefäßbruchstück, Perlen aus Ton, Dentalium, Fayence und Muschel, Knochennadel mit flachem durchbohrtem Kopf, durchlochte Muschel, Knochengegenstand, drei Fragmente Meeresmuschel.
Pástor 1969, 57 Taf.26.1-7.

Grab 158. Ebereckzahn, Steinklinge, Pfeilspitze, Knochennadel, Fayenceperlen.
Pástor 1969, 58 Taf.26.8-17.

Grab 159. Keine Beigaben.
Pástor 1969, 58.

Grab 160. Durchlochter Knochengegenstand, zwei Ebereckzähne.
Pástor 1969, 58 Taf.27.1-3. Vergleiche Bátora 1982, 268 Abb.11.26-28.

Grab 161. Knochenahle, Pfeilspitze, Ebereckzahn, zwei Steinklingen und zwei Halbfabrikate.
Pástor 1969, 58-59 Taf.27.10.

Grab 162. Keine Beigaben.
Pástor 1969, 59.

Grab 163. Keine Beigaben.
Pástor 1969, 59.

Grab 164. Vier Ringe von Weidenblattform, Fayenceperlen.
Pástor 1969, 59 Taf.11-15.

Grab 165. Amphora mit zwei Ösenhenkeln, Henkelbecher.
Pástor 1969, 59 Taf.28.1-2.

Grab 166. Amphora mit zwei Ösen - keln (rekonstruiert), Gefäßbruchstücke.
Pástor 1969, 59-60 Taf.28.3.

Grab 167. Geweih.
Pástor 1969, 60 Taf.28.4.

Grab 168. Keine Beigaben.
Pástor 1969, 60.

Grab 169. Fayenceperlen, Lockenring, Bruchstück Knochenahle.
Pástor 1969, 60 Taf. 28.6-8.

Grab 170. Krug.
Pástor 1969, 60, 62 Taf. 28.5.

Grab 171. Keine Beigaben.
Pástor 1969, 62.

Grab 172. Keine Beigaben.
Pástor 1969, 62.

Grab 173. Keine Beigaben.
Pástor 1969, 62.

Grab 174. Zwei Ringfragmente aus Bronzedraht, Perlen aus Dentalium und Fayence.
Pástor 1969, 62 Taf.28.9-11.

Grab 175. Keine Beigaben.
Pástor 1969, 62.

Grab 176. Knochennadel mit profiliertem Kopf, Fayenceperlen.
Pástor 1969, 62-63 Taf.29.1-2.

Grab 177. Krug.
Pástor 1969, 63 Taf.29.3.

Grab 178. Krug, kleiner Krug.
Pástor 1969, 63 Taf.29.4-5.

Grab 179. Knochennadel, Pfeilspitze aus Stein.
Pástor 1969, 63.

Grab 180. Großer Topf.
Pástor 1969, 64 Taf.29.7.

Grab 181. Schale, Krug, kleiner Becher.
Pástor 1969, 64 Taf.30.1-3.

Grab 182. Ring aus Bronzedraht, Schälchen.
Pástor 1969, 64 Taf.30.4.

Verzeichnis 18. Fundinventar der Gräber in Čaňa.[790]

Grab 1-2. Spiraldraht, Perlen aus Dentalium und Fayence.
Pástor 1978, 15 Taf.1.1-2.

Grab 3. Henkelschale.
Pástor 1978, 15 Taf.1.5.

Grab 4. Gefäßboden.
Pástor 1978 15 Taf.1.6.

Grab 5. Bronzenadel mit umgebogenem Kopf, Fayenceperlen.
Pástor 1978, 15-16 Taf. 1.3-4.

Grab 6. Spiraldraht, Ebereckzähne.
Pástor 1978 16 Taf.7-10.

Grab 7. Schale.
Pástor 1978, 16-17 Taf.2.1.

Grab 8. Ebereckzahn, Sibiner-Lockenring.
Pástor 1978, 17 Taf.2.2-3.

Grab 9. Zwei Blechröllchen, Bronzeahle, Spiraldraht.
Pástor 1978, 17-18 Taf 2.4-6.

Grab 10. Fayenceperlen, Schale, Krug.
Pástor 1978, 18 Taf.2.7-10.

Grab 11. Perlen aus Dentalium und Fayence, zwei Pfeilspitzen aus Obsidian, Schüssel, zwei Bruchstücke eines Kruges.
Pástor 1978, 18 Taf.3.1-5.

Grab 12. Spiraldraht, Perlen aus Dentalium und Fayence, drei Ebereckzähne.
Pástor 1978 18-19 Taf. 3.6-10.

Grab 13. Keine Beigaben.
Pástor 1978, 19.

Grab 14. Keine Beigaben.
Pástor 1978, 19.

Grab 15. Schale, Krug, Topf mit Griffknubbe, Perlen aus Dentalium und Fayence.
Pástor 1978, 19, 21 Taf.4.1-4, 5.1.

Grab 16. Keine Beigaben.
Pástor 1978, 21.

Grab 17. Lockenring aus Gold, vier Blechbuckel, Spiraldraht, zwei Steinklingen, Bruchstück Ebereckzahn, Amphora mit zwei Ösenhenkeln, Krug.
Pástor 1978, 21-22 Taf.5.2-10.

Grab 18. Becher.
Pástor 1978, 22-23 Taf.6.1.

Grab 19. Keine Beigaben.
Pástor 1978, 23.

Grab 20. Henkelschale, Sibiner-Lokkenring, Ring aus Bronzedraht.
Pástor 1978, 23 Taf.2-3.

Grab 21. Ebereckzahn, Pfeilspitze aus Obsidian, Spiraldraht.
Pástor 1978, 23 Taf.6.4-6.

Grab 22. Drei Dentaliumperlen.
Pástor 1978, 23 Taf.6.7.

Grab 23. Keine Beigaben.
Pástor 1978, 23- 24.

Grab 24. Keine Beigaben.
Pástor 1978, 24.

Grab 25. Vier Dentaliumperlen, Schale.
Pástor 1978, 24 Taf.6.8 und 7.1.

Grab 26. Keine Beigaben.
Pástor 1978, 24.

Grab 27. Keine Beigaben.
Pástor 1978, 24.

---

[790] Das Fundinventar ist eine Aufzählung der Funde in den einzelnen Gräbern, basiert auf den Angaben von Pástor und soll dem Leser zum Nachschlagen dienen. Es handelt sich weder um eine vollständige Übersetzung des Textes von Pástor noch um einen ausführlichen Katalog.

Grab 28. Keine Beigaben.
Pástor 1978, 24.

Grab 29. Sibiner-Lockenring, Ebereckzahn.
Pástor 1978, 24 Taf.7.2-3.

Grab 30. Blechröllchen, Dentaliumperle.
Pástor 1978, 25 Taf.7.4.

Grab 31. Ebereckzahn.
Pástor 1978, 25.

Grab 32. Zwei Ebereckzähne.
Pástor 1978, 25 Taf.7.5-6.

Grab 33. Gefäßbruchstücke und Knochen.
Pástor 1978, 25.

Grab 34. Zwei Sibiner-Lockenringe, Perlen aus Dentalium, Fayence, Meeresmuschel, Blechröllchen und Spiraldraht, Blechbuckel und ein Amphora mit zwei Ösenhenkeln.
Pástor 1978, 25, 27 Taf.7.8-12.

Grab 35. Spiraldraht, Schale.
Pástor 1978, 27 Taf.8.1.

Grab 36. Sibiner-Lockenring, Krug.
Pástor 1978, 27-28 Taf. 8.2-3.

Grab 37. Sibiner-Lockenring, amphorenähnliches Gefäß mit Henkelansatz.
Pástor 1978, 28-29 Taf. 8.4-5.

Grab 38. Dentaliumperle, Unterteil eines Topfes.
Pástor 1978, 29 Taf.8.6,8.

Grab 39. Keine Beigaben.
Pástor 1978, 29.

Grab 40. Keine Beigaben.
Pástor 1978, 29.

Grab 41. Keine Beigaben.
Pástor 1978, 29.

Grab 42. Keine Beigaben.
Pástor 1978, 29.

Grab 43. Perlen aus Dentalium und Fayence, Amphora mit zwei Ösenhenkeln, Schale.
Pástor 1978, 29-30 Taf. 9.1-3.

Grab 44. Schale.
Pástor 1978, 30 Taf.9.5.

Grab 45. Keine Beigaben.
Pástor 1978, 30.

Grab 46. Fayenceperlen, Krug.
Pástor 1978, 30 Taf.10.1-2. Vergleiche Bátora 1982, 302 Abb.46.7-8.

Grab 47. Sibiner-Lockenring, drei Dentaliumperlen.
Pástor 1978, 30 Taf.10.3.

Grab 48. Fayenceperlen, Spiraldraht.
Pástor 1978, 30 Taf.10.4.

Grab 49. Vier Sibiner-Lockenringe aus Gold, Perlen aus Dentalium und Meeresmuschel, zwei Sibiner-Lockenringe aus Bronze, Spiraldraht.
Pástor 1978, 30, 32 Taf.11.1-8.

Grab 50. Keine Beigaben.
Pástor 1978, 32.

Grab 51. Keine Beigaben.
Pástor 1978, 32.

Grab 52. Vier Sibiner-Lockenringe, Perlen aus Dentalium, Fayence und Meeresmuschel, Spiraldraht und Blechröllchen.
Pástor 1978, 32 Taf.10.5-11.

Grab 53. Keine Beigaben.
Pástor 1978, 32.

Grab 54. Schale, Henkelschale, Henkelbecher, Amphora mit zwei Henkeln.
Pástor 1978, 32-33 Taf.12.1-3.

Grab 55. Keine Beigaben.
Pástor 1978, 33-34.

Grab 56. Knochen, Spiraldraht.
Pástor 1978, 34 Taf.11.9.

Grab 57. Fayenceperlen, Gefäßboden, Krug (rekonstruiert).
Pástor 1978, 34 Taf.11.10-11.

Grab 58. Spiraldraht.
Pástor 1978, 34 Taf.11.14.

Grab 59. Keine Beigaben.
Pástor 1978, 34.

Grab 60. Keine Beigaben.
Pástor 1978, 34.

Grab 61. Bronzenadel, Fayenceperlen, Spiraldraht.
Pástor 1978, 34, 36 Taf.11.12-13.

Grab 62. Keine Beigaben.
Pástor 1978, 36.

Grab 63. Miniatur-Dolchklinge aus Bronze, Fayenceperlen.
Pástor 1978, 36 Taf.14.5.

Grab 64. Schale.
Pástor 1978, 36 Taf.13.3.

Grab 65. Dentaliumperle, Topf mit zwei Griffknubben.
Pástor 1978, 36 Taf.13.1-2.

Grab 66. Lockenring aus Bronze, Geweihaxt.
Pástor 1978, 36, 38 Taf.12.4-5.

Grab 67. Keine Beigaben.
Pástor 1978, 38.

Grab 68. Perlen aus Bronze, Fayence und Meeresmuschel.
Pástor 1978, 38-39 Taf.13.5.

Grab 69. Keine Beigaben.
Pástor 1978, 39.

Grab 70. Dentaliumperlen, Gefäß mit inkrustierter Linienverzierung, Krug (rekonstruiert).
Pástor 1978, 39 Taf.14.1-3.

Grab 71. Fayenceperlen.
Pástor 1978, 39 Taf.13.4.

Grab 72. Fayenceperlen, Spiraldraht.
Pástor 1978, 39 Taf.14.4.

Grab 73. Gefäßbruchstücke.
Pástor 1978, 39, 41.

Grab 74. Keine Beigaben.
Pástor 1978, 41.

Grab 75. Keine Beigaben.
Pástor 1978, 41.

Grab 76. Drei Ebereckzähne.
Pástor 1978, 41 Taf.15.6.

Grab 77. Keine Beigaben.
Pástor 1978, 41.

Grab 78. Keine Beigaben.
Pástor 1978, 41.

Grab 79. Spiraldraht, zwei Sibiner-Lockenringe, Perlen aus Dentalium und Fayence.
Pástor 1978, 41, 43 Taf.15.1.

Grab 80. Keine Beigaben.
Pástor 1978, 43.

Grab 81. Keine Beigaben.
Pástor 1978, 43.

Grab 82. Keine Beigaben.
Pástor 1978, 43.

Grab 83. Keine Beigaben.
Pástor 1978, 43.

Grab 84. Fayenceperlen, Geweihaxt.
Pástor 1978, 43 Taf.14.7, 15.5.

Grab 85. Zwei Sibiner-Lockenringe, Fayenceperlen.
Pástor 1978, 43 Taf.14.6, 15.2-3.

Grab 86. Keine Beigaben.
Pástor 1978, 43, 45.

Grab 87. Keine Beigaben.
Pástor 1978, 45.

Grab 88. Fayenceperlen.
Pástor 1978, 45 Taf.15.4.

Grab 89. Keine Beigaben.
Pástor 1978, 45.

Grab 90. Keine Beigaben.
Pástor 1978, 45.

Grab 91. Keine Beigaben.
Pástor 1978, 45.

Grab 92. Keine Beigaben.
Pástor 1978, 45.

Grab 93. Keine Beigaben.
Pástor 1978, 45.

Grab 94. Knochen, Unterteil eines Gefässes.
Pástor 1978, 45 Taf.16.1.

Grab 95. Keine Beigaben.
Pástor 1978, 47.

Grab 96. Dolchklinge aus Bronze, Bronzenadel mit durchlochtem flachem Kopf, Armschutzplatte aus Stein, drei Bronzeringe.
Pástor 1978, 47 Taf.16.4-8. Vergleiche Bátora 1982, 302 Abb.46.1-5.

Grab 97. Keine Beigaben.
Pástor 1978, 47.

Grab 98. Keine Beigaben.
Pástor 1978, 47.

Grab 99. Keine Beigaben.
Pástor 1978, 47.

Grab 100. Keine Beigaben.
Pástor 1978, 47, 49.

Grab 101. Keine Beigaben.
Pástor 1978, 49.

Grab 102. Keine Beigaben.
Pástor 1978, 49.

Grab 103. Keine Beigaben.
Pástor 1978, 49.

Grab 104. Keine Beigaben.
Pástor 1978, 49.

Grab 105. Keine Beigaben.
Pástor 1978, 49.

Grab 106. Keine Beigaben.
Pástor 1978, 49.

Grab 107. Pferdezähne.
Pástor 1978, 49 Taf.15.7-9.

Grab 108. Keine Beigaben.
Pástor 1978, 49-50.

Grab 109-112. Zerstört. Aus Grab 109: Pfeilspitze aus Obsidian, Knochen, Fayenceperlen.
Pástor 1978, 50 Taf.16.9-10.

Grab 113-114. Grabüberschneidung.
Aus Grab 113: Obsidianklinge und drei Tierknochen.
Aus Grab 114: Bronzering und Fayenceperlen.
Pástor 1978, 50 Taf.16.2-3,11.

Grab 115. Zwei Ebereckzähne, Knochenahle, Bronzering, Fayenceperlen.
Pástor 1978, 50-51 Taf.17.1-5.

Grab 116. Keine Beigaben.
Pástor 1978, 51.

Grab 117. Keine Beigaben.
Pástor 1978, 51.

Grab 118. Keine Beigaben.
Pástor 1978, 51.

Grab 119. Keine Beigaben.
Pástor 1978, 51.

Grab 120. Keine Beigaben.
Pástor 1978, 51.

Grab 121. Keine Beigaben.
Pástor 1978, 51.

Grab 122. Keine Beigaben.
Pástor 1978, 51.

Grab 123. Bruchstücke eines Bronzeringes, Fayenceperlen.
Pástor 1978, 51, 53 Taf.17.7.

Grab 124. Keine Beigaben.
Pástor 1978, 53.

Grab 125-126. Keine Beigaben.
Pástor 1978, 53.

Grab 127. Keine Beigaben.
Pástor 1978, 53.

Grab 128. Armschutzplatte aus Stein.
Pástor 1978, 53 Taf.17.6. Vergleiche Bátora 1982, 302 Abb.46.6.

Grab 129. Keine Beigaben.
Pástor 1978, 53.

Grab 130. Keine Beigaben.
Pástor 1978, 53.

Grab 131. Keine Beigaben.
Pástor 1978, 53.

Grab 132. Keine Beigaben.
Pástor 1978, 53.

Grab 133. Keine Beigaben.
Pástor 1978, 54.

Grab 134. Perlen aus Fayence und Koralle.
Pástor 1978, 54 Taf.17.8.

Grab 135-136.
Grab 135, ohne Beigaben.
Aus Grab 136: Bronzering, Pfeilspitze und Klingen aus Obsidian, Perlen aus Koralle.
Pástor 1978, 54 Taf.17.9-14.

Grab 137. Keine Beigaben.
Pástor 1978, 54.

Grab 138. Keine Beigaben.
Pástor 1978, 54.

Grab 139. Fayenceperlen.
Pástor 1978, 54-55 Taf. 18.2.

Grab 140. Perlen aus Koralle.
Pástor 1978, 55 Taf.18.1.

Grab 141. Fayenceperlen.
Pástor 1978, 55 Taf.18.3.

Grab 142. Keine Beigaben.
Pástor 1978, 55.

Grab 143. Fayenceperlen.
Pástor 1978, 55 Taf.18.4.

Grab 144. Perlen aus Koralle.
Pástor 1978, 55 Taf.18.6.

Grab 145. Keine Beigaben.
Pástor 1978, 55.

Grab 146. Keine Beigaben.
Pástor 1978, 55-56.

Grab 147. Keine Beigaben.
Pástor 1978, 56.

Grab 148. Perlen aus Koralle.
Pástor 1978, 56 Taf. 18.5.

Grab 149. Bronzering, zwei Bruchstücke eines Bronzeringes, Schale.
Pástor 1978, 56 Taf.18.7-8.

Grab 150. Bronzering.
Pástor 1978, 56 Taf. 18.9.

Grab 151. Ebereckzahn, drei Blechröllchen, Fayenceperlen, Bronzeniet von einem Bronzedolch.
Pástor 1978, 56 Taf.19.1-4.

Grab 152. Bronzering, Ebereckzahn.
Pástor 1978, 56-57 Taf. 19.5-6.

Grab 153-154. Aus Grab 153: Perlen aus Koralle, Ebereckzahn.
Grab 154, ohne Beigaben.
Pástor 1978, 57 Taf.19.7-8.

Grab 155. Keine Beigaben.
Pástor 1978, 57.

Grab 156. Geweihaxt, Armschutzplatte aus Stein.
Pástor 1978, 57 Taf.19.9-10.

Grab 157. Keine Beigaben.
Pástor 1978, 57.

Grab 158. Drei Dentaliumperlen.
Pástor 1978, 57 Taf.19.11.

Grab 159. Keine Beigaben.
Pástor 1978, 57.

Grab 160. Perlen aus Koralle.
Pástor 1978, 57-58 Taf. 19.12.

Grab 161. Keine Beigaben.
Pástor 1978, 58.

Grab 162. Keine Beigaben.
Pástor 1978, 58.

Verzeichnis 19. Fundinventar der Gräber in Valaliky-Košt'any.[791]

Grab 1. Perlen aus Dentalium, Glas und Ton. zwei Ringe aus Bronzeblech, ein Ring aus Bronzedraht.
Pástor 1962, 63-64 Abb.6.1-4. Vergleiche Bátora 1982, 269 Abb.13.6-8.

Grab 2. Gefäßbruchstücke.
Pástor 1962, 64.

Grab 3. Henkelschale, Miniaturtopf, Fayenceperlen, Sibiner-Lockenring, Fragment eines Bronzeringes.
Pástor 1962, 64-65 Abb.6.8-12.

Grab 4. Keine Beigaben.
Pástor 1962, 65.

Grab 5. Keine Beigaben.
Pástor 1962, 65.

Grab 6. Keine Beigaben.
Pástor 1962, 65.

Grab 7. Gefäßbruchstück.
Pástor 1962, 65.

Grab 8. Perlen aus Fayence und Meeresmuschel.
Pástor 1962, 66 Abb.3, 6.13.

Grab 9. Gefäßbruchstück.
Pástor 1962, 66.

Grab 10. Gefäß, Perlen aus Dentalium, Fayence, Glas und Ton.
Pástor 1962, 66, 68 Abb.4, 6.14-16.

Grab 11. Keine Beigaben.
Pástor 1962, 68.

Grab 12. Gefäßbruchstücke.
Pástor 1962, 68 Abb.7.1-2.

Grab 13. Keine Beigaben.
Pástor 1962, 68.

Grab 14. Kleines Gefäß und zwei Gefäßbruchstücke.
Pástor 1962, 68 Abb.7.3.

Grab 15. Perlen aus Dentalium, bläulichem Glas (Fayence) und Knochen, Knochennadel mit profiliertem Kopf, unterer Teil zweier Gefässe, Dolchklinge und Beil aus Bronze.
Pástor 1962, 68, 70 Abb.7.4-9.

Grab 16. Bläuliche Perlen (Fayence), Abschlag aus Obsidian.
Pástor 1962, 70.

Grab 17. Bläuliche Perlen (Fayence), zwei Sibiner-Lockenringe, Ring aus Bronzeblech, Messer und Dolchklinge aus Bronze, acht Pfeilspitzen aus Stein, Klingen und Abschlag aus Obsidian.
Pástor 1962, 70 Abb.7.11-24. Vergleiche Bátora 1982, 265 Abb.9.1-13.

Grab 18. Zwei bläuliche Perlen (Fayence), unterer Teil eines Gefässes, Knochennadel mit profiliertem Kopf, zwei Klingen aus Obsidian und zwei Abschläge aus Stein.
Pástor 1962, 70 Abb.8.1-8.

---

[791] Das Fundinventar ist eine Aufzählung der Funde in den einzelnen Gräbern, basiert auf den Angaben von Pástor und soll dem Leser zum Nachschlagen dienen. Es handelt sich weder um eine vollständige Übersetzung des Textes von Pástor noch um einen ausführlichen Katalog.

Fundinventar der Gräber in Valalíky-Všechsvätých.[792]

Grab 1. Perlen aus Fayence und Koralle, Lockenring.
Pástor 1978, 63.

Grab 2. Perlen aus Dentalium und Fayence, Dolchklinge aus Bronze, Steinklinge, Knochennadel mit flachem Kopf, Gefäßbruchstücke, Bruchstück Ebereckzahn.
Pástor 1978, 63 Taf.22.1-2.

Grab 3. Fayenceperlen, zwei Pfeilspitzen aus Stein, Henkelschale, Objekt aus Bronze.
Pástor 1978, 63, 65 Taf.22.3-5. Vergleiche Bátora 1982, 298 Abb.43.3-4.

Grab 4. Perlen aus Dentalium und Fayence, Lockenring aus Bronzedraht.
Pástor 1978, 65-66 Taf.22.6,9.

Grab 5. Keine Beigaben.
Pástor 1978, 66.

Grab 6. Keine Beigaben.
Pástor 1978, 66.

Grab 7. Perlen aus Fayence und Koralle.
Pástor 1978, 66.

Grab 8. Keine Beigaben.
Pástor 1978, 66.

Grab 9. Keine Beigaben.
Pástor 1978, 66.

Grab 10. Keine Beigaben.
Pástor 1978, 66.

Grab 11. Perlen aus Fayence und Koralle, unbearbeitete Klingen aus Obsidian.
Pástor 1978, 66.

Grab 12. Perlen aus Koralle.
Pástor 1978, 66.

Grab 13. Keine Beigaben.
Pástor 1978, 66.

Grab 14. Keine Beigaben.
Pástor 1978, 66.

Grab 15. Fayenceperlen, Obsidian.
Pástor 1978, 66, 68.

Grab 16. Bruchstück eines Gegenstandes aus Glas, Gefäßbruchstücke, Perlen aus Fayence, Koralle und Muschel, Sibiner-Lockenring, Armring aus Bronzedraht, Ringfragmente aus Bronzedraht.
Pástor 1978, 68 Taf.22.7-8.

Grab 17. Keine Beigaben.
Pástor 1978, 68.

Grab 18. Keine Beigaben.
Pástor 1978, 68.

Grab 19. Perlen aus Dentalium und Fayence, eine Henkelschale, ein Henkelbecher.
Pástor 1978, 68-69 Taf.23.1-2.

Grab 20. Keine Beigaben.
Pástor 1978, 69.

Grab 21. Vier Perlen aus Koralle, Blechröllchen, Gefäß mit Besenstrich.
Pástor 1978, 69.

Grab 22. Keine Beigaben.
Pástor 1978, 69.

Grab 23. Drei Perlen aus Koralle.
Pástor 1978, 69.

Grab 24. Keine Beigaben.
Pástor 1978, 69.

Grab 25. Ring aus Bronzedraht, Gefäßbruchstücke, Gegenstand aus Geweih.
Pástor 1978, 69.

---

[792] Das Fundinventar ist eine Aufzählung der Funde in den einzelnen Gräbern, wie von Pástor angegeben wurde, und soll dem Leser zum Nachschlagen dienen. Es handelt sich weder um eine vollständige Übersetzung des Pástor Textes noch um einen ausführlichen Katalog.

Grab 26. Perlen aus Dentalium und Fayence.
Pástor 1978, 69.

Grab 27. Perlen aus Dentalium und Fayence, Ebereckzahn, Gefäßbruchstücke, Amphora mit zwei Ösenhenkeln.
Pástor 1978, 69-70 Taf.23.3-6.

Grab 28. Ebereckzahn, Bruchstück einer Knochennadel, Gefäßbruchstück.
Pástor 1978, 70.

Grab 29. Keine Beigaben.
Pástor 1978, 70.

Grab 30. Gefäßbruchstücke, Amphora mit zwei Ösenhenkeln.
Pástor 1978, 70 Taf.23.7.

Grab 31. Keine Beigaben.
Pástor 1978, 70.

Grab 32. Perlen aus Fayence und Koralle.
Pástor 1978, 70.

Grab 33. Krug, Perlen aus Dentalium und Fayence, Knochenahle.
Pástor 1978, 72 Taf.23.8-9.

Grab 34. Keine Beigaben.
Pástor 1978, 72.

Grab 35-36. Henkelbecher, Perlen aus Dentalium, Fayence, Knochen und Ton.
Pástor 1978, 72 Taf.24.1-3.

Grab 37. Keine Beigaben.
Pástor 1978, 73.

Grab 38. Keine Beigaben.
Pástor 1978, 73.

Grab 39. Keine Beigaben.
Pástor 1978, 73.

Grab 40. Keine Beigaben.
Pástor 1978, 73.

Grab 41. Keine Beigaben.
Pástor 1978, 73.

Grab 42. Ringfragment mit Schleife aus Bronzedraht.
Pástor 1978, 73.

Grab 43. Perlen aus Koralle.
Pástor 1978, 73, 76 Taf.24.4.

Grab 44. Perlen aus Dentalium, Fayence und Koralle, Henkelbecher.
Pástor 1978, 76 Taf.24.5-6.

Grab 45. Keine Beigaben.
Pástor 1978, 76.

Grab 46. Perlen aus Koralle, Pfeilspitze aus Stein.
Pástor 1978, 76.

Grab 47. Gefäßbruchstück mit Schnurabdruck, kleines Gefäß mit Griffknubbe, Dolchklinge, Beil und Ahle aus Bronze, Ring aus flachem Bronzedraht, Blechröllchen, Fayenceperlen.
Pástor 1978, 76-77 Taf.24.7, 25.1-6.
Vergleiche Bátora 1982, 298 Abb.43.1-9.

Grab 48. Perlen aus Dentalium und Fayence, Pfeilspitzen aus Stein, Klingen aus Obsidian, Sibiner-Lockenring, Gefäßbruchstück.
Pástor 1978, 77-78 Taf.28.2.

Grab 49. Zwei Henkelschalen, durchbohrte Steinaxt, Perlen aus Dentalium und Fayence, drei Ebereckzähne, Pfeilspitzen und Klingen aus Stein (Jaspis, Obsidian und Quarz), Spiraldraht, Blechröllchen.
Pástor 1978, 78 Taf.26.1-7, 27.1-4, 28.1. Vergleiche Bátora 1982, 292-294 Abb.38-40.

Grab 50. Perlen aus Fayence und Koralle.
Pástor 1978, 79 Taf.28.3.

Grab 51. Perlen aus Fayence.
Pástor 1978, 80 Taf.28.4.

Grab 52. Fayenceperlen.
Pástor 1978, 80.

Grab 53. Perlen aus Dentalium, Fayence und Koralle.
Pástor 1978, 80 Taf.29.1.

Grab 54. Perlen aus Koralle, Muschel-Rohstoff zur Perlenherstellung, Knochenahle, Sibiner-Lockenring.
Pástor 1978, 80 Taf.29.2. Vergleiche Bátora 1982, 269 Abb.13.1-4.

Katalog der Funde

Einleitung.

Der Katalog besteht einerseits aus den Angaben der von F. von Tompa geführten Grabungstagebücher und andererseits aus einer Aufzählung der heute im Ungarischen Nationalmuseum in Budapest sowie in dem University Museum of Anthropology and Archaeology in Cambridge aufbewahrten Grabfunde aus dem Gräberfeld Hernádkak. Er ist in drei Teile geordnet:

1. Nach der aufgeführten Grabnummer folgen jeweils die Angaben von Tompas in Kursivschrift über die Maße des Grabes, Geschlecht und Ausrichtung des Bestatteten, und Nummer und Lage der Grabfunde. Die auf ungarisch handgeschriebenen Tagebücher wurden möglichst im Wortlaut übersetzt. Eventuelle Ergänzungen oder Erklärungen dazu sind in Klammern beigefügt.[793] Existiert ein Photo des Grabes, dann wird es an dieser Stelle zitiert.
2. Danach wird das Fundmaterial aus dem Grab soweit erhalten und mit Sicherheit dem jeweiligen Grab zuweisbar, beschrieben.[794] Der heutige Verbleib, Inventar- und Tafelnummer für jeden Gegenstand werden hier angegeben.[795] Wurde der Gegenstand bereits an einer anderen Stelle in der Literatur abgebildet, so wird dies im Anschluß daran zitiert. Fehlt der im Tagebuch beschriebene Gegenstand bzw. ist er im Museum nicht auffindbar, wird es an dieser Stelle vermerkt. Sollten sich Diskrepanzen zwischen den Angaben im Tagebuch und dem in den Museen vorliegenden und veröffentlichten Fundstoff ergeben, wird dieses ebenfalls erwähnt.[796]
3. Anschließend werden die Funde aufgezählt, die im Grabungstagebuch jeweils bei dem entsprechenden Grabinventar aufgenommen wurden und heute nicht mehr im MNM auffindbar sind. Sollte der fehlende Fund im Grabphoto zu erkennen sein bzw. wurde er bereits in der Literatur abgebildet, so wird dieses an dieser Stelle vermerkt.

Der Maßstab der abgebildeten Gegenstände auf Tafel 1-25 ist 1:2. Ausnahmen dazu sind die Fayenceperlen, der Goldblechschmuck und der Schmuck aus Grab 78, welche im Maßstab 1:1 sind, außerdem grössere Töpfe, welche im Maßstab 1:3 abgebildet sind. Die Numerierung der einzelnen Fundobjekte im Katalog entspricht den Tafelabbildungen.

---

[793] An dieser Stelle danke ich T.Kovács für die Vermittlung der photographischen Reproduktionen der Tagebücher. Ebenfalls danke ich E.Bánffy für ihre Hilfe beim Übersetzen.
Zur Übersetzung des ungarischen Textes siehe zusätzlich noch die Erläuterungen zur Übersetzung der Keramik und Kleinfunde im Verzeichnis 7.

[794] Zu der Beschreibung gehört auch die Nummer der dem Gefäß entsprechenden Form nach der Typengliederung dieser Arbeit, Kapitel V. Der Fundstoff.

[795] Dabei wird das Ungarische Nationalmuseum in Budapest mit MNM abgekürzt, das University Museum of Archaeology and Anthropology in Cambridge mit UMC.

[796] Im Falle solcher Diskrepanzen wurden der Gegenstand, die Befundbeschreibung im Grabungstagebuch, der entsprechende Eintrag im Museums-Inventarbuch und das Grab- bzw. Fundphoto miteinander verglichen. Auf dieser Weise konnte in mehreren Fällen eine Verwechslung bzw. eine falsche Grabzuweisung von Gegenständen geklärt bzw. korrigiert werden. Siehe Verzeichnis 9. Zur Inventarisierung des Fundmaterials im MNM und Verzeichnis 11. Zu den bei Bóna abgebildeten Grabfunden.

Grab 1.   Tafel 1.1-3

Tiefe der Grabgrube 55 cm. Länge der Grabgrube ? Knochen nicht erhalten. Beigaben: nah beieinander zwei kleine Tassen (1-2), daneben eine Rollenkopfnadel mit tordiertem Schaft(3).

1. Hülsenkopfnadel aus Kupfer oder Bronze mit tordiertem Schaft von quadratischem Querschnitt. Spitze abgebrochen.
Nadel Typ 3. Abb.51.10.
erh.L. 8,8 cm.
Oberfläche hellgrün verkrustet.
Inv.Nr.1952.3.1 (Tafel 1.1). Bóna 1975 Tafel 163.21.

2. Töpfchen von Miniaturgröße mit kegelförmigem Körper, eingezogenem Hals mit ausschwingendem Rand und breiter Standfläche.
Miniaturgefäße. Abb.41.1.
H. 4,8 cm, Halsdm. 3,8 cm, Randdm. 4 cm, gr.Dm. 5 cm. Oberfläche dunkelgrau bis beige, verwittert, unverziert.
Inv.Nr.1953.24.2 (Tafel 1.2). Bóna 1975 Tafel 157.2.

3. Oberer Teil einer Henkeltasse mit langem, abgesetztem, geradem Hals, ausschwingendem Rand und Ansatz eines runden Körpers. Körper und Boden fehlen. Ein randständiger bandförmiger Henkel führt zur Schulter.
Tasse Typ 1 Variante 2. Abb.32.4.
erh.H. 6 cm, Randdm. 8 cm, Dm. Halsansatz 7 cm.
Oberfläche gelblich orange, verwittert, unverziert.
Inv.Nr.1953.24.1 (Tafel 1.3).

Grab 2.   Tafel 1.4-7.

Tiefe der Grabgrube 50 cm. Länge ? Knochen nicht erhalten. Die Gefäße sind dennoch von Norden her in einer Reihe: eine Schüssel(1), daneben ein großes Gefäß(2), südlich davon eine große Tasse(3) und eine kleinere Tasse(4), daneben eine Punzierer-Ahle aus Bronze(5). Bóna 1975 Tafel 154.1.

1. Henkelloser Topf mit zylindrischem Hals, ausschwingendem, schräg gekantetem Rand, eiförmigem Körper mit hohem Umbug und kleiner abgesetzter Standfläche.
Topf Typ 4. Abb.38.5.
H. 20-20,5 cm, Randdm. 14,5 cm, gr.Dm. Körper 18,5 cm, Bodendm. 9 cm.
Oberfläche gelblich braun, mit orangen und schwarzen Flecken. Auf dem Hals unregelmäßig senkrechte Besenstriche. Körper bis auf ein ausgespartes Feld oberhalb der abgesetzten Standfläche mit leicht geglätteten Textilabdrücken behandelt.
Inv.Nr.1953.24.4 (Tafel 1.4). Bóna 1975 Tafel 157.8.

Fehlt: Punzierer-Ahle aus Bronze(5).

2. Oberteil einer Henkelschale mit abgesetztem trichterförmigem Hals, und horizontal ausschwingendem Rand. Leicht erhöhter, randständiger Henkel von rechtekkigem Querschnitt, abgebrochen.
Vergleiche Henkelschale Typ 1. Abb.34.1
erh.H. 4,5 cm, Randdm. 12 cm.
Oberfläche hell bis dunkelgrau, verwittert, unverziert.
Inv.Nr.1953.24.5 (Tafel 1.5).

3. Henkelschale mit langem, trichterförmigem Hals, horizontal nach außen geknickter Randlippe, hohem Umbug, sich nach unten verjüngendem Körper und

abgesetzter Standfläche. Ansatz eines Henkels unterhalb des Randes und am Halsansatz.
Henkelschale Typ 1. Abb.34.1.
H. 9,5 cm, Randdm. 13 cm, Dm. Halsansatz 9 cm, gr.Dm. 10,8 cm, Bodendm. 4,8 cm.
Oberfläche grau, orange und schwarz gefleckt, verwittert. Unterhalb des Randes eine waagerechte Rille und hängende Dreiecke aus Ritzlinien. Am Halsansatz zwei parallele Rillen, darunter auf dem Gefäßkörper mehrere schräge, parallele Rillen.
Inv.Nr.1953.24.30 (Tafel 1.6). Bóna 1975 Tafel 157.3.

4. Große Schale mit eingezogenem Rand, nach außen geknickter Randlippe und einem flachen randständigen Henkel. Der untere Teil des Gefäßkörpers fehlt.
Schale Typ 2 Variante 2. Abb.37.7.
erh.H. ca.8 cm, Randdm. 27 cm.
Oberfläche grau bis braun, Rand orange mit dunkelgrauen Stellen. Am Rand entlang fünf Gruppen von drei Knubben. Körper mit zwei parallelen Reihen girlandenförmigen Kanneluren verziert.
Inv.Nr.1953.24.3 (Tafel 1.7).

Grab 3.   Tafel 2.1-7.

Knochen nicht erhalten. Tiefe der Grabgrube 90 cm. Die Beigaben sind gegen Norden hin auf einem Haufen (gruppiert): eine große Schüssel(1), eine Henkeltasse(2), eine kleine Tasse(3), ein Krug mit langem Hals(4), und eine kleine Tasse(5). Neben letzterer eine Ahle(6) und eine kleine Drahtösenkopfnadel(7).
Bóna 1975 Tafel 154.1.

1. Henkeltasse von breiter Form mit abgesetztem trichterförmigem Hals, ausschwingendem Rand, doppelkonischem Körper und Boden mit Omphalos. Ein überrandständiger bandförmiger Henkel führt zum Halsansatz bzw. zur Schultergegend.
Tasse Typ 3 Variante 2. Abb.32.9.
Oberfläche braun und beige, gefleckt. Gefäßkörper mit senkrechten und bogenförmigen Ritzlinien verziert.
H. 7 cm, H. mit Henkel 9,5 cm, Randdm.8 cm, Dm. Halsansatz 7 cm, gr.Dm. Körper 9 cm.
Inv.Nr.1953.24.11 (Tafel 2.1). Bóna 1975 Tafel 157.10.

2. Henkelschale mit abgesetztem trichterförmigem Hals, ausgeprägter horizontal nach außen geknickter Randlippe, doppelkonischem Körper und Boden mit Omphalos. Ein Henkel von rechteckigem Querschnitt führt von unmittelbar unterhalb des Randes zur Schulter.
Henkelschale Typ 6. Abb.34.11.
Oberfläche schwarz, verwittert. Die ursprüngliche Politur der Oberfläche ist stellenweise noch erhalten. Gefäßkörper mit einer Komposition von Dellen, Ritzlinien, gekerbten Rippen und Kanneluren verziert.
H. 10 cm, Randdm.13,5 cm, Dm. Halsansatz 8 cm, gr.Dm. Körper 11,3 cm.
Inv.Nr.1953.2.4.9 (Tafel 2.2). Bóna 1975 Tafel 157.9.

3. Schüssel mit abgesetztem, trichterförmigem Hals und stark ausladendem Rand, hohem rundem Körper, und kleiner Standfläche bzw. Standring mit Omphalos. Ein flacher Henkel führt von unterhalb des Randes bis zum Halsansatz.
Schüssel Typ 1. Abb.36.1-3.
Oberfläche grau, schwarz und gelblich gefleckt. Gefäßkörper mit Gruppen von parallelen girlandenförmigen Kanneluren und Buckeln verziert. Boden mit Omphalos, Standring und zwei Kreiskanneluren.

H. 10 cm, Randdm.ca.25 cm, Dm. Halsansatz 17 cm, gr.Dm. Körper ca.18 cm, Bodendm.ca.5 cm.
Inv.Nr.1953.24.7 (Tafel 2.3). Bóna 1975 Tafel 157.6.

4. Drahtösenkopfnadel aus Kupfer oder Bronze mit geradem Schaft von rundem Querschnitt. Spitze fehlt.
Nadel Typ 2. Abb.51.8-9.
Oberfläche stark verkrustet.
L. 6,5 cm.
Inv.Nr.1952.3.2 (Tafel 2.4). Bóna 1975 Tafel 163.24.

5. Ahle aus Kupfer oder Bronze mit geradem Schaft von quadratischem Querschnitt. Ein Ende zugespitzt, das andere Ende korrodiert.
Metall-Gerät, Ahle Typ 2. Abb.49.4-6.
Oberfläche dunkelgrün patiniert.
L. 6,75 cm.
Inv.Nr.1952.3.3 (Tafel 2.5). von Tompa 1934-35, Tafel 46.9. Bóna 1975 Tafel 163.22.

6. Krug mit abgesetztem langem trichterförmigem Hals, doppelkonischem Körper und flachem Boden. Körper und Boden z.T. ergänzt. Ein Henkel von flach ovalem Querschnitt befindet sich an der unteren Halshälfte.
Langhalskrug Typ 1. Abb.30.1-4.
Oberfläche grau, orange und schwarz gefleckt, stellenweise noch geglättet. Gefäßkörper vom Hals durch parallele Rillen getrennt, mit Ritzlinien und Rillen im geschwungenen hängenden Dreieckmotiv verziert.
H. 15 cm, Randdm.10,5 cm, Dm. Halsansatz 8 cm, rek. gr.Dm. Körper 12 cm, rek.Bodendm.5 cm.
Inv.Nr.1953.24.10 (Tafel 2.6). Bóna 1975 Tafel 157.7.

7. Gehenkelter Topf mit kurzem, geradem Hals, ausschwingendem Rand, eiförmigem Körper und flachem Boden. Ein flacher randständiger Henkel überbrückt den Hals.
Oberfläche unverziert.
Topf Typ 2. Abb.38.2.
Oberfläche orange, glatt, unverziert.
H. 15 cm, Randdm.13 cm, gr.Dm. Körper 15,5 cm, Bodendm.8 cm.
Inv.Nr.1953.24.8 (Tafel 2.7). Bóna 1975 Tafel 157.5.

Grab 4-5.

Tiefe der Grabgrube 50 cm. Ohne Knochengerüst. Zwei nebeneinander liegende Kinderbestattungen. Beigaben: kleine Gefässe, eine kleine Schüssel(1), daneben zwei kleinere Tassen(2-3) und eine größere Tasse(4). Zwei kleine Tassen(1-2) und eine große Tasse(3). Bóna 1975 Tafel 154.3(?).[797]

Grab 4.   Tafel 3.1-4.

1. Henkeltasse mit langem trichterförmigem Hals, nach außen geschweiftem Rand ohne ausgeprägter Randbildung, gedrungen doppelkonischem Körper und Boden mit Omphalos.
Tasse Typ 3. Abb.32.6-7.
Oberfläche dunkelgrau bis beige, verwittert. Gefäßkörper mit einzelnen kleinen

---

[797] Die bei Bóna abgebildete Ahle wurde dem Grab 4 zugeordnet. Sie wird in der Befundbeschreibung nicht erwähnt. Siehe Bóna 1975 Tafel 163.22.

Buckeln und größeren Buckeln mit Halbkreiskanneluren verziert.
H. 7,5 cm, Randdm.7,5 cm, Dm. Halsansatz 6 cm, gr.Dm. Körper 8,5 cm.
Inv.Nr.1953.24.15 (Tafel 3.1). Bóna 1975 Tafel 157.13.

2. Henkeltasse mit abgesetztem trichterförmigem Hals, horizontal nach außen geknickter Randlippe und gedrungen doppelkonischem Körper. Ein randständiger Henkel überbrückt den Hals. Hals und Rand zum Teil ergänzt.
Tasse Typ 4. Abb.32.10.
Oberfläche orange und schwarz gefleckt, verwittert. Gefäßkörper mit einzelnen, kleinen und mit kannelurumkreisten Buckeln verziert.
H. 5,5 cm, rek.Randdm.ca.5,8 cm, rek.Dm. Halsansatz 4,5 cm, gr.Dm. Körper 6,5 cm.
Inv.Nr.1953.24.13 (Tafel 3.2). Bóna 1975 Tafel 157.12.

3. Bruchstücke eines Bechers mit kugeligem Körper, ungleichmäßig abgesetztem Boden und Ansatz eines Henkels. Rand und Henkel fehlen.
Becher Typ 6. Abb.39.10.
Oberfläche gelblich, verwittert.
Bodendm.6,5 cm.
Inv.Nr.1953.24.14 (Tafel 3.3).

4. Kleine flache Schale mit eingezogenem Rand, überrandständigem Henkel von rechteckigem, fast quadratischem Querschnitt und Boden mit Omphalos.
Schale Typ 1. Abb.37.2-3.
Oberfläche hellbraun bis beige, verwittert, unverziert.
H. 4-4,5 cm, Randdm.12 cm, gr.Dm.13,5 cm, Omphalosdm. 3 cm.
Inv.Nr.1953.24.12 (Tafel 3.4). Bóna 1975 Tafel 157.11.

Grab 5.   Tafel 3.5-7

1. Bruchstücke einer großen Tasse mit langem, abgesetztem geradem Hals, ausschwingendem Rand und rundem Gefäßkörper; ein bandartiger Henkel wurde dazu inventarisiert. Unterer Gefäßteil sowie Henkelansatzstellen fehlen.
Vergleiche Tasse Typ 1 Variante 2. Abb.32.4.
Oberfläche orange und schwarz gefleckt, stellenweise noch streifig geglättet. Körper mit einzelnem, kleinem, von Kannelur umkreistem Buckel verziert.
erh.H. ca.9 cm, Randdm.ca.9 cm, Dm. Halsmitte ca.6,5 cm, gr.Dm. ca.12 cm.
Inv.Nr.1953.24.18 (Tafel 3.5).

2. Miniatur-Topf mit zylindrischem Hals, ausschwingendem Rand und rundem Körper.
Miniaturgefäße. Abb.41.2-3.
Oberfläche gelblich, unverziert.
H. 5,5-6 cm, Randdm.5,5 cm, Halsdm. 5 cm, gr.Dm.5,8 cm, Bodendm.3 cm.
Inv.Nr.1953.24.17 (Tafel 3.6). Bóna 1975 Tafel 157.16.

3. Oberteil eines Miniatur-Topfes mit zylindrischem Hals, ausschwingendem Rand und rundem Körper.
Miniaturgefäße. Abb.41.2-3.
Oberfläche orange, schwarz gefleckt, verwittert, unverziert.
erh.H. 4,5 cm, Randdm.5 cm.
Inv.Nr.1953.24.16 (Tafel 3.7).

Grab 6.   Tafel 3.8-9

Mann. Tiefe der Grabgrube 124 cm. Länge 143 cm. Knochen gut erhalten. Beigaben: hinter den Beinen in der Knöchelgegend eine große Schüssel(1), schlecht erhalten, daneben nach Norden hin eine große Henkeltasse(2), schlecht erhalten. Bóna 1975 Tafel 155.8.

1. Randbruchstück einer Schale mit eingezogenem, spitz zulaufendem Rand und nach innen verdickter Randlippe.
Oberfläche grau, unverziert.
erh.H. ca.3 cm, rek.Randdm.ca.18,5 cm.
Inv.Nr.1953.24.20 (Tafel 3.8).

2. Gefäßbruchstück mit trichterförmigem Hals, waagerecht nach außen geknickter Randlippe und einem Henkel von viereckigem Querschnitt an der Halsmitte.
Vergleiche Henkelschale Typ 1. Abb.34.1.
Oberfläche bräunlich, glatt. Auf der Schulter zwei waagerechte kleine Rillen, noch mit Weißinkrustation gefüllt.
erh.H. ca.4 cm. Randdm.?
Inv.Nr.1953.24.21 (Tafel 3.9).

Grab 7.   Tafel 3.10-11

Mann. Tiefe 124 cm. Länge 100 cm. Unmittelbar neben Grab 6. Knochen in schlechtem Zustand, nur noch Extremitäten und Schädel vorhanden. Beigaben: vor den Beinen in Fußhöhe eine Schüssel(1), daneben eine Henkeltasse(2) und ein Henkelkrug(3), am Kopfende vor dem Mund ein Löffel mit Stiel(4). Bóna 1975 Tafel 155.8.

1. Breiter tiegelähnlicher Gegenstand mit kurzem Stiel.
Tongegenstände. Abb.42.2.
Oberfläche gelblich-grau, verwittert, unverziert.
L. 14,3 cm, Br.11,7 cm, H. 3,5 cm.
Inv.Nr.1953.24.24 (Tafel 3.10). Bóna 1975 Tafel 157.14.

2. Tasse mit langem, abgesetztem geradem Hals, ausschwingendem Rand, rundem Körper und flachem Boden. Ein unterrandständiger bandförmiger Henkel führt zur Schulter.
Vergleiche Tasse Typ 1 Variante 2. Abb.32.4.
Oberfläche schwarz. Die ursprüngliche Politur der Oberfläche ist stellenweise noch erhalten.
Gefäßkörper mit einer Komposition von Furchenreihe, Dellen, Spiralkanneluren und Buckeln verziert.
H. 11,5 cm, Randdm.8,5 cm, Dm. Halsansatz 7 cm, gr.Dm. Körper ca.9 cm, Bodendm. 4 cm.
Inv.Nr.1953.24.22 (Tafel 3.11). Bóna 1975 Tafel 157.19.

Fehlen: Schüssel(1) und Henkelkrug. Vergleiche Bóna 1975 Tafel 155.8.

Grab 8.   Tafel 4.1-3

Frau. Tiefe 110 cm. Länge 116 cm. Knochen gut erhalten. Beigaben: vor den Beinen in der Mitte eine große runde Schüssel(1), vor dem Becken ein kleiner Becher(2), daneben eine kleine Punzierer-Ahle aus Bronze(3), und darunter eine Ahle aus Knochen(4).

1. Kleiner henkelloser Becher von konischer Form mit abgerundetem Rand und

schwerer abgesetzter Standfläche.
Becher Typ 3. Abb.39.3-5.
Oberfläche bräunlich, verwittert, unverziert.
H. 5,3 cm, Randdm.5,3 cm, Bodendm.3 cm.
Inv.Nr.1953.24.26 (Tafel 4.1). Bóna 1975 Tafel 157.18.

2. Ahle aus Kupfer oder Bronze mit geradem Schaft von rechteckigem Querschnitt.
Metall-Gerät, Ahle Typ 2. Abb.49.4-6.
Oberfläche hellgrün, verkrustet.
L. 4,0 cm.
Inv.Nr.1952.3.4 (Tafel 4.2). Bóna 1975 Tafel 163.20.

3. Tiefe Schale mit eingezogenem Rand, kleiner abgesetzter Standfläche und einem kurzen Henkel von viereckigem Querschnitt unterhalb des Umbugs.
Schale Typ 4. Abb.37.10.
Oberfläche rötlich-braun, unverziert.
H. 8-8,5 cm, Randdm.(innen) 22,5 cm, Schulterdm. 24,5 cm, Bodendm.6,5 cm.
Inv.Nr.1953.24.25 (Tafel 4.3). Bóna 1975 Tafel 157.17.

Fehlt: eine Ahle aus Knochen(4).

Grab 9.   Tafel 4.4

Mädchen. Tiefe 116 cm. Länge 87 cm. Knochen mit Ausnahme des Beckens gut erhalten. Beigaben: eine Henkeltasse(1). Bóna 1975 Tafel 156.9.

1. Henkeltasse mit abgesetztem trichterförmigem Hals, ausgeprägter horizontal nach außen geknickter Randlippe, doppelkonischem Körper und flachem Boden. Ein randständiger bandförmiger Henkel führt zur Schulter.
Tasse Typ 4. Abb.32.10.
Oberfläche dunkelgrau, verwittert. Gefäßkörper mit schräg aufgelegten gekerbten Rippen verziert.
H. 8 cm, Randdm 9,3 cm, Dm. Halsansatz ca.6 cm, gr.Dm.-Körper 8,6 cm, Bodendm.3 cm.
Inv.Nr.1953.24.27 (Tafel 4.4). Bóna 1975 Tafel 157.15.

Grab 10.

Frau. Länge 104 cm. Unmittelbar neben Grab 9. Knochen schlecht erhalten. Keine Beigaben. Bóna 1975 Tafel 156.9.

Grab 11.   Tafel 4.5

Knabe. Tiefe 140 cm. Länge 80 cm. Knochen schlecht erhalten. Beigaben: vor den Beinen ein Henkelkrug(1).

1. Henkelschale mit kurzem geradem Hals, stark ausschwingendem Rand, rundem Körper mit hohem Umbug und flachem Boden. Ein leicht erhöhter flacher Henkel führt vom Rand zur Schulter. Körper und Boden z.gr.T. ergänzt.
Henkelschale Typ 2. Abb.34.5-6.
Gefässkörper mit einer Komposition von waagerechten und senkrechten Ritzlinien, sogenanntes Leitermotiv, verziert.
H. 7,5 cm, Randdm.ca.9 cm, gr.Dm. Körper ca.8,2 cm.
Inv.Nr.1953.24.28 (Tafel 4.5). Bóna 1975 Tafel 157.20.

Grab 12. Tafel 4.6-8

Mann. Tiefe 154 cm. Länge 103 cm. Nur Schädel und Extremitäten noch erhalten. Beigaben: hinter den Beinen eine große runde Schüssel(1), daneben ein großer Henkelkrug(2), am Fußende eine kleine Henkeltasse(3) und vor der Stirn Bruchstück einer Henkeltasse(4). Bóna 1975 Tafel 156.7.

1. Breite Henkelschale mit trichterförmigem Hals, stark ausladendem Rand und rundem Körper mit hohem Umbug, der sich nach unten zu einer schmalen Standfläche bzw. zum Standring stark verjüngt. Ein kleiner Henkel von flach ovalem Querschnitt befindet sich am Halsansatz.
Henkelschale Typ 1 Variante 2. Abb.34.3.
Gefäßkörper mit einer Komposition von einzelnen Buckeln, Ritzlinien im gefüllten Dreieckmotiv, Gruppen von drei eingetieften Punkten und Ritzlinien im bogenförmigen Leitermotiv verziert. Standring aus Buckel und gekerbten Rippen.
H. 13 cm, Randdm.22,5 cm, Bodendm.5,5 cm.
Inv.Nr.1953.24.29 (Tafel 4.6). Bóna 1975 Tafel 157.22.

2. Bruchstücke eines großen henkellosen Topfes mit abgesetztem geradem Hals, ausschwingendem Rand und eiförmigem Körper. Rand und Boden fehlen. Vergleiche Topf Typ 4. Abb.38.5.
Oberfläche gelblich mit dunklen Flecken, gerauht.
erh.H. 15,5 cm, Halsdm. ca.14 cm, Dm. Körper ca.26 cm.
Inv.Nr.1953.24.32 (Tafel 4.7. M. ca. 2:3).

3. Kleine Henkeltasse mit geradem Hals, ausschwingendem Rand, hoher runder Schulter und dem Ansatz einer abgesetzten Standfläche. Ein randständiger Henkel von ovalem Querschnitt führt zur Schulter. Teil der Standfläche fehlt.
Tasse Typ 8. Abb.32.16-17.
Oberfläche gelblich-grau, verwittert. Gefäßkörper mit zwei bis drei parallelen Rillen in V-Formation, der Zwischenraum auf der Schulter mit paarweise eingetieften Punkten verziert. Am Hals und am Ansatz der Standfläche 2-3 Gruppen von 2-3 eingetieften Punkten
erh.H. 7,3 cm, Randdm.6,8 cm, Halsdm.6 cm, gr.Dm. des Körpers 7,2 cm, rek.Bodendm.3 cm.
Inv.Nr.1953.24.31 (Tafel 4.8). Bóna 1975 Tafel 157.21.

Grab 13. Tafel 5.1-5

Mädchen. Tiefe 154 cm. Wahrscheinliche Länge 68 cm. Unmittelbar neben Grab 12. Nur noch Stirn- und Beinknochen vorhanden. Beigaben: vor dem Gesicht eine kleine Nadel mit ruderförmigem Kopf aus Bronze(1), in der Knöchelgegend eine verzierte Schüssel(2), darin eine Henkeltasse mit Zickzack-Rand (3), daneben ein kleiner Becher(4), vor den Beinen ein großer Krug(5). Bóna 1975 Tafel 156.7.

1. Rollenkopfnadel aus Kupfer oder Bronze, mit breitem, flach aufgerolltem Kopf. Obere Hälfte des geraden Schaftes von quadratischem Querschnitt und tordiert. Unterer Teil des Schaftes von rundem Querschnitt.
Nadel Typ 1 Variante 3. Abb.51.7.
Oberfläche glänzend dunkelgrün patiniert.
L. 13,5 cm. Kopfbr.0,093 x 0,45 cm.
Inv.Nr.1952.4.4 (Tafel 5.1). Bóna 1975 Tafel 164.17. von Tompa 1934-35 Tafel 46,7.

2. Kleine kalottenförmige Schale mit eingezogenem Rand, schräg nach innen abgeflachter Randlippe, kleiner abgesetzter Standfläche und einem Henkel von flach ovalem Querschnitt unterhalb des Randes bzw. des Umbugs.

Schale Typ 3. Abb.37.9.
Oberfläche orange und beige, verwittert. Rand mit vier Gruppen von 2-3 Knubben und darunter 3 begleitenden eingetieften Punkten; zwischen den Knubbengruppen eine Reihe eingetiefter Punkte am Gefäßrand. Die Zone unmittelbar unterhalb des Randes und auf der Schulter mit Ritzlinien in hängendem Dreieckmotiv; Körper mit eingeritzten parallelen Zickzacklinien verziert. Oberhalb des Fußansatzes vier Gruppen von jeweils zwei eingetieften Punkten.
H. 6,5-7 cm, Randdm.16,5 cm, Schulterdm. 17 cm, Bodendm.6 cm.
Inv.Nr.1953.24.33 (Tafel 5.2). Bóna 1975 Tafel 158.1.

3. Henkelloser Becher mit zylindrischem Körper. Der Rand ist gleichmäßig nach außen geschweift wie die abgesetzte erweiterte Standfläche.
Becher Typ 2. Abb.39.2.
Oberfläche gelb-orange, abwechselnd mit waagerechten Rillen und Punktreihen verziert.
H. 4,7 cm, Randdm.5 cm, Dm. Mitte 3,7 cm, Bodendm.4,7 cm.
Inv.Nr.1953.24.35 (Tafel 5.3). Bóna 1975 Tafel 158.3.[798]

4. Henkelschale mit kurzem, nach außen geschweiftem Hals, ausladendem Rand, hohem rundem Körper und abgesetzter kleiner Standfläche. Ein leicht erhöhter Henkel von viereckigem Querschnitt überbrückt den Hals.
Henkelschale Typ 2. Abb.34.5-6.
Oberfläche orange, glatt. Rand mit kleinen spitzen Knubben, Körper mit senkrechten Rillen verziert.
H. 7,5-8,5 cm, Randdm.11,5 cm, Halsdm.8 cm, gr.Dm. Körper 10,5 cm, Bodendm.4 cm.
Inv.Nr.1953.24.34 (Tafel 5.4). Bóna 1975 Tafel 158.4.

5. Gehenkelter Topf mit zylindrischem Hals, horizontal abgeflachtem Rand, rundem Körper und abgesetzter erhöhter Standfläche. Ein randständiger Henkel mit gerundet rechteckigem Querschnitt führt zur Schulter.
Topf Typ 2 Variante 1. Abb.38.2.
Oberfläche gelblich beige, verwittert, unverziert.
H. 11-12,5 cm, Randdm.10,5 cm, gr.Dm. Körper 12,5 cm, Bodendm. 6,5 cm.
Inv.Nr.1953.24.36 (Tafel 5.5). Bóna 1975 Tafel 158.2.

Grab 14.

Mann. Tiefe 120 cm. Länge 120 cm. Knochen mit Ausnahme der Extremitäten in schlechtem Zustand. Beigaben: vor dem Nacken und unterem Arm eine kleine Henkeltasse(1).
Funde im MNM nicht auffindbar.

Grab 15.   Tafel 5.6-7

Knabe. Tiefe 120 cm. Wahrscheinliche Länge 100 cm. Knochen vollkommen verwest. Beigaben: wahrscheinlich in der Knöchelgegend eine Henkeltasse(1), daneben ein Becher(2).

1. Henkeltasse von breiter Form mit abgesetztem trichterförmigem Hals, auslaufendem Rand, doppelkonischem Körper und Boden mit Omphalos. Am Rand und unterhalb des Halsansatzes Ansatz eines überrandständigen bandförmigen Henkels.

---

[798] Zwei verschiedene henkellose Becher wurden in unterschiedlichen Inventarbüchern dem Grabe 13 zugewiesen. Aus der Befundbeschreibung geht nicht hervor, welcher Becher tatsächlich zum Grabinventar gehört.

Tasse Typ 3 Variante 2. Abb.32.9.
Oberfläche orange und schwarz gefleckt. Körper mit senkrechten und bogenförmigen kleinen Rillen verziert.
H. 7,5 cm, Randdm.8,5 cm, Dm. Halsansatz 7 cm, gr.Dm. Körper 9 cm, Omphalosdm. 3 cm.
Inv.Nr.1953.24.38 (Tafel 5.6). Bóna 1975 Tafel 157.23.

2. Henkelloser Becher von zylindrischer Form mit verdicktem Rand und abgesetzter Standfläche.
Becher Typ 1. Abb.39.1.
Oberfläche grau bis beige, verwittert, unverziert.
H. 5,5 cm, Randdm.5 cm, Bodendm.4,4 cm.
Inv.Nr.1953.24.39 (Tafel 5.7). Bóna 1975 Tafel 158.11.

Grab 16.   Tafel 5.8-9

Knabe. Tiefe 140 cm. Länge 75 cm. Knochen gut erhalten. Beigaben: vor dem Becken eine kleine Schüssel(1), vor den Beinen eine Henkeltasse(2), in der Knöchelgegend eine kleine Drahtösenkopfnadel(3), und am Nacken zwei kleine Perlen aus Bernstein(4).

1. Henkelschale mit kurzem, nach außen geschweiftem Hals, stark ausladendem Rand und hohem rundem Körper. Ein randständiger Henkel mit rechteckigem Querschnitt überbrückt den Hals. Boden fehlt.
Henkelschale Typ 2. Abb.34.5-6.
Oberfläche schwarz. Die ursprüngliche Politur der Oberfläche ist stellenweise noch erhalten. Körper mit senkrechten Kanneluren verziert.
H. 8-9 cm, Randdm.13,5 cm, Halsdm.10 cm, gr.Dm. Körper 13 cm.
Inv.Nr.1953.24.41 (Tafel 5.8). Bóna 1975 Tafel 158.5.

2. Bruchstück einer kleinen, flachen Schale mit senkrechter Wandung und Boden mit kleinem Omphalos. Ein Henkel von viereckigem, nach innen gekehltem Querschnitt befindet sich am Rand.
Schale Typ 1 Variante 1. Abb.37.1.
Oberfläche schwarz. Die ursprüngliche Politur der Oberfläche ist stellenweise noch erhalten. Auf der Schulter zwei parallele Rillen, dazwischen eine Furchenreihe. Körper mit Rillen in hängendem Dreieckmotiv sowie mit Dreiecken um den Omphalos, und mit kleinen kannelurumkreisten Buckeln verziert.
erh.H. 4 cm, Randdm.14 cm, Schulterdm. 17 cm, Omphalosdm. 3-4 cm.
Inv.Nr.1953.24.40 (Tafel 5.9).

Fehlen: eine Drahtösenkopfnadel(3) und zwei Bernsteinperlen(4).

Grab 17.   Tafel 6.1-2

Knabe. Tiefe 100 cm. Knochen vollkommen verwest. Beigaben:in der Fußgegend nebeneinander liegend zwei Tassen(1-2).

1. Bruchteile einer Henkeltasse mit abgesetztem zylindrischem Hals, auslaufendem Rand, rundem Körper und einem kleinen, von der Verzierung ausgesparten Omphalos. Auf der Schulter Ansatz eines überrandständigen Henkels von halbkreis bis rundem Querschnitt.
Tasse Typ 1. Abb.32.1-2.
Oberfläche grau, verwittert. Körper mit senkrechten und schrägen Linienfeldern verziert, die vom Halsansatz bis zum Omphalos reichen.

erh.H. 4,5 cm, Randdm.ca.6 cm, gr.Dm.8 cm.
Inv.Nr.1953.24.42 (Tafel 6.1).

2. Unterteil einer Henkeltasse mit rundem Körper und Boden mit kleinem Omphalos.
Vergleiche Tasse Typ 1. Abb.32.1-2.
Oberfläche schwarz, verwittert. Eine waagerechte Rille mit Furchenreihe, zum Teil noch mit Weißinkrustation gefüllt, auf der Schulter.
erh.H. 3,5 cm, gr.Dm.9 cm.
Inv.Nr.1953.24.43 (Tafel 6.2).

Grab 18.   Tafel 6.3-4

Mann. Tiefe 170 cm. Länge 105 cm. Nur noch Extremitäten, Knöchel und Becken schlecht erhalten. Beigaben: vor dem Kopf ein Topf(1), vor den Füßen eine kleine Tasse(2).

1. Bruchstücke eines kleinen Gefäßes mit S-förmigem Profil: mit engem geradem Hals, stark ausschwingendem Rand, rundem Körper und abgesetzter erhöhter Standfläche. Henkel sowie Henkelansätze fehlen.
Vergleiche Topf Typ 5. Abb.38.7.
Oberfläche des Rands orange, des Körpers dunkelgrau bis grau, unverziert.
erh.H. ca.8 cm. Randdm.ca.5,5 cm. gr.Dm. Körper 6 cm.
Inv.Nr.1953.24.45 (Tafel 6.3).

2. Breite Henkeltasse mit abgesetztem trichterförmigem Hals, schlichtem Rand, gedrungen doppelkonischem Körper und Boden mit Omphalos. Am Rand und an der Schulter Ansatz eines überrandständigen Henkels von rechteckigem Querschnitt.
Tasse Typ 3. Abb.32.6-7.
Oberfläche dunkelgrau. Die ursprüngliche Politur der Oberfläche ist stellenweise noch erhalten. Sorgfältig angebrachte Verzierungsmotive auf dem Gefäßkörper: am Halsansatz eine Punktreihe, darunter auf der Schulter einzelne kannelurumkreiste kleine Buckeln und Punktpaare, auf dem Bauchumbruch eine Reihe Spiralkanneluren mit Buckeln.
H. 8,5 cm, Randdm.9 cm, Dm. Halsansatz 7,5 cm. gr.Dm. Körper 11 cm, Bodendm. 3,5 cm.
Inv.Nr.1953.24.44 (Tafel 6.4). Bóna 1975 Tafel 162.10.

Grab 19.   Tafel 6.5

Knabe. Tiefe 140 cm. Länge 70 cm. Knochen schlecht erhalten. Richtung Ost-West, Gesicht nach Süden. Beigaben: bei den Beinen eine Henkeltasse(1).

1. Henkeltasse mit zylindrischem Hals, leicht ausschwingendem, ausgußähnlichem Rand, rundem Körper mit hohem Umbug und abgesetztem kleinem Boden mit Standring. Ansatz eines überrandständigen Henkels am Rand und an der Schulter.
Tasse Typ 8. Abb.32.16-17.
Oberfläche hellgrau bis beige. Ein Leiste mit Furchenreihe am Halsansatz, sonst keine Verzierung.
H. 8,5 cm, Randdm.9 cm, Dm. Halsansatz 7,5 cm, gr.Dm. Körper 11 cm, Bodendm.3,5 cm.
Inv.Nr.1953.24.46 (Tafel 6.5). Bóna 1975 Tafel 157.24.

Grab 20.

Knabe. Knochen schlecht erhalten. Keine Beigaben.

Grab 21.   Tafel 6.6-8

Frau. Tiefe 160 cm. Länge 134 cm. Knochen relativ gut erhalten. Lage des Skeletts ? Beigaben: vor den Füßen eine Schüssel(1), hinter den Knöcheln ein Topf(2), vor dem Becken ein Langhalskrug(3), ca.10 cm vor dem Becken eine Drahtösenkopfnadel(4), hinter dem Rücken eine Nadel mit Hakenkopf(5), vor dem Kopf ein Topf(6).

1. Kleiner Krug mit wenig gegliedertem, geschwungenem Profil: mit kurzem Hals, schlichtem Rand, rundem Körper mit hohem Umbug, und flachem Boden. Ein Henkel von flach ovalem Querschnitt befindet sich an der unteren Halshälfte.
Langhalskrug Typ 3 Variante 1. Abb.30.10.
Oberfläche gelblich-orange, glatt, unverziert.
H. 8,5-9 cm, Randdm.5,7 cm, Dm. Halsansatz 4,5 cm, gr.Dm. Körper 6,5 cm.
Inv.Nr.1953.24.48 (Tafel 6.6). Bóna 1975 Tafel 157.4 und 158.18.

2. Drahtösenkopfnadel mit geradem Schaft von rundem Querschnitt.
Nadel Typ 2. Abb.51.8-9.
Oberfläche dunkelgrün, gleichmäßig patiniert.
L. 10,6 cm.
Inv.Nr.1952.3.7 (Tafel 6.7). Bóna 1975 Tafel 163.19.

3. Kleine Rollenkopfnadel mit schmalem flachem aufgerolltem Kopf, der fast genauso breit wie der gerade Schaft ist. Schaft von rundem Querschnitt.
Nadel Typ 1. Abb.51.1-3.
L. 10,2 cm.
Inv.Nr.1952.3.8 (Tafel 6.8). Bóna 1975 Tafel 163.23.

Fehlen: eine Schüssel(1), ein Topf(2) und ein Topf(6).

Grab 22.

Tiefe 105 cm. Knochen völlig verwest. Säugling. Beigaben: eine Tasse(1).
Fehlt: eine Tasse(1).

Grab 23.   Tafel 6.9-11

Säugling. Tiefe 77 cm. Knochen vollkommen verwest. Beigaben: eine Tasse(1), daneben eine kleine Schüssel(2), eine kleine Henkeltasse(3), eine Tasse mit hohem Henkel(4) und eine Henkeltasse(5). Bóna 1975 Tafel 154.4.

1. Bruchstücke eines henkellosen Topfes von geschlossener Form mit kurzem zylindrischem Hals, horizontal abgeflachtem Rand, rundem Körper und breitem flachem Boden.
Topf Typ 6. Abb.38.8.
Oberfläche orange, verwittert, unverziert.
erh.H. ca.9 cm. rek.Randdm.ca.12 cm. Bodendm.6,5 cm.
Inv.Nr.1953.24.50 (Tafel 6.9).

2. Breite Henkeltasse mit geschwungenem trichterförmigem Hals, horizontal nach außen geknickter Randlippe, gedrungenem Körper und flachem Boden. Ein randständiger bandförmiger Henkel führt zur Schulter.
Tasse Typ 3 Variante 1. Abb.32.8.
Oberfläche gelb und grau gefleckt, verwittert. Auf dem Gefäßkörper eine Reihe flacher bogen- bzw. girlandenförmiger Kanneluren mit einer Begleitritzlinie.
H. 6,5 cm, Randdm.7,5 cm, Dm. Halsansatz 5,5 cm, gr.Dm. Körper 8 cm, Bodendm. 4-4,5 cm.
Inv.Nr.1953.24.52 (Tafel 6.10). Bóna 1975 Tafel 1

3. Bruchstücke einer Henkeltasse mit kegelförmigem Hals, ausgeprägt nach außen geschweiftem Rand und rundem Körper. Boden fehlt. Ein leicht erhöhter, randständiger Henkel von rechteckigem Querschnitt führt zur Schulter.
Tasse Typ 7. Abb.32.14-15.
Oberfläche grau. Auf der Schulter einzelne bogenförmige Rillen.
erh.H. ca.6 cm, Randdm.ca.4,5 cm, Dm. Halseinzug ca.3 cm, gr.Dm.ca.6 cm.
Inv.Nr.1953.24.51 (Tafel 6.11).

Fehlen: zwei Tassen.

Grab 24.   Tafel 7.1-2

Unmittelbar neben Grab 25 liegend. Säugling. Knochen völlig verwest. Beigaben: ein Henkelkrug(1), eine Henkeltasse(2) und ein Bronzespiraldraht(3). Bóna 1975 Tafel 154.6.

1. Krug mit abgesetztem langem Trichterhals, schlichtem Rand, rundem Körper und flachem Boden. Ein Henkel von rechteckigem Querschnitt befindet sich an der unteren Halshälfte.
Langhalskrug Typ 1. Abb.30.1-4.
Oberfläche grau bis dunkelgrau, verwittert. Um den Halsansatz eine Furchenreihe mit Begleitrillen. Auf der Schulter eine Furchenreihe mit drei Begleitrillen in Zickzackmotiv.
H. 15,5 cm, Randdm.10,5 cm, Dm. Halsansatz 8,5 cm, gr.Dm. Körper 12 cm, Bodendm. 7 cm.
Inv.Nr.1953.24.54 (Tafel 7.1). Bóna 1975 Tafel 158.12.

2. Steilwandiger henkelloser Becher mit eingezogenem auslaufendem Rand und kleiner Standfläche.
Becher Typ 3. Abb.39.3-5.
Oberfläche grau, gerauht und unverziert.
Inv.Nr.1953.24.53 (Tafel 7.2). Bóna 1975 Tafel 158.13.[799]

Fehlt: Bronzespiraldraht(3).

---

[799] Der vorhandene Gegenstand entspricht den in dem Befund beschriebenen Gefäßen nicht.

Grab 25.	Tafel 7.3-4

Kind. Tiefe 86 cm. Knochen völlig verwest. Beigaben: ein kleiner Henkelkrug(1), daneben eine Henkeltasse(2) und 20 cm östlich davon zwei Lockenringe vom a-Typus (3a-b), zwischen diesen und den Gefäßen eine kleine Drahtösenkopfnadel aus Bronze(4). Bóna 1975 Tafel 154.6.

1. Kleiner Krug mit langem trichterförmigem Hals, schlichtem Rand, doppelkonischem Körper mit tief sitzendem Umbug, und Boden mit seichter Eindellung. Ein Henkel von flach ovalem Querschnitt befindet sich an der Halsmitte.
Langhalskrug Typ 2. Abb.30.8.
Oberfläche grau-dunkelgrau, schwarz und orange gefleckt, verwittert. Jeweils um die Halsmitte und den Halsansatz eine Einstichreihe.
H. 8-8,5 cm, Randdm.6,5 cm, Dm. Halsansatz 5 cm, gr.Dm.6,5 cm, Omphalosdm.1-1,5 cm.
Inv.Nr.1953.24.55 (Tafel 7.3).

2. Teil einer kleinen Drahtösenkopfnadel aus Kupfer oder Bronze mit geradem Schaft von rundem Querschnitt.
Nadel Typ 2. Abb.51.8-9.
Oberfläche hellgrün, verkrustet.
L. 2,8 cm.
Inv.Nr.1952.3.9 (Tafel 7.4). Bóna 1975 Tafel 159.7.

Fehlen: eine Tasse(2) und zwei Lockenringe(3a-b). Vergleiche Bóna 1975 Tafel 163.15-16 und Lockenringe, Abb.38.2-3.

Grab 26.	Tafel 7.5-6

Frau. Tiefe 155 cm. Länge 100 cm. Knochen in schlechtem Zustand. Kopf nach Osten, Gesicht nach Süden orientiert. Beigaben: in der Fußgegend eine topfähnliche Tasse(1), vor den Beinen eine Henkeltasse(2).

1. Henkeltasse mit abgesetztem trichterförmigem Hals, abgerundetem Rand ohne ausgeprägter Randbildung, rundem Körper und flachem Boden. Am Rand und an der Schulter Ansatz eines überrandständigen Henkels von flach ovalem Querschnitt.
Tasse Typ 2 Variante 1. Abb.32.5.
Oberfläche schwarz. Die ursprüngliche Politur der Oberfläche ist stellenweise noch erhalten. Körper mit Furchenreihe, kleinen bogenförmigen Rillen und Spiralkanneluren verziert.
H. 7 cm, Randdm.7,2 cm, Dm. Halsansatz 6,5 cm, gr.Dm.-Körper 7,8 cm, Bodendm.3 cm.
Inv.Nr.1953.24.58 (Tafel 7.5). Bóna 1975 Tafel 158.15.

2. Bruchteile einer Henkeltasse mit abgesetztem zylindrischem Hals, ausschwingendem Rand, rundem Körper und flachem Boden. Der Henkel sowie Teile des Randes und des Halses fehlen. Sie sind in der Fundabbildung ergänzt.
Vergleiche Tasse Typ 1. Abb.32.1-2.
Oberfläche grau, orange gefleckt, verwittert und unverziert.
erh.H. 6,5 cm. rek.Randdm.6,5 cm. Dm. Halsmitte 5,8 cm. gr.Dm.7 cm. Bodendm.ca.3 cm.
Inv.Nr.1953.24.57 (Tafel 7.6). Bóna 1975 Tafel 158.14.

Grab 27.

Urnengrab mit kalzinierten Knochen. Urne(1) und Deckelschüssel(2).
Beide Gefäße fehlen. Vergleiche Bóna 1975, Tafel 154.8.

Grab 28.   Tafel 7.7-8

Säugling. Tiefe 85 cm. Knochen völlig verwest. Beigaben: eine große, schön verzierte Tasse(1), vier Henkeltassen in zerbrochenem Zustand (2-5), eine runde Schüssel(6), und ein Bruchstück einer kleinen Tasse(7).
Vergleiche Bóna 1975 Tafel 154.5.[800]

1. Steilwandiger, henkelloser Topf mit weiter Mündung, leicht eingezogenem Rand mit verdickter Randlippe und kleiner Standfläche.
Topf Typ 7. Abb.38.10.
Oberfläche orange und schwarz gefleckt. Auf dem Körper Textilabdrücke bis auf einen ausgesparten, geglätteten Streifen oberhalb des Bodens und unterhalb des Randes. Am Rand vier gegenständige zungenförmige Griffe, Rand sonst mit Fingertupfenleiste verdickt.
H. 15 cm, Randdm. 15,5 cm, Bodendm. 9 cm.
Inv.Nr.1953.24.59 (Tafel 7.7). Bóna 1975 Tafel 158.16.

2. Randbruchstücke eines kleinen Gefäßes mit steiler Wandung, kurzem eingezogenem Hals und ausschwingendem Rand.
Oberfläche braun und orange, verwittert, unverziert.
erh.H. 4,5 cm, rek.Randdm.ca.14 cm.
Inv.Nr.1953.24.63 (Tafel 7.8).

Fehlen: Tassenbruchstücke.

Grab 29.   Tafel 8.1-3

Kind. Tiefe 85 cm. Unmittelbar neben Grab 28. Knochen völlig verwest. Beigaben: eine Tasse(1), eine Henkeltasse(2), eine Schüssel(3) und eine kleine Tasse(4). Vergleiche Bóna 1975 Tafel 154.5.[801]

1. Bruchstücke einer Tasse mit langem, abgesetztem, geradem Hals, ausschwingendem Rand und rundem Körper. Boden fehlt. Ein überrandständiger bandförmiger Henkel führt zur Schulter.
Tasse Typ 1 Variante 2. Abb.32.4.
Körper mit einzelnen Buckeln und mit breiten flachen Kanneluren verziert, die schräg oder "turbanartig" um den Gefäßköper angebracht wurden.
erh.H. ca.9 cm, H. mit Henkel 10,5 cm. rek.Randdm.ca.6,5 cm, Dm. Halsansatz ca.6 cm, gr.Dm.ca.9,5 cm.
Inv.Nr.1953.24.60 (Tafel 8.1).

2. Kleine flache Schale mit gleichmäßig eingezogenem Rand, Boden mit Omphalos und einem kleinen randständigen Henkel von rechteckigem Querschnitt.
Schale Typ 1. Abb.37.2-3.

---

[800] Die Fundbeschreibung im Tagebuch weicht von dem Grabphoto und den vorhandenen Grabfunden ab.
[801] Die Fundbeschreibung im Tagebuch weicht von dem Grabphoto und den vorhandenen Grabfunden zum Teil ab.

Oberfläche dunkelgrau, am Rand orange, verwittert. Auf der Schulter girlandenförmige Kanneluren, um den Omphalos herum einzelne geschwungene Kanneluren.
H. 5 cm, Randdm.ca.16 cm, Omphalosdm.3,7 cm.
Inv.Nr.1953.24.62 (Tafel 8.2).

3. Bruchstücke eines steilwandigen, henkellosen Topfes mit weiter Mündung, kurzem eingezogenem Hals, ausladendem Rand und abgesetzter kleiner Standfläche. Am Rand ein zungenförmiger Buckel.
Topf Typ 7. Abb.38.9.
Oberfläche braun, am Rand orange, verwittert.
erh.H. 12 cm, rek.Randdm.13 cm, Bodendm.7 cm.
Inv.Nr.1953.24.61 (Tafel 8.3).

Fehlt: eine Tasse.

Grab 30.

Frau. Tiefe 135 cm. Länge 120 cm. Knochen in schlechtem Zustand. Keine Beigaben.

Grab 31.   Tafel 8.4

Frau. Tiefe 148 cm. Länge ? Knochen mit Ausnahme des Kopfes verwest. Wahrscheinlich vor der Brust eine runde Schüssel(1), daneben eine Tasse(2) und eine Rollenkopfnadel aus Bronze(3).

1. Bruchstück einer kleinen Schüssel mit abgesetztem trichterförmigem Hals, stark ausladendem Rand und rundem Körper. Boden fehlt. Ein flacher Henkel von rechteckigem Querschnitt befindet sich am Hals.
Schüssel Typ 1. Abb.36.1-3.
Oberfläche grau und schwarz, geglättet. Untere Seite des Randes mit einer Reihe breiter Furchenstiche verziert, Körper mit girlandenförmigen Kanneluren und Rillen, begleitet von einer Furchenreihe und mit einer Gruppe Dellen, verziert.
erh.H. 5 cm, rek.Randdm.14 cm, Dm. Halsansatz 10 cm.
Inv.Nr.1953.24.64 (Tafel 8.4). Bóna 1975 Tafel 158.19.

Fehlen: eine Tasse und eine Rollenkopfnadel.

Grab 32.   Tafel 8.5-6

Kind. Tiefe 120 cm. Knochen verwest. Beigaben: eine Henkeltasse(1) und eine zerbrochene Henkeltasse(2).

1. Henkeltasse mit abgesetztem trichterförmigem Hals ohne ausgeprägter Randbildung, doppelkonischem Körper und Bodendelle. Ansatz eines erhöhten Henkels von flach ovalem Querschnitt am Gefäßrand und auf der Schulter.
Tasse Typ 3. Abb.32.6-7.
Oberfläche grau, geglättet. Gefäßkörper mit schmalen, schrägen Kanneluren verziert.
H. 7,3 cm. Randdm.6,8 cm. Dm. Halsansatz 5 cm. gr.Dm. 7 cm. Bodendm.3 cm.
Inv.Nr.1953.24.65 (Tafel 8.5). Bóna 1975 Tafel 158.17 und 20.

2. Unterer Gefäßteil einer Henkeltasse mit doppelkonischem Körper und Boden mit Omphalos. Auf der Schulter Ansatz eines flachen Henkels.

Vergleiche Tasse Typ 3. Abb.32.6-7.
Oberfläche schwarz, verwittert, unverziert.
erh.H. 4,5 cm, Dm. Halsansatz 5 cm, gr.Dm. 8 cm.
Inv.Nr.1953.24.66 (Tafel 8.6).[802]

Grab 33.   Tafel 8.7-8

Kind. Tiefe 70 cm. Knochen verwest. Beigaben: eine kleine Schüssel(1) und zwei Tassen(2-3).

1. Oberteil einer Henkeltasse mit abgesetztem trichterförmigem Hals ohne ausgeprägter Randbildung. Unterhalb des Randes und am Halsansatz Ansatz eines Henkels von flach ovalem Querschnitt.
Tasse Typ 4 Variante 1. Abb.32.11.
Oberfläche gelb und braun, verwittert. Unterhalb des Randes drei umlaufende parallele Rillen als Verzierung.
H. 4,2 cm, Randdm.ca.8 cm.
Inv.Nr.1953.24.68 (Tafel 8.7).

2. Randbruchstücke einer kleinen konischen Schale mit eingezogenem Rand und nach innen verdickter Randlippe.
Oberfläche beige, sehr angegriffen, unverziert.
erh.H. 2 cm, rek.Randdm.ca.8 cm.
Inv.Nr.1953.24.67 (Tafel 8.8).

Fehlt: eine Tasse.

Grab 34.   Tafel 9.1

Mädchen. Tiefe 155 cm. Knochen völlig verwest, vom Schädel einige Bruchstücke erhalten. Beigaben: wahrscheinlich am Ohr ein goldener(1) und ein bronzener Lockenring(2), vor der Brust eine große Henkeltasse(3), vor den Beinen eine kleine runde Schüssel(4), eine Tasse(5) und ein Krug(6).

1. Krug mit abgesetztem langem Trichterhals, horizontal abgeflachtem Rand, doppelkonischem Körper und flachem Boden. Ein Henkel von gerundet rechteckigem Querschnitt befindet sich an der unteren Halshälfte.
Langhalskrug Typ 2. Abb.30.8.
Oberfläche grau bis schwarz und orange gefleckt, geglättet. Auf der Schulter eine Reihe von kleinen bogenförmigen Kanneluren.
H. 9 cm, Randdm.7 cm, Dm. Halsansatz 5 cm, gr.Dm.7,5 cm, Bodendm.3 cm.
Inv.Nr.1953.24.69 (Tafel 9.1). Bóna 1975 Tafel 158.21.

Fehlen: ein goldener und ein bronzener Lockenring(1-2), zwei Tassen(3,5) und eine Schüssel(4).

Grab 35.

Kind. Tiefe 125 cm. Knochen völlig verwest. Beigaben: zwei Henkeltassen(1-2).
Fehlen: zwei Tassen.

---

[802] Die abgebildeten Schmuckgegenstände wurden dem Grab 32 zugeordnet. Sie werden in der Befundbeschreibung nicht erwähnt. Siehe Bóna 1975 Tafel 164.27,29-31.

Grab 36.   Tafel 9.2

Kind. Tiefe 160 cm. Länge 66 cm. Knochen verwest. Kopf nach Norden, Gesicht nach Westen. Beigaben: vor den Beinen eine Tasse(1). Bóna 1975 Tafel 155.6.

1. Krug von Miniaturgröße mit kurzem Hals, stark ausschwingendem Rand, ausgeprägtem Bauchumbruch und kleiner Standfläche. Ein randständiger Henkel von gerundet rechteckigem Querschnitt führt zum Umbruch.
Miniaturgefäße. Abb.41.5.
Oberfläche dunkelgrau. Rand-, Henkel- und Bauchumbruch mit senkrechten Strichen gekerbt. Gefäßkörper sonst mit dreieckigen und bogenförmigen Ritzlinien verziert.
H. 3,8-4 cm, Randdm. ca.4 cm, Halsdm. 3,7 cm, gr.Dm. 6,7 cm, Bodendm. 2 cm.
Inv.Nr.1952.3.11 (Tafel 9.2). Bóna 1975 Tafel 158.22. von Tompa 1934-35, Tafel 46.25.

Grab 37.   Tafel 9.3-4

Tiefe 160 cm. Länge 136 cm. Eine erwachsene Person in Nordlage liegend. Beigaben: vor den Füßen eine kleine Tasse(1), vor dem Becken eine Schüssel(2) und eine große Tasse(3). Bóna 1975 Tafel 155.6.

1. Dickwandige konische Schale mit T-förmig abgeflachtem Rand und abgesetzter Standfläche. Ein Henkel von viereckigem Querschnitt befindet sich unterhalb des Randes.
Schale Typ 5. Abb.37.11.
Oberfläche gelb und orange, schwarz gefleckt, grob geglättet, unverziert.
H. 8-10 cm, Randdm.22-23,5 cm, Bodendm.8 cm.
Inv.Nr.1953.24.70 (Tafel 9.3). Bóna 1975 Tafel 158.24.

2. Henkeltasse mit geschwungenem Trichterhals, stark ausschwingendem Rand, rundem Körper und Boden mit Omphalos. Ein breiter erhöhter Henkel von flachem gekrümmtem Querschnitt führt vom Rand zur Schultergegend.
Tasse Typ 6. Abb.32.13.
Oberfläche grau bis schwarz, geglättet. Körper mit Gruppen von senkrechten Rillen, in dem Zwischenraum einzelne Dellen, verziert. Weißinkrustation z.T. noch vorhanden.
H. 9,5-10 cm, Randdm.9,2 cm, Dm. Halsansatz 7,5 cm, gr.Dm. Körper 10,5 cm, Omphalosdm. 3,5 cm.
Inv.Nr.1953.24.71 (Tafel 9.4). Bóna 1975 Tafel 158.23.

Fehlt: eine Tasse(1).

Grab 38.

Frau. Knochen in schlechtem Zustand. Tiefe 135 cm. Länge 120 cm. Kopf nach Osten, Gesicht nach Süden. Beigaben: vier herzförmige Anhänger vom a-Typus(1a-d), einer vor der Stirn, zwei hinter dem Scheitelbein und einer am Nacken. Bóna 1975 Tafel 155.7.

Funde im MNM nicht auffindbar.

Grab 39. Tafel 10.1-6

Mann. Tiefe 195 cm. Länge 148 cm. Knochen größtenteils verwest. Kopf nach Westen, Gesicht nach Süden orientiert. Beigaben: vor dem Gesicht eine Lanzenspitze(1), darunter ein Steinbeil(2), unter dem Kinn eine Ahle(3), bei der Schulter eine Goldperle(4), hinter der Kniekehle eine große Schüssel(5), darin eine Schale(6), beim Fuß ein kleiner Krug(7), daneben ein Spiralbruchstück(8), eine Punzierer-Ahle(9) und eine Drahtösenkopfnadel(10). Bóna 1975 Tafel 156.6.

1. Tüllenlanzenspitze aus Kupfer oder Bronze von längerer schlanker Form mit tiefem gerundetem Blattumbruch und frontaler Lochung bzw. einen Nagelloch auf der Breitseite.
Tüllenlanzenspitze Typ 2. Abb.50.3.
Die Blattlänge beträgt ca. zwei Drittel der Gesamtlänge der Lanzenspitze und verläuft geradlinig auf die Spitze zu. Die ursprüngliche Schneidekante ist wenig abgenutzt und noch deutlich zu erkennen. Das Blatt ist durch die runde Tülle im Querschnitt geprägt. An dessen Maximalbreite am unteren Drittel, biegt das Blatt unter einem Winkel von 45 Grad um und verläuft schräg zur Tülle hin. Die Tülle ist kurz oberhalb des Tüllenmundes auf der Vorder- und Rückfläche quer zum Blattansatz durchbohrt. Auf einer Breitseite oberhalb der Durchbohrung befindet sich ein zweites kleineres Loch, das hier als Gußfehler angesehen wird. Innen reicht die Tülle bis über die Höhe des Blattansatzes, das heißt zwei Drittel der Gesamtlänge der Lanzenspitze. Die Oberfläche der Tülle ist nicht verziert.
Reste eines Tonkerns waren mit bloßem Auge nicht festzustellen.
Die Löcher auf der Breitseite der Tülle sowie das Fehlen einer seitlichen Gußnaht unterhalb des Blattansatzes weisen darauf hin, daß die Lanzenspitze in verlorener Form gegossen wurde.
L. 15,2 cm. Dm. Tüllenende 2,6 cm. Dm. Tüllenmitte 1,4 cm. Dm. Spitze 0,4 cm.
Inv.Nr.1952.3.12 (Tafel 10.1). Bóna 1975 Tafel 163.27. Mozsolics 1967 Tafel 7.3. von Tompa 1934-35 Tafel 41.8.

2. Bisymmetrisch gebildete, zylindrisch durchbohrte Axt aus dunkelgrauem Felsgestein, mit spitzovaler Bahn, senkrechter Schneide und abgeflachtem Nacken.
Geräte aus Knochen oder Stein. Abb.55.2.
L. 12,6 cm, Querschnitt 4,34 x 3,0 cm.
Inv.Nr.1953.24.72 (Tafel 10.2). Bóna 1975 Tafel 163.26.

3. Henkelschale mit langem trichterförmigem Hals, ausschwingendem Rand mit horizontal abgeflachter Randlippe, rundem Körper mit hohem Umbug, und kleiner abgesetzter Standfläche. Ein kleiner Henkel von quadratischem Querschnitt überbrückt den Hals.
Henkelschale Typ 1. Abb.34.1.
Oberfläche schwarz. Die ursprüngliche Politur der Oberfläche ist stellenweise noch erhalten. Gefäßkörper mit Ritzlinien im hängenden Dreieckmotiv verziert.
H. 10-10,5 cm, Randdm.14,7 cm, Dm. Halsansatz ca.10 cm, gr.Dm. Körper 12 cm, Bodendm. 5 cm.
Inv.Nr.1952.3.14 (Tafel 10.3). Bóna 1975 Tafel 158.25. Mozsolics 1967 Tafel 7.7. von Tompa 1934-35 Tafel 46.31.

4. Krug mit abgesetztem langem Trichterhals, doppelkonischem Körper und flachem Boden. Ein breiter Henkel von flach ovalem Querschnitt befindet sich an der Halsmitte.
Langhalskrug Typ 1. Abb.30.1-4.
Oberfläche dunkelgrau und gelb, geglättet. Körper mit waagerechten, parallelen flachen Rillen und mit einer Furchenreihe verziert.
H.10cm, Randdm.7cm, Dm. Halsansatz 5cm, gr.Dm. Körper 7,7cm, Bodendm. 3,6cm.

Inv.Nr.1952.3.15 (Tafel 10.4.). Bóna 1975 Tafel 158.26. Mozsolics 1967 Tafel 7.6. von Tompa 1934-35 Tafel 46.29.

5. Drahtösenkopfnadel aus Kupfer oder Bronze, mit geradem Schaft von rundem Querschnitt. Zusammengesetzt aus 3 Bruchstücken.
Nadel Typ 2. Abb.51.8-9.
erh.L. 12,2 cm, gr.Dm. 0,3 cm.
Inv.Nr.1952.3.15(Tafel 10.5). Bóna 1975 Tafel 163.32. Mozsolics 1967 Tafel 7.4.

6. Ahle aus Kupfer oder Bronze mit geradem Schaft von ovalem Querschnitt. Beide Enden zugespitzt.
Metall-Gerät, Ahle Typ 1. Abb.49.3.
L. 5,9 cm, Dm. Mitte 0,5 cm, Dm. Spitze 0,2 cm.
Inv.Nr.1952.3.13 (Tafel 10.6). Bóna 1975 Tafel 163.31. Mozsolics 1958 Tafel 7.5.

Fehlen: eine Ahle(3 oder 9), eine Goldperle(4), eine Schüssel(5. Vergleiche Bóna 1975 Tafel 156.6) und ein Spiralröllchen(8).

Grab 40.   Tafel 9.5-6

Mann. Tiefe 135 cm. Länge 130 cm. Knochen verwest, nur die Extremitäten und der Schädel noch in schlechtem Zustand vorhanden. Kopf nach Westen, Gesicht nach Süden. Beigaben: in der Fußgegend ein zweihenkliger Topf(1), daneben vor den Beinen ein kleiner Becher(2).

1. Kleiner henkelloser Becher von kugeliger Form mit eingezogenem Rand und kleiner Standfläche. Unmittelbar unterhalb des Randes zwei Paar gegenständige Ösen.
Becher Typ 4. Abb.39.6.
Oberfläche orange, grob geglättet, unverziert.
H. ca.6 cm, Randdm.4 cm, gr.Dm. 6,5 cm, Bodendm.3 cm.
Inv.Nr.1953.24.74 (Tafel 9.5). Bóna 1975 Tafel 159.2.

2. Kleiner gehenkelter Topf mit geschwungenem Profil: mit kurzem eingezogenem Hals, kurzem ausschwingendem Rand, gedrungenem Körper und abgesetztem flachem Boden. Zwei gegenständige flache Henkel überbrücken den Hals; oberhalb der Henkel am Rand, zwei Durchbohrungen. Einander gegenüberliegend am Rand sowie auf der Schulter befinden sich zwei zungenförmige, aufeinander bezogene Buckel.
Topf Typ 1. Abb.38.1.
Oberfläche dunkelgrau, beige und orange gefleckt, unverziert.
H. 11 cm, Randdm. 13 cm, gr.Dm. 12,5 cm, Bodendm. 6,5-7 cm.
Inv.Nr.1953.24.73 (Tafel 9.6). Bóna 1975 Tafel 159.1.

Grab 41.

Frau. Tiefe 120 cm. Nur noch der Schädel vorhanden. Kopf nach Süden, Gesicht nach Osten. Keine Beigaben.

Grab 42.   Tafel 10.7-8

Mädchen. Tiefe 130 cm. Länge 90 cm. Knochen fast völlig verwest. Kopf nach Osten, Gesicht nach Süden.
Beigaben: am Fußende eine Tasse(1), daneben eine kleine Tasse(2).

1. Bruchstücke eines geschlossenen Topfes mit zylindrischem Hals, ausschwingendem Rand, gedrungen rundem Körper und abgesetzter Standfläche. Henkel sowie Ansatz eines Henkels fehlen (?).
Topf Typ 5. Abb.38.7.
Oberfläche grau und beige, streifig geglättet, unverziert.
erh.H. 16 cm, Randdm.12 cm, gr.Dm.18 cm, Bodendm.6 cm.
Inv.Nr.1953.24.75 (Tafel 10.7).

2. Krug mit weitem, abgesetztem, langem Trichterhals, auslaufendem Rand, rundem Körper und Boden mit Omphalos. Ein Henkel von gekrümmt ovalem Querschnitt überbrückt den Hals.
Langhalskrug Typ 1 Variante 1. Abb.30.5-7.
Oberfläche schwarz und orange gefleckt, geglättet; Hals innen geglättet. Unverziert.
H. 8,4-8,9 cm, Randdm.6,8 cm, gr.Dm.7,1 cm, Omphalosdm.2,6 cm.
Inv.Nr.1953.24.76 (Tafel 10.8). Bóna 1975 Tafel 159.4.[803]

Grab 43.   Tafel 11.1-4

Mann. Tiefe 170 cm. Länge 158 cm. Knochen gut erhalten. Kopf nach Westen, Gesicht nach Süden. Beigaben: bei der Schulter kleine Spiralen(1), am Nacken zwei große Spiralen(2), am Arm drei große Spiralen(4), unter dem Kopf zwei Spiralen(5), Rollenkopfnadel(6), hinter der Kniekehle eine kleine Tasse(7), in der Knöchelgegend eine Tasse(8), daneben eine große Tasse(9). Bóna 1975 Tafel 156.2.

1. Großer, henkelloser Topf mit abgesetztem geradem Hals, ausschwingendem Rand, eiförmigem Körper und kleiner Standfläche.
Topf Typ 4. Abb.38.5.
Oberfläche hellgrau, glatt, unverziert.
H. ca.15,5 cm, Randdm.13 cm, Dm. Halsansatz ca.10 cm, gr.Dm. Körper 12,5 cm, Bodendm.6 cm.
Inv.Nr.1953.24.77 (Tafel 11.1).

2. Bruchstücke einer mittelgroßen Rollenkopfnadel aus Kupfer oder Bronze, mit schmalem aufgerolltem Kopf, der fast genauso breit wie der Schaft ist. Gerader Schaft von rundem Querschnitt.
Nadel Typ 1. Abb.51.1-3.
Oberfläche hellgrün, stark verkrustet.
Gesamt-L. 11,9 cm.
Inv.Nr.1952.3.18 (Tafel 11.2). Bóna 1975 Tafel 163.29.

3. Spiralröllchen von rechteckigem Querschnitt in verschiedenen Längen.
Spiralröllchen Form 2. Abb. 53.2.
Inv.Nr.1952.3.17 (Tafel 11.3). Bóna 1975 Tafel 163.20,28.

---

[803] Die bei Bóna abgebildeten Schmuckgegenstände wurden dem Grab 42 zugeordnet. Sie werden in der Befundbeschreibung nicht erwähnt. Siehe Bóna 163.28-30.

4. Henkelschale mit kurzem, nach außen geschweiftem Hals, ausladendem ausgußähnlichem Rand, hohem rundem Körper und relativ kleiner Standfläche. Ein leicht erhöhter Henkel von flach ovalem Querschnitt überbrückt den Hals.
Henkelschale Typ 2. Abb.34.5-6.
Oberfläche braun bis beige, schwarz gefleckt, geglättet, unverziert.
H. 9,5 cm, Randdm. 14 cm.
Inv.Nr.1952.3.19 (Tafel 11.4). Bóna 1975 Tafel 159.6. von Tompa 1934-35 Tafel 46.34.
Fehlen: mehrere Spiralröllchen und eine Tasse.

Grab 44. Tafel 11.5

Urnengrab. Tiefe 70 cm. Kalzinierte Knochen und eine Deckelschüssel. Bóna 1975 Tafel 154.2.

1. Großes Gefäß mit zylindrischem Hals, ausschwingender Mündung (Rand fehlt), und ausgeprägtem rundem Körper mit hohem Umbug, der sich nach unten zu einer kleinen Standfläche stark verjüngt. Ein breiter Henkel von gerundet rechteckigem Querschnitt befindet sich auf der Schulter.
Amphorenartiges Gefäß. Abb.40.
Oberfläche fleckig: grau bis dunkelgrau bis schwarz, verwittert. Unterhalb des Halsansatzes mehrere waagerechte Rillen mit dazwischenliegenden Punktgruppen und einzelnen großen Buckeln. Oberer Körperteil durch Ritzlinien im Leitermotiv in Felder aufgeteilt, die wiederum mit Ritzlinien im Leiter- und Zickzackmotiv ausgefüllt sind.
erh.H. 29 cm, Halsdm. 16 cm, gr.Dm. 32 cm, Bodendm. 9 cm.
Inv.Nr.1952.3.20 (Tafel 11.5. M.1:3). Bóna 1975 Tafel 159.9. von Tompa 1934-35 Tafel 46.2.

Fehlt: eine Schüssel.

Grab 45. Tafel 12.1

Mädchen. Tiefe 85 cm. Länge 90 cm. Knochen im schlechten Zustand. Kopf nach Norden orientiert. Vor dem Schädel einige Schädelstücke (wie) aus Grab 46, in dem der oberer Schädelteil fehlt. Beigaben: vor den Beinen eine Henkeltasse(1). Bóna 1975 Tafel 156.8.

1. Krug mit langem engem Hals, ausschwingendem Rand, rundem Körper mit hoher Schulter und flachem Boden. Ansatz eines Henkels von flach ovalem Querschnitt am Hals.
Langhalskrug Typ 3. Abb.30.9.
Oberfläche gelblich-grau, glatt. Gefäßkörper mit schrägen Ritzlinien sorgfältig verziert.
H. 9 cm, Randdm. 7 cm, Dm. Halsansatz 5,5 cm, gr.Dm. 7 cm. Bodendm. 3 cm.
Inv.Nr.1953.24.78 (Tafel 12.1). Bóna 1975 Tafel 158.9.

Grab 46. Tafel 12.2-3

Mädchen. Tiefe 85 cm. Länge 95 cm. Orientierung der Knochen nicht feststellbar. Beigaben: vor den Beinen eine kleine Schüssel(1) und eine Henkeltasse(2), am Knie eine Tasse(3), am Nacken zwei grüne Perlen (4a-b). Bóna 1975 Tafel 156.8.

1. Unterteil einer Henkeltasse mit gedrungenem Körper und Boden mit Omphalos. Am Hals Ansatz eines Henkels von flach ovalem Querschnitt.

Vergleiche Tasse Typ 3. Abb.32.6-7.
Oberfläche grau, glatt, unverziert.
erh.H. 5 cm, Dm. Halsansatz 6 cm, gr.Dm. Körper 7,5 cm, Omphalosdm. 1,5 cm.
Inv.Nr.1953.24.80 (Tafel 12.2).

2. Konischer Becher mit horizontal abgeflachtem Rand, kleiner Standfläche und einem Henkel von rechteckigem Querschnitt unmittelbar unterhalb des Randes.
Becher Typ 5. Abb.39.8.
Oberfläche orange und braun, verwittert, unverziert.
H. 8,5 cm, Randdm.8,2 cm, Bodendm.4,5 cm.
Inv.Nr.1952.3.22 (Tafel 12.3). Bóna 1975 Tafel 159.8.
Fehlen: eine Schüssel(1) und zwei Perlen(4a-b).

Grab 47.

Mann. Tiefe ca.160 cm. Länge 140 cm. Kopf und oberer Skeletteil in gutem Zustand. Beigaben: vor dem Schädel zwei Bruchstücke einer Urne.
Im MNM nicht auffindbar.

Grab 48.   Tafel 12.4-5

Säugling. Tiefe 116 cm. Knochen verwest. Beigaben: zwei Tassen(1-2) und eine bronzene Spiralperle(3).
Bóna 1975 Tafel 154.7.

1. Henkeltasse mit abgesetztem zylindrischem Hals ohne ausgeprägter Randbildung, rundem Körper und Boden mit Omphalos. Ein überrandständiger Henkel von rechteckigem Querschnitt führt zur Schultergegend. Rand zum Teil ergänzt.
Tasse Typ 1. Abb.32.1-2.
Oberfläche dunkelgrau, glatt. Körper mit zwei Reihen paralleler bogenförmiger Kanneluren verziert.
H. 6,5-7 cm, rek.Randdm.5,5 cm, Halsdm.4,5 cm, gr.Dm. Körper 6,8 cm.
Inv.Nr.1953.24.81 (Tafel 12.4). Bóna 1975 Tafel 159.11.

2. Henkeltasse mit abgesetztem trichterförmigem Hals, ausgeprägter horizontal nach außen geknickter Randlippe, gedrungen doppelkonischem Körper und flachem Boden. Ein randständiger Henkel von rechteckigem, innen gekehltem Querschnitt führt zur Schulter.
Tasse Typ 4. Abb.32.10.
Oberfläche grau und braun, stellenweise noch geglättet. Körper mit leicht schrägen Kanneluren verziert.
H. 5,5-6cm, Randdm.7cm, Dm. Halsansatz 4,8cm, gr.Dm. Körper 6,2cm. Bodendm.4cm.
Inv.Nr.1953.24.82 (Tafel 12.5). Bóna 1975 Tafel 159.12.

Fehlt: ein Spiralröllchen. Vergleiche Bóna 1975 Tafel 164.34.

Grab 49.   Tafel 12.6

Säugling. Tiefe ? Knochen verwest. Beigaben: eine Henkeltasse mit Spiralbuckelverzierung(1).
Bóna 1975 Tafel 154.7.

1. Breite Henkelschale mit S-förmigem Profil: mit geradem Hals, ausladendem Rand, kugeligem Körper und abgesetzter erhöhter Standfläche.

Ein kleiner Henkel von rechteckigem Querschnitt überbrückt den Hals.
Henkelschale Typ 5. Abb.34.10.
Oberfläche gelb und grau, geglättet. Gefäßkörper mit leicht schräg verlaufenden Rippen verziert.
H. 11,5-12 cm, Randdm.13 cm, Dm. Halsansatz 10 cm, gr.Dm. Körper 13 cm, Bodendm. 6 cm.
Inv.Nr.1953.24.83 (Tafel 12.6). Bóna 1975 Tafel 159.13.[804]

Grab 50.   Tafel 12.7-9

Säugling. Tiefe ? Knochen verwest. Beigaben: ein großer Topf mit Henkel(1), eine Tasse(2), ein kleiner Topf(3), eine Miniaturtasse(4), eine kleine Buckeltasse(5), eine Henkeltasse(6), eine kleine Schüssel(7). Bóna 1975 Tafel 154.7.

1. Wandbruchstücke einer Tasse mit rundem Körper.
Oberfläche orange, verwittert.
erh.H. ca.3 cm, rek.Dm.7 cm.
Inv.Nr.1953.24.86 (Tafel 12.7).

2. Konischer Becher von breiter Form mit schräg nach innen abgeflachtem Rand und einem leicht erhöhten Henkel von viereckigem, innen gekehltem Querschnitt. Becher Typ 5 Variante 2. Abb.39.9.
Oberfläche orange, glatt, unbehandelt. Der Rand ist mit sechs einzelnen spitzen Knubben verziert.
H. 7,5-8 cm, Randdm.11,3 cm, Bodendm.6,5 cm.
Inv.Nr.1953.24.84 (Tafel 12.8).

3. Bruchstück eines henkellosen(?) Topfes mit eiförmigem Körper. Rand und Boden fehlen.
Vergleiche Topf Typ 4 Variante 1. Abb.38.6.
Oberfläche orange und braun, glatt, unverziert.
erh.H. 10 cm, rek.Dm. 10 cm.
Inv.Nr.1953.24.85 (Tafel 12.9).

Fehlen: ein Topf(1), eine Schüssel(7) und eine Tasse. Vergleiche Bóna 1975 Tafel 159.16.

Grab 51.   Tafel 13.1-2

Mann. Tiefe 145 cm. Länge 140 cm. Knochen in gutem Zustand. Kopf nach Süden. Beigaben: bei den Knöcheln eine Henkeltasse(1), vor den Beinen ein Becher(2) und eine Schüssel(3). Bóna 1975 Tafel 155.9.

1. Henkeltasse mit kurzem geradem Hals, stark ausschwingendem Rand, rundem Körper und abgesetztem flachem Boden. Ein leicht erhöhter Henkel von ungleichmäßig flachem Querschnitt führt zur Schultergegend.
Tasse Typ 5. Abb.32.12.
Oberfläche gelb bis orange, verwittert, unverziert.
H. 10,5-11,8 cm, Randdm.11,7 cm, Dm. Halsansatz 8,5 cm, gr.Dm. Körper 10 cm, Bodendm. 6 cm.

---

[804] Der vorhandene Gegenstand entspricht nicht dem in dem Befund beschriebenen Gefäß.

Inv.Nr.1953.24.87 (Tafel 13.1).

2. Konischer Becher von Miniaturgröße mit stark eingezogenem, spitz auslaufendem Rand und flachem Boden. Ein Ösenhenkel befindet sich unmittelbar unterhalb des Randes.
Becher Typ 5 Variante 1. Abb.39.7. Siehe auch Miniaturgefäße.
Oberfläche orange und braun, grob belassen, unverziert.
H. 6-6,3 cm, Randdm.5 cm, Schulterdm. 6,2 cm, Bodendm.4 cm.
Inv.Nr.1953.24.88 (Tafel 13.2).

Fehlt: eine Schüssel(3).

Grab 52.
Frau. Tiefe 126 cm. Länge 110 cm. Knochen in gutem Zustand. Kopf nach Norden. Keine Beigaben.

Grab 53.   Tafel 13.3-5

Männliches Kind. Tiefe 140 cm. Länge ca.75 cm. Knochen zum größten Teil verwest. Kopf nach Westen. Beigaben: bei der Kniekehle ein Henkeltopf(1), bei den Füßen zwei Henkeltassen(2-3).

1. Krug mit abgesetztem, leicht trichterförmigem Hals, schlichtem Rand, doppelkonischem Körper und flachem Boden. Ein Henkel von rechteckigem Querschnitt befindet sich an der Halsmitte.
Langhalskrug Typ 1. Abb.30.1-4.
Oberfläche fleckig schwarz bis grau und gelb, am Hals senkrecht streifig geglättet, am Körper waagerecht streifig geglättet.
H. 10,5-11 cm, Randdm. 8 cm, Dm. Halsansatz 6 cm, gr.Dm. Körper 8,9 cm, Bodendm.4,3 cm.
Inv.Nr.1953.24.90 (Tafel 13.3).

2. Kleine Henkeltasse mit zylindrischem Hals, trichterförmigem ausgußähnlichem Rand, rundem Körper mit hohem Umbug und verhältnismäßig schmaler Standfläche. Ein leicht erhöhter randständiger Henkel von rechteckigem Querschnitt führt zum Halsansatz.
Vergleiche Tasse Typ 5. Abb.32.12.

Oberfläche schwarz, unverziert. Die ursprüngliche Politur der Oberfläche ist stellenweise noch erhalten.
H. 7-7,5 cm, Randdm.6,5 cm, Dm. Halsansatz 5,2 cm, gr.Dm. Körper 6,3 cm, Bodendm.3,3 cm.
Inv.Nr.1953.24.91 (Tafel 13.4).

3. Unterer Teil eines Gefäßes mit rundem Körper und geradem Hals. Auf der Schulter Ansatz eines Henkels von flach ovalem Umriß.
Oberfläche mit schräg angebrachten, breiten, flachen Kanneluren verziert.
erh.H. 4-5 cm. gr.Dm. 7,7 cm.
Inv.Nr. 1953.24.89. (Tafel 13.5.)

Grab 54.
Tafel 13.6-13
Tafel 26.1-8

Mädchen. Tiefe 175 cm. Länge 85 cm. Knochen völlig verwest, Bruchstücke vom Schädel. Kopf nach Westen. Beigaben: am Fußende ein Näpfchen(1), bei der Kniekehle eine Schüssel(2) und eine Henkeltasse (3), neben der Schüssel zwei bronzene Nadeln(4-5) und eine kleine Punzierer-Ahle(6), am Nacken Lederfetzen und Bronzeblech(7), fünf goldene Buckelchen(8a-e), und eine Dentaliumperle(9). Unter dem Schädel zwei kleine goldene herzförmige Anhänger vom a-Typus(10a-b).

1. Krug mit abgesetztem langem trichterförmigem Hals, schlichtem Rand, doppelkonischem Körper und flachem Boden. Ein Henkel von ovalem Querschnitt befindet sich an der Halsmitte.
Langhalskrug Typ 1. Abb.30.1-4.
Oberfläche dunkelgrau und beige gefleckt, geglättet. Zwei parallele Rillen an der Halsmitte, eine waagerechte Rille am Halsansatz.
H. 12,5 cm, Randdm.8,5 cm, Dm. Halsansatz 6 cm, gr.Dm. Körper 9,6 cm, Bodendm.3,5 cm.
Inv.Nr.1952.3.24 (Tafel 13.6, 26.8).
Bóna 1975 Tafel 157.1 und 159.14. von Tompa 1934-35 Tafel 46.27.

2. Fünf Buckelchen aus Goldblech von halbkugeliger Form mit zwei gegenständigen Löchern am Rand zum Annähen.
Goldblechschmuck Form 2. Abb.53.7.
Leicht zerdrückt, mit kleinen Rissen.
H. ca.0,25 cm, Dm.ca.0,4 cm.
Inv.Nr. UMC 1936.573 (Tafel 13.7, 26.7. M.1:1).

3. Zwei kleine, zierliche Lockenringe aus Gold mit rundlichem Querschnitt im Bogenteil und leicht dreieckigem Querschnitt in den übereinander gelegten zugespitzten Enden.
Lockenring Typ a Variante 1. Abb.52.1.
H. 1,55 cm, gr.Br.1,04 cm.
Inv.Nr. UMC 1936.573 (Tafel 13.8).
H. 1,5 cm, gr.Br.1,0 cm.
Inv.Nr. UMC 1936.573 (Tafel 13.9, 26.1-2).

4. Sieben Spiralröllchen aus Bronze von rechteckigem Querschnitt und in verschiedenen Längen erhalten.
Spiralröllchen Form 2. Abb. 53.2.
Dm.ca.0,45 cm.
Inv.Nr. UMC 1936.573E (Tafel 13.10, 26.6).

5. Perle aus Dentaliumröhrchen.
Perlenschmuck. Abb.54.9-10.
L. 3,3 cm, Dm.0,7-0,34 cm.
Inv.Nr. UMC 1936.573C (Tafel 13.11, 26.4).

6. Schmales längliches Band aus dünnem Kupferblech.
Metallschmuck. Abb. 53.4.
Oberfläche hellgrün, sehr verkrustet und korrodiert.
L. 6,8 cm, Br.0,7-1,0 cm, Stärke ca.0,05-0,1 cm.
Inv.Nr. UMC 1936.573 (Tafel 13.12, 26.26.3).

7. Kleine Ahle aus Bronze mit schmalem, flach ovalem Scheibenkopf und geradem Schaft von rundem Querschnitt.

Metall-Gerät, Ahle Typ 3. Abb.49.7.
Oberfläche hellgrün, verkrustet.
L. ca.5,9 cm, gr.Br.Kopf 0,45 cm, Dm. Schaftmitte 0,1 cm.
Inv.Nr. UMC 1936.573 (Tafel 13.13, 26.5).

Fehlen: ein Näpfchen(1), eine Schüssel(2), zwei bronzene Nadeln(4-5) und Lederfetzen.

Grab 55. Tafel 14.1-2

Mädchen. Tiefe 105 cm. Länge 85 cm. Knochen verwest, nur noch Schädel und einige Extremitäten vorhanden. Kopf nach Osten. Beigaben: am Fußende eine Henkeltasse(1), am Nacken eine Rollenkopfnadel(2) und zwei Nadelbruchstücke (3a-b).

1. Bruchstück einer Nadel aus Kupfer oder Bronze mit tordiertem Schaft von quadratischem Querschnitt. Kopf fehlt.
Oberfläche hellgrün patiniert. L. 7 cm.
Inv.Nr.1952.3.26 (Tafel 14.1).

2. Kleine Rollenkopfnadel aus Kupfer oder Bronze, mit schmalem aufgerolltem Kopf und geradem Schaft von rundem Querschnitt.
Nadel Typ 1. Abb.51.1-3.
Oberfläche grün patiniert.
L. 5,8 cm.
Inv.Nr.1952.3.25 (Tafel 14.2). Vergleiche Bóna 1975 Tafel 164.32.

Fehlt: eine Tasse(1).

Grab 56. Tafel 14.3-4

Tiefe 160 cm. Knochen nicht auffindbar. Beigaben: eine Henkeltasse(1) und zwei Tassen(2-3) im Osten.

1. Henkeltasse mit kurzem trichterförmigem Hals, leicht ausschwingendem Rand ohne ausgeprägter Randbildung, kugeligem Körper und gewölbtem Boden. Ein überrandständiger Henkel von quadratischem Querschnitt führt zur Schulter.
Tasse Typ 2. Abb.32.5.
Rand mit kleinen senkrechten Einstichen, Körper schwarz mit schrägen parallelen Rillen verziert. Hals schwarz poliert. Die ursprüngliche Politur der Oberfläche ist stellenweise noch erhalten.
H. 7,5 cm, H. mit Henkel 9 cm, Randdm.7,5 cm, Dm. Halsansatz 7 cm, gr.Dm. Körper 8,5 cm.
Inv.Nr.1953.24.92 (Tafel 14.3).

2. Bruchstück eines großen Gefäßes mit geschwungenem Profil.
Oberfläche grau, glatt, unverziert.
erh.H. ca.7 cm, rek.Dm. ca.28 cm.
Inv.Nr.1953.24.93 (Tafel 14.4).[805]

Fehlen: zwei Tassen.

---

[805] Der vorhandene Gegenstand entspricht nicht dem im Befund beschriebenen Gefäß.

Grab 57.

Mann. Tiefe 170 cm. Länge 100 cm. Knochen in schlechtem Zustand. Kopf nach Westen. Beigaben: vor den Füßen eine Tasse(1), am linken Ellbogen eine bronzene Spiralperle(2).
Funde im MNM nicht auffindbar.

Grab 58.   Tafel 14.5-6

Aufgewühlt. Tiefe 170 cm. Knochen verwest, fehlen völlig. Beigaben: ein Krug(1), eine Tasse, seitlich eingedrückt(2), eine große Schüssel(3), eine Tasse(4) und eine bronzene Drahtösenkopfnadel(5).

1. Tiefe Henkelschale mit kurzem Hals, nach außen geschweiftem Rand, konischem Körper und kleiner abgesetzter Standfläche. Ansatz eines flachen Henkels am Hals. Henkel sowie Teile des Randes und Körpers fehlen.
Henkelschale Typ 3. Abb.34.8.
Oberfläche bräunlich-orange und schwarz gefleckt, geglättet.
H. 10,5-11 cm, Randdm.16 cm, Halsdm.13 cm, Schulterdm. 14 cm, Bodendm.6,5 cm.
Inv.Nr.1952.3.27 (Tafel 14.5). Bóna 1975 Tafel 159.15.

2. Kleiner, henkelloser Topf mit kurzem abgesetztem Hals, nach außen geschweiftem Rand, eiförmigem Körper und kleiner Standfläche.
Topf Typ 4 Variante 1. Abb.38.6.
Oberfläche bräunlich-orange und schwarz gefleckt, unverziert.
H. 10,7-11,3 cm, Randdm.8,5 cm, Halsdm.7,5 cm, gr.Dm. Körper 8,5 cm, Bodendm.5 cm.
Inv.Nr.1952.3.28 (Tafel 14.6). Bóna 1975 Tafel 159.17.

Fehlen: zwei Tassen und eine Nadel(5).

Grab 59.

Frau. Tiefe 140 cm. Länge 108 cm. Knochen in schlechtem Zustand. Kopf nach Osten. Beigaben: in der Gegend des rechten Ohrs vier herzförmige Anhänger aus Bronze(1a-d), unter dem Kopf drei Spiralperlen aus Bronze(2a-c).
Funde im MNM nicht auffindbar.

Grab 60.

Frau. Tiefe 100 cm. Länge 100 cm. Knochen in schlechtem Zustand. Kopf nach Osten. Keine Beigaben.

Grab 61.

Säugling(?). Tiefe 105 cm. Aufgewühlt. Knochen verwest. Beigaben: eine Tasse.
Im MNM nicht auffindbar.

Grab 62.

Säugling(?). Tiefe 90 cm. Aufgewühlt. Knochen fehlen. Beigaben: eine Tasse.
Im MNM nicht auffindbar.

Grab 63.

Säugling(?). Tiefe 80 cm. Aufgewühlt. Knochen fehlen. Beigaben: Bruchstück einer kleinen Schüssel(1) und eine kleine Tasse(2).
Funde im MNM nicht auffindbar.

Grab 64.   Tafel 14.7

Frau. Tiefe 160 cm. Länge 135 cm. Knochen in schlechtem Zustand. Kopf nach Osten. Beigaben: hinter dem Schädel eine halbkugelige Schüssel(1), hinter dem Becken eine Tasse(2), daneben eine kleine bronzene Spiralperle(3), im rechten unteren Teil des Grabes ein Ring aus Bronze(4), unter dem Schädel Bruchstücke von Bronzedraht(5). Bóna 1975 Tafel 156.3.

1. Halbkugelige Schüssel mit einer nach innen verdickten Randlippe, abgesetztem flachem Boden und zwei gegenständigen, horizontal durchbohrten Ösenhenkeln.
Schüssel Typ 3. Abb.36.5.
H. 8-9,5 cm, Randdm.18,5 cm, Bodendm.8 cm.
Oberfläche orange und schwarz gefleckt, mit flachen schmalen Besenstrichen.
Inv.Nr.1952.3.29 (Tafel 14.7). Bóna 1975 Tafel 159.19.

2. Kleine Tasse mit leicht geschwungenem Profil: kurzem geradem Hals, nach außen geschweiftem Rand ohne ausgeprägter Randbildung, rundem Körper und schmaler Standfläche.
Vergleiche Tasse Typ 9. Abb.32.18.
Im MNM nicht auffindbar. Vergleiche Bóna 1975 Tafel 156.3 und 159.20.

Fehlen: eine Tasse(2), Spiralröllchen(3,5) und ein Ring(4).

Grab 65.

Mann. Tiefe 150 cm. Länge 120 cm. Knochen stark verwest. Grab nach Westen orientiert. Beigaben: eine kleine Tasse(1).
Funde im MNM nicht auffindbar.[806]

Grab 66.

Mädchen. Tiefe 100 cm. Länge 87 cm. Knochen in schlechtem Zustand. Kopf nach Osten. Beigaben: eine Tasse(1), am Becken ein Krug(2), bei den Knöcheln ein Krug(3).
Funde im MNM nicht auffindbar.

Grab 67.   Tafel 14.8

Frau. Tiefe 133 cm. Länge 109 cm. Knochen völlig verwest. Kopf nach Osten. Beigaben: am Fußende eine kleine Schüssel(1) und eine kleine Henkeltasse(2), drei bronzene herzförmige Lockenringe vom Typ a(3a-c), ineinander liegend (3d-f), und am Nacken ein Lockenring (3g), eine Dentaliumperle(4), eine Bernsteinperle(5) und 23 Spiralröllchen(6), daneben eine Ösenkopfnadel aus Knochen(7).
Bóna 1975 Tafel 156.4.

1. Henkeltasse mit abgesetztem trichterförmigem Hals ohne ausgeprägter Randbildung, doppelkonischem Körper und Boden mit Omphalos. Ein randständiger Henkel von ovalem Querschnitt führt zur Schulter.

---

[806] Der bei Bóna abgebildete Gegenstand entspricht nicht dem in dem Befund beschriebenen Gefäß Bóna 1975 Tafel 159.21.

Tasse Typ 4 Variante 1. Abb.32.11.
H. ca.7,5 cm, Randdm.7,5 cm, Dm. Halsansatz 5,3 cm, gr.Dm. Körper 8,5 cm.
Oberfläche dunkelgrau, glatt. Ganzes Gefäß mit einer Komposition aus waagerechten und senkrechten Rillen zusammen mit einer Reihe Dellen, die die ausgesparte Zone füllen, verziert. Die ursprüngliche Weißinkrustation ist in den eingetieften Rillen und Dellen zum Teil noch vorhanden.
Inv.Nr.1952.3.30 (Tafel 14.8). Bóna 1975 Tafel 159.5. von Tompa 1934-35 Tafel 46.26.

Fehlen: eine kleine Schale(1), sieben Lockenringe aus Bronze(3a-g), eine Dentaliumperle(4), eine Bernsteinperle(5), Spiraldraht(6) und eine Nadel aus Knochen(7).

Grab 68.   Tafel 15.1-3

Frau. Tiefe 105 cm. Länge 100 cm. Knochen verwest, (Grab) nach Norden orientiert. Beigaben: vor den Beinen eine große Schüssel(1), in der Knöchelgegend ein Krug(2) und ein Deckel(3).

1. Breite Henkeltasse mit abgesetztem zylindrischem Hals, ausschwingendem Rand mit spitz auslaufender Randlippe, gedrungenem Körper und flachem Boden. Der zur Hälfte erhaltene Henkel führt hoch über den Rand heraus zur Schulter und ist von breitem flachem Querschnitt.
Tasse Typ 3. Abb.32.6-7.
Oberfläche mit Gruppen von vier schmalen senkrechten Kanneluren, dazwischen ein kannelurumgebener Buckel, sorgfältig verziert. Dunkelgrau-schwarz. Die ursprüngliche Politur der Oberfläche ist stellenweise noch erhalten.
H. 10-12,5 cm, Randdm.9 cm, Dm.-Halsmitte 7,5 cm, gr.Dm. Körper 12,7 cm.
Inv.Nr. 1952.88.38 (Tafel 15.1).

2. Deckel von flach konischer Form mit abgerundeter Mitte und hoch schwingender Randlippe. Rand mit einer bzw. auf der Gegenseite drei Schnurösen durchbohrt.
Tongegenstände. Abb.42.3.
Oberfläche außen mit Ritzlinien verziert: Leitermotiv, gefüllten Dreiecke, und zwei Punktreihen. Innen nicht verziert.
H. ca.2 cm, Dm.ca.10 cm.
Inv.Nr.1952.88.39 (Tafel 15.2). Bóna 1975 Tafel 160.2.

3. Tiefe kalottenförmige Schale mit eingezogenem Rand, abgerundeter Randlippe und kleiner erhöhter Standfläche. Ein kleiner Henkel von breitem flachem Querschnitt befindet sich unterhalb des Randes.
Schale Typ 3. Abb.37.9.
Oberfläche fleckig: braun mit schwarz und gelb. Der Rand ist mit kleinen spitzen Knubben besetzt. Die Randzone wird von dem Gefäßkörper durch eine waagerechte Rille abgesetzt. Darunter hängen gefüllte Dreiecke von geschwungener Form, jeweils mit einem "Anhängsel" aus einer senkrechten Rille, die mit einem Punkt endet. Oberhalb des Fußansatzes befinden sich waagerecht und parallel verlaufende girlandenförmige Rillen, die jeweils mit einem Punkt unterbrochen werden.
H. 8,5-10 cm, Randdm ca.27 cm, Dm. Standfläche 10 cm.
Inv.Nr. 1952.88.37 (Tafel 15.3). Bóna 1975 Tafel 160.1.[807]

---

[807] Die Gegenstände wurden im MNM unter dem Fundmaterial aus Megyaszó Grab 68 inventarisiert. Ein bei Bóna abgebildeter Gegenstand entspricht nicht dem im Tagebuch beschriebenen Befund. Siehe Bóna 1975 Tafel 160.3.

Grab 69.

Kind(?). Tiefe 83 cm. Knochen fehlen. Beigaben: eine kleine Tasse(1) und eine kleine Schüssel(2).
Funde im MNM nicht auffindbar.

Grab 70.

Mann. Tiefe 105 cm. Länge 130 cm. Knochen in schlechtem Zustand. Grab nach Süden orientiert. Beigaben: bei den Knöcheln eine große Tasse(1), vor den Beinen ein Krug(2) und ein kleiner Krug(3).
Funde im MNM nicht auffindbar.

Grab 71.   Tafel 15.4-5

Mann. Tiefe 210 cm. Länge wahrscheinlich 135 cm. Knochen völlig verwest. Grab nach Süden orientiert. Beigaben: vor den Beinen ein großer Topf(1), darin eine Henkeltasse(2), daneben eine große Henkeltasse(3), am Oberarm zwei Spiralperlen und daneben noch vier Stück(4a-f), am Kopf eine Punzierer-Nadel(5) und eine Pasteperle(6), an den Beinen eine Nadel(7). Die Gefäße (?).[808]

1. Schüssel mit kurzem trichterförmigem Hals, stark ausladendem Rand, rundem Körper mit hohem Umbug und abgesetztem Boden mit Omphalos und Standring. Ein Henkel von rechteckigem Querschnitt führt von unterhalb des Randes bis zum Halsansatz.
Schüssel Typ 1. Abb.36.1-3.
Oberfläche dunkelgrau bis braun. Gefäßkörper mit einer Komposition aus Rillen im hängenden geschweiften Dreiecksmotiv, einer Reihe Spiralkanneluren und Dellen verziert. Der Standring besteht aus zwei Kreiskanneluren um einen Buckel. Um den Standringansatz herum vier Gruppen von vier eingetieften Punkten. Verzierung besonders sorgfältig ausgeführt.
H. 9,5-10,5cm, Randdm.23,5cm, Halsdm. ca.18,5cm, gr.Dm. ca.20cm, Bodendm. 6cm.
Inv.Nr.1952.3.58 (Tafel 15.4). Bóna 1975 Taf.160.5-6. von Tompa 1934-35 Taf.46.1.

2. Mittelgroße Rollenkopfnadel aus Kupfer oder Bronze mit schmalem aufgerolltem Kopf, der genauso breit wie der Schaft ist, und geradem Schaft von rundem Querschnitt. Nadel Typ 1. Abb.51.1-3.
L. 12,1 cm, Kopfbr.0,4 cm, Dm.-Schaftmitte 0,35 cm.
Inv.Nr.1952.3.31 (Tafel 15.5). Bóna 1975 Tafel 163.25.
Fehlen: ein Topf(1), eine Tasse(2), Spiralröllchen(4a-f), eine Ahle(5) und eine Perle(6).

Grab 72.   Tafel 16.1

Urnengrab. Tiefe 65 cm. Eine Urne(1) zerstört.

1. Großer henkelloser Topf mit eiförmigem Körper, allmählich einziehendem Hals ohne ausgeprägter Randbildung, und kleiner, erhöhter Standfläche. Unterhalb des Randes zwei gegenständige, längliche, horizontal durchbohrte Griffe.
Topf Typ 8. Abb.38.11.
Oberfläche unbehandelt bzw. gerauht. Auf der Schulter eine waagerechte Reihe von fünf grob ausgeführten Furchenstichen.

---

[808] Weitere Angaben zum Befund fehlen.

Inhalt der Urne: kalzinierte Knochenreste.
H. ca.30cm, rek.Randdm.14,5cm, gr.Dm. Körper 22cm, Dm.Standfläche ca. 12cm.
Inv.Nr.1952.88.53 (Tafel 16.1. M.1:4). Bóna 1975 Tafel 160.4.[809]

Grab 73.

Mann. Tiefe 175 cm. Länge 140 cm. Knochen gut erhalten. Grab nach Westen orientiert. Beigaben: vor den Beinen eine Schüssel(1) und eine Tasse(2), zwischen Kopf und Arm das Bruchstück einer Schüssel (3).
Funde im MNM nicht auffindbar.

Grab 74.   Tafel 16.2-3

Tiefe 135 cm. Länge ? Knochen völlig verwest. Grab nach Osten orientiert. Beigaben: in der Kopfgegend Tassen(1-3), in der Beckengegend eine Schüssel(4), in der Beingegend eine Tasse(5), an den Beinen eine bronzene Nadel in drei Bruchstücken (6a-c) und eine Bernsteinperle(7).

1. Bruchstück einer Bernsteinperle von halbkugeligem Querschnitt.
Bernsteinperle Form 3. Abb.54.6.
Br.0,4 cm, rek.Dm.ca.8 cm.
Inv.Nr.1952.3.32 (Tafel 16.2. M.1:1). Bóna 1975 Tafel 164.27.

2. Kleine Tasse mit leicht geschwungenem Profil: kurzem geradem Hals, schlichtem nach außen geschweiftem Rand ohne ausgeprägter Randbildung, rundem Körper und schmaler Standfläche. Ein leicht erhöhter Henkel von flach ovalem Querschnitt führt vom Rand zur Schulter.
Tasse Typ 9. Abb.32.18.
Oberfläche bräunlich-grau, Körper mit senkrechten Rillen verziert.
H. 8 cm, Randdm.ca.7 cm, Dm. Halsmitte 6 cm, gr.Dm. Körper 7,5 cm.
Inv.Nr.1952.88.64 (Tafel 16.3). Bóna 1975 Tafel 160.8.[810]

Fehlen: drei Tassen und eine Schüssel(6).[811]

Grab 75.

Frau. Tiefe 132 cm. Länge 100 cm. Knochen gut erhalten, nach Norden orientiert, Schädel beschädigt. Keine Beigaben.

Grab 76.   Tafel 16.8

Mann. Tiefe 122 cm. Länge 150 cm. Knochen gut erhalten, nach Süden orientiert. Beigaben: vor dem Becken eine große Schüssel(1). Bóna 1975 Tafel 165.4.

1. Große Schale mit eingezogenem abgerundetem Rand und vier konischen Buckeln als Füßen. Ein flacher Henkel von gekrümmt rechteckigem Querschnitt befindet sich am Rand.
Schale Typ 2 Variante 3. Abb.37.8.

---

[809] Der Topf wurde zu dem Fundmaterial aus Megyaszó Grab 72 inventarisiert. Grab 67 in Hernádkak wurde als Grab 72 abgebildet. Vergleiche Bóna 1975 Tafel 156.4.
[810] Unter dem Fundmaterial aus Megyaszó Grab 74 inventarisiert.
[811] Die bei Bóna abgebildeten Tassen entsprechen nicht der im Befund angegebenen Zahl von Tassen. Bóna 1975 Tafel 160.8-13.

Um den Rand waagerechte Rillen und eine Punktreihe, darunter eingeritzte gefüllte Dreiecke, sternförmig um die Füße eingeritzte gefüllte Dreiecke und in der Mitte der Unterseite des Gefäßes ein kleiner Buckel.
H. 10 cm, Randdm.ca.32 cm.
Inv.Nr.1952.88.72 (Tafel 16.8). Bóna 1975 Tafel 161.1.
Unter dem Fundmaterial aus Megyaszó Grab 76 inventarisiert.

Grab 77.

Frau. Tiefe 80 cm. Knochen schlecht erhalten, Schädel fehlt. Grab nach Westen ausgerichtet. Keine Beigaben.

Grab 78.   Tafel 16.4-7

Frau. Tiefe 100 cm. Länge 94 cm. Knochen schlecht erhalten, Kopf nach Osten. Beigaben: neben und unter dem Kopf vier Lockenringe vom b-Typ(1-4), eine Pasteperle(5) und eine Dentaliumperle(6).

1. Bruchstücke mehrerer Ringe aus ringartig gewickeltem Kupfer- oder Bronzedraht von rechteckigem Querschnitt; manche mit zurückgebogenem Ende.
Lockenring Typ b. Abb.52.4.
Oberfläche hellgrün verkrustet.
L. ca.1,0-1,5 cm, Querschnitt 0,2x0,05 cm.
Inv.Nr.1952.3.33 (Tafel 16.4-5. M.1:1). Bóna 1975 Tafel 163.5-6.

2. Eine Fayenceperle von zylindrischer Form und helltürkiser Farbe.
Fayenceperle Form 1. Abb.54.1-2.
Br.0,5 cm, Dm.0,7 cm.
Inv.Nr.1952.3.35 (Tafel 16.6. M.1:1). Bóna 1975 Tafel 163.7.

3. Eine Perle aus Dentaliumröhrchen.
Perlenschmuck Abb.54.9-10. L. 2,2 cm, Dm.0,45-0,7 cm.
Inv.Nr.1952.3.34 (Tafel 16.7. M.1:1). Bóna 1975 Tafel 163.4.

Grab 79.

Mädchen. Tiefe 100 cm. Länge 75 cm. Knochen schlecht erhalten. Grab nach Norden orientiert. Beigaben: vor den Beinen ein Topf(1).
Funde im MNM nicht auffindbar.[812]

Grab 80.

Mann. Tiefe 160 cm. Länge 148 cm. Knochen verwest, nach Westen orientiert. Beigaben: in der Knöchelgegend eine kleine Henkeltasse(1), ein großer Topf(2) und Bruchstücke einer Schüssel(3).
Funde im MNM nicht auffindbar.[813]

Grab 81.   Tafel 17.1-5

Frau. Tiefe 165 cm. Länge 120 cm. Knochen gut erhalten. Grab nach Norden orientiert. Beigaben: hinten in Kopfhöhe eine Rollenkopfnadel(1), in der Nähe der Nadel 17 Spiralperlen aus Bronze(2) und 41 Bernsteinperlen(3), unter dem Schädel ein goldener herzförmiger Lockenring vom Typ a(4) und eine

---

[812] Der bei Bóna abgebildete Gegenstand entspricht nicht dem in dem Befund beschriebenen Gefäß. Bóna 1975 Tafel 160.7.
[813] Der bei Bóna abgebildete Gegenstand entspricht nicht den in dem Befund beschriebenen Gefäßen. Bóna 1975 Tafel 161.2.

Bernsteinperle(5), an den Füßen ein Topf(6), in der Knöchelgegend eine große Schüssel(7), darin eine Henkeltasse(8).
Bóna 1975 Tafel 155.1.

1. Wenig profilierte Henkelschale mit leicht abgesetztem, trichterförmigem Hals, ausladendem Rand, rundem Körper und kleiner erhöhter Standfläche. Am Rand und oberhalb des Halsansatzes Ansatz eines Henkels von flach ovalem Querschnitt.
Henkelschale Typ 1 Variante 1. Abb.34.2.
Oberfläche dunkelgrau und braun, geglättet. Gefäßkörper mit Reihen von zwei bis drei spitzen Knubben, dazwischen mit senkrechten, plastisch aufgelegten Rippen verziert.
H. 9-9,5 cm, Randdm.12,5 cm, Dm. Halsansatz 10 cm, gr.Dm.ca.11 cm, Bodendm.ca.4 cm.
Inv.Nr.1952.3.37 (Tafel 17.1). Bóna 1975 Tafel 160.14. von Tompa 1934-35 Tafel 46.30.

2. Henkeltasse mit abgesetztem, leicht trichterförmigem Hals, horizontal abgeflachtem Rand (Rand zur Hälfte ergänzt), rundem Körper mit hohem Umbug und Boden mit Standring und Omphalos. Ein überrandständiger Henkel von rechteckigem Querschnitt führt zur Schulter.
Tasse Typ 2 Variante 1. Abb.32.5.
Oberfläche schwarz. Die ursprüngliche Politur der Oberfläche ist stellenweise noch erhalten. Gefäßkörper mit senkrechten, bis zum Omphalos reichenden Kanneluren verziert.
H. 6,5 cm, mit Henkel 9,5 cm, rek.Randdm.7 cm, Dm. Halsansatz 6 cm, gr.Dm. 8 cm, Omphalosdm. 3,5 cm.
Inv.Nr.1952.3.38 (Tafel 17.2). Bóna 1975 Tafel 160.16. von Tompa 1934-35 Tafel 46.28.

3. Vier Spiralröllchen aus Kupfer oder Bronze unterschiedlicher Länge mit rundem oder spitzovalem Querschnitt. Ein Röllchen wird an einem Ende allmählich grösser im Durchmesser.
Spiralröllchen Form 2-3. Abb.53.2-3.
Dm.0,35-0,5 cm.
Inv.Nr.1952.3.36 (Tafel 17.3). Bóna 1975 Tafel 163.3. Tompa 1934-35 Tafel 46.19.

4. Nadel mit breitem aufgerolltem Kopf und geradem Schaft von rundem Querschnitt.
Nadel Typ 1 Variante 1. Abb.51.4-5.
erh.L. ca.6 cm, Kopfbr.0,55 cm, Dm. Schaftmitte 0,2 cm.
Oberfläche hellgrün verkrustet.
Inv.Nr.1952.4.13 (Tafel 17.4). Bóna 1975 Tafel 163.35 oben.

5. Große Schale von tiefer Form mit eingezogenem Rand, nach innen verdickter Randlippe, vier großen konischen Buckeln als Füßen und einem randständigen Henkel von rechteckigem Querschnitt. Gefäß zur Hälfte ergänzt.
Schale Typ 2 Variante 3. Abb.37.8.
Oberfläche bräunlich-schwarz bis schwarz, stellenweise noch geglättet. Auf der Schulter zwei parallele Rillen mit begleitender Furchenreihe im Zwischenraum. Darunter hängen gefüllte Dreiecke ebenfalls aus kleinen Rillen.

Am unteren Gefäßteil einzelne Buckel. Die Buckel sowie die vier Gefäßfüße und der Buckel-Omphalos sind von gefüllten Dreiecken und einer gekerbten Rippe sternförmig umkreist.
H. 10,5-11 cm, rek.Randdm.28,5 cm.
Inv.Nr.1952.4.12 (Tafel 17.5). Bóna 1975 Tafel 160.15. von Tompa 1934-35 Tafel 46.5.

Fehlen: eine Rollenkopfnadel(1), mehrere Spiralröllchen(2), 42 Bernsteinperlen(3) und ein Lockenring aus Gold(4).

Grab 82.

Frau. Tiefe 164 cm. Länge 102 cm. Knochen völlig verwest. Grab nach Osten orientiert. Beigaben: am Kopf liegend und darunter eine große Nadel(1), ein Lockenring vom a-Typ(2), Bruchtücke eines Lockenrings vom b-Typ(3), 10 Stück (?), drei Spiralperlen(4) und eine Dentaliumperle(5), in der Knöchelgegend eine Tasse(6).
Funde im MNM nicht auffindbar. Vergleiche Bóna 1975 Tafel 163.10,12.

Grab 83.

Frau. Tiefe 85 cm. Länge 122 cm. Knochen in schlechtem Zustand. Grab nach Süden orientiert. Beigaben?[814]

Grab 84.   Tafel 17.6

Frau. Tiefe 145 cm. Länge 105 cm. Knochen stark verwest. Grab nach Norden orientiert. Beigaben: bei den Oberschenkeln eine Schüssel.

1. Kleine kalottenförmige Schale mit eingezogenem, horizontal abgeflachtem Rand und erhöhter Standfläche. Am Rand ein kleiner Henkel von gekrümmt rechteckigem Querschnitt.
Schale Typ 3. Abb.37.9.
H. 5,5 cm. Randdm.13,5 cm. Bodendm.ca.6 cm.
Oberfläche unterhalb des Randes und unmittelbar oberhalb der Standfläche jeweils mit einer horizontalen Punktreihe und zwei parallelen Rillen und mit schmalen Rillen in hängendem Dreieck-und Bogen-Motiv verziert.
Inv.Nr.1952.88.88 (Tafel 17.6).

Grab 85.   Tafel 17.7

Frau. Tiefe 145 cm. Länge 120 cm. Knochen in gutem Zustand. Grab nach Norden orientiert. Beigaben: unter dem Kopf zwei herzförmige Lockenringe vom Typ a (1).

1. Bruchstücke von 2-3 massiv gegossenen Lockenringen aus Kupfer oder Bronze. Der Querschnitt im Bogenteil spitzoval, im zugespitzten Ende dreieckig.
Lockenring Typ a. Abb.52.2-3.
L. 1,85 cm. gr.Dm.0,45 cm. und 1,5 cm. gr.Dm.0,3 cm.
Oberfläche grün patiniert.
Inv.Nr.3.1952.42. (Tafel 17.7) Vergleiche Bóna 1975 Tafel 163.17.

Fehlt: ein Lockenring. Vergleiche Bóna 1975 Tafel 163.11.

---

[814] Keine weitere Angaben zum Befund.

Grab 86. Tafel 17.8

Knabe. Tiefe 129 cm. Länge 87 cm. Knochen stark verwest. Grab nach Westen orientiert. Beigaben: in der Knöchelgegend ein Krug(1) und eine kleine Henkeltasse(2), am Nacken sechs bronzene Spiralröhrchen (3).

1. Kleine Tasse mit geschwungenem bzw. nach außen geknicktem, trichterförmigem Hals, rundem Körper und flachem Boden. Ein randständiger Henkel von breitem rechteckigem Querschnitt führt zur Schulter. Teil des Randes und Halses fehlen.
Tasse Typ 5. Abb.32.12.
erh.H. 6,5 cm. rek.Randdm.6 cm. Dm. Körper ca.5 cm. Bodendm.2,5 cm.
Oberfläche des Halses geglättet, Körper mit senkrechten Rippen verziert.
Inv.Nr.1952.88.89 (Tafel 17.8).

Fehlen: eine Tasse(2) und Spiralröllchen(3). Vergleiche Bóna 1975 Tafel 163.18.

Grab 87. Tafel 18.1-3

Kind(?). Tiefe 115 cm. Knochen verwest, fehlen. Beigaben: westlich von den Beinen eine Henkeltasse(1), in der Taillengegend eine große Henkeltasse(2) und eine kleine (Tasse?) (3), am Kopf zwei bronzene Lockenringe und bei den Beinen zwei(4), in der Taillengegend eine Rollenkopfnadel(5).

1. Kleiner Krug mit abgesetztem langem trichterförmigem Hals, rundem Körper und kleinem gewölbtem Boden. Ein Henkel von rechteckigem Querschnitt befindet sich an der unteren Halshälfte.
Langhalskrug Typ 1. Abb.30.1-4.
H. 8cm. Randdm.ca.5,5cm. Dm.Halsansatz 4,5cm. Dm. Körper 6cm. Bodendm. 1cm.
Oberfläche mit feinen Ritzlinien verziert: um die Halsmitte zwei entgegengesetzte Reihen hängender bzw. stehender gefüllter Dreiecke und um den Halsansatz Linien im Leitermotiv, darunter gefüllte Bögen.
Inv.Nr.1952.88.93 (Tafel 18.1). Bóna 1975 Tafel 161.7.

2. Henkelschale mit nach außen geschweiftem Rand, weitem, mit einer Rille vom Körper abgesetztem Hals, rundlichem Körper und flachem Boden. Ein randständiger Henkel von ovalem Querschnitt überbrückt den Hals.
Vergleiche Henkelschale Typ 4 Variante 1. Abb.34.9.
H. 9 cm. Randdm.ca.10 cm. Dm. Körper 9,5 cm. Bodendm.4,5 cm.
Oberfläche braun, geglättet, unverziert.
Inv.Nr.1952.88.91 (Tafel 18.2). Bóna 1975 Tafel 161.5.

3. Weitmundiger kleiner Krug mit langem Hals, leicht nach außen geschweiftem Rand, tief sitzendem Umbug und gewölbtem Boden. Ein Henkel von rechteckigem Querschnitt überbrückt den Hals.
Langhalskrug Typ 1 Variante 1. Abb.30.5-7.
H. 8 cm. Randdm.7 cm. Dm. Körper 6,5 cm.
Oberfläche grau, geglättet, unverziert.
Inv.Nr. 1952.88.92 (Tafel 18.3). Bóna 1975 Tafel 161.6.

Fehlen: vier Lockenringe aus Bronze(4) und eine Rollenkopfnadel(5).

Grab 88.

Frau. Tiefe 148 cm. Länge 104 cm. Knochen in gutem Zustand. Grab nach Osten orientiert. Beigaben: vor den Fußen ein kleiner Krug(1).
Funde im MNM nicht auffindbar.

Grab 89.   Tafel 18.4

Knabe. Tiefe 116 cm. Knochen völlig verwest. Grab nach Westen orientiert. Beigaben:in der Armgegend ein bronzenes Armband(1), bei der Taille sieben Spiralen(2) und ein Votivschwert(3), in der Beingegend zwei Drahtösenkopfnadeln(4) und eine Henkeltasse(5). Bóna 1975 Tafel 156.5.

1. Henkelschale mit weitem, leicht abgesetztem, trichterförmigem Hals, nach außen geschweiftem Rand, rundem Körper und flachem Boden. Ein Henkel von rechteckigem bzw. dachförmigem Querschnitt befindet sich an der unteren Halshälfte.
Henkelschale Typ 4. Abb.34.9.
Oberfläche fleckig grau, schwarz und gelb, und stellenweise noch geglättet.
H. 9cm, Randdm.10,3cm, Dm. Halsmitte 7,8cm, gr.Dm. Körper 8,7cm, Bodendm. 4cm.
Inv.Nr. 1952.88.95 (Tafel 18.4). Bóna 1975 Tafel 161.8. Unter dem Fundmaterial aus Megyaszó inventarisiert.

Fehlen: ein Bronzeblechband(1), Spiralröllchen(2), ein weidenblattförmiger Gegenstand(3) und zwei Drahtösenkopfnadeln(4). Vergleiche Bóna 1975 Tafel 163.13-14.

Grab 90.   Tafel 18.5

Kind(?). Dicht neben vorherigem Grab. Tiefe 90 cm. Knochen verwest. Grab nach Westen orientiert. Beigaben: in der Taillengegend sechs Spiralen(1) und ein Votivschwert(2), in der Beingegend ein Topf(3). Bóna 1975 Tafel 156.5.

1. Ein Spiralröllchen aus Kupfer oder Bronze mit rechteckigem Querschnitt.
Spiralröllchen Form 2. Abb. 53.2.
Oberfläche grün patiniert.
L. ca.3 cm.
Inv.Nr.1952.3.46 (Tafel 18.5). Vergleiche Bóna 1975 Tafel 163.2.

Fehlen: Spiralröllchen(1), ein weidenblattförmiger Gegenstand(2) und ein Topf(3). Vergleiche Bóna 1975 Tafel 161.10 oder 14, 163.1.

Grab 91.   Tafel 18.6

Knabe. Tiefe 115 cm. Länge 61 cm. Knochen in gutem Zustand. Grab nach Westen orientiert. Beigaben:in der Knöchelgegend eine Henkeltasse(1).

1. Henkeltasse mit abgesetztem trichterförmigem Hals ohne ausgeprägter Randbildung, rundem Körper und Boden mit Omphalos. Ansatz eines Henkels von flach ovalem Querschnitt am Rand und Halsansatz. Rand zum Teil ergänzt.
Tasse Typ 1. Abb.32.1-2.
Oberfläche hellgrau, glatt. Gefäßkörper mit feinen bis zum Omphalos reichenden senkrechten Rillen verziert.

H. ca.8 cm, rek.Randdm. 7,5 cm, Dm. Halsansatz 6,8 cm, Dm. Körper 8,6 cm,
Dm. Omphalos ca.3 cm.
Inv.Nr.1952.88.98 (Tafel 18.6). Bóna 1975 Tafel 161.9.[815]

Grab 92.   Tafel 19.1-3

Zwei Knaben. Tiefe 100 cm. Länge 90 cm. Grab nach Süden orientiert, unmittelbar neben Grab 65. Knochen in gutem Zustand. Beigaben: vor den Beinen eine Henkeltasse(1), in der Knöchelgegend eine Henkeltasse(2) und eine Schüssel(3) mit Henkel, darin eine Tasse(4) und eine sehr kleine Henkeltasse(5).
Bóna 1975 Tafel 155.5.

1. Henkeltasse mit abgesetztem trichterförmigem Hals, ausschwingendem Rand, doppelkonischem Körper und flachem Boden. Ein überrandständiger Henkel von stark rechteckigem Querschnitt führt zur Schultergegend.
Tasse Typ 3. Abb.32.6-7.
Oberfläche grau bis dunkelgrau, verwittert. Gefäßkörper mit schmalen Kanneluren und Buckeln, Halsansatz mit einer Einstichreihe verziert.
H. 8,0-8,3 cm, mit Henkel 10 cm, Randdm.ca.7,3-8,3 cm, Dm. Halsansatz 6,4 cm, gr.Dm. Körper 9,7 cm.
Inv.Nr.1952.3.48(Tafel 19.1). Bóna 1975 Taf.161.18. von Tompa 1934-35 Taf.46.33

2. Mittelgroße Schale von flacher Form mit nach innen geknicktem Rand, einem erhöhten, nicht durchbrochenen, henkelähnlichen Griff und Boden mit Omphalos.
Schale Typ 2 Variante 1. Abb.34.4-5.
Oberfläche außen dunkelgrau bis schwarz, innen orange, mit Kanneluren verziert. Der Boden mit Omphalos hat einen Mittelbuckel. Die ursprüngliche Politur der Oberfläche ist stellenweise noch erhalten.
H. 5,5-6 cm, Randdm.16,5 cm, Schulterdm.ca.18 cm.
Inv.Nr.1952.3.50 (Taf.19.2). Bóna 1975 Taf.161.17. von Tompa 1934-35 Taf.46.3.

3. Gehenkelter Topf mit leichtem Halseinzug, ausschwingendem Rand mit schräg nach innen abgeflachter Randlippe, hohem eiförmigem Körper und abgesetztem flachem Boden. Ein randständiger Henkel von flach ovalem Querschnitt überbrückt den Hals.
Topf Typ 2. Abb.38.3.
Oberfläche fleckig gelb und orange, glatt, unverziert.
H. ca.12 cm, Randdm.6,4-6,8 cm, gr.Dm. Körper 9,9-10,8 cm.
Inv.Nr.1952.3.49 (Tafel 19.3). Bóna 1975 Tafel 161.12.

Fehlen: zwei Tassen. Vergleiche Bóna 1975 Tafel 161.15,16.

Grab 93.   Tafel 19.4-6

Frau. Tiefe 120 cm. Länge 110 cm. Knochen in schlechtem Zustand. Grab nach Norden orientiert. Beigaben: am Kopfende eine Drahtösenkopfnadel aus Bronze(1), zwischen Oberschenkeln und Beinen ein Henkelkrug(2), in der Knöchelgegend eine Henkeltasse(3) und eine Schüssel mit Henkel(4).

1. Henkeltasse mit leicht trichterförmigem Hals, ausgeprägt nach außen geschweiftem Rand, doppelkonischem Körper und Boden mit Omphalos. Ansatz eines

---

[815] Die bei Bóna abgebildete flache Schale entspricht nicht dem in dem Befund beschriebenen Gefäß. Sie stammt aus Megyaszó Grab 91. Vergleiche MNM Inv.Nr.1952.88.82.

Henkels von gerundet rechteckigem Querschnitt am Rand und an der Schulter.
Tasse Typ 3. Abb.32.6-7.
Oberfläche dunkelgrau bis braun, verwittert. Ursprüngliche Politur der Oberfläche stellenweise noch erhalten. Körper vom Hals durch eine kleine Einstichreihe getrennt und mit einzelnen Buckeln jeweils mit einer Halbkreiskannelure verziert. Unterhalb des Henkelansatzes ein kleiner kannelurumkreister Buckel.
H. 7 cm, Randdm.7 cm, Dm. Halsmitte 5,4 cm, gr.Dm. Körper 7,5 cm, Omphalosdm.2,3 cm.
Inv.Nr.1952.3.52 (Tafel 19.4). Bóna 1975 Tafel 161.16.

2. Mittelgroße Schale von flacher Form mit stark eingezogenem Rand, kantiger Randlippe und Boden mit Omphalos. Rand und Körper zum Teil ergänzt. Henkel fehlt.
Schale Typ 2 Variante 1. Abb.37.4-5.
Oberfläche dunkelgrau bis schwarz. Ursprüngliche Politur der Oberfläche stellenweise noch erhalten. Mit Kanneluren in Zickzackmotiv und kleinen kannelurumkreisten Buckeln verziert.
H. 6 cm, rek.Randdm.19,5 cm, rek.Schulterdm. 21,5 cm, Dm. Omphalos 5 cm.
Inv.Nr.1952.3.53(Tafel 19.5). Bóna 1975 Taf.161.20. von Tompa 1934-35 Taf.46.6.

3. Henkeltasse mit kegelförmigem Hals, ausgeprägt nach außen geschweiftem Rand und rundem Körper. Boden fehlt. Ein leicht erhöht randständiger Henkel von konvexem Querschnitt führt zur Schulter.
Tasse Typ 7. Abb.32.14-15.
Gefäßkörper mit flachen schrägen Kanneluren verziert. Unterhalb des Henkelansatzes ein mit Kannelur umkreister Buckel.
erh.H. 9-9,5 cm, Randdm.9 cm, Dm. Halseinzug 6,5 cm, gr.Dm. Körper 10,3 cm.
Inv.Nr.1952.3.51(Tafel 19.6). Bóna 1975 Taf.161.19. von Tompa 1934-35 Taf.46.32

Fehlt: eine Drahtösenkopfnadel(1).

Grab 94.

Knabe, 6-7 Jahre. Tiefe 110 cm. Länge 80 cm. Knochen in schlechtem Zustand. Kopf nach Süden orientiert. Beigaben: im Gesichtsfeld eine Henkeltasse(1), oberhalb der Beine eine kleine tassenförmige Schale mit zwei Henkeln, darunter ein mit Besenstrich verzierter Topf(2), an der Kniekehle eine kleine Schüssel(3) und am Nacken eine Bernsteinperle(4).

Funde im MNM nicht auffindbar.

Grab 95.   Tafel 18.7

Mädchen, 7-8 Jahre. Tiefe 140 cm. Länge 80 cm. Knochen in schlechtem Zustand. Kopf nach Norden orientiert. Beigaben: vor den Füßen eine sehr kleine Schüssel(1), eine kleine Henkeltasse(2) und eine große Schüssel(3), hinter der Tasse eine Rollenkopfnadel(4), vor der großen Schüssel eine Perle aus Bernstein oder Gagat(?)(5), und vor dem Hals eine Bernsteinperle(6) und 2 kleine Bronzespiralen(7-8).

1. Große flache Schale mit stark eingezogenem Rand und kleiner Standfläche mit Standring. Am Rand Ansatz eines breiten Henkels von rechteckigem Querschnitt.
Schale Typ 2. Abb.37.6.
Eine waagerechte Rille betont den Umbug. Darunter Gefäßkörper mit spiralförmigen Rillen und Kanneluren verziert. Oberhalb des Fußes einzelne kleine Buckeln.

H. ca.7 cm, Randdm. (innen) 25 cm, Dm. Umbruch 28,5 cm, Bodendm.8,5 cm.
Inv.Nr.1952.3.54 (Tafel 18.7).

Fehlen: eine Schüssel(1), eine Tasse(2), eine Rollenkopfnadel(4), eine Bernsteinperle(6) und Spiralröllchen(7-8). Vergleiche Bóna 1975 Taf.164.18,22,25.[816]

Grab 96a.   Tafel 20.1-8
                                                                 Tafel 27.1-9

Mann. Länge? Tiefe 190 cm. Knochen in schlechtem Zustand, nur noch Beinknochen vorhanden. Kopf nach Westen, Gesicht nach Süden orientiert. Beigaben: vor dem Kopf 2 Henkeltassen(1-2), hinter dem Kopf eine Schüssel(3), vor der Brust ein Randleistenbeil aus Bronze(4), hinter der Schüssel eine Drahtösenkopfnadel(5), im Taillenbereich drei verschiedene Nadeln(?), hinter den Beinen ein kleiner Meißel(7) und vor den Knien Bruchstücke einer Schüssel(8).
Bóna 1975 Tafel 156.1.

1. Dolchklinge aus Bronze, mit leicht schräg verlaufendem Heftplattenabschluß, straff triangularem Klingenkörper mit markanter Mittelrippe, und abgenutzter Klingenspitze. Auf dem Heftplattenabschluß Ansatz eines griffzungenförmigen Fortsatzes. Ursprünglich hatte die Heftplatte fünf Pflocknieten, davon fehlen jetzt zwei. Vier Nieten wurden dem Heftplattenabschluß folgend paarweise angebracht, der fünfte befand sich im Heftungsfortsatz. Die Stelle und der gerade Verlauf der ursprünglichen, jetzt nicht erhaltenen Griffplatte, die das Ende der Mittelrippe ausspart, hebt sich durch die stärkere Patina auf der Heftplatte ab.
Waffen Form 1. Abb.50.1.
Oberfläche dunkelgrün patiniert, glänzend, stellenweise hellgrün verkrustet. Ursprüngliche Kante des Klingenkörpers z.gr.T. beschädigt; eine nach dem Guß erfolgte Bearbeitung der Schneiden ist nicht festzustellen. Klingenheftabschluß beschädigt: eine Ecke mit Niete abgebrochen; ursprüngliche Kante des Klingenabschlußes beschädigt. Zwei Nieten erhalten.
L. 12,6 cm, gr.Br.4,7 cm. L. des Nietes ca. 1 cm.
Inv.Nr. UMC 1936.571a (Tafel 20.1, 27.3).[817]

2. Kurzes schlankes Beil von sächsischem Typ aus Bronze, mit flachem zugespitztem Nacken, leicht einziehenden Bahnen, flachen Randleisten, und schmaler, kaum gekrümmter Schneide. Die Patinierung auf dem oberen Schaftteil deutet auf die ursprüngliche Schäftung des Beiles.
Metall-Gerät Form 1. Abb.49.1
Oberfläche dunkelbraun, stellenweise rötlich-gelb durchschimmernd.
L.7,6 cm. Br.1,4-1,9 cm.
Inv.Nr. UMC 1936.571 (Tafel 20.2, 27.4).

---

[816] Die bei Bóna abgebildeten Knochenplättchen gehören nicht zum Grabfundverband. Bóna 1975 Tafel 164.24.

[817] Der schwer lesbare, lückenhafte Eintrag im Grabungstagebuch zum Befund belegt nicht das Vorhandensein sowie die Lage der Dolchklinge im Grab 96. Der Gegenstand ist jedoch im Grabphoto deutlich zu erkennen (Bóna 1975 Tafel 156.1) und wird im UMC-Fundinventar zusammen mit den anderen Beigaben aus Grab 96a aufgezählt. Daher wird hier angenommen, daß die Dolchklinge zum Inventar des Grabes gehört und daß ein Nachtrag im Tagebuch zur Aufdeckung der Dolchklinge (wie zum Beispiel bei einigen Funden aus Grab 110 und 115) von dem Tagebuchführenden möglicherweise vergessen wurde.

3. Kleiner Meißel aus Kupfer, mit geradem Schaft von quadratischem Querschnitt, zugespitztem Nacken von rundem Querschnitt und schmaler gerader Schneide.
Metall-Gerät Form 2. Abb.49.2.
L. 6,2 cm, gr.Querschnitt 4x4 cm, Dm. Nacken 0,3 cm.
Inv.Nr. UMC 1936.571 (Tafel 20.3, 27.1).

4. Kleine Drahtösenkopfnadel aus Kupfer oder Bronze mit geradem Schaft von rundem Querschnitt. Nadel Typ 2. Abb.51.8-9.
Oberfläche dunkelbraun, glänzend.
L. 5,9 cm, gr.Dm.0,3 cm, Dm. Schaftmitte 0,15 cm.
Inv.Nr. UMC 1936.571 (Tafel 20.4, 27.2).

5. Kleine Schüssel mit trichterförmigem Hals, stark ausladendem Rand, rundem Körper und kleiner Standfläche mit Standring. Gefäßkörper z.gr.T. ergänzt. Ein Henkel von rechteckigem Querschnitt befindet sich unmittelbar unterhalb des Randes.
Schüssel Typ 1. Abb.36.1-3.
Oberfläche grau, verwittert. Gefäßkörper mit senkrechten parallelen Kanneluren verziert.
H.8,5 cm, Randdm.17 cm, Schulterdm. 13,5 cm, Bodendm.4,6 cm.
Inv.Nr. UMC 1936.571 (Tafel 20.5, 27.6).

6. Schüssel mit weitem trichterförmigem Hals, stark ausladendem Rand, rundem Körper kleiner Standfläche mit Standring. Ein Henkel von massiv rechteckigem Querschnitt befindet sich unmittelbar unterhalb des Randes. Gefäßkörper beschädigt und zum Teil ergänzt.
Schüssel Typ 1. Abb.36.1-3.
Oberfläche fleckig dunkelgrau bis schwarz, glatt. Ursprüngliche Politur der Oberfläche stellenweise noch erhalten. Hals durch eine Reihe kleiner senkrechter Striche, gelegentlich einen kleinen kannelurumkreisten Buckel, von der Schulter abgesetzt. Gefäßkörper mit einer Reihe spiralförmiger Kanneluren.
H.10 cm, Randdm.21 cm, Bodendm.ca.5 cm.
Inv.Nr. UMC 1936.571 (Tafel 20.6, 27.8). Bóna 1975 Tafel 162.1.

7. Große Henkeltasse mit abgesetztem zylindrischem Hals ohne ausgeprägter Randbildung, gedrungenem Körper und flachem Boden. Auf der Schulter die untere Hälfte eines Henkels von rechteckigem Querschnitt noch erhalten. Großer Teil des Randes fehlt.
Tasse Typ 1 Variante 1. Abb.32.3.
Oberfläche dunkelgrau bis schwarz, orange gefleckt. Ursprüngliche Politur der Oberfläche stellenweise noch erhalten. Gefäßkörper mit senkrechten Kanneluren verziert.
H.10,5 cm, Randdm.8,8-9 cm, Dm. Körper 11 cm, Bodendm.ca.3,6 cm.
Inv.Nr. UMC 1936.571 (Tafel 20.7, 27.9). Bóna 1975 Tafel 162.3.

8. Henkelschale mit trichterförmigem Hals, ausschwingendem Rand, rundem Körper mit hohem Umbug, der sich nach unten zur kleinen abgesetzten Standfläche verjüngt. Ein Henkel von rechteckigem Querschnitt überbrückt den Hals.
Henkelschale Typ 1. Abb.34.1.
Oberfläche braun bis grau und gelb gefleckt. Auf der Schulter zum Halsansatz hin eine mit senkrechten Strichen versehene Wulst, parallel darunter eine kleine Rille. Gefäßkörper mit einer Doppelreihe von girlandenförmigen, darunter einer Doppelreihe bogenförmiger Rillen, verziert.
H. 7,8 cm, rek.Randdm.11,3 cm, Schulterdm.9 cm, Bodendm.4 cm.
Inv.Nr. UMC 1936.571 (Tafel 20.8, 27.7). Bóna 1975 Tafel 162.5.

Grab 96b. Tafel 21.1-4
Tafel 26.9-12

Bestattung eines Kleinkindes, vor den Beinen des Mannes. Knochen vollkommen verwest, nur noch einige Kinderzähne. Kopf nach Süden, Gesicht nach Osten orientiert. Beigaben: in der Beingegend eine kleine Schüssel(1), in der Nackengegend eine Rollenkopfnadel aus Bronze(2), große Bernsteinperlen (3-6), 2 goldene zylindrische Perlen(7-8) und eine bronzene Spiralperle (9). Bóna 1975 Tafel 156.1.

1. Tiefe kalottenförmige Schale mit eingezogenem Rand, schräg nach innen abgeflachter Randlippe, sich nach unten verjüngendem Körper und kleiner abgesetzter Standfläche. Ein Henkel von trapezförmigem Querschnitt befindet sich unmittelbar unterhalb des Randes.
Schale Typ 3. Abb.37.9.
Oberfläche gelblich-braun mit schwarzen Flecken, glatt, unverziert.
H. ca.7 cm, Randdm.ca.15 cm, Bodendm.7-7,6 cm.
Inv.Nr. UMC 1936.571n (Tafel 21.1, 26.12). Bóna 1975 Tafel 162.2.

2. Zwei Perlen aus aufgerolltem Goldblech.
Goldblechschmuck Form 1. Abb.53.5-6.
L. 0,6 - 0,7 cm, Dm. 0,3,5 - 0,3,0 cm.
Inv.Nr. UMC 1936.571 (Tafel 21.2, 26.9. M.1:1).

3. Vier Perlen aus rötlichem Bernstein.
Bernsteinperle Form 3. Abb.54.7-8.
Oberfläche gelblich verkrustet.
Br.0,9-1,1,2 cm. Dm.1,2-1,6 cm.
Inv.Nr.UMC 1936.571 (Tafel 21.3, 26.10).

4. Kleine Rollenkopfnadel aus Bronze mit breitem aufgerolltem Kopf und mit geradem Schaft von rundem Querschnitt.
Nadel Typ 1 Variante 1. Abb.51.4-5.
Oberfläche dunkelgrün, stellenweise hellgrün verkrustet.
L. 6,75 cm, Kopfbr. 0,7 cm, Dm. Schaftmitte 0,2 cm.
Inv.Nr. UMC 1936.571 (Tafel 21.4, 26.11).

Fehlt: ein Spiralröllchen(9).[818]

Grab 97. Tafel 21.5

Knabe, 7-8 Jahre. Tiefe 140 cm. Länge 100 cm(?). Knochen in schlechtem Zustand. Kopf nach Westen, Gesicht nach Süden orientiert. Beigaben: hinter dem Kreuz eine Schüssel(1), am Nacken und an der Brust vier Bronzespiralen(2-5), an der Brust eine kleine Drahtösenkopfnadel(6).

1. Bruchstück einer konischen Schale ohne Henkel mit leicht nach innen geknicktem, spitz auslaufendem Rand und kleinem flachem Boden.
Schale Typ 6. Abb.37.13.
Oberfläche außen und innen braun und grau mit orangen Flecken, geglättet. Wandknick durch zwei parallele waagerechte Rillen betont, darunter Ritzlinien im Zickzackmotiv.

---

[818] Das von Bóna abgebildete Beil mit leicht eingezogenen Randleisten in der Beilhälfte stammt nicht aus Hernádkak, sondern aus der Tellsiedlung Füzesabony und wurde dem Grab 96 zugeordnet. Vergleiche von Tompa 1934-35 Tafel 41.4 und Bóna 1975 Tafel 164.16.

H.? rek.Randdm.18 cm, Bodendm.6 cm.
Inv.Nr.1953.24.94 (Tafel 21.5).

Fehlen: vier Spiralröllchen(2-5) und eine Drahtösenkopfnadel(6).

<u>Grab 98.</u>   Tafel 21.6-10
                                                                                 Tafel 28.1-3

Mann. Tiefe 180 cm. Länge 160 cm. Knochen in schlechtem Zustand. Kopf nach Westen, Gesicht nach Süden orientiert. Beigaben: an den Knöcheln eine Schüssel(1), vor den Füßen eine Henkeltasse(2) und ein Topf mit Buckelverzierung(3), in der Brustgegend 23 bronzene Spiralen(4), in der Schüssel eine Drahtösennadel aus Bronze(5).

1. Schüssel mit trichterförmigem Hals, horizontal ausladendem Rand, rundem Körper, und kleiner Standfläche. Ein flacher Henkel überbrückt den Hals.
Schüssel Typ 1. Abb.36.1-3.
Gefäßkörper mit drei parallelen Reihen von girlandenförmigen Kanneluren verziert.
Inv.Nr. UMC 1936.563a. Nicht auffindbar. Bóna 1975 Tafel 162.4.

2. Weitmundiger henkelloser Topf mit leicht eingezogenem Hals, nach außen geschweiftem Rand, eiförmigem Körper und abgesetzter kleiner Standfläche. An der Halsmitte befindet sich ein flaches buckelähnliches Gebilde.
Topf Typ 3. Abb.38.4.
Oberfläche braun bis grau mit orangen Flecken. Auf dem Gefäßkörper einzelne senkrechte grobe Besenstriche.
H. 15,5 cm, Randdm.15,5 cm, Halsdm.15 cm, Dm. Körper 16,5 cm, Dm. Standfläche 8 cm.
Inv.Nr. UMC 1936.563c (Tafel 21.7).

3. Drahtösenkopfnadel aus Kupfer oder Bronze mit geradem Schaft von rundem Querschnitt, Spitze abgebrochen.
Nadel Typ 2 Abb.51.8-9.
Oberfläche hellgrün, sehr verkrustet.
L. 5,64 cm, gr.Dm.0,2 cm, Dm. Schaftmitte 0,18 cm.
Inv.Nr. UMC 1936.563 (Tafel 21.8, 28.2).

4. Mehrere Bruchstücke von Spiralröllchen aus Bronze unterschiedlicher Länge von rechteckigem Querschnitt.
Spiralröllchen Form 2. Abb. 53.2.
Oberfläche hellgrün, sehr verkrustet.
L. 1,0 - 4,0 cm, Dm. 0,45 - 0,5 cm.
Inv.Nr. UMC 1936.563c-e (Tafel 21.1, 28.3).

5. Henkeltasse mit abgesetztem trichterförmigem Hals ohne ausgeprägter Randbildung, kugeligem Körper und flachem Boden. Ein randständiger Henkel von flach ovalem Querschnitt führt zum Halsansatz.
Tasse Typ 5. Abb.32.12.
Oberfläche dunkelgrau, geglättet, unverziert.
H. 13,5 cm, Randdm.ca.9 cm, Dm. Halsansatz 6,3 cm, Dm. Körper 8 cm, Dm. Standfl.ca.3 cm.
Inv.Nr.UMC 1936.563b (Tafel 21.10, 28.1).

Grab 99.

Mann. Tiefe 110 cm. Länge 135 cm. Knochen in recht gutem Zustand. Kopf nach Süden orientiert. Beigaben: vor den Füßen eine langhalsige Henkeltasse(1).
Im MNM nicht auffindbar.

Grab 100.

Mann. Tiefe 110 cm. Länge 120 cm. Knochen mäßig erhalten. Keine Beigaben.

Grab 101.   Tafel 22.1-5
                                                             Tafel 28.4-7

Am Kopfende des Grabes 98. Tiefe 80 cm. Säugling. Ohne Knochenreste. Beigaben: auf einem "Nest" gruppiert: eine Tasse(1), ein Topf(2) und eine kleine Tasse(3), neben der Tasse(1) eine Miniatur-Schwedenhelmschüssel(4) und 2 kleine Pasteperlen(5-6).

1. Weitmundiger henkelloser Topf mit leicht eingezogenem Hals, nach außen geschweiftem Rand, eiförmigem Körper und kleiner abgesetzter Standfläche.
Topf Typ 3. Abb.38.4.
Oberfläche grau bis beige, unverziert.
H. 10,7-11cm, Randdm.9,6-10,2cm, gr.Dm. Körper ca.11cm, Dm.Standfläche 5,5cm.
Inv.Nr. UMC 1936.564c (Tafel 22.1, 28.4).

2. Zwei segmentierte, dünnwandige Fayenceperlen von hellürkiser Farbe.
Fayenceperle Form 2. Abb.54.3.
L. 0,5 cm und 0,4 cm, Dm.0,4 cm.
Inv.Nr. UMC 1936.564e (Tafel 22.2, 28.6. M.1:1).

3. Unterteil eines Gefäßes mit rundem Bauch und flachem Boden.
Vergleiche Langhalskrug Typ 1. Abb.30.2.
Oberfläche dunkelgrau, verwittert, unverziert.
erh.H. ca.4 cm, Dm. Bruch ca.5 cm, gr.Dm.6,8 cm, Bodendm.3 cm.
Inv.Nr. UMC 1936.564b (Tafel 22.3).

4. Schale von Miniaturgröße mit weitem, trichterförmigem Rand, rundem Körper und flachem Boden. Ein kleiner Henkel von gekrümmt ovalem Querschnitt überbrückt den Hals.
Miniaturgefäße. Abb.41.4. Vergleiche Schüssel Typ 1. Abb.36.1-3.
Oberfläche hellbraun mit schwarzem Fleck und orangem Rand. Gefäßkörper mit einer ausgesparten verzierten Zone: zwei waagerechte Rillen, im Zwischenraum Zickzackrillen mit begleitenden Einstichreihen.
H. 3,5-4,2 cm, Randdm.7,6 cm, Halsdm.ca.4,5 cm, Dm. Körper 4,6 cm, Bodendm.2,2 cm.
Inv.Nr. UMC 1936.564d (Tafel 22.4, 28.7). Bóna 1975 Tafel 162.6.

5. Kleine konische Schale ohne Henkel mit horizontal abgeflachter Randlippe und kleiner Standfläche.
Schale Typ 6. Abb.37.12.
Oberfläche grau bis beige, Rand orange, unverziert.
H. 4,0-5,5 cm, Randdm.10,4 cm, Bodendm.3,3 cm.
Inv.Nr. UMC 1936.564a (Tafel 22.5, 28.5). Bóna 1975 Tafel 162.6.

Grab 102. Tafel 22.6-9
Tafel 29.5-9

Knabe, 4-5 Jahre. Tiefe 120 cm. Länge ? Knochen in schlechtem Zustand, nur noch Schädelreste vorhanden. Kopf nach Westen, Gesicht nach Süden orientiert. Am Kinn ein goldener Lockenring(1), an der Brust eine große Drahtösennadel aus Bronze(2), am Fuß eine kleine Drahtösennadel aus Bronze(3) und wahrscheinlich neben den Beinen 2 Henkeltassen (4-5).

1. Henkeltasse mit ausgeprägtem trichterförmigem Hals, gedrungenem Körper und Boden mit Omphalos. Ein überrandständiger Henkel von quadratischem Querschnitt führt zur Schulter.
Tasse Typ 2. Abb.32.5.
Oberfläche grau. Die ursprüngliche Politur der Oberfläche ist stellenweise noch erhalten. Gefäßkörper mit senkrechten, bis zum Boden reichenden Kanneluren verziert.
H. 6,4-6,6 cm, H. mit Henkel ca.9 cm, Randdm.7,4 cm, Dm. Halsansatz ca.6 cm, Dm. Körper 8 cm, Bodendm.2,3 cm.
Inv.Nr. UMC 1936.565e (Tafel 22.6, 29.5).

2. Kleiner, massiv gegossener Lockenring aus Gold, mit rhombischem Querschnitt im Bogenteil und dreieckigem Querschnitt in den übereinander gelegten zugespitzten Enden.
Lockenring Typ a. Abb.52.2-3.
H. 2,95 cm, gr.Br.1,3 cm.
Inv.Nr. UMC 1936.565a (Tafel 22.7, 29.7).

3. Bruchstück einer mittelgroßen Drahtösenkopfnadel aus Bronze mit geradem Schaft von rundem Querschnitt.
Nadel Typ 2. Abb.51.8-9.
Oberfläche hellgrün, verkrustet.
L. 5,6 cm, Dm.0,2-0,3 cm.
Inv.Nr. UMC 1936.565b (Tafel 22.8, 29.8).

4. Henkelschale mit langem, nach außen geschweiftem Hals, stark ausladendem Rand, gedrungenem Körper und Boden mit Omphalos. Ein überrandständiger Henkel von viereckigem Querschnitt führt zur Gefäßschulter.
Henkelschale Typ 2 Variante 1. Abb.34.7.
Oberfläche dunkelgrau bis grau, stellenweise noch geglättet. Gefäßkörper mit senkrechten, bis zum Boden reichenden Kanneluren verziert.
H. 7,4-7,8 cm, Randdm.11,5 cm, Dm. Halsansatz ca.8 cm, Dm. Körper 9 cm, Bodendm.2,5 cm.
Inv.Nr. UMC 1936.565d (Tafel 22.9, 29.6).

Fehlt: eine kleine Drahtösenkopfnadel(3).[819]

---

[819] Die von Bóna abgebildeten Fayenceperlen gehören nicht zum Grabverband. Siehe Bóna 1975 Tafel 164.33.

Grab 103-104.

Aufgewühlt, es ist nicht sicher, ob ein oder zwei Gräber vorhanden sind.

Grab 103.   Tafel 22.10-13
                                                                                                         Tafel 29.1-4

Tiefe 120 cm. Länge 50 cm. Kind. Knochen größtenteils verwest, nur noch Schädelreste und einige dicke Knochen vorhanden. Kopf nach Norden, Gesicht nach Osten(?) orientiert. Beigaben: unter dem Kopf ein Topf, dicke Hauskeramik(1), ca.40 cm. Oberhalb des Kopfes eine kleine Henkeltasse mit Rippen(2). Später unter dem Schädel gefunden: 10 Bernsteinperlen(2-11), 2 kleine goldene Röllchen(12-13) und drei Bruchstücke von Bernsteinperlen.

1. Zwei kleine Perlen aus rötlichem Bernstein.
Bernsteinperle Form 1-2. Abb.54.5-6.
Oberfläche gelblich verkrustet.
Br.0,4 cm, Dm.0,9 cm. und Br.0,3-0,4 cm, Dm.0,85 cm.
Inv.Nr. UMC 1936.572c (Tafel 22.10, 29.2).

2. Zwei längliche Perlen aus aufgerolltem dünnem Goldblech.
Goldblechschmuck Form 1. Abb. 53.5-6.
L. 1,3 cm, Dm.ca.0,2 cm. und L. 1,2 cm, Dm.ca.0,2 cm.
Inv.Nr. UMC 1936.572b (Tafel 22.11, 29.4. M.1:1).

3. Einfache Perle aus weißem Ton.
Fayenceperle Form 3. Abb.54.4.
Oberfläche mit kleinen Rissen.
Br.0,4 cm, Dm.0,8 cm.
Inv.Nr. UMC 1936.572c (Tafel 22.12, 29.3. M.1:1).

4. Henkeltasse von Miniaturgrösse mit trichterförmigem Hals, horizontal nach außen geknicktem Rand, rundem Körper und flachem Boden. Ein leicht erhöhter Henkel mit quadratischem Querschnitt führt vom Rand zur Schulter. Henkel und Rand zum Teil ergänzt.
Tasse Typ 4 Variante 2. Abb.32.10.
Oberfläche fleckig beige und grau, glatt, stellenweise noch geglättet. Randlippe und Halsinneres geglättet. Auf dem Gefäßkörper senkrechte, plastisch angebrachte Rippen.
erh.H.5 cm, rek.Randdm.5,7 cm, Halsdm.4,3 cm, Dm. Körper 5,4 cm, Bodendm.ca.4 cm.
Inv.Nr. UMC 1936.572a (Tafel 22.13, 29.1).

Fehlen: mehrere Bernsteinperlen(2-11), ein Topf und "Hauskeramik".

Grab 104.   Tafel 22.14

Tiefe 120 cm. Nur noch einige Knochenreste und eine Henkeltasse (1). Orientierung nicht feststellbar.

1. Krug mit abgesetztem, langem, trichterförmigem Hals, rundem Körper und kleinem gewölbtem Boden. Der horizontal abgeflachte Rand ist zum größten Teil ergänzt. Ein Henkel von gerundet rechteckigem Querschnitt befindet sich an der Halsmitte.
Langhalskrug Typ 1 Variante 1. Abb.30.5-7.

Oberfläche hellgrau, glatt. Körper mit senkrechten Kanneluren verziert.
erh.H. 8,9 cm, rek.Randdm.7,3 cm, Dm. Halsansatz 5,5 cm, gr.Dm. Körper 7,5 cm, Dm. Omphalos 2,2 cm.
Inv.Nr.1953.24.95 (Tafel 22.14).

Grab 105.   Tafel 23.1-7
                                                                                                         Tafel 30.1-7

Frau. Tiefe 140 cm. Länge 120 cm. Knochen schlecht erhalten. Kopf nach Norden, Gesicht nach Osten orientiert. Beigaben: vor den Knien eine große Schüssel(1), bei der Kniekehle eine große Henkeltasse(2), vor dem Schädel eine große Rollenkopfnadel aus Bronze(3), unter dem Schädel eine Drahtösenkopfnadel aus Bronze(4) und acht bronzene Spiralen(5-12), vor den Füßen eine Punzierer-Ahle(13), und am Nacken 13 winzige goldene Buckelchen(14-26) und vier Bernsteinperlen(27-30).

1. Große Rollenkopfnadel aus Bronze mit breitem aufgerolltem Kopf und geradem Schaft von rundem Querschnitt.
Nadel Typ 1 Variante 2. Abb.51.6.
Oberfläche dunkelgrün, glänzend.
L. 17,55 cm, Kopfbr.1,2 cm, Dm. Schaftmitte 0,4 cm.
Inv.Nr. UMC 1936.566c (Tafel 23.1, 30.1).

2. Bruchstücke einer Drahtösenkopfnadel aus Bronze mit geradem Schaft von rundem Querschnitt.
Nadel Typ 2. Abb.51.8-9.
Oberfläche hellgrün, sehr verkrustet.
rek.Gesamtlänge 10,5 cm, Dm. Schaftmitte 0,3 cm.
Inv.Nr.? Mit Gegenständen aus Grab 105 zusammen (Tafel 23.2, 30.2).

3. Kleine Ahle aus Kupfer mit geradem Schaft von rechteckigem Querschnitt und zugespitzten Enden.
Metall-Gerät Ahle Typ 2. Abb.49.4-6.
Oberfläche dunkelgrün, stellenweise hellgrün verkrustet.
L. 7,65 cm, Querschnitt-Mitte 0,2x0,3 cm.
Inv.Nr. UMC 1936.566g (Tafel 23.3, 30.3).

4. Zwölf Buckelchen aus Goldblech von halbkugeliger Form mit zwei gegenständigen Löchern am Rand zum Annähen.
Goldblechschmuck Form 2. Abb.53.7.
Oberfläche glänzend, gut erhalten.
H. ca. 0,25 cm, Dm. ca. 0,4 cm.
Inv.Nr. UMC 1936.566e (Tafel 23.4, 30.4. M.1:1,5).

5. Mehrere Bruchstücke von Spiralröllchen aus Bronze unterschiedlicher Länge von rechteckigem Querschnitt.
Spiralröllchen Form 2. Abb. 53.2.
Oberfläche hellgrün, verkrustet.
L. 0,5 - 1,5 cm. Dm. ca. 0,4 cm.
Inv.Nr. UMC 1936.566f (Tafel 23.5, 30.5).

6. Vier Perlen aus rötlichem Bernstein.
Bernsteinperle Form 3. Abb.54.7-8.
Oberfläche gelblich verkrustet. Br.0,9 cm, Dm.1,4 cm. Br.0,9 cm, Dm.1,2 cm.
Br.1,0 cm, Dm.1,7 cm. Br.1,2 cm, Dm.1,0 cm.
Inv.Nr. UMC 1936.566 (Tafel 23.6, 30.6).

7. Wenig profilierte Henkelschale mit langem, leicht eingezogenem Hals, ausschwingendem Rand, tief sitzendem Umbug und erhöhter Standfläche. Ein überrandständiger Henkel von massiv rechteckigem Querschnitt führt zur Schulter. Rand und Boden zum größten Teil ergänzt.
Henkelschale Typ 1 Variante 3. Abb.34.4.
Oberfläche hellbraun, schwarz gefleckt. Am Rand eine Reihe kleine Knubben, am Hals einzelne kleine spitze Knubben und gekerbte senkrechte Rippen. Schulter vom Hals durch sechs Gruppen von drei kleinen Knubben, dazwischen eine Reihe senkrechter Einstiche, getrennt, darunter jeweils zwei eingeritzte, gefüllte Dreiecke. Gefäßkörper durch vier einzelne, senkrechte, gekerbte Rippen aufgeteilt, in dem ausgesparten Raum jeweils vier einzelne kleine Knubben.
erh.H. 9,5-10,5 cm, Randdm.ca.11,5 cm, Halsdm.ca.10 cm, Schulterdm. 11,5 cm, Bodendm.ca.5 cm.
Inv.Nr. UMC 1936.566b (Tafel 23.7, 30.7).

Fehlt: eine Schüssel(1).

Grab 106.

Säugling. Tiefe 90 cm. Knochen völlig verwest. Beigaben: 2 Henkeltassen(1-2).
Funde im MNM nicht auffindbar.

Grab 107.

Säugling. Tiefe 105 cm. Keine Knochenreste. Beigaben: eine kleine Henkeltasse (1) und ein schlecht erhaltener Topf(2).
Fehlt: ein Topf(2).

Grab 108.   Tafel 23.9

Mann. Tiefe 140 cm. Länge 140 cm. Knochen mäßig erhalten. Kopf nach Westen, Gesicht nach Süden orientiert. Beigaben: an der Schulter ein Messer aus Bronze(1) und Bruchstück einer Drahtösenkopfnadel (2), am Nacken sechs bronzene Spiralbruchstücke(3-8) und am Fuß ein Topf(9) und eine Henkeltasse(10).

1. Gestielter Gegenstand aus Metall von weidenblattähnlicher Form mit länglichem Blatt von flach dreieckigem Querschnitt mit einseitiger kantiger Mittelrippe. Der abgebrochene Schaft ist gerade und von rechteckigem Querschnitt.
Metall-Gerät Form 4. Abb.49.8.
Länge 9,9 cm. Kopfbreite 0,85 - 1,0 cm.
Inv.Nr.1952.1.165 (Tafel 23.9). Bóna 1975 Tafel 164.20.

Fehlen: Bruchstück eine Drahtösenkopfnadel(2), Spiralröllchen(3-8), ein Topf(9) und eine Tasse(10).
Vergleiche Bóna 1975 Tafel 164.21,26.

Grab 109.   Tafel 23.10

Mann. Tiefe 150 cm. Länge 140 cm. Knochen recht gut erhalten. Kopf nach Süden, Gesicht nach Osten orientiert. Beigaben: zwischen dem Becken und den Oberschenkeln eine große Schüssel(1), vor den Beinen eine Knochenahle(2).

1. Knochengerät. Distalende eines Metapodiums von Schaf/Ziege. Längs gespalten, mit Abnutzungsspuren und Politur an dem flach gespitzten Ende.

Geräte aus Knochen oder Stein. Abb.55.1.
L. 11,5 cm.
Inv.Nr. UMC 1936.567b (Tafel 23.10).

Fehlt: eine Schüssel(1).

Grab 110.

Frau. Tiefe 205 cm. Länge 145 cm. Knochen mäßig erhalten. Kopf nach Osten, Gesicht nach Süden orientiert. Beigaben: an den Beinen eine kleine Henkeltasse(1), vor den Beinen eine große Schüssel(2), eine Henkeltasse(3) und eine tiefe Schüssel(4), hinter dem Becken und in Richtung zu Oberschenkel sieben Bronzespiralperlen(5-11), eine Rollenkopfnadel(12) und eine kleine Nadel(13), hinter dem Schädel eine große Drahtösenkopfnadel(14) und acht Bronzespiralen(15-22), unter dem Kinn Bernsteinperlen (23) und in der Nasengegend und unter dem Schädel, ? Nachtrag: am Nacken und unter dem Schädel - 74 kleine Buckelchen aus Gold (24), am Schädel - vier goldene Lockenringe (25).
Inv.Nr.1952.164.1-15.

Funde im MNM nicht auffindbar. Vergleiche Bóna 1975 Tafel 155.3 und 164.1-15.

Grab 111. Tafel 23.8

Mann. Tiefe 125 cm. Länge 130 cm. Knochen recht gut erhalten. Kopf nach Westen, Gesicht nach Süden orientiert. Beigaben: am äußeren rechten Ellbogen drei verzierte Stoßzähne, an den Enden und in der Mitte durchbohrt(1-3) und ein kleiner durchbohrter Knochen(4), an den Beinen eine Henkeltasse(5), am Becken drei kleine bronzene Röllchen (6). Bóna 1975 Tafel 155.10.

1. Eine Perlenähnlicher Gegenstand aus Knochen von zylindrischer Form, längs sowie seitlich gegenständig durchbohrt.
Knochenperle. Abb.54.11.
L. 1,5 cm, Dm.1,2-1,3 cm.
Inv.Nr.1952.3.59 (Tafel 23.8), Bóna 1975 Tafel 164.23.

Fehlen: drei Eberstoßzähne(1-3), eine Tasse(5) und drei Spiralröllchen(6). Vergleiche Bóna 1975 Tafel 163.37.

Grab 112.

Mädchen, 12-13 Jahre. Tiefe 110 cm. Länge 90 cm. Knochen mäßig erhalten, Schädel beschädigt. Kopf nach Osten, Gesicht nach Süden orientiert. Beigaben: vor den Beinen eine Henkeltasse(1).
Im MNM nicht auffindbar.

Grab 113.

Frau. Tiefe 110 cm. Länge 120 cm. Knochen recht gut erhalten. Kopf nach Osten, Gesicht nach Süden orientiert. Keine Beigaben.

Grab 114.

Mann. Tiefe 140 cm. Länge 130 cm. Knochen in schlechtem Zustand. Kopf nach Westen, Gesicht nach Süden orientiert. Beigaben: vor den Oberschenkeln eine kleine Tasse(1).
Im MNM nicht auffindbar.

Grab 115.

Säugling(?). Tiefe 75 cm. Keine Knochen erhalten. Beigaben: ein Topf mit Besenstrich, schlecht erhalten(1), eine Tasse(2) und außen(?) eine kleine Henkeltasse(3). Nachtrag: eine kleine Henkeltasse(4) und eine kleine Tasse(5).
Funde im MNM nicht auffindbar.

Grab 116.

Säugling. Tiefe 100 cm. Knochen fehlen. Beigaben: zwei kleine Henkeltassen(1-2) und eine kleine tiefe Schüssel(3).
Funde im MNM nicht auffindbar.

Grab 117.   Tafel 23.11

Mann. Tiefe 125 cm. Länge 145 cm. Knochen in schlechtem Zustand. Kopf nach Süden, Gesicht nach Osten orientiert. Beigaben: vor den Füßen eine kleine Tasse(1), hinter den Füßen eine große Henkeltasse(2), hinter dem Becken - der Unterkiefer eines Schweins(3), vor dem Gesicht (5 cm östlich davon) - Hirschgeweih (4).

1. Großer Krug mit abgesetztem weitem trichterförmigem Hals, rundem Körper und flachem Boden. Ein Henkel von rechteckigem Querschnitt befindet sich an der unteren Halshälfte.
Langhalskrug Typ 1 Variante 1. Abb.30.5-7.
Die ursprüngliche Politur der Oberfläche ist stellenweise noch erhalten. Am Halsansatz zwei parallele Ritzlinien mit eingetiefter Punktreihe, darunter hängende gefüllte Dreiecke, jeweils mit einer senkrechten Ritzlinie.
H. 13,5 cm, Randdm.10,5-11 cm, Dm. Halsansatz 8 cm, gr.Dm. Körper 11 cm, Bodendm.4 cm.
Inv.Nr.1953.24.96 (Tafel 23.11).

Fehlen: eine Tasse(1), Unterkiefer eines Schweins(3) und Hirschgeweih(4).

Grab 118.

Frau. Tiefe 90 cm. Länge 120 cm. Knochen mäßig erhalten. Kopf nach Norden, Gesicht nach Osten orientiert. Keine Beigaben.

Grab 119.

Frau. Tiefe 95 cm. Länge ? Knochen in schlechtem Zustand. Kopf nach Osten, Gesicht nach Süden orientiert. Keine Beigaben.

Grab 120.

Mann. Tiefe 135 cm. Länge 155 cm. Knochen in gutem Zustand. Kopf nach Westen, Gesicht nach Süden orientiert. Keine Beigaben.

Grab 121.

Frau. Tiefe 140 cm. Länge 125 cm. Knochen mäßig erhalten. Kopf nach Osten, Gesicht nach Süden orientiert. Beigaben: hinter den Knöcheln eine Henkeltasse(1), am Schädel ein Lockenring aus Bronze(2).
Funde im MNM nicht auffindbar.

Grab 122. Tafel 24.1-2
Tafel 31.1,5

Mann. Tiefe 130 cm. Länge 140 cm. Knochen recht gut erhalten. Kopf nach Westen, Gesicht nach Süden orientiert. Beigaben: hinter den Beinen eine Schüssel(1), im Beckenknochen eine Lanzenspitze aus Bronze(2).
Bóna 1975 Tafel 155.4.

1. Tüllenlanzenspitze aus Bronze von kurzer schlanker Form mit eckigem Blattumbruch und frontaler Lochung bzw. einen Nagelloch auf der Breitseite.
Tüllenlanzenspitze Typ 1. Abb.50.2.
Die Blattlänge beträgt ca. zwei Drittel der Gesamtlänge der Lanzenspitze und verläuft geradlinig auf die Spitze zu. Die Schneide weist Abnutzungsspuren und Schäden auf. An dessen Maximalbreite am unteren Drittel, bricht das Blatt unter einem Winkel von 45 Grad um und verläuft schräg zur Tülle hin. Der Querschnitt ist rautenförmig mit Mittelgrat.
Die Tülle ist kurz oberhalb des Tüllenmundes auf der Vorder- und Rückseite quer zum Blattansatz durchbohrt. Auf der Innenseite reicht die Tülle bis über die Höhe des Blattansatzes hinaus, ca. zwei Drittel der Gesamtlänge der Lanzenspitze. Reste eines Tonkerns waren mit bloßem Auge nicht festzustellen. Auf der Tülle und auf der Mittelkante entlang verlaufen mehrere (eins bis drei) aufgelegte gekerbte Rippen. Die Kante des Tüllenmundes ist mit feinen senkrechten Einstrichen verziert.
Die Oberfläche der Tülle ist, außer kleinen Stellen mit hell-grünem Grünspan, glänzend dunkelgrün patiniert. Blattkante und Tüllenspitze zeigen Abnutzungsspuren, so daß die ursprüngliche Blattschneide nicht ganz erhalten ist. Unterhalb des Blattansatzes an der Tüllen sind keine Spuren von einer Gußnaht.
L. 13,2 cm. Tüllendm.2,1 cm. Br-Blattumbruch 3,55 cm.
Inv.Nr. UMC 1936.568b (Tafel 24.1, 31.1).

2. Tiefe Schale mit eingezogenem Rand, spitz auslaufender Randlippe und kleiner abgesetzter Standfläche. Ein kleiner Henkel von flach ovalem Querschnitt befindet sich unterhalb des Umbugs. Schale Typ 4. Abb.37.10.
Oberfläche gelb-beige mit großen schwarzen Flecken. Innen grau, glatt.
H. 7,5-8,5 cm, Randdm.ca.18 cm, Schulterdm. 21 cm, Bodendm.6,5 cm.
Inv.Nr. UMC 1936.568a (Tafel 24.2, 31.5).

Grab 123. Tafel 24.3-4

Säugling. Tiefe 85 cm. Länge? Keine Knochen. Beigaben: eine Henkeltasse(1) und ein kleiner Topf(2).

1. Konischer henkelloser Becher mit leicht eingezogenem, horizontal abgeflachtem Rand und kleiner Standfläche. Rand zum Teil ergänzt.
Becher Typ 3. Abb.39.3-5.
Oberfläche hellgrau, verwittert, unverziert.
H. 5,6 cm, Randdm.5,3 cm, Bodendm.3,3 cm.
Inv.Nr.1952.3.56 (Tafel 24.3).

2. Henkeltasse mit weitem zylindrischem Hals, ausgeprägt nach außen geschweiftem Rand, gedrungen doppelkonischem Körper und Boden mit Omphalos. Am Rand und an der Schulter Ansatz eines flachen Henkels.
Tasse Typ 3 Variante 1. Abb.32.8.
Oberfläche des Gefäßes grau, verwittert. Auf dem Umbruch einzelne kannelurumkreiste Buckeln und bogenförmige Kanneluren mit Begleitritzlinie.
H. 9 cm, Randdm.12 cm, Halsdm.ca.8 cm, gr.Dm. 11,5 cm, Omphalosdm.4 cm.
Inv.Nr.1952.3.55 (Tafel 24.4).

Grab 124. Tafel 24.5-6

Säugling. Tiefe 80 cm. Knochen verwest. Wahrscheinliche Orientierung des Grabes (der Spiralen nach): Kopf nach Süden, Gesicht nach Osten. Beigaben: in der Nackengegend vier Spiralen(1-4), an den Beinen (?) aus einem "Nest" eine kleine tiefe Schüssel(5), darin eine Miniaturtasse(6), daneben eine kleine Henkeltasse(7).

1. Kleine Schüssel mit nach außen geschweiftem Hals, ausladendem Rand, rundem Körper mit hohem Umbug und kleiner abgesetzter Standfläche. Henkel fehlt.
Schüssel Typ 1. Abb.36.1-3.
Oberfläche schwarz. Die ursprüngliche Politur der Oberfläche ist stellenweise noch erhalten.
Auf der Randkante senkrechte Ritzlinien. Gefäßkörper vom Hals durch eine Furchenreihe und darunter durch eine waagerechte Rille getrennt. Auf dem Gefäßkörper senkrechte Kanneluren. Boden mit Omphalos und Kreiskanneluren, das Äußerste durch eine Punktreihe begrenzt.
H. ca.7cm, Randdm. 14,5cm, Dm.Halsansatz 10cm, Dm.Körper 11cm, Bodendm.6cm.
Inv.Nr.1953.24.97 (Tafel 24.5).

2. Weitmundige Henkelschale mit leicht eingezogenem Hals, ausschwingendem Rand und rundem Körper. Ein Henkel von gekrümmt rechteckigem Querschnitt überbrückt den Hals. Boden fehlt.
Vergleiche Henkelschale Typ 4. Abb.34.9.
Oberfläche dunkelgrau und orange, sorgfältig geglättet, unverziert.
erh.H. ca.7 cm, Randdm.9 cm, Halsdm.ca.7 cm, gr.Dm. Körper 8 cm.
Inv.Nr.1953.24.98 (Tafel 24.6).

Fehlen: Spiralröllchen(1-4) und eine Tasse.

Grab 125. Tafel 24.7-9
  Tafel 31.2-4

Säugling. Tiefe 90 cm. Keine Knochen. Wahrscheinliche Ausrichtung des Grabes (den Spiralen nach): Kopf nach Süden, Gesicht nach Osten. Beigaben: am Nacken (?) ein kleines Spiralbruchstück(1), daneben eine durchbohrte Axt aus Ton(2), an den Beinen (?) eine Henkeltasse(3).

1. Weitmundige Henkelschale mit eingezogenem Hals, stark ausschwingendem Rand, rundem Körper und gewölbtem Boden. Ein kleiner Henkel von fast halbkreisförmigem Querschnitt befindet sich an der unteren Halshälfte.
Henkelschale Typ 4. Abb.34.9.
Oberfläche grau, sorgfältig geglättet, unverziert.
H. 8,5 cm, Randdm.9,7-9,9 cm, gr.Dm. Körper 8,6 cm, Dm. Standring 4,3 cm.
Inv.Nr. UMC 1936.569c (Tafel 24.7, 31.4).

2. Ein eng gewickelter Spiralröllchen aus Bronze von flachem Querschnitt.
Spiralröllchen Form 1. Abb. 53.1.
Oberfläche z.T. verkrustet, größtenteils dunkelgrün und glänzend.
L. 2,2 cm, Dm.0,22 cm.
Inv.Nr. UMC 1936.569b (Tafel 24.8, 31.2).

3. Kleine, bisymmetrisch gebildete Axt aus Ton von quadratischem Querschnitt, zylindrisch durchbohrt, mit senkrechter Schneide. Nacken abgebrochen.
Tongegenstände. Abb.42.1.
Oberfläche dunkelgrau bis grau, geglättet.
L. 3,85 cm, Br. 1,9x1,7 cm.
Inv.Nr. UMC 1936.569a (Tafel 24.9, 31.3).

Grab 126.

Säugling. Tiefe 80 cm. Keine Knochen. Wahrscheinliche Ausrichtung des Grabes (der Ringe und dem Gefäß nach): Kopf nach Osten, Gesicht nach Süden. Beigaben: am Nacken sechs kleine Haarlockenringe aus Bronze(1-6), an den Beinen eine kleine Tasse(7).
Funde im MNM nicht auffindbar. Vergleiche Bóna 1975 Tafel 164.35.

Grab 127.

Säugling. Tiefe 110 cm. Keine Knochen. Beigaben: eine kleine Schüssel und eine Henkeltasse, völlig zerbrochen, ein kleines goldenes Buckelchen(1), zwei Bernsteinperlen(2-3), eine Drahtösenkopfnadel(3), und 19 bronzene Spiralen(4).
Funde im MNM nicht auffindbar.

Grab 128.

Säugling. Tiefe 120 cm. Keine Knochen, nur einige Zähne. Aufgrund der Zähne und des Gefäßes ist der Bestattete wahrscheinlich ein Knabe. Kopf nach Westen, Gesicht nach Süden orientiert. Beigaben: an den Beinen eine kleine Henkeltasse(1) und eine kleinere rote Tasse(2).
Funde im MNM nicht auffindbar.

Grab 129.   Tafel 25.1-11
                                                                       Tafel 32.1-12

Säugling. Tiefe 125 cm. Keine Knochen. Wahrscheinliche Ausrichtung Kopf nach Norden, Gesicht nach Osten. Beigaben: am Kopfende eine kleine Henkeltasse(1), an den Beinen eine kleine Henkeltasse(2), eine größere Henkeltasse(3) und eine kleine Schüssel(4) (letztere zwei schlecht erhalten), am Kopfende vier Dentaliumperlen(5-8), vier Lockenringe(9-12), eine kleine Rollenkopfnadel(13) und eine Pasteperle(14).

1. Vier massiv gegossene Lockenringe aus Bronze mit rhombischem Querschnitt im Bogenteil und dreieckigem Querschnitt in den übereinander gelegten zugespitzten Enden.
Lockenring Typ a. Abb.52.2-3.
Oberfläche hellgrün verkrustet.
L. 1,8 cm, gr.Br. 1,2 cm.   L. 1,7 cm, gr.Br.1,2 cm.   L. 1,9 cm, gr.Br.1,35 cm.
L. 1,6 cm, gr.Br.1,2 cm.
Inv.Nr. UMC 1936.570 (Tafel 25.1-4, 32.2-5).

2. Kleine Rollenkopfnadel aus Kupfer mit breitem aufgerolltem Kopf und geradem Schaft von quadratischem Querschnitt.
Nadel Typ 1 Variante 1. Abb.51.4-5.
Oberfläche hellgrün verkrustet.
L. 7,7 cm. Kopfbr.0,9 cm. Querschnitt-Schaftmitte 0,15 x 0,15 cm.
Inv.Nr. UMC 1936.570e (Tafel 25.5, 32.8).

3. Große Fayenceperle von zylindrischer Form und helltürkiser Farbe.
Fayenceperle Form 1. Abb.54.1-2.
Br.0,6 cm. Dm.0,7 cm.
Inv.Nr. UMC 1936.570g (Tafel 25.6, 32.1. M.1:1)

4. Drei Perlen aus Dentaliumröhrchen.
Perlenschmuck. Abb.54.9-10.
L. 1,4 cm, gr.Br.0,6 cm. L. 2,6 cm, gr.Br.0,75 cm. L. 3,7 cm, gr.Dm.0,7 cm.
Inv.Nr. UMC 1936.570d (Tafel 25.7, 32.6).

5. Kleine konische Schüssel mit wulstartigem Schulterknick, geradem Hals und leicht ausschwingendem Rand.
Schüssel Typ 2. Abb.36.4.
Oberfläche rötlich über rosa bis beige mit grau bis schwarzen Flecken, glatt, unverziert.
H. ca.5 cm, Randdm.9,8 cm, Halsdm.9,3 cm, Schulterdm.9,8 cm, Dm. Standfläche 4,7 cm.
Inv.Nr. UMC 1936.570 (Tafel 25.8, 32.9).

6. Tasse mit leicht geschwungenem Profil: geradem Hals, schlichtem ausschwingendem Rand, rundem Körper und gewölbtem Boden. Ein überrandständiger Henkel von ovalem Querschnitt führt zum Halsansatz. Körper zum größten Teil ergänzt.
Tasse Typ 9. Abb.32.18.
Oberfläche fleckig hellgrau, beige und schwarz, glatt, unverziert.
H. ca.7 cm, H. mit Henkel ca.8 cm, Randdm.4,5 cm, Dm. Hals 4,2 cm, Dm. Körper ca.6 cm.
Inv.Nr. UMC 1936.570b (Tafel 25.9, 32.11).

7. Kleiner henkelloser Topf mit geschwungenem Profil: mit breitem zylindrischem Hals, ausschwingendem Rand, kugeligem Körper und kleiner abgesetzter Standfläche. Gefäß zur Hälfte ergänzt.
Topf Typ 5. Abb.38.7.
Oberfläche rötlich-beige und hellgrau, z.T. glatt, z.T. verwittert, unverziert.
H. 9 cm, Randdm.9,3 cm, Halsdm.7,8 cm, Dm. Körper 10,2 cm, Bodendm.4,5 cm.
Inv.Nr. UMC 1936.570c (Tafel 25.10, 32.10).

8. Henkeltasse mit abgesetztem zylindrischem Hals ohne ausgeprägter Randbildung, kugeligem Körper und Boden mit Omphalos. Ein überrandständiger Henkel (zur Hälfte erhalten) von flach ovalem Querschnitt führt zur Schultergegend.
Tasse Typ 1. Abb.32.1-2.
Oberfläche grau und beige gefleckt, glatt. Am Halsansatz eine Reihe kurzer senkrechter Striche. Gefäßkörper durch Gruppen von drei senkrechten Kanneluren in Felder aufgeteilt, der Zwischenraum mit einer spiralförmigen Kannelur ausgefüllt. Unter dem unteren Henkelansatz eine doppelspiralförmige Kannelur.
H. 8-8,2 cm, Randdm.6,8 cm, Halsdm.6 cm, gr.Dm. 8,7 cm, Bodendm.3,5 cm.
Inv.Nr. UMC 1936.570a (Tafel 25.11, 32.12).

9. Fragment einer Muschel Lamellarioidea. Tafel 53.8.
(In Grabungstagebuch nicht erwähnt. Im UMC zusammen mit den Dentaliumperlen unter UMC 1936.570d inventarisiert.)

Grab 130

(Auf dem Feld von Fekete Janos). Frau. Tiefe 155 cm. Länge 125 cm. Knochen recht gut erhalten. Kopf nach Osten, Gesicht nach Süden orientiert. Beigaben: vor den Beinen eine kleine Tasse(1) und eine Henkeltasse(2), am Schädel zwei bronzene Lockenring verschiedener Größe(3-4).
Funde im MNM nicht auffindbar.

Grab 131

Junger Mann. Tiefe 145 cm. Länge 120 cm. Knochen mäßig erhalten. Kopf nach Westen, Gesicht nach Süden orientiert. Keine Beigaben.

Tafeln

Tafel 1

Grab 1

Grab 2

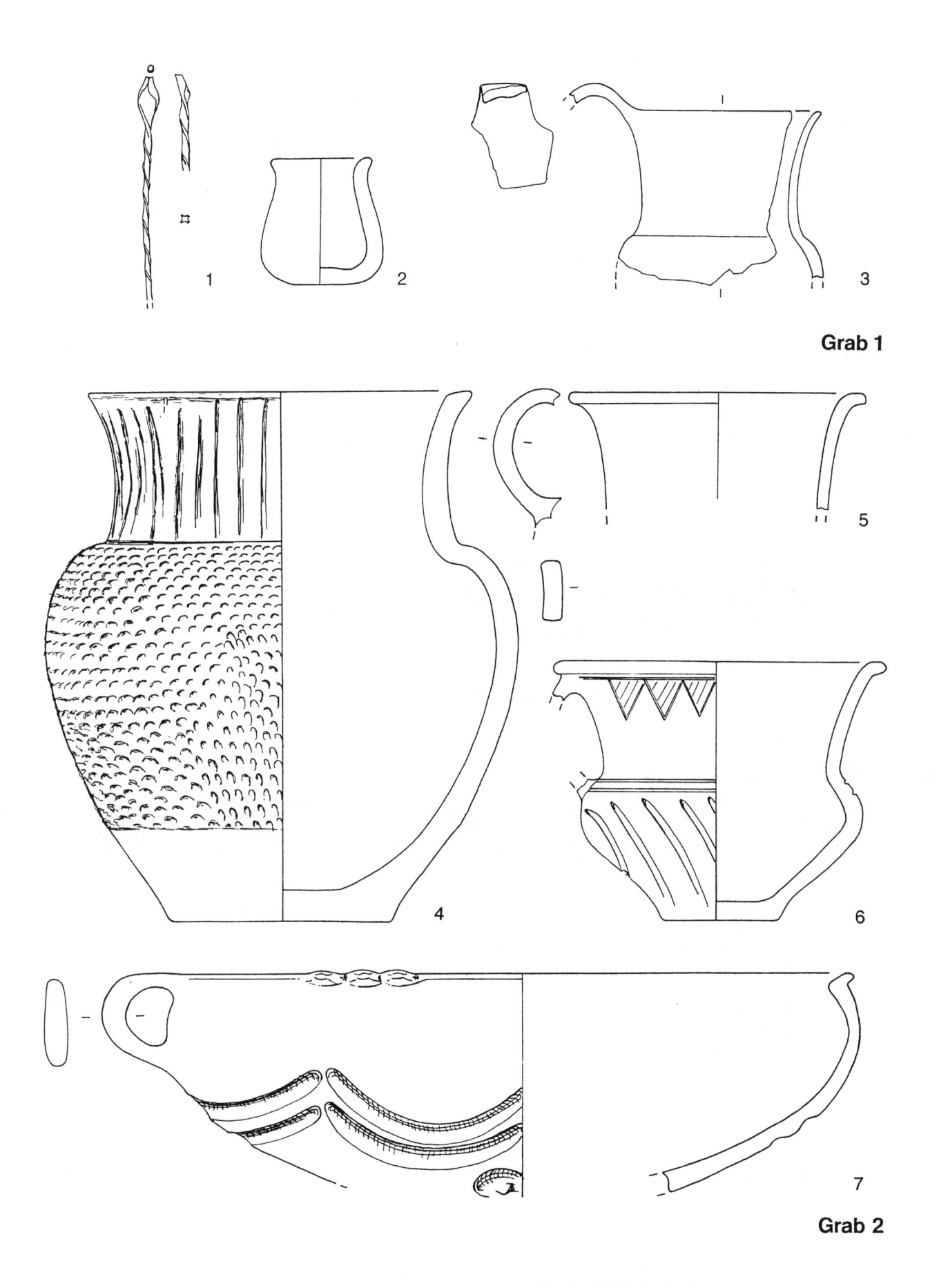

Hernádkak. 1-3 Grab 1. 4-7 Grab 2. 1-7 M.1:2.

Tafel 2

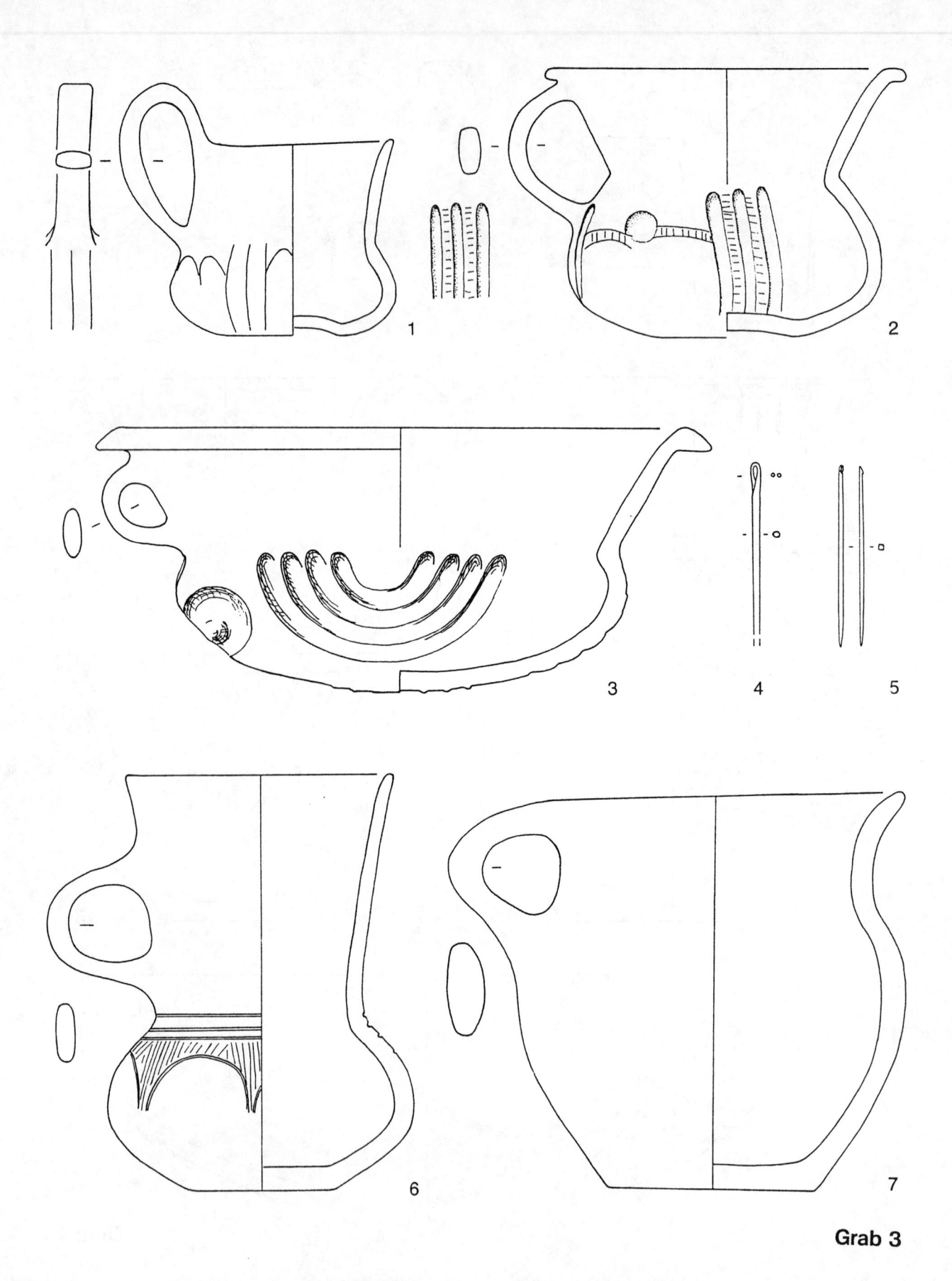

Hernádkak. 1-7 Grab 3. 1-7 M.1:2.

Tafel 3

Grab 4

Grab 5

Grab 6

Grab 7

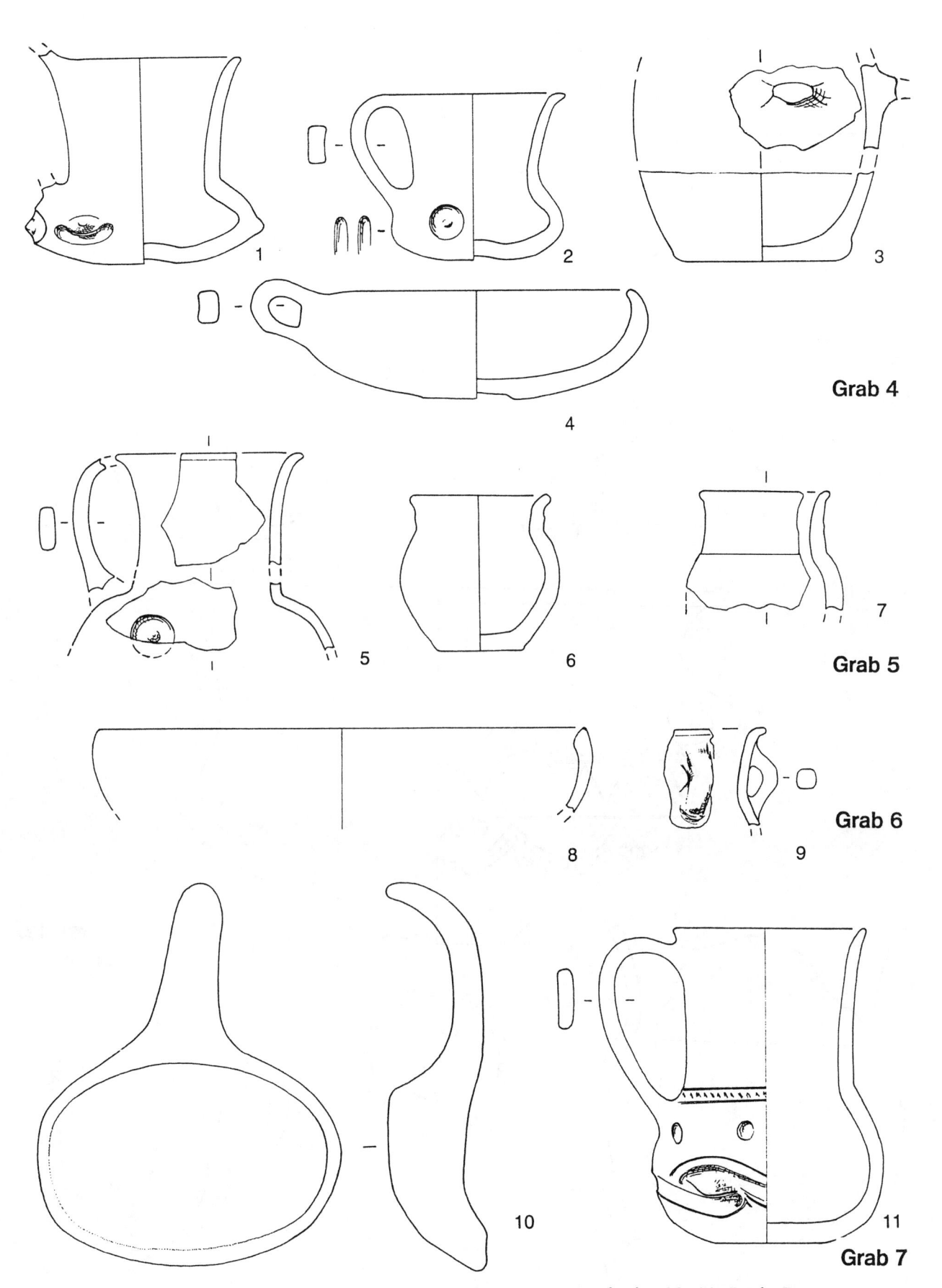

Hernádkak. 1-4 Grab 4. 5-7 Grab 5. 8-9 Grab 6. 10-11 Grab 7.
1-11 M.1:2.

Tafel 4

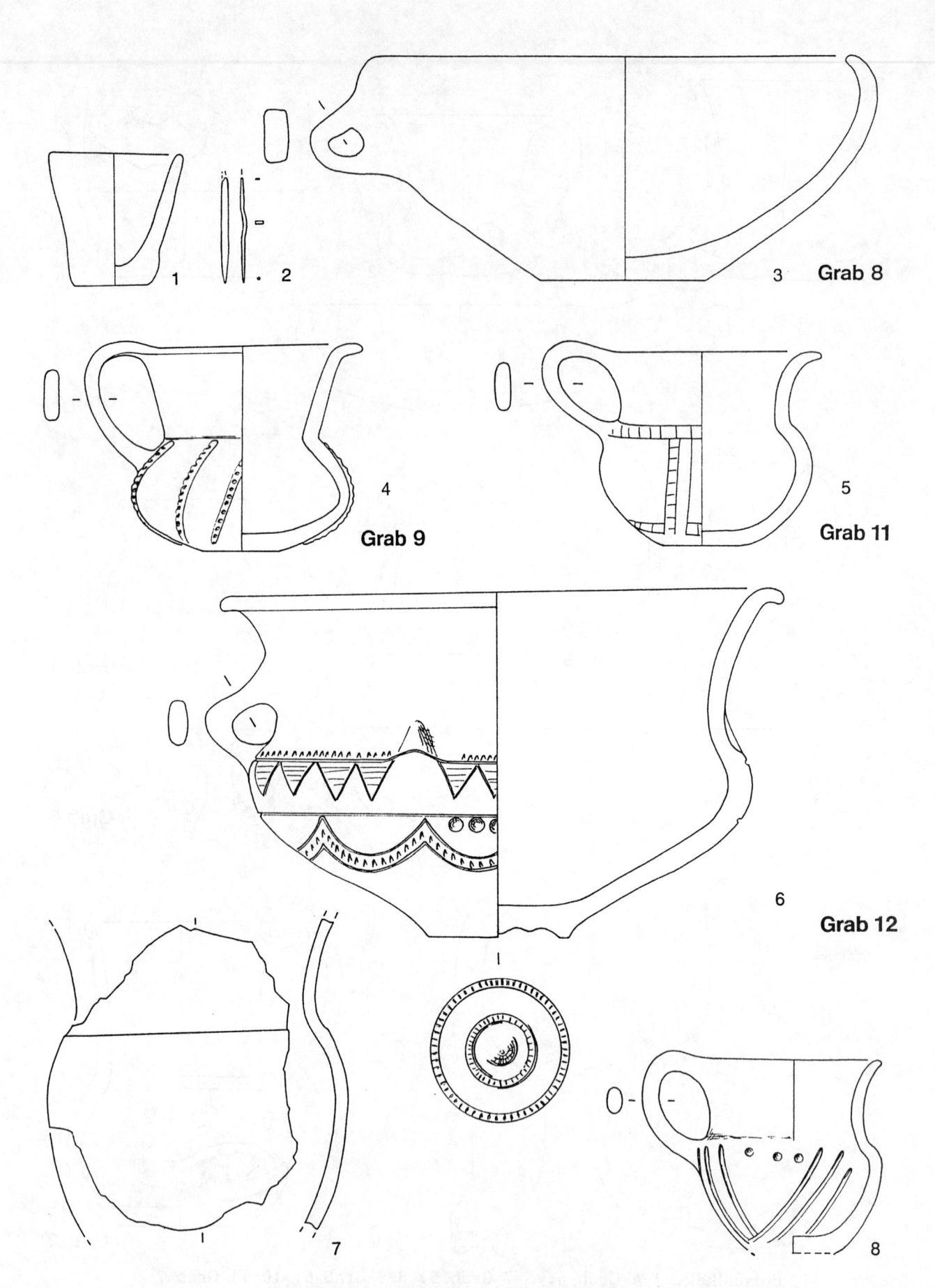

Hernádkak. 1-3 Grab 8. 4 Grab 9. 5 Grab 11. 6-8 Grab 12.   1-8 M.1:2.

Tafel 5

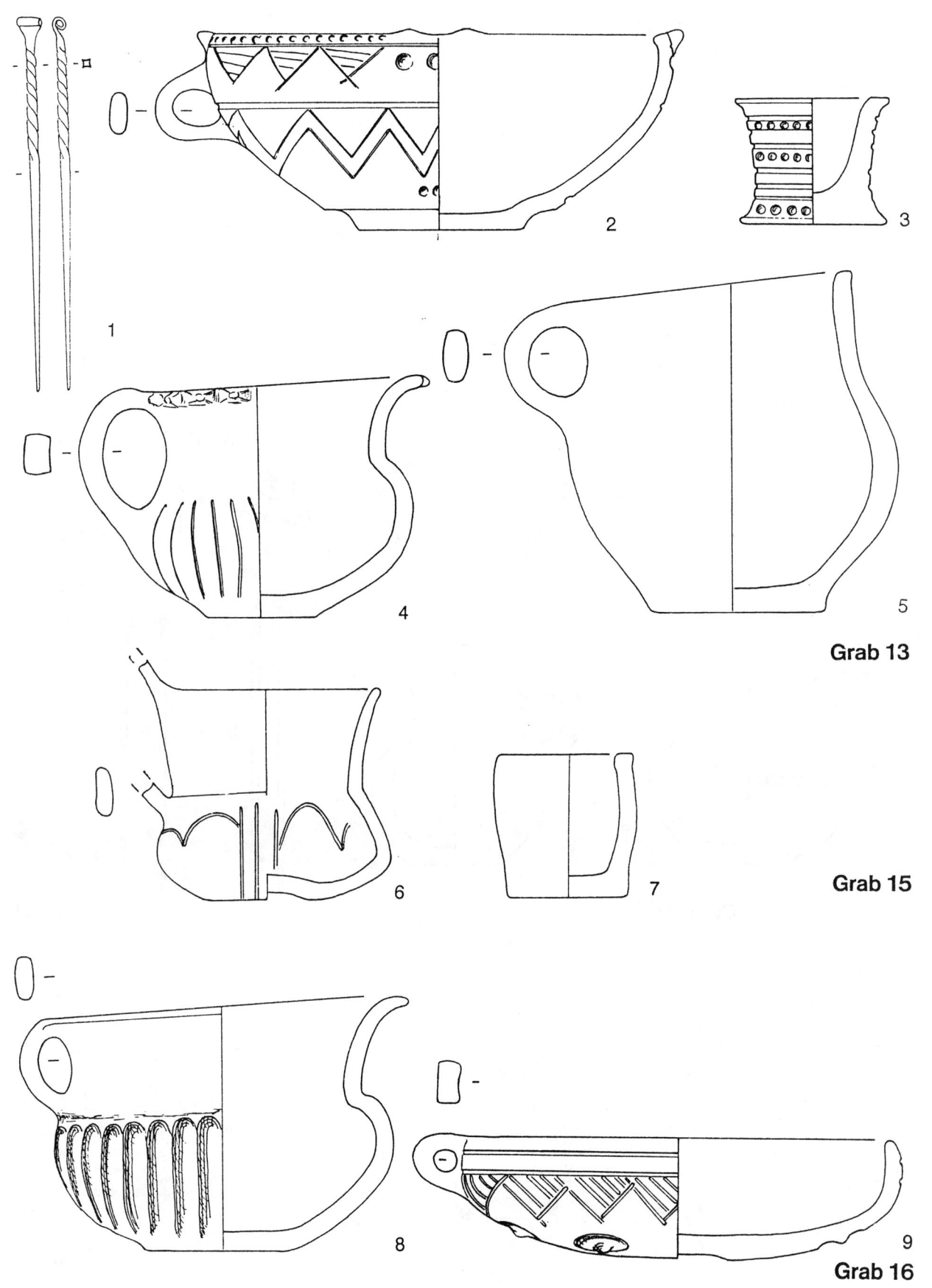

Hernádkak. 1-5 Grab 13. 6-7 Grab 15. 8-9 Grab 16.
1-9 M.1:2.

Tafel 6

Grab 17

Grab 18

Grab 19

Grab 21

Grab 23

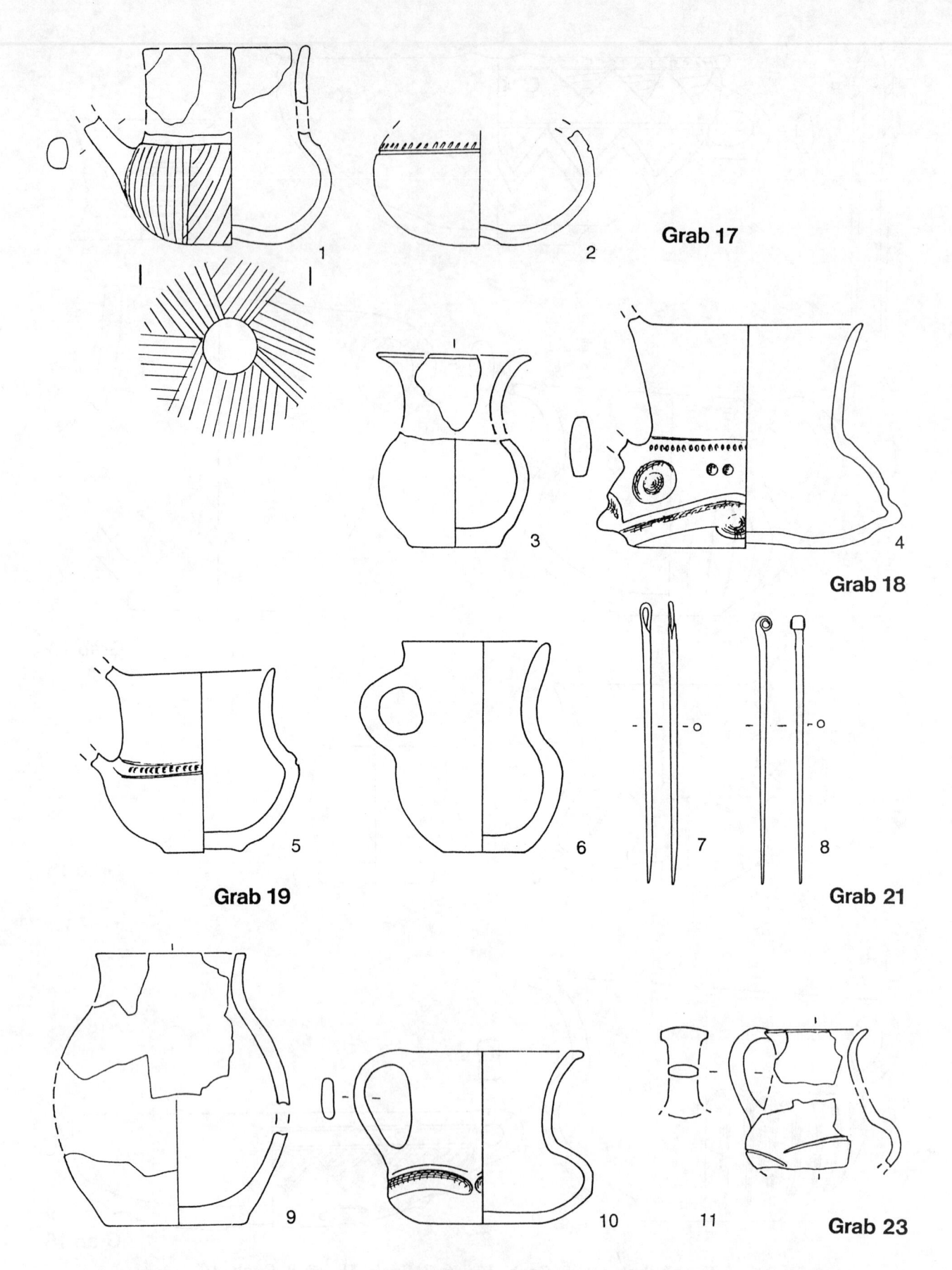

Hernádkak. 1-2 Grab 17. 3-4 Grab 18. 5 Grab 19. 6-8 Grab 21. 9-11 Grab 23.
1-11 M.1:2.

Tafel 7

Grab 24

Grab 25

Grab 26

Grab 28

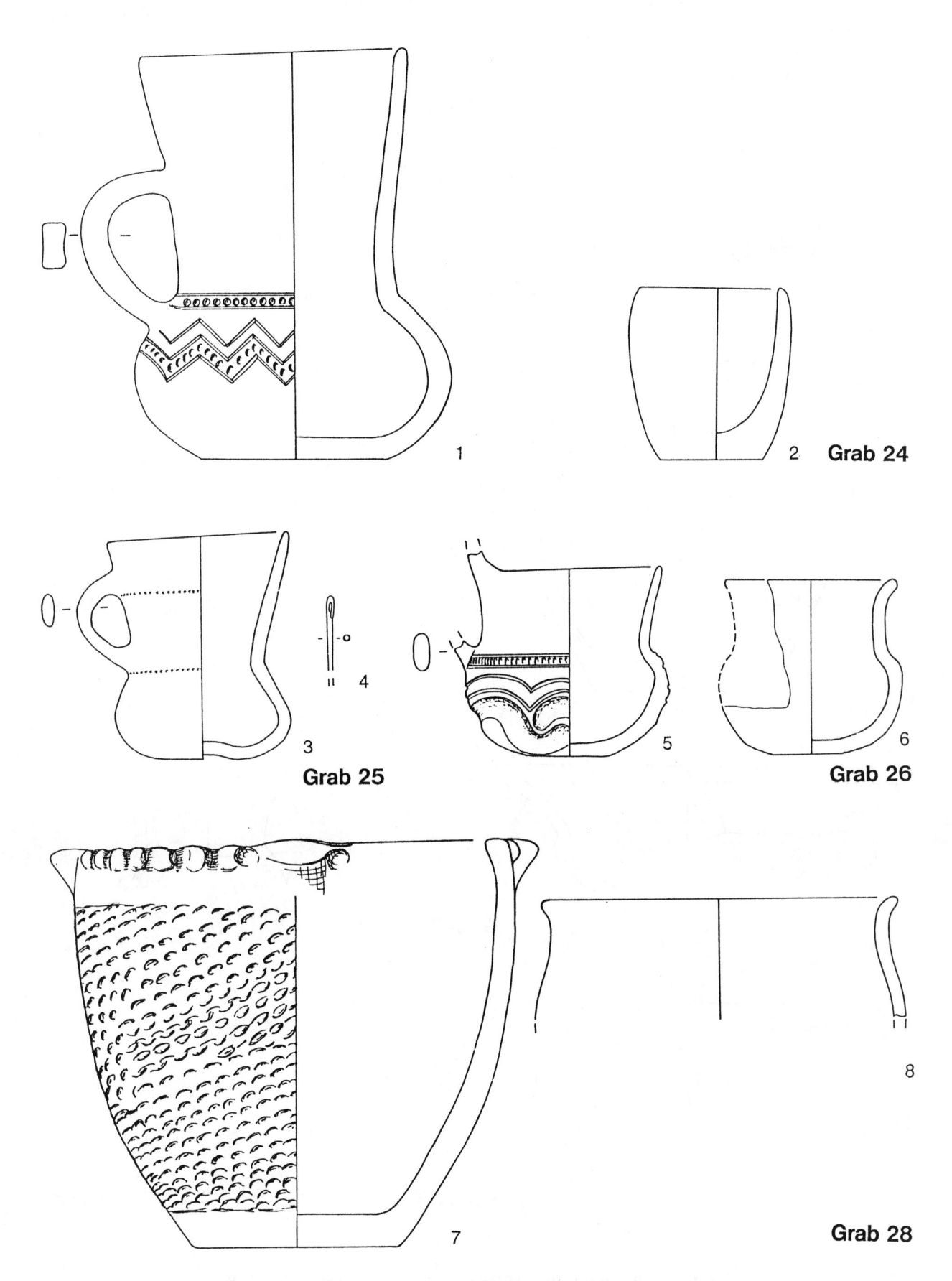

Hernádkak. 1-2 Grab 24. 3-4 Grab 25. 5-6 Grab 26. 7-8 Grab 28.
1-8 M.1:2.

Tafel 8

Grab 29

Grab 31

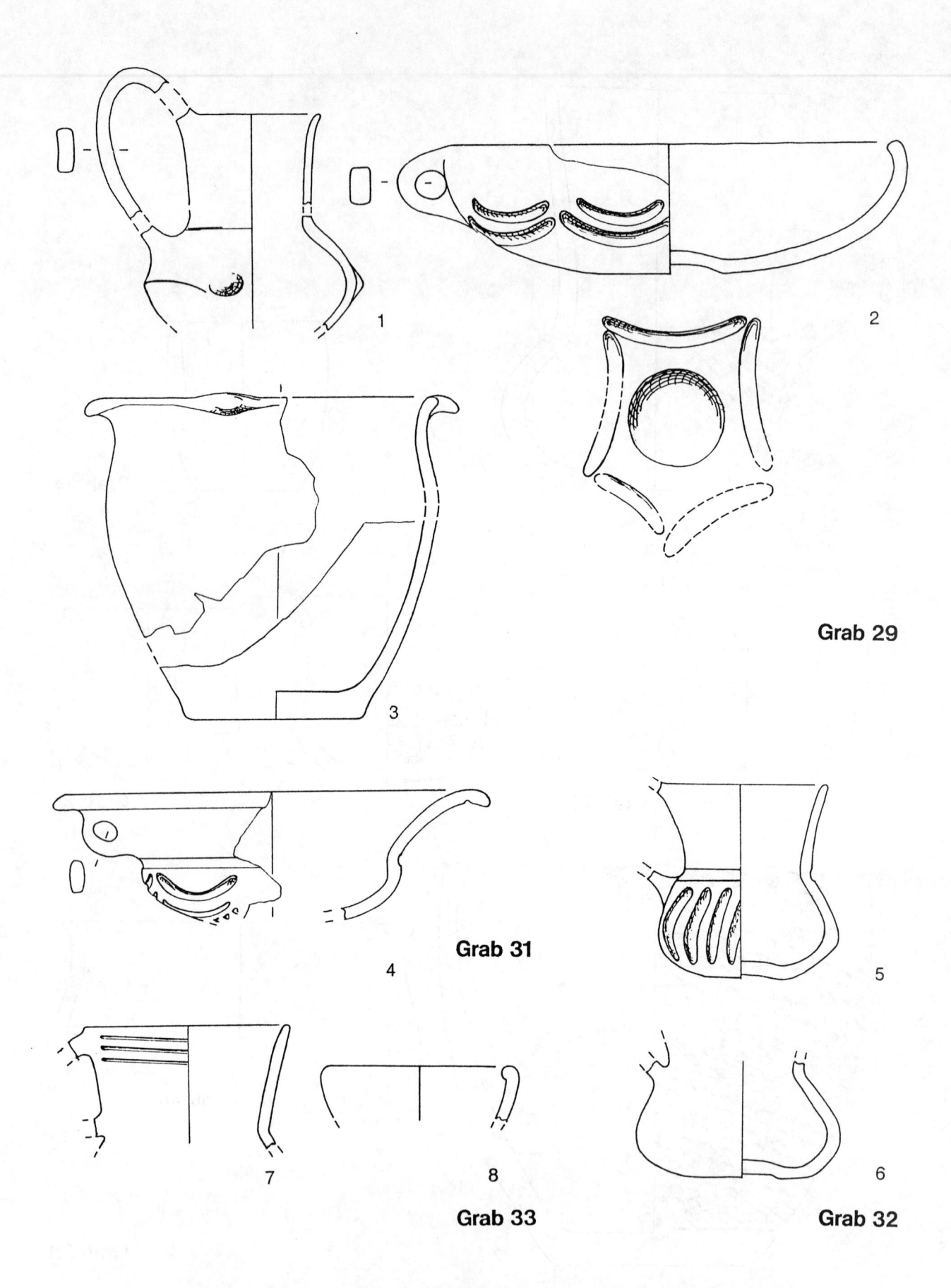

Grab 33   Grab 32

Hernádkak. 1-3 Grab 29. 4 Grab 31. 5-6 Grab 32. 7-8 Grab 33.
1-8 M.1:2.

Tafel 9

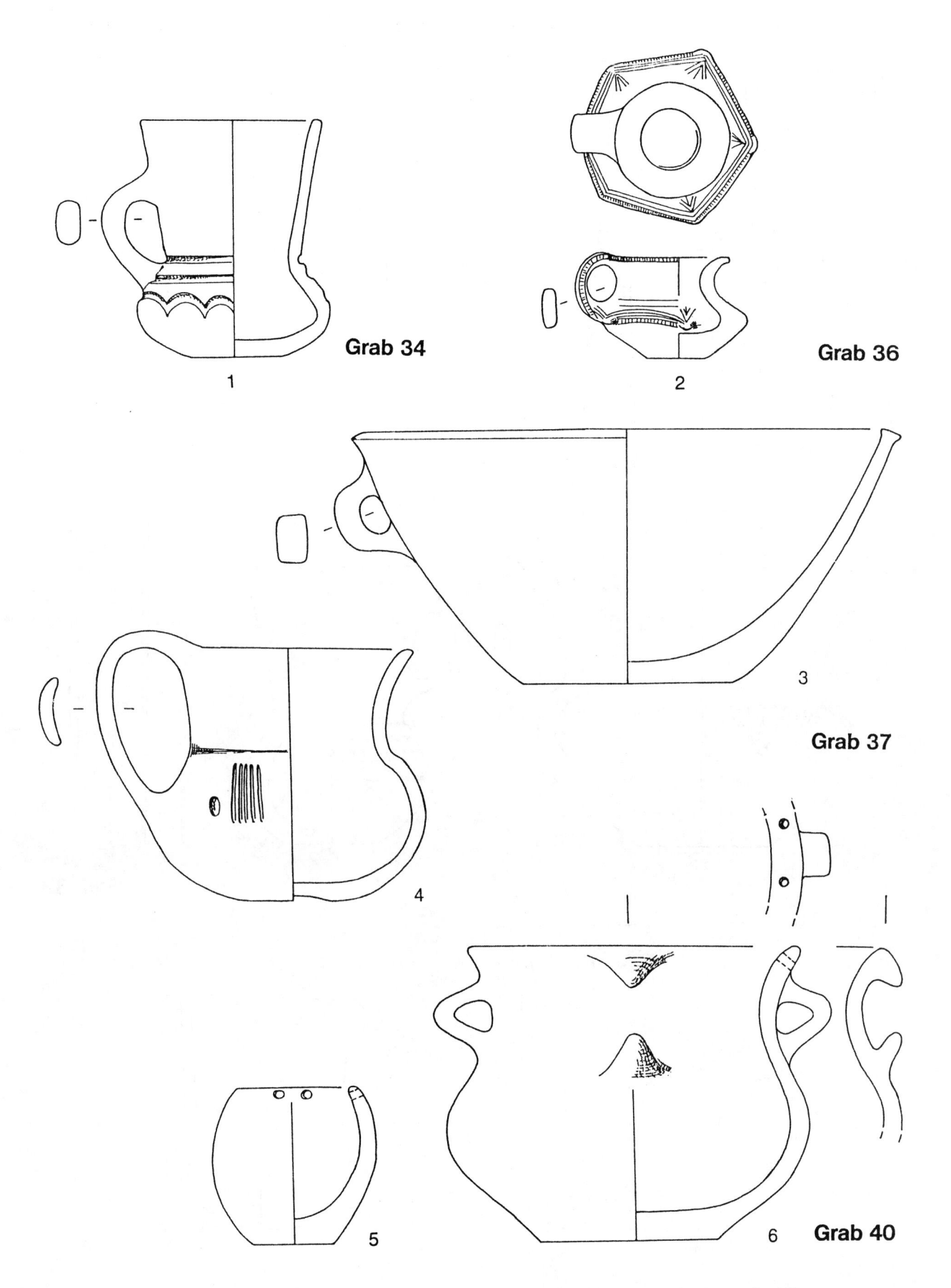

Grab 34
1

Grab 36
2

Grab 37
3
4

Grab 40
5
6

Hernádkak. 1 Grab 34. 2 Grab 36. 3-4 Grab 37. 5-6 Grab 40.
1-6 M.1:2.

Tafel 10

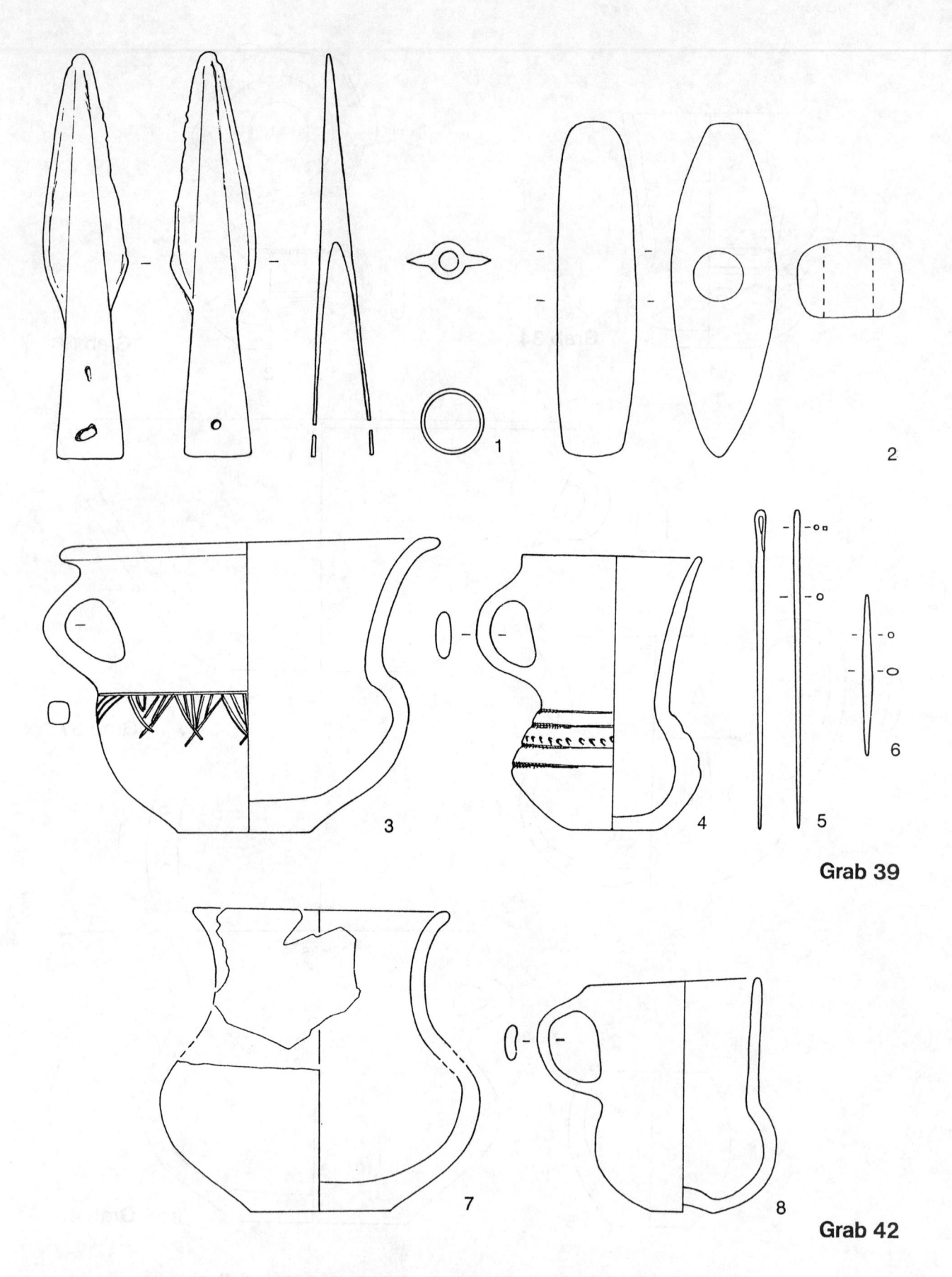

Hernádkak. 1-6 Grab 39. 7-8 Grab 42.
1-8 M.1:2.

Tafel 11

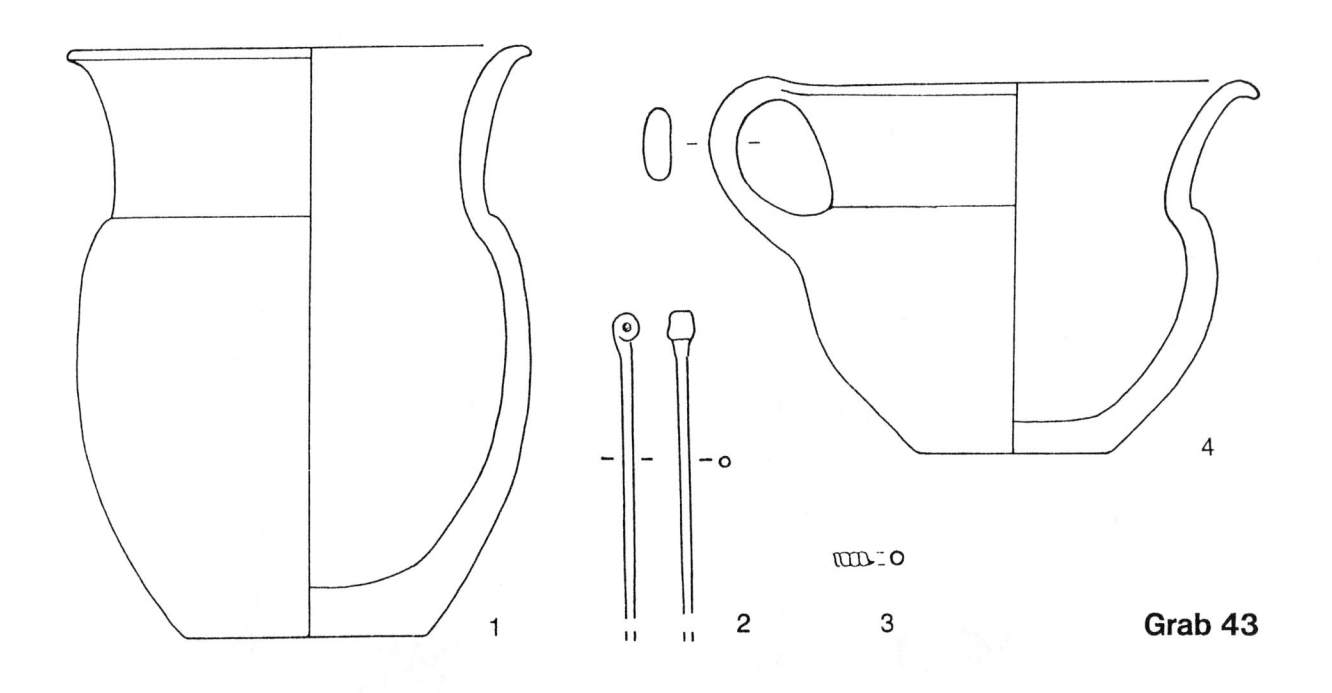

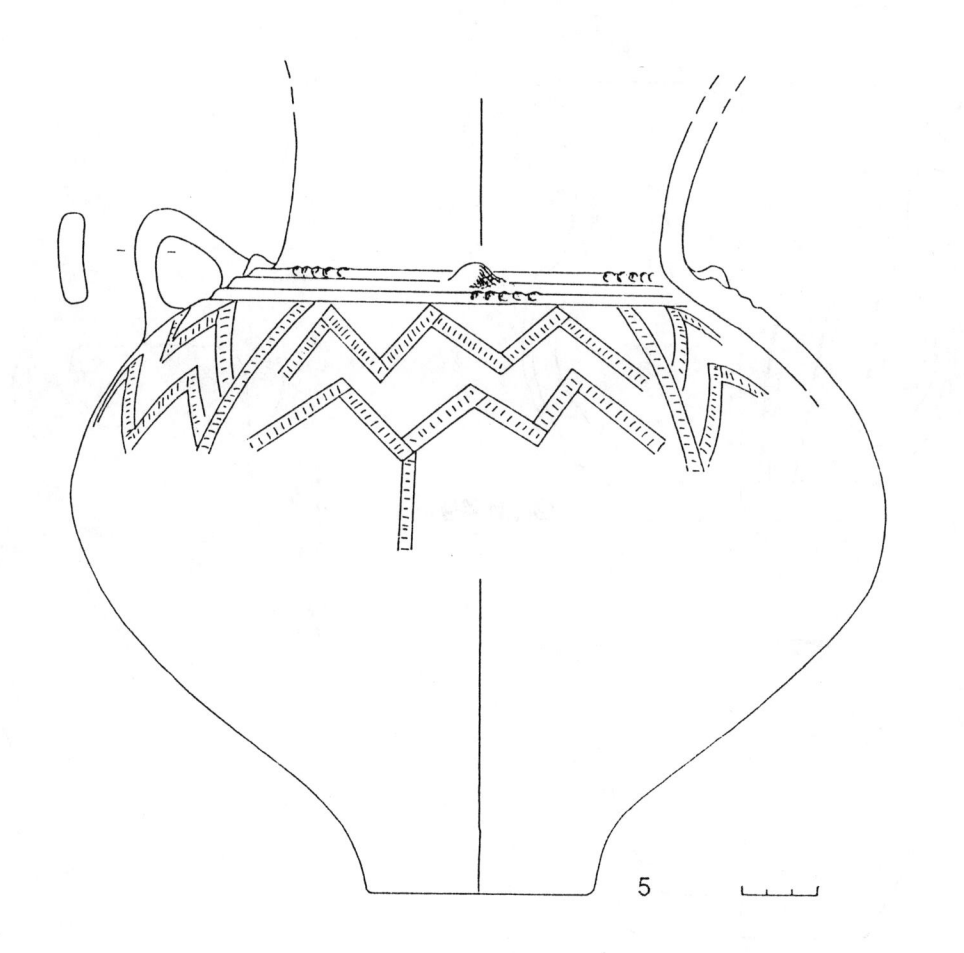

1 2 3 4 **Grab 43**

5 **Grab 44**

Hernádkak. 1-4 Grab 43. 5 Grab 44.
1-4 M.1:2. 5 M.1:3.

Tafel 12

Grab 45

Grab 46

Grab 48

Grab 49

Grab 50

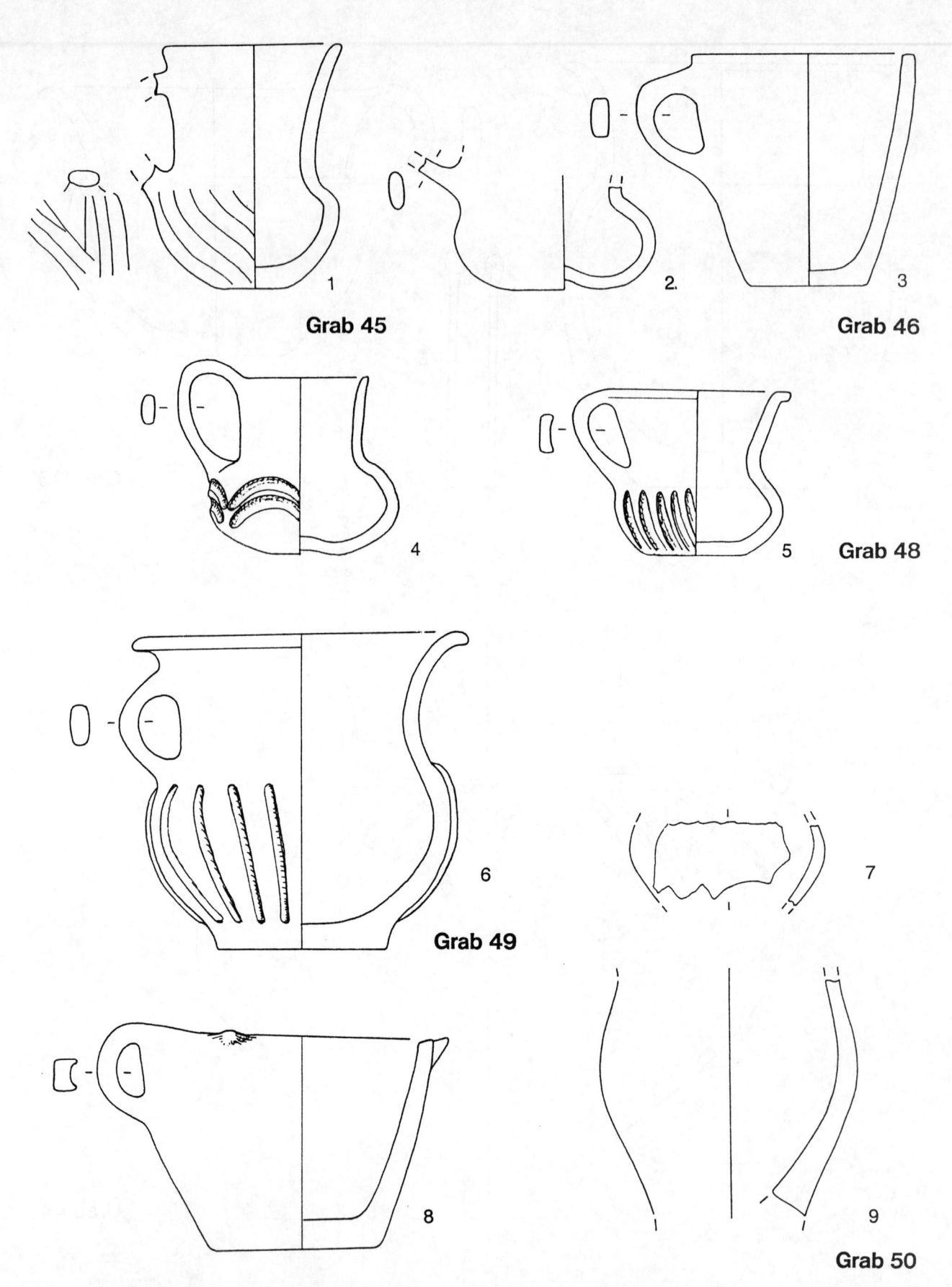

Hernádkak. 1 Grab 45. 2-3 Grab 46. 4-5 Grab 48. 6 Grab 49. 7-9 Grab 50. 1-9 M.1:2.

Tafel 13

Grab 51

Grab 53

Grab 54

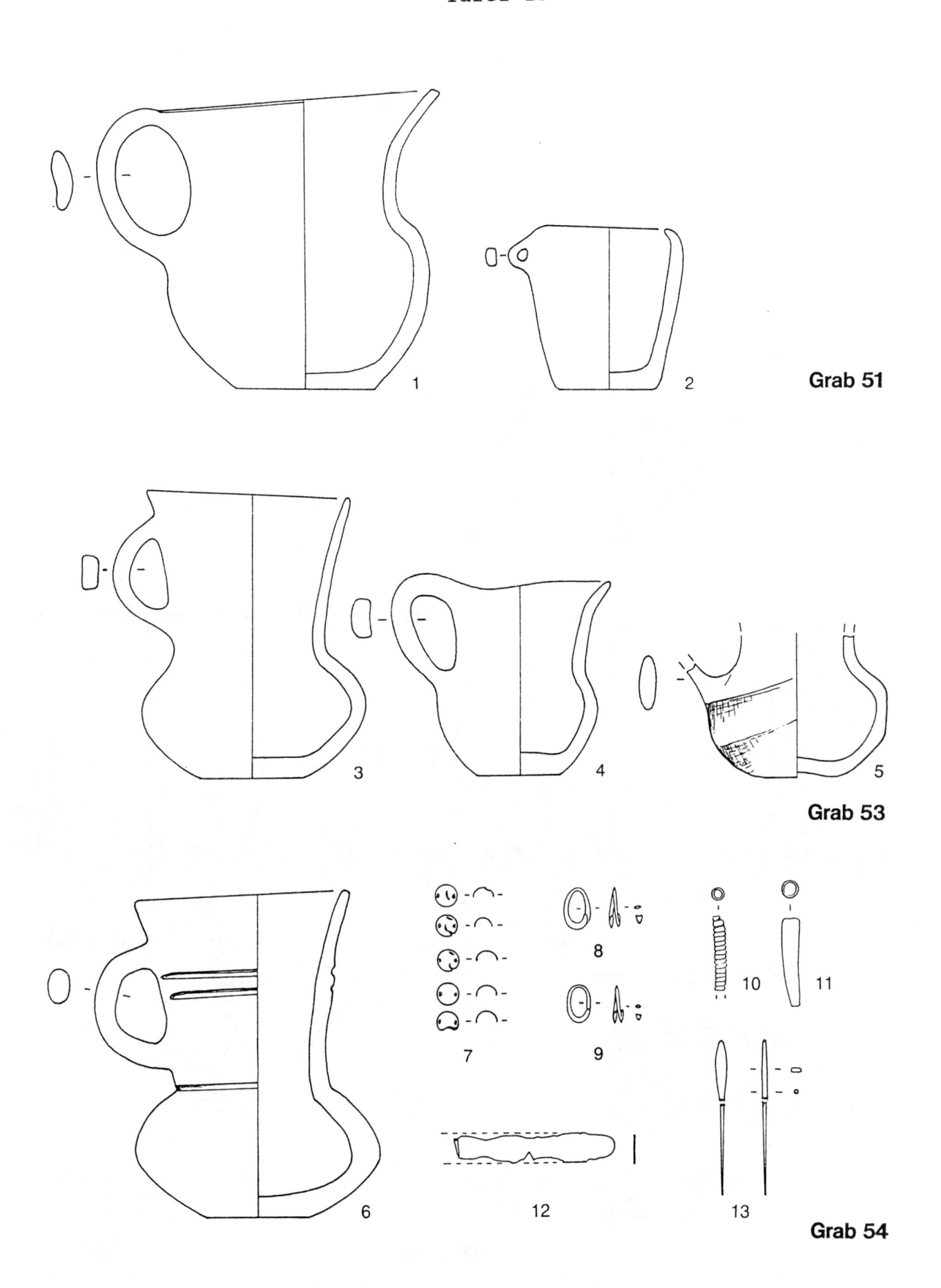

Hernádkak. 1-2 Grab 51. 3-5 Grab 53. 6-13 Grab 54.
1-6,8-13 M.1:2. 7 M.1:1.

Tafel 14

Grab 55

Grab 56

Grab 58

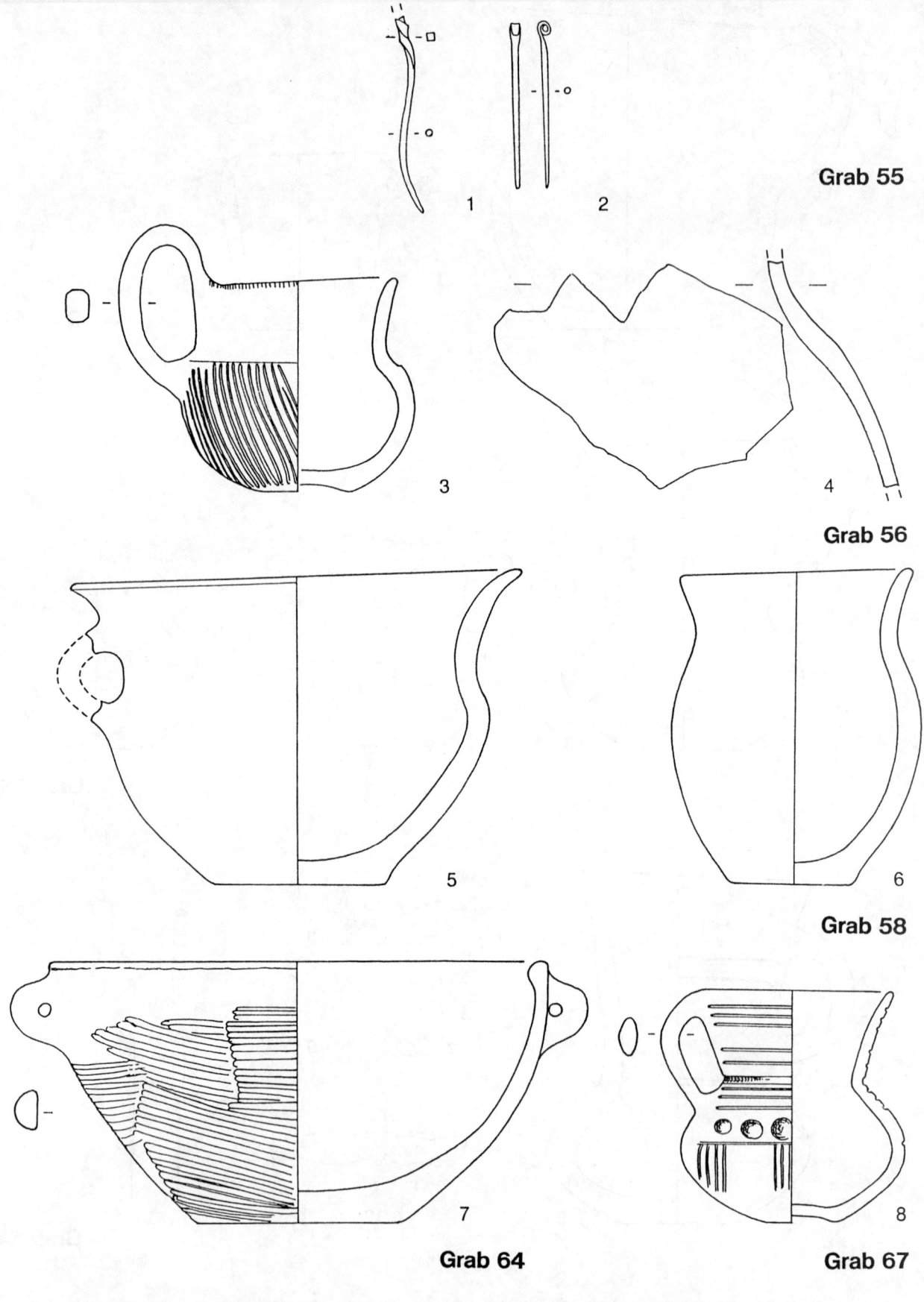

Grab 64 Grab 67

Hernádkak. 1-2 Grab 55. 3-4 Grab 56. 5-6 Grab 58. 7 Grab 64. 8 Grab 67.
1-8 M.1:2.

Tafel 15

Grab 68

Grab 71

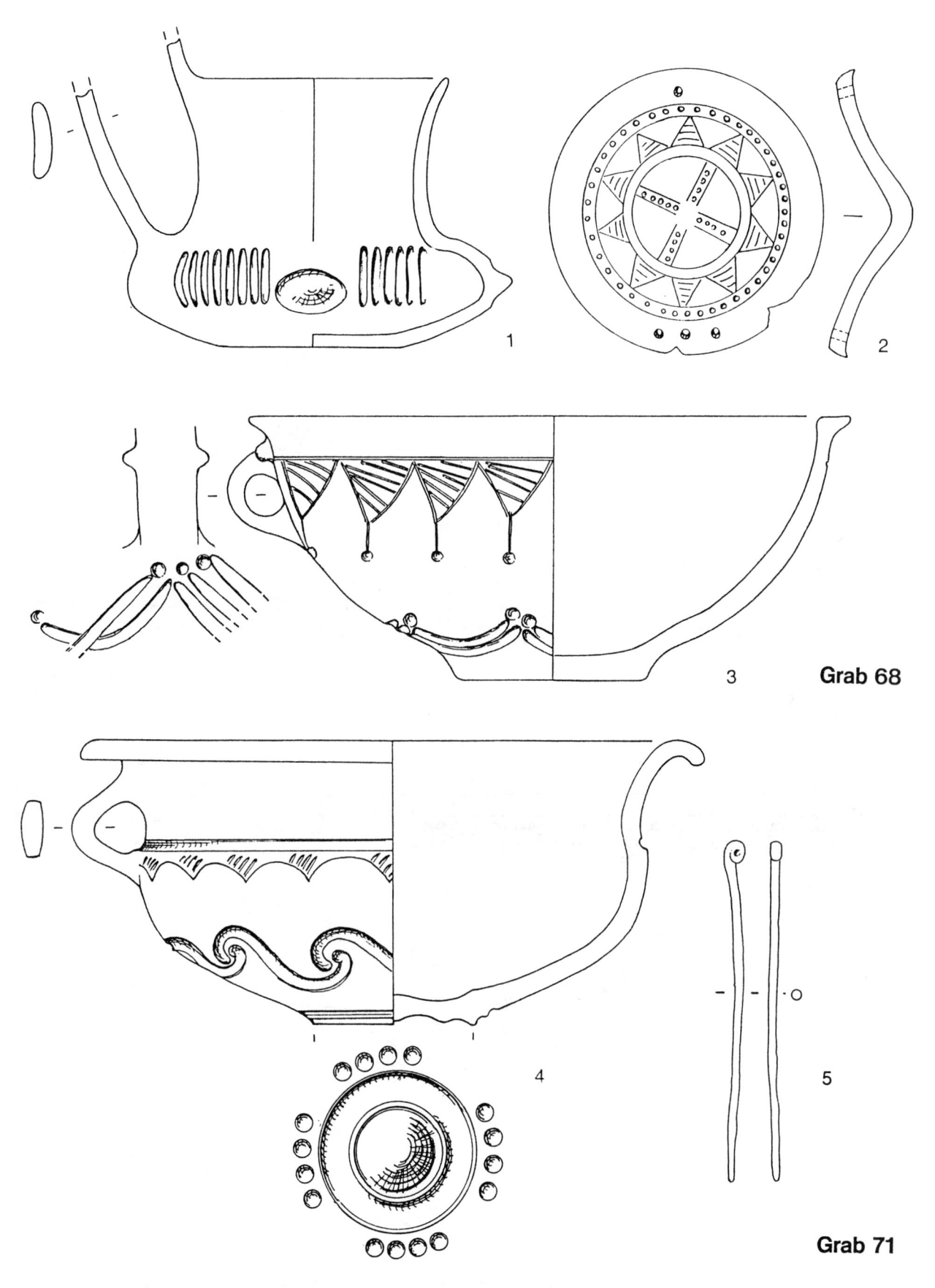

Hernádkak. 1-3 Grab 68. 4-5 Grab 71.
1-5 M.1:2.

Tafel 16

Grab 72

Grab 74

Grab 78

Grab 76

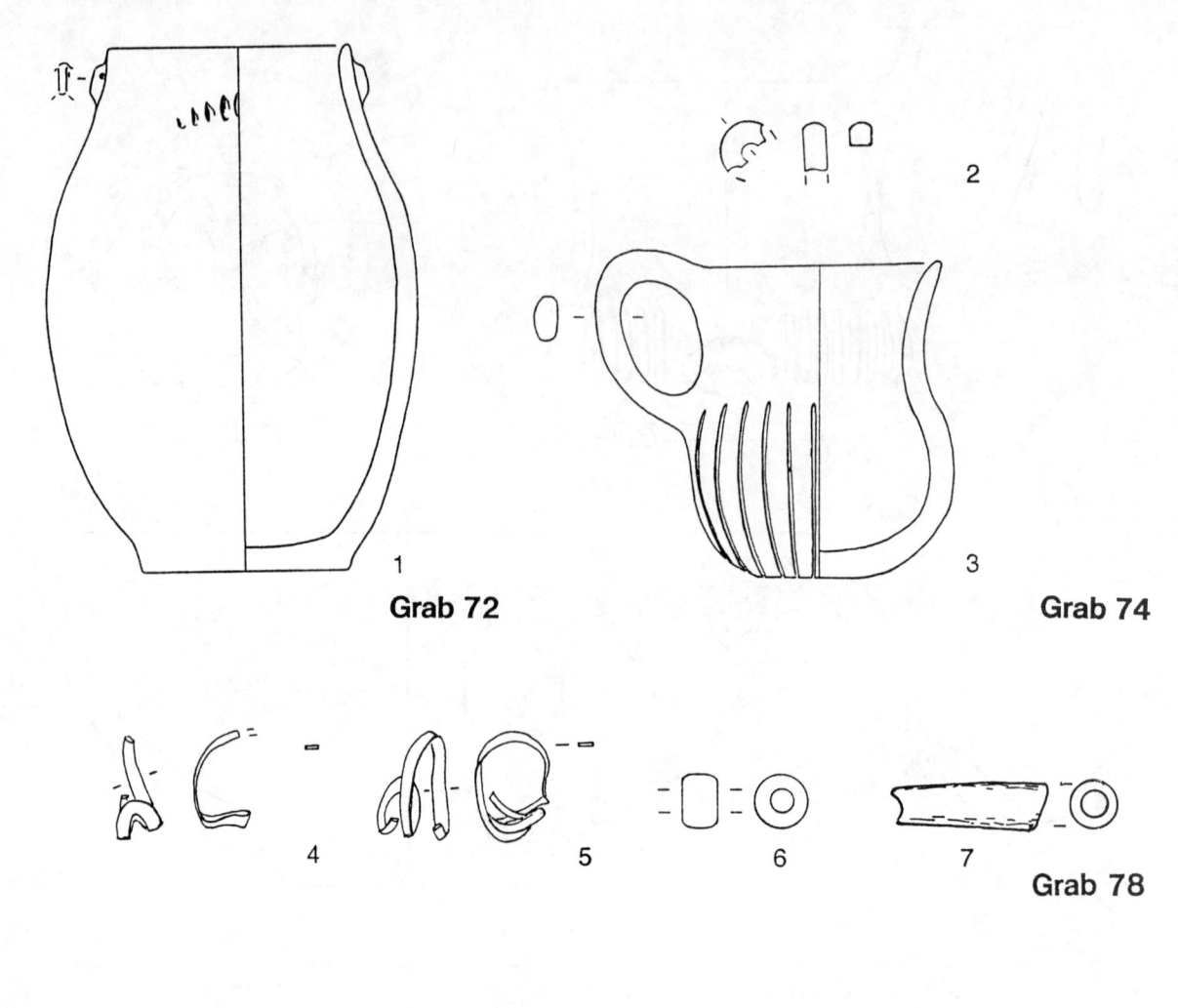

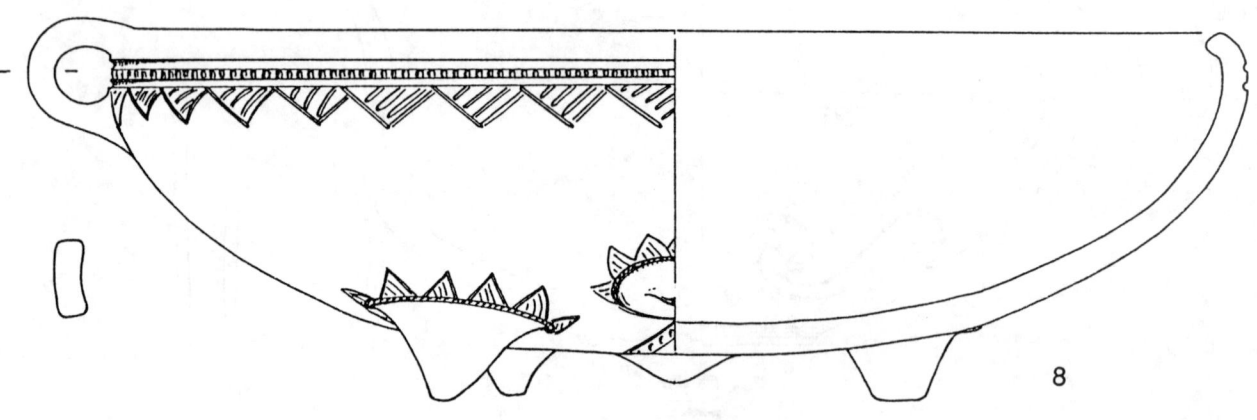

Hernádkak. 1 Grab 72. 2-3 Grab 74. 4-7 Grab 78. 8 Grab 76.
1 M.1:4. 2,4-7 M.1:1. 3,8 M.1:2.

Tafel 17

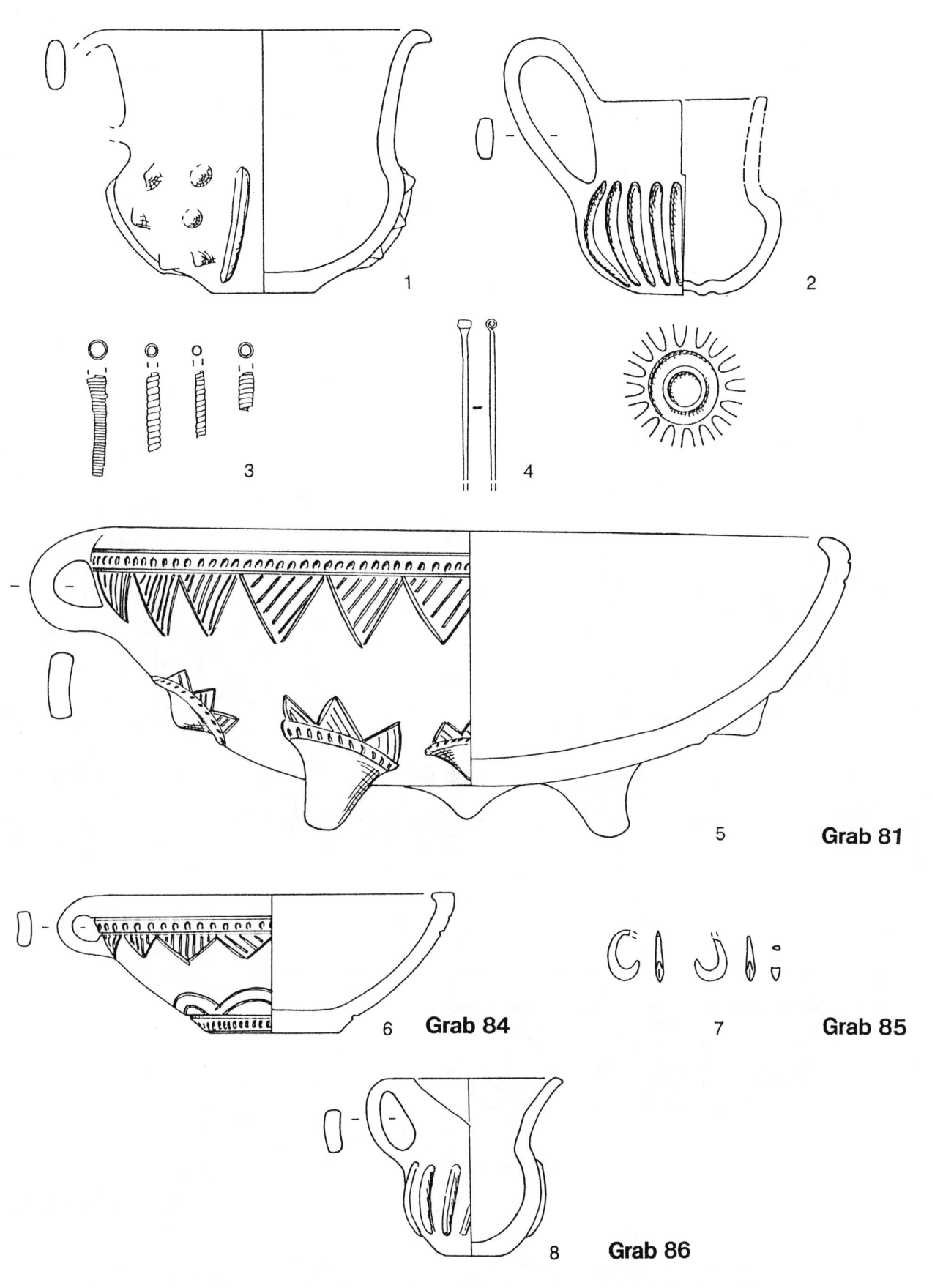

5 Grab 81

6 Grab 84

7 Grab 85

8 Grab 86

Hernádkak. 1-5 Grab 81. 6 Grab 84. 7 Grab 85. 8 Grab 86.
1-8 M.1:2.

Tafel 18

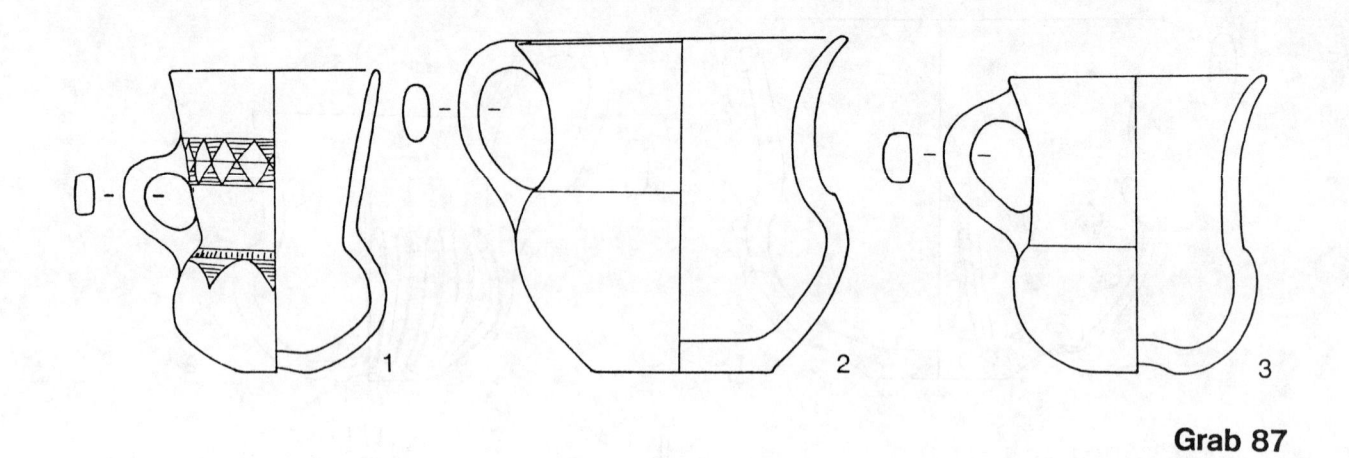

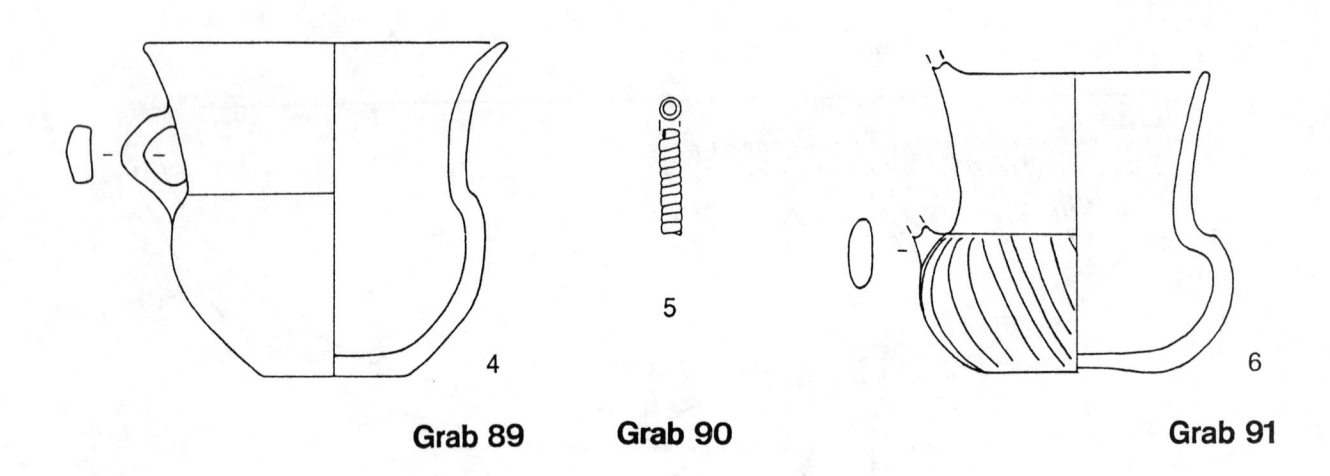

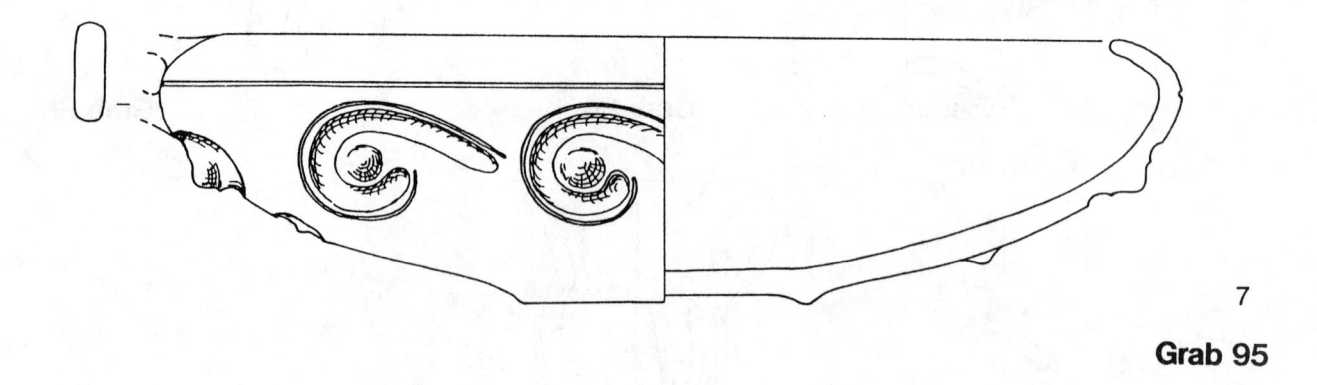

Grab 87

Grab 89 **Grab 90** **Grab 91**

Grab 95

Hernádkak. 1-3 Grab 87. 4 Grab 89. 5 Grab 90. 6 Grab 91. 7 Grab 95.
1-7 M.1:2.

Tafel 19

Grab 92

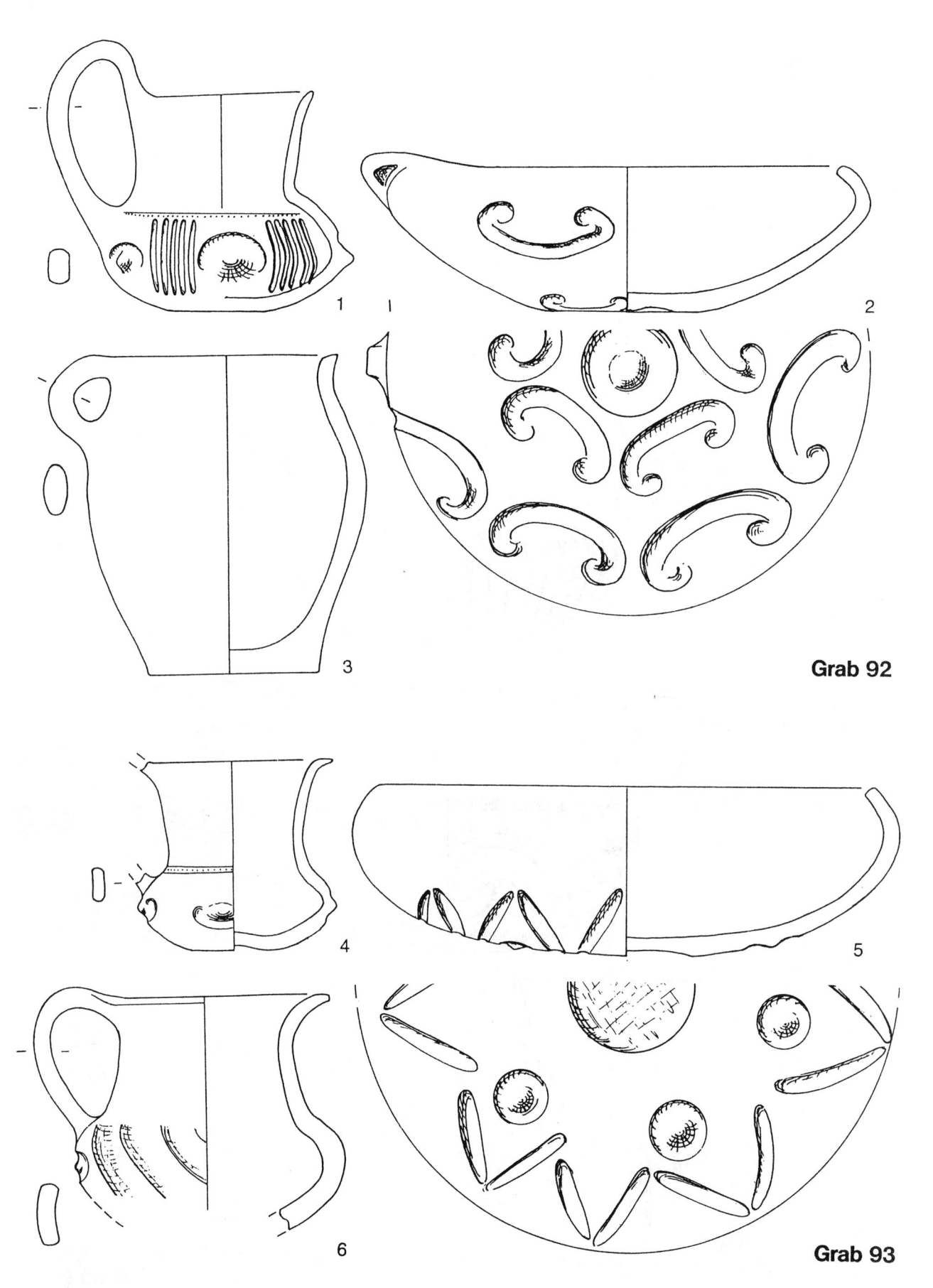

Grab 93

Hernádkak. 1-3 Grab 92. 4-6 Grab 93. 1-6 M.1:2.

Tafel 20

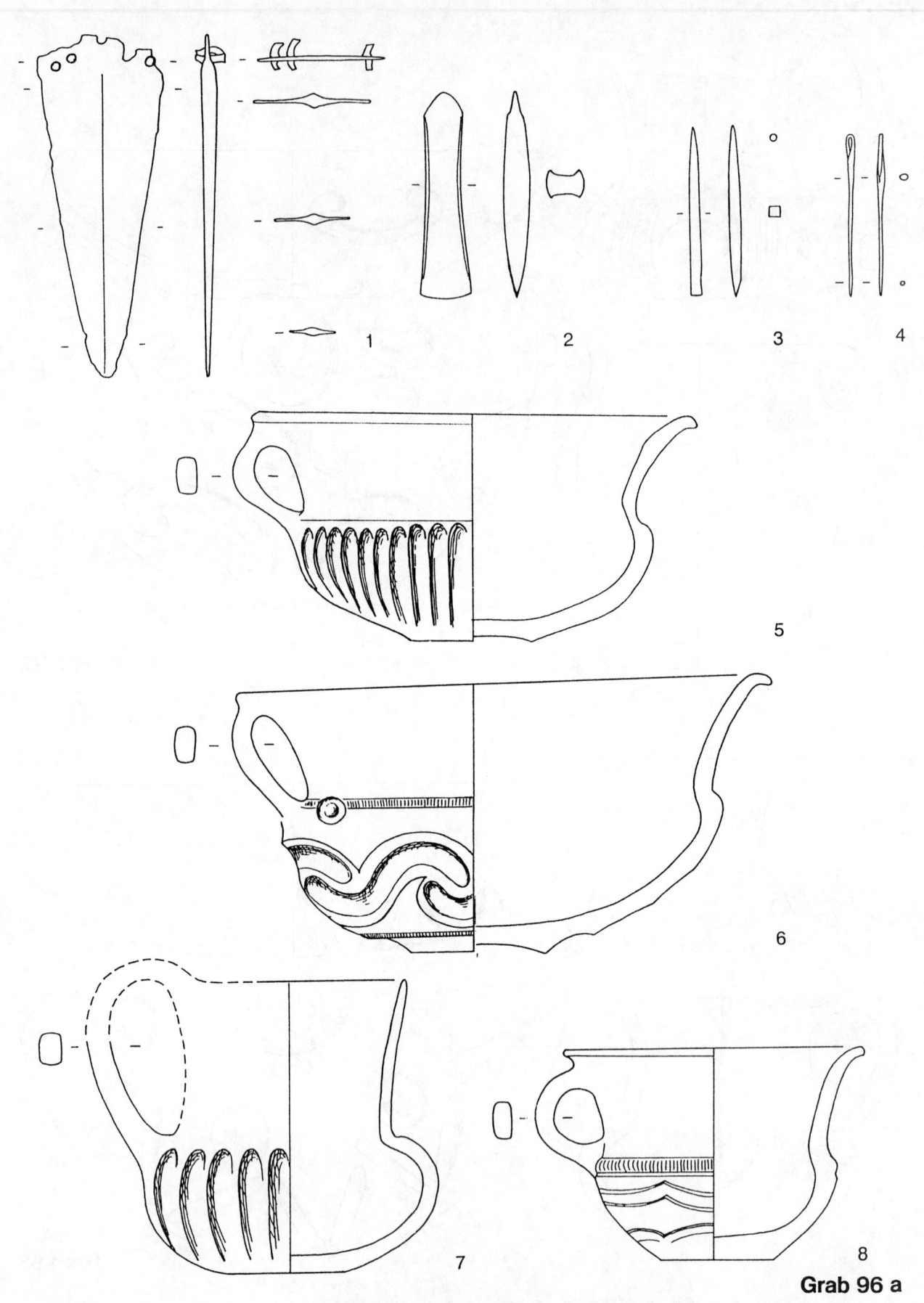

Hernádkak. 1-8 Grab 96a. 1-8 M.1:2.

Grab 96 a

Tafel 21

Grab 96 b

Grab 97

Grab 98

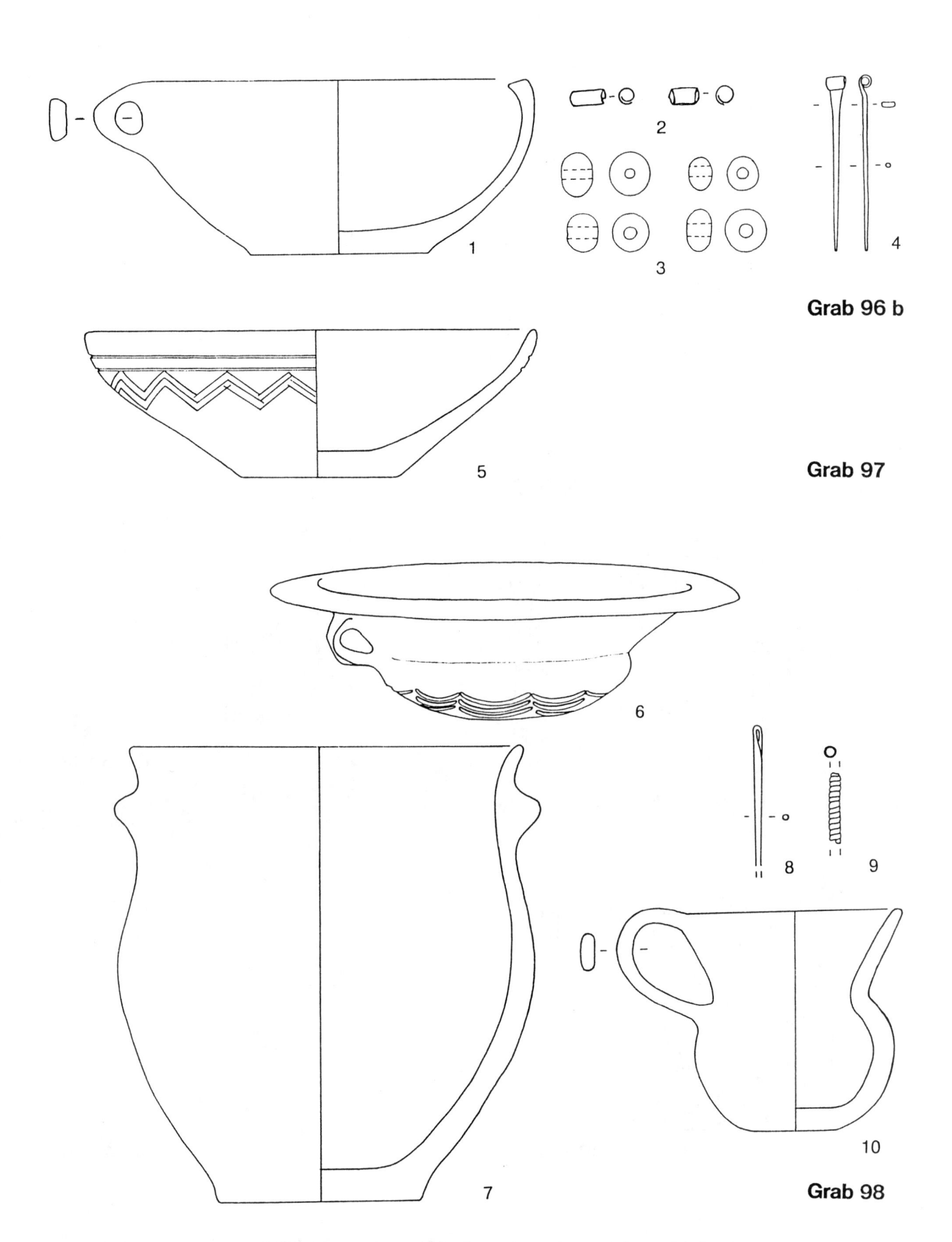

Hernádkak. 1-4 Grab 96b. 5 Grab 97. 6-10 Grab 98.
1,3-10 M.1:2. 2 M.1:1.

Tafel 22

Grab 101

Grab 102

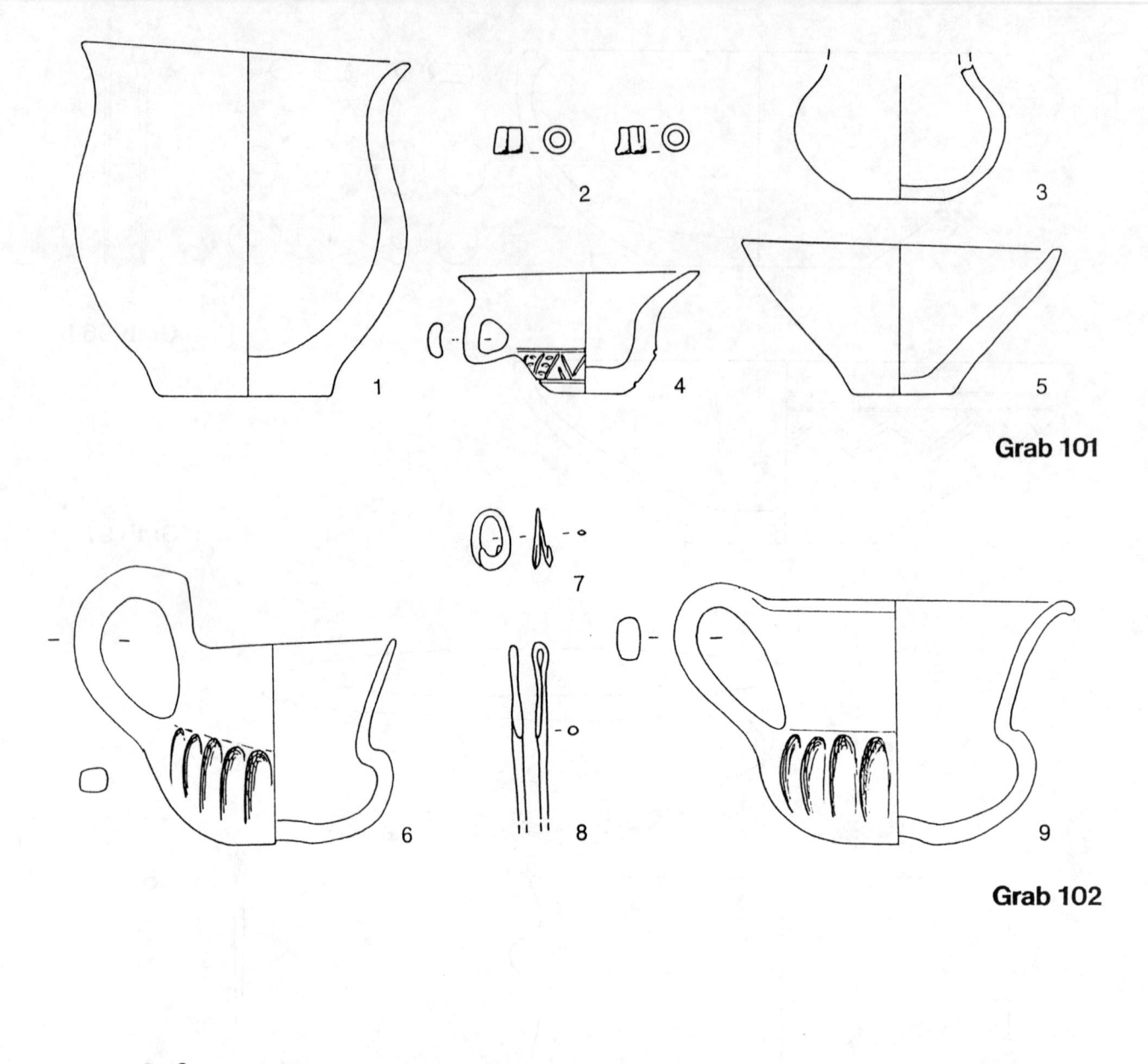

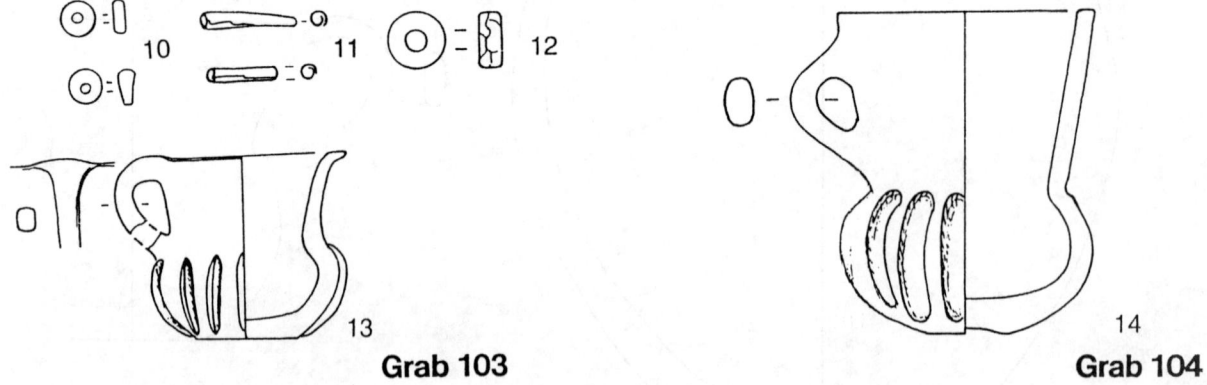

Grab 103   Grab 104

Hernádkak. 1-5 Grab 101. 6-9 Grab 102. 10-13 Grab 103. 14 Grab 104.
1,3-10,13-14 M.1:2. 2,11-12 M.1:1.

Tafel 23

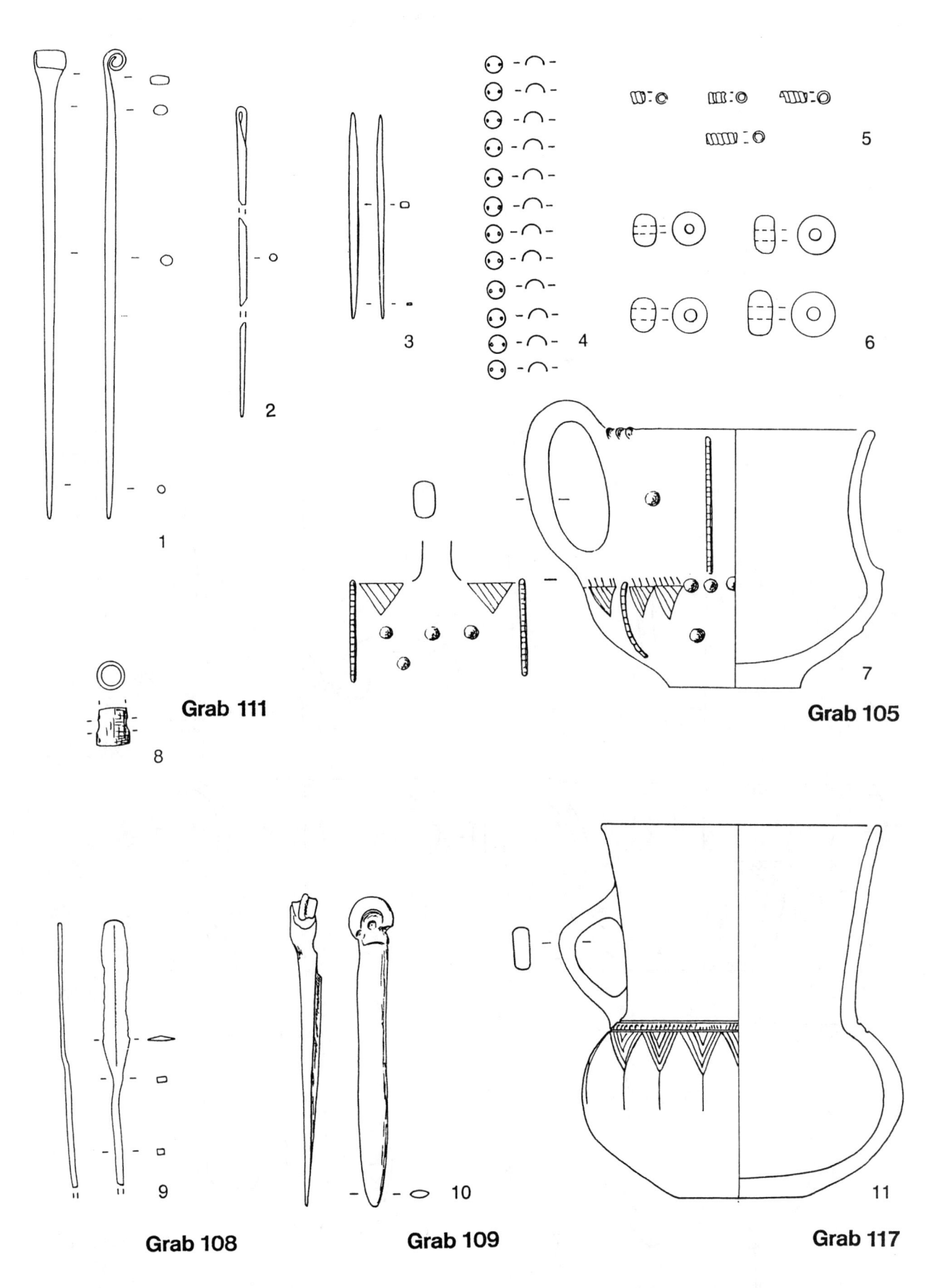

Grab 111
Grab 105
Grab 108   **Grab 109**   **Grab 117**

Hernádkak. 1-7 Grab 105. 8 Grab 111. 9 Grab 108. 10 Grab 109. 11 Grab 117.
1-3, 5-11 M.1:2. 4 M.1:1,5.

Tafel 24

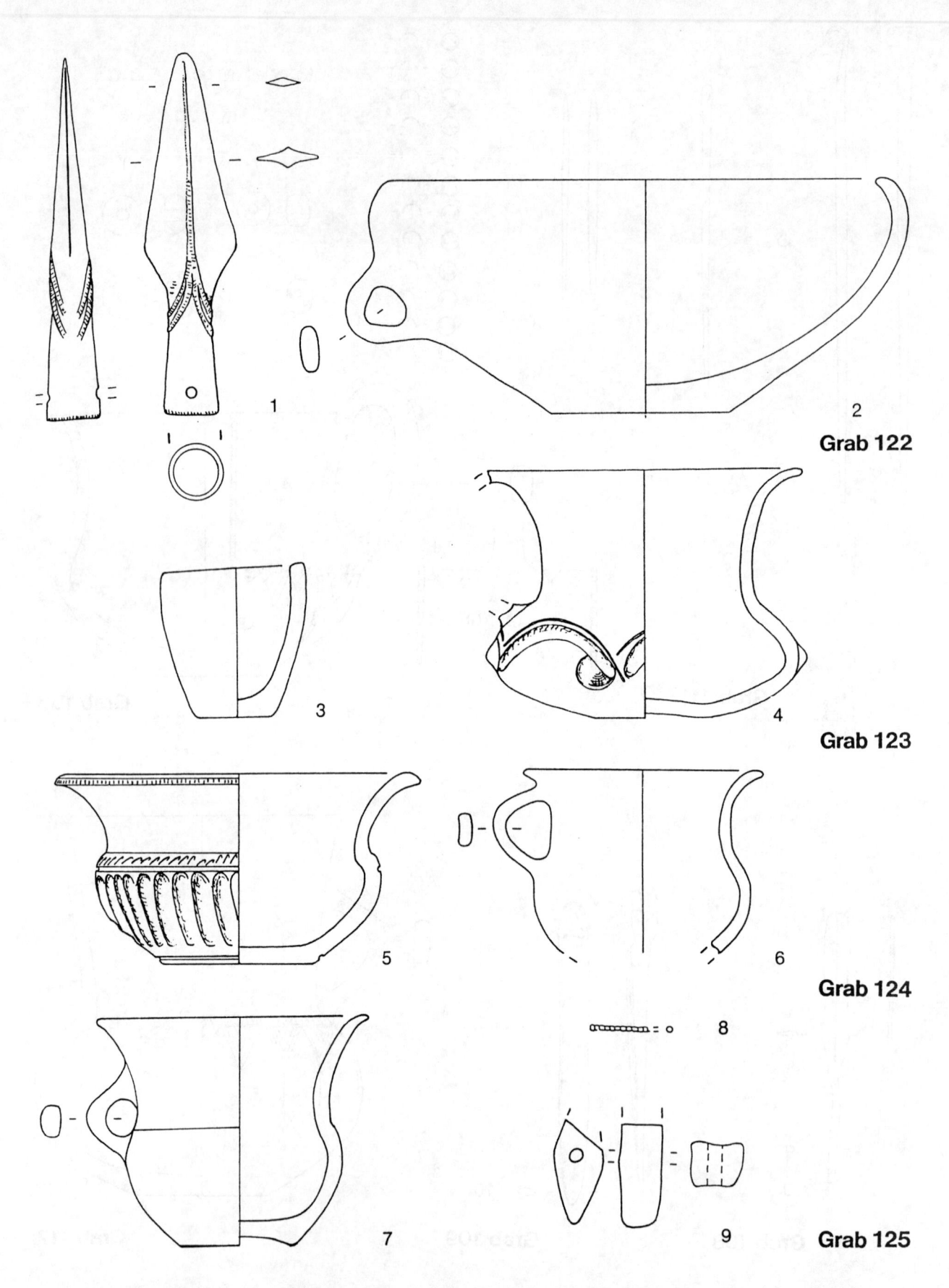

2 Grab 122

4 Grab 123

6 Grab 124

9 Grab 125

Hernádkak. 1-2 Grab 122. 3-4 Grab 123. 5-6 Grab 124. 7-9 Grab 125.
1-9 M.1:2.

Tafel 25

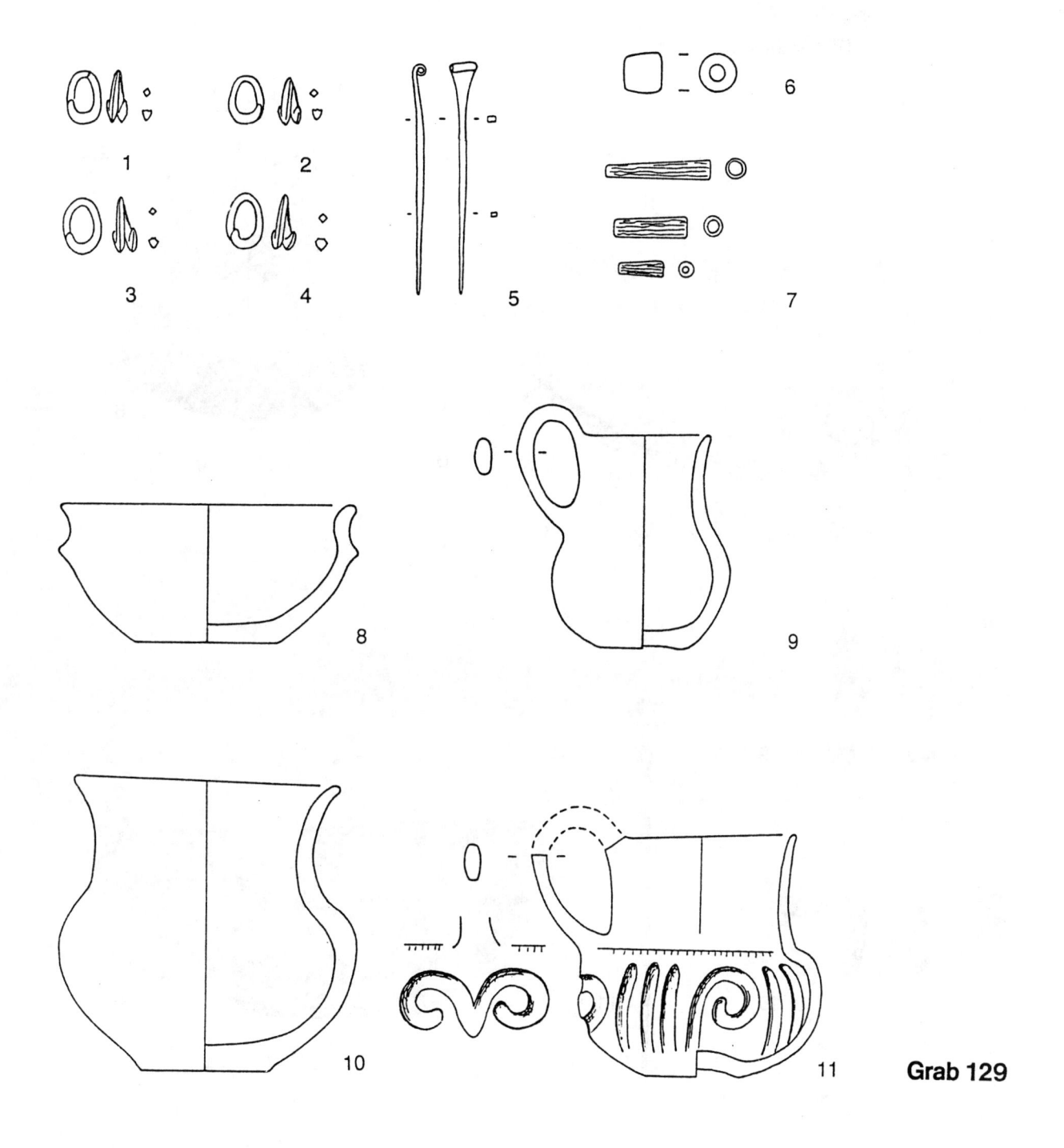

Hernádkak. 1-11 Grab 129. 1-5, 7-11 M.1:2. 6 M.1:1.

Tafel 26

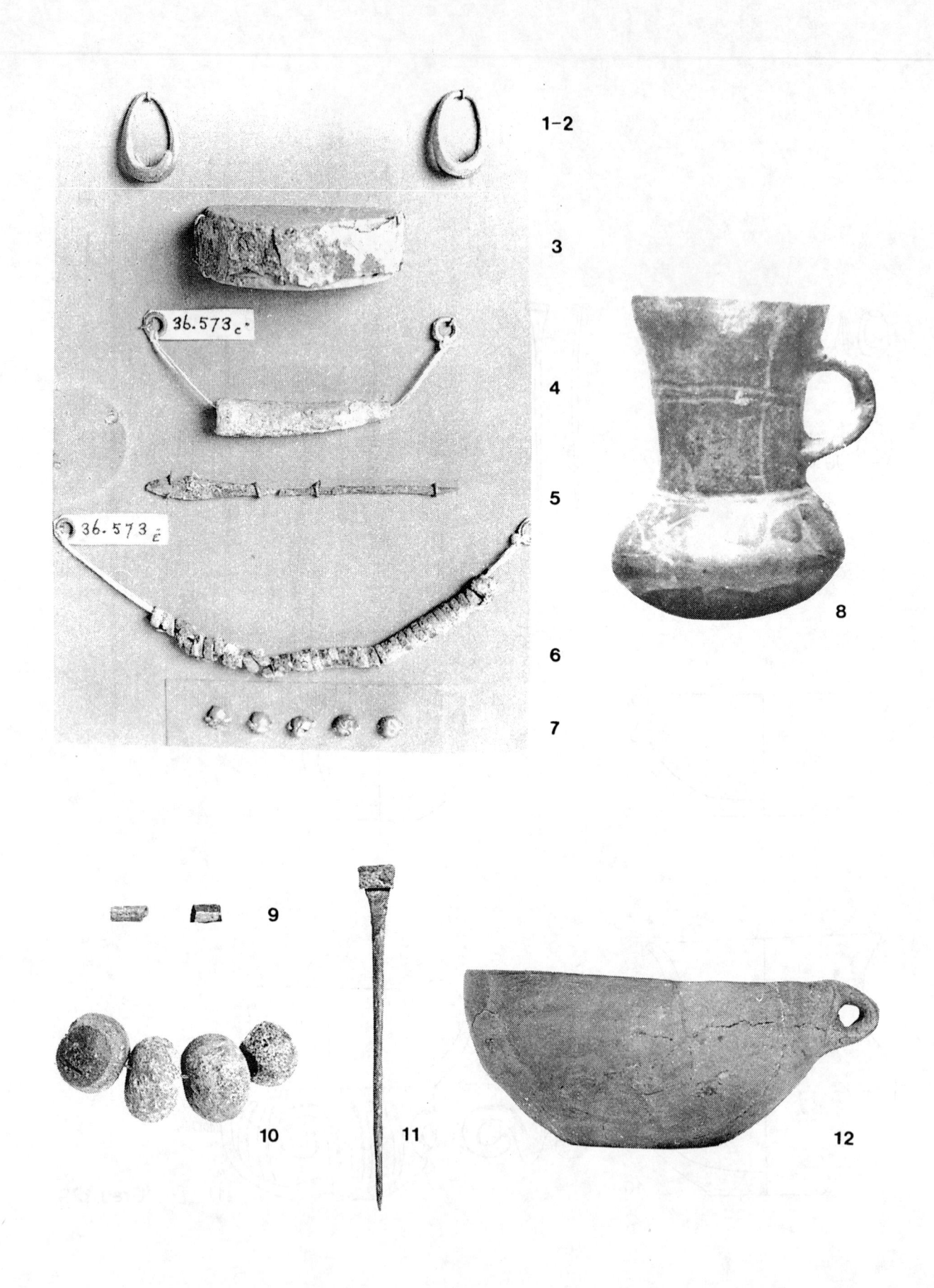

Hernádkak. 1-8 Grab 54. 9-12 Grab 96b.
1-7, 9-11 M.1:1. 8, 12 M.1:2.

Tafel 27

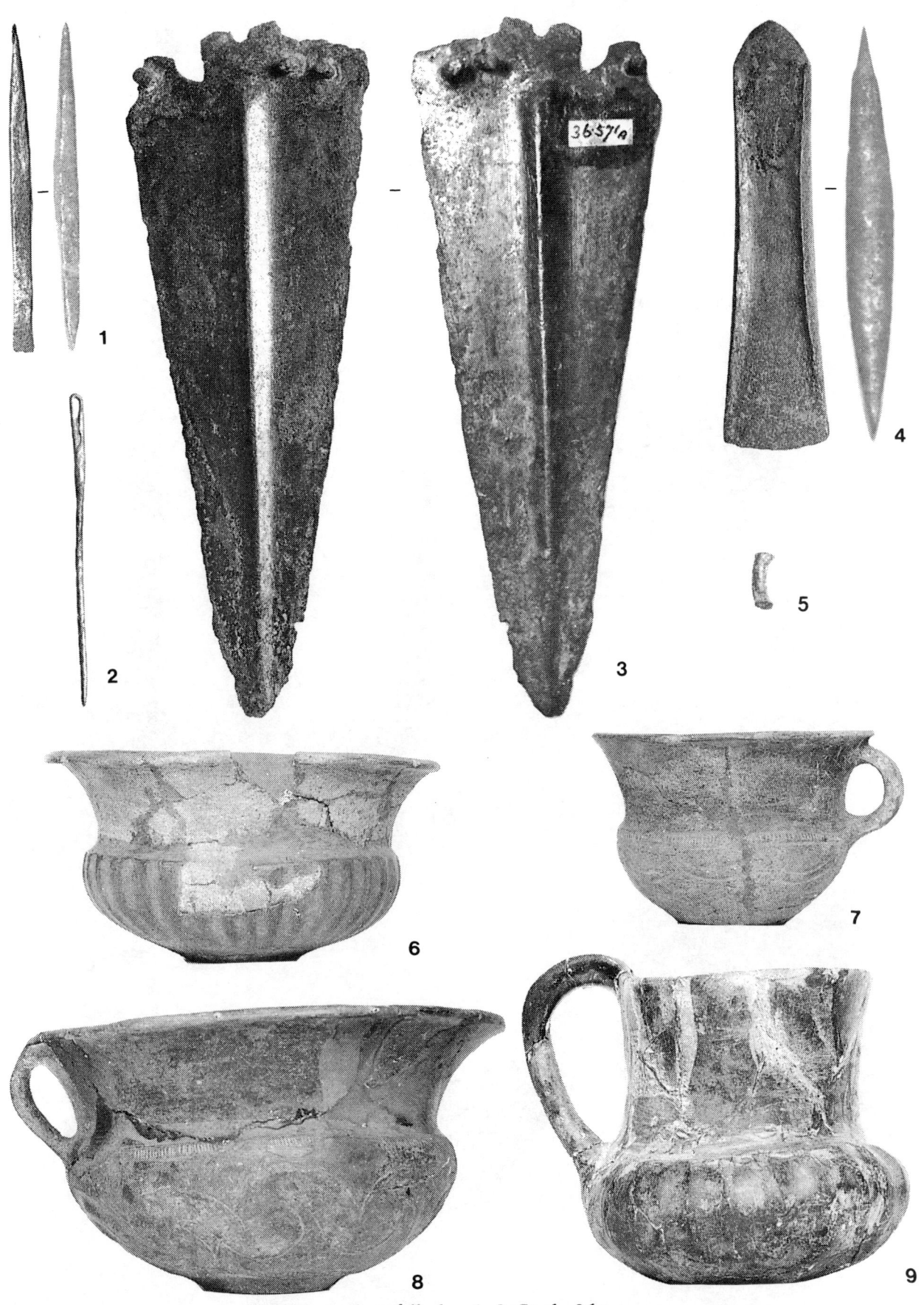

Hernádkak. 1-9 Grab 96a.
1-5 M.1:1. 6-9 M.1:2.

Tafel 28

Hernádkak. 1-3 Grab 98. 4-7 Grab 101.
1,4-5,7 M.1:2. 2-3, 6 M.1:1.

Tafel 29

Hernádkak. 5-9 Grab 102. 1-4 Grab 103.
1, 5-6 M.1:2. 2-4, 7-9 M.1:1.

Tafel 30

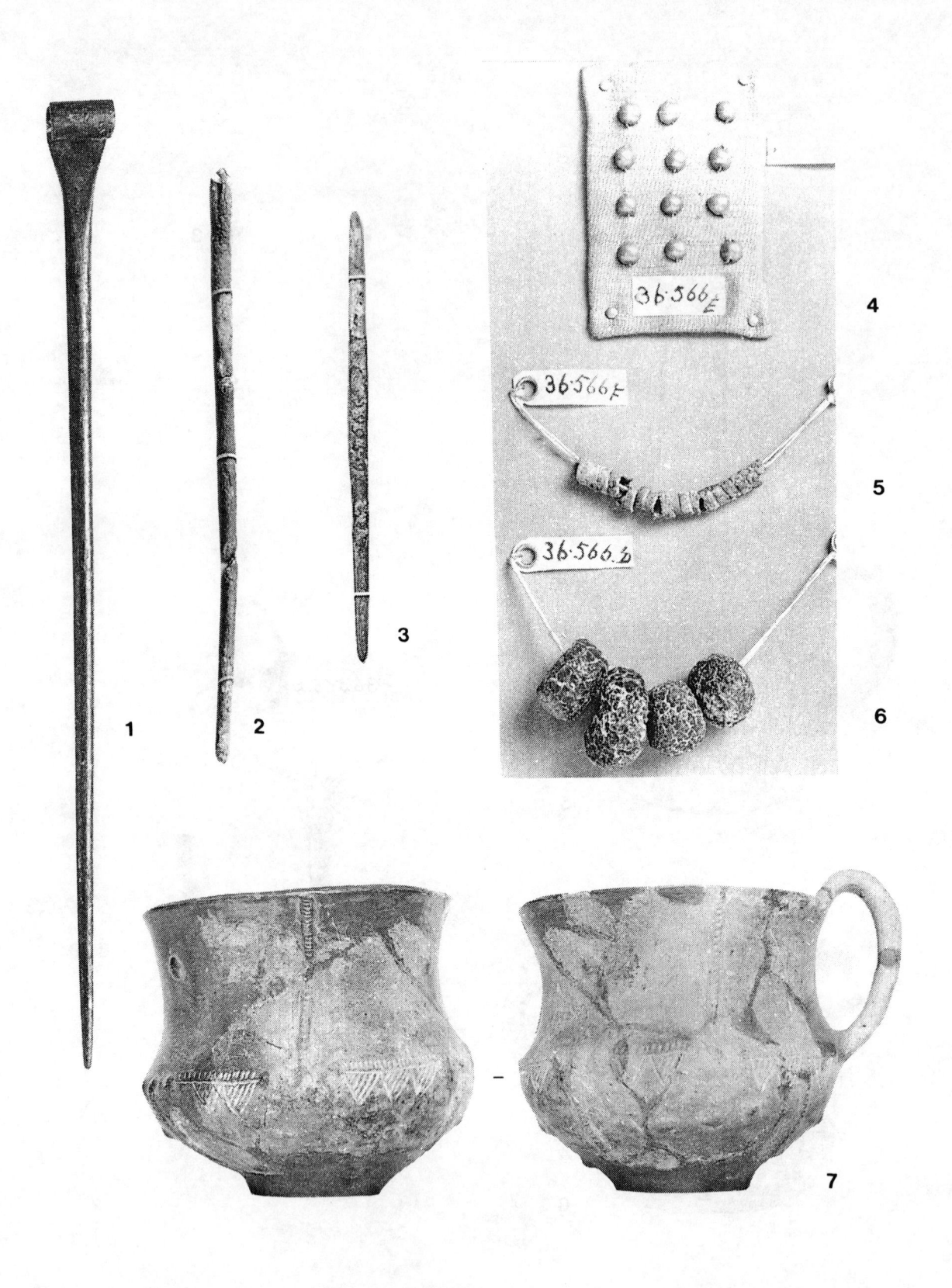

Hernádkak. 1-7 Grab 105.
1-6 M.1:1. 7 M.1:2.

Tafel 31

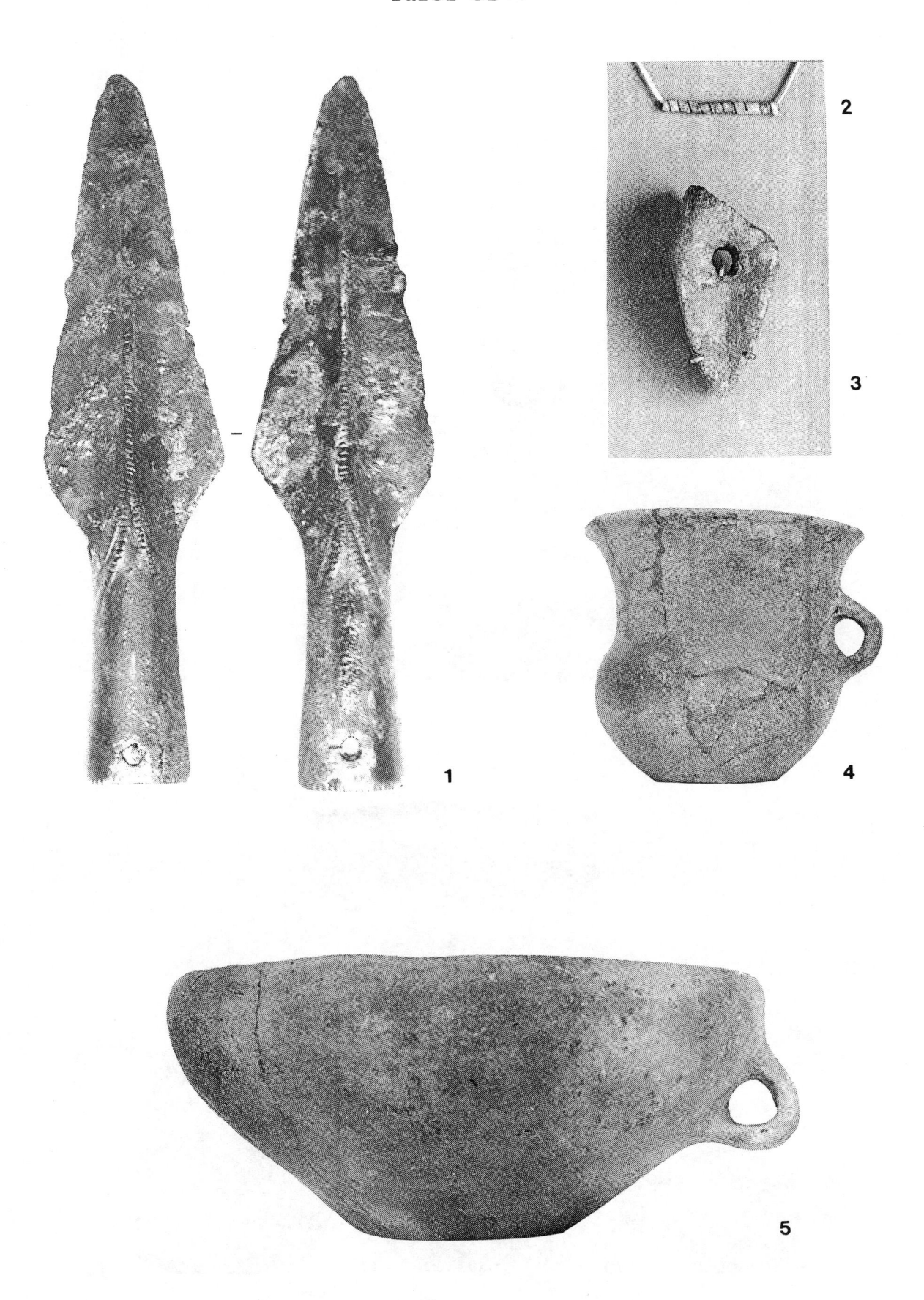

Hernádkak. 1,5 Grab 122. 2-4 Grab 125.
1-3 M.1:1. 4-5 M.1:2.

Tafel 32

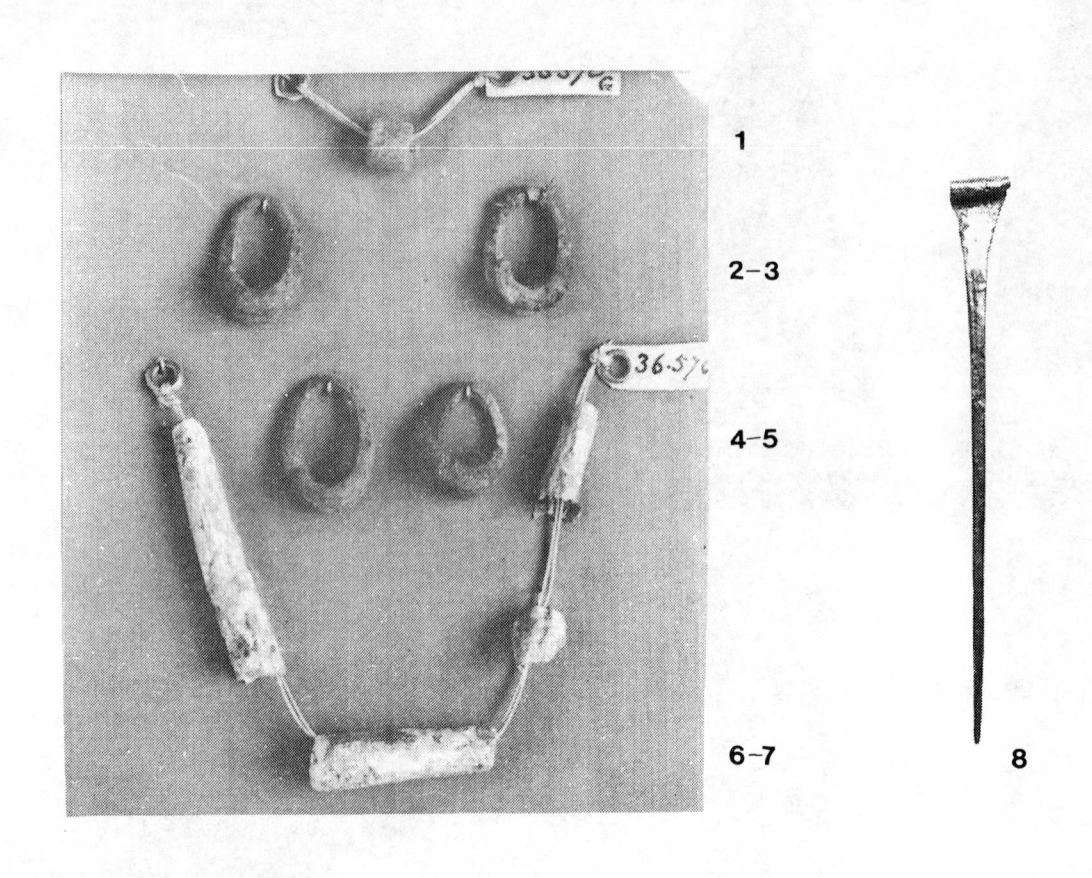

Hernádkak. 1-12 Grab 129.
1-8 M.1:1. 9-12 M.1:2.

Bisher in der Reihe UPA erschienene Bände:

Band 1
Hampel, Andrea
Die Hausentwicklung im Mittelneolithikum Zentraleuropas
1989.   ISBN 3-7749-2411-2   DM 35,--

Band 2
Wanzek, Burger
Die Gußmodel für Tüllenbeile im südlichen Europa
1989.   ISBN 3-7749-2420-1   DM 39,--

Band 3
Wesse, Anke
Die Ärmchenbeile der Alten Welt
1990.   ISBN 3-7749-2437-6   DM 39,--

Band 4
Röber, Ralph
Die Keramik der frühmittelalterlichen Siedlung von Warendorf
1990.   ISBN 3-7749-2426-0   DM 28,--

Band 5
Hansen, Svend
Studien zu den Metalldeponierungen während der Urnenfelderzeit
im Rhein-Main-Gebiet
1991.   ISBN 3-7749-2438-4   DM 59,--

Band 6
Studien zur Siedlungsarchäologie I
Mattheußer, Elke: Die geographische Ausrichtung bandkeramischer Häuser
Sommer, Ulrike: Zur Entstehung archäologischer Fundvergesellschaftungen.
           Versuch einer archäologischen Taphonomie
1991.   ISBN 3-7749-2526-7   DM 35,--

Band 7 (aus Köln)
Luley, Helmut
Vorgeschichtlicher Hausbau in Mitteleuropa - Grundlagenforschungen
Umweltbedingungen und bautechnische Rekonstruktionen
1992.   DM 65,--

Band 8 (aus Innsbruck)
Festschrift zum 50jährigen Bestehen des Instituts für Ur- und
Frühgeschichte der Leopold-Franzens-Universität, Innsbruck
1992.   DM 65,--